东乡语语音声学研究

呼司乐土　呼和　著

中国少数民族语言方言实验研究丛书

呼和　主编

社会科学文献出版社

SOCIAL SCIENCES ACADEMIC PRESS(CHINA)

本书系国家社会科学基金冷门绝学研究专项学术团队项目"中国北方少数民族濒危语言调查实验研究"（项目编号：21VJXT012）和中国社会科学院创新工程"登峰战略"资深学科带头人资助项目"中国北方跨界民族语言的调查实验研究"（项目编号：DZ2023002）的系列成果

目 录

绪 论 ………………………………………………………………… 001
　　一 "中国少数民族语言语音声学参数统一平台" ……………… 008
　　二 "中国少数民族语言方言实验研究丛书" …………………… 034

第一章 东乡语研究概况 …………………………………………… 036
　　一 东乡族与东乡语 …………………………………………… 036
　　二 东乡语语音研究综述 ……………………………………… 038
　　三 东乡语及其语音特点 ……………………………………… 045
　　四 东乡语语音声学参数库综述 ……………………………… 050

第二章 东乡语元音声学特征 ……………………………………… 054
　　一 东乡语元音的特点 ………………………………………… 054
　　二 元音声学特征参数及分析方法 …………………………… 055
　　三 词首音节单元音 …………………………………………… 058
　　四 非词首音节短元音 ………………………………………… 182
　　五 复合元音 …………………………………………………… 314
　　六 弱化、清化元音 …………………………………………… 357
　　七 元音和谐律问题 …………………………………………… 359

第三章 东乡语辅音声学特征 ……………………………………… 362
　　一 辅音声学特征参数及分析方法 …………………………… 362
　　二 东乡语辅音基本特点 ……………………………………… 368

三　塞音 ……………………………………………………… 371

四　擦音 ……………………………………………………… 457

五　塞擦音 …………………………………………………… 498

六　鼻音 ……………………………………………………… 534

七　其他元音 ………………………………………………… 562

第四章　东乡语音系特点 ……………………………………… 598

一　元音音系特点 …………………………………………… 598

二　辅音音系特点 …………………………………………… 601

第五章　东乡语音节声学特征 ………………………………… 612

一　音节理论综述 …………………………………………… 612

二　东乡语音节特点 ………………………………………… 613

三　东乡语音节统计分析 …………………………………… 615

第六章　东乡语单词韵律特征 ………………………………… 616

一　东乡语韵律研究综述 …………………………………… 616

二　东乡语单词韵律模式 …………………………………… 617

三　东乡语词重音问题 ……………………………………… 621

参考文献 ……………………………………………………… 628

后　记 ………………………………………………………… 639

绪　论

　　自 1956 年全国人大民族委员会和中央民族事务委员会组织的少数民族语言、少数民族社会历史调查和 1962 年《中国语文》杂志开始刊登少数民族语言概况算起，我国民族语言现代语言学研究已走过 60 多年的历程，完成了"中国少数民族语言简志丛书"（1958 年启动，1991 年基本完成，2009 年修订）、"蒙古语族语言方言研究丛书"（21 本，内蒙古大学蒙古语文研究所 20 世纪 80 年代初开始陆续出版的）、"中国新发现语言研究丛书"（1997 年至今，已出版 41 种）和"中国少数民族方言研究丛书"（1998 年至今，已出版 17 种）等大型研究成果。可以说，在前辈们的不懈努力下，我国民族语言现代语言学研究取得了较辉煌的成就。目前的民族语言研究虽然涵盖了描写语言学、历史比较语言学、纪录语言学、语言类型学、民族语言文字应用、实验语音学、民族文字文献等诸多领域，但与英语和汉语等强势语言的研究相比，在研究深度和广度等方面都存在一定的差距。

　　1985 年中国社会科学院民族所（现中国社会科学院民族学与人类学研究所）建立的语音实验室是我国民族语言实验语音学学科成立的标志，实验室语音学队伍也是我国最早开展少数民族语言语音实验的研究团队。1985~1995 年，民族所实验语音学团队主要开展了汉语普通话和少数民族语言语音声学和生理实验基础研究工作，主持完成了多项国家自然科学基金和国家社会科学基金项目。如在国家社科基金资助下，研究团队历时数年完成了大约 25 种语言和方言的音档录制。与民族地区大学和研究所合作完成了几个在国内外有一定影响的少数民族语言语音声学参数数据库。例如，"藏语拉萨话语音声学参数数据库"（国家自然基金项目，1991）、"哈萨克语语音声学参数数据库"（国家自然基金项目，1992）、"蒙古语语音声学参数数据库"（国家社科基金项目，1993）等。本阶段的研究成果主要发表在《实验语音学概要》（吴宗济、林茂灿主编，鲍怀翘撰写第三和第五两章，即语音产生的生理基础和元音部分，1989）以及国内外学术刊物和学术会议上。这些成果在国内外语音学界产生了一定的影响，为我国少数民族语言实验语音学学科乃至汉语实验语音学学科的发展奠定了基础。

1995～2005 年，民族所团队使用当时国际最先进的设备，如"声门高速摄影"和"电子动态腭位仪"开展了汉语普通话和少数民族语言发声类型和调音的生理研究，主持完成了 1 项中国社会科学院重大项目（"汉藏语声调的声学研究"）、4 项国家自然科学基金项目（"汉语普通话嗓音声学研究"、"普通话动态腭位研究"、"基于动态腭位的普通话协同发音研究"和"蒙古语韵律特征声学模型研究"）。这一阶段除撰写出版《论语言发生》（孔江平，2001），《蒙古语语音声学研究》（蒙文版，呼和，1999）和 *A Basic Study of Mongolian Prosody*（呼和，2003）3 部专著外，还发表了 50 余篇有影响的学术论文。在学科创新和应用研究方面也进行了大胆探索与实践。如，2001～2005 年重大项目"民族多媒体信息系统"研究完成的"民族 GIS 多媒体检索系统"，首次将自然科学的地理信息系统技术（GIS）成功应用于民族语言及民族多媒体信息研究。这些成果在国内外实验语音学和言语工程学界以及嗓音病理学界产生了较大反响，提高了学科的知名度，奠定了民族所少数民族实验语音学学科在国内外学术界中的地位。

自 2006 年以来，该团队在总结以往研制单语种语音声学参数库工作的基础上，提出"语音声学参数统一平台"的思路和方法，并通过实施和完成两项教育部、国家语委民族语言文字规范标准建设及信息化项目"藏语、维吾尔语和彝语语音声学参数数据库"（300MB，2009，郑玉玲承担）和"达斡尔，鄂温克和鄂伦春语语音声学参数数据库"（300MB，2011，呼和承担），研制了藏、维吾尔、彝、达斡尔、鄂温克和鄂伦春等族语言的语音声学参数数据库，初步搭建了"中国少数民族语言语音声学参数统一平台"框架，为进一步开展民族语言语音声学参数数据库研究打下了坚实的基础。

自 2013 年 2 月开始，根据多年积累的语音声学参数库研制经验，"语音声学参数自动标注/提取系统"（3.3 版本）和诸多数据处理小工具研发并投入使用，使该项工作逐渐走上自动化，提高了准确率和工作效率，避免了数据采集者的主观因素，确保了数据的客观性和准确性（参看周学文、呼和，2014）。特别是在国家社科基金重大招标项目"中国少数民族语言语音声学参数统一平台建设研究"（批准号：12 & ZD225）和中国社会科学院创新工程项目（2013~2021年度）的资助下完成了容纳蒙古语、达斡尔语、土族语、东部裕固语、东乡语、维吾尔语、哈萨克语、鄂温克语等北方民族语言语音声学参数数据库的"中国少数民族语言语音声学参数统一平台"（以下简称"统一平台"），并基于"统一平台"撰写出版了"中国少数民族语言方言实验研究丛书"的蒙古语、维吾尔语和鄂温克语等3卷，实现了从语音声学参数库跨越到对民族语言语音的全面、系统声学语音学描写研究阶段，验证了语音声学参数库对语言学的贡献和意义。

自2021年开始，我们团队在国家社会科学基金冷门绝学研究专项团队项目"中国北方少数民族濒危语言的调查实验研究"（项目编号：21VJXT012）和中国社会科学院创新工程"登峰战略"资深学科带头人资助项目"中国北方跨界民族语言的调查实验研究"（项目编号：DZ2023002）的资助下，继续扩充"统一平台"语言数量的同时，继续撰写、编辑、出版"中国少数民族语言方言实验研究丛书"的《达斡尔语语音声学研究》、《土族语语音声学研究》、《东乡语语音声学研究》、《东部裕固语语音声学研究》和《布里亚特语语音声学研究》等5卷。

标准化、规范化和自动化是语音研究必经之路。这是由该学科的属性和特点所决定的。通过30多年的努力，我们团队对语音声学实验研究的主要环节，如实验语料设计、实验语料录制、语音标注、声学参数标注及其提取、统计分析和绘制声学语图等有了较全面、深刻的认识和了解，并提出了自"实验语料设计"至"声学语图绘制"系统的思路和方法。特别是自2021年以来，我们团队一直探索语音声学实验研究自动化问题。众所周知，语音声学参数数据库研制环节是语音声学实验研究的重要环节。这是耗费人力、物力的艰难且烦琐的基础工程。对语音声学参数进行手工标注和采集，尚存在两方面的不足。一方面，工作量大、速度慢、错误率高、效率低，这不但影响声学参数库的研制速度，而且无法保证实验方法和实验数据的可重复性；另一方面，由于语音声学特征定义以及语音声学参数标注和提取等方面尚未统一标准等原因，语言之间难以相互比较，研究成果无法相互借鉴。只有实现各个环节的自动化，才能使语音声学研究变成一种可以观察、量化、重复、验证的实验科学。

我们团队基本解决了"声学参数标注"→"声学参数标注"→"声学参数统计"→"声学语图绘制"等环节的自动化问题。请见图 0.1 中用蓝色字体标记的模块。

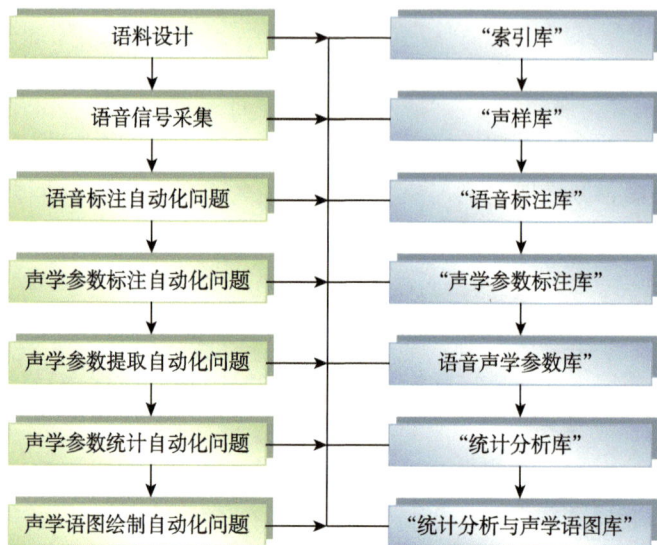

图 0.1 语音声学研究自动化问题

实现自动化的主要内容和目的如下。

1. 声学参数标注自动化

（1）自动转换 SAMPA 码和 IPA

在以往参数库的语音标注中我们都使用了 SAMPA 码，现在改用国际音标（Keyman 输入法的 IPA），并且把以往用 SAMPA 码标注的语音标注库用 PRAAT 脚本编辑的小工具——"自动转换 SAMPA 码和 IPA 工具"自动更换成 IPA 语音标注库。我们用这种方法更换了蒙古语族语言语音标注库（蒙古语、达斡尔、东部裕固语、布里亚特、土族语、东乡语）、突厥语族语言语音标注库（维吾尔语、哈萨克语）和满通古斯语族语言语音标注库（鄂温克语、鄂伦春语）。

（2）自动筛选声学参数异常值

在声学参数自动标注和提取过程中，会出现少量异常值。为此，在进行统计分析之前，我们先用 PRAAT 脚本编辑的小工具——"自动筛选声学参数异常值工具"，先自动检查、筛选声学参数库中的异常值之后，再进行统计分析。

2. 声学参数统计自动化

我们用 R 语言编辑的小工具，实现了以下声学参数统计分析的自动化：

（1）基础描写统计自动化

a. 自动完成"数据趋势分析"

用"数据趋势分析工具"自动完成数据趋势分析（平均值、中位数，是正偏分布，还是负偏分布）工作。

b. 自动完成"离中趋势分析"①

用"离中趋势分析工具"自动完成离中趋势分析工作。

c. 自动完成"相关分析"②

用"相关分析工具"自动完成相关分析工作。

（2）假设检验的自动化

我们用 R 语言编辑的小工具，自动完成假设检验工作。

a. 自动完成"单样本 t 检验"

用"单样本 t 检验工具"，自动完成"单样本 t 检验"工作。

b. 自动完成"配对样本 t 检验"

用"配对样本 t 检验工具"，自动完成"配对样本 t 检验"工作。

（3）方差分析的自动化③

我们用 R 语言编辑的小工具，自动完成方差分析工作。

a. 自动完成"单因素方差分析"

用 R 语言编辑的小工具——"单因素方差分析工具"，自动完成"单因素方差分析"工作。

b. 多因素有交互方差分析

用 R 语言编辑的小工具——"多因素有交互方差分析工具"，自动完成"多因素有交互方差分析"工作。

---

① "离中趋势分析"主要靠全距、四分差、平均差、方差（协方差：用来度量两个随机变量关系的统计量）、标准差等统计指标来研究数据的离中趋势。例如，我们想知道两个元音或辅音中，哪一个元音或辅音分布更分散，就可以用两个元音或辅音的四分差或百分点来比较。

② 相关分析探讨数据之间是否具有统计学上的关联性。这种关系既包括两个数据之间的单一相关关系——如共振峰与音长之间的关系等。

③ 根据研究工作需要我们随时增加假设检验和方差分析项。

c. 聚类分析

用 R 语言编辑的小工具——"聚类分析工具",自动完成"聚类分析"工作。

d. 判别分析

用 R 语言编辑的小工具——"判别分析工具",自动完成"判别分析"工作。

e. 主成分分析

用 R 语言编辑的小工具——"主成分分析工具",自动完成"主成分分析"工作。

3. 声学语图绘制自动化

在语音声学研究中语图的引用非常普遍。声学语图是声学参数的形象表现,是研究成果和研究结果的具体化和可视化方式。语图绘制方法的自动化和标准化非常重要。我们用 R 语言的绘图小工具,实现了以下语图的自动化绘制工作:

(1)元音声学空间椭圆图(置信水平为 95%[①]);

(2)音长、音高、音强比较图;

(3)辅音的各种声学分析图。

4. 实现自动化的目的

语音声学研究自动化的目的除前述所列举情况之外,更重要的目的是用于语音类型学研究,具体说,用于音段或超音段声学语图之间的比较研究。我们团队目前正在验证呼和教授提出的"语音和韵律特征声学模式相似度与语言亲属关系远近度假设"(Hypothesis)。该假设通过分析计算和比较人类语言的"语音声学空间分布模式图之间的相似度"(简称"声学模式图相似度"),探讨语言之间亲属关系的远近度问题,即人类语言亲属关系远近度问题。

为了从语音、嗓音和韵律三个视角,探讨语言亲属关系的远近度问题,

---

① 我们用 95% 置信水平来构造这个区间估计:95% 置信度的意思是如果你从总体中抽取 100 个不同样本,每个样本都用相同的统计量构造的置信区间(注意:由于样本不相同,这些置信区间的范围也不尽相同),那么有 95 个置信区间包含了总体参数的真值。如果我们构造出 100 个这样的置信区间(100 个样本),那么会有 95 个区间会包含这个总体平均值,置信水平是 95%。

我们还研制了"阿尔泰语系语言的嗓音声学参数数据库",并试图结合嗓音系列参数,进一步探索阿尔泰语系语言之间亲属关系的远近度问题。目前已完成蒙古语各方言土语［科尔沁、喀喇沁、巴林、布里亚特（呼伦贝尔）、卫拉特、鄂尔多斯、察哈尔］和蒙古语族语言［达斡尔、东部裕固语、布里亚特（俄罗斯）］嗓音参数数据库,并开始实施相关研究。

目前我们团队所实施的主要工作如下。

（1）正在扩充"中国少数民族语言语音声学参数统一平台"。该平台为民族语言方言土语语音调查实验研究打下了坚实的基础。该平台的建设,将我国传统的优势学科同新的前沿领域相结合,无论从铸牢中华民族共同体意识视域下的中国民族语言亲属关系研究、重大基础理论研究、规范化和标准化研究、濒危语言抢救性研究,还是从现代语言资源库建设、民族文化遗产的保护、科学技术和语言研究相结合的发展趋势看,都具有重要意义和作用。

该统一平台将为我国同类语言数据库和档案库建设提供范例,为语言本体描写研究和比较研究,以及民族学与人类学等其他学科的研究提供真实、客观的数据资源,将会有力促进我国民族语言学学科的发展。

（2）正在组织基于"统一平台"的"中国少数民族语言方言实验研究丛书"的哈萨克语、锡伯语、图瓦语、鄂伦春语和蒙古国蒙古语等5卷的组稿工作。这些专著将在以往研究的基础上,针对这些语言语音研究的历史和现状,从解决所面临的实际问题出发,采用声学语音学的理论和方法,对5种语言的元音、辅音等音段特征和词重音等超音段特征进行较全面、系统的定量和定性分析。

"中国少数民族语言方言实验研究丛书"各卷的陆续出版,将会引领我国北方民族语言语音研究推向全面、系统声学描写研究和比较研究的新时代。

（3）提出"语音和韵律特征声学模式相似度与语言亲属关系远近度假设"（Hypothesis）,即"语言声学空间相似度理论",并通过分析计算和比较人类语言的"语音声学空间分布模式图之间的相似度"（简称"声学模式图相似度"）,探讨语言之间亲属关系的远近度问题,即人类语言亲属关系问题。

该项研究与考古学、遗传学一样,能够为人类学和民族学研究提供科学的实证依据（声学线索）,推动新时代人类学和民族学的发展。

（4）搭建"鄂伦春、鄂温克和达斡尔语学习手机 App 平台"（简称

"三少民族语言 App", 即 SMZYApp), 并通过实施和完成北方人口较少民族语言学习 App 平台, 探索科学保护濒危语言的新思路和新方法。

我们相信, 在加快构建新时代民族学三大体系建设和深化铸牢中华民族共同体意识理论研究中, 民族语言实验语音学必将发挥其实证研究的学科优势。

一 "中国少数民族语言语音声学参数统一平台"

实验语音学为语言学这门传统的人文学科增加了实验科学的新方法, 为语言分析提供了新的研究视角和内容, 为有声语言资源库建设提供了技术保障。语音声学参数库 (Acoustical Database) 是语言资源声学层面的最高形式, 是对特定语言的语音系统进行系统声学分析、提取该语言语音声学特征的微观声学参数集合, 可比喻为提取语言 DNA。在语音信号分析和处理过程中, 时域和频域特性是至关重要的。在语音研究中对音段和超音段特征的测量和分析已进行了几十年, 从以音节、词为基础的音段和超音段特征分析到现在连续语料的音段和超音段特征分析, 使我们对语音和韵律特性的认识越来越清晰、越来越准确, 在应用研究中越来越有效。

我们正在建设的"中国少数民族语言语音声学参数统一平台"是少数民族语言统一 (通用) 的自然语言语音处理平台。该平台是利用国际通用的语音声学分析软件, 提取有效表征语言语音系统的各种声学特征参数, 并把它们集合成一个完整的语音声学参数数据库, 用数据库管理软件进行统一管理的平台。"统一平台"利用现代科技, 以数据库 (量化和数字化) 的形式完整地保存少数民族语言音段和超音段的声学参数。

用户利用"统一平台"可以查询检索多语种语音声学参数内所有的信息, 可以任意设定查询的组合条件, 可以对结果集合按照任意字段排序, 可以在结果集合中实现查询词/音素之间任意切换, 可以手动/自动对查询结果集合进行选择并把选择的结果输出到 EXCEL 中等。统一平台还有统计、分析和分类等功能。随着容纳更多语言声学参数数据库, 统一平台可以根据用户需求, 改进界面的友好性和系统的强壮性 (鲁棒性, Robustness)。图 0.2、0.3 是目前使用的统一平台界面和语音参数检索界面。

"统一平台"有三个突出特点。(1) 实用性: 基本上包含了所有音段的

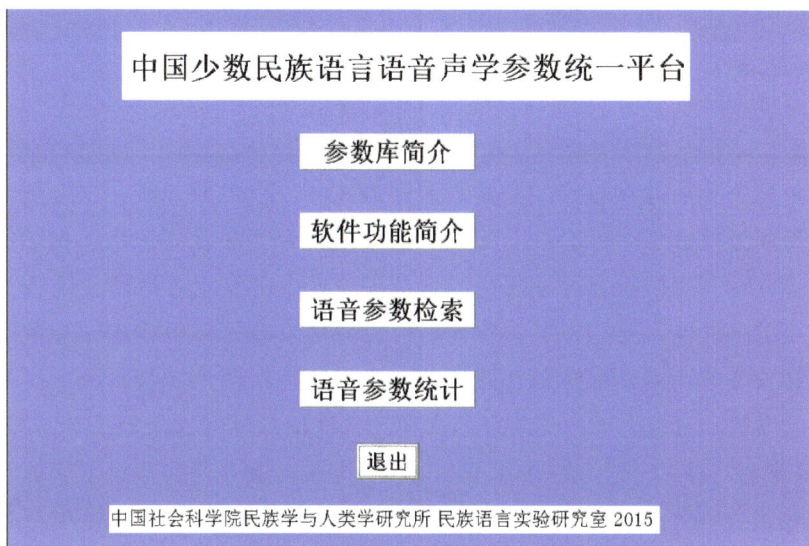

图 0.2 "中国少数民族语言语音声学参数统一平台"界面

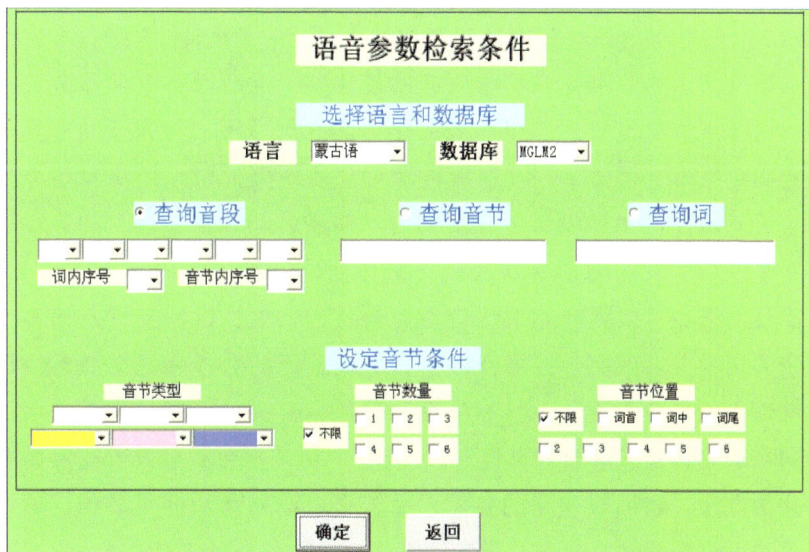

图 0.3 "中国少数民族语言语音声学参数统一平台"语音参数检索界面

主要声学特征，能够满足所有的参数提取，统计分析和比较研究；（2）稳定性：确保了数据库主要结构的稳定性（参数库的扩充不影响其稳定性），这样才能有利于声学参数的积累；（3）扩充性：确保了数据库的可扩充性，以便满足新参数和结构的微调。该平台能够确保数据库内容的维护，包括增加、删除、修改、查询；确保提取所有参数，满足相关研究。

（一）"统一平台"的作用和意义

第一，推动科学保护弱势语言，抢救濒危语言的进程。保护弱势语言，抢救濒危语言是世界各国共同面临的紧迫任务。2003 年 3 月，联合国教科文组织在巴黎总部举行的关于濒危语言问题的专家会议上提出，保护世界语言多样性一直在联合国教科文组织众多工作中占有重要地位。这和"维护人类的多样性"是同一性质的工作。在我国少数民族语言中，有的正处于濒临失传的境地，有些语言的特色语音现象正在消失和被同化。为了保护人类共同的文化遗产——语言的多样性，进行抢救性的保护已刻不容缓。"统一平台"致力于开发一个基于互联网技术的中国少数民族语言资源和技术在线服务平台，以适应国家语言资源战略发展之需要，进而达到依靠现代科学技术搜集和保护我国语言资源的目标，有力推动保护弱势语言、抢救濒危语言的进程。

第二，有效促进科研资源的共享和科学研究的延续性。"统一平台"能够确保数据资源的共享性和科学研究的延续性，推动语音声学参数数据库研制和语音声学实验研究工作的规范化和标准化进程，与同行共享数据资源，提高数据库、语料库、信息和技术平台的使用价值，加快我国少数民族语言语音研究从"经验科学"转变为"精密科学"的进程，提升语音学研究水平。如，以往的语音实验研究多以研究某种语言语音现象为目标，选取少量的语料，以提取相关语音参数为目的，很少以研究特定语言的语音系统为出发点。因而，对语音声学和生理特征的选择和把握缺乏全面性和系统性，所采集的语音声学和生理参数数据仅满足于写出论著，不注重数据的积累和整合，缺乏共享性和延续性。"统一平台"将摒弃这种传统小作坊式的方法，运用现代化的技术，系统全面地采集和分析数据。这种研究成果对后续研究具有较高的参考价值，并提供深入研究的可能。

第三，推进语音学重大基础理论研究，促进语音学与相关学科的发展。"统一平台"不但能够推进语音学重大基础理论研究，为历史比较语言学和语音学研究提供新的理论和方法，还能促进语音学与相关学科的发展，引导语音学研究更加深入地走进社会，解决语言交际中存在的实际问题。语音特征是个性和共性的统一体，不但同一个语系或语族语言的音位系统之间存在共性，而且不同语系或语族语言之间也存在一定的共性。了解这个共性，有利于推动个体语言语音特征的描写和语言之间的比较研究，促进语音学基础研究，推动语音学基础理论的建立和发展。利用"统一平台"，不仅可以对单语种的音段和超音段特征参数进行全面，系统地统计分析（相关分析、因子分析、聚类分析等），探讨并总结出其特征和变化规律，而且还可以对跨语系、跨语族语言的音段和超音段特征进行比较研究，积极推动历史比较语言学（如语言同源、演化等）和普通语音学（如人类语言语音的共性问题）的发展。

第四，能够为民族语言言语声学工程研究和研发提供语音学基础数据资源，推动我国多语种人机智能交互平台技术的发展。众所周知，进入 21 世纪后，加速推进少数民族语言（文字）的标准化、规范化和信息化进程，保护弱势语言、抢救濒危语言的工作显得尤为重要。我们既要加速推进其标准化、规范化、信息化进程，同时还要抢救性地保护它们的多样性。这是我国民族语言文字工作日前所面临的两大挑战。一方面，需要投入大量的人力和财力，去填补汉语和少数民族语言信息化之间的数字鸿沟。另一方面，也要下大力气保护少数民族语言这一人类宝贵的非物质文化遗产。我们虽然可以直接引进世界最先进的语言和语音处理技术和方法来解决少数民族语言语音研究的技术性问题，但再先进的技术也只能是客观的物质支持，真正对于少数民族语言本质与规律的研究还要靠我们自己。现代计算机技术虽然通过云数据的统计，能够建立比较准确的语言模型，但实践证明，好的统计模型需要语言知识库支撑。"统一平台"能够提供真实有效的数据依据。

第五，保护我国民族文化的多样性，促进我国语言生活的健康和谐发展，捍卫国家边疆文化安全，完善我国多语种人机智能交互平台，使言语声学工程研究更好地为国家"一带一路"建设服务。语言（文字）的规范化和信息化是一个民族走上信息化道路的重要标志，而中国语言（文字）的全面发展离不开少数民族语言（文字）的进一步发展。只有实现各民族语言（文字）的规范化和信息化，才能保障我国政治、经济、文化和社会的和谐稳定发展。我国许多少数民族语言是跨境语言，如蒙古语、维吾尔语、哈萨克语、傣语、壮语和苗语等。据我们所知，上述跨境语言所处国家和地区关于语音技术的整体研究相对滞后，仍有较大研究和开发空间。

"统一平台"中所提出的各项标准和原则必将成为国际国内语言声学实验研究依据和标准，推动语言声学实验研究工作的规范化和标准化进程。目前国际上虽然有一个包括世界大多数语言的语音样品库（UCLA），但尚未包容多语种的语音声学参数数据库，更没有大家所公认和遵循的标准和方法，我们所提出的各项标准和原则将成为国际国内语言语音声学参数库的研制依据和标准，推动语音声学参数数据库研制和语音声学实验研究工作的规范化和标准化进程。

"统一平台"不仅是语音本体基础研究领域的一个突破，而且将会成为国家信息资源的重要组成部分，弥补国家少数民族语言信息资源的阙如。到目前为止，在国内外还没有类似关于特定语言的完整的语音声学参数数据库（包括元音、辅音、韵律及各种特殊音质）。

总之，"统一平台"将我国传统的优势学科同新的前沿领域相结合，无论从现代社会语言资料和文化遗产流失的严峻现实，还是从科学技术和语言研究相结合的发展方向来看，都有着广阔的发展空间和远大前景。该平台将为我国同类语言数据库、档案库提供范例，为语言本体描写研究和比较研究，以及民族学与人类学等其他学科的研究提供真实、客观的数据资源，有力促进我国民族语言学学科的发展。

（二）"统一平台"的研究思路和方法

我们正在建设的"统一平台"是利用国际通用的语音声学分析软件，提取有效表征语言语音系统的各种声学特征参数，并把它们集合成一个完整的语音声学参数数据库，用数据库管理软件进行统一管理的平台（请见图0.4）。

1. 语料设计与"索引库"的建立

1.1 语料规模和范围

建立多语种统一的、完备的语音声学参数数据库，首要的工作是语音材料（以下简称语料）的设计与编写。这是整个工作的基石，必须制定统一的语料设计原则并进行严格把关，充分反映每种语言语音和韵律（单词层面上）系统的全貌及特点。各种语言以双音节为主，但应包含一定数量的单音节词，并顾及各语言的多音节词，特别要注意4~5音节词的出现概率。除此之外，还要顾及元音和辅音的和谐问题、音段和超音段的协同发音问题，以及音段序列，如辅音串等问题。考虑到语料的完整性，选择一

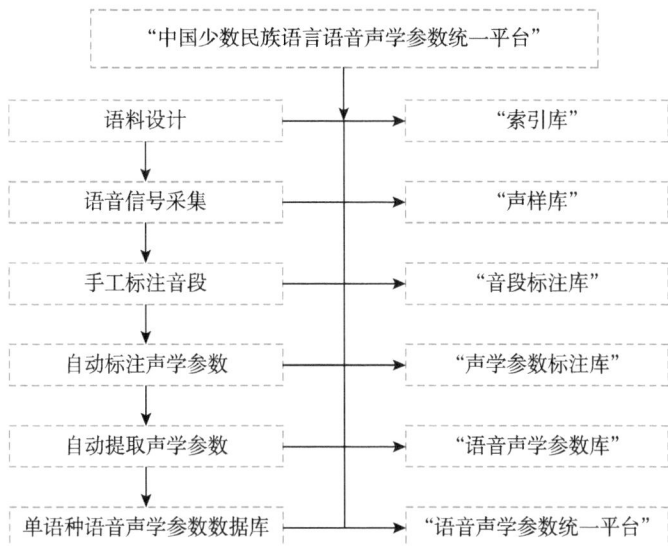

图 0.4　"中国少数民族语言语音声学参数统一平台"的
研究思路和方法示意图

定数量的能够覆盖目标语言语音和语法特点的词组和各类简单句，以便观察、分析语音变化和句子韵律特征。本项研究不涉及词组和语句声学参数，仅搜集濒危语言的话语语料，以起到"语言保存"的作用。以下是语料设计原则和方法。

首先，字母表的设计。遵循目标语言传统字母表，字母表包括所有的元音和辅音。

其次，单词语料的设计。

（1）单音节词。每种语言选择 150~500 个常用的单音节词。要求：一般都是独立出现的，覆盖所有的音节类型，覆盖各种音节类型中的所有元音和辅音以及它们的各类组合（搭配）等（能够组合的都要考虑到）。

（2）双音节及多音节词。每种语言选择 1500~2000 个常用的双音节和多音节词。要求：双音节词和多音节词的比例不宜太悬殊，控制在 1：2 左右；尽可能选择词干性的（未加黏着成分）词或派生词；确保每个音位在不同位置上的（多次）出现次数，如，音节内的不同位置和词的不同位置（首、腰、末位置）等；除个别音段外，音段的出现频率不应相差太悬殊；所有的词，应尽可能反映目标语言的语音变化，包括元音和辅音的和谐、协同发音以及重音等问题。

（3）数词及量词。基数词（尽可能穷尽）、序数词、约数词和集合数词的读音，并兼顾量词。除基本词外，结合目标语言的特点，多位数字结合时读音发生变化的现象也应收入其中。

（4）形态变化的典型词。选择一批常用的、有变化的词类，如名词、代词、形容词和动词等（总数不超过 50 个，以名词和动词为主，适当考虑其他词），并在其后依次加上可能的附加成分：名词后加数、格、概称和领属等，形容词后加比较范畴。包括所有的形态变化，如包括词尾变化中的式动词、副动词和形动词以及词干变化中的态、体等范畴。

再次，词组语料的设计。选择 100～200 个目标语言的固定词组（如谚语、成语和惯用语）和由不同句法结构（如形态变化、虚词、词序和语调等）构成的一般词组。原则是以固定词组为主，兼顾一般词组。

复次，句子语料的设计。能够反映目标语言语调特征的、经典的日常用语，包含各类简单句（陈述、疑问、祈使和感叹）和复合句（100～300 个字）。

最后，篇章语料的设计。包括《北风与太阳》（汉文稿由笔者提供）和在本民族中广泛流传的、家喻户晓的短故事（5～10 篇），但不控制濒危语言民间故事语料的量。

1.2　语料编写原则

1.2.1　单音节词编写原则

图 0.5 为音节类型和单词结构模式示意图。覆盖该语言所有音节类型（口语、书面语）。对于黏着型语言来说，音节类型与单音节词的结构模式相同。因此，所有音节类型指图 0.5[①] 中①～⑥类单音节词（音节类型数目由每种语言本身音节类型而定，但至少覆盖这六种）。每一个音节类型必须覆盖在该类型中能够出现的所有音位及其变体（所有音段），即覆盖能够构成该音节类型的所有音位及其变体（所有音段）。如：①V 指能够单独构成词的所有元音（短长及复合元音）；②VC 指所有元＋辅组合的词，其中 V 为所有元音（短长及复合元音），C 为所有非词首辅音；③VCC 指所有元音

---

① 图 0.5 的 V 为能够在该位置上出现的所有元音，C 为能够在该位置上出现的所有辅音，V 代表单元音（V）、长元音（V:）和二合元音（V1V2），CV 音节中的 V 为长元音或二合元音，多音节的结构模式为总体模式。设计词表时根据每种语言的具体情况而定；用方块标记的是在本条件下不构成或很少构成词的音节。

和（包括二合元音和三合元音）复辅音组合的词，其中 V 为所有元音（短长及复合元音），CC 为所有复辅音；④CV 指所有辅+元组合的词，C 为所有词首辅音，V 为所有元音（短长及复合元音）；⑤C1VC2 指所有辅+元+辅组合的词，C1 为所有词首辅音，V 为所有元音（短长及复合元音），C2 为能够在词末出现的所有辅音；⑥C1VC2C3 指所有辅+元+辅+辅组合的词，C1 为所有词首辅音，V 为所有元音（短长及复合元音），C2C3 为能够组合并在词尾出现的所有复辅音。

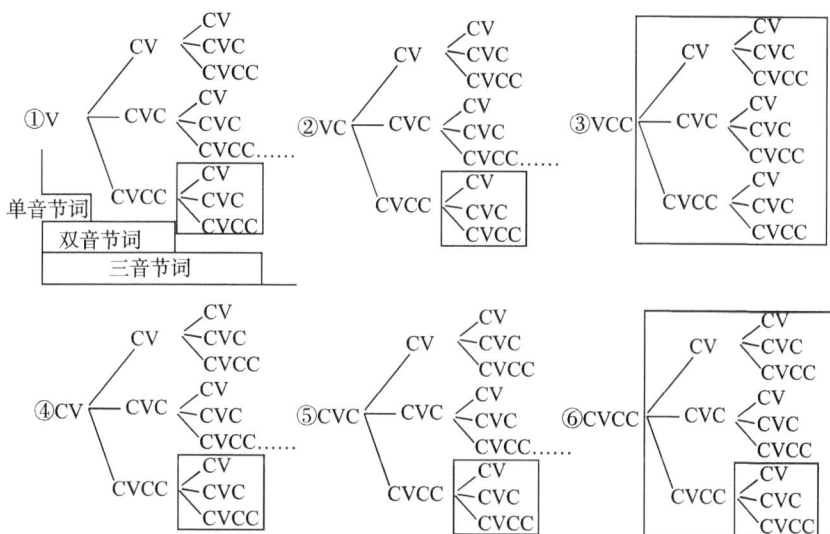

图 0.5　音节类型和单词结构模式

在上述 6 类单音节词（音节类型）中，每类都有能够在该类型中出现的若干个词。如对于 CV 来说，C 能够与若干个元音组合，即 nɑː、nəː、niː、nɔː、noː、nuː 等；V 也能够与若干个辅音组合，即 nɑː、pɑː、xɑː、kɑː、lɑː、mɑː、sɑː、ʃɑː、tʰɑː 等。单音节词必须如实地反映上述特点，尽量控制在 150~200 个词。

1.2.2　多音节词编写原则

多音节词的选词比单音节词的选词复杂。多音节词的选择除考虑上述（单音节）因素外，还要考虑音节之间音段的搭配和前后音节的开闭问题（语境问题）。图 0.6 为多音节之间音段的搭配和前后音节的开闭问题示意图。编写多音节词时，注意如下三个问题：必须充分反映元音和谐律问题；考虑好前后音节之间的音段搭配问题，除 CVC+CVC 和 CV+CVC 外，还要考虑非词首音节的开闭问题（如图 0.6 所示）；覆盖能够组合的所有单词结构。

图 0.6　多音节之间音段的搭配和前后音节的开闭问题示意

在黏着型阿尔泰语系诸语言中，没有类似 CCV、CCVC、CCVCC 等以复辅音开头的音节（书面语中有些以复辅音开头的词不是阿尔泰语系语言的固有词），在非词首音节中没有类似 V、VC、VCC 等以元音开头的音节。因此，图 0.5 中没有列出类似 CVC+CCV 和 CVC+VC 等结构的双或三音节词。类似 CVCC+CV 或 CVCC+CVC 等含有三个辅音串的词也较少。图 0.5 中用方块标记的部分是在阿尔泰语系诸语言中没有或比较少见的词。图 0.7 是索引库样本示意。

No	Traditional Monggolian	Latin	Phoneme	SAMPA	Allophone	SAMPA	English	Syllable Number	Syllable Types
A0001		UGEI	kɥe:	k}e:	kɥe:	k}e:	none	1	CVV
A0002		NIGE	nek	nek	nek	nek	one	1	
A0003		ENE	en	en	en	en	this	1	VC
A0004		HÖMÖN	kʰun	k_h}n	kʰun	k_h}n	human	1	CVC
A0005		THRE	tʰeʁ	t_he4	tʰeʁ	t_he4	that	1	CVC
A0006		GAR	kɐʁ	k64	kɐʁ	k64	hand	1	CVC
A0007		BI	pi:	pi:	pi:	pi:	I	1	CV
A0008		VLVS	ʊlʊs	UlUs	ʊlʊs	UlUs	country	2	V-CVC
A0009		BASA	pɐs	p6s	pɐs	p6s	again	1	CVC
A0010		DEGER_E	te:ʁ	te:4	te:ʁ	te:r\	on	1	CVC
A0011		AE	ɘβ	6B	ɘpʰ	6p_h	to take	1	VC
A0012		NAM	nɐm	n6m	nɐm	n6m	party	1	CVC
A0013		THEGUN	tʰu:n	t_h}:n	tʰu:n	t_h}:n	his	1	VC
A0014		UJE	ʝe	}e	ʝe	}e	to look	1	VC
A0015		OLAN	ʊlʊn	UlUn	ʊlʊn	UlUn	more	2	V-CVC
A0016		MÖN	me:n	m8:n	me:n	m8:n	yes	1	CVC
A0017		GAJAR	kɐtsɔʁ	k6ts34	kɐtsɔʁ	k6ts3r\	land	2	CV-CVC
A0018		HHEREGTEI	kʰerektʰe:	k_he4@\kt_h{:	kʰereχtʰe:	k_he4@\Xt_h{:	need	3	CV-CVC-CV
A0019		MAN	men	m6n	men	m6n	we	1	CVC
A0020		HAR_A	xɐʁ	x64	xɐʁ	x64@_	black	1	CVC

图 0.7　索引库样本示意

2. 语音信号采集与"声样库"的建立

录音设备采用配置高性能外置声卡、调音台和定向性话筒的手提电脑、电声门仪（EGG）以及 DV 摄影机等。采样率为 22kHz、16 bits，双通道记录，S/N 不低于 45dB。在低噪音环境中按照事先准备好的词句表进行语音信号和视频采集。当然，这些只是我们以往采用的方法，目前市场上有多种录音设备供选择。保证音质、选好发音人是本项工作的关键，必须认真对待。录制好的声音文件可以用 Audacity 软件进行切音和命名。图 0.8 为声样库实例。

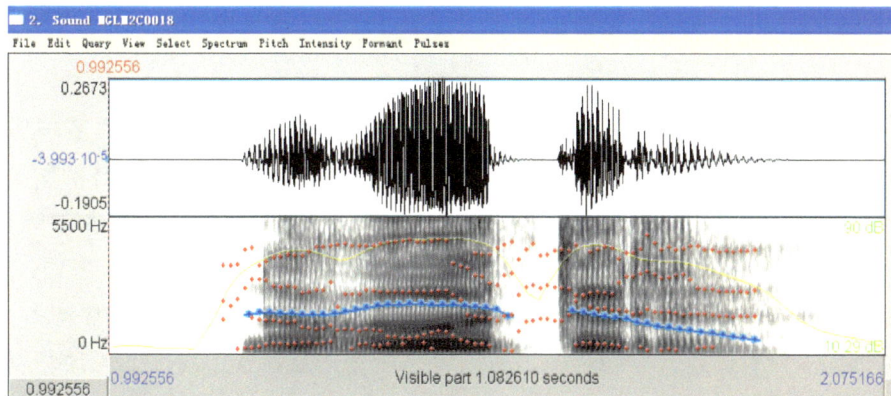

图 0.8　声样库实例

3. 语音标注与"语音标注库"的建立

语音标注分三层（如图 0.9 所示）。其中第一层为音段标注，采用音素标记法，即怎么读怎么标记，本层将呈现语音音变状况和音段时长；第二、第三层为音节和词标注，采用音位标记法，即根据目标语言的音位系统标记，本层将呈现目标语言的音位系统或书面语面貌。从事语音标注的研究人员不但应具备扎实的语言功底和语言学、语音学知识，而且必须掌握声学语音学的理论知识和声学分析方法。

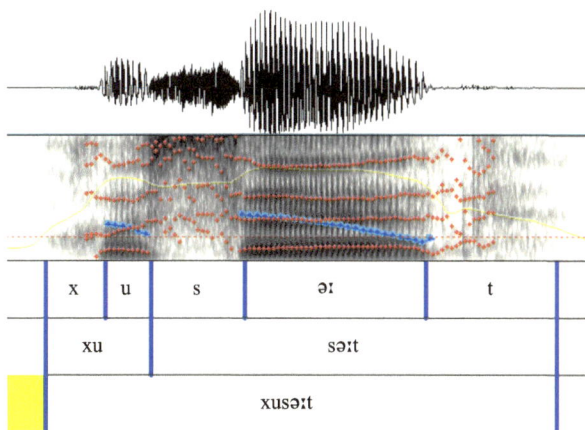

图 0.9　语音标注库实例

"语音标注库"是"语音声学参数库"研制工作的重要环节。该库呈现给读者或使用者每个音段的三维语图及其界限、音标,包括每个词的超音段特征,是图、声音和音标有机结合的语音基础研究的必备库。

4. 声学参数标注,采集与"声学参数标注库"的建立

4.1 功能性字段集的设计

功能字段担负着查找和统计每一种语言、每一个词、每一个音节中每一个音段的声学参数的重任,因此它必须包含足够的信息量。为满足查找和统计统一平台中不同语言、处于不同位置和不同条件音段的信息和参数,需要设计统一的功能字段。通过二十几年的努力,我们已探索出以下 15 个功能字段。这些特征集,具有确定性、唯一性、全面性和权威性等特点,能够涵盖所有民族语言的特征。功能性字段分词层、音节层、音段层、发声类型层和声调类型层等 5 层 15 个字段(请见表 0.1)。

表 0.1　功能性字段及其说明

层级	字段名	字段说明
词层	No. (物理序号)	No. 为物理序号,以行计,自动形成
	TNo. (分类序号)	TNo. 为分类序号,表示词在该语言"词表"的分类位置,与索引库的"编号"(发音词表)一致,表示词在该语言词表中的分类位置。如,A 为单音节词;B 为双音节词;C 为三音节词;D 为多音节词;P 为词组。如:A0001 代表单音节词表的第一个;B0001 代表双音节词表的第一个;C0001 代表三音节词表的第一个;D0001 代表多音节词表的第一个;P0001 代表词组表的第一个
	WN (嗓音起始时间)	WN 为声样(音)文件名。与索引库的"文件名"字段一致。录音后切音时产生,是唯一的。共由 9 位代码(符号和数字)组成。其中,前 2~3 位符号为语种名称信息,取目标语言名称的音节首字母;第 4 位为发音人性别和代码信息,M 为男,F 为女性;后 5 位与索引库的"编号"相同(请见 TNo.)。如 EWKM1A0001 中,EWK 代表鄂温克语,M1 代表男 1 号发音人,A0001 代表单音节词的第一个词(句子参数库单独标记)。如维吾尔语男发音人的第一个句子文件名为 WWEM1JZ001。故事分解成句子后编号。词的序号采用千位,句子序号采用百位
	WP (词的读音)	WP 为词的读音,采用音位标记法标记。记音符号:IPA 和 SAMPA(Speech Assessment Methods Phonetic Alphabet)码

层级	字段名	字段说明
音节层	SN （词的音节个数）	SN 为词的音节个数，用阿拉伯数字 1~9 表示
	S （音节读音）	S 为音节读音，采用音位标记法标记。记音符号：IPA 和 SAMPA 码
	ST （音节类型）	ST 为音节类型。根据以往所涉及语言的音节类型，我们初步确定为 15 类（可以追加）。如：1—V，2—VV，3—VC，4—VVC，5—VCC，6—VVCC，7—C，8—CV，9—CVV，10—CVC，11—CVVC，12—CVCC，13—CVVCC，14—CCVVCC，15—CC 等
	SL （音节位置）	SL 为音节位置，用阿拉伯数字 1~9 表示。其中，1 为词首音节，2~8 为词腹音节，9 为词尾音节
音层	P （音位层标记）	P 为音段读音。记音符号：IPA 和 SAMPA 码。采用音位标记法标记
	PA （音素层标记）	PA 为音段读音。记音符号：IPA 和 SAMPA 码。采用音素标记法标记
	PN （音段序号）	PN 为音段序号，记录词中所有音段的序位。用阿拉伯数字表示
	PV （音变标段记）	取消原来的数字标记，改用附加符号表示擦化、清化、浊化等音段音变现象。根据元音在语图上的声学表现，可分为正常元音、气化或擦化元音、清化元音（语图上有所表现，即有相应的位置，有时长和乱纹）和脱落（语图上没有任何表现）等 4 种
	PO （音段序位）	PO 为音节中的音段序位。根据以往所涉及语言的音节类型，我们把 C1C2V3V4C5C6 假设为最大音节并根据音节中音段的次序进行了编号。其中： 1 为音节首单辅音或复辅音前置辅音 2 为音节首复辅音后置辅音 3 为单元音或复合元音的前置元音 4 为复合元音后置元音 5 为单辅音或复辅音前置辅音 6 为复辅音后置辅音
发声 类型层	PT （发声类型）	PT 为发声类型（Phonation type）。根据学者们的研究成果，我们采纳以下 7 种发声类型。如： 1 为正常嗓音（Modal voice） 2 为紧喉嗓音（Creaky voice） 3 为挤喉嗓音（Pressed voice） 4 为气嗓音（Breathy voice） 5 为气泡音（Fry voice） 6 为假声（Falsetto） 7 为耳语音（Whisper） 如果目标语言的发声类型问题尚未解决，暂不填写

层级	字段名	字段说明
声调 类型层	TT （声调类型）	TT 为声调类型，用阿拉伯数字代替传统的标调。适用于声调类型比较明确的语言。如：55 调标为 1，53 调标为 2，15 调标为 3，13 调标为 4 等

4.2　声学特征参数集的设计

　　声学特征参数负载着音段所有的声学特征信息，是观察了解音段特征及其变化的密钥，是语音描写研究的基石。为了对不同语言音段或超音段特征进行比较研究，需要设计一套统一的声学特征参数。通过二十几年的努力，我们已探索出以下 39 个声学特征参数。其中，除音节时长 SD（单位：毫秒）和词长 WD（单位：毫秒）外，元音和辅音各涉及 14 参数，包括时长，音强，共振峰频率及其前、后过渡，清、浊辅音的强频集中区和共振峰频率（为统计分析上的方便采用该名称）；韵律特征涉及 6 个参数，包括韵母总时长，调长，调型的起点、折点和终点频率，调型起点至折点的时间长度等；另外，还有辅音谱重心、相对于谱重心的谱偏移量和偏离度（低于谱重心的谱与高于谱重心的谱之比）等 3 个参数（请见表 0.2 ~ 0.4）。

表 0.2　辅音声学特征及定义

序号	代码	意义	单位
1	G	辅音无声间隙	毫秒（ms）
2	VOT	噪音起始时间	毫秒（ms）
3	CD	辅音时长	毫秒（ms）
4	CA	辅音强度	分贝（dB）
5	CF1	清辅音第一共振峰	赫兹（Hz）
6	CF2	清辅音第二共振峰	赫兹（Hz）
7	CF3	清辅音第三共振峰	赫兹（Hz）
8	CF4	清辅音第四共振峰	赫兹（Hz）
9	CF5	清辅音第五共振峰	赫兹（Hz）
10	VF1	浊辅音第一共振峰	赫兹（Hz）
11	VF2	浊辅音第二共振峰	赫兹（Hz）

序号	代码	意义	单位
12	VF3	浊辅音第三共振峰	赫兹（Hz）
13	VF4	浊辅音第四共振峰	赫兹（Hz）
14	VF5	浊辅音第五共振峰	赫兹（Hz）
15	COG	辅音谱重心	赫兹（Hz）
16	Dispersion	离散度	赫兹（Hz）
17	SKEW	倾斜度	无单位

表 0.3 元音声学特征及定义

序号	代码	意义	单位
1	VD	元音时长	毫秒（ms）
2	VA	元音强度	分贝（dB）
3	TF1	元音前过渡第一共振峰	赫兹（Hz）
4	TF2	元音前过渡第二共振峰	赫兹（Hz）
5	TF3	元音前过渡第三共振峰	赫兹（Hz）
6	TF4	元音前过渡第四共振峰	赫兹（Hz）
7	F1	元音目标点第一共振峰	赫兹（Hz）
8	F2	元音目标点第二共振峰	赫兹（Hz）
9	F3	元音目标点第三共振峰	赫兹（Hz）
10	F4	元音目标点第四共振峰	赫兹（Hz）
11	TP1	元音后过渡第一共振峰	赫兹（Hz）
12	TP2	元音后过渡第二共振峰	赫兹（Hz）
13	TP3	元音后过渡第三共振峰	赫兹（Hz）
14	TP4	元音后过渡第四共振峰	赫兹（Hz）

表 0.4 韵律特征及定义

序号	代码	意义	单位
1	FD	韵母总时长	毫秒（ms）
2	TD	调长	毫秒（ms）
3	SF	调型的起点频率	赫兹（Hz）
4	BF	调型的折点频率	赫兹（Hz）
5	EF	调型的终点频率	赫兹（Hz）
6	BD	调型起点至折点的时间长度	毫秒（ms）

4.3 声学参数采集方法和原则

根据以往对汉语普通话和少数民族语言的生理和声学研究经验，经过多次讨论、反复修改，我们团队制定了下列统一的测量、采集方法和标准（请见表0.5~0.6）。

表0.5 声学特征参数及其测量采集方法和原则（辅音部分）

音段	声学特征参数	测量采集方法和原则
辅音	CD（音长）	（1）塞音和塞擦音的音长是无声段和噪音起始时间的总和，即CD＝GAP+VOT；（2）音节末或词末弱短元音（不构成音节的元音）的音长归其前位辅音，并在备注中加以说明
	GAP（无声段）	（1）暂不测量词首塞音、塞擦音的GAP；（2）不测量浊塞音和浊塞擦音的无声段。浊塞音和浊塞擦音冲直条和噪音横杠（Voice Bar）之间出现的GAP归-VOT
	VOT（噪音起始时间）	（1）VOT起始点的规定：噪音起始时间通常指破裂音除阻到后面元音声带振动起始的时间，我们把元音第二共振峰的出现点作为VOT的起始点；（2）浊音-VOT时长的测量：从Voice Bar的起始点到浊塞音的冲直条（破裂点），同时要参照上面"浊塞音和浊塞擦音冲直条和噪音横杠（Voice bar）之间出现的GAP归-VOT"的规定
	CA（音强）	（1）测量点：目标位置上的强度；（2）目标位置的确定：目标位置因辅音而异，如塞音的目标位置一般在其冲直条上，塞擦音、擦音和鼻音的目标位置一般在有声段时长的前1/3处（理由：该位置较少受前后音段的影响）；（3）要参照目标位置附近的最大能量
	CF（清辅音共振峰）	（1）测量清辅音的1~5个共振峰（CF1~CF5）；（2）测量点：清塞音、清塞擦音、清擦音目标位置上的5个共振峰；（3）目标位置的确定与CA项相同，即塞音的目标位置一般在其冲直条上；塞擦音，擦音和鼻音的目标位置一般在有声段时长的前1/3处。该标准也适用于复辅音；（4）参考因素：采集清辅音共振峰时参考辅音与前位和后续元音共振峰之间的延续性和对应性。但测量第五共振峰（CF5）时，不宜与元音共振峰联系，要独立测量。还可以参考View Spectral Clice
	VF（浊辅音共振峰）	（1）测量浊辅音的1~5个共振峰（VF1~VF5）；（2）测量范围：浊塞、浊塞擦和鼻冠音的浊音（鼻音）部分，浊擦音共振峰、半元音和［r, 1］等辅音的共振峰；（3）采集方法：浊塞音、浊塞擦音的噪音横杠Voice Bar的参数填入VF1中，而Voice Bar之后的频率填入同一行的CF1~CF5中，鼻冠音虽是一个音位，但分两行填写参数，即鼻冠音的前半部分——鼻音部分的参数填入第一行的相应参数VF1~VF4中，后部分的参数填入第二行

表 0.6　声学特征参数及其测量采集方法和原则（元音和韵律部分）

音段	声学参数	测量采集方法和原则
元音	VD（音长）	（1）元音音长的测量方法：元音音长一般以第二共振峰的时长为准。（2）词末元音的音长问题：以波形没有周期信号为准。（3）半元音与元音界限的判断方法：（a）音强差别，半元音的音强比元音弱；（b）音长差别，半元音时长比元音相对短，一般在40ms左右；（c）成阻差别，与元音相比半元音有较明显的摩擦成分，这是它与元音之间的主要差别。（4）复合元音的测量方法：首先要找到两个元音的目标点，然后把中间的过渡段一分为二分给两个元音，复合元音的元音音长不一定是等长的。（5）波形可以作为判断半元音与元音，二合元音前后位元音界限的参考依据
	VA（音强）	采集音强曲线峰值，同时兼顾元音是否在目标位置附近
	TF（共振峰前过渡）	元音4个共振峰前过渡（TF1~TF4）的测量方法：测量点选在元音起始点
	F（共振峰）	（1）测量采集原则：测量点选在元音共振峰（F1~F4）目标位置。（2）元音共振峰目标位置的特点：（a）相对平稳；（b）共振峰模式典型；（c）能量相对强。（3）测量方法：在CV音节中，目标位置尽量选择相对靠后的点；在VC音节中目标位置尽量选择相对靠前的点；在CVC音节中目标位置尽量选择中间位置。（4）测量元共振峰时可以参考如下原则：在所有元音中［i］的F1和F2的距离最远；［a］的F1最高，F1与F2较接近；［u］的F1和F2最低，最近；［e］的F1，F2，F3分布较均匀
	TP（共振峰后过渡）	元音共振峰后过渡TP1~TP4的测量方法：测量点选在元音结束处
韵律	FD（韵母总时长）	韵母的定义：音节中除了声母，后面都是韵母（元音或元音+鼻韵尾等辅音），非声调语言不测量
	TD（调长）	测量方法：测声调语言调型段内元音（韵母）的音高曲线长度（不包括调型的弯头降尾部分），非声调语言不测量
	SF（调型起点） BF（调型折点） EF（调型终点） BD（调型起点至折点时长）	（1）调型的起点SF频率的测量方法：不包括弯头部分。声调和非声调语均以元音测量，数据放在元音记录行。（2）调型的折点BF频率的测量方法：声调中断问题的解决方法，暂采用人工自然连接的方式。（3）调型的终点EF频率的测量方法：不包括降尾部分。（4）调型起点至折点BD的时间长度的测量方法：无特别提示

4.4　标注原则与方法

在2012年2月我们课题组着手编写PRAAT脚本程序的过程中，我们使用了如下几种工具（程序）。（1）自动添加8层标注层工具。该工具能够自动生成8层标注文件，分别为：P（音素）、S（音节）、W（词）、PI（音高）、IN（音强）、FO（共振峰）、BS（嗓音横杠和冲直条）、CS（辅音谱重心、偏移量、偏移度）等。其中，第 1~3 层为语音标注层，第 4~8 层为参数标注层。（2）自动增加 5 层标注层工具。该工具在原 1~3 层语音标注层的基础上能够自动增加第 4~8 层标注层和词边界。（3）自动转换标注文件工具。该工具能够转换同一种语言或方言一位发言人的标注文件转化成另一位发言人的标注文件，节约语音标注时间。（4）自动反转前三层并加五层工具。该工具能够自动反转前三层并增加五层。（5）参数自动标注工具（3.1版）。该工具目前能够自动标注除第 4（PI）和第 7（BS）层以外的参数。（6）参数自动提取工具（3.9 版）。该工具目前能够自动提取 1~8 层的参数并自动转化成 TXT 文件。

4.4.1 标注层

以下为 1~8 层标注层的内容和标记、标注方法。

第一层 P（Phone）为音素（音段 segment）层。该层以音段为单元进行标注。要标注目标词每一个音段的准确界限并按照"音位变体标记原则"[1]（发音人怎么说就怎么记，即完全按照声学特征标音）进行标音。

第二层 S（Syllable）为音节层。该层以音节为单元进行标注。在第一层的基础上，要标注目标词每一个音节的界限并按照"音位标记原则"（按照目标语言音位系统）进行标音。

第三层 W（Word）为词层。该层以词为单元进行标注。在第一、第二层的基础上，标注目标词界限并按照"音位标记原则"进行标音。

第四层 PI（Pitch）为音高曲线标注层。该层以音节为单元进行标注，要采集每个音节音高曲线的起始点、折点和结束点等三个点的音高参数，避开音高曲线的"弯头降尾"。音高曲线如果出现"断线"现象，可以人为地延伸。该层尚未自动化。

第五层 IN（Intensity）为音段音强标注层。该层以音段为单元进行标注，只采集每个音段最强点的参数。如果是多音节词，一定要采集每个音节的最强点。该层已实现自动化。

第六层 FO（Formant）为音段共振峰标注层。该层以音段为单元进行标注，要采集每个音段包括元音、浊辅音和清辅音的共振峰和强频集中区频

---

[1] 从音位学理论的视角看，第一层为音位变体标注层，第二、第三层为音位标注层；在具体标注时，第一步需要标注第三层词的界限，然后再标注第一或第二层。

率，统称共振峰频率。其中，元音共振峰要采集三个点，即前、后过渡和目标点频率；清、浊辅音只采集一个点，即目标点共振峰频率。缺少的共振峰用"，"号（必须是英文逗号）替代。如，200,，3200,，4600,表示没有 F2 和 F4。该层虽然已实现自动化，但对清辅音共振峰提取错误率较高，提取完参数后必须严格检查。目的：一要检验数据的准确性，二要检查没有显示共振峰的"，"号，特别是清辅音的 F1 一般都不显示。这时一定要手动修改，如:，1200,，3200,，3800,，4600,……标记所提取的共振峰位置时，特别注意要避开盲点。

第七层 BS（Voice Bar & Spike）为塞音，包括塞音、塞擦音浊音横杠或冲直条标注层，是音长参数标注层。（1）清塞音和塞擦音，要分词首和非词首。其中，要标记非词首的冲直条位置，不标记词首的，用词界限代替它。（2）浊塞音和塞擦音，要标记所有浊塞音和塞擦音的冲直条位置。其中，非词首的有两种情况。第一种为如果嗓音横条（Voice Bar）之前有 GAP，要标记嗓音横杠起始点位置和冲直条位置。第二种为如果嗓音横杠之前没有 GAP，即嗓音横杠直接与前音节元音的 F1 连接时，只标记冲直条位置。这种情况下，只有嗓音横杠长度和 VOT 长度。该层尚未自动化。

第八层 CS（Consonant Spectrum）为除塞音（塞音和塞擦音）以外其他辅音的谱重心、偏移量和偏移度标注层。该层已实现自动化，只标记词的界限即可（参见图 0.10）。

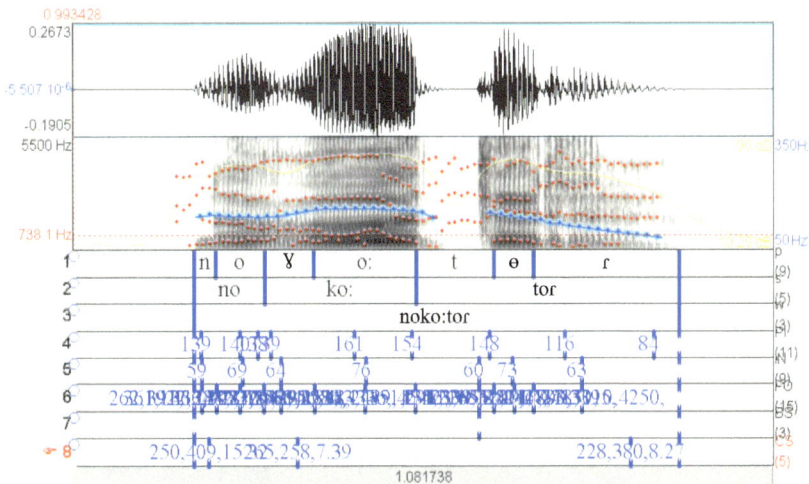

图 0.10 声学参数标注实例

（1）"参数自动标注"程序的用法：一定要用 PRAAT 的 Open PRAAT script 打开；标注完后，run 改程序。注意：run 之前要检查光标是否在 Text-Grid 上（不能在 Sound 上）；要检查 PI、IN、FO 等是否显示；PRAAT 的 run 完之后，要检查数据。其中，特别注意检查清辅音共振峰数据。如果有修改部分，不能再 run。一定要保存。（2）关于 PRAAT 有些参数的设定问题。Formant Settings：分析男发音人语料时，设定为 5000Hz，女性为 5500Hz。Pitch Settings：分析男发音人语料时，设定为 75~300Hz，女性为 100~500Hz。这些设定，对参数的影响不会很大。上述设定是开发 PRAAT 软件的工程师们的建议。我们应该遵循。

4.4.2 辅音的声学表现

辅音在语图（spectrogram）上的声学表现可以分解为一组基本模式。

冲直条（Spike）：塞音破裂产生的脉冲频谱，表现一直条，时程很短，10~20ms，意味在所有的频率成分上都有能量分布。

无声空间（GAP）：在塞音和塞擦音破裂之前有一段空白，这是辅音成阻、持阻时段的表现，造成清塞音的效果；这一段虽是空白，但对塞音感知来说是不可缺少的。

噪音横杠（Voice Bar）：这是声带振动的浊音流经鼻腔辐射到空气中在语图上的表现，冲直条之前若有一条 500Hz 以下较宽的噪音横条，说明这是浊塞音。

乱纹（Fills）：这是气流流经口腔某部位狭窄通道造成的湍流，所有的擦音在语图上都表现为乱纹。

共振峰（Formant）：其定义与元音相同，鼻音、边音都有共振峰。

CS（Consonant Spectrum）：代表辅音的谱重心、偏移量、偏移度。

4.4.3 清辅音共振峰标注原则与方法

元音和辅音在词中的每个共振峰都是围绕各自的一条线上下移动。这些线就像一条橡皮带，随着共振峰的变化而上下摆动。因此，就像图 0.11~0.13 中所显示的那样，词中元音和辅音的每一个共振峰都会绘制一条完美的波浪线。原因：每个人的共鸣腔是固定的，决定上下移动幅度的是舌位（高低前后）。这完全符合发音机理。图 0.11~0.13 中几种语言词的共振峰波浪线对于元音和辅音共振峰的理解和采集，特别是对于清塞音、塞擦音和擦音共振峰的准确采集具有非常重要的意义。我们采用"顺藤摸瓜"的方法，可以比较容易地找到清塞音、塞擦音和擦音的几个共振峰。词中元音和辅音的共振峰对应规律为：

$F1 \Leftrightarrow VF1 \Leftrightarrow CF1$；$F2 \Leftrightarrow VF2 \Leftrightarrow CF2$；$F3 \Leftrightarrow VF3 \Leftrightarrow CF3$；

$F4 \Leftrightarrow VF4 \Leftrightarrow CF4$；$F5 \Leftrightarrow VF5 \Leftrightarrow CF5$

其中，CF1 不稳定，有时比较明显，有时不明显，根据具体表现确定是否采集该参数。有关清辅音共振峰模式，请见图 0.11~0.13。

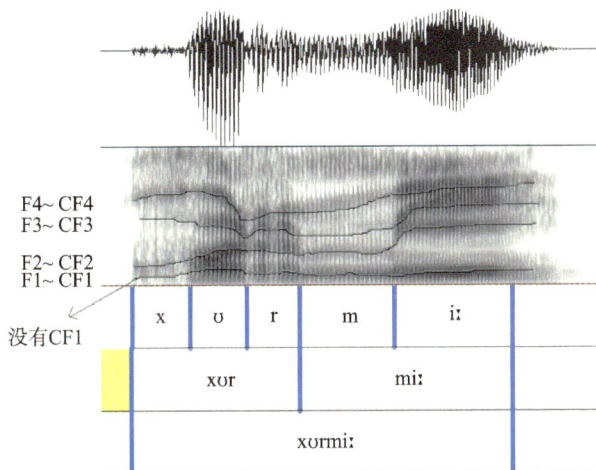

图 0.11　土族语 [xʊrmiː] "裙子" 一词的 CF "波浪线"

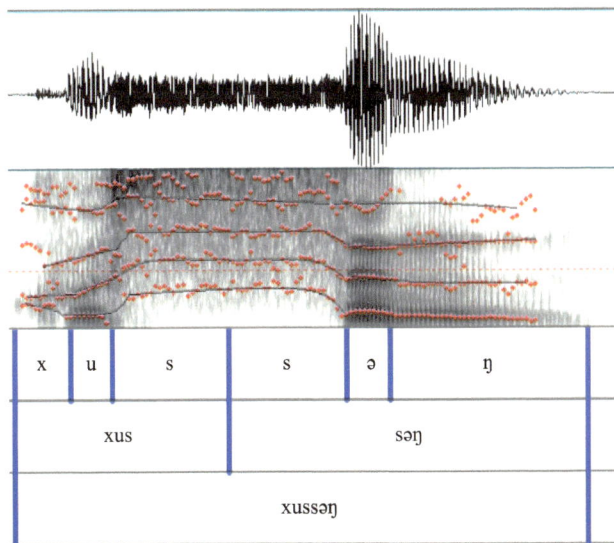

图 0.12　蒙古语 [xussəŋ] "所希望的" 一词的 CF "波浪线"

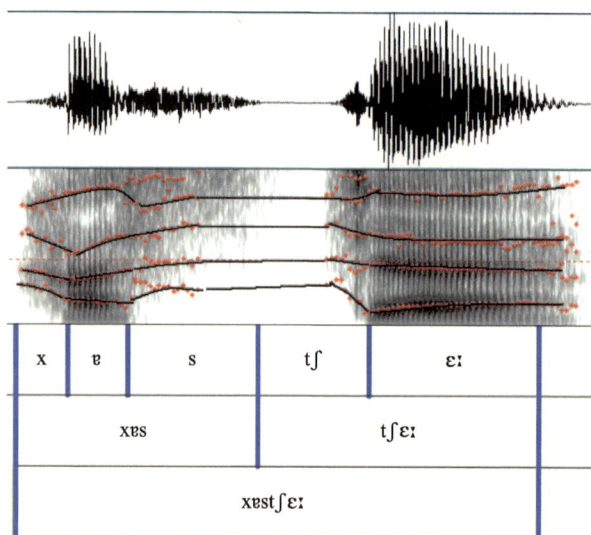

图 0.13　蒙古语［xɐstʃɛː］"减了"一词的 CF "波浪线"

4.4.4　鼻音对其前后音段共振峰的影响问题

如果一个词中有鼻音［m，n，ŋ］，可能会中断或打乱共振峰连接。这是因共鸣腔的改变或转换而发生的变化，主要表现为元音的 F2 和 F3 之间会出现 "多余" 的共振峰，即传统语音学中所说的 "鼻化"。在这种情况下，忽略鼻音的影响而找到元音共振峰的准确位置是非常必要的（参见图 0.14）。

4.4.5　闪音声学表现及其标注原则与方法

在蒙古、土、东部裕固、鄂温克、鄂伦春和哈萨克等语言中都有/r～/ɾ/辅音音位。在这些语言中，该音位的出现频率也相当高。目前，我们发现了以下四种变体［ɾ，r，ʒ~z̩，ɹ］。其中，我们对闪音［ɾ］① 语图的认识是随着分析语言的增多而逐渐深入的。典型闪音语图是 "浊音横杠＋无声段＋浊音横杠"。在以往的研究（呼和，2009）中，我们把无声段之后的浊音横杠处理成弱短元音。通过比较上述阿尔泰语系诸多语言闪音之后，我们觉得处理成弱短元音不妥，因为该部分正是把闪音归为浊音的主要依据。通过分析发现，不管出现在什么样的语境下，如元音之间（-VɾV-）、音节首（-ɾV-）和音节末（-CVɾ-）等，闪音都能够保持其 "浊音横杠＋无声段＋浊

---

①　闪音共振峰参数只采集中间目标位置，不采集前、后过渡段。参数填入与该闪音相应的浊辅音字段中，即 VF1～VF4。闪音音强采集点应与其共振峰目标点一致。颤音：标注和时长、共振峰的采集方法与闪音相同，颤音音强采集点应与其共振峰目标点一致。

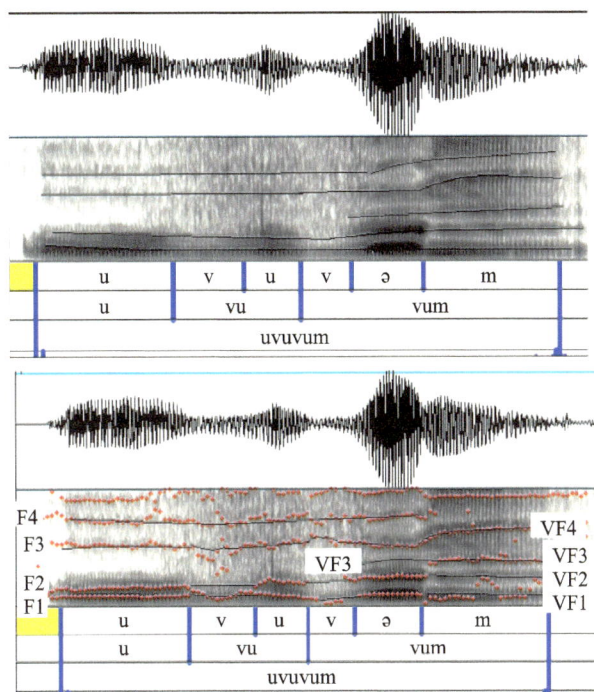

图 0.14　锡伯语［uvuvəm］"卸（货）"一词的 CF "波浪线"

音横杠"模式。目前我们区分闪音与颤音的标准只限定在所颤的数量上，即颤一次为闪音，两次或两次以上为颤音，即 r = ɾ + ɾ +……。

图 0.15～0.19 是不同语言和不同位置、不同语境中出现的闪音实例。标注时，以其前元音结束段为起始点（包括短暂的无声短）一直到后面的

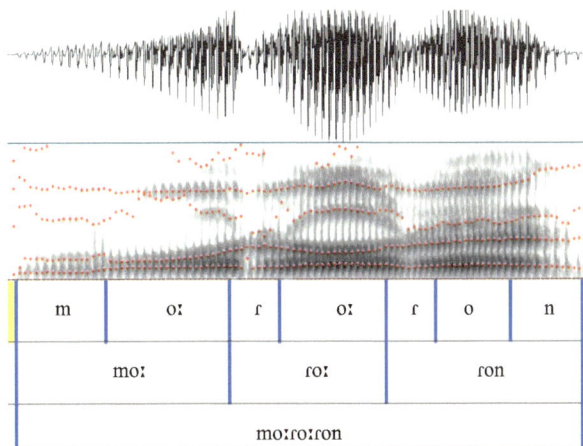

图 0.15　鄂伦春语［moːɾoːɾon］"呻吟"一词的三维语图和三层标注实例

浊音横杠的结束点作为其音长。

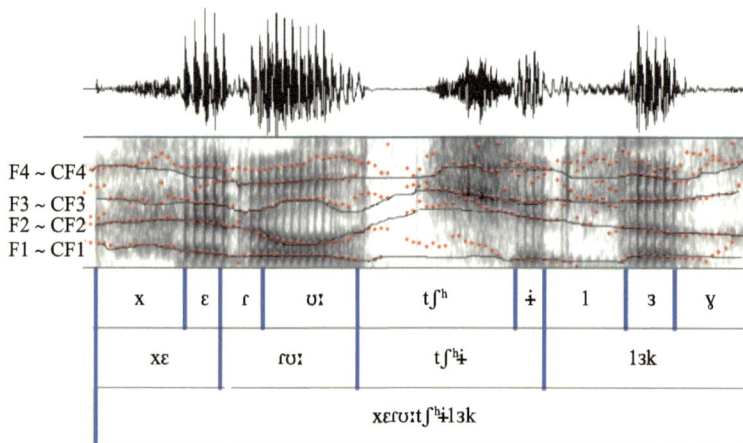

图 0.16　蒙古语［xɛrʊːtʃʰɨ̜lɜɣ］"责任"一词的三维语图和三层标注实例

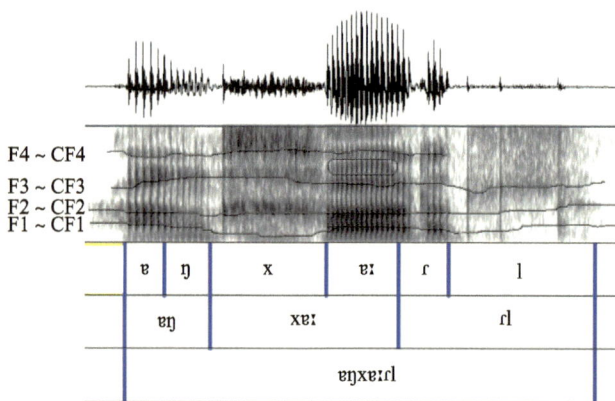

图 0.17　蒙古语［ɐɲaxɐɪl］"注意力"一词的三维语图和三层标注实例

　　闪音在清辅音之前（-Vr/C 清-）有时会清化为［ɹ］音。这种变体在蒙古语中较多，蒙古语族其他语言中也会出现（参见图 0.19）。

　　4.4.6　音高曲线三点的标记原则与方法

　　为了准确无误地采集每一个音节音高曲线，我们制定了以下标记方法。因为阿尔泰语系语言没有声调，为此研究描写词重音时我们只需采集三点即可。图 0.20 为音高曲线采集原则和方法。

　　5. 声学参数自动标注与提取系统

　　尽管通过 30 多年的语音实验研究和描写研究实践，我们团队对语音声

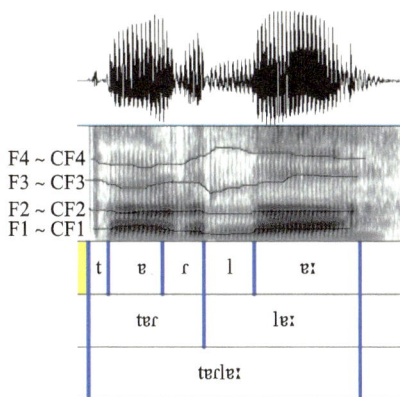

图 0.18　东部裕固语［teɹleː］"兴盛"一词的三维语图和三层标注实例

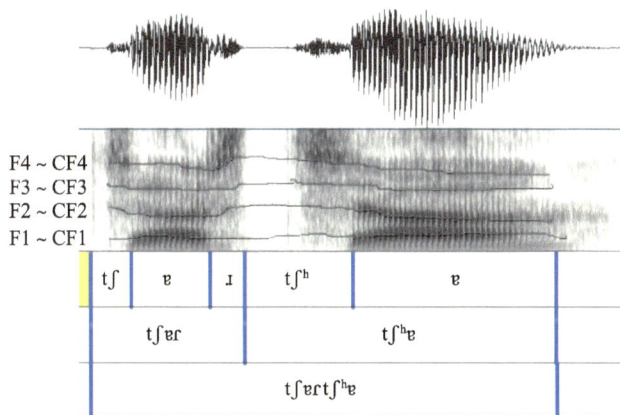

图 0.19　东部裕固语［tʃɐɹtʃʰɐ］"雇工"一词的三维语图和三层标注实例

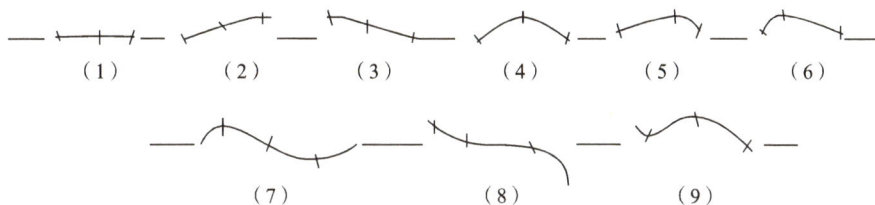

图 0.20　音节音高曲线模式及其测量方法示意图

学特征有了新的认识，积累了测量和采集声学特征参数的丰富经验，但是声学参数采集工作仍然非常艰难。这是因为仅仅依靠手工标注和采集，尚存两个弊端。一方面，工作量大，错误率高，效率低，无法保证实验方法和实验数据的可重复性，更无法实现语音声学研究工作的规范化和标准化；

另一方面，由于声学特征定义及其提取方法和标准难以统一等原因，语言之间难以相互比较，研究成果无法相互借鉴。为了避免上述弊端，必须解决语音声学参数数据库研制工作的自动化问题，语音声学参数自动标注和提取是首先要解决的问题。

为推动语音声学实验研究工作的规范化和标准化进程，自 2013 年年初开始，根据多年积累的语音声学参数库研制经验，在呼和研究员的倡导下，由周学文副研究员编写完成并投入使用了"语音声学参数自动标注/提取系统"（周学文、呼和，2014）。该系统具有标准统一、数据完整、简单高效、可校对、能容错的特点。与手动采集声学参数相比，该系统能够大量减少填写数据的工作量，减少人工标注的随意性，降低错误率，从而有效提高语音声学参数库研制效率，确保实验方法和实验数据的准确性和可重复性。

声学参数自动标注和自动提取两个工具共有源代码大约 1500 行，自动标注实现了除冲直条外所有声学参数的自动标注，自动提取软件增加了谱重心、偏移量、韵律参数等新的参数的自动计算和提取，两款软件经过了多个用户、大量数据的运行实践和改进，证明了其稳定和高效，极大提高了参数标注和提取的工作效率。

为了对声学参数进行标准化标注和自动提取以及减少人工标注的随意性，在提出八层标注文件结构（请见表 0.7）的同时，制定了归一化的标注标准和标注点。该结构涵盖了音段和超音段主要声学特征。标注方法如下：在 PRAAT 环境下将标注文件与语音文件同时打开后，用户按照统一的标注标准和方法，选定标注位置（音高、音强、共振峰和浊音杠与冲直条），执行自动标注软件，系统就能把具体值自动标注到所选位置上，用户只需校对、修改和确认即可。有了该系统，语音实验人员可以把主要精力集中到语音特征的分析和比较上，不再为手工填写大量数据而发愁。这样既减少工作量，又降低错误率。

表 0.7 八层标注文件结构实例

第一层：音素	音素	音素	音素	音素	音素
第二层：音节	音节		音节		音节
第三层：词	词				
第四层：音高	音高（每音节取三点：起点、折点、终点）				

第五层：音强	音强（每音素最大音强）
第六层：共振峰	共振峰（辅音一点、元音三点，每点最多五个共振峰）
第七层：浊音杠与冲直条	塞音/塞擦音的浊音杠和冲直条位置（除词首清塞音和清塞擦音以外）
第八层：辅音谱	除塞音/塞擦音以外辅音的谱特征

图 0.21 为自动提取软件运行界面。自动提取软件是一款高效而稳定的软件，它主要用于完成如下工作。（1）根据 SAMPA-C 码定义，判断音素的元音/辅音属性。如果是辅音，还要判断其清/浊、塞音塞擦音/非塞音塞擦音属性。（2）根据音节内音素的组合，判断音节类型并得到类型号、音节位置和数量、词/音节/音素长度，将音高值赋予音素，将共振峰值串（可能有逗号分隔的缺省值）分解得到 F1~F5，并根据元音/辅音属性，分别赋予各自的共振峰，将音高赋予音节的属性。（3）根据第七层的冲直条和浊音杠标记，与第一层的音素进行匹配，根据词首/非词首、清/浊属性，将各个标记解释为冲直条或浊音杠，计算得到 GAP、VOT 和音长，再赋值给音素。（4）第八层将计算得到的辅音谱特征值赋予辅音等。

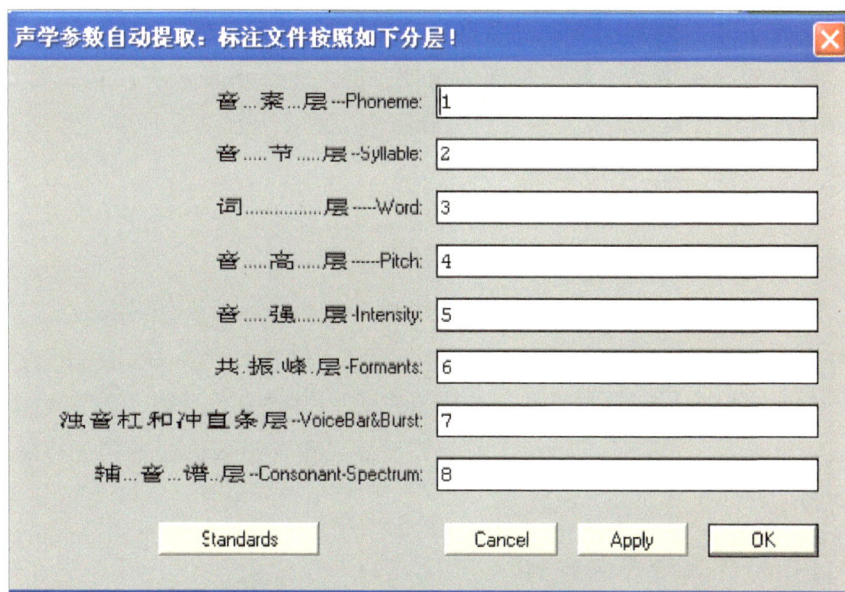

图 0.21　自动提取软件运行界面

语音声学参数自动标注/提取是我们整个工作的关键。语音声学参数准确而高效的提取能够有效提高语音声学参数库研制效率，确保实验方法和实验数据的准确性和可重复性。声学参数提取技术上的改进将逐步实现语音声学参数数据库研制工作的全面自动化，推动语音声学参数数据库研制和语音声学实验研究工作的规范化和标准化进程。类似资源库创建中计算机技术的运用，需要计算机技术人员和语言学者互相配合、协同作战、共同攻关。

二 "中国少数民族语言方言实验研究丛书"

"中国少数民族语言方言实验研究丛书"基于"统一平台"的研究成果，是我们团队多年合作研究的结晶。该丛书在以往研究的基础上，针对民族语言语音研究的历史和现状，从解决所面临的实际问题出发，采用声学语言学的理论和方法，对目标语言的元音、辅音等音段特征和词重音等超音段特征进行了较全面、系统的定量和定性分析。

（一） 在元音研究方面

（1）对每一个元音进行系统的统计分析，统计参数（项）包括音长、音强、目标位置共振峰及其前、后过渡频率。统计内容有平均值、标准差、变异系数、最大值、最小值等。

（2）基于参数平均值，确定每一个元音的音值，并列举每一个元音的三维语图作为旁证。

（3）根据每一个元音在声学空间中的分布格局，分析探讨其过去、现在和未来的变化规律。

（4）观察分析音节数量与元音声学参数之间的关系问题、音节类型与元音声学参数之间的关系问题、辅音音质对元音共振峰的影响问题、辅音位置对元音共振峰的影响问题等。

（二） 在辅音研究方面

（1）对每个辅音进行系统的统计分析，统计参数（项）包括音长、音强、目标位置共振峰（CF1～CF3）等，统计内容有平均值、标准差、变异系数、最大值、最小值等。

（2）通过统计每一个辅音在词中不同位置中的出现频率，确定其在词中的出现频率特点。

（3）基于三维语图，阐述每一个辅音声学特点（声学表现）。

（4）根据每一个辅音的共振峰分布模式，确定其在声学空间中的分布特点。

（5）用 VOT-GAP 二维坐标观察分析塞音、塞擦音的声学格局。

（6）用 COG（辅音谱重心，简称谱重心）、STD（相对于谱重心的谱偏移量，简称谱偏移量）和 SKEW（偏离度，低于谱重心的谱与高于谱重心的谱之比）等三个参数探讨了清擦音和浊辅音的谱特点和谱参数分布规律。

（7）观察分析词中位置对辅音的影响问题，后续元音音质对辅音共振峰的影响问题。

（三） 在词重音研究方面

从单词韵律模式和词重音问题入手，阐述了语音四要素与目标语言词重音性质之间的关系问题；基于声学参数分析了词重音功能与作用问题，并从类型学的视角对词重音位置问题进行了解释。

（四） 在音系研究方面

基于实验音系学理论和方法，对目标语言的音系进行了较全面系统的分析和归纳。

第一章

东乡语研究概况

一 东乡族与东乡语

东乡族是中国甘肃省的一个少数民族，因居住在河州（今甘肃临夏县）东乡地区而得名。该民族自称"撒尔塔"（Sarta），以撒尔塔人为主，是融合当地汉、蒙古族等逐渐形成的。撒尔塔原意为"商贾"，指定居于中亚一带信仰伊斯兰教的各族人，主要有突厥人、塔吉克人、波斯人，统称为色目人。关于东乡族的来源和形成，学术界一度颇有分歧，主要有源于回回色目人、蒙古人和多民族融合说。东乡语属阿尔泰语系蒙古语族。东乡族没有本民族的文字，大多数东乡族都兼通国家通用语言文字。东乡语的词汇中，汉语借词较多，也有不少突厥语、阿拉伯语和波斯语借词。东乡族主要聚居在甘肃省临夏回族自治州境内洮河以西、大夏河以东和黄河以南的山麓地带，其余分别聚居在和政县、临夏县和积石山保安族东乡族撒拉族自治县。另外，在甘肃的兰州市、定西地区和甘南藏族自治州等地还散居着一小部分东乡族。新中国成立后，部分东乡族从甘肃迁徙到新疆居住。[1] 根据《中国统计年鉴2021》记载，中国境内东乡族的人口数为774947人。[2]

---

[1] 中华人民共和国成立前曾被称为"东乡回回""蒙古回回""东乡蒙古""回回""东乡土人"等。新中国成立后，根据本民族人民的意愿，定名为"东乡族"。引自《东乡语和蒙古语》（布和，1986）和中华人民共和国国家民族事务委员会网站（https://www.neac.gov.cn/seac/ztzl/dxz/gk.shtml）。

[2] 国家统计局编《中国统计年鉴2021》，中国统计出版社，2021。

部分东乡族迁徙到新疆伊犁地区与阿勒泰地区居住。有些东乡族人民20世纪50年代末开始向新疆大规模迁徙移居，其中有两个高峰期，1960~1962年为第一个高峰期、1966~1976年为第二个高峰期，两个高峰期使新疆东乡族人口迅速增长。如上所述，东乡语属于阿尔泰语系蒙古语族语言。东乡语是东乡族人民日常生活中交流的工具，它承载着东乡族历史传承的任务。东乡语是一种较古老的语言，东乡族没有本民族的文字，也没有方言级差别，只有土语级区别，也就是说，各地区东乡语之间的差别较小。如，我国学者根据1955~1956年的东乡语调查材料，把东乡语分为锁南坝土语、汪家集土语、四甲集土语三种。各土语之间存在语音和用词方面的一些差异。其中，锁南坝土语分布在锁南、春台、坪庄、免古池、大树、沿岭、东塬、百和、临夏县、和政县等地区，使用该土语的人数大约占东乡语使用者总数的50%；汪家集土语分布在汪家集、果园、那勒寺、达板、广河县、康乐县等地区，使用该土语的人大约占总数的30%；四甲集土语分布在龙泉、唐汪、考勒、永靖县等地区，使用该土语的人大约占总数的20%。三种土语除词汇方面存在差别之外，还有一些各自的特色。如，汪家集土语中卷舌元音多，四甲集土语多保留较古的读法。

另外，因部分东乡族在20世纪50年代末开始两次（1960~1962年和1966~1976年）迁徙到新疆伊犁地区与阿勒泰地区，大大增加了新疆的东乡族人口。这些迁移的东乡族主要集中在伊犁地区，占全新疆东乡族人口的80%左右。因迁源地的不同，操持的土语也不同，即上述三种土语均有出现。①

有些学者认为，东乡族有本民族的文字。他们所说的东乡族文字是用阿拉伯字母拼写东乡语的一种拼音文字，即东乡族"小经"文字。该文字产生于17世纪之前，至今已有300年以上的历史。主要用于记录民间文学、写作札记、通信等，是一种社会应用的文字，现今仍在流传。东乡族的"小经"文字由35个字母、9个附加符号和3个标点符号组成。该文字系统的不足之处主要表现以下几个方面：有一字母多音值和一音值多字母现象；字母偏多；没有字母表；附加符号多，标点符号少；基本上以音节为单位

---

① 刘照雄：《东乡语简志》，民族出版社，1981，第4页。

连写。① 虽然于 1957 年，中国科学院少数民族语言研究所东乡语调查组拟定过《东乡族文字方案草案》，但未能得到普及。近年来，有些学者还尝试使用基于《汉语拼音方案》的《东乡语实用记音符号》，如马国忠、陈元龙的《东乡语汉语词典》（2001），该词典中所用的记音符号读音与汉语拼音的读音相似。

二　东乡语语音研究综述

（一）国外研究概况

学界认为，最早研究东乡语的学者是俄国探险家布塔宁（Potnani）。他在 1893 年发表的两本中亚旅游考察记录中，收录了约 200 个东乡语单词。那是他在中国青海、安多地区旅行时，从兰州与河州之间的宋家村迁徙而来的东乡族那里收集记录的。在东乡语早期研究中，另一个值得提及的学者是比利时传教士田清波（Mostaert）。他在 1931 年发表的《甘肃的蒙古人及其语言》中，提到过三塔语（东乡语）。

国外真正意义上的东乡语研究是从 20 世纪 50 年代中后期开始的。如，苏联学者托达叶娃（Todaeva）在《有关蒙古语族与方言的研究问题》（1955）中，谈到了东乡语语音及其他问题。另外，她在论文《论东乡语》（俄文，1959）和专著《东乡语》（俄文，1961）中，提出了一些新的见解。这些成果采用了她在 1956 年到临夏地区进行调查的东乡语语料。除此之外，日本学者在 20 世纪 80 年代发表的《东乡语的语音变化》（1982）和《"东乡语词汇"蒙古文索引》（1986）两篇论文中，也较详细探讨过东乡语语音与词汇问题。直到 90 年代，又有一批国外学者探讨了东乡语相关问题。如，美国学者肯尼斯·菲尔德（Kenneth L. Field）的《东乡语语法概要》（博士学位论文，1997）。这是他在 1992 年攻读博士学位期间，到东乡语地区进行实地调查和学习东乡语的基础上完成的博士学位论文；另外，韩国的博士

---

① 阿·伊布拉黑麦·陈远龙：《东乡族的书面语言——"小经"文字》，《西北民族研究杂志》2015 年第 4 期，第 62~68 页。

生金瑞卿（Stephen Seogyeong Kim）于 1996～1997 年，也在到东乡语地区进行实地调查与学习东乡语的基础上完成了他的博士学位论文——《东乡语词法研究》（1998）。

（二）国内研究概况

国内东乡语研究可以分东乡语研究探索时期（20 世纪 50～60 年代）、东乡语研究发展时期（自 20 世纪 80 年代至 2010 年）和东乡语研究新的发展时期（自 2010 年至今）。

1. 东乡语研究探索时期（20 世纪 50～60 年代）

我们认为，20 世纪 50～60 年代是国内学者研究东乡语，特别是东乡语音系研究探索时期。该阶段的成果主要基于 1955～1956 年全国少数民族语言普查的调查资料。在此期间，出现了一些具有参考价值的研究成果。如，清格尔泰的《中国境内蒙古语族语言和蒙古方言概况》（1958）。[1] 该文较详细地描述了东乡族和东乡语基本情况。那森柏（那顺巴雅尔）在蒙古国乌兰巴托召开的第一届国际蒙古学会议上宣读的《东乡语要记》[2]（1959）中，提出了东乡语有/ɐ, o, ɿ, ɚ/等 7 个元音音位，其中，/ɚ/元音为独立音位，主要出现在汉语借词的观点。刘照雄在《东乡语概况》（1965）一文中详细描述了东乡语的元音、辅音和词重音。[3] 该文认为，东乡语有/ɑ, ə, ɿ, ɯ, o, u/和/ɚ/（卷舌元音）7 个元音音位，有/b, p, m, f, d, t/等 28 个辅音，有/iɐ, əi, ɐo, ou/等 11 个复合元音（其中前响 4 个、后响 3 个、三合元音 4 个）。另外，在托达耶娃、清格乐泰、索德那木、那顺巴雅尔等撰写的调查报告——《蒙古语族语言和方言调查报告》（1956）的第六部分中，提出了以下观点：东乡语共有 41 个语音音位，其中，元音音位有 15 个、辅音音位有 26 个、7 个半鼻化元音音位。

2. 东乡语研究发展时期

自 20 世纪 80 年代至 2010 年是东乡语研究发展时期。这一时期是东乡语研究的最活跃期，出现了大批学者和大量的成果。

---

① 清格尔泰：《中国境内蒙古语族与蒙古方言概况》，《蒙古语文》，1958。
② 那森柏：《东乡语要记》，第一届国际蒙古学会议，1959。
③ 刘照雄：《东乡语概况》，《中国语文》1965 年第 2 期，第 153～167 页。

（1）著作概况

刘照雄在《东乡语简志》（1981）中详细描写了东乡语语音、语法、词汇，认为东乡语有 7 个元音音位、28 个辅音音位、7 个复合元音（前响 4 个、后响 3 个），还有 4 个三合元音；有关音节方面的阐述有：元音是构成音节的中心，辅音不能单独构成音节；一个音节可以有两个或三个不同元音的结合，但是没有不同辅音的结合；闭音节只有以/n/结尾这一种形式。

20 世纪 80 年代内蒙古大学蒙古语文研究所的师生们在较详细调查蒙古语族语言的基础上撰写出版了"蒙古语族语言方言研究丛书"。布和老师负责撰写了《东乡语词汇》（1983）、《东乡语和蒙古语》（1986）、《东乡语话语材料》（1987）3 部专著。这是在 1983~1987 年他带领宝力高、呼和巴尔等研究生全面系统地调查东乡语的基础上完成的。这 3 本专著能够代表当时的我国学者的东乡语研究水平。其中，《东乡语和蒙古语》一书通过比较东乡语和蒙古语的语音、词汇、语法，详细阐述了东乡语的元音、辅音、元音和谐和词重音特点。

在《中国少数民族语言》（1987）一书中，编者用 630 页的篇幅详细描写了东乡语元音、辅音、元音和谐、词重音特点等。如，东乡语有 7 个元音音位、28 个辅音音位；重音通常落在词的最后一个音节上，不管在词后增加多少结构性后缀，词重音大多都留在原来的位置。有些词上还会出现区别意义的词重音；除复合元音外，东乡语有一定的元音和谐现象。其中，形式后缀不需要词干元音的驱动，可以自由组合；词干位置的和谐比较明显。

中国社会科学院民族研究所语音研究室编的《中国少数民族语言音档——东乡语》（1985）中提出了东乡语有 7 个元音音位、12 个复合元音、28 个辅音音位的观点。

呼和巴拉在《东乡语复数附加成分-çiə》（1988）一文中，提出-çiə 加在亲属名词之后表示两个以上亲属，-çiə 具有复数附加成分的概括功能，-çiə 可以单独使用，也可以和-la 一起使用，东乡语的-çiə 与蒙古语书面语复数附加成分-se 有同源关系的观点。那德木德在《关于东乡语元音》一文中，提出东乡语共有 5 个元音音位，这 5 个音位都有其位置变体。阿·伊布拉黑麦在《东乡语的音位》中认为，东乡语有/ɛ/等 7 个不同的元音音位，/ai/等 7 个复合元音，/p/等 28 个辅音音位，没有三合元音。布和在《东乡语的元音和谐现状探析》中认为东乡语元音和谐不是很严密的，涉及的范围也很窄小，具有自身的独特性。东乡语元音和谐是局部和谐，因元音和谐的破坏而出现了很多中性元音。包力高在《东乡语与蒙古书面语元音辅音的对应》中，从基本元音、长元音、复合元音、辅音等四个方面详细描述了蒙古语与东乡语的对应关系。作者认为，东乡语词重音落在词的最后一个音节上，因此东乡语词首音节元音有清化现象，非词首音节却没有弱化现象；东乡语有［o，u］两个圆唇元音，后元音没有前化现象等。那森柏在《东乡语的词重音》中认为东乡语重音没有区别意义，但是有调解词内音节韵律的作用。①

孙竹《蒙古语族语言词典》（1990）把东乡语词汇与达斡尔语、土族语、保安语词汇一起收入了该词典中。

孙竹在《蒙古语族语言研究》（1996）中，详细描述了东乡语词汇和数范畴。

喻世长的《论蒙古语族的形成和发展》（1983）从词首辅音的保持或失落、软腭辅音的读法、元音和谐、圆唇元音的混并、长元音及和它有关的复合元音的出现、前化元音的出现等视角比较系统地描述了东乡语的特点。

哈斯巴根（1996）认为，"中世纪蒙古语［a］元音为不圆唇、开（低）、后元音。现代蒙古［a］元音跟中世纪蒙古语［a］元音在舌位方面没有较大的区别。东乡语［a］元音保留着中世纪蒙古语［a］的特点"。

（2）学术论文概况

《关于东乡语元音》（1982）一文不支持学者们上面所提出的东乡语有6、7、8个元音音位的观点。该文认为东乡语只有/a，ə，ɿ，o，u/等5个元音音位。其中［ɯ，e，ɣ，ʅ］均是/ə/的变体。《关于东乡语鼻辅音 n 和 ŋ》（1985）提出，东乡语中虽然以辅音 n 和 ŋ 区别意义的词较少，但这两个辅音是两个独立的音位，绝对不是一个辅音音位的两种自由变体或条件变体。《关于东乡语语音的几个音位》（1985）中提出，东乡语有 7 个元音音位、11 个复合元音音位、28 个辅音音位，没有三合元音，该文认为/ɚ/不是独立的元音音位，而是在元音/ə/和辅音/r/的结合过程中辅音/r/逐渐弱化的结果，

---

① 以上文章均引自国家民族事务委员会、西北民族大学主编《东乡语论集》，甘肃民族出版社，1988。

把/ɚ/定型为/ə/和/r/两个音位。《蒙古书面语元音间未脱落的辅音 ɣ-k》（1985）一文，提出了东乡语一些词里的词首/q, k/受第二音节辅音/d, l, b, m, r, j/的影响而逆同化，变成了 ɣ-g 辅音的观点。《关于蒙古语族语言及其研究》（1985）一文在简单介绍东乡族基本情况和研究概况的同时还提出了一些新见解。如，东乡语圆唇元音有主要和非主要两种对应关系，这种对应关系可能是反映中期蒙古语以后的情况，也可能是元音和谐削弱的结果。《东乡语的弱化元音》（1988）一文认为，东乡语词首音节元音有弱化或清化现象，这是由重音落在非词首音节上导致的。《关于书面蒙古语元音 e 对应蒙古语族语言（方言）圆唇元音的问题》（1987）一文，比较详细地描述了书面蒙古语 e 元音和各个语族语言（和方言）的对应关系，认为书面蒙古语 e 对应东乡语圆唇 u 元音。

哈斯巴根在《蒙古语族语言语音比较研究》（2001）中，从蒙古语族语言语音的基本情况、蒙古语族语言语音对应关系、蒙古语族语言语音演变和蒙古语族语言音长元音和复合元音的比较等方面，详细描述了蒙古语族语言语音的基本概况，提出东乡语有/a, ə/等 7 个单元音音位、/ai/等 5 个复合元音音位、没有三合元音和长元音，有 28 个辅音音位。东乡语元音有弱化现象，并且该现象不仅在词首音节出现，非词首音节也会出现。

高·照日格图在《蒙古语族与突厥语族语词汇比较研究》（2000）中提出，蒙古语族和突厥语族自古以来便在政治、经济、文化、语言上交际频繁，两种语族互相影响，出现了一些相近或相似的词语和语音。例如：东乡语 arun（干净）这个词对应古突厥语的 ari（干净）。该文认为东乡语 arun（干净）是派生词，后加后缀演变成 arun（干净）这一词，词干是古突厥语的 ari（干净），词源认定为古突厥语。

武·呼格吉勒图在《蒙古语族语言基本元音比较研究》（2004）中提出，东乡语（锁南坝东乡语）有/a, ɪ, u, ə, o, ɚ, y/等七个元音音位。书面蒙古语重读音节（词首音节）元音/a/，在多数情况下对应于中世纪蒙古语/a/、现代蒙古语诸方言/a/和蒙古语族（东乡族）其他语言的/a/，东乡语/o/对应蒙古书面语的/o/和/ö/, /u/对应蒙古书面的/u/和/ü/。

德力格尔玛和波·索德在《蒙古语族语言概论》（2006）一书中提出，东乡语分为三个土语：锁南坝土语、汪家集土语、四甲集土语。元音和谐律基本被破坏，[f, h, x, ç] 等辅音还保留在词首元音前。重音落在最后一个音节上。

清格尔泰在《清格尔泰文集》（2010）中，较详细描写了包括东乡语在内的中国境内蒙古语族语言特点。

包萨仁在《从语言接触看东乡语的临夏话的语序变化》（2006）中提出，因为东乡语和临夏话接触比较频繁，东乡语受到临夏话的影响出现了 SOV 句式；临夏话也受到了当地其他少数民族语言的影响，语序基本上改变为 SOV 型。

包萨仁的《蒙古语族东乡语与汉语的接触研究》（2006）一文，从语音、语法、词汇的视角，比较了东乡语和汉语的接触问题。

哈斯巴根在《青海、甘肃蒙古语族语言比较研究》（2007）中，介绍青海、甘肃蒙古语族的基本情况后，提出青海、甘肃的蒙古语族语言保留着 13、14 世纪乃至元朝时期的蒙古语的特点。

姜根兄在《蒙古语族语言语音演变的共同规律》（2011）中，把蒙古语族语言的语音演变规律概括为以下几种。（1）音节数的缩短（词中音节数量的减少）。蒙古语非词首音节短元音的脱落导致音节的缩短，而东乡语词首音节短元音的脱落导致了音节的缩短。（2）元音系统繁杂化。蒙古语书面语的基本元音只有 7 个，并且没有长元音和复合元音。但通过多年发展蒙古语口语元音系统发生了较大的变化。（3）出现语音同化现象。因为蒙古语族语言是黏着型语言，较容易出现由语音同化而导致的语音演变。（4）产生复辅音。短元音的脱离导致了复辅音的产生，东乡语也有一些复辅音。（5）元音和谐律被破坏或消失。有些蒙古语族语言中出现了由元音和谐律破坏或消失而导致的语音演变现象。

徐丹、文少卿、谢小东在《东乡语与东乡人》（2012）中提出了与大多数学者相反的意见。该文认为，东乡语中的波斯、阿拉伯、突厥语不是学者们认为的借词，而是东乡族祖先底层语言的反映；东乡族的族源是中亚地区的色目人。

金双龙在《东乡语 "Goʁotʂən" 一词词源考》（2012）一文提出了东乡语的［Goʁotʂən］（鸽子）一词在词源上基本对应于中古蒙古语的［kökör Čigən］（鹁鸽）一词的观点。

金双龙的《东乡语研究概述》（2013）一文从语音、语法和词汇研究视角详细描述了东乡语。他在另一文《东乡语混种词特点探析》（2016）中提出了东乡语混种词汇问题。混种词汇指不同语言的词干中形成的词。

姜根兄在《蒙古语族语言圆唇元音的演变与发展》（2012）中提出了东乡语的 [o，u] 这两个圆唇元音不是从中古蒙古语演变而来的，而是保留了比中古蒙古语更早的蒙古语特点的观点。

3. 东乡语研究新的发展时期

自 2010 年开始我国学者用实验语音学的理论和方法对东乡语语音进行了定量和定性分析，将东乡语研究推进到新的发展时期。

张瑞珊的《东乡语元音声学研究》（2010）是用 PRAAT 语音分析软件对东乡语进行声学研究的较早的论文。作者认为，东乡语单元音音位有/a，ɪ，u/等 8 个、复合元音音位有/ia，ei/等 9 个，没有发现三合元音。东乡语/a/的共振峰频率在/A/与/a/之间，更接近/a/。/ɯ/是独立的音位，不是元音/i/的变体。/ɚ/不是独立的音位，是/e/和/r/中的/r/弱化而形成。

瞿世伟的《东乡语语音声学研究》（2012）一文，用 PRAAT 软件重点分析了东乡语的/ɚ，ɯ，ɔ，ɛ/四个元音。作者认为，/ɚ/不是/e/和/r/中的/r/弱化而形成的，而是一个独立的音位。/ɯ/是一个不存在的元音音位。从共振峰的动态特点看，/ɛ/是独立的元音音位，不是复合元音/ai/；从共振峰的动程图看，/ɔ/是一个独立的元音音位，不是所谓的复合元音/ou/。从三维语图上看，/t，p，ts/三个辅音是清塞音而不是浊塞音。

金双龙在其博士学位论文《东乡语研究》（2013）中，用传统语音学与实验语音学相结合的方法分析东乡语语音后提出了东乡语共有 17 个元音音位（单元音音位 6 个、复合元音 11 个）、28 个辅音音位等观点。

呼司乐土在《基于数据库的东乡语元音声学研究》（2015）中提出了东乡语共有/ə，ɪ，u，ɛ，o，ə，ɚ，ɯ/8 个元音音位，共有 [ɐi，əi，uɐ，ui，au，ia，iə，iu，uo，əu，ou，iɔ] 12 个复合元音音位，没有三合元音；/ɚ/是独立音位，不是/e/和/r/中的/r/弱化；[ɿ，ʅ] 元音是/i/的音位变体；东乡语元音和谐律被破坏的程度较严重，重音落在词的最后一个音节上等观点。

张瑞珊的《东乡语塞音清浊问题的声学分析》（2009）一文认为，东乡语有/p，pʰ，t，tʰ，k，kʰ，q，qʰ/等 8 个塞音，这些都是清塞音，不是浊塞音。

金雅声、张瑞珊在《东乡语单元音声学研究》（2010）中得出了东乡语单元音音位共有 8 个的结论。该文还描写了各个单元音的声学特征。

吕士良、胡阿旭、于洪志在《东乡语元音的嗓音特征研究》(2011) 中得出了东乡语元音没有紧、松对立的结论。

呼司乐土在系列论文《基于声学参数数据库的东乡语/k/辅音研究》(2014)、《基于语音声学参数库的东乡语元音/i/音位分析》(2015)、《蒙古语族语言东乡语/ɚ/元音音位分析》(2015)、《东乡语边辅音/l/声学分析》(2016) 中,利用"东乡语语音声学参数数据库"对东乡语/k/、/l/辅音和/i/、/ɚ/元音的声学特征和音系进行了较系统、详细的分析和归纳。如,东乡语/k/辅音音位共有 [k] [ɣ] 两个音位变体。其中,[k] 是最常见的音位变体;/i/元音音位有 [i] [ɿ] [ʅ] 等 3 个变体,[i] 出现在词首位置,当作典型变体;[ɿ] 是条件变体,出现在 [ts、s] 后词中和词尾;[ʅ] 是条件变体,出现在 [tʂ、tʂʰ、ʂ] 后词中和词尾;东乡语/ɚ/是独立的音位,[ɚ] 的 F1 为 582Hz,F2 为 1452Hz,是展唇、央、半开元音。

三 东乡语及其语音特点

如上所述,东乡语属阿尔泰语系蒙古语族,是黏着型语言。东乡语没有方言层面的差别,只有土语层面的区别(只在语音和用词上有一些差异)。东乡语分为锁南坝土语、汪家集土语、四甲集土语等三种土语。东乡语中有很多与蒙古语同源的词,也有很多多语种借词。比如,汉语借词、阿拉伯语借词、突厥语借词、波斯语借词、藏语借词。其中,最为常见的是汉语借词。

(一) 元音系统研究综述

1. 单元音

前述专家学者认为东乡语有以下几个单元音(请见表 1.1)。

表 1.1 东乡语元音统计

舌位前后		前		中		后	
舌位高低 唇状		展唇	圆唇	展唇	圆唇	展唇	圆唇
闭(高)		i	y			ɯ	u
次闭(次高)		ɪ					

续表

舌位前后	前		中		后	
舌位高低　　唇状	展唇	圆唇	展唇	圆唇	展唇	圆唇
半闭（半高）	e					
中			ə, ɚ			o
半开（半低）	ɛ					ɔ
次开（次低）			ɐ			
开（低）					ɑ	ɒ

学者们基本认同东乡语有/ɑ, ə, ı, u, o/5 个元音音位的观点，争论的焦点在 [ə, ɚ, ɯ, ʅ, ɿ] 几个元音的音质及其音位归属问题。以下是比较有代表性的几种观点。

清格尔泰（1985）认为，东乡语共有 7 个单元音音位。他把/ɚ/看作一个独立的元音音位。/i/元音音位有 [ı, ɛ] 2 个变体。/i/共有 [ʅ, ɿ, i] 3 个音位变体。其中，[i] 为典型变体，[ʅ, ɿ] 为条件变体。

托达耶娃（1981）认为，东乡语共有 6 个元音音位，元音 [e] 是/ɜ/的音位变体，[ɚ] 不能成为一个独立的元音音位，作者认为/ı/是一个独立的音位。

布和（1983）认为东乡语共有 7 个单元音音位，出现在鼻音之前的元音有鼻化现象，出现在清擦音、塞音、塞擦音之后的元音 [ə, ı, ɯ , u] 经常会出现清化现象。这种清化现象只出现在非重读音节上，元音/ə/在词首或出现在 [h] 和 [j] 后面或和 [i] 结合时读作 [e]，而出现在 [ŋ] 前面或与 [u] 结合时，读作 [ɣ]。元音/i/出现在舌尖后辅音 [dʂ, tʂ, ʂʐ] 后时，读作 [ʅ]。出现在舌尖前辅音 [dz, s] 后面时，读作 [ɿ]。元音 [ɯ] 只出现在 [ɢ, q, t] 后面，不会出现在词首；因 [i] 不出现 [ɢ, q] 之后，所以把 [ɯ] 元音归纳为/i/元音音位的变体；卷舌元音 [ɚ] 多出现在汉语借词里，很少用在固定词汇中。

刘照雄（1981）认为，东乡语共有 7 个元音音位，认为元音/ɯ/是一个独立的元音音位，出现在舌尖后辅音 [dʂ, tʂ, ʂʐ] 后的/ɯ/读作 [ʅ]，出现在舌尖前辅音 [dz, ts, s] 后的/ɯ/读作 [ɿ]。

那德木德（1982）认为，东乡语共有 5 个元音音位。东乡语 [ɑ] 并非舌根后元音，而是稍微靠前一些的 [A] 元音。元音 [ə] 一般为舌中元音，在少数词里发音 [e]。/ə/音位有 [ə，e，ɯ，ʅ，ɿ] 5 个变体。

阿·伊布拉黑麦（1987）认为，东乡语共有 7 个元音音位。[ɚ] 不是一个独立的音位，是元音 [e] 和辅音 [r] 的结合，是两个音位结合后出现 [r] 辅音弱化而形成的音。/i/元音音位共有 [ɪ，j，ɯ，ʅ，ɿ] 5 个音位变体。

马国良（1988）认为，东乡语共有 7 个元音音位。元音 [ɚ] 是元音 [e] 的卷舌现象。元音 [e] 出现在 [j] 和 [i] 后面时读作 [e]。/ɯ/是独立的元音音位，出现在 [dʂ，tʂ，ʂ，ʐ] 后读作 [ʅ]，出现在 [dz，ts，s] 后读作 [ɿ]。有 [ʅ] [ɿ] 两个音位变体。

包力高（1985）认为东乡语共有 6 个单元音。元音/ɚ/是独立的元音音位。他认为应把元音 [ɯ] 并入清化或弱化的元音/ə/。

哈斯巴根（2001）认为，东乡语共有 7 个单元音。/ɚ/是独立的元音音位。[e] 出现在 [ɢ，q] 后面时读作 [ɯ]，认为 [ɯ] 元音是/e/元音音位的条件变体。

德力格尔玛波·索德（2006）认为，东乡语共有 6 个元音音位。不存在/ɯ，ɚ/元音音位。/ə/元音音位有 [ə，e] 两个音位变体。

呼格吉勒图（2004）认为，东乡语共有 7 个元音音位。/ə/元音音位有 [ə，e，ɯ，ɛ] 4 个音位变体。元音 [ʅ，ɿ] 是/i/音位的条件变体。

2. 复合元音

表 1.2 为东乡语复合元音表格。

表 1.2 东乡语复合元音统计

作者	复合元音
托达耶娃	二合元音：ɑi，əi，ɑu，əu，ui，iu，iɑ，iə，uɑ，uə；三合元音：iɑu，uɑi
清格尔泰	二合元音：ɑi，əi，ɑu，əu，ui，iu，iɑ，iə，io，uɑ，ou；三合元音：uɑi，iɑu
布和	二合元音：ɐi，əi，ui，uɑ，əu，ɐi，ei，iu，uɐ；三合元音：iɐu，iɑu
刘照雄	二合元音：ɐi，əi，ui，eo，uɑ，iɐ，iə，iu，uɐ；三合元音：ieo，iou，uɐi，uəi
那森柏	二合元音：ɑi，ɑu，ou，ui，əi，iɑ，iə，io，iu，uɑ；三合元音：uɑi，iɑu
阿·伊布拉黑麦	二合元音：oi，ei，əu，ɑi，iu，ie，uo，iu，uɛ，uə；三合元音：əu，ie
马国良	二合元音：ɐi，əi，ui，eo，əu，iɐ，iə，iu，uɐ；三合元音：iɐu，uɐi

续表

作者	复合元音
包力高	二合元音：ɐi, əi, ui, ɐo, əu, ai, ei, iu, au；三合元音：iɐu, uɐi
马国忠、陈远龙	二合元音：ɐi, əi, ui, ɐo, əu, ai, ei, iu, au；三合元音：iɐu, uɐi
金瑞卿	二合元音：ui, iu, əi, əu, iɛ, ɛi, uɛ, iɔ, iɑ, uɑ；三合元音：uɛi
金双龙	二合元音：ɑi, ɑu, əi, iu, uɛ, iɑ, ei, ui, əu
张瑞珊	二合元音：əi, ou, ui, ai, iə, iu, iɔ, ɐu, ɜu

如表 1.2 所述，布和、马国忠等认为东乡语有 9 个二合元音，2 个三合元音。阿·伊布拉黑麦、张瑞珊、金双龙等认为，东乡语没有三合元音。张瑞珊在《东乡语元音研究》论文中，用实验语音学的方法证实了东乡语的复合元音［uɐ］［uəi］［ioi］［iɐi］［iɐu］的实际音色，并认为用［ou］［ui］［iu］［iɔ］［ɜu］标记更符合它们的实际音质。呼司乐土认为东乡语共有 12 个复合元音。

（二）辅音系统研究综述

表 1.3　东乡语辅音统计

作品作者	辅音
《中国境内蒙古语族语言及蒙古语方言概况》清格尔泰	b, p, m, f, d, t, n, l, r, g, k, ɢ, χ, ʁ, h, dʐ, tɕ, ɕ, dʑ, tʂ, ʂ, dz, ts, s, w, j
《东乡语和蒙古语》《东乡语词汇》布和	单辅音：b, p, m, w, f, d, t, n, l, r, dz, s, dʑ, tʂ, ʂ, z, ʐ, dʐ, tɕ, ɕ, j, g, k, x, ŋ, ɢ, q, ʁ, h 复辅音：sd, sdz
《东乡语简志》《东乡语概况》刘照雄	单辅音：b, p, m, w, f, d, t, n, l, r, dz, s, dʑ, ts, tʂ, ʂ, z, dʐ, tɕ, ɕ, g, k, h, j, q, x, ɣ, ɢ 复辅音：gh, kh, gv, hh, zh, ch, sh
《东乡语汉语词典》马国忠、陈远龙	单辅音：b, p, m, f, d, t, n, l, r, g, k, h, j, q, x, z, c, s
《东乡语话语材料》《东乡语的音位》阿·伊布拉黑麦	单辅音：b, p, m, ʁ, f, d, t, n, l, r, dz, s, dʑ, ʂ, g, k, h, j, q, x, ɢ, ʃ
《东乡语汉语词典》《东乡语与蒙古语书面语元音辅音的对应》包力高	单辅音：b, p, m, f, d, t, n, l, r, g, k, gχ, ʁ, h, dʐ, tɕ, ɕ, dʑ, tʂ, ʂ, dz, ts, s, w, j
《蒙古语族语言语音比较研究》哈斯巴根	单辅音：b, p, m, w, f, d, t, n, l, r, dz, s, dʑ, tʂ, ʂ, z, dʐ, t, ɕ, ɕ, g, k, h, j, q, x, ŋ, ɢ, ʁ

续表

作品作者	辅音
《蒙古诸语言比较语法》舍·罗布仓旺丹 勒·宝鲁特	单辅音：m, n, ŋ, l, r, j, s, f, b, d, t, x, k, g, dz
《东乡语研究》马国良、刘照雄	单辅音：b, p, m, w, f, d, t, n, l, r, dz, s, dʐ, ts, tʂ, ʂ, ʐ, dʑ, tɕ, ɕ, g, k, h, j, q, x, ɣ, ɢ
《东乡语语音声学研究》瞿世伟	单辅音：pʰ, p, m, f, d, t, n, ŋ, l, r, ts, tsʰ, s, tɕ, tɕʰ, ɕ, t, ʂ, tʂʰ, ʂ, ʐ, k, kʰ, x, ɣ, q, qʰ, h, j, w
《东乡语塞音分析》张瑞珊	p, pʰ, t, tʰ, k, kʰ, q, qʰ
《东乡语研究》金双龙	单辅音：n, ŋ, p, ph, f, x, h, qh, kh, q, ʁ, k, l, m, s, ɕ, t, th, tɕh, tsh, tʂh, tɕ, ts, tʂ, j, ʐ, w

表 1.4　东乡语辅音发音方法统计

发音部位\发音方法		双唇阻	舌尖前阻	舌叶阻	舌叶阻	舌面阻	舌面阻
		上唇下唇	舌尖齿区	舌叶齿龈前区	舌叶齿龈后区	舌面前硬腭区	舌面后硬腭区
塞音	不送气	P	t				k
	送气	pʰ	tʰ				
塞擦音	不送气			tʂ		tɕ	
	送气			tʂʰ		tɕʰ	
擦音	清			ʂ	s	ɕ	x
	浊	w		ʐ	j		ʁ
鼻音		m	n				ŋ
边音			l				
闪音					ɾ		

大部分学者认同东乡语有/b, p, m, f, d, t, n, l, r, dz, ts, s, dʐ, tɕ, ɕ, dʑ, tʂ, ʂ, ʐ, g, k, x, ɣ, ɢ, q, h, j, w/28 个音位的观点。有争议的辅音为闪音 ɾ。

阿·伊布拉黑麦在这方面有独特的观点，他在《东乡语的音位》中指出：[x, ɣ] 应是 [x, ʁ]，[tɕ, tɕʰ, ɕ] 应该是舌叶音 [tʃ, tʃʰ, ʃ]。他还把辅音 [j, w] 当作元音 [ɪ, u] 的变体；布和、刘照雄认为东乡语有复辅音；阿·伊布拉黑麦认为东乡语没有辅音音位/ŋ/；刘照雄在《东乡语简志》和《东乡语概况》中，没有谈及辅音音位/ŋ/；清格尔泰、布和、哈斯巴根等学者认为，东乡语/ŋ/是独立的辅音音位。

四　东乡语语音声学参数库综述

2015 年 5 月在呼和教授的指导下，呼司乐土博士完成了我国第一个"东乡语语音声学参数库"。该参数库是呼和承担的国家社科基金重大招标项目"中国少数民族语言语音声学参数统一平台建设研究"（编号：12&ZD225）的阶段性成果。该库由索引库、声音库、标注库、声学参数库等 4 个分库组成。声音库包含五位发音人（M1、M2、M3、F1、F2）12010 个单词（2402/人）的声音文件。发音合作人（三男二女）：马明，编号为 M1，男，甘肃省临夏回族自治州东乡族自治县人，大学生；马海龙，编号为 M2，男，甘肃省临夏回族自治州东乡族自治县人，大学生；包嘉敏，编号为 M3，男，甘肃省临夏回族自治州东乡族自治县人，大学生；马晓花，编号为 F1，女，甘肃省临夏回族自治州东乡族自治县人，大学生；马秀娟，编号为 F2，甘肃省临夏回族自治州东乡族自治县人，大学生。五位发音人发音纯正、自然。语音材料录制地点：西北民族大学信息与技术学院标准录音室。录制设备：配有索尼指向性话筒 SONY ECM 44B 的 IBM R 系列笔记本电脑。分析软件：PRAAT5.1 版。有关各种分库的样本请见图 1.1~1.3。

	A	B	C	D	E	F	G	H
1	词表序号	声音文件名	东乡语记音符号	音位记音SAMPA	音素记音SAMPA	音节数	蒙古文	汉译
2	DXY0001	DXYM3A0001	ana / anian	6i	6i	2		妈妈、母亲
3	DXY0002	DXYM3A0002	anatu	6N	6N	3		有母亲的　有妈妈的
4	DXY0003	DXYM3B0001	anai	6n6	6n6	2		奶奶
5	DXY0004	DXYM3C0001	anaitu	6n6t_h	6n6t_h	3		有奶奶的
6	DXY0005	DXYM3B0002	anda	6ni	6ni	2		朋友
7	DXY0006	DXYM3C0002	andagva	6nit_hu	6nit_hu	3		誓言
8	DXY0007	DXYM3B0003	anda-	6t6r6	6t6r6	2		腹泻、拉肚子
9	DXY0008	DXYM3C0003	andaran-	6t6r6	6t6r6	3		散开的、松开的
10	DXY0009	DXYM3B0004	andala-	6nt6	6nt6	3		两臂伸直去量
11	DXY0010	DXYM3C0004	andaladan	6nt6r6	6nt6r6	4		两臂伸直量长度的样子
12	DXY0011	DXYM3C0005	andara-	6nt6l6	6nt6l6	3		展开　松开
13	DXY0012	DXYM3D0001	andatu	6nt6l6t6N	6nt6l6t6N	3		香、可口
14	DXY0013	DXYM3C0006	andatughan	6nt6r6	6nt6r6	4		味道香浓

图 1.1　东乡语索引库样本

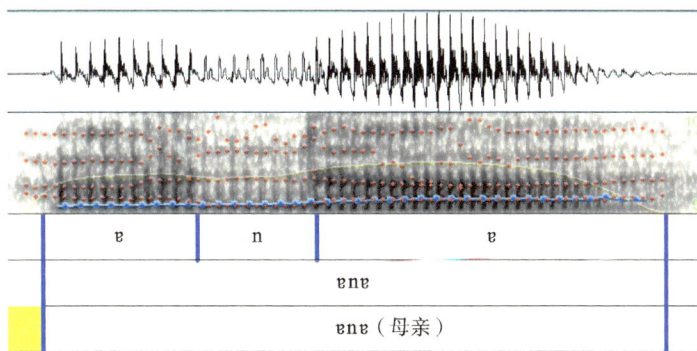

图 1.2 三层标注库样本

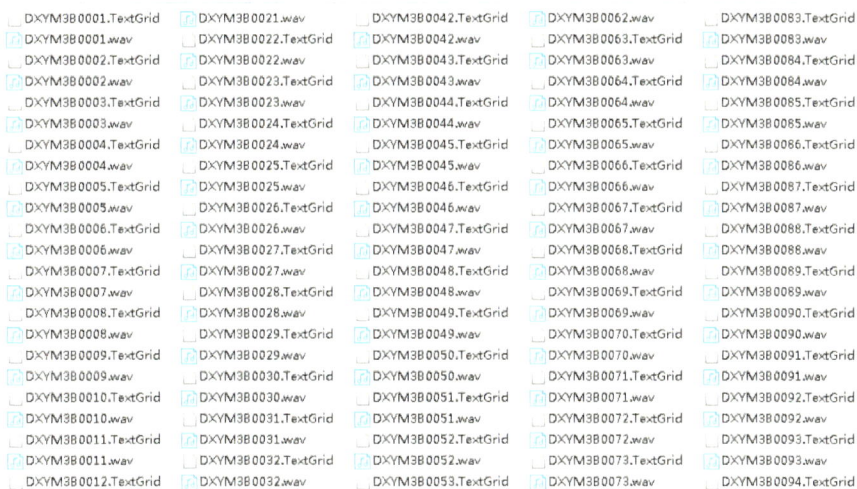

图 1.3 TextGrid 文件和声样文件样本

在上述工作的基础上，自 2015 年 6 月开始，我们增补和修改了"东乡语语音声学参数库"。本次修改主要增加了新疆维吾尔自治区阿尔泰市哈巴河县东乡语两位发音人的语料与声学参数。本书采用了增补后的最新参数库。参数库容纳了 6 位发音人（3 男 3 女）11232 个单词的语音声学参数库。人均 1872 个单词。其中，单音节 150 个，双音节 661 个，三音节 861 个，多音节（本书把四音节及以上称为多音节词）200 个；该库由 37 项（元音 14 项，辅音 17 项，韵律 6 项）声学特征（参数）组成。6 位发音人均为成年人：包嘉敏，编号为 M1，男，甘肃省临夏回族自治州东乡族自治县人，公务员；马秀娟，编号为 F1，甘肃省临夏回族自治州东乡族自治县人，医生；马学仁，编号为 M2，男，甘肃省临夏回族自治州东乡族自治县人，农民；马秀娟，编号为 F2，女，甘肃省临夏回族自治州东乡族自治县人，农民。马文军，编号为 M3，男，新疆维吾尔自治区阿尔泰市哈巴河县，农民；马秀丽，编号为 F3，女，新疆维吾尔自治区阿尔泰市哈巴河县，农民。6 位发音人发音纯正、自然。各种分库样本请见图 1.4~1.5

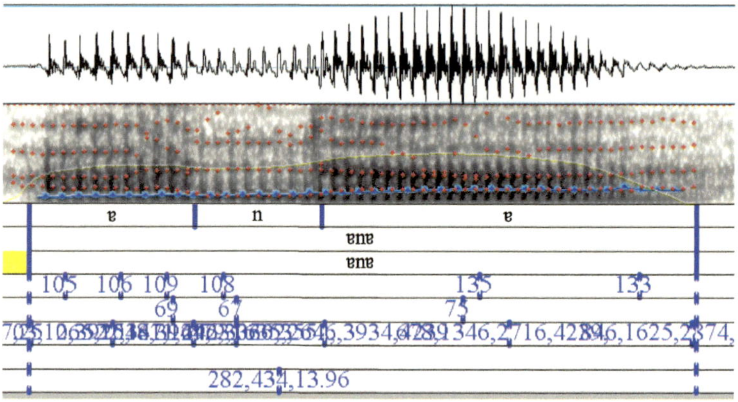

图 1.4　八层标注样本

WN	WP	WD	SN	SL	ST	S	SD	P	PV	PN	PO	e
DXYM3B0002	6ni	0.348	2	1	1	6	0.131	6		1	3	l
DXYM3B0003	6t6	0.324	2	1	1	6	0.047	6		1	3	l
DXYM3B0006	6ts`_hu	0.322	2	1	1	6	0.046	6		1	3	l
DXYM3B0007	6ts`_h6	0.362	2	1	1	6	0.036	6		1	3	l
DXYM3B0008	6Ri	0.368	2	1	1	6	0.113	6		1	3	l
DXYM3B0010	6ts`_h6N	0.428	2	1	1	6	0.082	6		1	3	l
DXYM3B0011	6p_h6	0.437	2	1	1	6	0.061	6		1	3	l
DXYM3B0012	6t6	0.491	2	1	1	6	0.091	6		1	3	l
DXYM3B0013	6p6	0.415	2	1	1	6	0.121	6		1	3	l
DXYM3B0014	6pi	0.447	2	1	1	6	0.136	6		1	3	l
DXYM3B0015	6ts`_hi	0.654	2	1	1	6	0.197	6		1	3	l
DXYM3B0016	6ki	0.556	2	1	1	6	0.159	6		1	3	l
DXYM3B0017	6k6	0.423	2	1	1	6	0.132	6		1	3	l
DXYM3B0018	6Rui	0.684	2	1	1	6	0.289	6		1	3	l
DXYM3B0019	6G@N	0.601	2	1	1	6	0.22	6		1	3	l
DXYM3B0020	6ku	0.411	2	1	1	6	0.099	6		1	3	l
DXYM3B0021	6huN	0.616	2	1	1	6	0.19	6		1	3	l
DXYM3B0022	6ts\ia	0.476	2	1	1	6	0.151	6		1	3	l
DXYM3B0023	6ts\6t_hu	0.776	3	1	1	6	0.076	6		1	3	l
DXYM3B0024	6ts\iu	0.553	2	1	1	6	0.158	6		1	3	l
DXYM3B0025	6ts_hu	0.418	2	1	1	6	0.11	6		1	3	l
DXYM3B0026	6ko	0.363	2	1	1	6	0.09	6		1	3	l
DXYM3B0027	6l6	0.333	2	1	1	6	0.103	6		1	3	l
DXYM3B0028	6li	0.479	2	1	1	6	0.143	6		1	3	l
DXYM3B0029	6li	0.324	2	1	1	6	0.098	6		1	3	l
DXYM3B0030	6m6	0.509	2	1	1	6	0.096	6		1	3	l
DXYM3B0031	6m6	0.508	2	1	1	6	0.104	6		1	3	l
DXYM3B0032	6mi	0.545	2	1	1	6	0.144	6		1	3	l
DXYM3B0033	6mu	0.569	2	1	1	6	0.157	6		1	3	l
DXYM3B0034	6ji	0.582	2	1	1	6	0.158	6		1	3	l
DXYM3B0035	6r6N	0.392	2	1	1	6	0.116	6		1	0	l
DXYM3B0036	6ru	0.51	2	1	1	6	0.173	6		1	3	l
DXYM3B0037	6ru	0.466	2	1	1	6	0.137	6		1	3	l
DXYM3B0038	6roGoN	0.533	3	1	1	6	0.077	6		1	3	l
DXYM3B0039	6s6	0.543	2	1	1	6	0.133	6		1	3	l
DXYM3B0040	6muN	0.544	2	1	1	6	0.113	6		1	3	l
DXYM3B0045	6Ri	0.515	2	1	1	6	0.213	6		1	3	l

GAP	VOT	CD	CA	CP1	CP2	CP3	CP4	CP5	VF1	VF2	VF3	VF4	VF5
	0.0365		52	845	1626	3091	4542						
	0.0246		51	941	1435	3496	4628						
	0.0278		45	622	1086	4266	4542						
	0.0387		49	881	2491	3089	4177						
	0.0395		48	839	2377	2977	4399						
	0.0335		50	1036	2355	2775	4265						
	0.0373		50	974	1916	3009	3518	4699					
	0.0387		48	1094	2418	2951	3679	5061					
	0.0364		52	888	2512	2941	3324						
	0.0297		50	967	2074	2881	4033						
	0.0368		44	777	934	2271	3709	4617					
	0.0422		43	815	1022	3100	4132	4650					
	0.0443		48	741	1087	2812	4247	4716					
	0.0364		52	557	734	2998	4653						
	0.0338		53	432	716	2536	3917	4670					
	0.0459		49	420	824	2883	4502						
	0.0314		57	1070	1449	2528	3385	4283					
	0.0315		59	1164	1426	3052	4195						
	0.029		56	822	1251	2732	3040	4119					
	0.0217		57	770	1087	2851	3795						
	0.0368		49	423	849	3644	3764						
	0.0313		53	457	787	3284	3752						
	0.04		53	479	1143	3313	3547						
	0.0204		57	873	1378	2604	3877						
	0.0254		46	1067	1354	2890	3816	4699					
	0.0298		57	853	1209	2435	3301	4297					
	0.0258		60	692	1500	2794	4197						
	0.0199		58	583	1047	2933	3491	4595					
	0.0321		53	819	2260	3245	3853						
	0.0445		51	667	1976	3322	3971						
	0.0376		52	832	2404	3513	3912						
	0.0452		48	532	1122	3244	3713	5239					
	0.0657		50	560	1492	3057	3911						
	0.0388		49	578	1064	2916	3802	5117					
	0.0181		49	755	1815	3854	3970						
	0.0413		53	589	1749	3234	4050						
	0.0258		75										
	0.0207		56	630	1550	3855	3757						
	0.0137		59	647	1302	2078	3898						
	0.0309		50	525	1396	3692	4715						

COG	STD	SKEW	VD	VA	TF1	TF2	TF3	TF4	F1	F2	F3	F4	TP1	TP2	TP3	TP4
			0.1029	77	452	1778	2719	3963	471	1945	2720	3929	372	2134	2684	4047
			0.1231	75	370	2163	2730	4051	289	2393	2796	3869	288	2345	2918	3937
			0.0937	69	548	1790	2852	4447	664	1864	2592	4221	634	1973	2713	4242
			0.0821	71	630	1977	2727	4224	507	2242	2906	4358	312	2349	3229	4365
			0.0665	70	564	1420	2186	4235	699	1434	2203	4253	597	1399	2304	4306
			0.0322	63	355	1215	2626	4403	384	1295	2785	4341	323	1650	3369	3945
			0.0691	67	366	2408	2980	3896	575	2186	2878	3765	616	1724	2915	3718
			0.0676	67	611	1724	2920	3749	626	1616	2787	3872	536	1548	2662	4071
			0.0571	68	317	2346	2723	3870	463	2208	2671	3909	503	2123	2678	3923
			0.0466	68	505	2127	2683	3954	504	1623	2651	4024	447	1642	2895	4430
			0.0282	70	392	2193	2530	4029	448	2119	2607	4012	460	1770	2495	4016
			0.0334	70	461	1765	2494	4012	505	1815	2585	4056	499	1759	2669	4271
			0.0346	70	625	2482	3036	3945	405	2333	2898	3928	497	2292	2770	3841
			0.0264	69	502	2268	2775	3833	566	1835	2839	3770	478	1522	2744	3597
			0.0387	70	370	2279	2952	3913	449	2228	2700	3973	482	2047	2857	3896
			0.029	69	482	2035	2868	3909	446	1911	2840	4248	311	1755	2846	4028
			0.0315	72					343	2240	2802	3877				
			0.0356	72	429	2120	2772	3878	371	1905	2842	3948				
			0.0336	70	377	2237	2912	3799	468	2053	2820	3706				
			0.028	70					421	1794	2849	3789				
			0.0661	68	418	829	2233	4069	424	829	2314	4087	493	1626	3052	4294
			0.0657	68	614	1081	2192	4170	575	839	1165	2410	507	1215	2677	3034
231	266	17.93														
			0.0646	69	520	982	1933	4161	608	1123	2419	4270	357	1242	2827	4361
207	223	20.44														
			0.0934	69	493	901	2259	4278	672	1158	2414	3853	474	1328	2286	3300

TP1	TP2	TP3	TP4	FD	TD	SF	BF	EF	BD	
372	2134	2684	4047				121	129	100	0.067
288	2345	2918	3937				121	129	100	0.067
							106	121	130	0.053
634	1973	2713	4242				106	121	130	0.053
312	2349	3229	4365				106	121	130	0.053
							96	97	99	0.019
597	1399	2304	4306				96	97	99	0.019
							110	113	112	0.012
323	1650	3369	3945				110	113	112	0.012
							114	113	112	0.02
616	1724	2915	3718				114	113	112	0.02
536	1548	2662	4071				114	113	112	0.02
							115	115	112	0.035
503	2123	2678	3923				115	115	112	0.035
447	1642	2895	4430				115	115	112	0.035
							115	118	117	0.028
460	1770	2495	4016				115	118	117	0.028
499	1759	2669	4271				115	118	117	0.028
							121	118	117	0.018
497	2292	2770	3841				121	118	117	0.018
478	1522	2744	3597				121	118	117	0.018
							115	117	117	0.012
482	2047	2857	3896				115	117	117	0.012
311	1755	2846	4028				115	117	117	0.012
							119	116	114	0.02
							119	116	114	0.02
							119	116	114	0.02
							116	115	112	0.021
							116	115	112	0.021
							116	115	112	0.021
							107	108	105	0.02
493	1626	3052	4294				107	108	105	0.02
							109		114	
507	1215	2677	3034				109		114	
							109		114	
							113	115	111	0.018
357	1242	2827	4361				113	115	111	0.018
							113	115	111	0.018
							109	109	111	0.034

图 1.5 "东乡语语音声学参数库"样本

| 第二章 |

东乡语元音声学特征

元音发音特点：（1）声源：声带振动；（2）感知：乐音，声音响亮；（3）时程：相对较长；（4）气流类型：层流；（5）气流受阻方式：气流在口腔中是畅通无阻的，不会遇到阻塞或阻碍；（6）肌肉活动范围：口腔腔壁的肌肉均匀紧张（引自鲍怀翘研究员实验语音学讲义手稿）。这是元音的共性。下面简单介绍东乡语元音基本特点。

一　东乡语元音的特点

东乡语元音有以下几个特点。第一，东乡语元音没有短元音与长元音对立的现象。东乡语中有［ɐ］［ə］［e］［i］［ɿ］［ʅ］［o］［ɔ］［u］［ʊ］［ɯ］［ɚ］等 12 个单元音，分别归属于/ɐ, ə, i, o, u, ɚ/6 个元音音位。第二，东乡语/i/元音音位有［i］［ɿ］［ʅ］三个变体。［i］为典型变体，［ɿ］［ʅ］为条件变体。/i/出现在［tʂ］［tʂʰ］［ʂ］后读作［ʅ］，而出现在［ts］［s］后读作［ɿ］。第三，东乡语的［i̥］←［u̥］←［ə̥］三个元音有清化现象。清化条件：出现在词首音节位置清塞音与塞擦音、擦音［f］辅音之后，且第二音节前置辅音为清塞音与塞擦音时，［i］［u］［ə］元音会出现清化现象。第四，东乡语有［ã］←［ə̃］←［ĩ］三个鼻化元音。鼻化条件：在［ŋ］［n］辅音之前出现的［ɐ］←［ə］←［i］元音有鼻化现象。第五，东乡语/ɚ/元音为一个独立的音位。从该元音的三维语图中可以清晰地看出，其第一、第二共振峰频率比较稳定，波动较小。该元音既不是汉语"er"化音演变而来的，也不是元音［e］和辅音［r］的复合体。

从传统语音学的角度看，东乡语辅音［r］不会出现在 VC 或 CVC 音节类型中。因此我们初步判断/ɚ/元音为独立的元音音位。该音多数在汉语借词中出现，极少数在固有词中出现。第六，词首音节单元音与非词首音节单元音之间的音质差异小，即非词首音节单元音没有央化或［ə］化现象。第七，东乡语的复合元音比较多，我们的参数库中共出现了/iə，əi，ui，uə，əu，ou，ɔi，ʌi，iə，iu/等 10 个复合元音音位。这些复合元音共有［iɐ］［ɛi］［əi］［ei］［ui］［ʉi］［ʌu］［uɐ］［ou］［ɔi］［ʌi］［ei］［iu］等 13 个变体。其中，［iɐ］［ɛi］［əi］［ei］［ui］［ʉi］［ʌu］［ou］［ɔi］为前响复合元音，［ʌu］［ʌi］［ei］［iu］为后响复合元音。在参数库中未发现三合元音。二合元音不是单纯的元音+元音，而是单一的语音单元，是一个音过渡到另一个音的串音，是结合十分密切的整体。二合元音的首、尾元音的音质与其相应的单元音音质有差别。二合元音的发音过程至少有起始段、过渡段、结束段，并且过渡段决定结束段的趋向。[①]

二　元音声学特征参数及分析方法

（一）共振峰

在描写和阐述元音声学特征时，首先要阐述元音共振峰问题。因为它是元音音质最主要的声学特征（标志），由声带振动作为激励源经声腔共鸣而形成的。因不同元音有其不同的声腔形状，故有不同的共振峰模式（Formant Pattern）。一般来说，每个元音有 5 个共振峰，习惯用 F1、F2、F3、F4、F5 等符号表示。其中，F1 和 F2 对元音音色起到重要的作用；圆唇作用（唇形面积减小），虽然会使所有共振峰频率降低，但受影响的程度是不同的，其中对 F2 的影响较为明显；F3 与舌尖翘舌动作有关，舌尖上翘向后移（卷舌动作），舌面下凹，舌根微抬，此时声道被明显地分割成三个腔体，F3 会出现明显的下降。舌尖元音也有类似倾向（鲍怀翘，2005）。本书主要利用 F1、F2 和 F3 等参数描写东乡语元音的音质特征。图 2.1 为男发音人（M）所说的东乡语［ɚ］［i］［u］等元音的共振峰分布模式。

---

① 呼和：《蒙古语语音实验研究》，辽宁民族出版社，2009，第 25 页。

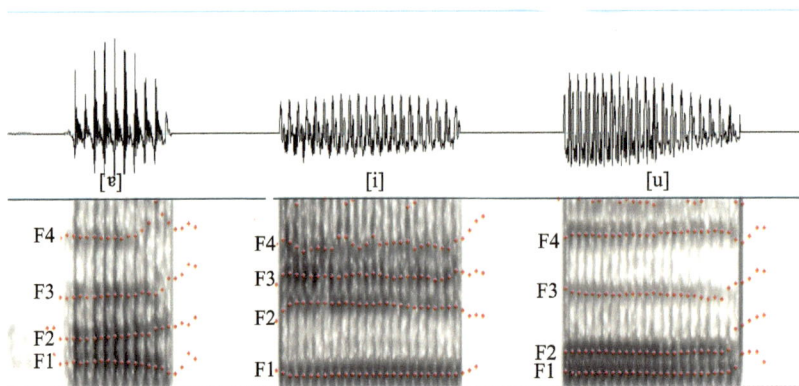

图 2.1　东乡语 [ɐ] [i] [u] 等元音的共振峰分布模式（M）

（二）声学元音图（元音共振峰图）

在语音学研究中共振峰是十分重要的参数，但是只有把它与元音的舌位状态联系起来并能有效、形象地说明它们之间的区别时才是有用的，就像元音舌位图一样给人以直观、逼真的视觉效应。声学元音图要利用共振峰的数值将元音安排在适当的位置上，既能与舌位图相比较，又能符合听感上的区别距离（鲍怀翘，2005）。Eli Fische-jrgensen（1958）认为声学元音图应成为能安排某一特定语言音位及其变体的声学空间。从该目的出发，人们一直在尝试用各种数值单位和不同坐标系统的声学元音图。如，Joos 型声学元音图（1948）、Fant 型声学元音图（1958）和 Ladefoged 型声学元音图（1976）等。本书使用 Joos 型声学元音图分析和阐述东乡语元音的声学模型（格局）。如，图 2.2~2.3 为男发音人词首音节所有单元音的声学元音图及其所有单元音总均值声学舌位图。图 2.4 为东乡语词首与非词首音节三个"极端"元音舌位分布图。

（三）元音的音长、音高和音强

元音声学特征参数除共振峰参数外，还有音长、音高和音强等参数。虽然东乡语元音没有长、短对立现象，但少数词中的元音长、短也具有区别意义。有关东乡语元音的长、短问题有待进一步研究。

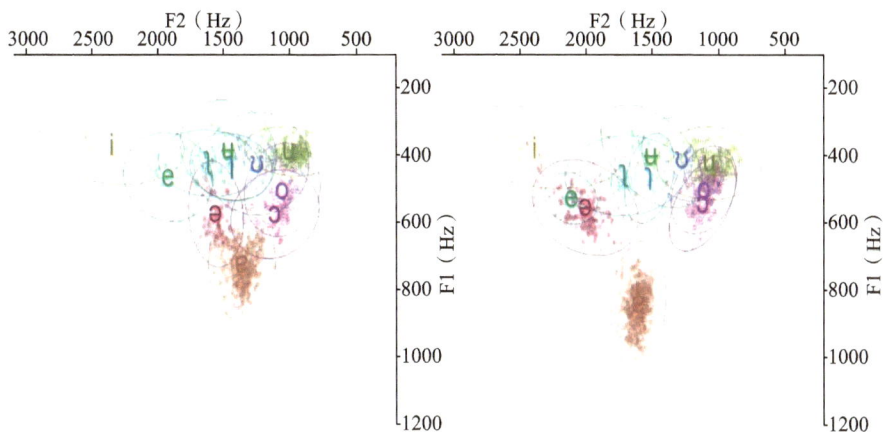

图 2.2　东乡语词首音节短元音声学元音（国际音标位置为平均值，下同）

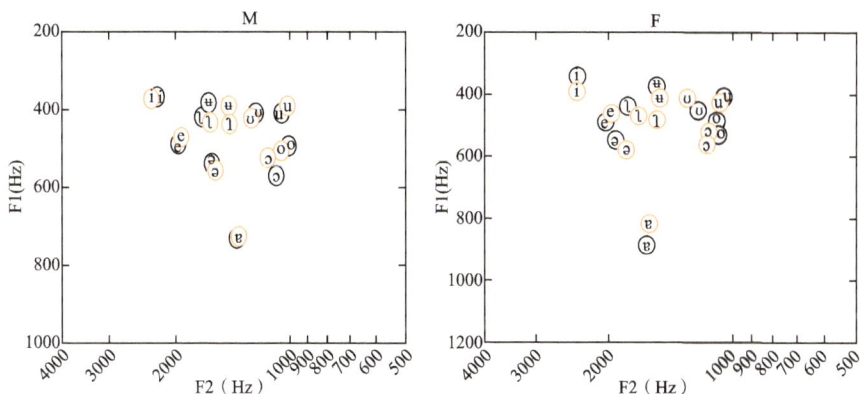

图 2.3　东乡语单元音参数平均值舌位（M&F，黑色空心圆为词首音节元音、
橙色空心圆为非词首音节元音）

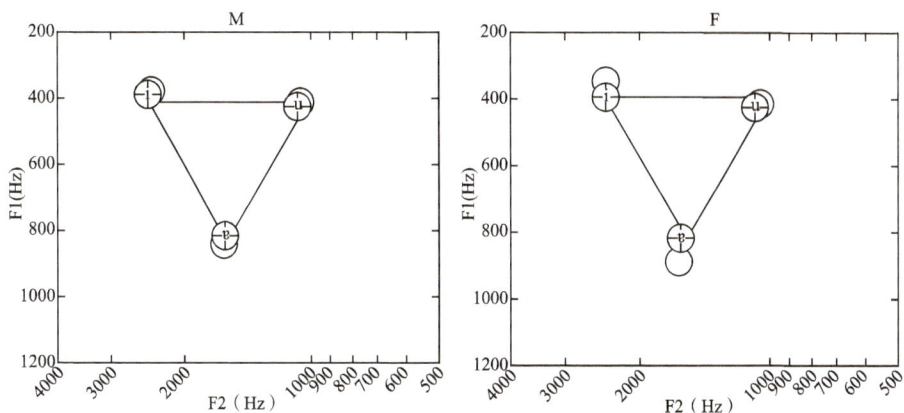

图 2.4　词首和非词首音节单元音的舌位三角形（M&F，空心圆为词首音节元音、
十字型圆为非词首音节元音）

三　词首音节单元音

以下是本书描写元音的目标、思路、方法和步骤，可用于所有阿尔泰语系语言元音的描写，有些语言或元音的描写可以省略其中的方法和步骤。

研究思路和方法为基于"声学参数统计表"和声学元音图，实证每一个元音的音色和声学特征以及在语流中的音变特征和规律。具体方法和步骤如下。

1. 声学特征与音色

本小节包括以下两方面研究内容：一是元音三维语图和三层标注实例，二是元音声学特征与声学参数。通过上述两种分析，详细描写每一个元音的音色（音质）及其在声学空间中的位置和分布模式（音色及其声学特征），并确定选用合适的国际音标。举例如下。

1.1　[ɐ] 元音三维语图和三层标注

介绍前人观点。既有前人观点，文后还有总结，介绍本项研究与前人研究之间的共同点和不同点。

简单介绍元音在三维语图上的共振峰特征，吸引读者进入元音声学特征的视野。

1.2　[ɐ] 元音声学特征与声学参数

本小节有两个内容，一是制作"声学参数统计表"，统计分析每一个元音目标位置第一、第二共振峰（F1/F2）均值，音长和音强均值；二是绘制每一个元音声学元音图，包括均值和变体动态分布图。根据"声学参数统计表"和"声学元音图"，总结确定元音的声学特征和音色，特别是每一个元音的国际音标和命名。

2. 语流中的音变特征

本小节主要探究元音在语流中的音变特征和规律。具体方法和步骤如下：（1）目标位置共振峰频率与其前、后过渡段共振峰频率参数之间的显著性差异分析，（2）元音声学参数与音节数量之间的相关性分析，（3）元音声学参数与音节类型之间的相关性分析，（4）元音声学参数与前置辅音音质之间的相关性分析。在这四种分析中，第四种分析可能找不到共同的、具有统计学意义的规律，如果出现这种情况，可以放弃该项统计分析。通过上述分析，探讨每一个元音在语流中的音变特征及其规律，即男、女两位发音人的"共同的、具有统计学意义的特征或规律"。在分析过程中，必须是两位发音人语料中都出现的共同特征或规律，才能断定为"共同的、具有统计学意义的特征或规律"。这是底线。

2.1　目标位置共振峰频率与其前、后过渡段共振峰频率参数之间的显著性差异分析

为探讨元音目标位置共振峰频率与其前、后过渡段共振峰频率参数之间的显著性差异，我们采用了两种分析方法：一是语图分析，即元音目标位置第一、第二共振峰 F1/F2 及其前过渡 TF1/TF2 和后过渡 TP1/TP2 共振峰分布模式图比较；二是 P 值分析，即对元音目标位置第一、第二共振峰 F1/F2 及其前过渡 TF1/TF2 和后过渡 TP1/TP2 共振峰等参数进行单因素方差分析。

2.2　元音声学参数与音节数量之间的相关性分析

本小节研究思路：一是统计分析元音在单音节和多音节词中的出现频率，探究语言最普遍的应用单元，即单音节词语言、双音节词语言，还是多音节词语言的问题；二是探讨元音声学参数与其所出现词的音节数量之间的相关性问题，即元音声学参数与音节数量之间的相关性问题。研究方法：（1）比较分析元音在单音节、双音节和多音节词中出现的声学参数；（2）重点分析元音在不同音节数量词中出现的目标位置共振峰均值分布图；（3）分析元音声学参数均值与其所出现的不同音节数量词之间的相关性差异。

2.3　元音声学参数与音节类型之间的相关性分析

本小节研究思路：一是统计元音在不同音节类型中的出现频率，探究该语言音节类型学特点；二是比较分析出现在不同音节类型中元音的声学参数，探究元音声学参数与词中音节类型之间的相关性问题。研究方法：（1）比较不同音节类型中出现的元音第一、第二共振峰均值语图；（2）分析元音声学参数均值与其所出现的不同音节类型之间的相关性差异。

2.4　元音声学参数与前置辅音音质之间的相关性分析

本小节研究思路：通过观察和分析不同辅音之后出现的词首音节元音的音长、音强均值和目标位置第一、第二和第三共振峰的前过渡段共振峰（TF1、TF2、TF3）均值的变化，探讨元音声学参数与其前置辅音音质之间

的相关性问题。

如上所述，东乡语有 [ɐ] [ə] [i] [o] [u] [ɚ] [ɭ] [e] [ʊ] [ɔ] [ʉ] 等 11 个词首音节单元音。下面基于"东乡语语音声学参数数据库"，即"中国少数民族语言语音声学参数统一平台"（简称"统一平台"），用上述分析思路和方法描写东乡语单元音。

（一）[ɐ]

1. 声学特征与音色

以下是有关 [ɐ] 元音传统语音学描写。刘照雄（1981）认为："东乡语 [ɐ] 元音为，低，后，展唇元音。实际读音在央元音和后元音中间。与元音 [i] 组成，前响和后响复合元音时，读作 [a]。"布和（1987）认为："东乡语 [a] 元音为，低、后、展唇音。唇音、舌尖音辅音后时，读作 [A]。与元音 [i] 结合成复合元音时，读作 [a]。与元音 [u] 结合，[a] 开头时，读作 [a]。出现在鼻辅音 [n] 和 [ŋ] 前面时有鼻化现象。"阿·伊布拉黑麦（1988）认为："东乡语 [ɑ] 元音，低、后、展唇元音。实际位置在 [a] 和 [A] 之间，接近 [a]。单念、小舌和喉辅音后读作 [a]，其他时候读作 [A]。鼻化时读作次低、后、略圆的 [ɒ]。复合元音 [ia] 和 [j] 后时，读作 [a]。"

1.1　[ɐ] 元音三维语图和语音标注

图 2.5 为男发音人 ɐpɐ [ɐpɐ]"叔叔"一词的三维语图和三层标注实例。该图的上部分为三维语图，下部分为语音标注部分，下同。我们用"Praat Picture"功能绘制了每一个元音的三维语图，以便更好地展示实际语流中的每一个元音真实、直观的共振峰分布模式。图 2.5 中 [ɐ] 元音目标位置 F1 ~ F4 四个共振峰参数分别为，643Hz、1560Hz、2439Hz、4376Hz；该元音 VD（时长）为 52ms，VA（音强）为 66dB。这些参数是利用 PRAAT 从三维语图上采集的。该语图比较真实地显示了 [ɐ] 元音在实际语流中的存在形式。

1.2　[ɐ] 元音声学特征与声学参数

表 2.1 为东乡语词首音节 [ɐ] 元音参数统计表。从表中可以看出，男、女发音人词首音节 [ɐ] 元音的 VD（时长）均值为 M = 94ms，F = 135ms；VA（音强）均值为 M = 69.40dB，F = 57.70dB。该元音 F1 和 F2 的

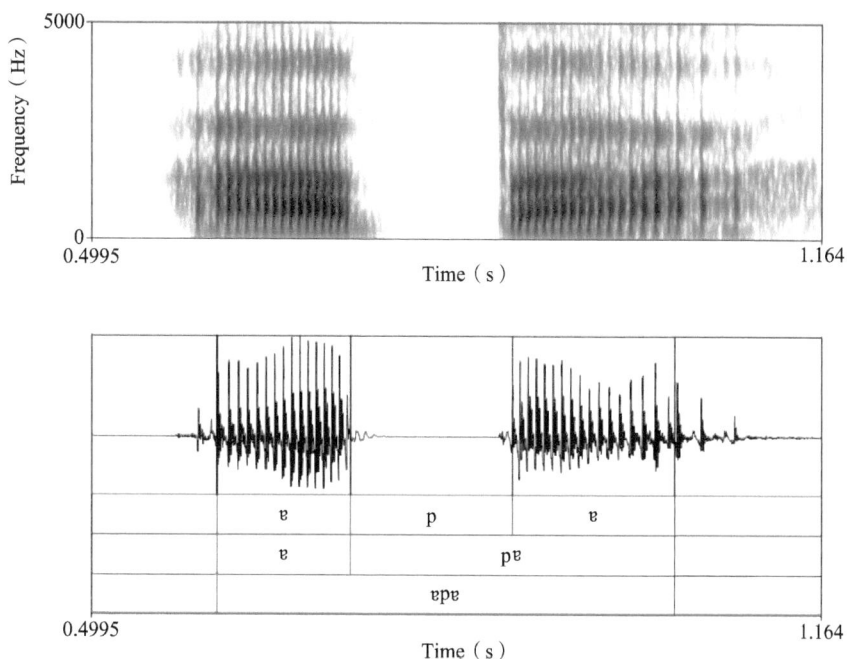

图 2.5 男发音人 ɐpɐ [ɐpɐ] "叔叔"一词的三维语图和三层标注实例

频率均值分别为 M：F1 = 729Hz，F2 = 1378Hz；F：F1 = 888Hz，F2 = 1613Hz。图 2.6 为男、女发音人 [ɐ] 元音声学元音图（词首音节 [ɐ] 元音在声学元音图中的位置及声学空间的分布模式）。图中的国际音标位置为平均值点，勾勒出的范围和形状为 [ɐ] 元音音位变体及其分布模式。左图为男发音人，右图为女发音人，下同。图 2.6 还显示了 [ɐ] 元音在声学空间中分布范围为：F1 = 582 ~ 902Hz，F2 = 1129 ~ 1764Hz（M）；F1 = 710 ~ 1066Hz，F2 = 1405 ~ 1782Hz（F）。男发音人 [ɐ] 元音在声学空间中分布比较扩散，总体呈现出高、低扩展模式，女发音高、低扩展更为明显。

我们认为该元音为次低（开）、央、展唇音，用国际音标① [ɐ] 标记更接近其实际音值。从图 2.6 上可以看到，东乡语 [ɐ] 元音整体音变特点和音变趋势为舌位高、低维度（纵轴）上的变化，即舌位高、低变化明显大于其舌位前、后维度（横轴）上的变化，即舌位前、后变化。

---

① 宋欣桥：《国际音标训练教程》，上海教育出版社，2019。

表 2.1　[ɐ] 元音声学参数统计

单位：F 为 Hz、VD（时长）为 ms、VA（音强）为 dB

（M 为男发音人、F 为女发音人），下同

参数 统计项	M					F				
	VD	VA	F1	F2	F3	VD	VA	F1	F2	F3
均值	94	69.4	729	1378	2386	135	57.70	888	1613	2892
标准差	4	3	74	132	287	42	4.4	64	68	217
变异系数	4%	4%	10%	10%	12%	31%	8%	7%	4%	8%
极小值	24	59	582	1129	1232	62	47.00	710	1405	1700
极大值	190	78	902	1764	2906	284	66.00	1066	1782	3325

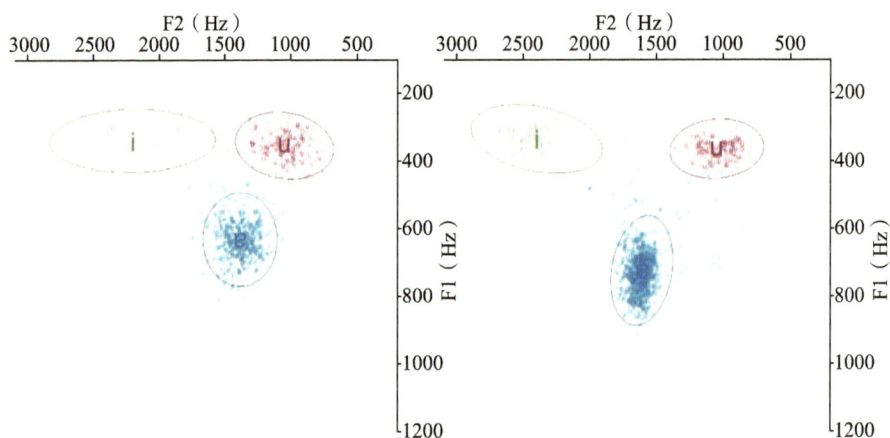

图 2.6　词首音节 [ɐ] 元音在声学元音图中的位置及声学空间的分布模式（M&F）

2. 语流中的音变特征

2.1　目标位置共振峰频率与其前、后过渡段共振峰频率参数之间的显著性差异分析

为探讨元音目标位置共振峰频率与其前、后过渡段共振峰频率参数之间的显著性差异，我们采用了两种分析方法：（1）元音目标位置共振峰（F1/F2）及其前过渡段共振峰（TF1/TF2）均值语图比较；（2）检验元音目标位置共振峰频率与其前、后过渡段共振峰频率参数之间的显著性差异。

为了能够直接观察和分析 [ɐ] 元音目标位置共振峰与其前、后过渡段共振峰分布模式之间的差别，我们绘制了图 2.7。图 2.7 为 [ɐ] 元音目标位置第一、第二共振峰 F1/F2 及其前过渡 TF1/TF2 和后过渡 TP1/TP2 共振峰

分布模式比较图。另外除上述数据直观对比的方法外，我们还对东乡语元音中所提取的 [ɐ] 元音目标位置第一、第二共振峰 F1/F2 及其前过渡 TF1/TF2 和后过渡 TP1/TP2 共振峰等参数进行单因素方差分析，以 sig（显著性，P 值）系数来验证，目标位置第一、第二共振峰 F1/F2 及其前过渡 TF1/TF2 和后过渡 TP1/TP2 共振峰之间是否存在显著性差异。请见表 2.2。

图 2.7 和表 2.2 显示，男、女发音人 [ɐ] 元音目标位置第一、第二共振峰频率与其前、后过渡段共振峰频率之间[①]共同的、具有统计学意义的特点（规律）有：与目标元音相比前、后过渡段共振峰频率都有较大变化，P 值都小于 0.05，存在显著差异。

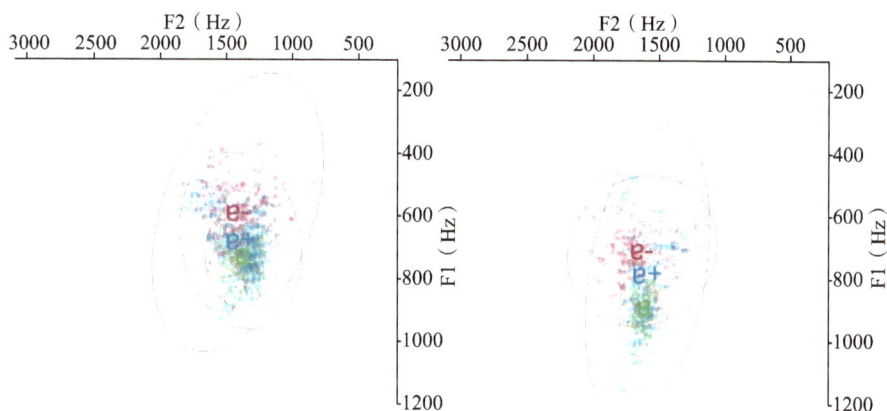

图 2.7　词首音节 [ɐ] 元音目标位置共振峰（F1/F2）及其前、后过渡段共振峰
（TF1、TF2/TP1、TP2）比较图（M&F）（"ɐ" 为目标位置元音、
"ɐ+" 为前过渡段、"ɐ−" 为后过渡段，下同）

表 2.2　检验结果

检验值	sig（显著性），P 值			
	M		F	
检验样本	F1	F2	F1	F2
目标位置与前过渡段共振峰之间的显著性	0.000	0.021	0.000	0.023
目标位置与后过渡段共振峰之间的显著性	0.000	0.000	0.000	0.000
前过渡段共振峰与后过渡段共振峰之间的显著性	0.000	0.004	0.000	0.001

＊ P 值小于 0.05 存在显著差异；大于 0.05 差异不明显。下同。

---

① 本书虽然检验了 [ɐ] 元音前过渡共振峰与后过渡共振峰之间的显著性，即 TF1/TF2 和 TP1/TP2 之间的显著性，但本书暂时忽略该检验结果，下同。

2.2 元音声学参数与音节数量之间的相关性分析

研究思路：（1）统计分析元音在单音节和多音节词中的出现频率，探究语言最普遍的应用单元，即是单音节词语言、双音节词语言，还是多音节词语言的问题；（2）探讨元音声学参数与其所出现词的音节数量之间的相关性问题，即元音声学参数与音节数量之间的相关性问题。研究方法：（1）比较分析元音在单音节、双音节和多音节词中出现的声学参数；（2）重点分析元音在不同音节数量词中出现的目标位置共振峰均值分布图；（3）分析元音声学参数均值与其所出现的不同音节数量词之间的相关性差异。

2.2.1 ［ɐ］元音在单音节和多音节词中的出现频率统计

表 2.3 为 ［ɐ］元音在单音节和多音节词中的出现频率统计表。表 2.3 显示，［ɐ］元音在双音节词中的出现频率较高，约占所有出现次数的 38%（M）和 44%（F），三音节词中出现的频率最高，约 49%（M）、49%（F），说明东乡语中双音节和三音节词的使用频率高于其他音节词。这与蒙古语标准音不同。

表 2.3　［ɐ］元音出现频率统计

音节数量	单音节		双音节		三音节		多音节（四音节以上）		共计	
发音人	M	F	M	F	M	F	M	F	M	F
出现次数	16	16	169	151	217	168	51	10	453	345
百分比（%）	4	5	38	44	49	49	11	3	100	100

2.2.2 ［ɐ］元音声学参数与音节数量之间的相关性分析

下面探讨 ［ɐ］元音音长、音强和共振峰参数均值与其所出现的词的音节数量之间的相关性问题。表 2.4 为在单、双、三音节词中出现的 ［ɐ］元音的音长（VD）、音强（VA）、共振峰目标值（F）统计表，图 2.8 为出现在单音节词、双音节词和三音节词中的 ［ɐ］元音目标位置共振峰均值分布示意，表 2.5 为 ［ɐ］元音音长及其目标位置第一、第二共振峰（F1/F2）的均值与其所出现的不同音节数量词之间的相关性分析表，即 P 值分析表。

从表 2.4~2.5 和图 2.8 中可以看出，男、女发音人 ［ɐ］元音声学参数与其所出现词的音节数量之间没有呈现共同的、具有统计学意义的特点。但值得一提的是男、女发音人 ［ɐ］元音的音长与其所出现的词的音节数量之间有一定的相关性，即男、女发音人［ɐ］元音音长均值随着词中音节数量的增多相对变短。如：

M：132ms→90ms→71ms；F：187ms→119ms→80ms

M：73.14dB→70.17dB→69.23dB；F：58dB→57.80dB→57.70dB

表 2.4　单音节和多音节词中出现的［ɐ］元音声学参数统计

单位：VD 为 ms，VA 为 dB，F 为 Hz，下同

		M					F				
		VD	VA	F1	F2	F3	VD	VA	F1	F2	F3
单音节词	平均值	239	73.14	733	1244	2604	295	58	880	1605	2847
	标准差	6	2	74	108	136	5	5	80	50	262
	变异系数	2%	3%	10%	8%	5%	1%	8%	9%	3%	9%
双音节词	平均值	132	70.17	746	1341	2400	187	57.80	893	1583	2829
	标准差	60	3	59	95	272	40	4	43	159	307
	变异系数	45%	4%	8%	7%	11%	20%	6%	5%	10%	10%
三音节词	平均值	90	69.23	698	1373	2400	119	57.70	901	1646	2885
	标准差	38	3	60	134	295	20	5	70	66	243
	变异系数	42%	4%	8%	10%	12%	17%	9%	8%	4%	8%
多音节词	平均值	71	68.82	688	1371	2280	100	57.53	896	1672	2901
	标准差	39	2	63	129	315	33	4	80	103	237
	变异系数	54%	2%	9%	9%	13%	33	6%	8%	6%	8%

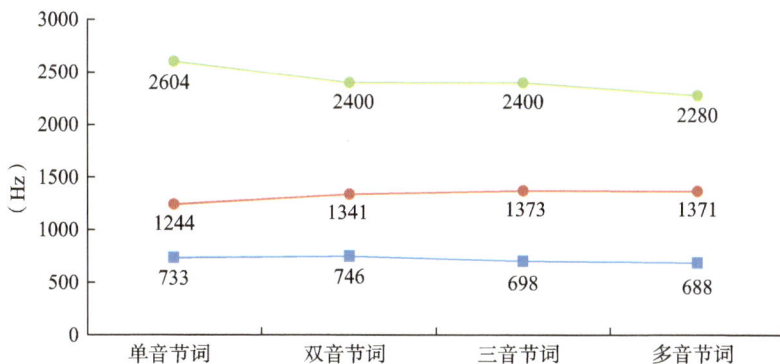

图 2.8-1　单音节词、双音节词和三音节词中出现的［ɐ］元音目标位置共振峰均值分布示意（M）

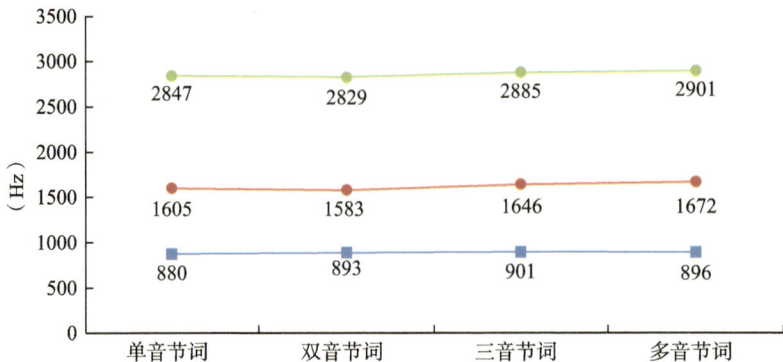

图 2.8-2　单音节词、双音节词和三音节词中出现的［ɚ］元音目标位置共振峰均值分布示意（F）

表 2.5　检验结果

检验值 不同音节	sig（显著性），P 值							
	M		F		M		F	
	F1	F2	F1	F2	VD	VA	VD	VA
单音节词—双音节词	0.352	0.000	0.580	0.851	0.485	0.000	0.000	0.388
单音节词—三音节词	0.329	0.000	0.795	0.561	0.995	0.000	0.000	0.370
单音节词—四音节词	0.121	0.000	0.171	0.835	0.995	0.000	0.000	0.207
双音节词—三音节词	0.000	0.213	0.386	0.025	0.073	0.582	0.000	0.934
双音节词—四音节词	0.000	0.023	0.000	0.947	0.229	0.706	0.000	0.339
三音节词—四音节词	0.209	0.133	0.000	0.100	0.999	0.440	0.012	0.356

2.3　元音声学参数与音节类型之间的相关性分析

本小节研究思路：（1）统计元音在不同音节类型中的出现频率，探究该语言音节类型学特点；（2）比较分析出现在不同音节类型中元音的声学参数，探究元音声学参数与词中音节类型之间的相关性问题。研究方法：（1）比较不同音节类型中出现的元音第一、第二共振峰均值语图；（2）分析元音声学参数均值与其所出现的不同音节类型之间的相关性差异。

2.3.1　［ɚ］元音在不同音节类型中的出现频率统计

表 2.6 是［ɚ］元音在不同音节类型中的出现频率统计表。该表显示，［ɚ］元音在 CV 类音节中出现的频率高，263 次，56%（M）；198 次，54%（F）。其次在 V 类音节中出现的频率较高。如，125 次，26%（M）；89 次，

24%（F）。可以说，东乡语中 V 和 CV 音节的出现频率较高。这是语言音节类型学的一种特点。

表 2.6　不同音节类型中出现的［ɤ］元音的频率统计

发音人	音节类型	V	VC	CV	CVC	其他	共计
M	出现次数	125	21	263	36	33	445
M	百分比	26%	4%	56%	7%	7%	100%
F	出现次数	89	15	198	47	21	345
F	百分比	24%	5%	54%	12%	5%	100%

2.3.2　［ɤ］元音声学参数与音节类型之间的相关性分析

表 2.7 为在不同音节类型中出现的［ɤ］元音的声学参数统计表，图 2.9~2.11 为在不同音节类型中出现的［ɤ］元音第一、第二共振峰（F1/F2）、音长和音强均值比较图。表 2.8 为［ɤ］元音音长、音强和目标位置 F1、F2 的均值与其所出现的不同音节类型之间的相关性分析表。从上述表和图中可以看出，男、女发音人［ɤ］元音的声学参数均值与其所出现的不同音节类型之间呈现了以下共同的、具有统计学意义的特点（规律）。如，CV-CVC 等两种音节类型中出现的［ɤ］元音第一、第二共振峰频率均值具有统计学意义的差异；在 V-CV 和 VC-CV 等两对音节类型中出现的［ɤ］元音音长具有统计学意义的差异。请见表 2.8 中的 P 值。

另外，值得一提的是：男、女发音人［ɤ］元音的音长按照以下音节类型排列，依次相对变长：VC<V<CVC<CV。其中，女发音人［ɤ］元音的音长变化相对显著。

表 2.7-1　不同音节类型中出现的［ɤ］元音声学参数统计（M）

单位：VD 为 ms，VA 为 dB，F 为 Hz，下同

音节类型	参数	VD	VA	F1	F2	F3
V	平均值	98	69.41	745	1363	2376
V	标准差	27	3	67	123	294
V	变异系数	27%	4%	9%	9%	12%

续表

音节类型	参数	VD	VA	F1	F2	F3
VC	平均值	90	69.85	629	1223	2578
	标准差	18	2	59	101	406
	变异系数	26%	3%	9%	8%	17%
CV	平均值	156	71	726	1362	2410
	标准差	76	4	69	109	244
	变异系数	48%	6%	9%	8%	10%
CVC	平均值	102	71.8	616	1212	2242
	标准差	34	4	70	142	378
	变异系数	33%	5%	11%	11%	16%

表 2.7-2　不同音节类型中出现的〔ɐ〕元音声学参数统计（F）

单位：VD 为 ms, VA 为 dB, F 为 Hz, 下同

音节类型	参数	VD	VA	F1	F2	F3
V	平均值	135	57.70	898	1639	2892
	标准差	42	4	65	68	217
	变异系数	31%	7%	7%	4%	8%
VC	平均值	112	59	773	1304	2664
	标准差	24	3	116	128	312
	变异系数	21%	5%	15%	10%	11%
CV	平均值	196	57	883	1601	2831
	标准差	78	4	63	79	297
	变异系数	39%	7%	7%	5%	10%
CVC	平均值	166	56.74	728	1405	2860
	标准差	59	5	70	106	512
	变异系数	36%	9%	10%	8%	18%

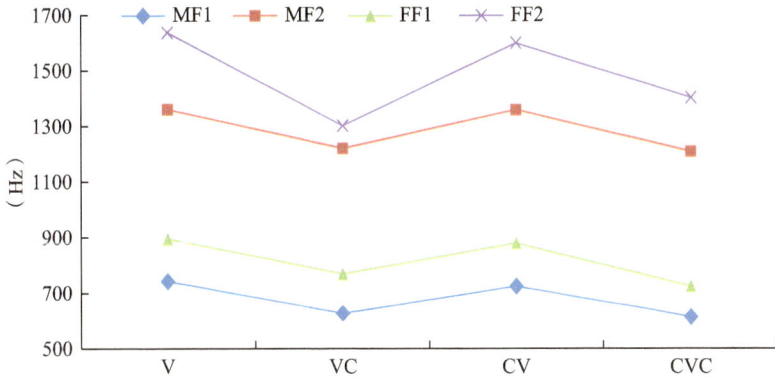

图 2.9 在不同音节类型中出现的 [ɐ] 元音第一共振峰 (F1)、
第二共振峰 (F2) 比较 (M&F)

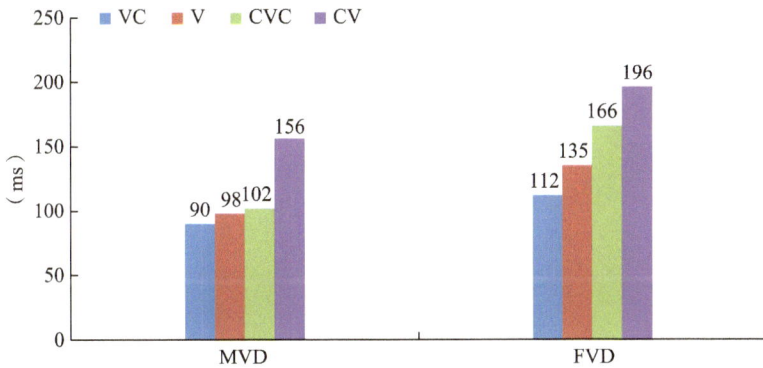

图 2.10 在不同音节类型中出现的 [ɐ] 元音音长比较 (M&F)

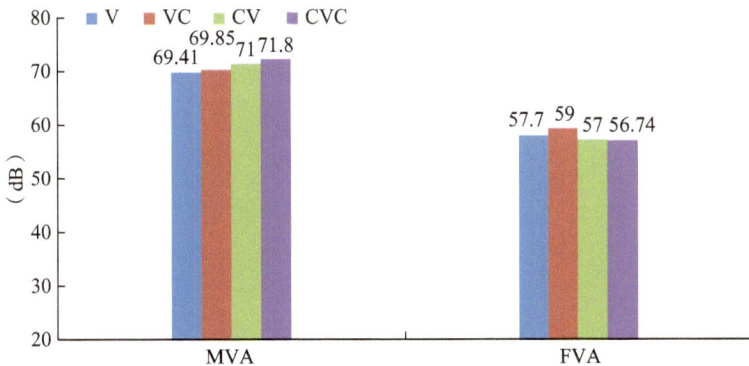

图 2.11 在不同音节类型中出现的 [ɐ] 元音音强比较 (M&F)

表 2.8　检验结果

检验值 不同音节	sig（显著性），P 值							
	M		F		M		F	
	F1	F2	F1	F2	VD	VA	VD	VA
V-VC	0.226	0.040	0.001	0.026	0.199	0.450	0.544	0.108
V-CV	0.009	0.261	0.499	0.012	0.040	0.157	0.000	0.865
V-CVC	0.003	0.074	0.000	0.000	0.218	0.801	0.010	0.009
VC-CV	0.025	0.011	0.001	0.098	0.036	0.814	0.008	0.115
VC-CVC	0.251	0.741	0.418	0.150	0.061	0.442	0.137	0.517
CV-CVC	0.000	0.021	0.000	0.000	0.686	0.392	0.001	0.008

2.4　元音声学参数与前置辅音音质之间的相关性分析

本小节研究思路：通过观察和分析不同辅音之后出现的词首音节元音的音长、音强均值和目标位置第一至第三共振峰的前过渡段共振峰（TF1～TF3）均值的变化，探讨元音声学参数与其前置辅音音质之间的相关性问题。

表 2.9 为在不同前置辅音之后出现的或无前置辅音的词首音节 [ɐ] 元音（简称：在词首音节不同辅音之后或无前置辅音音节中出现的 [ɐ] 元音，下同）的声学参数统计表。图 2.12～2.15 为在词首音节（包括单音节词）[h-、j-、k-kʰ-、l-、m-、n-、p-、pʰ-、s-、t-、tʰ-、tʂ-、tʂʰ-] 辅音（前置辅音）之后出现的 [ɐ] 元音的音长、音强和目标位置第一至第三共振峰（F1、F2、F3）的前过渡段频率（TF1、TF2、TF3）的变化示意图。

表 2.9 和图 2.12～2.15 显示，男、女发音人 [ɐ] 元音的声学参数均值与其前置辅音音质之间（除个别辅音外）没有呈现共同的、具有统计学意义的特点（规律）。

从图 2.15 中可以看出，在 [s，tʂʰ，j] 辅音之后出现的 [ɐ] 元音第二共振峰前过渡段 TF2 的频率比其他辅音之后的相对高，说明 [ɐ] 元音的舌位前、后受其前置辅音舌位影响相对显著。因为这三个辅音都是舌尖或舌叶辅音。但不是所有出现在舌尖或舌叶辅音之后的 [ɐ] 元音舌位都受其前置辅音的影响。有关这类问题有待进一步研究。

表 2.9　不同前置辅音之后出现的或无前置辅音的词首音节
[ɐ] 元音的声学参数统计（上 M& 下 F）

参数＼辅音	VD	VA	TF1	TF2	TF3	F1	F2
hɐ	79	68.41	811	1366	2631	743	1340
jɐ	122	73	543	1684	2556	737	1468
kɐ	87	68.86	687	1361	2353	736	1370
kʰɐ	81	69.4	789	1331	2433	723	1318
lɐ	143	69.36	648	1457	2491	793	1408
mɐ	117	68.94	612	1238	2275	726	1330
nɐ	140	68.44	494	1460	2742	708	1402
pɐ	111	67.53	627	1250	2367	745	1358
pʰɐ	122	69.25	753	1259	2440	708	1244
sɐ	95	67.7	627	1544	2511	747	1443
tɐ	117	68.36	676	1449	2325	724	1385
tʰɐ	86	69.28	787	1438	2366	742	1415
tʂɐ	117	71.53	563	1708	2417	741	1469
tʂʰɐ	127	70.71	799	1543	2490	711	1401
ɐ（无前置）	97	69.37	709	1319	2372	715	1364
参数＼辅音	VD	VA	TF1	TF2	TF3	F1	F2
hɐ	176	53.69	862	1720	3172	862	1584
jɐ	169	59.44	667	1792	2598	879	1678
kɐ	172	52.82	709	1527	3100	911	1587
kʰɐ	195	56	922	1676	3132	909	1529
lɐ	233	60.11	663	1541	2891	899	1560
mɐ	193	60.83	542	1255	2906	824	1539
nɐ	220	57.14	534	1636	2722	834	1589
pɐ	185	59.20	719	1348	2758	891	1588
pʰɐ	199	56	605	1475	3129	815	1556
sɐ	222	61.28	995	1730	3249	850	1573
tɐ	202	54	677	1638	2771	924	1554
tʰɐ	216	54.66	988	1655	2964	878	1592
tʂɐ	250	60.35	536	1789	3146	919	1627

续表

参数 辅音	VD	VA	TF1	TF2	TF3	F1	F2
tʂʰɐ	184	54	923	1711	2800	886	1675
ɐ（无前置）	135	57.7	859	1594	2767	898	1639

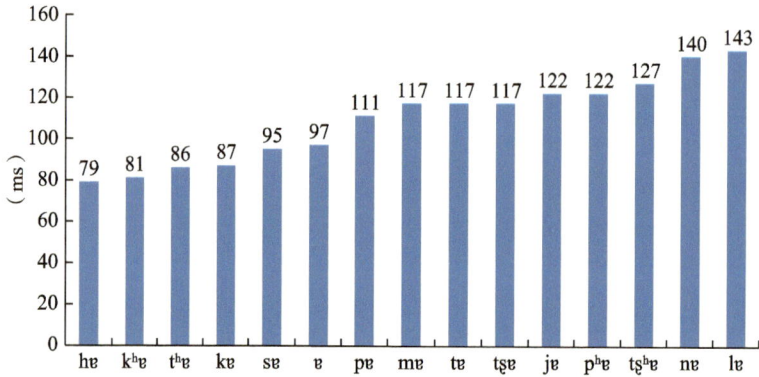

图 2.12-1　词首音节不同辅音之后和无前置辅音音节中出现的［ɐ］
元音音长比较（M）

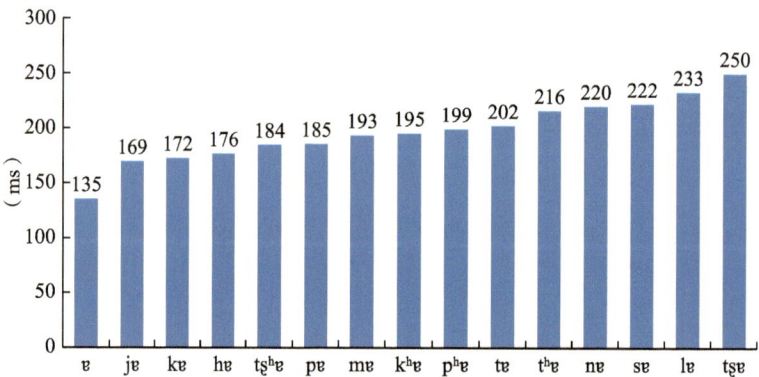

图 2.12-2　词首音节不同辅音之后和无前置辅音音节中出现的［ɐ］
元音音长比较（F）

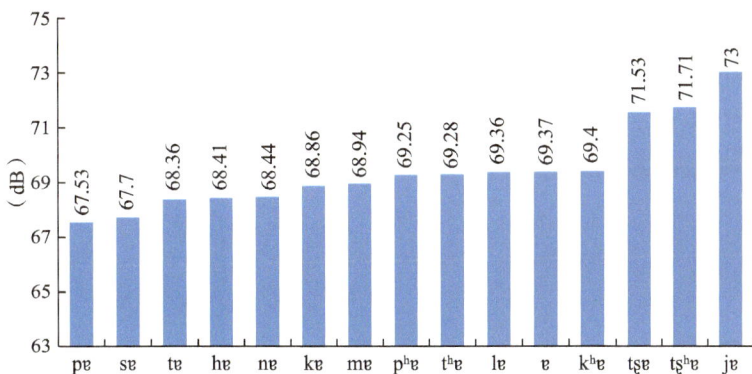

图 2.13-1 词首音节不同辅音之后和无前置辅音音节中出现的 [ɐ] 元音音强比较（M）

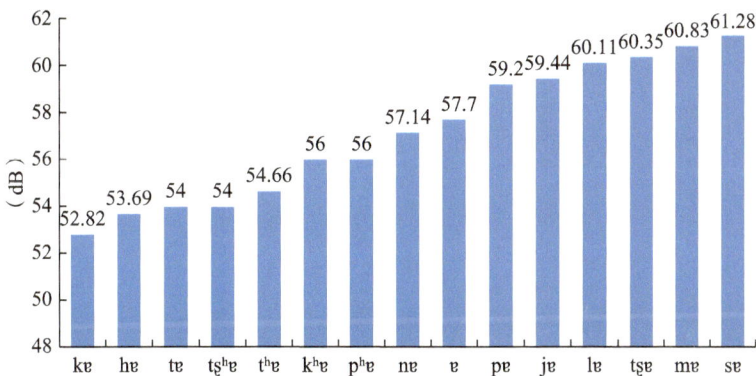

图 2.13-2 词首音节不同辅音之后和无前置辅音音节中出现的 [ɐ] 元音音强比较（F）

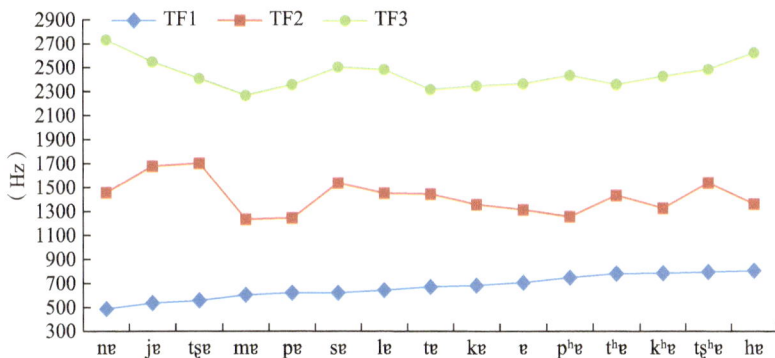

图 2.14-1 词首不同辅音之后出现的 [ɐ] 元音三个共振峰前过渡段（TF1、TF2、TF3）的变化示意（以 TF1 的上升为序排列）（M）

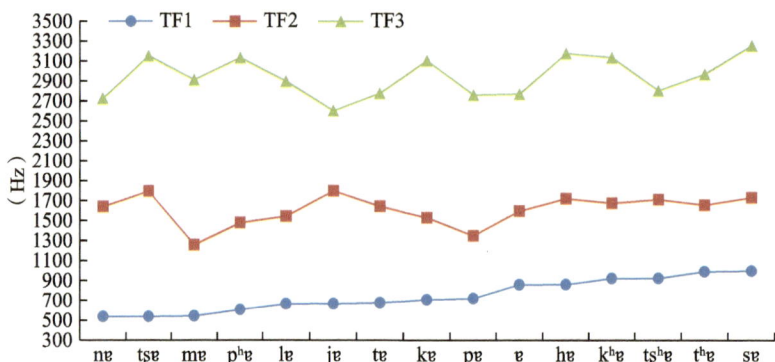

图 2.14-2　词首不同辅音之后出现的 [ɐ] 元音三个共振峰前过渡段（TF1、TF2、TF3）的变化示意（以 TF1 的上升为序排列）（F）

从图 2.14~2.15 我们可以清楚地看出，F1 总均值（M：F1＝715Hz，F：F1＝898Hz）为分界点，除男发音人（M）的 [s] 辅音与女发音人（F）[pʰ] 辅音之外，其他清擦音、送气塞音、送气塞擦音 [h，s，pʰ，kʰ，tʰ，tʂʰ，j] 之后的 [ɐ] 元音 TF1 频率分别上升到 750~850Hz（M）和 800~1000Hz（F），就是说开口度比目标元音稍大。具体上升分值分别为（开口度从大到小排列）：[h] 上升 102Hz＞[tʂʰ] 上升 90Hz＞[kʰ] 上升 80Hz＞[tʰ] 上升 78Hz＞[pʰ] 上升 44Hz（M）；[s] 上升 136Hz＞[tʰ] 上升 129Hz＞[tʂʰ] 上升 64Hz＞[kʰ] 上升 63Hz＞[h] 上升 3Hz。

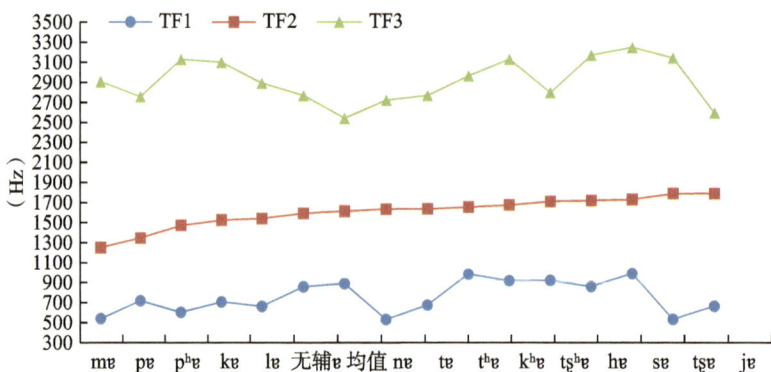

图 2.15-1　词首不同辅音之后出现的 [ɐ] 元音三个共振峰前过渡段（TF1、TF2、TF3）的变化示意（以 TF2 的上升为序排列）（M）

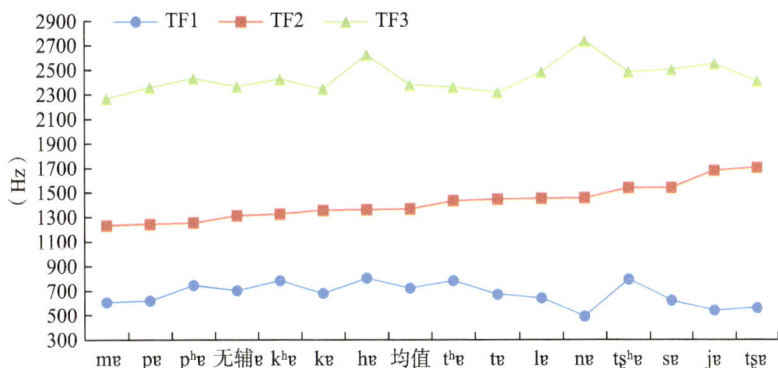

图 2.15-2　词首不同辅音之后出现的 [ɐ] 元音三个共振峰前过渡段（TF1、TF2、TF3）的变化示意（以 TF2 的上升为序排列）（F）

（二）[ə]

1. 声学特征与音色

以下是有关 [ə] 传统语音学的描写。刘照雄（1981）认为："东乡语 [ə] 元音为，央展唇元音。词首或与 [i] 结合成 [ie] 复合元音时读作 [e]；在词中和词末以单元音出现时读作 [ə]。例如：[erə] 男性。"布和（1987）认为："东乡语 [ə] 元音为，中、央、展唇音。词首或在辅音 [f] 和 [j] 后面预计同元音 i 结合为复合元音时读作 [e]；在 [ŋ] 前面或者同元音 [u] 结合为复合元音时读作 [ɣ]。其他时候读作 [ə]。例如：[erə] 男性、[ɐmɣŋ] 糜子。"阿·伊布拉黑麦（1988）认为："东乡语 [ə] 元音，中、央、展唇元音。在 [i] 和 [j] 后面读作 [e]，在复合元音 əi 中读作 [ə]，在词首读作 [ʅ]，在辅音后读作 [ə]，在鼻化时读作 [ə]。例如：[jeje] 爷爷，[beilie] 背。"

1.1　元音三维语图和语音标注

图 2.16 为男发音人 əmə [əmə]"母、雌性"一词的三维语图和三层标注实例。该图上 [ə] 元音目标位置 F1~F4 四个共振峰参数分别为 554Hz、1561Hz、2639Hz、3971Hz；该元音 VD（时长）为 118ms，VA（音强）为 69.30dB。该语图比较真实地显示了 [ə] 元音在实际语流中的存在形式。

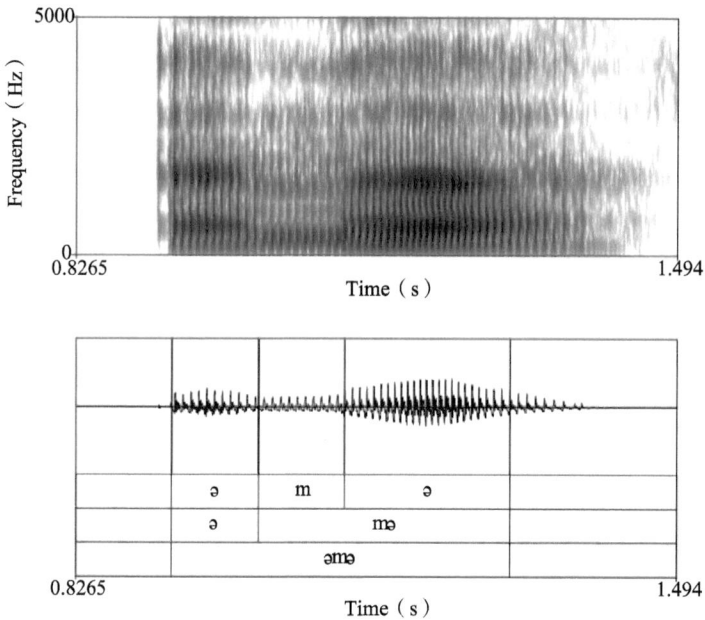

图 2.16   男发音人 əmə［əmə］"母、雌性"一词的三维语图和三层标注实例

1.2   ［ə］元音声学特征与声学参数

表 2.10 为东乡语词首音节［ə］元音参数统计表。从表 2.10 中可以看出，男、女发音人词首音节［ə］元音的平均 VD（时长）为 M = 89ms，F = 225ms；平均 VA（音强）为 M = 69.30dB，F = 56.64dB。该元音 F1 和 F2 的频率均值分别为 M：F1 = 538Hz，F2 = 1594Hz；F：F1 = 552Hz，F2 = 1924Hz。

图 2.17 为男、女发音人词首音节［ə］元音在声学元音图中的位置及声学空间的分布模式。图 2.18 还显示了［ə］元音在声学空间中分布范围为：F1 = 509～653Hz，F2 = 1450～1722Hz（M）；F1 = 508～655Hz，F2 = 1664～2223Hz（F）。从中可以看出，男发音人［ə］元音在声学空间中分布比较扩散，但总体呈现出高、低扩展模式，女发音人的元音声学空间分布情况看起来更为明显。

我们认为该元音是次中、央、展唇音，用国际音标［ə］来标记，［ə］标记接近其实际音值。从图 2.17 中可以看到，东乡语［ə］元音整体音变特点和音变趋势为舌位高、低维度（纵轴）上的变化，即舌位高、低变化明显大于其舌位前、后维度（横轴）上的变化，即舌位前、后变化。

表 2.10　[ə] 元音声学参数统计

参数 统计项	M					F				
	VD	VA	F1	F2	F3	VD	VA	F1	F2	F3
均值	89	69.30	538	1594	2511	225	56.64	552	1924	3118
标准差	60	3	71	162	393	45	3	77	130	130
变异系数	61%	4%	13%	11%	15%	20%	5%	13%	7%	4%

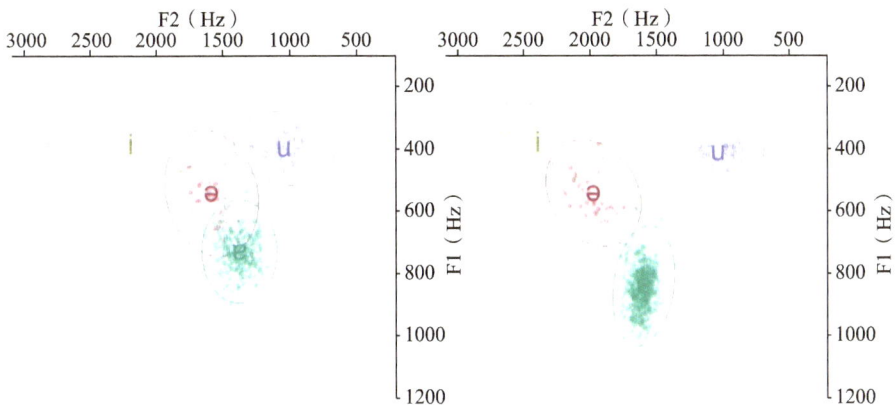

图 2.17　词首音节 [ə] 元音在声学元音图中的位置及其声学空间分布模式 (M&F)

2. 语流中的音变特征

2.1　目标位置共振峰频率与其前、后过渡段共振峰频率参数之间的显著性差异分析

图 2.18 为 [ə] 元音目标位置第一、第二共振峰 F1/F2 及其前过渡段 TF1/TF2 和后过渡段 TP1/TP2 共振峰比较图。从图 2.18（左图为 M、右图为 F）可以看出，与目标共振峰频率相比，[ə] 元音前、后过渡段共振峰频率都有一定的变化，前、后过渡段频率 TF1/TP1 有明显的下降、TF2/TP2 变化不太明显（前过渡段与后过渡段相互变化不大，几乎在重叠位置），这说明 [ə] 元音前、后过渡段中舌位明显上升（开口度明显变小）。

图 2.18 和表 2.11 显示，（1）F1 上目标元音与前、后过渡段元音有显著性差异。（2）第二共振峰 F2 上目标元音与前、后过渡段元音没有明显的差异性。（3）前、后过渡段之间，第一共振峰 F1 上男发音人中有差异性，女发音人中没有差异性；F2 上男发音人没有明显的差异性，女发音人中存在显著性差异。

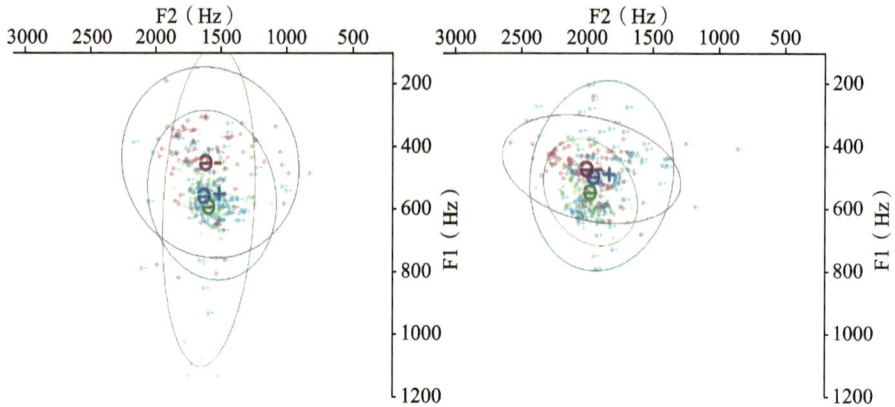

图 2.18　[ə] 元音目标位置共振峰（F1/F2）及其前、后过渡段共振峰（TF1、TF2/TP1、TP2）比较（M&F）

表 2.11　检验结果

检验值 检验样本	sig（显著性），P 值			
	M		F	
	F1	F2	F1	F2
目标位置与前过渡段共振峰之间的显著性	0.000	0.608	0.000	0.005
目标位置与后过渡段共振峰之间的显著性	0.000	0.918	0.000	0.803
前过渡段共振峰与后过渡段共振峰之间的显著性	0.000	0.691	0.382	0.014

＊ P 值小于 0.05 存在显著差异；大于 0.05 差异不明显。

2.2　元音声学参数与音节数量之间的相关性分析

2.2.1　[ə] 元音在单音节和多音节词中的出现频率统计

表 2.12 为 [ə] 元音在单音节和多音节词中出现的频率统计表。该表显示，在"东乡语语音声学参数数据库"中 [ə] 元音出现 79 次（M）和 83 次（F）；在双音节词中的出现频率约占所有出现次数的 34%（M）和 39%（F）；三音节词中的出现频率最高，约占所有出现次数的 47%（M）和 45%（F）。

表 2.12　不同音节词中 [ə] 元音出现频率统计

单音节词	单音节词		双音节词		三音节词		多音节词		共计	
	M	F	M	F	M	F	M	F	M	F
出现次数	4	5	27	32	37	37	11	9	79	83
百分比	5%	6%	34%	39%	47%	45%	14%	11%	100%	100%

2.2.2　［ə］元音声学参数与音节数量之间的相关性分析

下面探讨［ə］元音音长、音强和共振峰参数均值与其所出现的词的音节数量之间的相关性问题。表 2.13 为在单、双、三、多音节词中出现的［ə］元音的音长（VD）、音强（VA）、共振峰目标值（F）统计表，图 2.19 为出现在单音节词、双音节词、三音节词和多音节词中的［ə］元音目标位置共振峰均值的声学语图，表 2.14 为［ə］元音音长及其目标位置第一、第二共振峰（F1/F2）的均值与其所出现的不同音节数量词之间的相关性分析表，即 P 值分析表。

从表 2.13~2.14 和图 2.19 中可以看出，男、女发音人［ə］元音声学参数与其所出现词的音节数量之间没有呈现共同的、具有统计学意义的特点。但值得一提的是，男、女发音人［ə］元音的音长与其所出现的词的音节数量之间有一定的相关性，即男、女发音人［ə］元音音长均值随着词中音节数量的增多相对变短。男、女发音人［ə］元音音强而其音强随着音节数量的增加而相对变弱（女发音人变化不太明显）。如：

M:266ms→113ms→67ms→46ms；M:73.75dB→69.11dB→69dB→67.4dB

F:322ms→234ms→117ms→108ms；F:57.25dB→59.31dB→56.89dB→56.33dB

表 2.13　单音节和多音节词中出现的［ə］元音声学参数统计

发音人		M					F				
参数		VD	VA	F1	F2	F3	VD	VA	F1	F2	F3
单音节词	平均值	266	73.75	644	1585	2738	322	57.25	598	1938	3124
	标准差	45	2	35	51	220	6	5	24	38	96
	变异系数	16%	3%	5%	3%	8%	1%	9%	4%	2%	3%
双音节词	平均值	113	69.11	554	1606	2632	234	59.31	537	2084	3149
	标准差	60	2	57	94	267	5	4	70	173	146
	变异系数	53%	3%	10%	6%	10%	2%	7%	13%	8%	5%
三音节词	平均值	67	69	554	1579	2450	117	56.89	554	2024	3145
	标准差	22	2	55	132	241	3	3	62	162	151
	变异系数	32%	3%	10%	8%	9%	3%	5%	11%	8%	5%
多音节词	平均值	46	67.4	507	1619	2350	108	56.33	528	1951	2986
	标准差	12	4	62	175	284	3	4	56	249	349
	变异系数	26%	6%	12%	11%	12%	2%	7%	11%	13%	12%

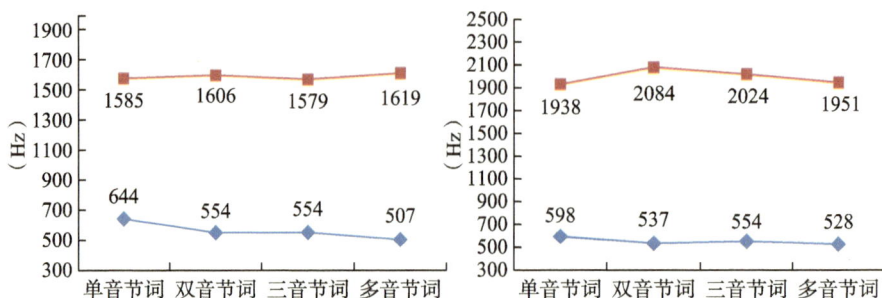

图 2.19　单音节词、双音节词、三音节和多音节词中出现的［ə］元音
目标位置共振峰均值分布示意（M&F）

表 2.14　检验结果

检验值 不同音节	sig（显著性），P 值							
	M		F		M		F	
	F1	F2	F1	F2	VD	VA	VD	VA
单音节词—双音节词	0.267	0.027	0.072	0.142	0.287	0.000	0.001	0.375
单音节词—三音节词	0.472	0.338	0.165	0.383	0.971	0.000	0.000	0.715
单音节词—四音节词	0.538	0.089	0.090	0.659	0.967	0.000	0.000	0.138
双音节词—三音节词	0.695	0.182	0.326	0.166	0.232	0.523	0.000	0.005
双音节词—四音节词	0.059	0.623	0.636	0.378	0.231	0.023	0.001	0.268
三音节词—四音节词	0.153	0.420	0.365	0.781	0.996	0.116	0.199	0.019

我们从表 2.14 的检验结果来看，从共振峰上看，男、女发音人表现出相同的规律，不同音节词中［ə］元音 F1/F2 之间差异性不明显。

从元音时长上看，男发音人单音节和其他音节词的时长有比较明显的差异性，其他音节词的组合表现出相同的规律，不同音节词中［ə］元音时长之间差异性不明显；女发音人不同音节中的［ə］元音时长之间差异性比较明显。我们认为出现这种结果是发音人本身发音特点的原因，有待进一步研究。

从元音音强上看，男发音人不同音节词［ə］元音音强之间差异性不明显，女发音人则相反，不同音节词中［ə］元音音强之间差异性较为明显。

2.3　元音声学参数与音节类型之间的相关性分析

2.3.1　［ə］元音在不同音节类型中的出现频率统计

表 2.15 为［ə］元音在不同音节类型中的出现频率统计表。从表 2.15 中

可以看出，［ə］元音在 V 音节类型中出现频率高，出现 54 次、47%（M）；30 次、25%（F）。在 CV 音节类型中出现的频率相对较高，25 次、22%（M）；57 次、47%（F）。可以说，［ə］元音在东乡语 V 和 CV 音节中的出现频率较高。这是语言音节类型学的一种特点。

表 2.15 不同音节类型中［ə］元音的频率统计

发音人	音节类型	V	VC	CV	CVC	CVV	其他	共计
M	出现次数	54	3	25	3	23	7	115
	百分比	47%	2%	22%	3%	20%	6%	100%
F	出现次数	30	3	57	5	22	3	115
	百分比	25%	3%	47%	4%	18%	3%	100%

2.3.2 ［ə］元音声学参数与音节类型之间的相关性分析

表 2.16 为出现在不同音节类型中［ə］元音的声学参数统计表。从表 2.16 中可以看出，音节类型与［ə］元音有些声学参数之间具有一定的相关性。出现在 VC 音节类型中［ə］元音的 F1、F2 相对均值相对低，但是不太明显。例如，VC 音节类型中 F1：477Hz（M）、560Hz（F），F2：1591Hz（M）、2010Hz（F）；而在 V 音节类型中［ə］元音 F1、F2 均值相比其他音节类型中的要高。例如，V 音节类型中 F1：560Hz（M）、586Hz（F），F2：1589Hz（M）、2026Hz（F）。从以上数据可以看出，前后置辅音对后置元音有一定的影响，但不是太明显（请见图 2.18）。音节类型的不同对［ə］元音音长也有一定的影响，具有一定的相关性。出现在以辅音开头的 CV 音节类型中的［ə］元音音长（VD）均值明显长于其他音节类型中的元音。例如：CV 音节类型中 114ms（M）、187ms（F）。而出现在 CVC 音节类型中［ə］元音的音长均值相对较短。例如：CVC 音节类型中 82ms（M）、150ms（F）。从图 2.20 中还可以看出，M、F 的音长在音节类型中是非常有规律性的：CV 音节类型中最长，依次排列呈现出 V<VC<CVC<CV（M）、CVC<V<VC<CV（F）模式。音节类型的不同对［ə］元音音强具有一定的影响，出现在 CV 音节类型中音强相对较强，V 音节类型中相对较弱，从弱到强依次排序呈现出 CVC<V<VC<CV（M）、V<VC<CVC <CV（F）模式（请见图 2.21~2.22）。

表 2.16-1 不同音节类型中 [ə] 元音声学参数统计 （M）

音节类型	参数	VD	VA	F1	F2	F3
V	平均值	78	68.87	560	1589	2473
	标准差	5	2	55	128	414
	变异系数	6%	3%	10%	8%	17%
VC	平均值	79	68.9	477	1591	2218
	标准差	7	3	67	169	518
	变异系数	9%	4%	14%	10%	23%
CV	平均值	114	69.48	558	1606	2606
	标准差	8	3	74	114	344
	变异系数	7%	4%	13%	7%	13%
CVC	平均值	82	67.33	525	1615	2401
	标准差	2	6	120	128	443
	变异系数	2%	9%	22%	8%	18%

表 2.16-2 不同音节类型中 [ə] 元音声学参数统计 （F）

音节类型	参数	VD	VA	F1	F2	F3
V	平均值	155	56.46	586	2026	3096
	标准差	7	3	36	136	142
	变异系数	4%	5%	6%	7%	5%
VC	平均值	158	57.54	560	2010	3101
	标准差	6	5	33	142	155
	变异系数	4%	7%	12%	8%	5%
CV	平均值	187	58.71	524	2050	3176
	标准差	8	4	65	173	153
	变异系数	4%	7%	12%	8%	5%
CVC	平均值	150	58.44	571	1935	3279
	标准差	6	7	31	90	131
	变异系数	4%	12%	5%	5%	4%

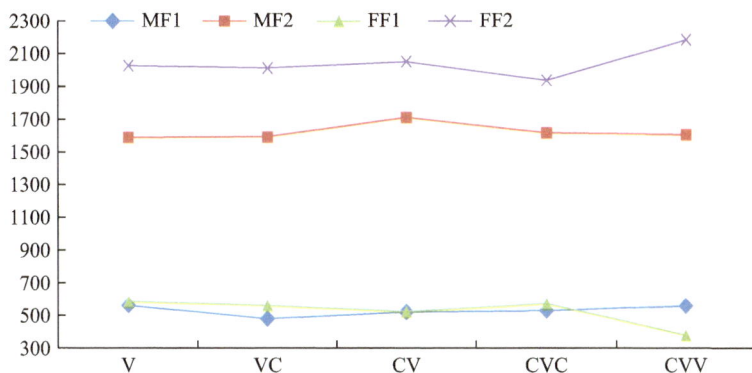

图 2.20　不同音节类型中［ə］元音第一共振峰（F1）、第二共振峰（F2）比较（M&F）

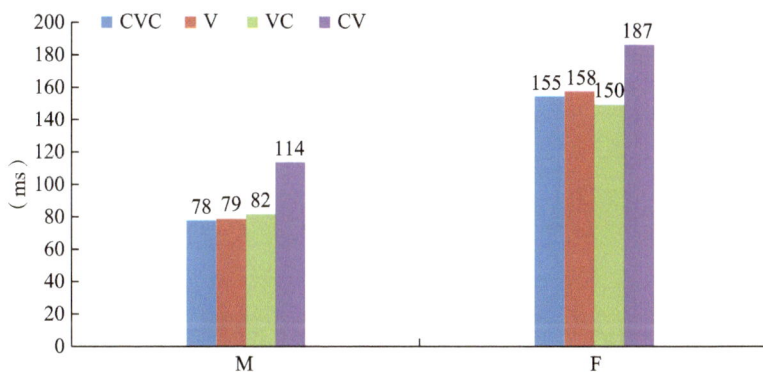

图 2.21　不同音节类型中［ə］元音音长比较（M&F）

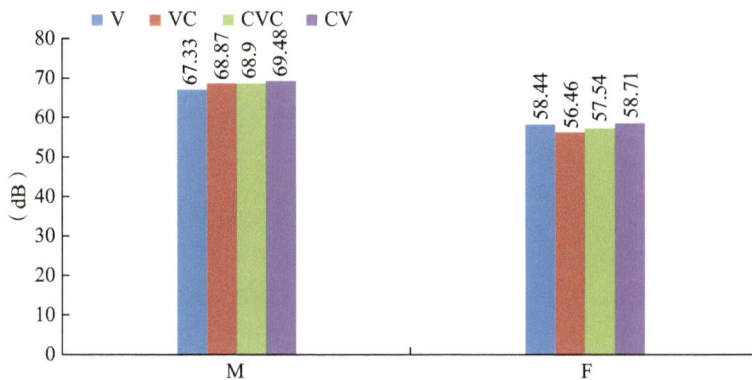

图 2.22　在不同音节类型中出现的［ə］元音音强比较（M&F）

我们对不同音节类型中出现的 [ə] 元音 F1/F2、时长（VD）、音强（VA）做了单因素方差检验，见表 2.17。

表 2.17　检验结果

检验值 不同音节	sig（显著性），P 值							
	M		F		M		F	
	F1	F2	F1	F2	VD	VA	VD	VA
V-VC	0.001	0.967	0.004	0.025	0.953	0.974	0.483	0.386
V-CV	0.535	0.581	0.114	0.708	0.017	0.342	0.586	0.000
V-CVC	0.145	0.151	0.003	0.457	0.986	0.175	0.863	0.507
VC-CV	0.001	0.749	0.132	0.014	0.133	0.558	0.261	0.009
VC-CVC	0.002	0.217	0.106	0.755	0.985	0.227	0.628	0.804
CV-CVC	0.260	0.255	0.018	0.375	0.286	0.084	0.961	0.303

* 均值差的显著性水平为 0.05。

我们从检验结果来看，不同音节类型中 [ə] 元音的 F1、F2 的表现分别为：男发音人中 V-VC、VC-CV、VC-CVC 时 F1 上有明显差异性，V-CV、V-CVC、CV-CVC 时 F1 没有明显的差异性；女发音人中 V-VC、V-CVC、CV-CVC 时 F1 上有明显差异性，V-CV、VC-CV、VC-CVC 时 F1 没有明显的差异性；在不同音节类型之间 [ə] 元音在 F2 上的表现没有明显的差异（除了女发音人 VC-CV 之间）。

从元音时长检验结果来看，不同音节类型中 [ə] 元音的时长之间没有明显的差异性（除了男发音人 V-CV 之间）。

从元音音强检验结果来看，不同音节类型中 [ə] 元音的音强之间没有明显的差异性（除了女发音人 V-CV 之间）。

2.4　元音声学参数与前置辅音音质之间的相关性分析

本小节研究思路：通过观察和分析不同辅音之后出现的词首音节元音的音长、音强均值和目标位置第一至第三共振峰的前过渡段共振峰（TF1、TF2、TF3）均值的变化，探讨元音声学参数与其前置辅音音质之间的相关性问题。

表 2.18 为出现在词首音节不同辅音之后和无前置辅音音节中 [ə] 元音声学参数比较表。图 2.23~2.25 为出现在词首音节（包括单音节词）[k-， m-，n-，p-，s-，ʂ-，tʂ-，tʂʰ-] 等辅音（前置辅音）之后 [ə] 元音的音长、音强、F1~F3 前过渡段（TF1、TF2、TF3）的变化示意图。

表 2.18 与图 2.23~2.25 显示，男、女发音人 [ə] 元音的声学参数均值与其前置辅音音质之间（除个别辅音外）没有呈现共同的、具有统计学意义的特点（规律）。前置辅音与元音音长具有一定的相关性。前置辅音为塞音、塞擦音、擦音 [tʂ-，tʂʰ-，s-，ʂ-] 时 [ə] 元音音长相对较长；前置辅音为送气塞音 [k-，p-] 时比其他辅音之后相对较短。从表 2.18 和图 2.24 中可以看出，辅音音质与音强参数之间相关性比较弱。

表 2.18　词首音节不同辅音之后和无前置辅音音节中 [ə] 元音声学参数比较
（上 M 下 F、"—" 为无前置辅音，下同）

辅音 ＼ 参数	VD	VA	TF1	TF2	TF3	F1	F2
ʂ	116	70.75	609	1894	2774	629	1595
k	46	67	557	1431	2489	509	1493
m	94	69.5	377	1511	2518	552	1828
n	93	73	424	1699	2906	556	1621
p	74	66.66	463	1505	2391	499	1577
s	97	70	410	1815	2922	603	1545
tʂ	132	74	375	1756	2705	586	1586
tʂʰ	111	67.5	562	1574	2629	528	1530
—	78	68.87	564	1532	2470	560	1589
辅音 ＼ 参数	VD	VA	TF1	TF2	TF3	F1	F2
ʂ	283	59.6	334	1914	3194	637	1852
k	99	54.9	414	1833	3020	472	1981
m	204	60.8	437	1464	2986	571	2034
n	230	67	472	1921	3306	542	2195
p	174	62.4	470	1726	2764	513	2097
s	135	56.5	499	1938	3111	549	1969
tʂ	284	62	388	1845	3458	572	1989
tʂʰ	254	56.5	345	1965	2819	586	1897
—	155	56.46	474	2016	3181	586	2026

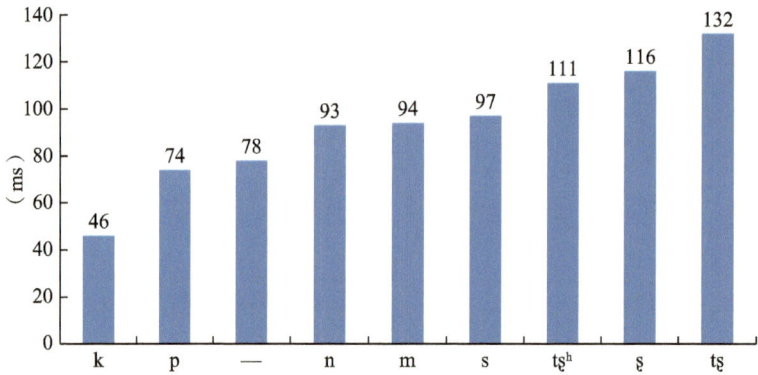

图 2.23-1 词首音节不同辅音之后和无前置辅音音节中出现的 [ə]
元音音长比较（M）

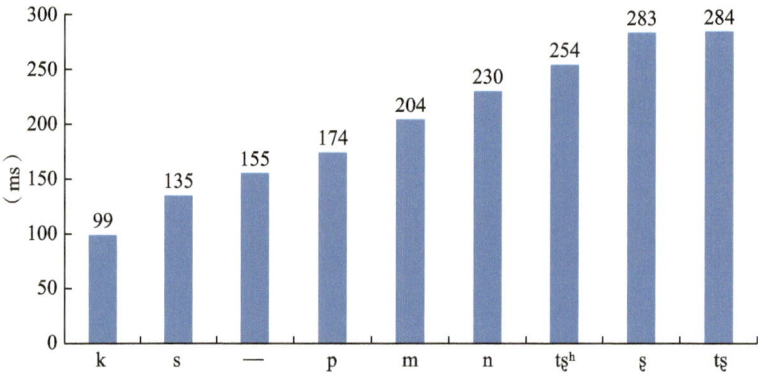

图 2.23-2 词首音节不同辅音之后和无前置辅音音节中 [ə]
元音音长比较（F）

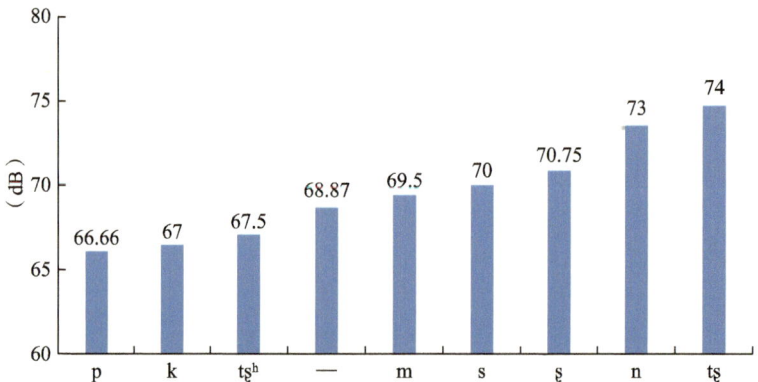

图 2.24-1 词首音节不同辅音之后和无前置辅音音节中 [ə]
元音音强比较（M）

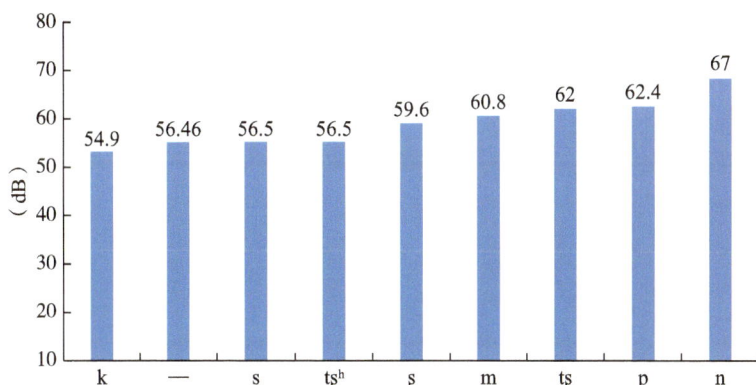

图 2.24-2 词首音节不同辅音之后和无前置辅音音节中［ə］
元音音强比较（F）

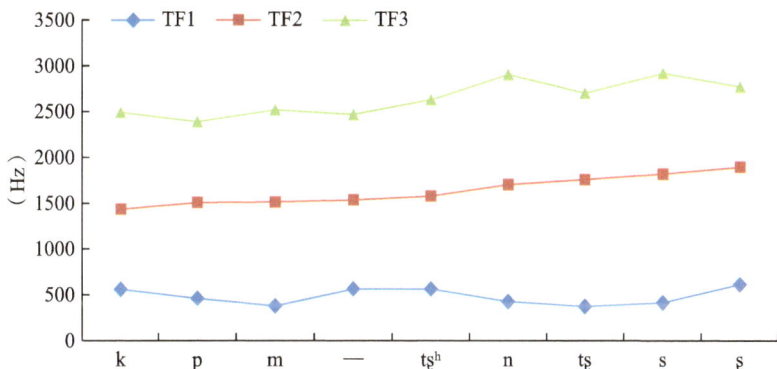

图 2.25-1 词首不同辅音之后［ə］元音三个共振峰前过渡段（TF1、
TF2、TF3）的变化示意（以 TF2 的上升为序排列）（M）

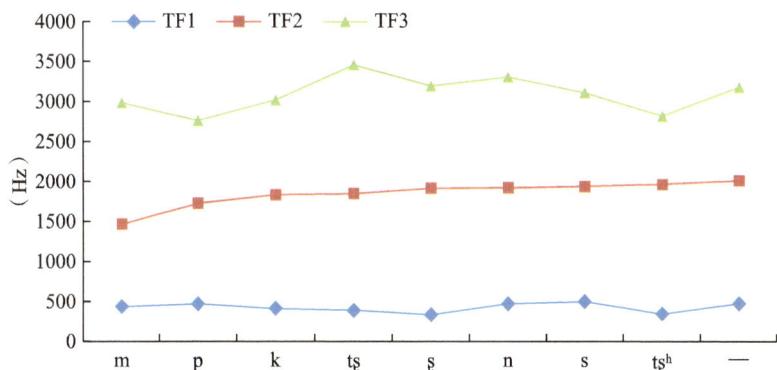

图 2.25-2 词首不同辅音之后［ə］元音三个共振峰前过渡段（TF1、
TF2、TF3）的变化示意（以 TF2 的上升为序排列）（F）

从图 2.26 中可以看出，前置辅音对元音有一定的影响，在有些辅音之后元音舌位前、后有一定的变化。

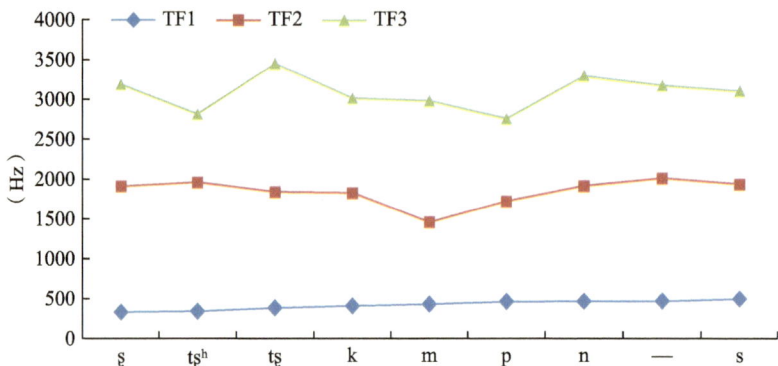

图 2.26-1　词首不同辅音之后［ə］元音三个共振峰前过渡段（TF1、TF2、TF3）的变化示意（以 TF1 的上升为序排列）（M）

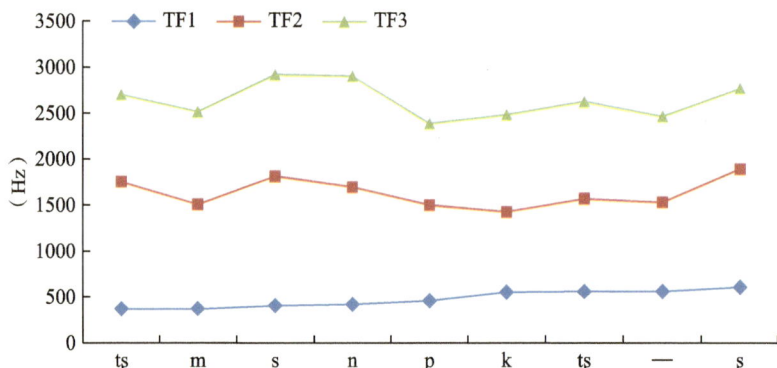

图 2.26-2　词首不同辅音之后［ə］元音三个共振峰前过渡段（TF1、TF2、TF3）的变化示意（以 TF1 的上升为序排列）（F）

从图 2.26 中可以看出，［ə］元音三个共振峰前过渡段 TF1、TF2、TF3 从开口度上没有固定的规律可循。有前置辅音时元音开口度较小。

（三）［i］

1. 声学特征与音色

以下是有关［i］元音传统语音学的描写。刘照雄（1981）认为："东乡语［i］元音为，不圆唇前高元音。例如：［irə］（来）。"布和（1987）认为："东乡语［i］元音为，不圆唇前高元音。"阿·伊布拉黑麦（1988）

认为："东乡语元音为不圆唇前高元音。实际读音在〔i〕和〔ɪ〕之间，稍后于〔i〕。"

1.1　〔i〕元音三维语图和语音标注

图 2.27 为男发音人 mini〔mini〕"我的"一词的三维语图和三层标注实例。该图上〔i〕元音目标位置 F1~F4 四个共振峰参数为 357Hz、2364Hz、3064Hz、4046Hz；VD（时长）为 112ms；该语图比较真实地显示了〔i〕元音在实际语流中的存在形式。

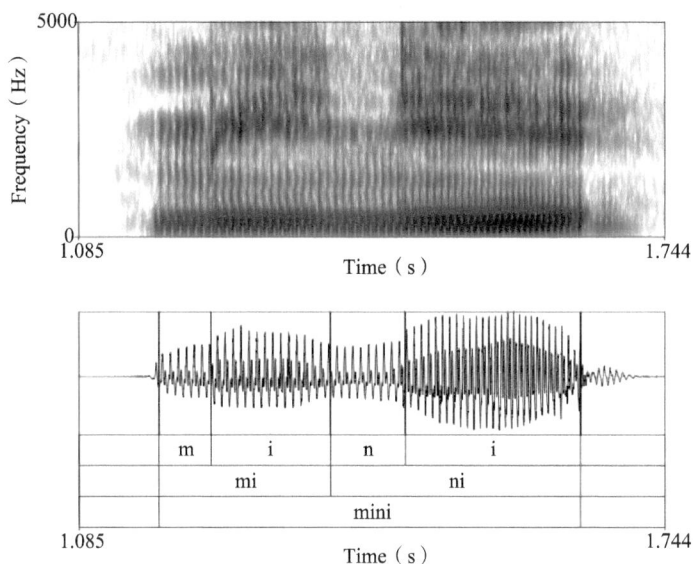

图 2.27　男发音人 mini〔mini〕"我的"一词的三维语图和三层标注实例

1.2　〔i〕元音声学特征与声学参数

表 2.19 为东乡语词首音节〔i〕元音参数统计表。从表 2.19 中参数可以看出，男、女发音人词首音节〔i〕元音的 VD（时长）均值为 M=97ms，F=174ms；VA（音强）均值为 M=68.18dB，F=59.27dB。该元音 F1、F2 的频率均值分别为 M：F1=367Hz，F2=2246Hz；F：F1=346Hz，F2=2386Hz。

图 2.28 为男、女发音人词首音节〔i〕元音在声学元音图中的位置及声学空间的分布模式。图 2.28 还显示了〔i〕元音在声学空间中分布范围：F1=320~521Hz，F2=1542~2842Hz（M）；F1=300~472Hz，F2=1638~2675Hz（F）。从图 2.28 中我们可以看出，图中〔i〕元音的分散程度不小，

该元音是一个游移性较强的元音。

我们认为该元音是高、前、展唇音，用国际音标［i］来标记，VA（音强）为66dB。从图中还可以看出，［mini］"我的"一词中词首音节［i］元音第二共振峰的前段（过渡段）与后端（后过渡段）受到鼻音［m］、［n］的影响有较为明显的下降。东乡语［i］元音整体音变特点和音变趋势为舌位高、低维度（纵轴）上的变化，即舌位高、低变化明显小于其舌位前、后维度（横轴）上的变化，即舌位前、后变化。

表 2.19　［i］元音声学参数统计

参数 统计项	M					F				
	VD	VA	F1	F2	F3	VD	VA	F1	F2	F3
均值	97	68.18	367	2246	2948	174	59.27	346	2386	3236
标准差	64	3	30	205	278	73	4	47	172	194
变异系数	65%	4%	8%	9%	9%	41%	5%	13%	7%	6%
极小值	22	57	320	1542	2369	61	48	300	1638	2648
极大值	300	76	521	2842	3844	347	68	472	2675	3588

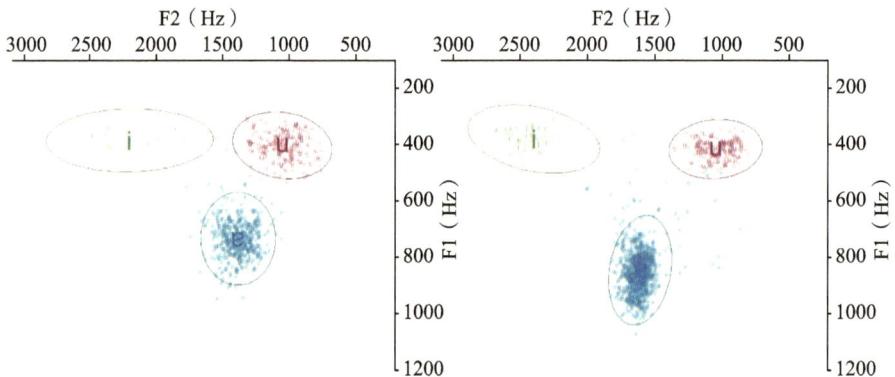

图 2.28　词首音节［i］元音在声学元音图中的位置及其声学空间分布模式（M&F）

2. 语流中的音变特征

2.1　目标位置共振峰频率与其前、后过渡段共振峰频率参数之间的显著性差异分析

图 2.29 为词首音节［i］元音目标位置共振峰（F1/F2）及其前、后过

渡段共振峰（TF1、TF2/TP1、TP2）比较图。从图 2.29 中可以看出，与目标位置 [i] 元音共振峰频率相比，前、后过渡段共振峰频率有一定的变化。其中，前、后过渡段共振峰均值均有后移现象；前过渡段频率有所上升，后过渡段频率有所下降。相比之下后过渡段大于前过渡段。前、后过渡段共振峰频率离散度较大，稳定性较弱。

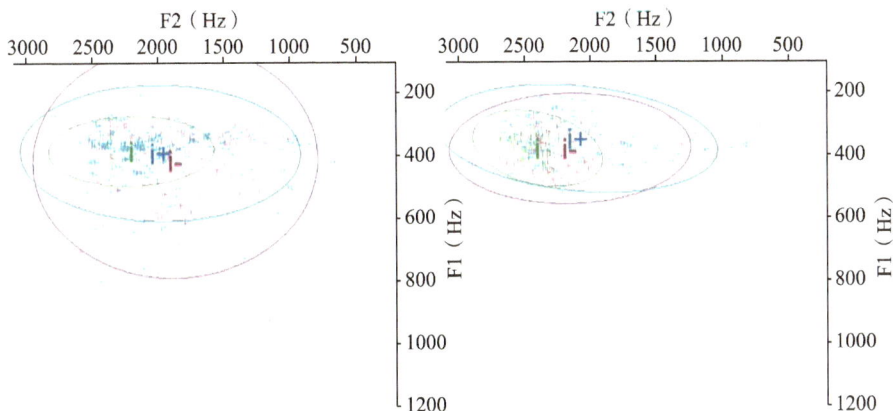

图 2.29　词首音节 [i] 元音目标位置共振峰（F1/F2）及其前、后过渡段共振峰（TF1、TF2/TP1、TP2）比较（M&F）

我们对目标位置第一、第二共振峰 F1/F2 及其前过渡段 TF1/TF2 和后过渡段 TP1/TP2 共振峰之间做了单因素方差分析，见表 2.20。

表 2.20　检验结果

检验值 检验样本	sig（显著性），P 值			
	M		F	
	F1	F2	F1	F2
目标位置与前过渡段共振峰之间的显著性	0.656	0.000	0.000	0.000
目标位置与后过渡段共振峰之间的显著性	0.015	0.000	0.914	0.000
前过渡段共振峰与后过渡段共振峰之间的显著性	0.021	0.007	0.000	0.174

注：P 值小于 0.05 存在显著差异；大于 0.05 差异不明显。

从检验结果来看，（1）F1 上男发音人目标元音与前过渡段元音没有明显差异，女发音人则有明显差异。男发音人目标元音与后过渡段元音有明显的差异性，女发音人中则没有明显的差异性。（2）F2 上目标元音与前、后过渡段元音没有明显的差异性（除了前过渡段与后过渡段之外）。（3）前、后过渡段之间，F1 上男、女发音人中都有差异性。F2 上男发音人有明显的差异性，女发音人表现有比较明显的差异性。

2.2 元音声学参数与音节之间的相关性分析

2.2.1 ［i］元音在单音节和多音节词中的出现频率统计

表 2.21 为［i］元音在单音节和多音节词中出现的频率统计表。该表显示，在"东乡语语音声学参数数据库"中［i］元音出现 219 次（M）和 224 次（F）；在双音节词中出现的频率较高，约占所有词的 36%（M）和 45%（F），三音节词中出现的频率最高，约占所有词的 42%（M）和 45%（F）。

2.2.2 ［i］元音声学参数与音节数量之间的相关性分析

下面探讨［i］元音音长、音强和共振峰参数均值与其所出现的词的音节数量之间的相关性问题。表 2.22 为在单、双、三和多音节词中出现的［i］元音的音长（VD）、音强（VA）、共振峰目标值（F）统计表，图 2.30 为出现在单音节词、双音节词和三音节词中的［i］元音目标位置共振峰均值的声学语图，表 2.23 为［i］元音音长及其目标位置第一、第二共振峰（F1/F2）的均值与其所出现的不同音节数量词之间的相关性分析表，即 P 值分析表。

从表 2.21~2.22 和图 2.30 中的可以看出，音节数量与元音音长、音强有一定的相关性，具有统计学意义的特点。如［i］元音音长随着音节数量增加而相对缩短，而其音强随着音节数量的增加而相对变弱（女发音人变化不太明显）；表 2.22 与图 2.30 显示，男发音人的第一共振峰（F1）参数随着音节数量的增加而变得相对变小，F1 参数值的变小说明该元音的开口度也相对变小；但第二共振峰（F2）与第三共振峰（F3）没有明显的变化；多音节词中 F1、F2、F3 变异系数较大，共振峰参数不够稳定。有关这一问题有待进一步研究证实。例如：

M:150ms→119ms→63ms→39ms;M:72dB→68.15dB→68.05dB→65.66dB

F:246ms→213ms→133ms→97ms;F:60.5dB→60.25dB→59.02dB→59.5dB

我们从表 2.23 检验结果来看，从共振峰上看，男、女发音人表现出相同的规律，不同音节词中［i］元音 F1/F2 之间差异性不明显（除了双音节—三音节之间 F2 有差异性）。

　　从元音时长看，元音时长有比较明显的差异性（除了三音节词—多音节词之间）。

　　从元音音强上看，单音节词—双音节词、单音节词—三音节词、单音节词—多音节词这三种类型中［i］元音音强有比较明显的差异性（除了女发音人单音节词—多音节词之间）；双音节词—三音节词、双音节词—多音节词、三音节词—多音节词这三种类型中出现的［i］元音音强没有明显的差异性。

表 2.21　不同音节词中［i］元音出现频率统计

	单音节词		双音节词		三音节词		多音节词		共计	
单音节词	M	F	M	F	M	F	M	F	M	F
出现次数	33	9	78	100	93	101	15	14	219	224
百分比	15%	4%	36%	45%	42%	45%	7%	6%	100%	100%

表 2.22　不同音节词中出现的［i］元音音长（VD）、音强（VA）、共振峰统计

发音人 参数		M					F				
		VD	VA	F1	F2	F3	VD	VA	F1	F2	F3
单音节词	平均值	150	72	409	2154	2847	246	60.5	369	2378	3258
	标准差	7	4	48	298	295	6	4	42	120	240
	变异系数	5%	6%	11%	14%	10%	2%	7%	11%	5%	7%
双音节词	平均值	119	68.15	348	2418	2998	213	60.25	348	2416	3167
	标准差	4	2	48	152	262	6	4	39	89	190
	变异系数	3%	3%	13%	6%	9%	3%	7%	11%	4%	6%
三音节词	平均值	63	68.05	393	2115	2890	133	59.02	346	2340	3210
	标准差	2	2	62	340	279	5	4	54	228	213
	变异系数	3%	3%	15%	16%	9%	4%	7%	14%	10%	7%
多音节词	平均值	39	65.66	382	1823	2785	97	59.5	328	2414	3196
	标准差	3	4	38	188	254	3	5	31	150	215
	变异系数	8%	6%	9%	10%	9%	3%	8%	9%	6%	7%

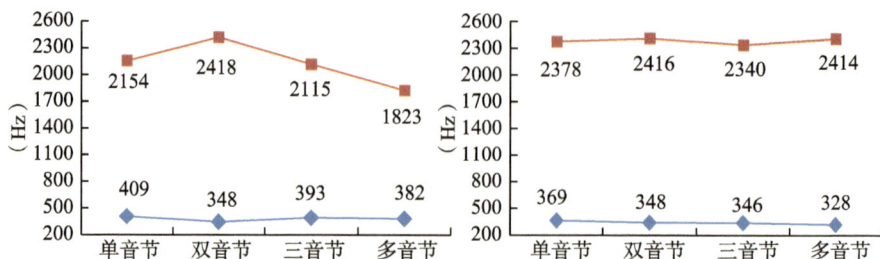

图 2.30   音节数量与共振峰之间关系示意（M&F）

我们对不同音节词中出现的［i］元音 F1/F2、时长（VD）、音强（VA）做了单因素方差分析结果，见表 2.23。

表 2.23   检验结果

检验值	sig（显著性），P 值							
	M		F		M		F	
不同音节	F1	F2	F1	F2	VD	VA	VD	VA
单音节词—双音节词	0.162	0.853	0.135	0.916	0.000	0.000	0.891	0.003
单音节词—三音节词	0.860	0.056	0.357	0.104	0.000	0.000	0.001	0.008
单音节词—多音节词	0.388	0.133	0.179	0.969	0.000	0.000	0.046	0.181
双音节词—三音节词	0.106	0.029	0.306	0.012	0.000	0.516	0.000	0.523
双音节词—多音节词	0.914	0.132	0.493	0.991	0.075	0.927	0.038	0.915
三音节词—多音节词	0.404	0.793	0.319	0.435	0.302	0.636	0.683	0.932

2.3   元音声学参数与音节类型之间的相关性分析

2.3.1   ［i］元音在不同音节类型中的出现频率统计

表 2.24 为［i］元音在不同音节类型中的出现频率统计表。该表显示，［i］元音在 CV 音节类型中出现的频率高，出现 69 次，70%（M）；46 次，58%（F）。在 V 音节类型中出现的频率相对较高，16 次，16%（M）；20 次，25%（F）。出现最少的为 VC 类型。可以说，［i］元音在东乡语 V 和 CV 音节中的出现频率较高。这是语言音节类型学的一种特点。

表 2.24　不同音节类型中出现的 [i] 元音的频率统计

发音人	音节类型	V	VC	CV	CVC	其他	共计
M	出现次数	16	3	69	5	6	99
	百分比	16%	3%	70%	5%	6%	100%
F	出现次数	20	2	46	3	8	79
	百分比	25%	3%	58%	4%	10%	100%

2.3.2　[i] 元音声学参数与音节类型之间的相关性分析

表 2.25 为出现在不同音节类型中 [i] 元音的声学参数统计表，图 2.31~2.34 为不同音节类型中出现的 [i] 元音第一共振峰（F1）、第二共振峰（F2）、音长和音强均值比较图。表 2.26 为 [i] 元音音长、音强和目标位置 F1、F2 的均值与其所出现的不同音节类型之间的相关性分析表。如：[i] 元音出现在 V 音节类型时音长（VD）最长，出现在 CVC 音节类型时音长最短。例如：V = 103ms（M）、196ms（F）；CVC = 89ms（M）123ms（F）。[i] 元音出现在 VC 与 CVC 音节类型时的元音音强（VA）相比出现其他音节类型中时的相对较强。例如：VC = 70.67dB（M）、59.5dB（F）；CVC = 70.60dB（M）、61.00dB（F）（VC 与 CVC 音节类型中出现频率较少参数也不太稳定，因此关于音强强弱需进一步研究）。[i] 元音出现在 V 音节类型时开口度最小，出现在 VC 音节类型时元音开口度最大。例如：V 音节类型中 F1：332Hz（M）、314Hz（F）；VC 音节类型中 F1：443Hz（M）、395Hz（F）。[i] 元音出现在 VC 与 CVC 音节类型时舌位相比其他音节类型中相对靠后。例如：VC 音节类型中 F2：2293Hz（M）、2158Hz（F）；CVC 音节类型中 F2：2294Hz（M）、2310Hz（F）。我们从检验结果来看，不同音节类型中 [i] 元音的 F1/F2 的表现，例如：V-VC、VC-CV、VC-CVC 时 F1 上有差异性，V-CV、V-CVC、CV-CVC 时 F1 没有明显的差异性。从元音时长检验结果来看，不同音节类型中 [i] 元音的时长之间没有明显的差异性。从元音音强检验结果来看，跟 V 音节类型中的元音音强比较时音强之间有明显的差异性，其他音节类型中元音音强相互比较时没有明显的差异性。

另外，从图 2.31~2.34 中可以看出，在不同音节类型中 [i] 元音开口度与舌位前、后排序模式：开口度从大到小排序为 V>CV>CVC>VC；舌位前后以从后到前排序为 VC→CVC→CV→V；［i］元音在不同音节类型中的音长长短，从长到短排序为 V>CV>VC>CVC。［i］元音在不同音节类型中的音强强弱，从强到弱排序为 VC > CVC > CV > V（M），CVC > VC > V > CV（F）。

表 2.25-1　不同音节类型中［i］元音声学参数统计（M）

音节类型	参数	VD	VA	F1	F2	F3
V	平均值	103	66.50	332	2333	2978
	标准差	3	4.43	65	282	263
	变异系数	3%	7%	19%	12%	9%
VC	平均值	91	70.67	443	2293	3264
	标准差	9	3.06	83	433	504
	变异系数	10%	4%	19%	19%	15%
CV	平均值	102	68.46	372	2225	2928
	标准差	7	2.58	59	311	267
	变异系数	7%	4%	16%	14%	9%
CVC	平均值	89	70.60	405	2294	2971
	标准差	4	2.07	58	208	198
	变异系数	4%	3%	14%	9%	7%

表 2.25-2　不同音节类型中［i］元音声学参数统计（F）

音节类型	参数	VD	VA	F1	F2	F3
V	平均值	196	59.40	314	2491	3331
	标准差	78	4.84	30	108	125
	变异系数	40%	8%	9%	4%	4%
VC	平均值	156	59.5	395	2158	3115
	标准差	80	2.12	45	245	586
	变异系数	51%	4%	11%	11%	19%
CV	平均值	165	59.22	361	2340	3196
	标准差	71	4.11	47	176	206
	变异系数	43%	7%	13%	8%	6%
CVC	平均值	123	61.00	344	2310	3224
	标准差	33	3	32	96	100
	变异系数	27%	4%	9%	4%	3%

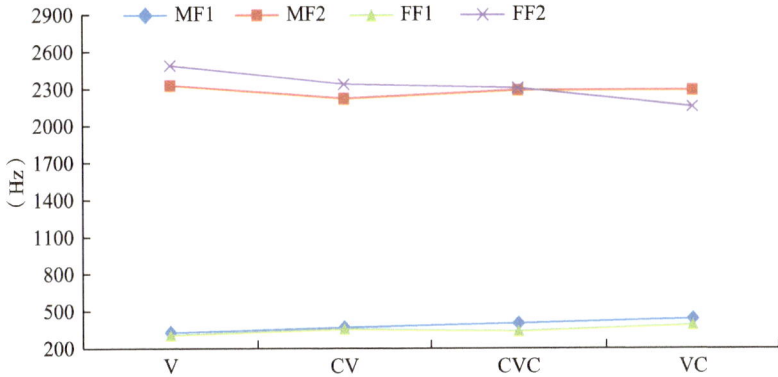

图 2.31　不同音节类型中出现的 [i] 元音第一共振峰（F1）比较（M&F）

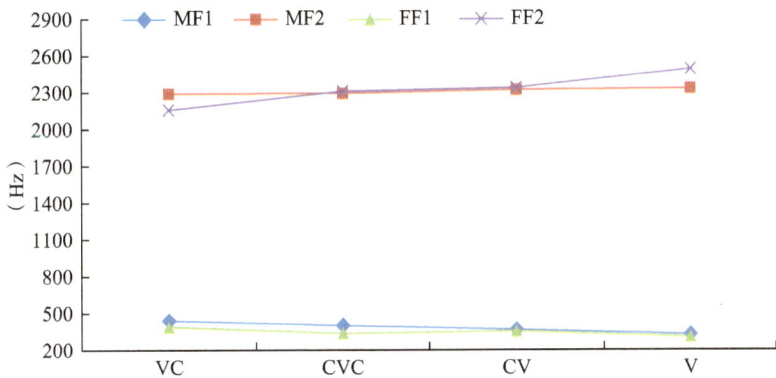

图 2.32　不同音节类型中出现的 [i] 元音第二共振峰（F2）比较（M&F）

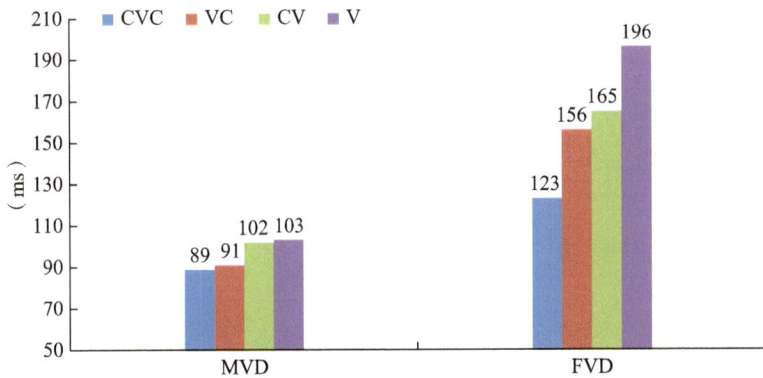

图 2.33　不同音节类型中出现的 [i] 元音音长（VD）比较（M&F）

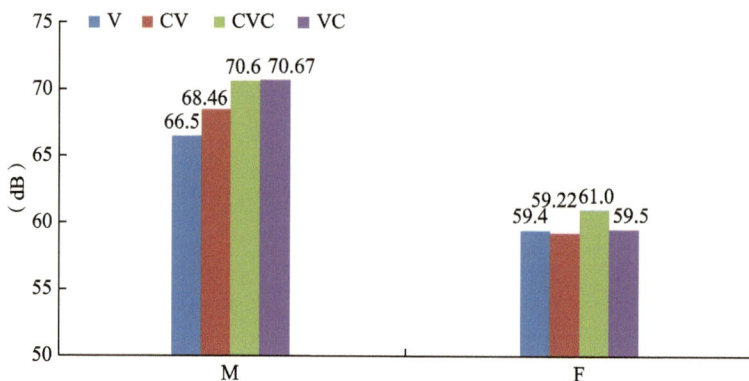

图 2.34 不同音节类型中出现的 [i] 元音音强（VA）比较（M&F）

我们对不同音节类型中出现的 [i] 元音 F1/F2、时长（VD）、音强（VA）做了单因素方差检验，见表 2.26。

表 2.26 检验结果

检验值 不同音节	sig（显著性）							
	M		F		M		F	
	F1	F2	F1	F2	VD	VA	VD	VA
V–VC	0.014	0.003	0.016	0.006	0.705	0.035	0.454	0.023
V–CV	0.047	0.092	0.000	0.117	0.484	0.031	0.116	0.004
V–CVC	0.049	0.725	0.009	0.284	0.682	0.005	0.052	0.041
VC–CV	0.074	0.014	0.292	0.117	0.470	0.209	0.855	0.927
VC–CVC	0.548	0.006	0.693	0.284	0.990	0.721	0.548	0.735
CV–CVC	0.242	0.205	0.419	0.688	0.417	0.050	0.213	0.491

* 均值差的显著性水平为 0.05。

2.4 元音声学参数与前置辅音音质之间的相关性分析

表 2.27 为在不同前置辅音之后出现的和无前置辅音的词首音节 [i] 元音的声学参数统计表。图 2.35～2.37 为出现在词首音节（包括单音节词）[tɕ-, tɕʰ-, m-, n-, p-, tʰ-, kʰ-, w-] 等辅音（前置辅音）之后 [i] 元音的音长、音强、F1～F3 前过渡段（TF1、TF2、TF3）的变化示意图。

表 2.27 与图 2.37 显示，前置辅音与元音参数具有一定的相关性，有一

定的规律可循。前置辅音与前过渡段有一定的关系，前置辅音为［tɕ-，tɕʰ］时元音开口度相对较小，前置辅音为［w-］时开口度相对较大。前置辅音为［m-，n，w-］时元音舌位较靠后，前置辅音为塞音、塞擦音时元音舌位相对靠前。辅音音质与音长、音强参数之间相关性比较弱。

表 2.27　词首音节不同辅音之后和无前置辅音音节中［i］
元音声学参数比较（M&F）

辅音＼参数	VD	VA	TF1	TF2	TF3	F1	F2
tɕ	94	72	337	2531	3028	369	1953
tɕʰ	110	71.66	384	2108	2705	333	2012
kʰ	101	68.86	403	2142	2762	375	2114
m	106	67.57	370	1668	2556	401	2436
n	86	69.00	381	1845	2917	419	2372
p	146	65.33	285	2268	2840	335	2297
tʰ	88	67.00	374	2457	3148	330	2498
w	86	68.66	349	1586	2554	360	2008
—	83	66.50	355	2126	2947	332	2333
辅音＼参数	VD	VA	TF1	TF2	TF3	F1	F2
tɕ	142	57.42	279	1923	3212	334	2293
tɕʰ	104	62	212	2381	3110	328	2325
kʰ	219	52	394	2944	3899	301	2252
m	170	55.00	367	1520	2956	419	2437
n	228	56.44	395	1618	2900	425	2445
p	162	60.5	283	2090	2301	334	2351
tʰ	202	57	269	2551	3399	325	2405
w	145	62.42	383	1726	2877	362	2288
—	195	59.41	370	2406	3250	313	2491

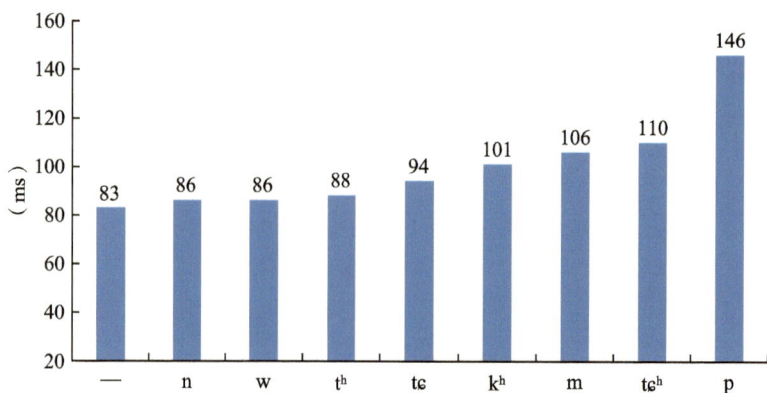

图 2.35-1　词首音节不同辅音之后和无前置辅音音节中出现的 [i] 元音音长比较（M）

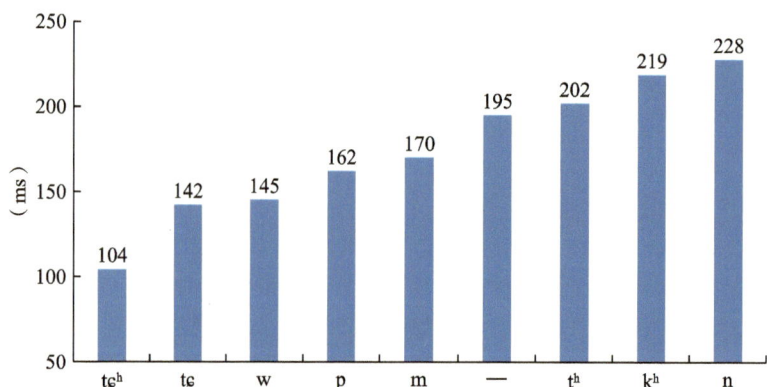

图 2.35-2　词首音节不同辅音之后和无前置辅音音节中出现的 [i] 元音音长比较（F）

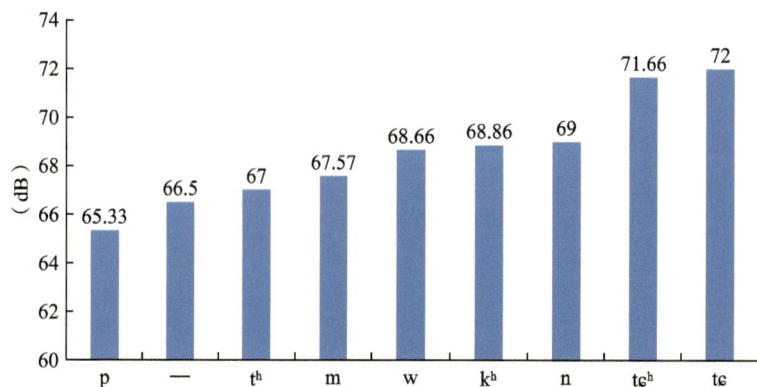

图 2.36-1　词首音节不同辅音之后和无前置辅音音节中 [i] 元音音强比较（M）

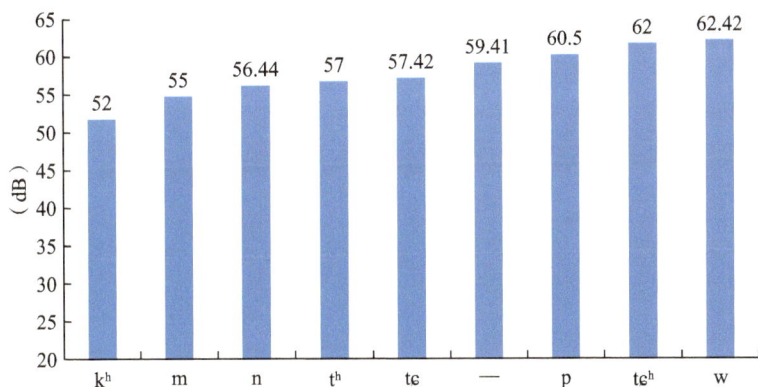

图 2.36-2　词首音节不同辅音之后和无前置辅音音节中［i］元音音强比较（F）

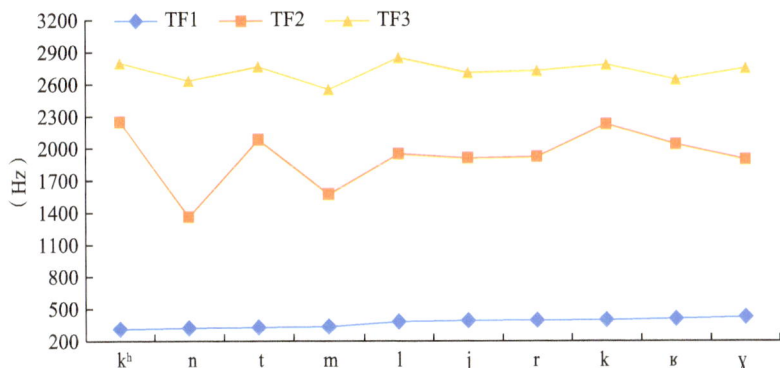

图 2.37-1　词首不同辅音之后出现的［i］元音三个共振峰前过渡 TF1、TF2、TF3
等的变化示意（以 TF1 的上升为序排列）（M）

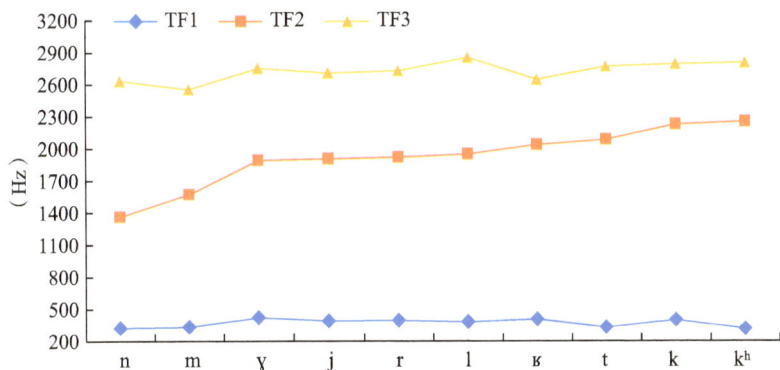

图 2.37-2　词首不同辅音之后出现的［i］元音三个共振峰前过渡 TF1、TF2、TF3
等的变化示意（以 TF2 的上升为序排列）（M）

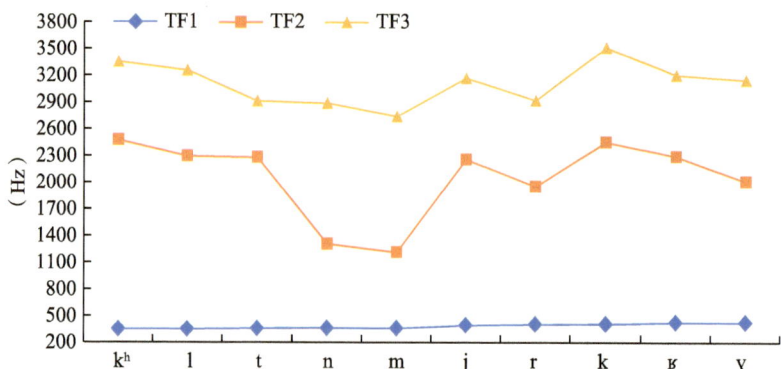

图 2.37-3　词首不同辅音之后出现的［i］元音三个共振峰前过渡 TF1、TF2、TF3
等的变化示意（以 TF1 的上升为序排列）（F）

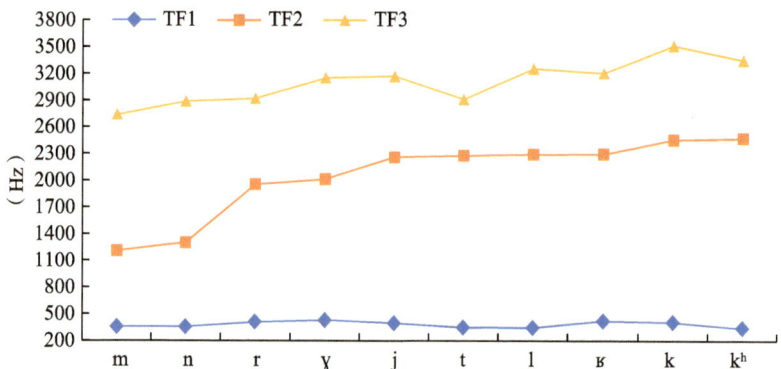

图 2.37-4　词首不同辅音之后出现的［i］元音三个共振峰前过渡 TF1、TF2、TF3
等的变化示意（以 TF2 的上升为序排列）（F）

（四）［o］

1. 声学特征与音色

以下是有关［o］元音传统语音学描写。刘照雄（1981）认为："东乡
语/o/元音为圆唇后中元音，有着明显的复元音色彩。出现在唇辅音后读音
接近［ə］；出现在其他辅音后时读音接近［o］；出现自鼻音前时读音接近
［ɤ］。"布和（1986）认为："东乡语［o］元音为圆唇后中元音。该元音有
着明显的复元音色彩。出现在辅音后时读作［ŭo］；出现在词首时带轻微的
摩擦音 w，读作［wo］。"金双龙（2013）认为："东乡语［o］为舌面后、
圆唇、次高元音。共振峰取值范围为 F1 是 410-453Hz、F2 是 973-1140Hz。"

1.1　［o］参数平均值及其音质定位

图 2.38 为男发音人 oro［oro］"进入"一词的三维语图和三层标注实例。该图中词首起始［o］元音的 F1~F4 四个共振峰参数为：507Hz（F1）、918Hz（F2）、2484Hz（F3）、3534Hz（F4）；VD（时长）为 153ms；VA（音强）为 71dB。该语图比较真实地显示了［o］元音在实际语流中的存在形式。

1.2　［o］元音声学特征与声学参数

表 2.28 为［o］元音参数统计。该统计表显示男、女发音人［o］元音的平均时长、平均音强分别为 M = 106ms，F = 204ms；M = 68.23dB，F = 59dB。该元音 F1 和 F2 的频率均值分别为 M：F1 = 493Hz，F2 = 1008Hz；F：F1 = 488Hz，F2 = 1094Hz。图 2.39 为男、女发音人词首音节［o］元音在声学元音图中的位置及声学空间的分布模式。图 2.39 还显示了［o］元音在声学空间中分布范围为：F1 = 385 ~ 602Hz，F2 = 761 ~ 1351Hz（M）；F1 = 307 ~ 631Hz，F2 = 773 ~ 1378Hz（F）。男发音人［o］元音在声学空间中分布相对比较扩散，但总体呈现出爆破扩展模式，女发音人的看起来不太明显。

我们认为该元音为中高、后、圆唇音，用国际音标［o］来标记。

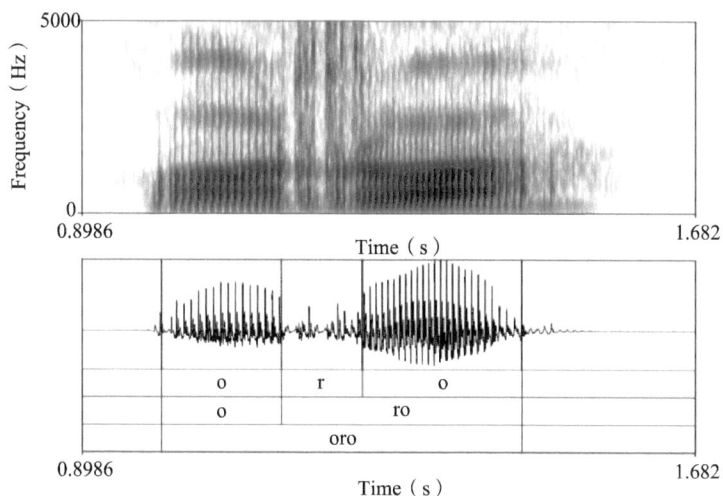

图 2.38　男发音人 oro［oro］"进入"一词的三维语图和三层标注实例

表 2.28 [o] 元音声学参数统计

参数	发音人	M				F				
		VD	VA	F_1	F_2	F_3	VD	VA	F_1	F_2	F_3
均值		106	68.23	493	1008	2365	204	59	488	1094	3212
标准差		49	3	56	131	223	111	4	56	100	246
变异系数		46%	4%	11%	12%	9%	54%	7%	11%	9%	8%

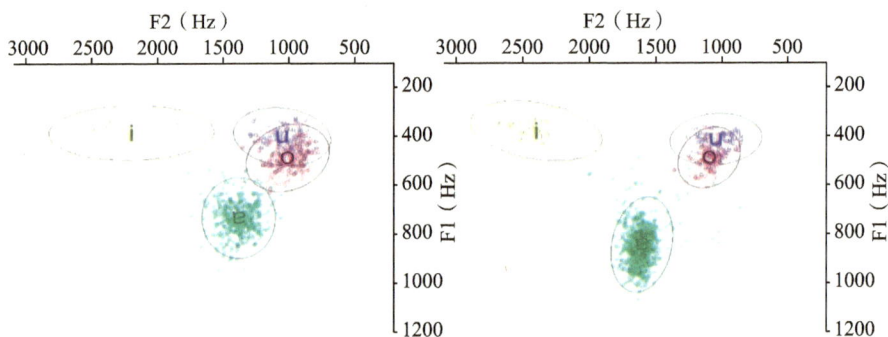

图 2.39 词首音节 [o] 元音在声学元音图中的位置及其声学空间分布模式 （M&F）

2. 语流中的音变特征

2.1 目标位置共振峰频率与其前、后过渡段共振峰频率参数之间的显著性差异分析

图 2.40 为词首音节 [o] 元音目标位置共振峰（F1/F2）及其前、后过渡段共振峰（TF1、TF2/TP1、TP2）比较图。从图 2.40 中可以看出，与目标位置 [o] 元音共振峰频率相比，前后过渡段共振峰频率有一定的变化。其中，前、后过渡段共振峰均值在舌位语图上均有前移与上升现象，其中后过渡段频率前移与上升变化比较明显。相比之下后过渡段的变化大于前过渡段的变化。前、后过渡段共振峰频率离散度较大，稳定性较弱。前、后过渡段相比目标元音均有前移现象。

从表 2.29 的检验结果来看，（1）男发音人的 F1 上目标元音与前过渡段元音没有显著性差异，目标元音与后过渡段、前后过渡段之间有显著性差异；女发音人的 F1 上均有显著性差异。（2）男、女发音人的 F2 上目标元音与前过渡段元音没有显著性差异，目标元音与后过渡段、前后过渡段之间有显著性差异。

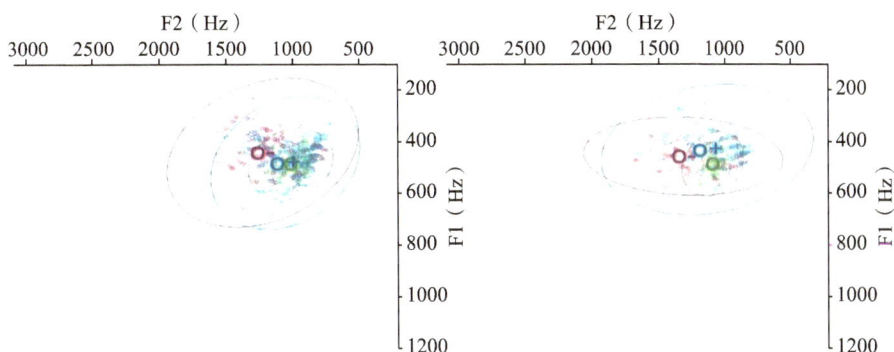

图 2.40　词首音节 [o] 元音目标位置共振峰（F1/F2）及其前、后过渡段共振峰（TF1、TF2/TP1、TP2）比较（M&F）

我们对目标位置第一、第二共振峰 F1/F2 及其前过渡段 TF1/TF2 和后过渡 TP1/TP2 共振峰之间做了单因素方差分析，见表 2.29。

表 2.29　检验结果

检验样本	sig（显著性），P 值			
	M		F	
	F1	F2	F1	F2
目标位置与前过渡段共振峰之间的显著性	0.617	0.060	0.000	0.287
目标位置与后过渡段共振峰之间的显著性	0.000	0.000	0.002	0.000
前过渡共振峰与后过渡段共振峰之间的显著性	0.000	0.000	0.006	0.000

* 均值差的显著性水平为 0.05。

2.2　元音声学参数与音节数量之间的相关性分析

2.2.1　[o] 元音在单音节和多音节词中的出现频率统计

表 2.30 为 [o] 元音在单音节、双音节、三音节、多音节词中出现的频率统计表。该表显示，在"东乡语语音声学参数数据库"中出现 205 次（M）和 130 次（F）。其中，[o] 元音在双音节词中出现的频率约占所有词的 34%（M）、45%（F），三音节词中出现的频率最高，约占所有词的 53%（M）、47%（F）。这说明东乡语中双音节和三音节词的使用频率高于其他音节词。

表 2.30   不同音节中 [o] 元音出现频率统计

单音节词	单音节词		双音节词		三音节词		多音节词		共计	
	M	F	M	F	M	F	M	F	M	F
出现次数	6	8	70	58	109	61	20	3	205	130
百分比	3%	6%	34%	45%	53%	47%	10%	2%	100%	100%

2.2.2   [o] 元音声学参数与音节数量之间的相关性分析

下面探讨 [o] 元音音长、音强和共振峰参数均值与其所出现词的音节数量之间的相关性问题。表 2.31 为出现在不同音节词中 [o] 元音音长（VD）、音强（VA）、共振峰频率统计表。从表 2.31 中的参数可以看出，音节数量与元音音长（VD）、音强（VA）有一定的相关性。如：[o] 元音音长随着音节数量增加而相对缩短，其音强随着音节数量的增加而相对变弱（女发音人变化不太明显）；表 2.31 与图 2.41~2.43 显示，男发音人的第一共振峰（F1）参数随着音节数量的增加而相对变小，F1 参数值的变小说明该元音的开口度也相对变小；但第二共振峰（F2）与第三共振峰（F3）没有明显的变化；多音节词中 F1、F2、F3 变异系数较大，共振峰参数不够稳定，有关这一问题有待进一步研究证实。例如：

M:334ms→136ms→87ms→71ms;M:74.83dB→68.56dB→67.74dB→67.95dB

F:312ms→256ms→123ms→95ms;F:57.38→60.17dB→58.98dB→56.54dB

从表 2.31~2.32 可以看出，男、女发音人表现出相同的规律，不同音节词中 [o] 元音 F1/F2 之间差异性不明显（除了双音节—三音节之间 F2 有差异性）。从元音时长看，元音时长有比较明显的差异性（除了三音节词—四音节词之外）。从元音音强上看，单音节词—双音节词、单音节词—三音节词、单音节词—多音节词这三种类型中 [o] 元音音强有比较明显的差异性（除了女发音人单音节词—多音节词之间）；双音节词—三音节词、双音节词—多音节词、三音节词—多音节词这三种类型中出现的 [o] 元音音强没有明显的差异性。

表 2.31　出现在不同音节词中［o］元音音长（VD）、音强（VA）、共振峰统计

发音人		M					F				
参数		VD	VA	F1	F2	F3	VD	VA	F1	F2	F3
单音节词	平均值	334	74.83	487	980	2473	312	57.38	476	1089	3219
	标准差	145	2.23	82	105	152	59	6.32	61	48	159
	变异系数	43%	3%	17%	11%	6%	19%	11%	13%	4%	5%
二音节词	平均值	136	68.56	486	977	2333	256	60.17	486	1070	3191
	标准差	46	1.86	42	97	256	77	4.00	51	102	408
	变异系数	34%	3%	9%	10%	11%	30%	7%	10%	10%	13%
三音节词	平均值	87	67.74	502	1041	2393	123	58.98	492	1117	3058
	标准差	34	2.94	81	180	214	32	3.76	49	89	463
	变异系数	39%	4%	16%	17%	9%	26%	6%	10%	8%	15%
多音节词	平均值	71	67.95	458	982	2359	95	56.54	469	1084	3466
	标准差	30	2.37	38	170	259	40	3.62	48	100	258
	变异系数	42%	3%	8%	17%	11%	42%	6%	10%	9%	7%

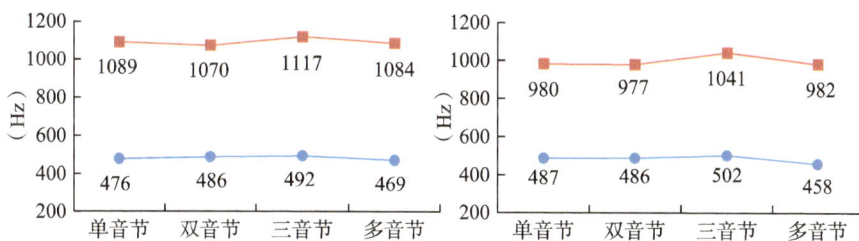

图 2.41　音节数量与共振峰之间关系示意（M&F）

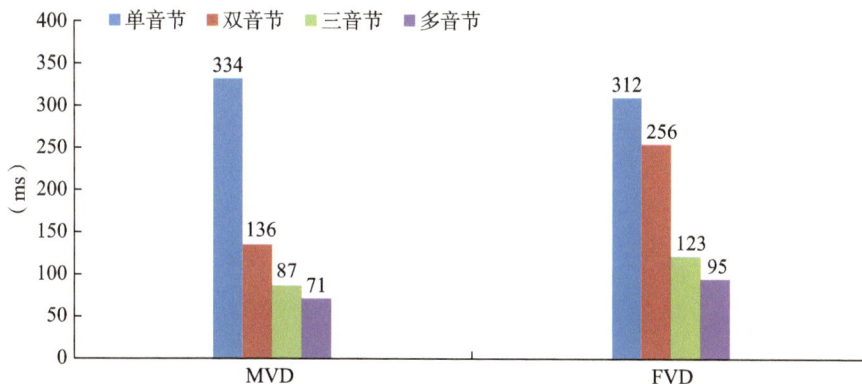

图 2.42　音节数量与音长之间关系示意（M&F）

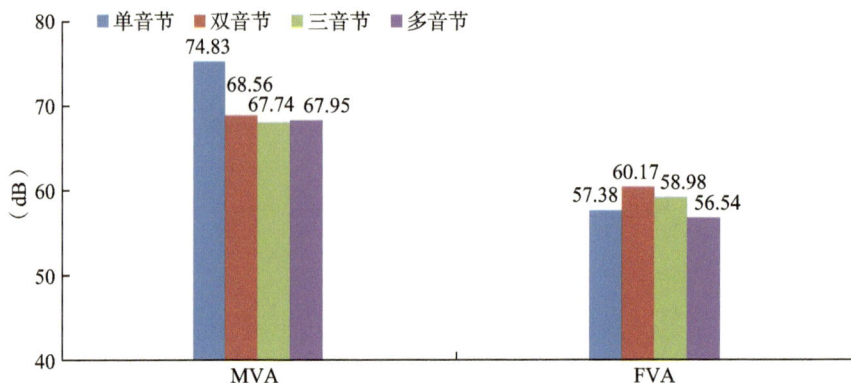

图 2.43 音节数量与音强之间关系示意（M&F）

我们对不同音节词中出现的［o］元音 F1/F2、时长（VD）、音强（VA）做了单因素方差分析结果，见表 2.32。

表 2.32 检验结果

检验值 不同音节	sig（显著性）							
	M		F		M		F	
	F1	F2	F1	F2	VD	VA	VD	VA
单音节词—双音节词	0.178	0.763	0.599	0.654	0.000	0.000	0.011	0.000
单音节词—三音节词	0.121	0.438	0.401	0.425	0.000	0.000	0.000	0.000
单音节词—多音节词	0.005	0.614	0.521	0.991	0.000	0.000	0.008	0.000
双音节词—三音节词	0.735	0.385	0.517	0.011	0.000	0.217	0.000	0.089
双音节词—多音节词	0.019	0.726	0.667	0.804	0.075	0.391	0.106	0.668
三音节词—多音节词	0.029	0.852	0.790	0.686	0.132	0.916	0.186	0.996

2.3 元音声学参数与音节类型之间的相关性分析

2.3.1 ［o］元音在不同音节类型中的出现频率统计

表 2.33 为［o］元音在不同音节类型中的出现比例统计表。从表 2.33 中可以看出，［o］元音在 CV 音节类型中出现频率高，出现 138 次，67%（M）；83 次，67%（F）；在 V 音节类型中出现的频率相对较高，40 次，20%（M）；24 次，16%（F）；出现最少的为 VC 类型。可以说，［o］元音在东乡语 V 和 CV 音节中的出现频率较高。这是语言音节类型学的一种特点。

表 2.33　不同音节类型中 [o] 元音的频率统计

发音人	音节类型	V	VC	CV	CVC	其他	共计
M	出现次数	40	3	138	20	4	205
	百分比	20%	1%	67%	10%	2%	100%
F	出现次数	24	3	83	15	3	124
	百分比	16%	2%	67%	12%	2%	100%

2.3.2　[o] 元音声学参数与音节类型之间的相关性分析

表 2.34 为在不同音节类型中出现的 [o] 元音的声学参数统计表，图 2.44～2.46 为在不同音节类型中出现的 [o] 元音第一和第二共振峰（F1/F2）、音长和音强均值比较图。表 2.35 为 [o] 元音音长、音强和目标位置 F1、F2 的均值与其所出现的不同音节类型之间的相关性分析表。从上述表和图中可以看出，[o] 元音出现在 V 音节类型时音长（VD）相对较长，出现在 CVC 音节类型时音长较短。如：V = 65ms（M）、250ms（F）；CVC = 62ms（M）、123ms（F）。男发音人发 VC 与 CVC 音节类型时的音强（VA）比发其他音节类型时的音强相对较强；女发音人正好相反。如：VC = 70dB（M）、57.67dB（F）；CVC = 68.70dB（M）、58.47dB（F）（这可能与发音人发音习惯有关系，有待进一步研究）。[i] 元音出现在 V 音节类型时开口度最小，出现在 VC 音节类型时元音开口度最大。例如：V 音节类型中 F1：491Hz（M）、479Hz（F）；VC 音节类型中 F1：610Hz（M）、520Hz（F）。[i] 元音出现在 V 音节类型时舌位相比出现在其他音节类型中时靠前。例如：VC 音节类型中 F2：986Hz（M）、1095Hz（F）。

从检验结果来看，不同音节类型中 [o] 元音的 F1、F2 的表现，均没有显著性差异。从元音时长检验结果来看，男发音人不同音节类型之间元音时长均没有显著性差异，女发音人的 V 音节类型与其他音节类型中元音时长有显著性差异，VC-CV、VC-CVC 类型中没有显著性差异，CV-CVC 类型中有着显著性差异。从元音音强检验结果来看，各类型中均有相同的规律性，没有显著性差异（男发音人 CV-CVC 类型除外）。

另外，从图 2.44～2.45 中可以看出，在不同音节类型中 [o] 元音开口度与舌位前后排序模式：开口度从大到小排序为 VC>CVC>CV>V；舌位前后从后到前排序为 V→VC→CVC→VC（M），CV→V→CVC→VC（F）。从

图 2.45 中可以明显看出，[o] 元音在不同音节类型中的音长，从长到短排序为 CV>VC>V>CVC（M），V>CV>CVC>VC（F）。图 2.46 为不同音节类型中 [o] 元音音强（VA）比较图。我们从图 2.46 中可以看出 [i] 元音在不同音节类型中的音强，从强到弱排序为 VC>CVC>V>CV（M），V>CV>CVC>VC（F）。

表 2.34-1　不同音节类型中 [o] 元音声学参数统计（M）

音节类型	参数	VD	VA	F1	F2	F3
V	平均值	65	68.54	491	986	2365
	标准差	8	3.13	52	136	8
	变异系数	12%	5%	11%	14%	12%
VC	平均值	69	70	610	1003	1950
	标准差	16	1	53	111	355
	变异系数	23%	1%	9%	11%	18%
CV	平均值	103	68.11	492	1024	2374
	标准差	49	2.62	74	163	251
	变异系数	48%	4%	15%	16%	11%
CVC	平均值	62	68.70	569	1015	1960
	标准差	30	5.94	71	102	350
	变异系数	48%	9%	12%	10%	18%

表 2.34-2　不同音节类型中 [o] 元音声学参数统计（F）

音节类型	参数	VD	VA	F1	F2	F3
V	平均值	250	60.67	479	1095	3347
	标准差	89	2.55	40	102	106
	变异系数	36%	4%	8%	9%	3%
VC	平均值	109	57.67	520	1120	2863
	标准差	34	4.93	116	72	973
	变异系数	31%	9%	22%	6%	34%
CV	平均值	195	59.27	491	1089	3201
	标准差	90	4.63	49	96	272
	变异系数	46%	8%	10%	9%	9%

续表

音节类型	参数	VD	VA	F1	F2	F3
CVC	平均值	123	58.47	482	1112	2441
	标准差	35	1.85	58	87	647
	变异系数	28%	3%	12%	8%	26%

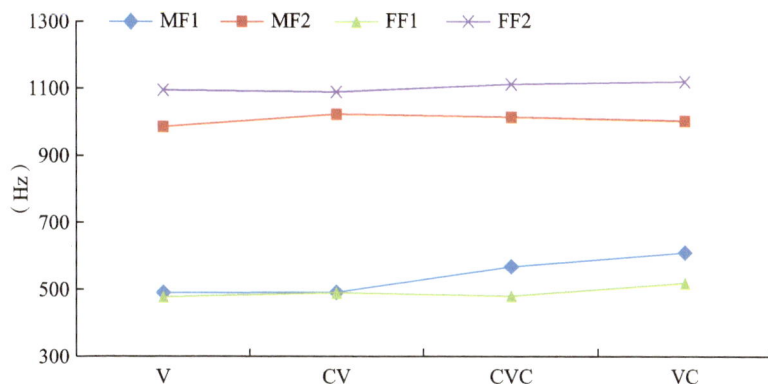

图 2.44-1　不同音节类型中［o］元音第一共振峰（F1）比较（M&F）

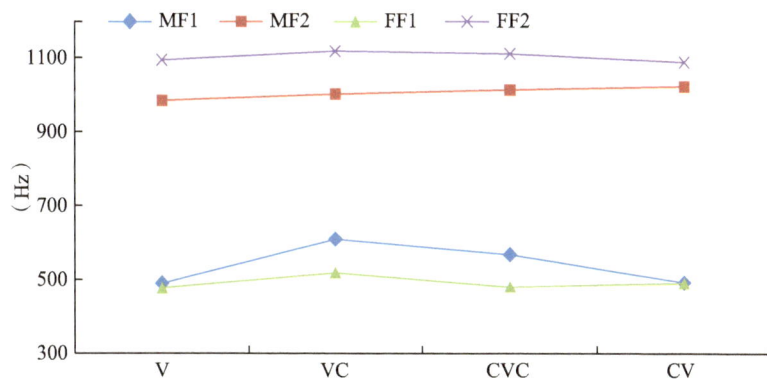

图 2.44-2　不同音节类型中［o］元音第二共振峰（F2）比较（M&F）

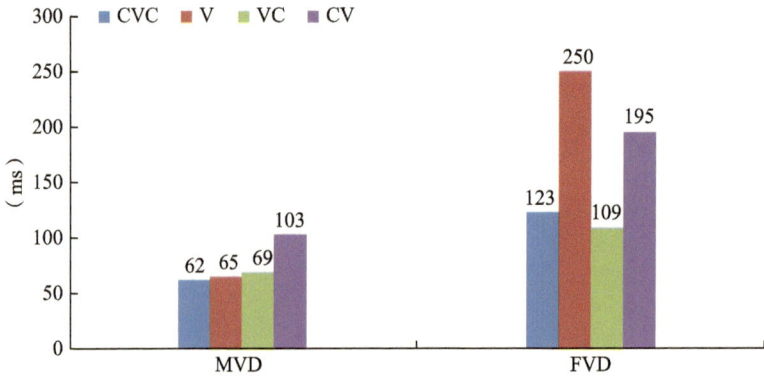

图 2.45　不同音节类型中［o］元音音长（VD）比较（M&F）

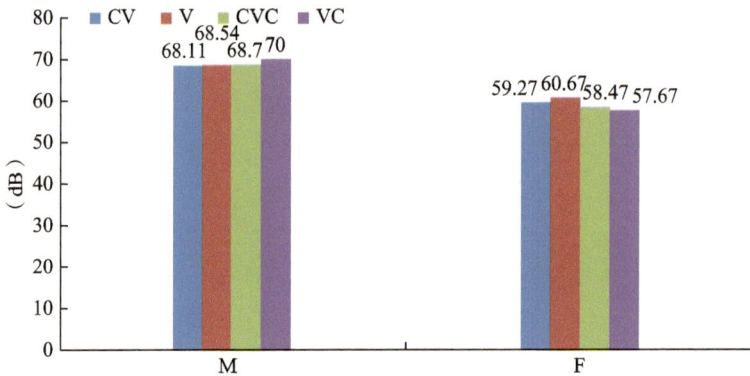

图 2.46　不同音节类型中［o］元音音强（VA）比较（M&F）

　　我们对不同音节类型中出现的［o］元音 F1/F2、时长（VD）、音强（VA）做了单因素方差检验，见表 2.35。

表 2.35　检验结果

检验值　　　不同音节	sig（显著性）							
	M		F		M		F	
	F1	F2	F1	F2	VD	VA	VD	VA
V-VC	0.344	0.141	0.211	0.669	0.676	0.799	0.008	0.222
V-CV	0.058	0.016	0.391	0.790	0.169	0.150	0.006	0.119
V-CVC	0.068	0.010	0.932	0.576	0.852	0.134	0.000	0.092
VC-CV	0.790	0.536	0.331	0.584	0.935	0.785	0.086	0.504
VC-CVC	0.870	0.917	0.244	0.901	0.782	0.282	0.789	0.756

检验值	sig（显著性）							
	M		F		M		F	
不同音节	F1	F2	F1	F2	VD	VA	VD	VA
CV-CVC	0.445	0.212	0.550	0.385	0.505	0.012	0.003	0.483

* 均值差的显著性水平为 0.05。

2.4　元音声学参数与前置辅音音质之间的相关性分析

表2.36为出现在词首音节不同辅音之后和无前置辅音音节中［o］元音声学参数比较表。图2.47~2.49为出现在词首音节（包括单音节词）［l-、k-、kʰ-、m-、n-、p-、q-、qʰ-、s-、t-、tʰ-、tʂ-、tsʰ-、x-］等辅音（前置辅音）之后［o］元音的音长、音强、F1和F2前过渡段（TF1、TF2）的变化示意图。

表2.36和图2.47显示，前置辅音与元音参数具有一定的相关性，有一定的规律可循。前置辅音与前过渡段有一定的关系，前置辅音为［m-、n-］时元音音长比其他辅音之后元音音长相对较长。前置辅音为舌面清塞音［k-、kʰ-］时送气［kʰ-］辅音之后元音音长比不送气［k-］时的相对较长。前置辅音为小舌清塞音［q-、qʰ-］时送气［qʰ-］辅音之后元音音长比不送气［q-］时的相对较长。前置辅音为舌尖清塞［t-、tʰ-］时不送气［t-］辅音之后元音音长比送气［tʰ-］时的相对较长。前置辅音为舌尖舌擦音［tʂ-、tsʰ-］时不送气［tʂ-］辅音之后元音音长比送气［tsʰ-］时的相对较长。

表2.36和图2.48显示，前置辅音为［x-］时元音音强相对较弱。前置辅音为舌尖清塞［t-、tʰ-］时不送气［t-］辅音之后元音音强比送气［tʰ-］时的相对较强。前置辅音为舌尖舌擦音［tʂ-、tsʰ-］时不送气［tʂ-］辅音之后元音音强比送气［tsʰ-］时的相对较强。

表2.36和图2.49显示，元音受到前置辅音的影响前过渡段或目标元音均值会有一定的变化。前置辅音为［m-、n-、w-］时元音舌位较靠后，前置辅音为塞音、塞擦音时元音舌位相对靠前。辅音音质与音长、音强参数之间相关比较弱。

表 2.36　词首音节不同辅音之后和无前置辅音音节中［o］

元音声学参数比较（M&F）

辅音 ＼ 参数	VD	VA	TF1	TF2	TF3	F1	F2
l	110	68	399	1227	2484	498	1044
k	89	67.5	498	916	2469	490	918
kʰ	90	69.07	578	1050	2325	573	1089
m	150	71.5	502	1211	2458	485	978
n	116	66.3	398	1286	2433	507	1077
p	105	67.92	470	951	2455	455	907
q	84	68.11	553	1013	2597	519	1002
qʰ	82	62.66	711	1188	2729	485	1041
s	90	67.33	461	1324	2596	466	1155
tʰ	98	67.25	591	1099	2467	455	972
t	100	67.44	454	1181	2542	475	1056
tʂ	142	70.85	443	1244	2426	491	1077
tʂʰ	133	68.5	469	1048	2489	507	1006
x	55	66.42	485	867	2541	521	1001
—	122	68.54	456	890	2402	493	1008

辅音 ＼ 参数	VD	VA	TF1	TF2	TF3	F1	F2
l	189	60.5	401	1378	2389	533	1074
k	157	58.23	435	934	3067	488	1048
kʰ	183	57.5	341	1381	3150	427	1110
m	261	59	438	967	2046	485	1075
n	273	61.57	441	1453	2520	530	1104
p	181	65.37	432	1059	2731	477	1053
q	110	58.44	441	913	3083	499	1085
qʰ	112	60.33	399	1171	3207	540	1139
s	199	61	521	1500	3029	466	1152
tʰ	200	55.87	395	1184	3309	492	1097
t	203	55.99	392	1098	3211	510	1103
tʂ	318	62.4	388	1400	2913	510	1096
tʂʰ	104	56.5	408	1489	3017	555	1221
x	165	56.07	362	1062	3219	479	1069
—	194	59.44	431	1129	3048	488	1094

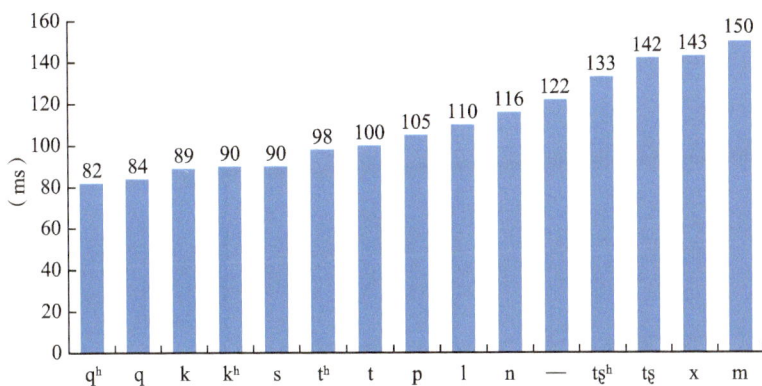

图 2.47-1　词首音节不同辅音之后和无前置辅音音节中［o］元音音长比较（M）

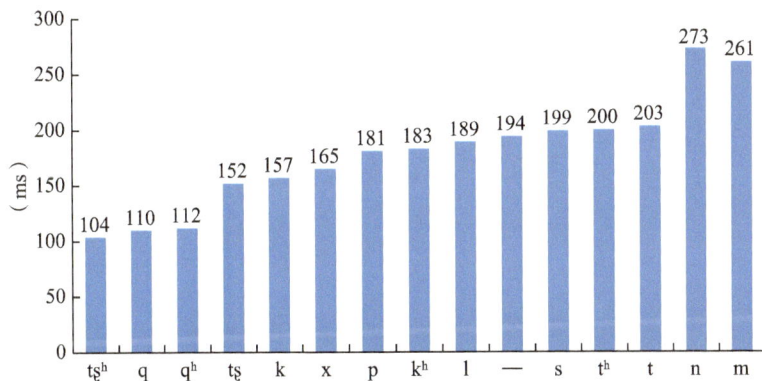

图 2.47-2　词首音节不同辅音之后和无前置辅音音节中出现的［o］元音音长比较（F）

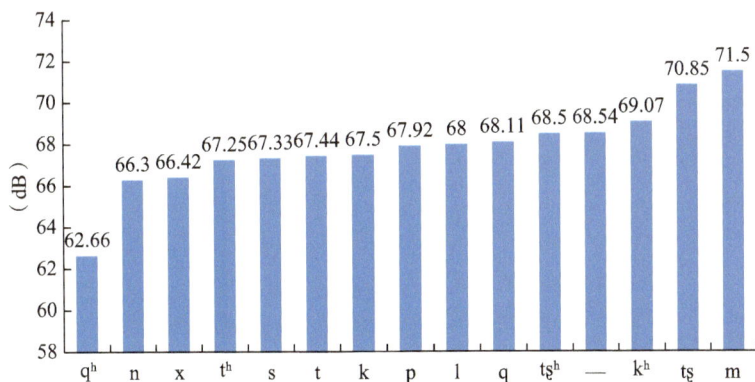

图 2.48-1　词首音节不同辅音之后和无前置辅音音节出现的［o］元音音强比较（M）

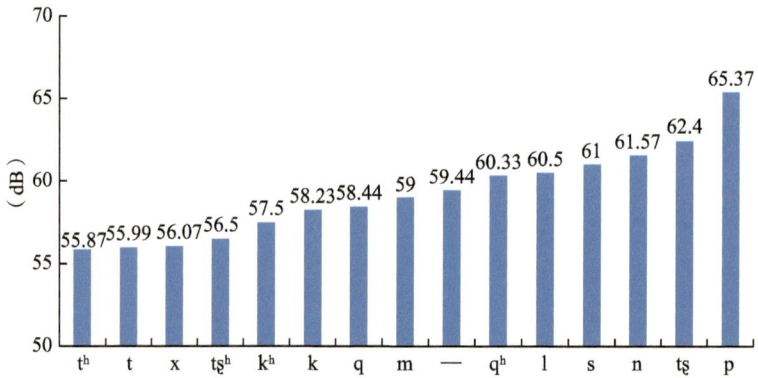

图 2.48-2 词首音节不同辅音之后和无前置辅音音节中出现的 [o] 元音音强比较 （F）

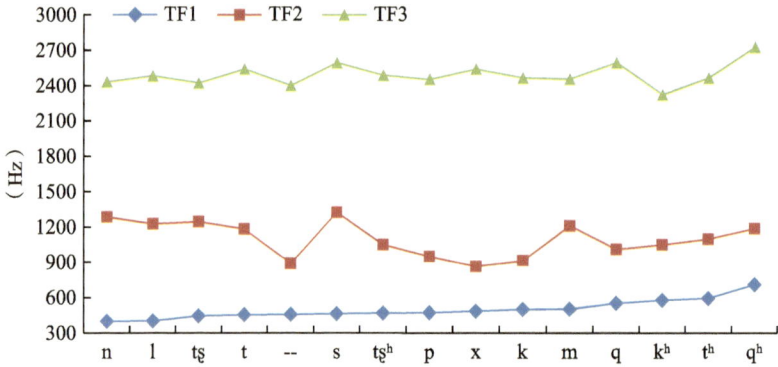

图 2.49-1 词首不同辅音之后的 [o] 元音三个共振峰前过渡段 （TF1、TF2、TF3） 的变化示意图 （以 TF1 的上升为序排列） （M）

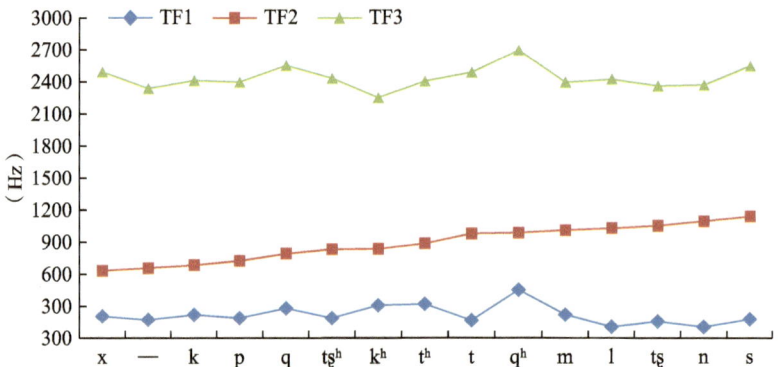

图 2.49-2 词首不同辅音之后的 [o] 元音三个共振峰前过渡段 （TF1、TF2、TF3） 的变化示意 （以 TF2 的上升为序排列） （M）

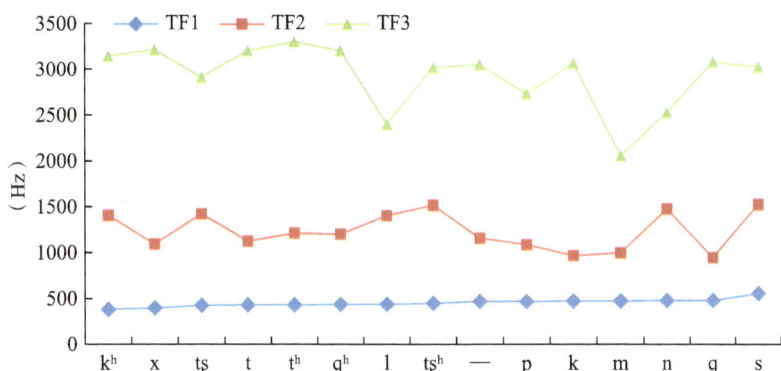

图 2.49-3 词首不同辅音之后的［o］元音三个共振峰前过渡段（TF1、TF2、TF3）的变化示意（以 TF1 的上升为序排列）（F）

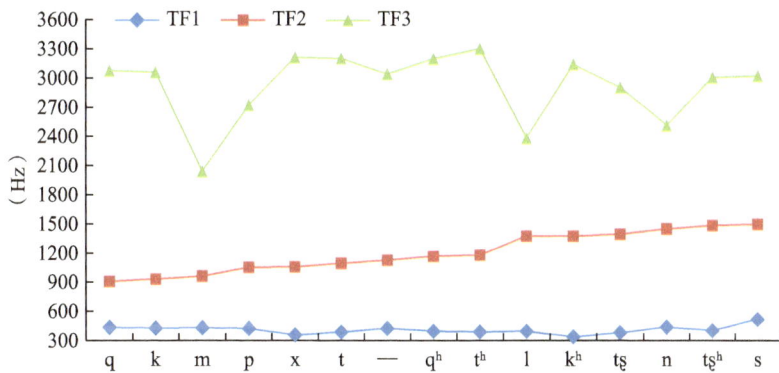

图 2.49-4 词首不同辅音之后的［o］元音三个共振峰前过渡段（TF1、TF2、TF3）的变化示意（以 TF2 的上升为序排列）（F）

图 2.49 可以看出，前置辅音发音部位与发音方法的不同可能会对［o］元音的参数有一定的影响，但对于音质来讲不会受到影响。从男发音人发音时的舌位前、后来看，前置辅音为［s-］时舌位最前：F2 = 1155Hz，前置辅音为［p-］时舌位最后：F2 = 907Hz；前置辅音为［p-］时舌位最高：F1 = 455Hz，前置辅音为［kʰ］时舌位最低：F1 = 573Hz。从女发音人发音时的舌位前、后来看，前置辅音为［tʂ-］时舌位最前：F2 = 1220Hz，前置辅音为［k］时舌位最后：F2 = 1048Hz；前置辅音为［kʰ-］时舌位最高：F1 = 427Hz，前置辅音为［tʂʰ］时舌位最低：F1 = 555Hz。

（五）［ɔ］

1. 声学特征与音色

以下是有关［ɔ］元音传统语音学描写：阿·伊布拉黑麦（1988）认为
"东乡语［ɔ］元音为圆唇、后、次低元音，具体位置在［ɑ］与［o］之
间。"张瑞珊（2010）认为"东乡语［ɔ］元音第一、第二共振峰为480Hz、
980Hz，比［ɑ］稍高，比［o］元音稍低。"金双龙（2013）认为，"东乡语
［o］为舌面后、圆唇、次高元音。共振峰取值范围为F1 = 410-453Hz、F2 =
973-1140Hz"。

1.1　［ɔ］元音三维语图和语音标注

图2.50为男发音人 xotu［xɔtu］"星星"一词的三维语图和三层标注实
例。该图上［ɔ］元音目标位置 F1~F4 四个共振峰参数为，560Hz、1124Hz、
2655Hz、3985Hz；VD（时长）为73ms；VA（音强）为66dB。该语图比较
真实地显示了［o］元音在实际语流中的存在形式。

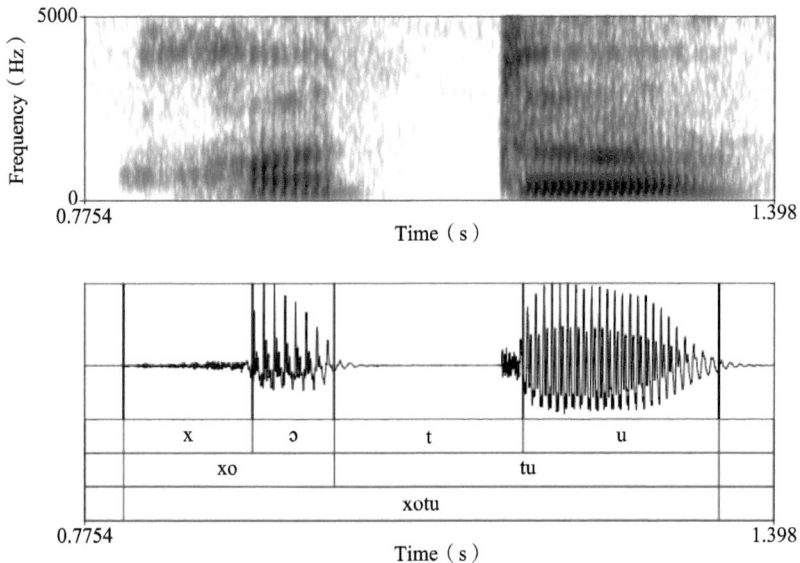

图2.50　男发音人 xotu［xɔtu］"星星"一词的三维语图和三层标注实例

1.2　［ɔ］元音声学特征与声学参数

表2.37为东乡语词首音节［ɔ］元音声学参数统计表。该统计表显示
男、女发音人［ɔ］元音的平均时长、平均音强分别为 M = 106ms，F =

204ms；M＝68.23dB，F＝59dB。该元音 F1 和 F2 的频率均值分别为 M：F1＝493Hz，F2＝1008Hz；F：F1＝488Hz，F2＝1094Hz。图 2.51 为男、女发音人词首音节［ɔ］元音在声学元音图中的位置及其声学空间中的分布模式。图中的国际音标位置为平均值点，勾勒出的范围和形状为［ɔ］元音音位变体及其分布模式。图 2.51 还显示了［ɔ］元音在声学空间中分布范围：F1＝480～664Hz，F2＝834～1291Hz（M）；F1＝491～614Hz，F2＝959～1298Hz（F）。

我们认为该元音为中高、后、圆唇音，用国际音标［ɔ］音标来标记，［ɔ］标记接近其实际音质。男发音人［ɔ］元音在声学空间中分布相对比较扩散，但总体呈现出爆破扩展模式，女发音的看起来不明显。

表 2.37　［ɔ］元音声学参数统计

发音人 参数	M					F				
	VD	VA	F1	F2	F3	VD	VA	F1	F2	F3
均值	117	68.74	570	1083	2333	207	60.66	530	1084	3149
标准差	53	2.70	56	138	308	82	4.52	49	82	284
变异系数	45%	4%	10%	13%	13%	40%	7%	9%	8%	9%

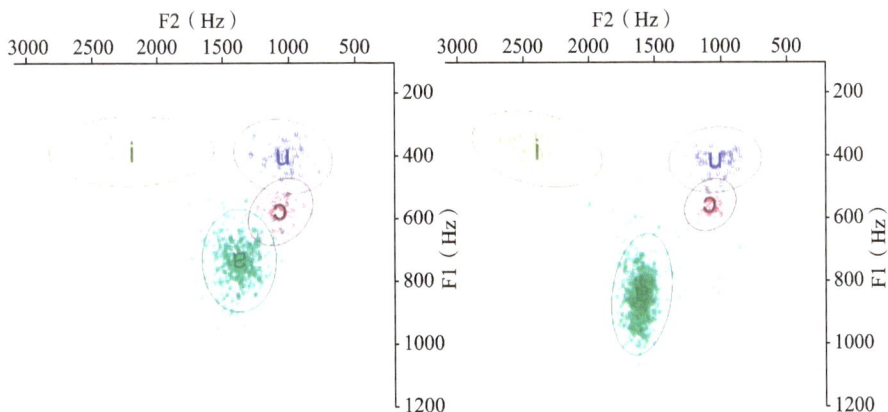

图 2.51　词首音节［ɔ］元音在声学元音图中的位置及其声学空间中的分布模式（M&F）

2. 语流中的音变特征

2.1　目标位置共振峰频率与其前、后过渡段共振峰频率参数之间的显

著性差异分析

图 2.52 为词首音节［ɔ］元音目标位置共振峰（F1/F2）及其前、后过渡段共振峰（TF1、TF2/TP1、TP2）比较图。从图 2.52 中可以看出，与目标位置［ɔ］元音共振峰频率相比，前、后过渡段共振峰频率有一定的变化。前、后过渡段共振峰均值有前移与上升现象，其中后过渡段频率前移与上升变化比较明显。相比之下后过渡段大于前过渡段。前、后过渡段共振峰频率离散度较大，稳定性较弱。

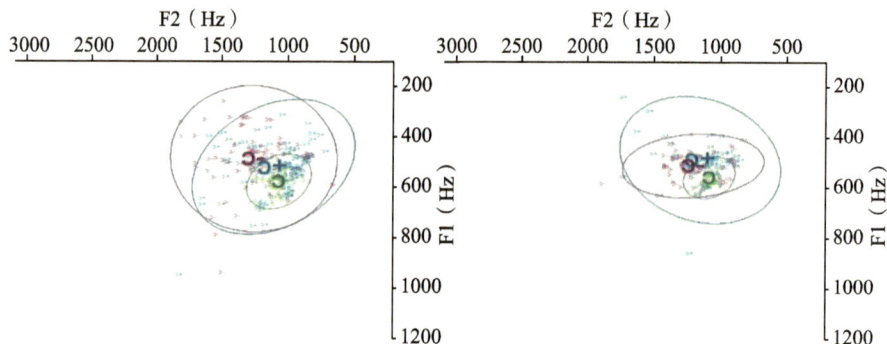

图 2.52　词首音节［ɔ］元音目标位置共振峰（F1/F2）及其前、后过渡段共振峰（TF1、TF2/TP1、TP2）比较（M&F）

我们对目标位置第一、第二共振峰 F1/F2 及其前过渡段 TF1/TF2 和后过渡段 TP1/TP2 共振峰之间做了单因素方差分析，结果如表 2.38 所示。

表 2.38　检验结果

检验样本	sig（显著性）			
	M		F	
	F1	F2	F1	F2
目标位置与前过渡段共振峰之间的显著性	0.000	0.196	0.000	0.098
目标位置与后过渡段共振峰之间的显著性	0.000	0.000	0.002	0.004
前过渡段共振峰与后过渡段共振峰之间的显著性	0.047	0.000	0.087	0.204

* 均值差的显著性水平为 0.05。

从检验结果来看，（1）F1 上目标元音与前、后过渡段元音有显著性差异，前、后过渡段之间没有显著性差异；（2）F2 上目标元音与前过渡段元音没有显著性差异，目标元音与后过渡段有显著性差异；（3）前过渡段与后过渡段中男发音人 F2 上有显著性差异，女发音人 F2 上没有显著性差异。

2.2　元音声学参数与音节数量之间的相关性分析

2.2.1　［ɔ］元音在单音节和多音节词中的出现频率统计

表 2.39 为［ɔ］元音在单音节、双音节、三音节、多音节词中出现的频率统计表。表 2.39 显示，在统一平台中出现 109 次（M）和 80 次（F）。［ɔ］元音在双音节词中出现的频率最高，约 45%（M）、46%（F）。三音节词中出现的频率仅次于双音节词，约 39%（M）、40%（F）。说明东乡语中［ɔ］元音在双音节和三音节词的使用频率高于其他音节词。

2.2.2　［ɔ］元音声学参数与音节数量之间的相关性分析

下面探讨［ɔ］元音音长、音强和共振峰参数均值与其所出现词的音节数量之间的相关性问题。表 2.40 为出现在不同音节词中［ɔ］元音音长（VD）、音强（VA）、共振峰（F）统计表。图 2.53 为出现在单音节词、双音节词、三音节词和多音节词中的［ɔ］元音目标位置共振峰均值的声学语图，图 2.54 为出现在单音节词、双音节词、三音节词和多音节词中的词首音节［ɔ］元音的音长比较图，图 2.55 为出现在单音节词、双音节词、三音节词和多音节词中的词首音节［ɔ］元音的音强比较图，表 2.41 为［ɔ］元音音长及其目标位置第一、第二共振峰（F1/F2）的均值与其所出现的不同音节数量词之间的相关性分析表，即 P 值分析表。

从表 2.40 中的参数可以看出，音节数量与元音音长、音强有一定的相关性。如：［ɔ］元音音长随着音节数量增加而相对缩短，其音强随着音节数量的增加相对变弱（女发音人变化不太明显）；从表 2.40 和图 2.53 中可以看出，音节数量与共振峰频率之间的相关性较小。这一问题有待进一步研究证实。例如：

M：203ms→118ms→85ms→69ms；M：69.89dB→68.39dB→68.83dB→68.25dB

F：223ms→201ms→146ms→93ms；F：56.33dB→61.04dB→60.90dB→60dB

从表 2.41 的检验结果来看，从共振峰上看，男、女发音人表现出相同的规律，不同音节词中［ɔ］元音 F1/F2 之间没有明显的差异性（除了女发音人双音节词—三音节词之外）。从元音时长看，元音时长有比较明显的差异性（除了双音节词—多音节词、三音节词—多音节词之外）。从元音音强上看，男、女发音人呈现相同的规律，均没有显著性差异。

表 2.39 不同音节中［ɔ］元音出现频率统计

单音节词	单音节词		双音节词		三音节词		多音节词		共计	
	M	F	M	F	M	F	M	F	M	F
出现次数	9	3	49	37	42	32	9	8	109	80
百分比	8%	4%	45%	46%	39%	40%	8%	10%	100%	100%

表 2.40 出现在不同音节词中［ɔ］元音音长（VD）、音强（VA）、共振峰统计

发音人		M					F				
参数		VD	VA	F1	F2	F3	VD	VA	F1	F2	F3
单音节词	平均值	203	69.89	581	1032	2148	223	56.33	558	1140	3162
	标准差	45	9.05	22	56	499	139	7.02	57	37	397
	变异系数	22%	13%	4%	5%	23%	62%	12%	10%	3%	13%
双音节词	平均值	118	68.39	590	1075	2276	201	61.04	513	1048	3127
	标准差	46	2.41	54	121	329	79	4.44	44	57	319
	变异系数	39%	4%	9%	11%	14%	34%	7%	9%	5%	10%
三音节词	平均值	85	68.83	568	1074	2222	146	60.90	562	1159	3181
	标准差	37	2.34	54	146	330	46	4.01	45	91	148
	变异系数	44%	3%	9%	14%	15%	32%	7%	8%	8%	5%
多音节词	平均值	69	68.25	525	1182	2324	93	60	594	1086	3326
	标准差	30	2.71	63	145	197	40	3	45	100	312
	变异系数	43%	4%	12%	12%	8%	43%	5%	8%	9%	9%

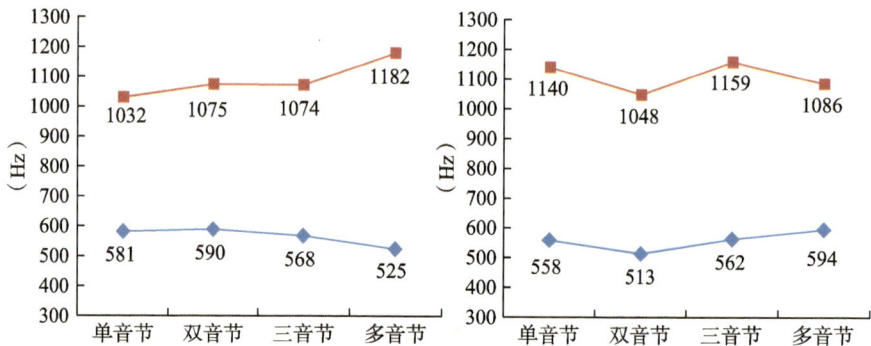

图 2.53 单音节词、双音节词和三音节词中出现的［ɔ］元音目标位置
共振峰均值分布示意（M&F）

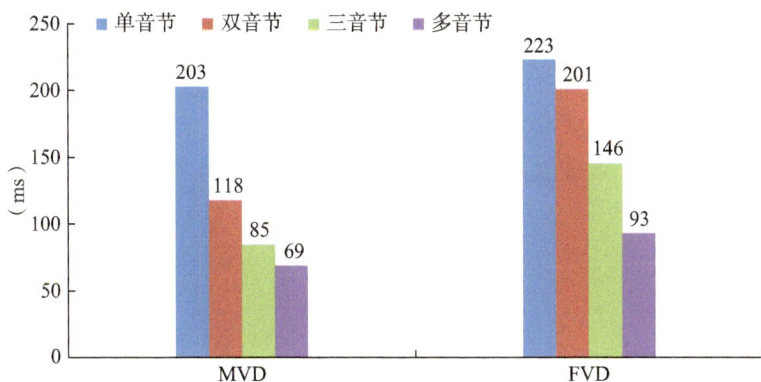

图 2.54　音节数量与音长参数之间关系示意（M&F）

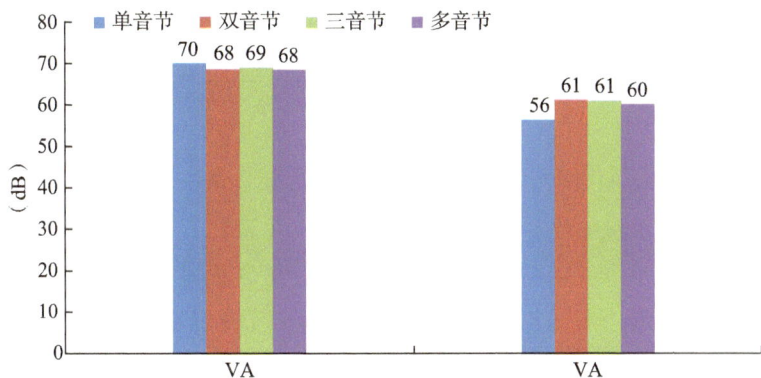

图 2.55　音节数量与音强之间关系示意（M&F）

　　我们对不同音节词中出现的［ɔ］元音 F1/F2、时长（VD）、音强（VA）做了单因素方差分析结果，见表 2.41。

表 2.41　检验结果

检验值 不同音节	sig（显著性）							
	M		F		M		F	
	F1	F2	F1	F2	VD	VA	VD	VA
单音节词—双音节词	0.593	0.496	0.108	0.095	0.100	0.297	0.043	0.084
单音节词—三音节词	0.535	0.419	0.906	0.676	0.000	0.093	0.000	0.120
单音节词—多音节词	0.633	0.246	0.347	0.132	0.007	0.157	0.006	0.061
双音节词—三音节词	0.871	0.816	0.006	0.000	0.001	0.276	0.002	0.933
双音节词—多音节词	0.904	0.407	0.613	0.488	0.059	0.407	0.059	0.468
三音节词—多音节词	0.975	0.489	0.181	0.102	0.969	0.818	0.758	0.478

2.3 元音声学参数与音节类型之间的相关性分析

2.3.1 ［ɔ］元音在不同音节类型中的出现频率统计

表 2.42 为［ɔ］元音在不同音节类型中的出现比例统计表。从表 2.42 中可以看出，［ɔ］元音在 CV 音节类型中出现频率最高，出现 63 次，57%（M）；24 次，48%（F）。其次为 CVC 音节类型中出现的频率相对较高，30 次，27%（M）；10 次，10%（F）。出现最少的为 VC 类型。

表 2.42　不同音节类型中［ɔ］元音的频率统计

发音人	音节类型	V	VC	CV	CVC	其他	共计
M	出现次数	11	4	63	30	3	111
	百分比	10%	4%	57%	27%	3%	100%
F	出现次数	7	4	24	10	5	50
	百分比	14%	8%	48%	10%	10%	100%

2.3.2 ［ɔ］元音声学参数与音节类型之间的相关性分析

表 2.43 为出现在不同音节类型中［ɔ］元音的声学参数统计表。图 2.56~2.59 为在不同音节类型中出现的［ɔ］元音第一、第二共振峰（F1/F2）、音长和音强均值比较图。表 2.43 为［ɔ］元音音长、音强和目标位置 F1/F2 的均值与其所出现的不同音节类型之间的相关性分析表。从上述表和图中可以看出，［ɔ］元音出现在 V/CV 音节类型时音长（VD）相对较长，出现在 CVC 音节类型时音长较短。例如：V=95ms（M）、205ms（F），CV=121ms（M）、230ms（F）；CVC=93ms（M）、118ms（F）。［ɔ］元音出现在 V 与 CV 音节类型时音强（VA）相对较强。例如：V=69.73dB（M）、60.14dB（F）；CV=68.57dB（M）、62.50dB（F）（这可能与发音人发音习惯有关系，有待进一步研究）。［ɔ］元音出现在 V 音节类型时开口度最小，出现在 CVC 音节类型时元音开口度最大。例如：V 音节类型中 F1：531Hz（M）、542Hz（F）；VC 音节类型中 F1：596Hz（M）、562Hz（F）。［ɔ］元音出现在 CVC 音节类型时舌位比在其他音节类型中时相对靠前，在 V 音节类型时最靠后。例如，CVC 音节类型中 F2：1098Hz（M）、1128Hz（F），F1：586Hz（M）、560Hz（F）。从表 2.44 中检验结果来看，从共振峰上看，男、女发音人表现出相同的规律性，不同音节类型中［ɔ］元音 F1、F2 之间没有明显的差异性。从元音音强检验结果来看，男、女发音人

表现出相同的规律性，不同音节类型中［ɔ］元音音强之间没有显著性差异（除了女发音人 CV-CVC 之外）。

另外，图 2.56~2.57 为不同音节类型中［ɔ］元音第一、第二共振峰（F1/F2）比较图。从图 2.56~2.57 中可以看出，在不同音节类型中［ɔ］元音开口度与舌位前后排列模式不同：开口度从大到小排序为 VC>CVC>CV>V；舌位前后从后到前排序为 V→VC→CVC→VC。图 2.58 为不同音节类型中［ɔ］元音音长（VD）比较图。从图 2.58 中可以明显地看出，［ɔ］元音在不同音节类型中的音长长短，从长到短排序为 VC>CVC>V>VC（M&F）。图 2.59 为不同音节类型中［ɔ］元音音强（VA）比较图。从图 2.59 可以看出［ɔ］元音在不同音节类型中的音强强弱，从强到弱排序为 VC>V>CV>CVC（M），CV>V>VC>CVC（F）。

表 2.43-1　不同音节类型中［ɔ］元音声学参数统计（M）

音节类型	参数	VD	VA	F1	F2	F3
V	平均值	95	69.73	531	1002	2294
	标准差	54	2.90	32	95	273
	变异系数	57%	4%	6%	9%	12%
VC	平均值	74	68.43	596	1034	2013
	标准差	17	1	53	109	316
	变异系数	23%	1%	9%	11%	16%
CV	平均值	121	68.57	577	1097	2340
	标准差	52	2.65	56	140	315
	变异系数	43%	4%	10%	13%	13%
CVC	平均值	93	68.37	586	1098	2068
	标准差	51	4.87	52	121	330
	变异系数	55%	7%	9%	11%	16%

表 2.43-2　不同音节类型中［ɔ］元音声学参数统计（F）

音节类型	参数	VD	VA	F1	F2	F3
V	平均值	205	60.14	542	1078	3295
	标准差	59	3.44	32	45	154
	变异系数	29%	6%	6%	4%	5%

续表

音节类型	参数	VD	VA	F1	F2	F3
VC	平均值	115	56.25	562	1091	2818
	标准差	50	4.27	38	52	788
	变异系数	43%	8%	7%	5%	28%
CV	平均值	230	62.50	556	1075	3157
	标准差	75	3.72	50	82	96
	变异系数	33%	6%	10%	8%	3%
CVC	平均值	118	55.60	560	1128	3098
	标准差	39	4.45	53	144	265
	变异系数	33%	8%	9%	13%	9%

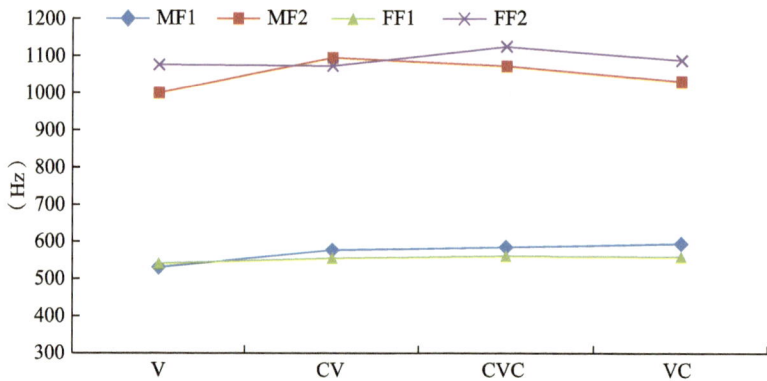

图 2.56　不同音节类型中出现的［ɔ］元音第一共振峰（F1）比较（M&F）

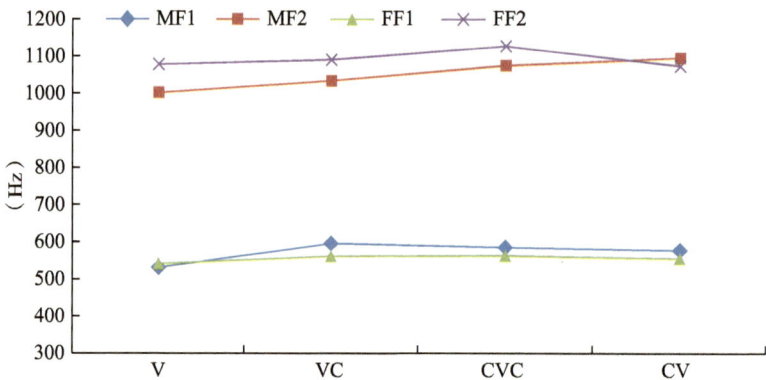

图 2.57　不同音节类型中出现的［ɔ］元音第二共振峰（F2）比较（M&F）

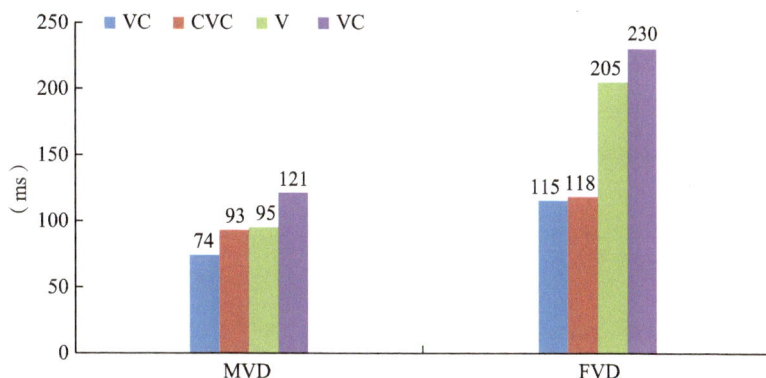

图 2.58　不同音节类型中出现的［ɔ］元音音长（VD）比较（M&F）

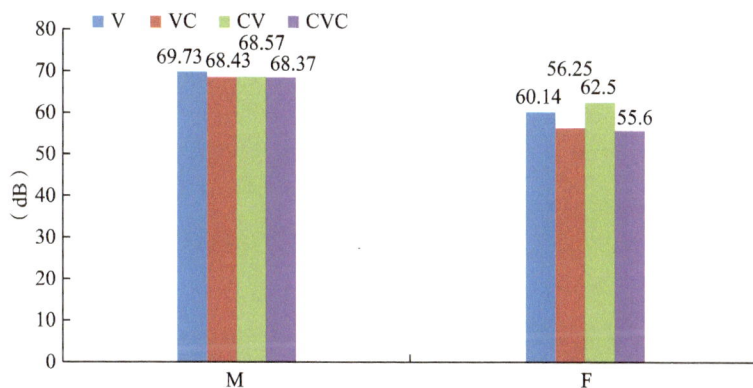

图 2.59　不同音节类型中出现的［ɔ］元音音强（VA）比较（M&F）

　　我们对不同音节类型中出现的［ɔ］元音 F1/F2、时长（VD）、音强（VA）做了单因素方差检验，结果如表 2.44 所示。

表 2.44　检验结果

检验值	sig（显著性）							
	M		F		M		F	
不同音节	F1	F2	F1	F2	VD	VA	VD	VA
V-VC	0.843	0.883	0.511	0.810	0.017	0.559	0.153	0.112
V-CV	0.556	0.059	0.158	0.940	0.540	0.136	0.406	0.159
V-CVC	0.429	0.856	0.441	0.319	0.371	0.268	0.040	0.049
VC-CV	0.462	0.079	0.063	0.735	0.001	0.589	0.024	0.094

续表

检验值\不同音节	sig（显著性）							
	M		F		M		F	
	F1	F2	F1	F2	VD	VA	VD	VA
VC-CVC	0.365	0.745	0.952	0.516	0.001	0.781	0.621	0.801
CV-CVC	0.689	0.014	0.035	0.212	0.595	0.667	0.002	0.001

* 均值差的显著性水平为 0.05。

2.4 元音声学参数与前置辅音音质之间的相关性分析

表 2.45 为在不同前置辅音之后出现的或无前置辅音的词首音节 [ɔ] 元音（简称：在词首音节不同辅音之后或无前置辅音音节中出现的 [ɔ] 元音，下同）的声学参数统计表。图 2.60~2.62 为出现在词首音节（包括单音节词）[k-, kʰ-, m-, n-, s-, t-, tʰ-, tʂ-, x-, p-] 等辅音（前置辅音）之后 [ɔ] 元音的音长、音强、F1/F2 前过渡段（TF1~TF3）的变化示意图。

表 2.45 和图 2.60 显示，前置辅音与元音参数具有一定的相关性，有一定的规律可循。前置辅音与前过渡段有一定的关系，前置辅音为塞音、塞擦音、清擦音时元音音长比其他辅音之后元音音长相对较短。前置辅音为舌面清塞音 [k-, kʰ-] 时送气 [kʰ-] 辅音之后元音音长比不送气 [k-] 辅音之后的相对较短。前置辅音为舌尖清塞 [t-, tʰ] 时不送气 [t-] 辅音之后元音音长比送气 [tʰ] 辅音之后的相对较长。

表 2.45 和图 2.61 显示，前置辅音为 [x-] 时元音音强相对较弱。与其他前置辅音没有相关性。

表 2.45 和图 2.62 显示，[ɔ] 元音受到前置辅音的影响前过渡段或目标元音均值会有一定的变化。前置辅音为 [m-, n-] 时元音舌位较靠前，前置辅音为塞音、塞擦音时元音舌位相对靠后。辅音音质与音长、音强参数之间相关比较弱。

表 2.45　词首音节不同辅音之后和无前置辅音音节中 [ɔ] 元音声学参数比较 （M&F）

参数\辅音	VD	VA	TF1	TF2	TF3	F1	F2
k	122	68.67	496	1021	2563	555	1022
kʰ	91	70.6	600	1074	2445	592	1085
m	132	70	547	1157	2455	589	1087

续表

参数\辅音	VD	VA	TF1	TF2	TF3	F1	F2
n	170	67.66	386	1168	2149	647	1075
p	182	73	423	1001	2404	535	1096
s	87	67.85	494	1467	2675	560	1270
tʰ	132	67.33	480	1006	2463	583	1094
t	141	68.66	548	1153	2530	580	1062
tʂ	98	69.25	556	1451	2357	545	1234
x	115	67	522	1007	2499	586	1055
—	109	68.67	525	1074	2362	575	1078

参数\辅音	VD	VA	TF1	TF2	TF3	F1	F2
k	145	61	491	881	3324	513	1026
kʰ	86	67.4	539	1211	2561	556	1134
m	212	63	432	1075	2446	589	1087
n	196	62.75	438	1249	2824	540	1111
p	225	64.37	486	1030	2993	483	1030
s	187	66.66	525	1698	2839	540	1319
tʰ	81	69.5	448	1256	2639	587	1233
t	202	57	478	1336	2998	540	1052
tʂ	201	61	420	1376	2847	564	1138
x	194	55	392	992	3532	538	1069
—	207	60.65	485	1150	3049	529	1084

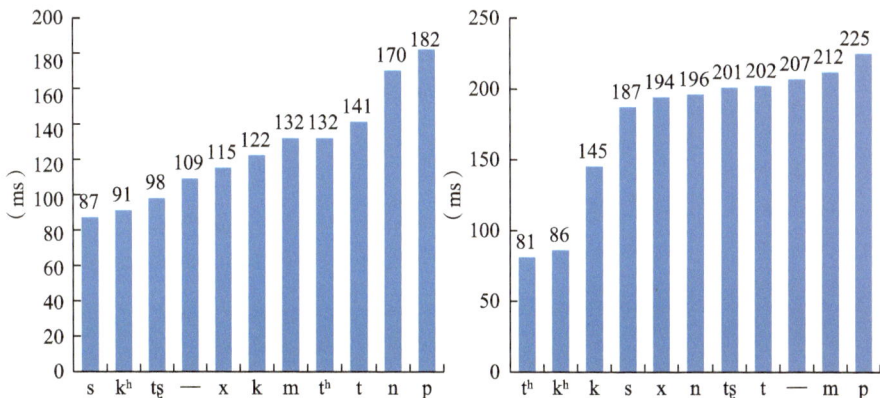

图 2.60　词首音节不同辅音之后和无前置辅音音节中 [ɔ] 元音音长比较（M&F）

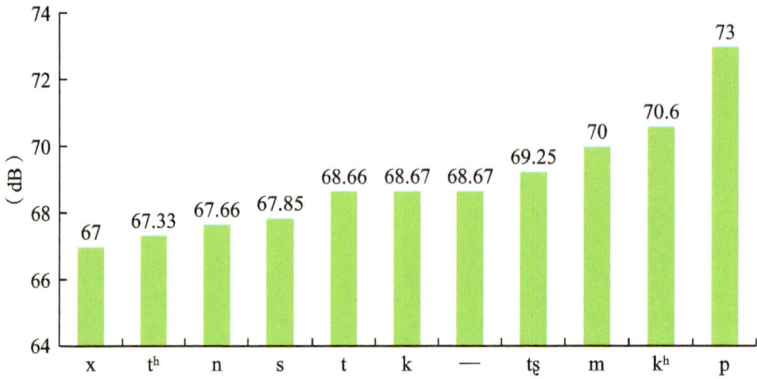

图 2.61-1　词首音节不同辅音之后和无前置辅音音节中出现的 [ɔ]
元音音强比较（M）

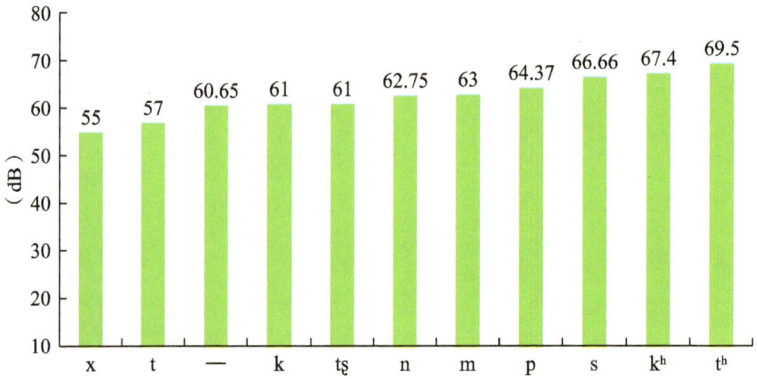

图 2.61-2　词首音节不同辅音之后和无前置辅音音节中出现的 [ɔ]
元音音强比较（F）

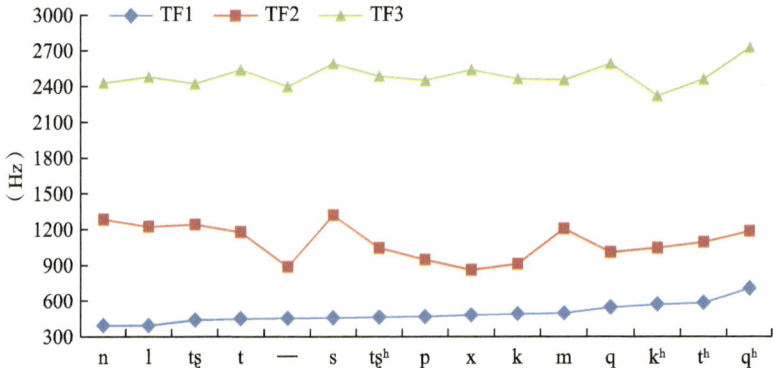

图 2.62-1　词首不同辅音之后出现的 [ɔ] 元音三个共振峰前过渡段（TF1、
TF2、TF3）的变化示意（以 TF1 的上升为序排列）（M）

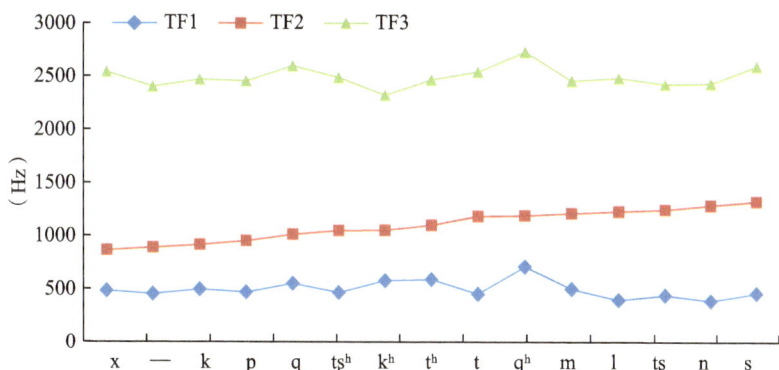

图 2.62-2　词首不同辅音之后出现的［ɔ］元音三个共振峰前过渡段（TF1、TF2、TF3）的变化示意（以 TF2 的上升为序排列）（M）

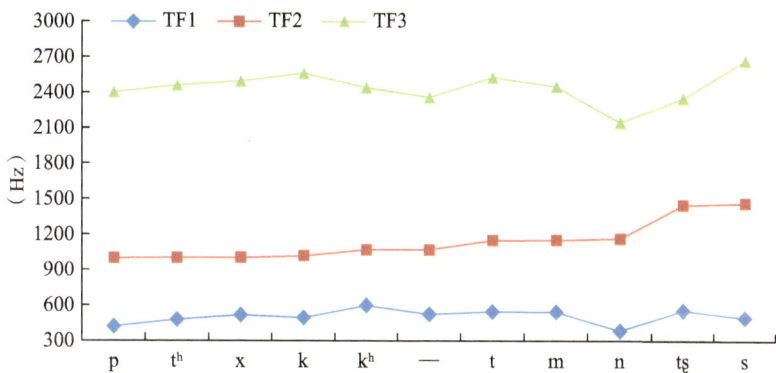

图 2.62-3　词首不同辅音之后出现的［ɔ］元音三个共振峰前过渡段（TF1、TF2、TF3）的变化示意（以 TF2 的上升为序排列）（F）

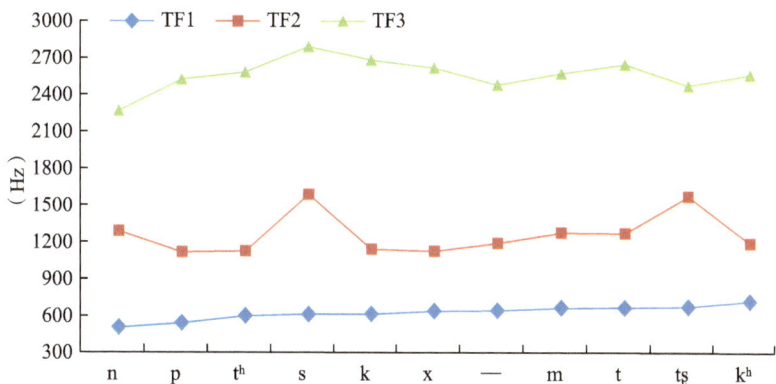

图 2.62-4　词首不同辅音之后出现的［ɔ］元音三个共振峰前过渡段（TF1、TF2、TF3）的变化示意（以 TF1 的上升为序排列）（F）

（六）［u］

1. 声学特征与音色

以下是有关［u］元音传统语音学的描写。刘照雄认为（1981）："东乡语［u］元音为圆唇后高元音。例如：ula（山）。"呼格吉勒图（2004）认为："东乡语/u/元音是后、高、圆唇元音。相当于现代蒙古语内蒙古方言［ʊ］与［u］之间的圆唇元音，国际音标［ɥ］来标记，该元音在词首时，前面出现擦音［w］。例如：uru［wuru］（请、叫）。"金双龙（2013）认为："东乡语元音音位/u/是，舌面后、稍微圆唇、高元音。共振峰值：F1 是 320～385Hz；F2 是 885～1150Hz。"

1.1 ［u］元音三维语图和语音标注

图 2.63 为男发音人 usu［usu］"水"一词的三维语图和三层标注实例。词首起始［u］元音的 F1～F4 四个共振峰参数为 326Hz、943Hz、2540Hz、3947Hz；VD（时长）为 164ms；VA（音强）为 61dB。该语图比较真实地显示了［u］元音在实际语流中的存在形式。

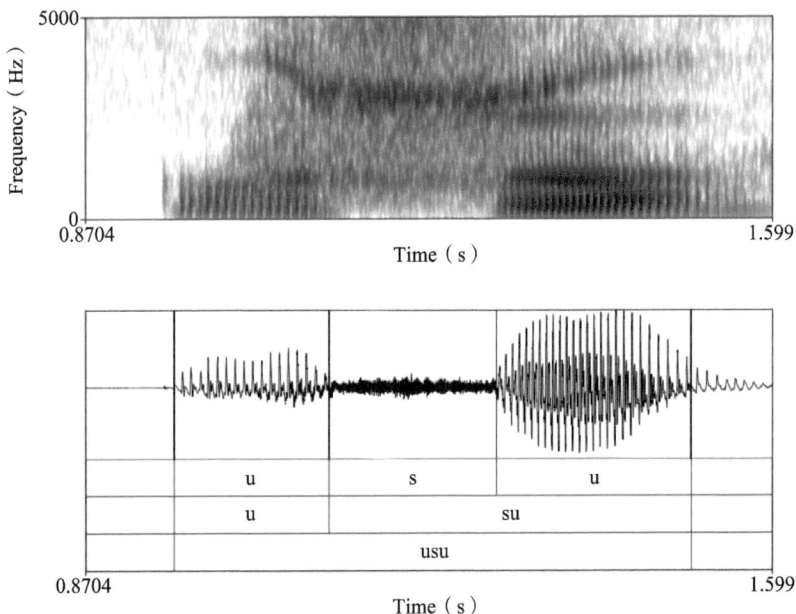

图 2.63 男发音人 usu［usu］"水"一词的三维语图和三层标注实例

1.2 　［u］元音声学特征与声学参数

表 2.46 为东乡语词首音节［u］元音参数统计表。该统计表显示男、女发音人［u］元音的平均时长、平均音强分别为 M = 89ms，F = 151ms；M = 66.41dB，F = 56.75dB。该元音 F1 和 F2 的频率均值分别为 M：F1 = 407Hz，F2 = 1048Hz；F：F1 = 413Hz，F2 = 1050Hz。图 2.64 为男、女发音人词首音节［u］元音在声学元音图中的位置及其声学空间的分布模式。图中的国际音标位置为平均值点，勾勒出的范围和形状为［u］元音音位变体及其分布模式。图 2.64 还显示了［u］元音在声学空间中分布范围为：F1 = 314 ~ 560Hz，F2 = 718 ~ 1522Hz（M）；F1 = 293 ~ 610Hz，F2 = 810 ~ 1390Hz（F）。

我们认为该元音为高、后、圆唇音，用国际音标［u］来标记接近其实际音质。［u］元音的发音大概是从［u］前移到［ʉ］甚至是更远的［y］，动程距离很大，动程的距离之大甚至超过了有些复合元音，该元音是一种游移性[①]很强的元音。

表 2.46　［u］元音声学参数统计

参数 \ 发音人	M					F				
	VD	VA	F1	F2	F3	VD	VA	F1	F2	F3
均值	89	66.41	407	1048	2347	151	56.75	413	1050	2903
标准差	66	4.09	86	199	292	78	4.51	42	150	462
变异系数	74%	6%	21%	18%	12%	52%	8%	10%	14%	16%

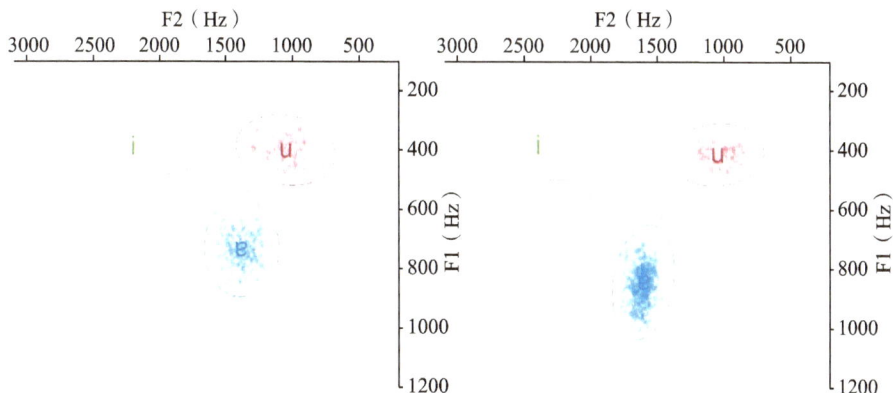

图 2.64　词首音节［u］元音在声学元音图中的位置及其声学空间中的分布模式（M&F）

---

① 　石峰：《实验音系学探索》，北京大学出版社，2008，第 283 页。

2. 语流中音变特征

2.1　目标位置共振峰频率与其前、后过渡段共振峰频率参数之间的显著性差异分析

图 2.65 为词首音节 [u] 元音目标位置共振峰（F1/F2）及其前后过渡段共振峰（TF1、TF2/TP1、TP2）比较图。从图 2.65 中可以看出，与目标位置 [u] 元音共振峰频率相比，前、后过渡段共振峰频率有一定的变化。其中，前、后过渡段共振峰均值均有前移与上升现象，其中后过渡段频率离散度较小，比前过渡段较为稳定。相比之下，前过渡段离散度较大，稳定度较小。前、后过渡段均有前移现象。

从表 2.47 中的检验结果来看，（1）男发音人的 F1 上目标元音与前过渡段元音有显著性差异（除了目标元音—后过渡段之外）；女发音人的 F1 上前、后过渡段有显著性差异，其他没有差异性。（2）F2 上男、女发音人有相同的规律性，均有显著性差异。

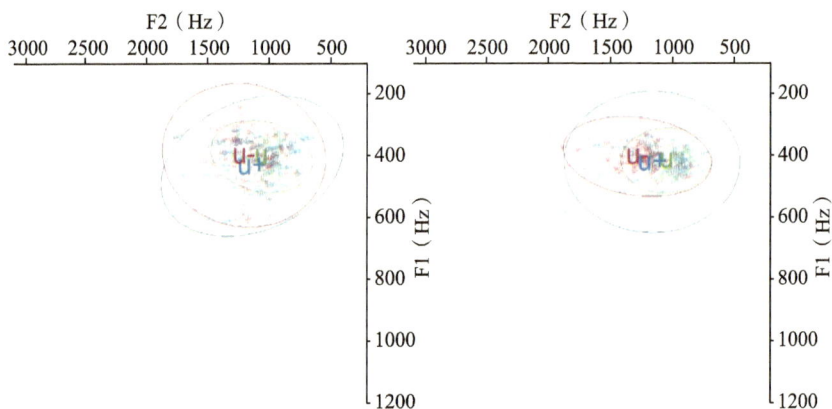

图 2.65　词首音节 [u] 元音目标位置共振峰（F1、F2）及其前、后过渡段共振峰（TF1、TF2/TP1、TP2）比较（M&F）

我们对目标位置第一、第二共振峰 F1/F2 及其前过渡段 TF1、TF2 和后过渡段 TP1、TP2 共振峰之间做了单因素方差分析，结果如表 2.47 所示。

表 2.47 检验结果

检验值 元音	sig（显著性）			
	M		F	
	F1	F2	F1	F2
目标位置与前过渡段共振峰之间的显著性	0.000	0.001	0.412	0.000
目标位置与后过渡段共振峰之间的显著性	0.729	0.000	0.067	0.000
前过渡段共振峰与后过渡段共振峰之间的显著	0.000	0.008	0.011	0.000

* P 值小于 0.05 存在显著差异；大于 0.05 差异不明显。

2.2 元音声学参数与音节数量之间的相关性分析

2.2.1 ［u］元音在单音节和多音节词中的出现频率统计

表 2.48 为［u］元音在单音节、双音节、三音节、多音节词中出现的频率统计表。表 2.48 显示，［u］元音在双音节词中的出现频率最高，约占所有出现次数的 44%（M）、47%（F），在三音节词中出现频率相对较高，仅次于双音节词，约占所有出现次数的 36%（M）、43%（F）。

2.2.2 ［u］元音声学参数与音节数量之间的相关性分析

下面探讨［u］元音音长、音强和共振峰参数均值与其所出现词的音节数量之间的相关性问题。表 2.49 为在单、双、三、多音节词中出现［u］元音的音长（VD）、音强（VA）、共振峰目标值（F）统计表，图 2.66～2.68 为单、双、三、多音节词中出现的［u］元音第一和第二共振峰（F1/F2）、音长和音强均值比较图。表 2.50 为［u］元音音长及其目标位置第一、第二共振峰（F1/F2）的均值与其所出现的不同音节数量词之间的相关性分析表，即 P 值分析表。从表 2.50 中的检验结果来看，男、女发音人在共振峰上表现出相同的规律，不同音节词中［u］元音 F1 之间差异性不明显，F2 上规律各不相同。从元音时长看，男发音人元音时长有比较明显的差异性（除了三音节词—多音节词之外）。女发音人中单音节词—双音节词、三音节词—多音节词元音时长之间没有显著性差异，其他音节词元音时长之间有显著性差异。从元音音强上看，男发音人单音节词—双音节词、单音节词—三音节词、单音节词—多音节词元音音强之间有比较明显的差异性，双音节词—三音节词、双音节词—多音节词、三音节词—多音节词元音音强之间没有显著性差异；女发音人中单音节词—双音节词、单音节词—多音节词、双音节词—多音节词元音音强之间没有显著性差异，单音节词—三音节词、三音节词—多音节词元音音强之间有显著性差异。

表 2.49 和图 2.66~2.68 为出现在不同音节词中 [u] 元音音长（VD）、音强（VA）、共振峰统计表。从表 2.50 中的参数可以看出，音节数量与元音音长、音强有一定的相关性。如：[u] 元音音长随着音节数量的增加而相对缩短，其音强随着音节数量的增加而相对变弱；从表 2.49 与图 2.66 中可以看出，音节数量与共振峰频率变化没有规律，相关性不大。例如：

M:332ms→105ms→66ms→50ms；M:72.50dB→65.69dB→65.40dB→63.20dB

F:225ms→202ms→100ms→95ms；F:59.14dB→57.43dB→55.24dB→59.56dB

表 2.48　不同音节中 [u] 元音出现频率统计

	单音节词		双音节词		三音节词		多音节词		共计	
发音人	M	F	M	F	M	F	M	F	M	F
出现次数	8	7	90	79	74	72	31	10	203	168
百分比	4%	4%	44%	47%	36%	43%	15%	6%	100%	100%

表 2.49　出现在不同音节词中 [u] 元音音长（VD）、音强（VA）、共振峰统计

发音人		M					F				
参数		VD	VA	F1	F2	F3	VD	VA	F1	F2	F3
单音节词	平均值	332	72.50	377	951	2477	225	59.14	426	1036	2708
	标准差	177	1.85	51	150	160	148	4.30	45	135	505
	变异系数	53%	3%	14%	16%	6%	66%	7%	11%	13%	19%
双音节词	平均值	105	65.69	399	1013	2344	202	57.43	403	990	2854
	标准差	46	3.87	62	132	277	63	4.53	29	105	519
	变异系数	44%	6%	16%	13%	12%	31%	8%	7%	11%	18%
三音节词	平均值	66	65.40	411	1019	2326	100	55.24	417	1097	2945
	标准差	28	3.52	63	163	252	42	3.94	39	136	401
	变异系数	42%	5%	15%	16%	11%	42%	7%	9%	12%	14%
多音节词	平均值	50	63.26	446	1255	2409	95	59.56	430	996	2955
	标准差	17	2.89	135	210	344	30	4.59	41	78	482
	变异系数	34%	5%	30%	17%	14%	32%	8%	10%	8%	16%

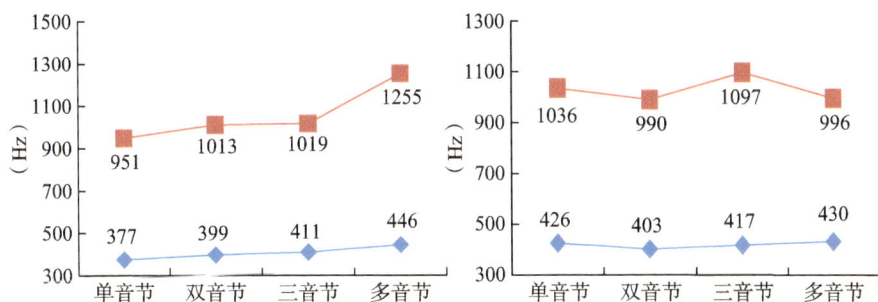

图 2.66　音节数量与共振峰之间关系示意（M&F）

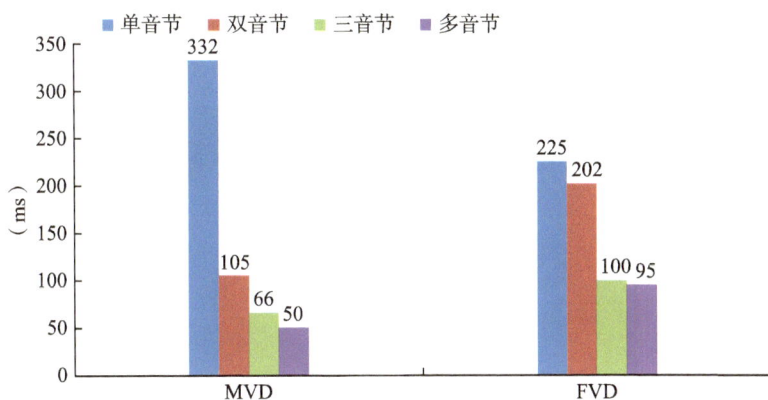

图 2.67　音节数量与音长之间关系示意（M&F）

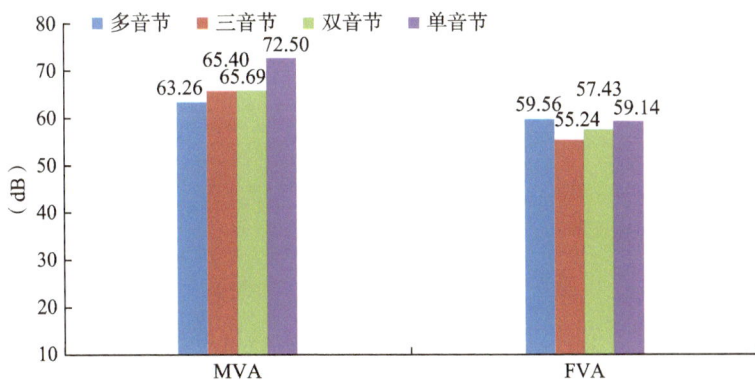

图 2.68　音节数量与音强之间关系示意（M&F）

　　我们对不同音节词中出现的［u］元音 F1/F2、时长（VD）、音强（VA）做了单因素方差分析结果，如表 2.50 所示。

表 2.50　检验结果

检验值 不同音节	sig（显著性）							
	M		F		M		F	
	F1	F2	F1	F2	VD	VA	VD	VA
单音节词—双音节词	0.230	0.547	0.137	0.353	0.000	0.000	0.516	0.108
单音节词—三音节词	0.044	0.033	0.786	0.087	0.000	0.000	0.000	0.003
单音节词—多音节词	0.329	0.000	0.957	0.709	0.000	0.000	0.001	0.647
双音节词—三音节词	0.194	0.017	0.008	0.000	0.000	0.352	0.000	0.003
双音节词—多音节词	0.981	0.000	0.121	0.620	0.000	0.052	0.000	0.262
三音节词—多音节词	0.408	0.000	0.825	0.017	0.234	0.189	0.168	0.010

2.3　元音声学参数与音节类型之间的相关性分析

2.3.1　［u］元音在不同音节类型中的出现频率统计

表 2.51 为［u］元音在不同音节类型中的出现比例统计表。从表中可以看出，［u］元音在 CV 音节类型中出现频率高，出现 133 次，55%（M）；113次，64%（F）。其次为在 V 音节类型中出现的频率相对较高，61 次，25%（M）；31 次，18%（F）。出现最少的为 VC 类型。可以说，东乡语中［u］元音在 V 和 CV 音节中的出现频率较高。这是语言音节类型学的一种特点。

表 2.51　不同音节类型中［u］元音的频率统计

发音人	音节类型	V	VC	CV	CVC	其他	共计
M	出现次数	61	10	133	28	10	242
M	百分比	25%	4%	55%	12%	4%	100%
F	出现次数	31	7	113	18	7	176
F	百分比	18%	4%	64%	10%	4%	100%

2.3.2　［u］元音声学参数与音节类型之间的相关性分析

表 2.52 为在不同音节类型中出现的［u］元音的声学参数统计表，图 2.69～2.72 为在不同音节类型中出现的［u］元音第一和第二共振峰（F1/F2）、音长和音强均值比较图。表 2.53 为［u］元音音长、音强和目标位置 F1/F2 的均值与其所出现的不同音节类型之间的相关性分析表。从上述表和图中可以看出，男、女发音人［u］元音的声学参数均值与其所出现的不同音节类型之间呈现了以下共同的、具有统计学意义的特点（规律）。如，

［u］元音出现在 V/CV 音节类型时音长（VD）相对较长，出现在 CVC 音节类型时音长较短，V = 93ms（M）、201ms（F），CV = 91ms（M）、146ms（F）；CVC = 88ms（M）、114（F）ms，VC = 89ms、164ms。［u］元音出现在 V 音节类型时音强（VA）最弱，V = 63.13dB（M）、55.47dB（F）；出现在 CVC 音节类型时音强（VA）最强，CVC = 69.20dB（M）、61.35dB（F）（这可能与发音人发音习惯有关系，有待进一步研究）。［u］元音共振峰参数与音节类型之间相关性较小，几乎没有相关性。出现在 CVC 音节类型时开口度最大，430Hz（M）、437Hz（F）。从各类音节类型中共振峰频率的标准差与变异系数来看较为稳定；从 P 值上看，不同音节类型中出现的［u］元音的 F1/F2 的表现，男、女发音人在 F1 上有共同的规律性，不同音节类型之间的 F1 上没有显著性差异。F2 上男、女发音人规律有些不同。从元音时长检验结果来看，除了女发音人 V–CV、V–CVC 之外，其他音节类型之间元音时长没有显著性差异。从元音音强检验结果来看，除了女发音人 V–CV、V–CVC 之外，其他音节类型之间元音音强没有显著性差异。

另外，从图 2.69~2.70 中可以看出，在不同音节类型中［u］元音开口度与舌位前后排序模式，开口度从大到小排序为 M：CVC（430Hz）> V（415Hz）> CV（407Hz）> VC（380Hz）；F：CVC（437Hz）> VC（428Hz）> CV（409Hz）> V（402Hz）。舌位前后从后到前排序为 M：VC→CVC→V→CV；F：VC→V→CV→CVC。从图 2.71 中可以看出，［u］元音在不同音节类型中的音长长短从短到长排序为 VC（88ms）= CVC（88 ms）> CV（91 ms）> V（93 ms）（M），CVC（114ms）> VC（146ms）> CV（164ms）> V（201ms）（F）。从图 2.72 中可以看出，［u］元音在不同音节类型中的音强强弱，从强到弱排序为 CVC > VC > CV > V（M），V > VC > CVC > CV（F）。

表 2.52-1　不同音节类型中出现的 ［u］ 元音声学参数统计 （M）

音节类型	参数	VD	VA	F1	F2	F3
V	平均值	93	63.13	415	1059	2355
	标准差	55	3	90	209	250
	变异系数	59%	5%	22%	20%	11%
VC	平均值	88	66.50	380	1282	2758
	标准差	31	1.00	29	323	435
	变异系数	35%	2%	8%	25%	16%

音节类型	参数	VD	VA	F1	F2	F3
CV	平均值	91	66.41	407	1040	2344
	标准差	20	3.77	74	164	279
	变异系数	22%	6%	18%	16%	12%
CVC	平均值	88	69.20	430	1127	2410
	标准差	22	4.09	99	111	442
	变异系数	25%	6%	23%	10%	18%

表 2.52-2 不同音节类型中出现的［u］元音声学参数统计（F）

音节类型	参数	VD	VA	F1	F2	F3
V	平均值	201	55.47	402	936	3096
	标准差	61	4	33	82	428
	变异系数	30%	6%	8%	9%	14%
VC	平均值	164	57.71	428	950	2291
	标准差	50	2.06	32	75	732
	变异系数	30%	4%	8%	8%	32%
CV	平均值	146	55.61	409	1063	2925
	标准差	23	4	35	133	385
	变异系数	16%	7%	9%	12%	13%
CVC	平均值	114	61.35	437	1101	2554
	标准差	30	4.19	31	76	579
	变异系数	26%	8%	7%	7%	23%

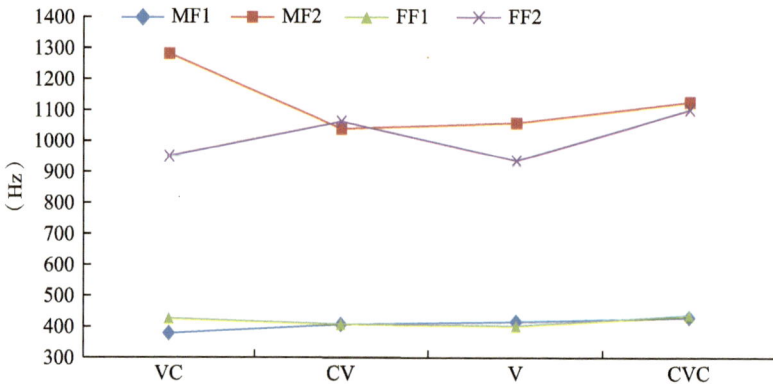

图 2.69 不同音节类型中出现的［u］元音第一共振峰（F1）比较（M&F）

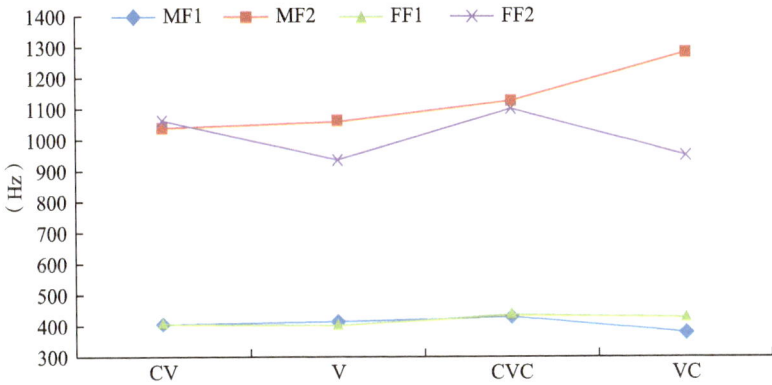

图 2.70 不同音节类型中出现的［u］元音第二共振峰（F2）比较（M&F）

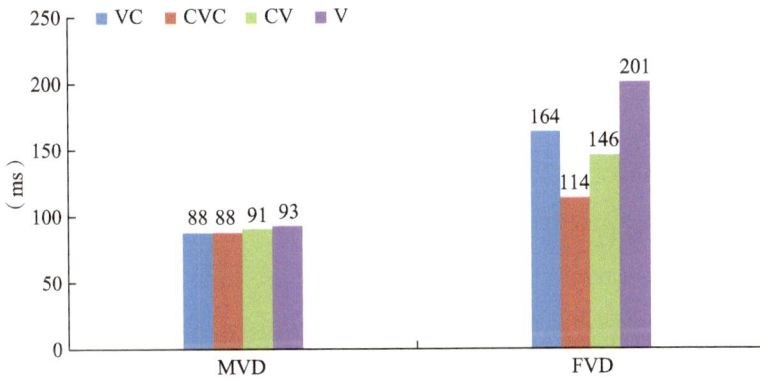

图 2.71 不同音节类型中出现的［u］元音音长（VD）比较（M&F）

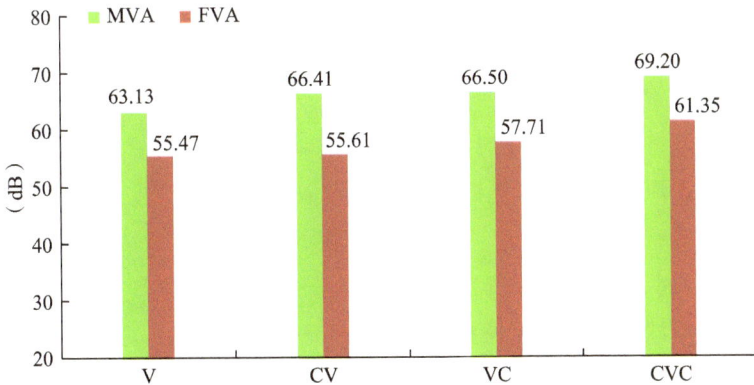

图 2.72 不同音节类型中出现的［u］元音音强（VA）比较（M&F）

我们对不同音节类型中出现的［u］元音 F1/F2、时长（VD）、音强

（VA）做了单因素方差检验，结果如表 2.53 所示。

表 2.53　检验结果

检验值　　　　　　　　不同音节	sig（显著性），P 值							
	M		F		M		F	
	F1	F2	F1	F2	VD	VA	VD	VA
V-VC	0.035	0.012	0.103	0.799	0.779	0.235	0.257	0.029
V-CV	0.956	0.994	0.574	0.000	0.983	0.000	0.000	0.000
V-CVC	0.967	0.142	0.002	0.000	0.778	0.000	0.000	0.000
VC-CV	0.033	0.011	0.144	0.014	0.780	0.416	0.541	0.136
VC-CVC	0.056	0.149	0.547	0.005	0.924	0.041	0.159	0.262
CV-CVC	0.942	0.120	0.001	0.233	0.774	0.011	0.129	0.765

* 均值差的显著性水平为 0.05。

2.4　元音声学参数与前置辅音音质之间的相关性分析

表 2.54 为不同前置辅音之后出现的或无前置辅音的词首音节［u］元音的声学参数统计。图 2.73~2.75 为出现在词首音节（包括单音节词）［f-，k-，kʰ-，m-，n-，s-，t-，tʰ-，tʂ-，tʂʰ，x-］等辅音（前置辅音）之后出现的［u］元音的音长、音强和目标位置第一至第三共振峰（F1、F2、F3）的前过渡段频率（TF1、TF2、TF3）的变化示意图。

表 2.54 和图 2.73~2.75 显示，前置辅音与元音参数具有一定的相关性，有一定的规律可循。表 2.54 与图 2.73 显示，前置辅音与元音音长一定的关系，前置辅音为鼻音［m-，n-］时元音音长相比其他辅音之后元音音长较长。前置辅音为舌面清塞音［k-，kʰ］时送气［kʰ］辅音之后元音音长相比不送气［k-］时的较短。前置辅音为清擦音［ʂ-，f-，x-］时［ʂ-］辅音之后元音音长相对较长。前置辅音为舌尖清塞［t-，tʰ］时不送气［t-］辅音之后元音音长相比送气［tʰ-］时的较长。前置辅音为舌尖后塞擦音［tʂ-，tʂʰ-］时不送气［tʂ-］辅音之后元音音长相比送气［tsʰ-］时的较短。有关这类问题有待进一步研究。

表 2.54 与图 2.74 显示，前置辅音音质与音强之间的相关性较小。表 2.54 和图 2.75 显示，元音受到前置辅音的影响前过渡段或目标元音均值会有一定的变化。前置辅音为清擦音［ʂ-，f-，x-，s-］与塞音（塞擦音）

[k-，kʰ-，t-，tʰ-tʂ-，tʂʰ] 时元音前过渡段 TF1、TF2、TF3 共振峰有明显的变化，共振峰参数稳定性很小。这说明清擦音、清塞音（塞擦音）为前置辅音时对 [u] 元音有一定的影响。前置辅音为鼻音 [m-，n-] 时共振峰比较稳。

表 2.54　词首音节不同辅音之后和无前置辅音音节中 [u]
元音声学参数比较（M&F）

辅音＼参数	VD	VA	TF1	TF2	TF3	F1	F2
f	44	65.5	668	1646	2764	401	1200
kʰ	48	66.91	693	1658	2735	400	1103
k	68	66	552	1241	2515	421	1025
n	149	65.85	353	1218	2405	373	1039
m	114	68.78	401	1282	2459	395	1027
p	77	64.64	610	1324	2506	436	1060
ʂ	114	64.2	766	1735	2719	347	1066
s	83	63.5	604	1550	2771	362	1138
tʰ	79	66.57	726	1571	2952	367	1060
t	97	66.5	510	1154	2530	411	1018
tʂ	107	66.14	633	1568	2694	415	1051
tʂʰ	125	67.66	484	1180	2536	396	1008
x	36	64.5	522	1789	2913	446	1042
—	93	63	419	1054	2441	415	1059
辅音＼参数	VD	VA	TF1	TF2	TF3	F1	F2
f	122	50.71	337	1285	3015	380	1169
kʰ	115	54	903	1954	3314	344	1156
k	140	54.81	455	1131	3130	429	1001
n	251	59.4	395	1265	2662	445	1044
m	163	56.83	377	1178	2298	406	1058
p	104	58	563	1632	2969	410	1085
ʂ	207	54	484	1330	2862	427	982
s	187	60.25	401	1693	3028	390	1106
tʰ	128	58.8	492	1826	3007	392	1056

续表

辅音 \ 参数	VD	VA	TF1	TF2	TF3	F1	F2
t	121	54	365	1610	2785	402	1251
tʂ	212	56	799	2069	3308	405	1108
tʂʰ	154	55	355	1480	3094	383	1080
x	90	54.5	502	1621	3128	409	1014
—	201	61.35	422	935	3122	402	936

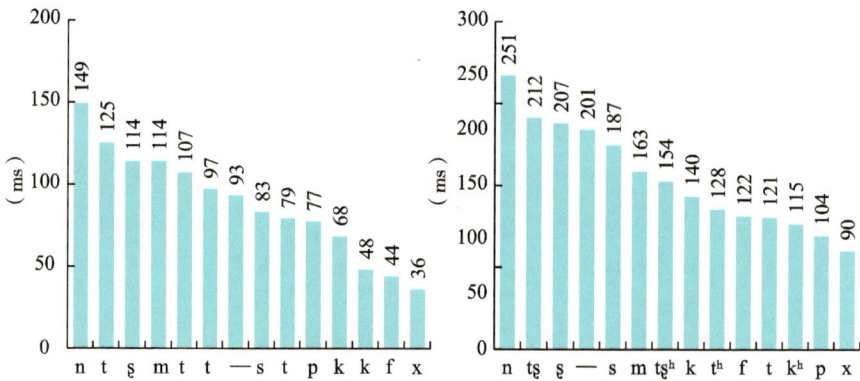

图 2.73　词首音节不同辅音之后和无前置辅音音节中出现的 [u]
元音音长比较（M&F）

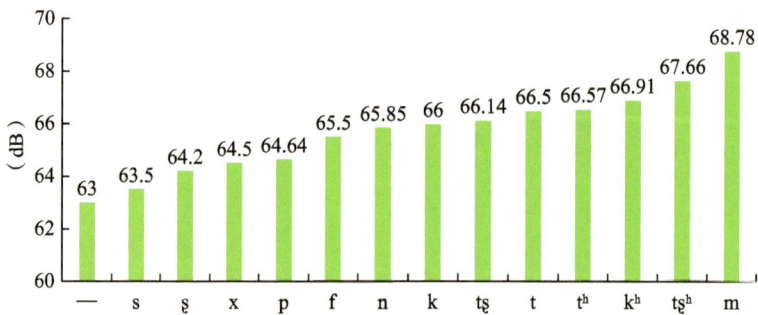

图 2.74-1　词首音节不同辅音之后和无前置辅音音节中出现的 [u]
元音音强比较（M）

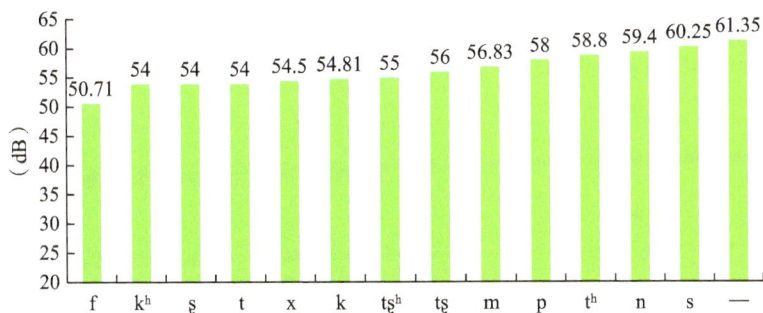

图 2.74-2　词首音节不同辅音之后和无前置辅音音节中出现的 ［u］

元音音强比较（F）

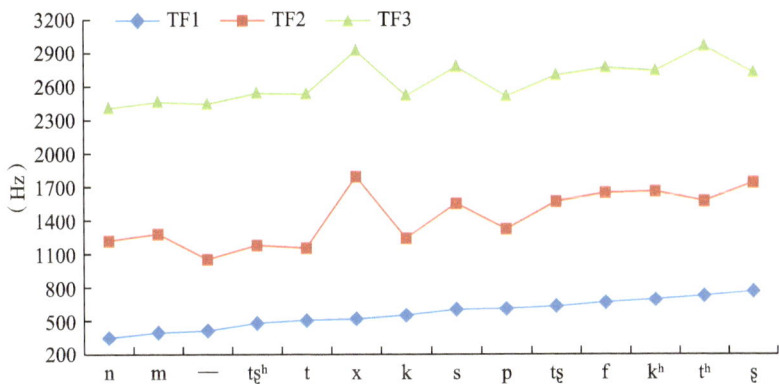

图 2.75-1　词首不同辅音之后出现的 ［u］元音三个共振峰前过渡段（TF1、

TF2、TF3）的变化示意（以 TF1 的上升为序排列）（M）

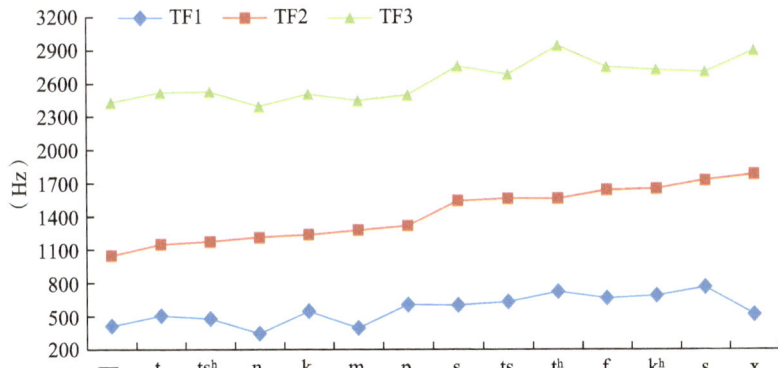

图 2.75-2　词首不同辅音之后出现的 ［u］元音三个共振峰前过渡段（TF1、

TF2、TF3）的变化示意（以 TF2 的上升为序排列）（M）

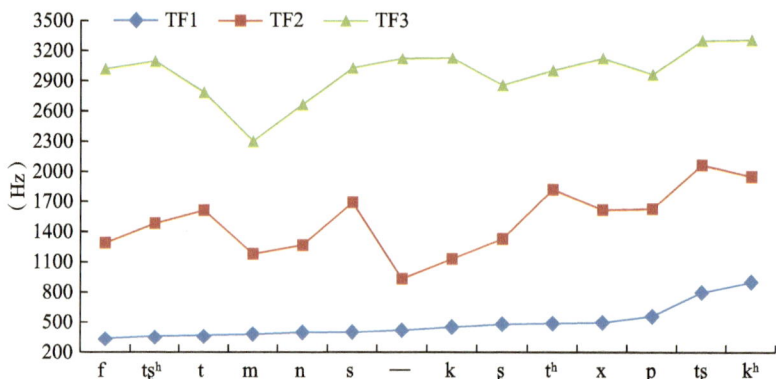

图 2.75-3 词首不同辅音之后出现的 [u] 元音三个共振峰前过渡段（TF1、TF2、TF3）的变化示意（以 TF1 的上升为序排列）（F）

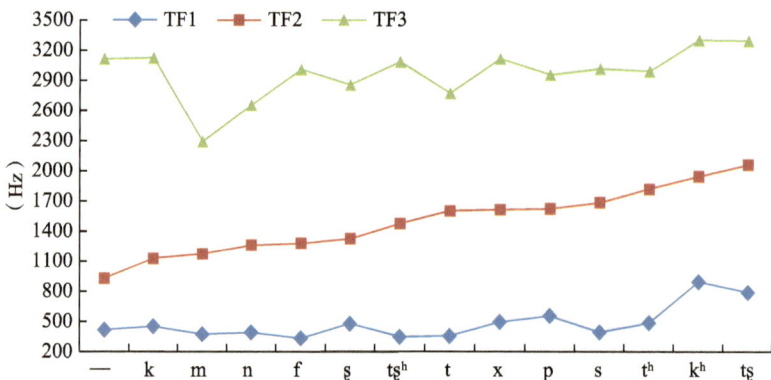

图 2.75-4 词首不同辅音之后出现的 [u] 元音三个共振峰前过渡段（TF1、TF2、TF3）的变化示意（以 TF2 的上升为序排列）（F）

（七）[ʊ]

1. 声学特征与音色

1.1 [ʊ] 元音三维语图和语音标注

图 2.76 为男发音人 tʰumɐ [tʰʊmɐ]"胡萝卜"一词的三维语图和三层标注实例。该图中 [ʊ] 元音目标位置 F1～F4 四个共振峰参数为 325Hz、1201Hz、2656Hz、4042Hz；VD（时长）为 64ms；VA（音强）为 63dB。该语图比较真实地显示了 [ʊ] 元音在实际语流中的存在形式。

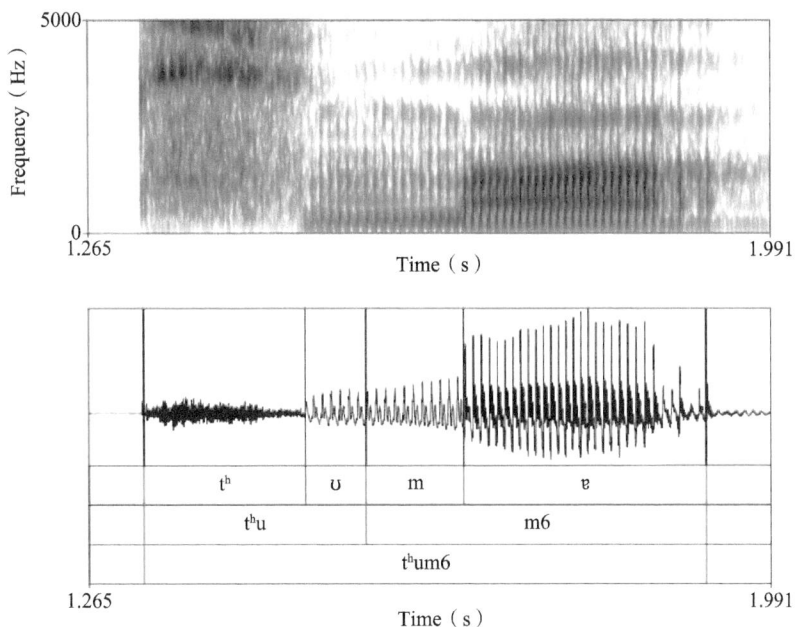

图 2.76　男发音人 tʰumɐ［tʰʊmɐ］"胡萝卜"一词的三维语图和三层标注实例

1.2　［ʊ］元音声学特征与声学参数

表 2.55 为［ʊ］元音参数总统计表。该统计表显示男、女发音人［ʊ］元音的平均时长、平均音强分别为 M = 71ms，F = 154ms；M = 67.33dB，F = 58.00dB。该元音 F1 和 F2 的频率均值分别为 M：F1 = 409Hz，F2 = 1231Hz；F：F2 = 454Hz，F2 = 1209Hz。图 2.77 为男、女发音人词首音节［ʊ］元音在声学元音图中的位置及声学空间的分布模式。图中的国际音标位置为平均值点，勾勒出的范围和形状为［ʊ］元音音位变体及其分布模式。图 2.77 还显示了［ʊ］元音在声学空间中分布范围为：F1 = 309 ~ 534Hz，F2 = 1033 ~ 1466Hz（M）；F1 = 336 ~ 529Hz，F2 = 1043 ~ 1466Hz（F）。

我们认为该元音为次高、后、圆唇音，用国际音标［ʊ］来标记接近其实际音质。

表 2.55　［ʊ］元音声学参数统计

参数 \ 发音人	M					F				
	VD	VA	F1	F2	F3	VD	VA	F1	F2	F3
均值	71	67.33	409	1231	2253	154	58.00	454	1209	3043

续表

发音人	M					F				
参数	VD	VA	F1	F2	F3	VD	VA	F1	F2	F3
标准差	20	3.07	52	130	402	74	4.50	61	145	272
变异系数	28%	5%	13%	11%	18%	48%	8%	13%	12%	9%

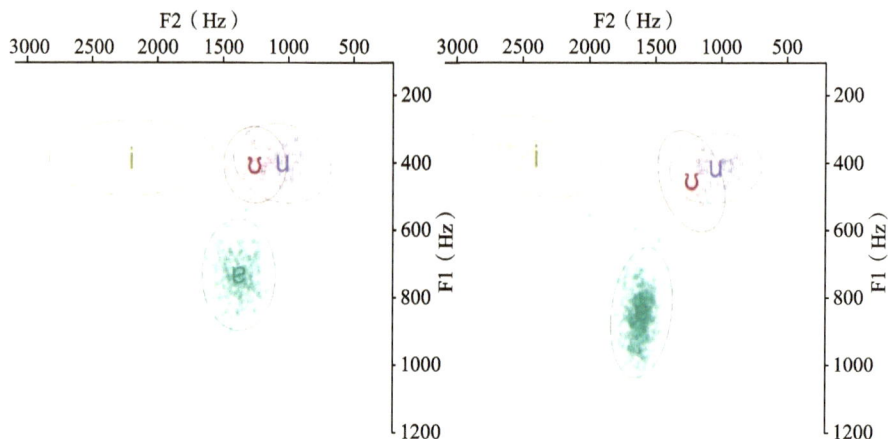

图 2.77　词首音节［ʊ］元音在声学元音图中的位置及其声学空间中的分布模式（M&F）

2. 语流中的音变特征

2.1　目标位置共振峰频率与其前、后过渡段共振峰频率参数之间的显著性差异分析

图 2.78 为词首音节［ʊ］元音目标位置共振峰（F1/F2）及其前、后过渡段共振峰（TF1、TF2/TP1、TP2）比较图。从图 2.78 可以看出，与目标位置［ʊ］元音共振峰频率相比，前、后过渡点共振峰频率有一定的变化。其中，后过渡段共振峰均值均有前移与上升现象，其中后过渡段频率离散度较小比前过渡段较为稳定。相比之下前过渡段离散度较大，稳定度较小。后过渡段变化大于前过渡段。

从表 2.56 中 P 值来看，（1）男发音人的 F1 上看有显著性差异，女发音人的 F1 上看没有显著性差异。（2）男发音人的 F2 上目标元音与前、后过渡段元音没有显著性差异，前过渡段与后过渡段之间有显著性差异。女发音人的目标元音—前过渡段之间 F1 上没有显著性差异，其他类型中有显著性差异。

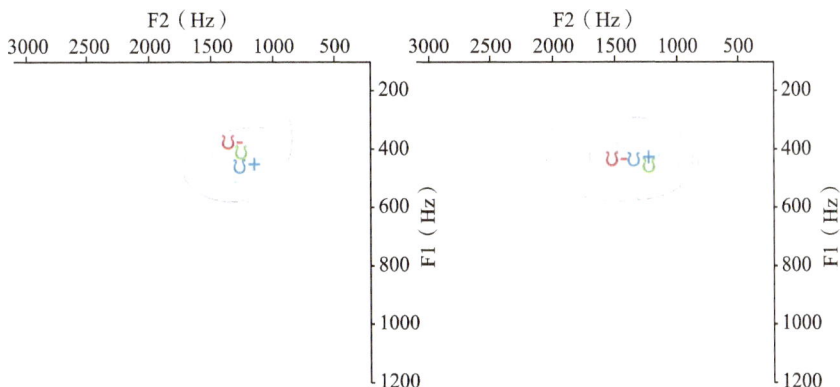

图 2.78　词首音节［ʊ］元音目标位置共振峰（F1、F2）及其前、后过渡段共振峰（TF1、TF2/TP1、TP2）比较（M&F）

我们对目标位置第一、第二共振峰 F1/F2 及其前过渡段（TF1、TF2）和后过渡段（TP1、TP2）共振峰之间做了单因素方差分析，结果如表 2.56 所示。

表 2.56　检验结果

检验样本	sig（显著性）			
	M		F	
	F1	F2	F1	F2
目标位置与前过渡段共振峰之间的显著性	0.003	0.256	0.122	0.251
目标位置与后过渡段共振峰之间的显著性	0.028	0.106	0.131	0.000
前过渡段共振峰与后过渡段共振峰之间的显著	0.000	0.007	0.945	0.000

*注：检验值

* P 值小于 0.05 存在显著差异；大于 0.05 差异不明显。

2.2　元音声学参数与音节数量之间的相关性分析

2.2.1　［ʊ］元音在单音节和多音节词中的出现频率统计

表 2.57 为［ʊ］元音在单音节、双音节、三音节、多音节词中出现的频率统计表。该表显示，［ʊ］元音在双音节词中的出现频率较高，约占所有出现次数的 31%（M）、31%（F），元音在三音节词中的出现频率最高，约占所有出现次数的 39%（M）、42%（F）。

2.2.2　［ʊ］元音声学参数与音节数量之间的相关性分析

下面探讨［ʊ］元音音长、音强和共振峰参数均值与其所出现的词的音节数量之间的相关性问题。表 2.58 为在单、双、三、多音节词中出现的

［ʊ］元音的音长（VD）、音强（VA）、共振峰目标值（F）统计表，图2.79~2.81 单、双、三、多音节词中出现的 ［ʊ］元音第一和第二共振峰（F1/F2）、音长和音强均值比较图。

表 2.58 与图 2.79~2.81 为出现在不同音节词中 ［ʊ］元音音长（VD）、音强（VA）、共振峰统计。从表 2.58 中的参数可以看出，音节数量与元音音长、音强有一定的相关性。如：［ʊ］元音音长随着音节数量增加而相对缩短，而其音强随着音节数量的增加而相对变弱；从表 2.58 和图 2.79 可以看出，音节数量与共振峰频率变化没有规律，相关性不大，有待进一步研究。例如：

M:195ms→79ms→56ms→51ms;M:74.50dB→67dB→66.57dB→66.12dB

F:230ms→178ms→89ms→80ms;F:61.00dB→58.64dB→57.66dB→55dB

表 2.57　不同音节中出现的 ［ʊ］元音出现频率统计

	单音节词		双音节词		三音节词		多音节词		共计	
发音人	M	F	M	F	M	F	M	F	M	F
出现次数	5	5	17	14	21	19	10	7	54	45
百分比	9%	11%	31%	31%	39%	42%	19%	16%	100%	100%

表 2.58　出现在不同音节词中出现的 ［ʊ］元音音长（VD）、音强（VA）、共振峰统计

发音人		M					F				
参数		VD	VA	F1	F2	F3	VD	VA	F1	F2	F3
单音节词	平均值	195	74.50	385	1109	2646	230	61.00	460	1111	3088
	标准差	71	2.12	11	66	68	33	9.00	68	57	174
	变异系数	36%	3%	3%	6%	3%	14%	15%	15%	5%	6%
双音节词	平均值	79	67	410	1249	2081	178	58.64	454	1198	3172
	标准差	34	3	36	133	448	55	4.38	59	105	113
	变异系数	43%	4%	9%	11%	22%	31%	7%	13%	9%	4%
三音节词	平均值	56	66.57	413	1260	2345	89	57.66	446	1257	2853
	标准差	12	2	53	95	255	42	5	56	103	370
	变异系数	21%	3%	13%	8%	11%	47%	9%	13%	8%	13%
多音节词	平均值	51	66.12	395	1233	2149	80	55	446	1219	3032
	标准差	15	3	72	114	607	30	2	40	100	231
	变异系数	29%	4%	18%	9%	28%	38%	4%	9%	8%	8%

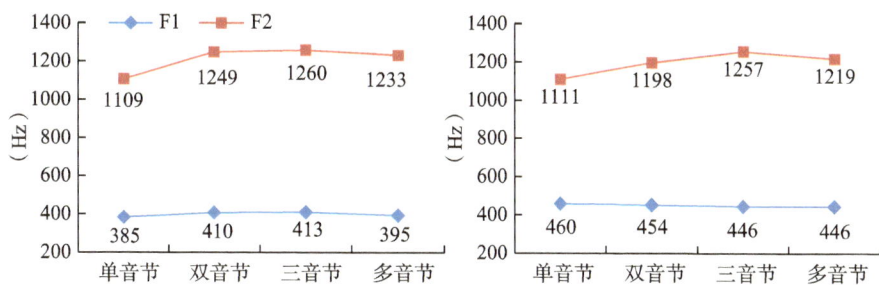

图 2.79　音节数量与共振峰之间关系示意（M&F）

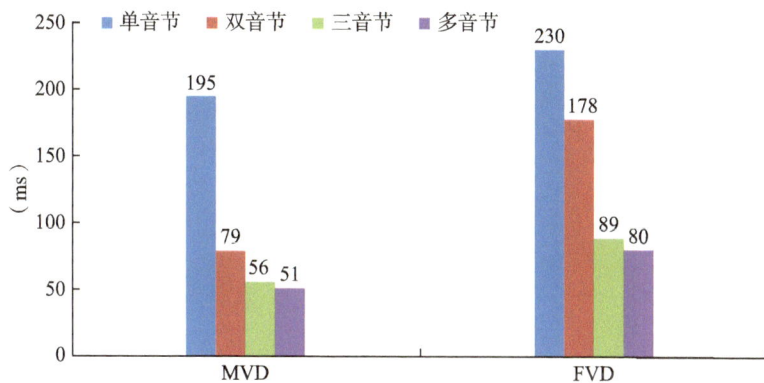

图 2.80　音节数量与音长之间关系示意（M&F）

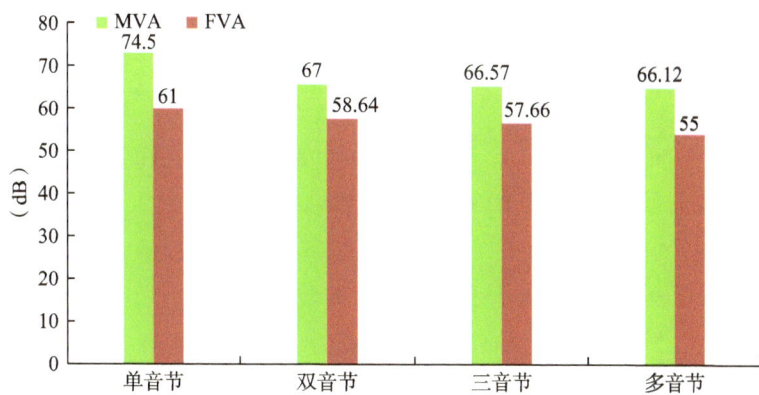

图 2.81　音节数量与音强之间关系示意（M&F）

2.3 元音声学参数与音节类型之间的相关性分析

2.3.1 ［ʊ］元音在不同音节类型中的出现频率统计

表 2.59 为［ʊ］元音在不同音节类型中的出现比例统计表。从表 2.59 中可以看出，［ʊ］元音在 CVC 音节类型中出现频率高，出现 21 次，39%（M）；18 次，40%（F）；其次为 CV 音节类型中出现的频率相对较高，19 次，35%（M）；17 次，38%（F）。出现最少为 VC 音节类型。可以说，［ʊ］元音在东乡语 V 和 CV 音节中的出现频率较高。这是语言音节类型学的一种特点。

表 2.59　不同音节类型中出现的 ［ʊ］ 元音的频率统计

发音人	音节类型	V	VC	CV	CVC	共计
M	出现次数	9	5	19	21	54
	百分比	17%	9%	35%	39%	100%
F	出现次数	5	5	17	18	43
	百分比	11%	11%	38%	40%	100%

2.3.2 ［ʊ］元音声学参数与音节类型之间的相关性分析

表 2.60 为出现在不同音节类型中［ʊ］元音声学参数统计表。从 2.60 中可以看出，［ʊ］元音出现在 V 音节类型时音长（VD）相对较长，出现在 VC 音节类型时音长相对较短。例如：V = 76ms（M）、168ms（F）；VC = 68ms、130ms。［ʊ］元音出现在 V 节类型时音强（VA）最弱，例如：V = 63.50dB（M）、56.54dB（F）；出现在 CVC 音节类型时音强（VA）最强，例如：CVC = 68.37dB（M）、57dB（F）（这可能与发音人发音习惯有关系，有待进一步研究）。［ʊ］元音共振峰参数与音节类型之间相关性较小，几乎没有相关性。出现在 CVC 音节类型中时开口度最大，例如：445Hz（M）、441Hz（F）。从［ʊ］元音在各类音节类型中共振峰频率的标准差与变异系数来看较为稳定，差异相比其他元音较小。

另外，图 2.82~2.83 为不同音节类型中［ʊ］元音第一、第二共振峰（F1/F2）比较图。从图 2.82~2.83 中可以看出，在不同音节类型中［ʊ］元音开口度与舌位前后排序模式，开口度从大到小排序为 M：VC（457Hz）＞V（445Hz）＞CV（411Hz）＞CVC（399Hz）；F：CV（433Hz）＞VC（435Hz）＞CV（441Hz）＞V（441Hz）。舌位前后从后到前排序为 M：V→CVC→CV→

VC；F：CVC→V→VC→CV。

图 2.84 为不同音节类型中 ［ʊ］ 元音音长（VD）比较图。从图 2.84 中可以明显看出，［ʊ］ 元音在不同音节类型中的音长从短到长排序为：V（76ms）= CVC（75ms）>VC（91dB）>CV（61ms）（M），V（168ms）>CV（141）>CVC（140ms）>VC（130ms）（F）。

图 2.85 为不同音节类型中 ［ʊ］ 元音音强（VA）比较图。从图 2.85 中可以看出，［ʊ］ 元音在不同音节类型中的音强，从强到弱排序为 CVC（68.37dB）>VC（66.67dB）>CV（63.83dB）>V（63.50dB）（M），VC（57.71dB）>CV（57.02dB）>CVC（57dB）>V（56.54dB）（F）。

表 2.60-1　不同音节类型中出现的 ［ʊ］ 元音声学参数统计（M）

音节类型	参数	VD	VA	F1	F2	F3
V	平均值	76	63.50	445	1214	2433
	标准差	41	2.93	40	88	431
	变异系数	54%	5%	9%	7%	18%
VC	平均值	68	66.67	457	1295	2189
	标准差	3	1.53	40	30	130
	变异系数	4%	2%	9%	2%	6%
CV	平均值	61	63.83	411	1238	2356
	标准差	20	1.94	40	115	395
	变异系数	33%	3%	10%	9%	17%
CVC	平均值	75	68.37	399	1236	2233
	标准差	46	3	29	118	435
	变异系数	61%	4%	7%	10%	19%

表 2.60-2　不同音节类型中出现的 ［ʊ］ 元音声学参数统计（F）

音节类型	参数	VD	VA	F1	F2	F3
V	平均值	168	56.54	441	936	3096
	标准差	50	3	41	70	284
	变异系数	30%	5%	9%	7%	9%
VC	平均值	130	57.71	435	950	2291
	标准差	30	5	52	110	280
	变异系数	23%	9%	12%	12%	12%

续表

音节类型	参数	VD	VA	F1	F2	F3
CV	平均值	141	57.02	433	1253	3024
	标准差	30	4.67	57	134	259
	变异系数	21%	8%	13%	11%	9%
CVC	平均值	140	57	441	1213	2803
	标准差	60	5	56	38	745
	变异系数	43%	9%	13%	3%	27%

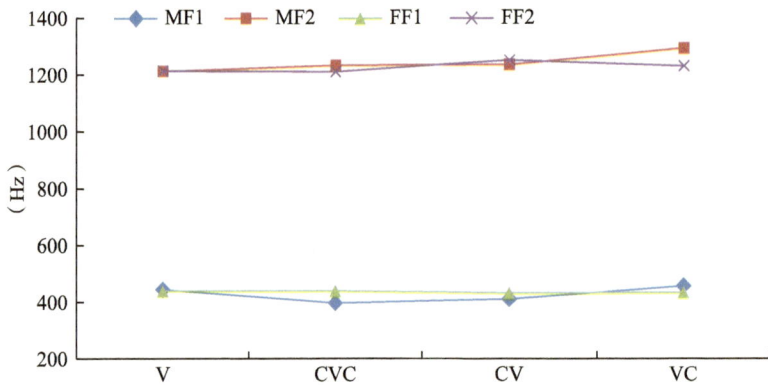

图 2.82　不同音节类型中出现的 ［ʊ］ 元音第一共振峰 （F1） 比较 （M&F）

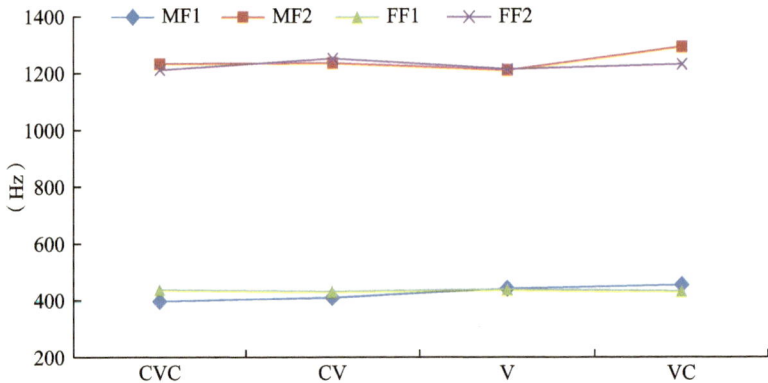

图 2.83　不同音节类型中出现的 ［ʊ］ 元音第二共振峰 （F2） 比较 （M&F）

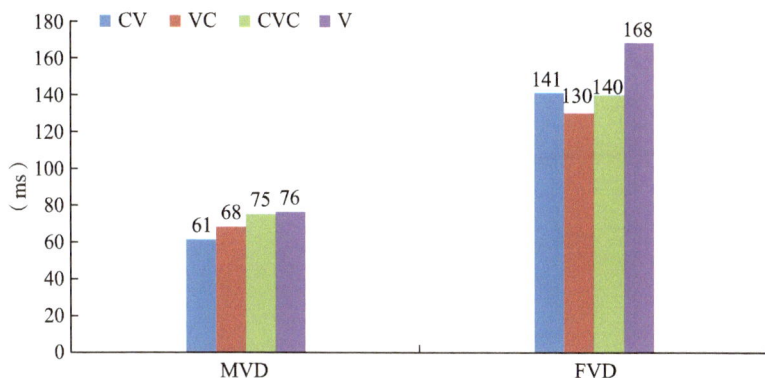

图 2.84　不同音节类型中出现的［ʊ］元音音长（VD）比较（M&F）

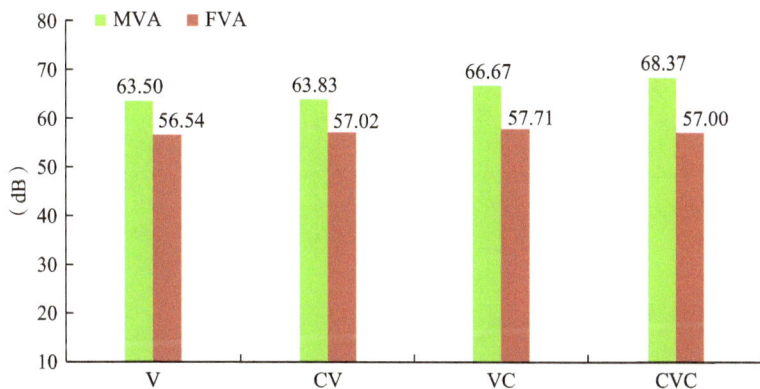

图 2.85　不同音节类型中出现的［ʊ］元音音强（VA）比较（M&F）

2.4　元音声学参数与前置辅音音质之间的相关性分析

表 2.61 在不同前置辅音之后出现的或无前置辅音的词首音节［ʊ］元音的声学参数统计表。图 2.86～2.88 为出现在词首音节（包括单音节词）［k-，kʰ-，m-，n-，s-，t-，tʰ-，tʂ-］等辅音（前置辅音）之后出现的［ʊ］元音的音长、音强和目标位置第一至第三共振峰（F1、F2、F3）的前过渡段频率（TF1、TF2、TF3）的变化示意图。

表 2.61 和图 2.86～2.88 显示，前置辅音与元音参数具有一定的相关性，有一定的规律可循。表 2.61 和图 2.86 显示，前置辅音与元音音长一定的关系，前置辅音为鼻音［m-，n-］时元音音长比其他辅音之后元音音长相对较长。前置辅音为舌面清塞音［k-，kʰ-］时送气［kʰ-］辅音之后元音音长比不送气［k-］时的相对较长。前置辅音为舌尖清塞［t-，tʰ-］时

不送气［t-］辅音之后元音音长比送气［tʰ-］时的相对较长。

表 2.61　词首音节不同辅音之后和无前置辅音音节中［ʊ］
元音声学参数比较（M&F）

辅音 \ 参数	VD	VA	TF1	TF2	TF3	F1	F2
kʰ	104	71	482	1434	2838	375	1299
k	80	67.5	443	1259	2271	413	1177
n	153	62	374	1306	2983	450	1201
m	166	63.21	402	1291	1812	421	1198
p	38	65.33	504	1188	2332	443	1191
s	65	65.66	419	1317	2297	375	1271
tʰ	57	64.5	486	1512	2828	406	1254
t	61	68.4	449	1264	2239	402	1254
tʂ	52	68.33	415	1156	2238	377	1252
—	76	63.5	407	1153	2377	445	1214
辅音 \ 参数	VD	VA	TF1	TF2	TF3	F1	F2
kʰ	134	52	401	1165	3026	394	1057
k	59	51	466	1546	3223	400	1244
n	120	58	417	1353	2108	502	1258
m	189	58.4	428	1194	2167	466	1207
p	186	63	386	1011	2911	367	1063
s	130	59	316	1479	3147	432	1235
tʰ	159	55	510	1697	3412	447	1230
t	104	54.8	351	1574	2973	412	1286
tʂ	146	61	362	1516	2925	482	1231
—	156	58.24	415	1241	2941	448	1222

表 2.61 和图 2.87 显示，前置辅音音质与音强之间的相关性较小。前置辅音为舌尖清塞音［t-，tʰ-］时送气清塞音音强相对较长。前置辅音为舌面清塞音［k-，kʰ-］时送气清塞音音强相对较强。表 2.61 和图 2.88 显示，元音受到前置辅音的影响，前过渡段或目标元音均值会有一定的变化。前置辅音为清塞音［t-，tʰ-］时，［t-］辅音之后元音前过渡段 TF1、TF2、TF3 共振峰变化大于［tʰ-］。

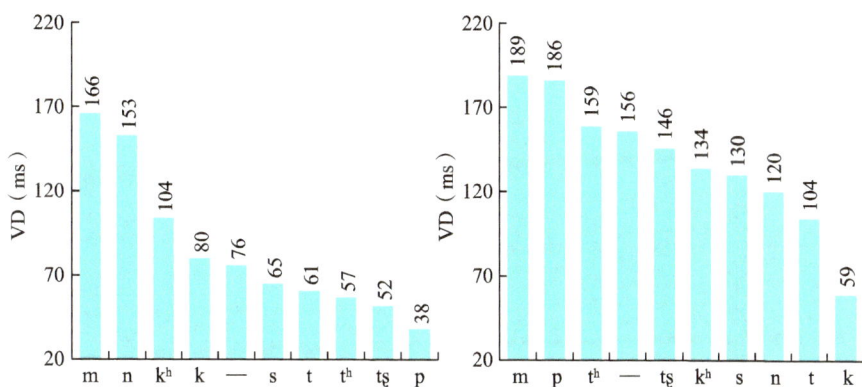

图 2.86 词首音节不同辅音之后和无前置辅音音节中 [ʊ] 元音音长比较 (M&F)

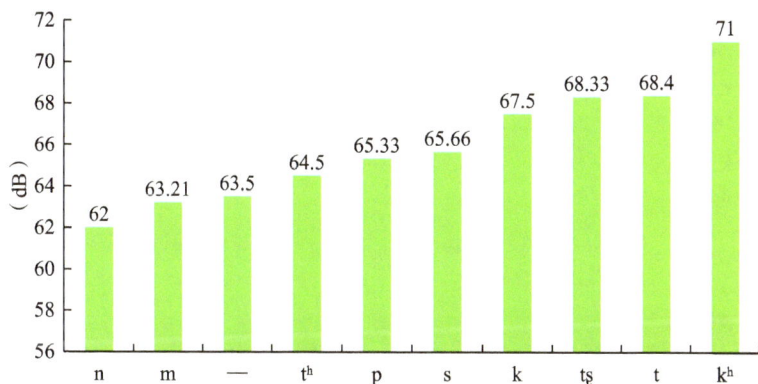

图 2.87-1 词首音节不同辅音之后和无前置辅音音节中 [ʊ] 元音音强比较 (M)

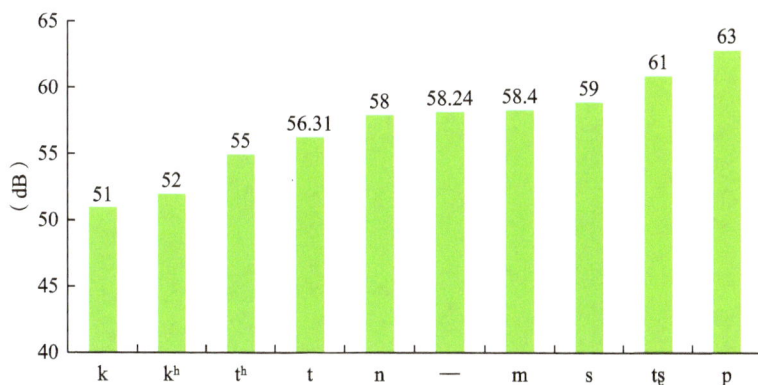

图 2.87-2 词首音节不同辅音之后和无前置辅音音节中 [ʊ] 元音音强比较 (F)

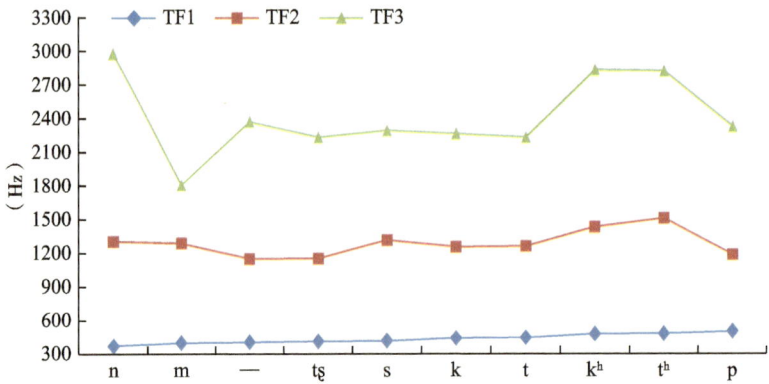

图 2.88-1　词首不同辅音之后的［ʊ］元音三个共振峰前过渡段（TF1、TF2、TF3）的变化示意（以 TF1 的上升为序排列）（M）

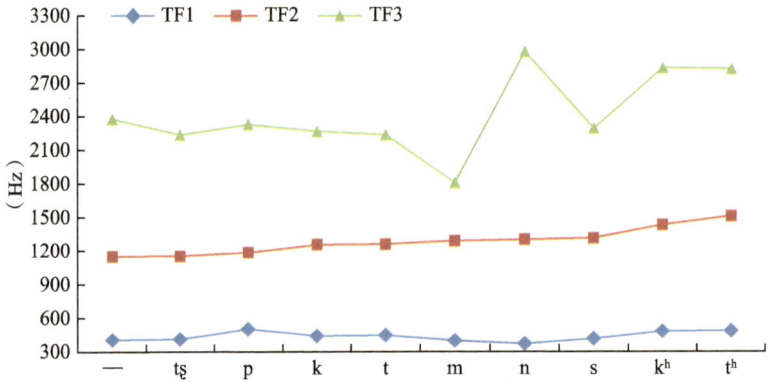

图 2.88-2　词首不同辅音之后的［ʊ］元音三个共振峰前过渡段（TF1、TF2、TF3）的变化示意（以 TF2 的上升为序排列）（M）

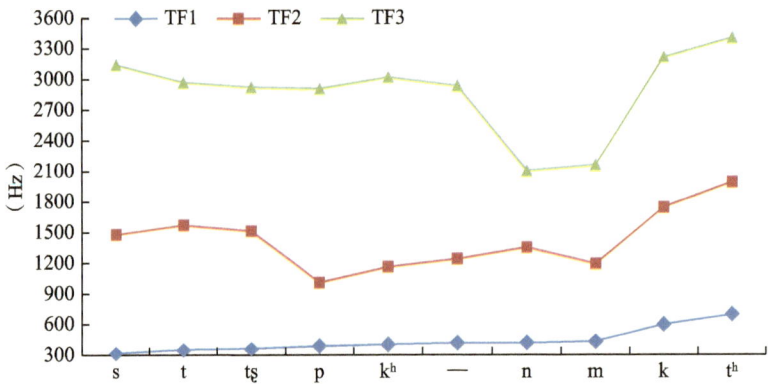

图 2.88-3　词首不同辅音之后的［ʊ］元音三个共振峰前过渡段（TF1、TF2、TF3）的变化示意（以 TF1 的上升为序排列）（F）

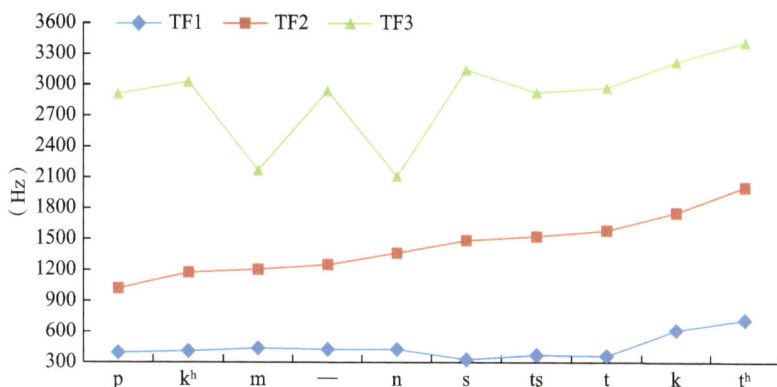

图 2.88-4　词首不同辅音之后的〔ʊ〕元音三个共振峰前过渡段（TF1、TF2、TF3）的变化示意（以 TF2 的上升为序排列）（F）

（八）〔e〕

1. 声学特征与音色

以下是有关〔e〕元音传统语音学描写：刘照雄（1981）认为："东乡语 ə 元音为，央展唇元音。词首或与〔i〕结合成〔ie〕复合元音时读作〔e〕；在词中和词末以单元音出现时读作〔ə〕。例如：〔erə〕男性。"布和（1987）认为："东乡语 ə 元音为，中、央、展唇音。词首或在辅音〔f〕和〔j〕后面预计同元音 i 结合为复合元音时读作〔e〕；在〔ŋ〕前面或者同元音〔u〕结合为复合元音时读作〔ɣ〕。其他时候读作〔ə〕。例如：〔erə〕男性、〔ɐmɣŋ〕糜子。"阿·伊布拉黑麦（1988）认为："东乡语〔ə〕元音，中、央、展唇元音。在 i 和 j 后面读作〔e〕，在复合元音 əi 中读作〔ə〕，在词首读作〔ə〕，在辅音后读作〔ə〕，在鼻化时读作〔ə〕。例如：〔jeje〕爷爷，〔beilie〕背。"

1.1　〔e〕元音三维语图和语音标注

图 2.89 为男发音人 metuŋ〔metuŋ〕"裤子"一词的三维语图和三层标注实例。该图中的词首音节〔e〕元音的时长、平均音强分别为 141ms、70dB。该图上〔e〕元音目标位置 F1～F4 四个共振峰参数为：582Hz、1935Hz、2799Hz、4007Hz。该语图比较真实地显示了〔e〕元音在实际语流中的存在形式。

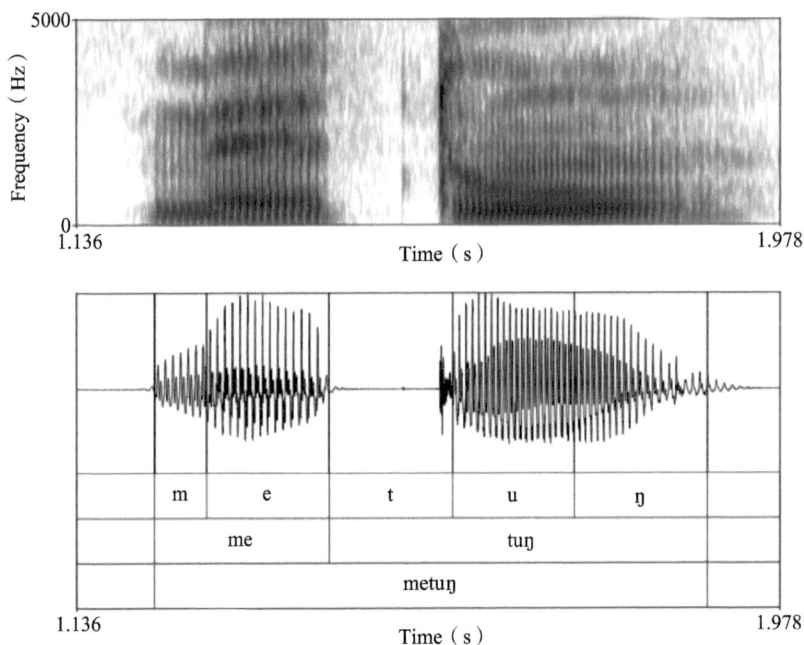

图 2.89　男发音人 metuŋ［metuŋ］"**裤子**"一词的三维语图和三层标注实例

1.2　［e］元音声学特征与声学参数

表 2.62 为［e］元音参数总统计表。该统计表显示男、女发音人［e］元音的平均时长、平均音强分别为 M = 93ms，F = 183ms；M = 68.8dB，F = 57.30dB。该元音 F1 和 F2 的频率均值分别为 M：F1 = 506Hz，F2 = 1960Hz；F：F1 = 528Hz，F2 = 2057Hz。图 2.90 为男、女发音人词首音节［e］元音在声学元音图中的位置及其声学空间中的分布模式。图 2.90 还显示了［e］元音在声学空间中分布范围为：F1 = 362~616Hz，F2 = 1792~2264Hz（M）；F1 = 353~638Hz，F2 = 1872~2268Hz（F）。

我们认为该元音是半高、前、展唇音，用国际音标［e］来标记接近其实际音质。男发音人［e］元音在声学空间中分布比较扩散，但总体呈现出高、低扩展模式。

表 2.62　［e］元音声学参数统计

统计项＼参数	M					F				
	VD	VA	F1	F2	F3	VD	VA	F1	F2	F3
均值	93	68.8	489	1960	2777	183	57.30	487	2020	3195

续表

参数 统计项	M					F				
	VD	VA	F1	F2	F3	VD	VA	F1	F2	F3
标准差	46	2.66	67	243	272	71	4.22	74	115	142
变异系数	49%	4%	14%	12%	10%	39%	7%	14%	6%	4%

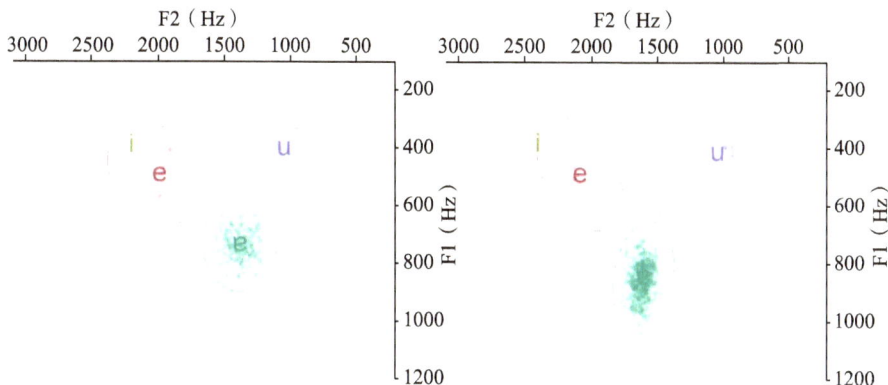

图 2.90　词首音节［e］元音在声学元音图中的位置及其声学
空间中的分布模式（M&F）

2. 语流中的音变特征

2.1　目标位置共振峰频率与其前、后过渡段共振峰频率参数之间的显著性差异分析

图 2.91 为［e］元音目标位置第一、第二共振峰（F1/F2）及其前过渡段 TF1/TF2 和后过渡段 TP1/TP2 共振峰比较图。从图 2.90（左图为 M、右图为 F）可以看出，与目标共振峰频率相比，［e］元音前、后过渡段共振峰频率都有一定的变化，前、后过渡段频率 TF1、TP1 有稍微上升的趋势，TF2、TP2 变化不太明显（前过渡段与后过渡段相比变化不大，几乎在重叠位置）。男发音人前、后过渡段有"央化"趋势，女发音人不太明显。

我们对目标位置第一、第二共振峰 F1/F2 及其前过渡 TF1/TF2 和后过渡 TP1/TP2 共振峰之间做了单因素方差分析，结果如表 2.63 所示。

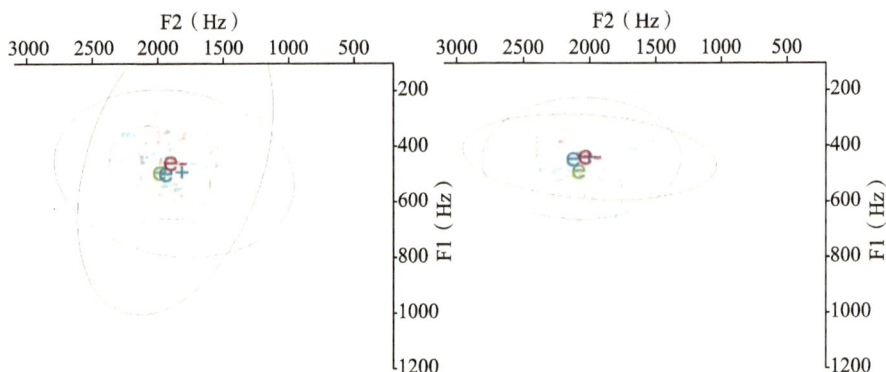

图 2.91 ［e］元音目标位置共振峰（F1/F2）及其前、后过渡段共振峰
（TF1、TF2/TP1、TP2）比较（M&F）

表 2.63 检验结果

检验值 检验样本	sig（显著性）			
	M		F	
	F1	F2	F1	F2
目标位置与前过渡段共振峰之间的显著性	0.936	0.033	0.012	0.826
目标位置与后过渡段共振峰之间的显著性	0.197	0.022	0.012	0.212
前过渡段共振峰与后过渡段共振峰之间的显著性	0.171	0.864	0.955	0.297

* P 值小于 0.05 存在显著差异；大于 0.05 差异不明显。

从检验结果来看，（1）男发音人的 F1 上没有显著性差异，女发音人的 F1 上目标元音—前、后过渡段之间有显著性差异。（2）男发音人的 F2 上目标元音与前、后过渡段元音有显著性差异，前、后过渡段之间没有显著性差异。女发音人均没有显著性差异。

2.2 元音声学参数与音节数量之间的相关性分析

2.2.1 ［e］元音在单音节和多音节词中的出现频率统计

表 2.64 为［e］元音在单音节、双音节、三音节、多音节词中出现的频率统计表。表 2.64 显示，［e］元音出现次数不是很多，在统一平台中一共出现了 62 次（M）和 44 次（F）。［e］元音在双音节词中的出现频率较高，约占所有出现次数的 50%（M）、45%（F），在三音节词中出现的频率仅次于双音节词，约占所有出现次数的 31%（M）、41%（F）。

2.2.2 ［e］元音声学参数与音节数量之间的相关性分析

下面探讨［e］元音音长、音强和共振峰参数均值与其所出现词的音节数量之间的相关性问题。表 2.65 为在单、双、三和多音节词中出现的［e］元音音长（VD）、音强（VA）、共振峰目标值（F）统计表，图 2.92 为出现在单音节词、双音节词和三音节词中的［e］元音目标位置共振峰均值的声学语图，表 2.65 为［e］元音音长及其目标位置第一、第二共振峰（F1/F2）的均值与其所出现的不同音节数量词之间的相关性分析表，即 P 值分析表。

表 2.65 和图 2.92~2.94 为出现在不同音节词中［e］元音音长（VD）、音强（VA）、共振峰统计表。从表 2.64 中的参数可以看出，音节数量与元音音长、音强有一定的相关性。如：［e］元音音长随着音节数量增加而相对缩短，其音强随着音节数量的增加而变得相对变弱；从表 2.65 和图 2.92 可以看出，音节数量与共振峰频率变化没有规律，相关性不大，有待进一步研究。例如：

M：126ms→112ms→78ms→69ms；M：72.60dB→69.12dB→68.89dB→68.14dB

F：171ms→170ms→88ms→75ms；F：60.12dB→59.17dB→59.27dB→59dB

表 2.64　不同音节中［e］元音出现频率统计

发音人	单音节词		双音节词		三音节词		多音节词		共计	
	M	F	M	F	M	F	M	F	M	F
出现次数	5	2	31	20	19	18	7	4	62	44
百分比	8%	5%	50%	45%	31%	41%	11%	9%	100%	100%

表 2.65　出现在不同音节词中［e］元音音长（VD）、音强（VA）、共振峰统计

发音人 参数		M					F				
		VD	VA	F1	F2	F3	VD	VA	F1	F2	F3
单音节词	平均值	126	72.60	510	1941	2599	171	60.12	496	1955	3030
	标准差	33	3.13	96	52	325	34	4.95	105	388	163
	变异系数	26%	4%	19%	3%	12%	20%	8%	21%	20%	5%
双音节词	平均值	112	69.12	490	1986	2807	170	59.17	479	2130	3127
	标准差	46	2.21	68	255	205	73	4.97	82	132	73
	变异系数	41%	3%	14%	13%	7%	43%	8%	17%	6%	2%
三音节词	平均值	78	68.89	497	1942	2765	88	59.27	494	1942	3004
	标准差	24	2.41	52	242	377	42	4.30	70	329	356
	变异系数	39%	3%	11%	12%	14%	48%	7%	14%	17%	12%

续表

发音人		M					F				
参数		VD	VA	F1	F2	F3	VD	VA	F1	F2	F3
多音节词	平均值	69	68.14	449	1914	2809	75	59	456	1952	3010
	标准差	23	2.97	74	303	108	21	3	20	105	225
	变异系数	33%	4%	16%	16%	4%	28%	5%	4%	5%	7%

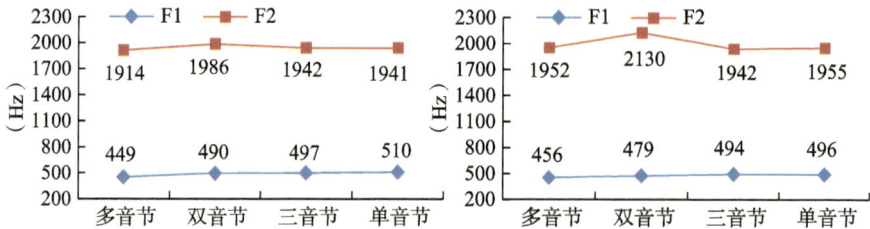

图 2.92 音节数量与共振峰之间关系示意（M&F）

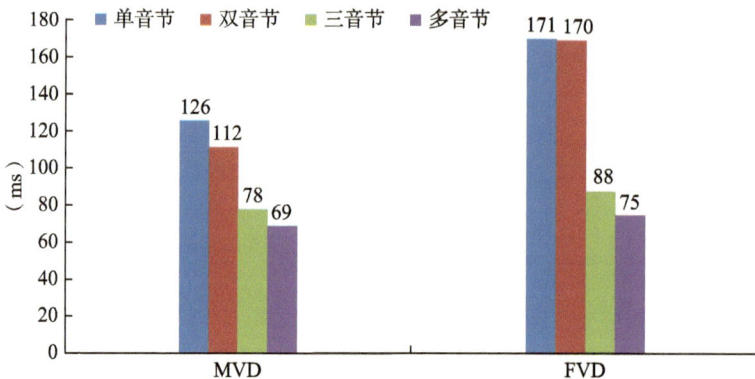

图 2.93 音节数量与音长之间关系示意（M&F）

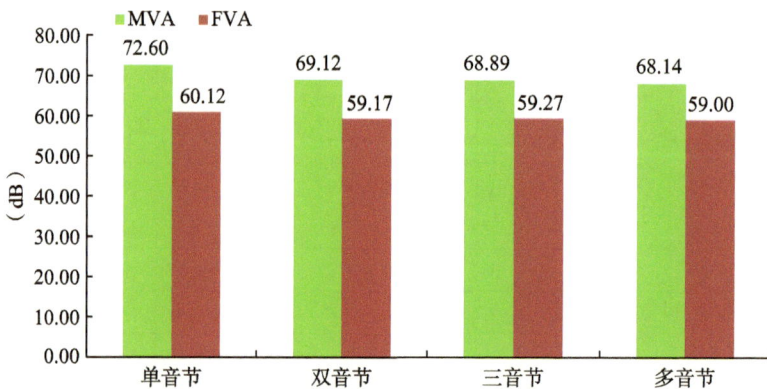

图 2.94 音节数量与音强之间关系示意（M&F）

我们对不同音节词中出现的［e］元音 F1/F2、时长（VD）、音强（VA）做了单因素方差分析结果，如表 2.66 所示。

表 2.66　检验结果

检验值 不同音节	sig（显著性），P 值							
	M		F		M		F	
	F1	F2	F1	F2	VD	VA	VD	VA
单音节词—双音节词	0.141	0.249	0.586	0.395	0.010	0.025	0.752	0.179
单音节词—三音节词	0.330	0.726	0.309	0.896	0.001	0.094	0.000	0.977
单音节词—多音节词	0.084	0.399	0.777	0.838	0.000	0.253	0.076	0.051
双音节词—三音节词	0.355	0.010	0.454	0.114	0.166	0.270	0.000	0.034
双音节词—多音节词	0.441	0.943	0.980	0.450	0.000	0.415	0.077	0.182
三音节词—多音节词	0.192	0.150	0.754	0.883	0.000	0.845	0.106	0.032

我们从检验结果来看，从共振峰上看，男、女发音人表现出相同的规律，不同音节词中［e］元音 F1/F2 之间差异性不明显（除了双音节—三音节之间 F2 有差异性）。

从元音时长看，男发音人元音时长有比较明显的差异性（除了双音节词—三音节词之外）。女发音人元音时长除了单音节词—三音节词、双音音节词有显著性差异，其他均没有显著性差异。

从元音音强上看，男、女发音人出现相同规律，均没有显著性差异（除男发音人单音节词—双音节词之外）。

2.3　元音声学参数与音节类型之间的相关性分析

2.3.1　［e］元音在不同音节类型中的出现频率统计

表 2.67 为［e］元音在不同音节类型中的出现比例统计表。从表 2.67中可以看出，［e］元音在 CV 节类型中出现频率高，出现 47 次，76%（M）；38 次，86%（F）。其次为在 CVC 音节类型中出现的频率相对较高，15 次，24%（M）；6 次，14%（F）。可以说，［e］元音在东乡语 V 和 CV音节中的出现频率较高。这是语言音节类型学的一种特点。

表 2.67　不同音节类型中［e］元音的频率统计

发音人	音节类型	CV	CVC	共计
M	出现次数	47	15	62
M	百分比	76%	24%	100%
F	出现次数	38	6	44
F	百分比	86%	14%	100%

2.3.2　［e］元音声学参数与音节类型之间的相关性分析

表 2.68 为在不同音节类型中出现的［e］元音的声学参数统计表，图 2.95~2.97 为在不同音节类型中出现的［e］元音第一和第二共振峰（F1/F2）、音长和音强均值比较图。表 2.68 为［e］元音音长、音强和目标位置 F1/F2 的均值与其所出现的不同音节类型之间的相关性分析表。从上述表和图中可以看出，［e］元音出现在 CV 音节类型时音长相比出现在 CVC 音节类型时的要长，例如：CV = 96ms（M）、183ms（F）；CVC = 88ms（M）、168ms（F）。［e］元音出现在 CVC 音节类型时音强（VA）比 CV 音节类型的要强，例如：CVC = 70dB（M）、67dB（F）；CV = 69.10dB、57.30dB（这可能与发音人发音习惯有关系，有待进一步研究）。［e］元音共振峰参数与音节类型之间相关性较小，几乎没有相关性。出现在 CVC 音节类型时开口度最大，例如：534Hz（M）、554Hz（F）。从两个音节类型中共振峰频率的标准差与变异系数来看较为稳定。

表 2.68-1　不同音节类型中［e］元音声学参数统计（M）

音节类型	参数	VD	VA	F1	F2	F3
CV	平均值	96	69.10	485	1963	2775
CV	标准差	50	2.20	66	284	270
CV	变异系数	52%	3%	14%	14%	10%
CVC	平均值	88	70	534	2067	2963
CVC	标准差	40	5	55	111	254
CVC	变异系数	35%	7%	10%	5%	9%

表 2.68-2　不同音节类型中［e］元音声学参数统计（F）

音节类型	参数	VD	VA	F1	F2	F3
CV	平均值	183	57.30	528	2057	3195
	标准差	71	4.22	74	115	142
	变异系数	39%	7%	14%	6%	4%
CVC	平均值	168	67	554	1988	3168
	标准差	56	3	53	142	52
	变异系数	33%	4%	10%	7%	2%

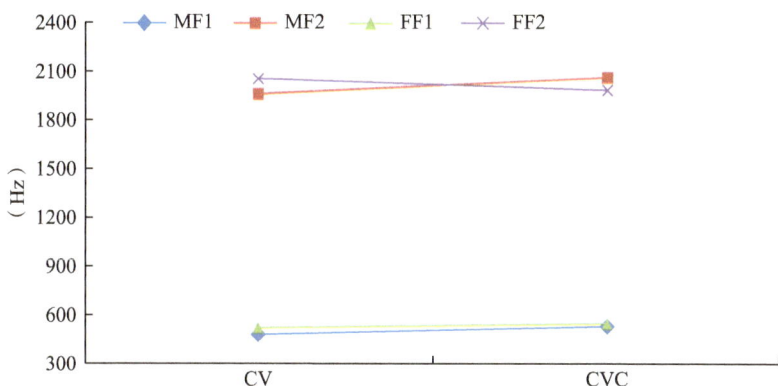

图 2.95　不同音节类型中［e］元音第一共振峰（F1）、
第二共振峰（F2）比较（M&F）

图 2.95 为不同音节类型中［e］元音第一和第二共振峰（F1/F2）比较图。从图 2.95~2.96 中可以看出，在不同音节类型中［e］元音开口度与舌位前、后排序模式，开口度从大到小排序为 M：CVC（534Hz）>CV（485Hz）；F：CVC（554Hz）>CV（528Hz）。舌位前后从后到前排序为 M：CV→CVC；F：CVC→CV。

图 2.96 为不同音节类型中［e］元音音长（VD）比较图。从图 2.96 中可以明显地看出，［e］元音在不同音节类型中的音长从短到长排序为：CVC（88ms）<CV（96ms）（M）、CVC（183ms）>CV（168ms）（F）。

图 2.97 为不同音节类型中［e］元音音强（VA）比较图。从图 2.97 中可以看出［e］元音在不同音节类型中的音强强弱，从强到弱排序为 CVC（70dB）>CV（61.9dB）（M）、CVC（67dB）>CV（57.3dB）（F）。

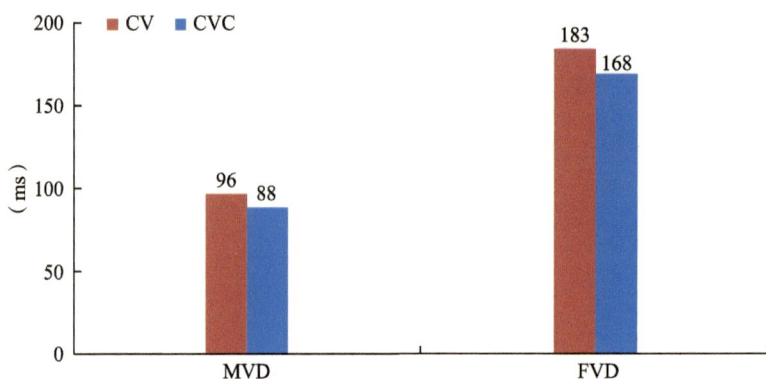

图 2.96 不同音节类型中〔e〕元音音长（VD）比较（M&F）

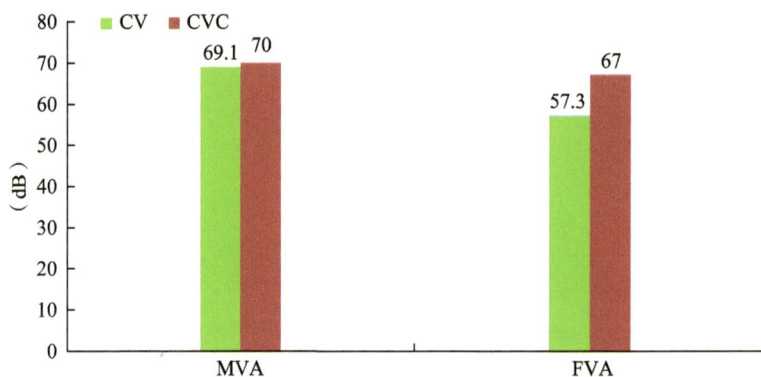

图 2.97 不同音节类型中〔e〕元音音强（VA）比较（M&F）

2.4 元音声学参数与前置辅音音质之间的相关性分析

表 2.69 为在不同前置辅音之后出现的或无前置辅音的词首音节〔e〕元音的声学参数统计表。图 2.98 ~ 2.100 为出现在词首音节（包括单音节词）〔k-, kʰ-, m-, p-, h-, j-〕等辅音（前置辅音）之后出现的〔ɐ〕元音的音长、音强和目标位置第一至第三共振峰（F1、F2、F3）的前过渡段频率（TF1、TF2、TF3）的变化示意图。

表 2.69 和图 2.98 ~ 2.100 显示，前置辅音与元音参数具有一定的相关性，有一定的规律可循。表 2.69 和图 2.98 显示，前置辅音与元音音长有一定的关系。如，与该元音音长总值相比，〔e〕元音在清塞音、清擦音之后的音长比其在浊辅音之后的相对短，相差大约 25ms。前置辅音为鼻音〔m-, n-〕时元音音长比其他辅音之后元音音长相对较长。前置辅音为舌面清塞

音［k-，kʰ-］时送气［kʰ-］辅音之后元音音长比不送气［k-］时的相对较长。可以看出，辅音的发音方法与属性会影响其后置元音的音长长短。

表2.69　词首音节不同辅音之后和无前置辅音音节中［e］
元音声学参数比较（M&F）

辅音 ＼ 参数	VD	VA	TF1	TF2	TF3	F1	F2
kʰ	86	67.88	508	2002	2673	478	1935
k	81	66	499	1931	2611	526	2021
n	124	69.33	490	2146	2976	499	2156
m	105	70	465	1861	2526	514	2046
h	85	71	501	1987	3002	520	1941
j	80	70.8	454	1870	2943	502	1741
辅音 ＼ 参数	VD	VA	TF1	TF2	TF3	F1	F2
kʰ	107	57	423	2122	3118	466	2132
k	99	54.9	414	1833	3020	472	1981
n	200	60	494	2160	3217	556	2212
m	191	60.85	437	1464	2986	571	2034
h	187	66.57	474	2016	3181	557	2027
j	155	65.5	448	1999	3183	525	2026

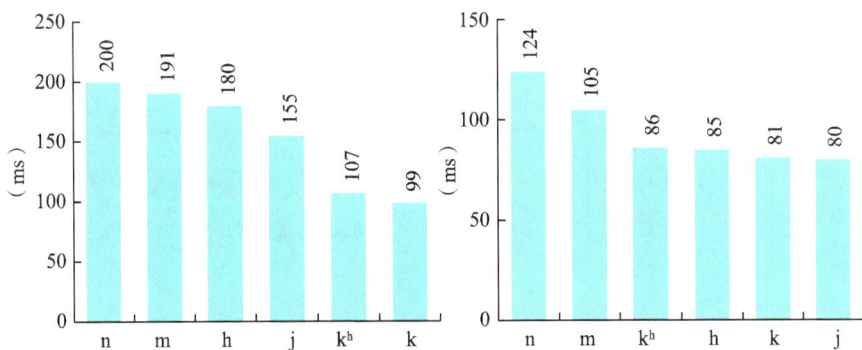

图2.98　词首音节不同辅音之后和无前置辅音音节中［e］
元音音长比较（M&F）

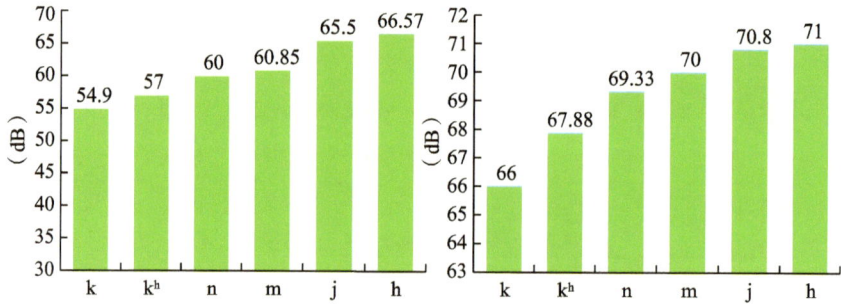

图 2.99　词首音节不同辅音之后和无前置辅音音节中［e］元音音强比较（M）

　　表 2.69 与图 2.99 显示，前置辅音与元音音强有一定的关系。如，与该元音音强总值相比，［e］元音在清塞音之后的音强比其在浊辅音、清擦音之后的相对弱，相差大约 5dB。前置辅音为舌面清塞音［k-，kʰ］时送气［kʰ］辅音之后元音音强比不送气［k-］时的相对较弱。可以看出，辅音的发音方法与属性会影响其后置元音的音强的强弱。

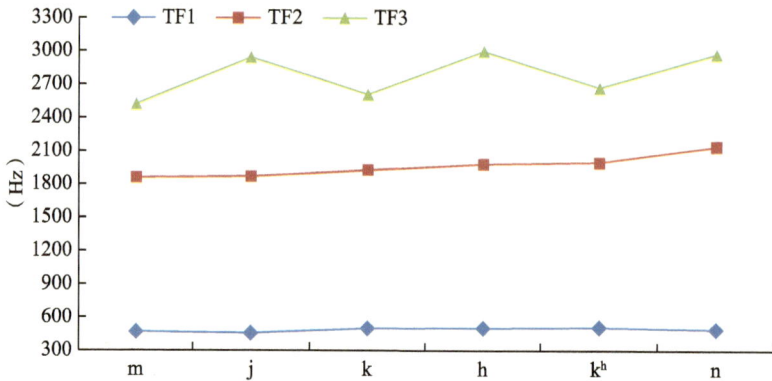

图 2.100-1　词首不同辅音之后的［e］元音三个共振峰前过渡段（TF1、TF2、TF3）的变化示意（以 TF2 的上升为序排列）（M）

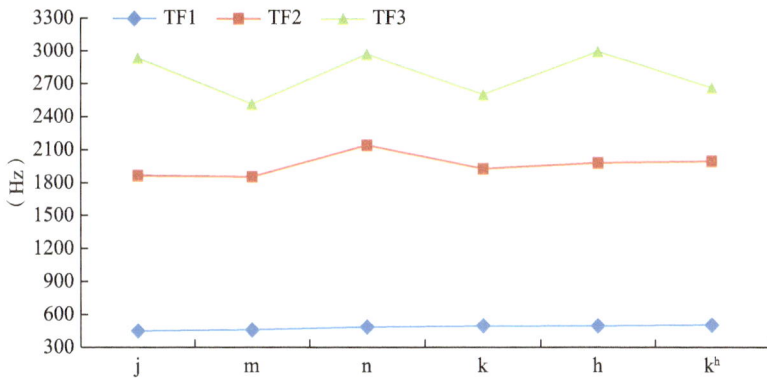

图 2.100-2 词首不同辅音之后的［e］元音三个共振峰前过渡段（TF1、TF2、TF3）的变化示意（以 TF1 的上升为序排列）（M）

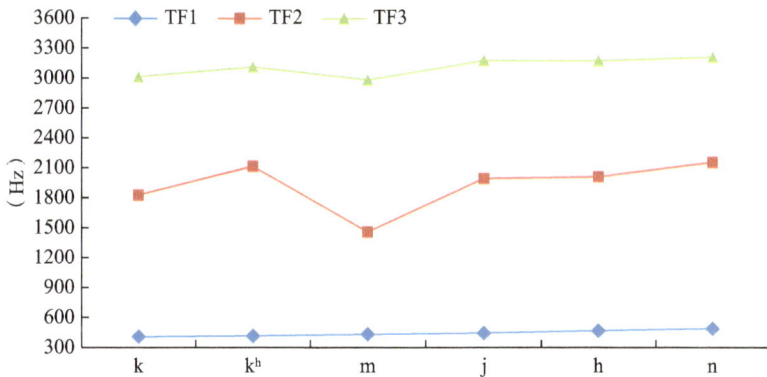

图 2.100-3 词首不同辅音之后的［e］元音三个共振峰前过渡段（TF1、TF2、TF3）的变化示意（以 TF1 的上升为序排列）（F）

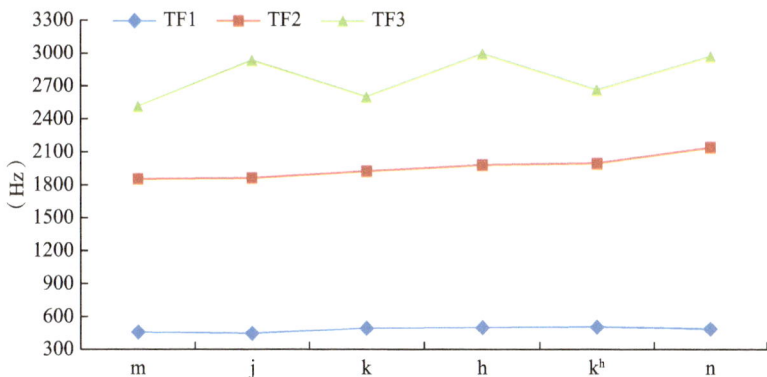

图 2.100-4 词首不同辅音之后的［e］元音三个共振峰前过渡段（TF1、TF2、TF3）的变化示意（以 TF2 的上升为序排列）（F）

（九）［ʅ］

1. 声学特征与音色

以下是有关［ʅ］元音传统语音学描写：布和（1987）认为："东乡语［i］元音为，不圆唇前高元音。出现在舌尖后辅音［dʐ，tʂ，ʂʐ］后面时读作［ʅ］。例如：［dʐʅaʈɐ］（矛）、［tʂʅ］（你）、［teʂʅ］（石头）、［zʅli］（日历）；出现在舌尖前辅音后时读作［ɿ］。例如：［jɐtsɿ］鸭子；出现在词首无前置辅音是前面经常带浊擦音［j］读作［ji］。例如：［iʁɐi］碗。"阿·伊布拉黑麦（1988）认为："东乡语元音为不圆唇前高元音。实际读音在［i］和［I］之间，稍后于［i］。有［j，I，ʅ，ɿ，ɯ］五个变体。"

1.1 ［ʅ］元音三维语图和语音标注

图 2.101 为男发音人 tʂʰinɐ［tʂʰʅnɐ］"煮"一词的三维语图和三层标注实例。tʂʰinɐ［tʂʰʅnɐ］"煮"一词中［ʅ］元音的时长、音强分别为 73ms、67dB；该图中［ʅ］元音目标位置 F1~F2 四个共振峰参数为：322Hz、1315Hz、

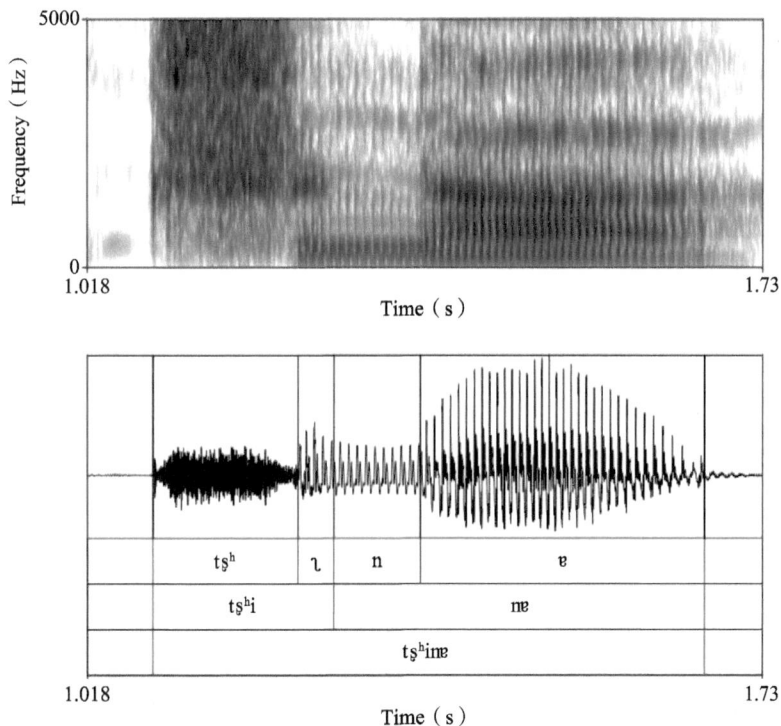

图 2.101 男发音人 tʂʰinɐ［tʂʰʅnɐ］"煮"一词的三维语图和三层标注实例

2009Hz、3971Hz。该语图比较真实地显示了 [ʅ] 元音在实际语流中的存在形式。

1.2　[ʅ] 元音声学特征与声学参数

表 2.70 为 [ʅ] 元音参数总统计表。该统计表显示男、女发音人 [ʅ] 元音的平均时长、平均音强分别为 M＝132ms，F＝168ms；M＝69.75dB，F＝56.57dB。该元音 F1 和 F2 的频率均值分别为 M：F1＝418Hz，F2＝1694Hz；F：F1＝439Hz，F2＝1795Hz。图 2.102 为男、女发音人词首音节 [ʅ] 元音在声学元音图中的位置及其声学空间中的分布模式。图 2.107 还显示了男、女发音人 [ʅ] 元音在声学空间中分布范围为：F1＝362～616Hz，F2＝1792～2264Hz（M）；F1＝353～638Hz，F2＝1872～2268Hz（F）。男发音人 [ʅ] 元音在声学空间中分布比较扩散，但总体呈现出高、低扩展模式。

从以上数据和发音人发音的特点我们认为该元音为高（闭）、舌尖后、展唇元音，用国际音标 [ʅ] 来标记接近其实际音质。

表 2.70　[ʅ] 元音声学参数统计

参数 统计项	M					F				
	VD	VA	F1	F2	F3	VD	VA	F1	F2	F3
均值	132	69.75	418	1692	2108	168	56.57	439	1795	3096
标准差	20	2.76	67	202	261	21	4.43	46	221	316
变异系数	15%	4%	18%	12%	12%	13%	8%	11%	12%	10%

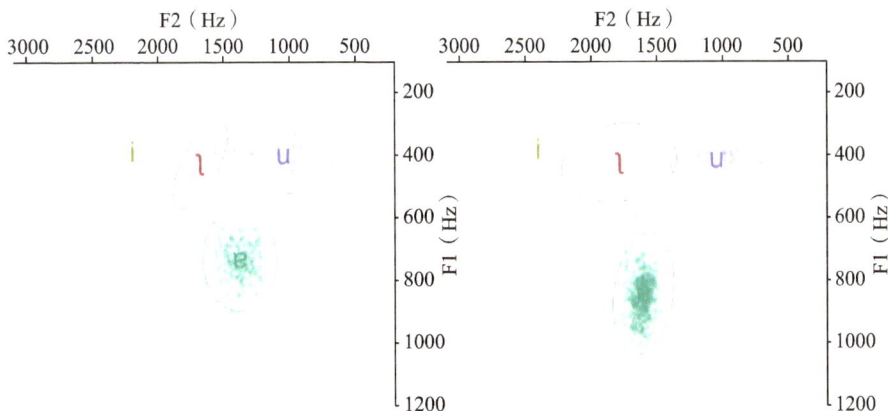

图 2.102　词首音节 [ʅ] 元音在声学元音图中的位置及其声学空间中的分布模式（M&F）

2. 语流中的音变特征

2.1 目标位置共振峰频率与其前、后过渡段共振峰频率参数之间的显著性差异分析

图 2.103 和表 2.71 显示，男、女发音人 [ɻ] 元音目标位置第一、第二共振峰频率与其前、后过渡段共振峰频率之间的共同的、具有统计学意义的特点（规律）。与目标元音相比，前、后过渡段共振峰频率都有较大变化，P 值都小于 0.05，存在显著差异。

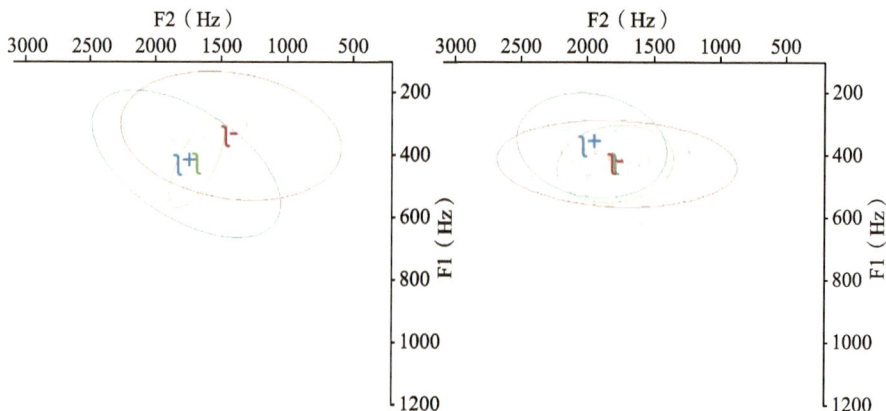

图 2.103　[ɻ] 元音目标位置共振峰（F1/F2）及其前、后过渡段共振峰（TF1、TF2/TP1、TP2）比较（M&F）

图 2.103 为 [ɻ] 元音目标位置第一、第二共振峰 F1/F2 及其前过渡段 TF1/TF2 和后过渡段 TP1/TP2 共振峰比较图。从图 2.107（左图为 M、右图为 F）可以看出，与目标共振峰频率相比，[ɻ] 元音前、后过渡段共振峰频率都有一定的变化，前、后过渡段频率 TF1/TP1 有稍微上升的趋势、TF2 有前移现象、TP2 有后移现象。前过渡段有上升、前移现象，后过渡段有上升、后移现象。

表 2.71　检验结果

检验样本	检验值	sig（显著性），P 值			
		M		F	
		F1	F2	F1	F2
目标位置与前过渡段共振峰之间的显著性		0.001	0.038	0.000	0.011
目标位置与后过渡段共振峰之间的显著性		0.040	0.000	0.000	0.000

续表

检验值	sig（显著性），P 值			
	M		F	
检验样本	F1	F2	F1	F2
前过渡段共振峰与后过渡段共振峰之间的显著性	0.007	0.000	0.000	0.005

* P 值小于 0.05 存在显著差异；大于 0.05 差异不明显。下同。

2.2　元音声学参数与前置辅音音质之间的相关性分析

表 2.71 为出现在词首音节不同辅音之后和无前置辅音音节中［ʅ］元音声学参数比较表。图 2.104~2.106 为出现在词首音节（包括单音节词）［tʂ-、tʂʰ-、ʂ-］等辅音（前置辅音）之后［ʅ］元音的音长、音强、F1/F2 前过渡段（TF1、TF2、TF3）的变化示意图。

表 2.72 和图 2.104~2.106 显示，前置辅音与元音参数具有一定的相关性，有一定的规律可循。前置辅音与元音音长有一定的相关性。如，与该元音音长总值相比，［ʅ］元音在送气清塞音、清擦音之后的音长相对长，大约相差 10~15ms；比在不送气清塞音之后大约短 30ms。前置辅音为［tʂ-］时元音音长最长，前置辅音为［tʂʰ-］时音长最短。这可能与前置辅音发音方法有一定的关系，有待进一步研究。

表 2.72　词首音节不同辅音之后和无前置辅音音节中［ʅ］
元音声学参数比较（M&F）

参数 辅音	VD	VA	TF1	TF2	TF3	F1	F2
tʂ	150	69	396	1576	2176	399	1699
tʂʰ	121	66	410	1754	1925	441	1722
ʂ	126	67	402	1807	2044	415	1654
参数 辅音	VD	VA	TF1	TF2	TF3	F1	F2
tʂ	192	61	363	1896	3458	409	1638
tʂʰ	155	52.2	409	1949	3000	463	1906
ʂ	156	55.8	410	1986	3122	435	1746

表 2.72 和图 2.105 显示，前置辅音与元音音强有一定的关系。如，与该元音音强总值相比，［ʅ］元音在送气清塞音与清擦音之后的音强比其在

不送清塞音之后的相对弱，相差 2dB 左右。前置辅音为［ʈʂ-］时元音音强最强，前置辅音为［ʈʂʰ-］时音强最弱。这可能与前置辅音发音方法有一定的关系，有待进一步研究。

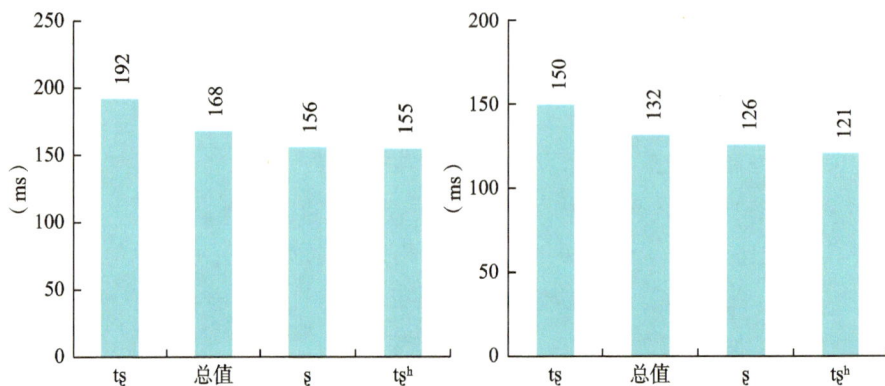

图 2.104　词首音节不同辅音之后和无前置辅音音节中［ʅ］元音音长比较（M&F）

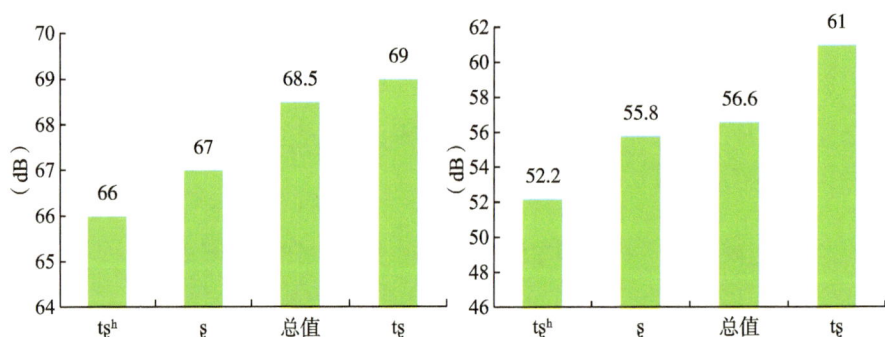

图 2.105　词首音节不同辅音之后和无前置辅音音节中［ʅ］元音音强比较（M）

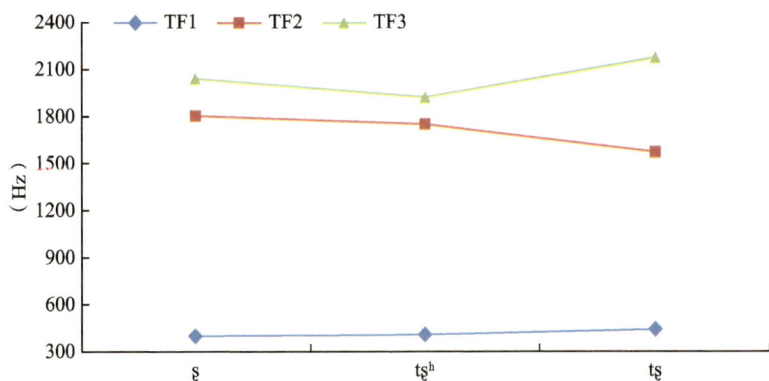

图 2.106-1　词首不同辅音之后的［ʅ］元音三个共振峰前过渡段（TF1、TF2、TF3）的变化示意（M）

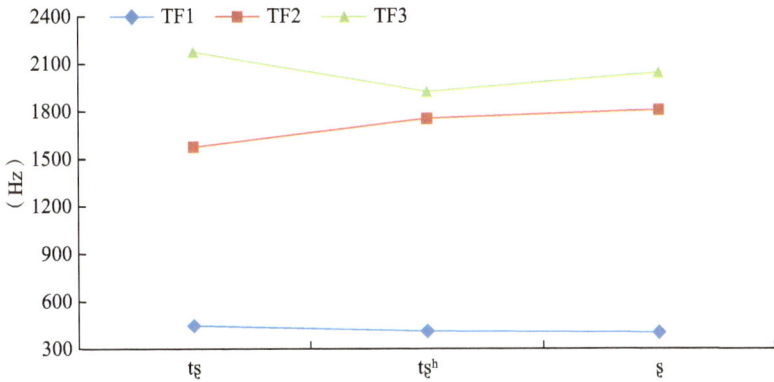

图 2.106-2　词首不同辅音之后的 [ʅ] 元音三个共振峰前过渡段（TF1、
TF2、TF2）的变化示意（M）

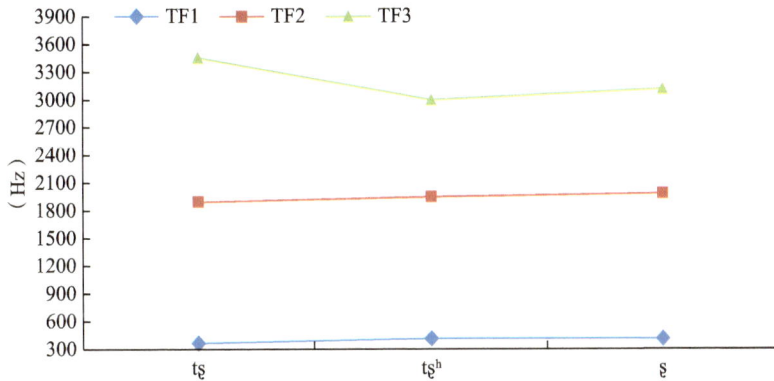

图 2.106-3　词首不同辅音之后的 [ʅ] 元音三个共振峰前过渡段（TF1、
TF2、TF2）的变化示意（F）

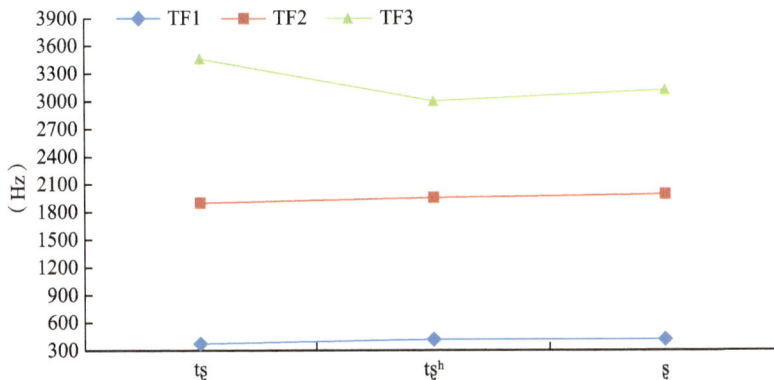

图 2.106-4　词首不同辅音之后的 [ʅ] 元音三个共振峰前过渡段（TF1、
TF2、TF3）的变化示意（F）

（十）［ʉ］①

1. 声学特征与音色

1.1 ［ʉ］元音三维语图和语音标注

图 2.107 为男发音人 tulɐ［tʉlɐ］"唱"一词的三维语图和三层标注实例。tulɐ［tʉlɐ］"唱"一词中［ʉ］元音的时长、音强分别为 149ms、67dB；该图上［ʉ］元音目标位置 F1~F4 四个共振峰参数分别为 390Hz、1556Hz、2747Hz、4261Hz。语图比较真实地显示了［ʉ］元音在实际语流中的存在形式。

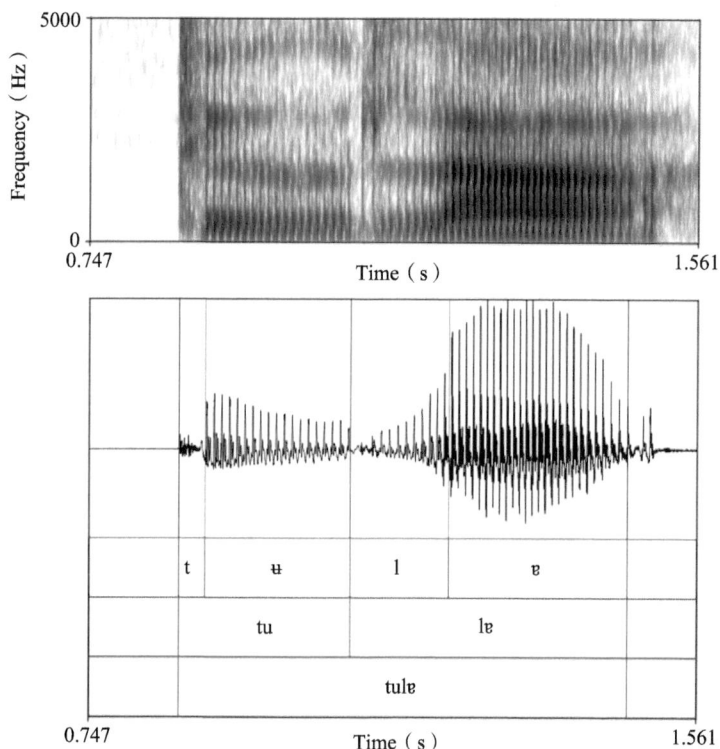

图 2.107　男发音人 tulɐ［tʉlɐ］"唱"一词的三维语图和三层标注实例

1.2 ［ʉ］元音声学特征与声学参数

表 2.73 为［ʉ］元音参数总统计表。该统计表显示男、女发音人［ʉ］元音的平均时长、平均音强分别为 M = 62ms，F = 95ms；M = 67.79dB，F =

---

① 在"统一平台"中该元音出现的次数较少，除了进行"1. 声学特征与音色"模块的分析，不做其他各项模块的分析。

53.75dB。该元音 F1 和 F2 的频率均值分别为 M：F1 = 382Hz，F2 = 1638Hz；F：F1 = 374Hz，F2 = 1528Hz。图 2.114 为男、女发音人词首音节 [ʉ] 元音在声学元音图中的位置及其声学空间中的分布模式。[ʉ] 元音在声学空间中分布范围为：F1 = 302～509Hz，F2 = 1322～1774Hz（M）；F1 = 339～433Hz，F2 = 1426～1644Hz（F）。

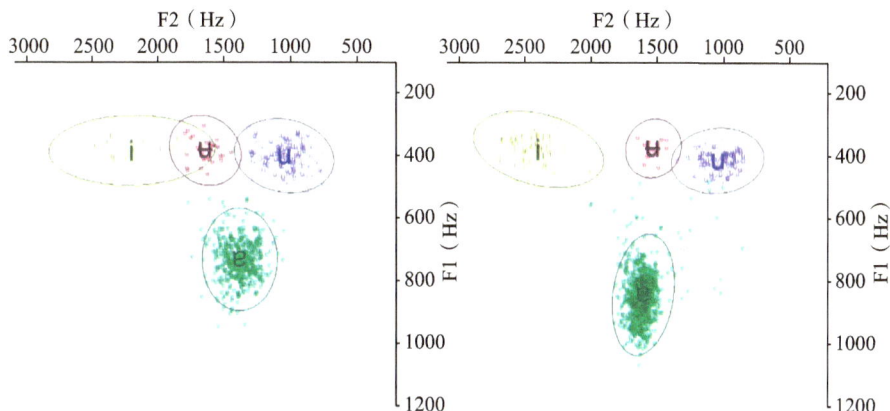

图 2.108　词首音节 ʉ 元音在声学元音图中的位置及其声学空间中的分布模式（M&F）

从以上数据和发音人发音的特点我们认为该元音为高（闭）、央、展唇元音，舌位略低于 [u]，用国际音标 [ʉ] 来标记接近其实际音质。

表 2.73　[ʉ] 元音声学参数统计

参数 统计项	M					F				
	VD	VA	F1	F2	F3	VD	VA	F1	F2	F3
均值	62	67.79	382	1638	2610	95	53.75	374	1528	3032
标准差	15	4.40	40	185	331	23	4.94	42	169	145
变异系数	24%	6%	10%	11%	13%	24%	9%	11%	12%	5%

（十一）［ɚ］[①]

1. 声学特征与音色

以下是有关 ［ɚ］ 元音传统语音学描写。刘照雄（1981）认为："东乡

---

① 在"统一平台"中该元音出现的次数较少，除了"1. 声学特征与音色"模块的分析，不做其他各项模块的分析。

语［ɚ］元音为卷舌元音。多出现在借词里，个别出现在阿拉伯借词中。例如：［maoɚ］（猫）。"布和（1986）认为："该元音为卷舌元音，多出现在借词里，固有词中很少出现。一般自称音节。例如：［ɚʂ］'二十'。"阿·伊布拉黑麦（1988）认为："东乡语［ɚ］元音不是一个独立的音位，［e］与［r］的结合，［r］弱化的结果，应该是两个独立音位。"

我们认为该元音为独立音位，在"统一平台"中该元音一共出现了16次［10次（M）、6次（F）］。多数出现在借词中。

1.1 ［ɚ］元音三维语图和语音标注

图2.109为男发音人pɚ［pɚ］"钱"一词的三维语图和三层标注实例。pɚ［pɚ］一词中［ɚ］元音的时长、音强分别为176ms、76dB；该图上［ɚ］元音目标位置F1~F4四个共振峰参数分别为558Hz、1586Hz、1984Hz、3315Hz。

1.2 ［ɚ］元音声学特征与声学参数

表2.74为［ɚ］元音参数总统计表。该统计表显示男、女发音人［ɚ］元音的平均时长、平均音强分别为 M = 182ms，F = 210ms；M = 70.6dB，F = 53.7dB。该元音 F1 和 F2 的频率均值分别为 M：F1 = 528Hz，F2 = 1425Hz；F：F1 = 549Hz，F2 = 1555Hz。图2.110为男、女发音人词首音节［ɚ］元音在声学元音图中的位置及其声学空间中的分布模式。图2.110还显示了［ɚ］元音在声学空间中分布范围为：F1 = 477~574Hz，F2 = 1298~1502Hz（M）；F1 = 521~588Hz，F2 = 1499~1681Hz（F）。

从以上数据和发音人发音的特点我们认为该元音为中、央、展唇、卷舌元音，舌位略后、略低于［ə］，用国际音标［ɚ］来标记接近其实际音值。

表 2.74　［ɚ］元音声学参数统计

参数\统计项	M					F				
	VD	VA	F1	F2	F3	VD	VA	F1	F2	F3
均值	182	70.6	528	1425	1925	210	53.7	549	1555	2498
标准差	33	5	30	122	200	41	3	28	110	227
变异系数	18%	7%	8%	7%	8%	20%	6%	7%	7%	7%

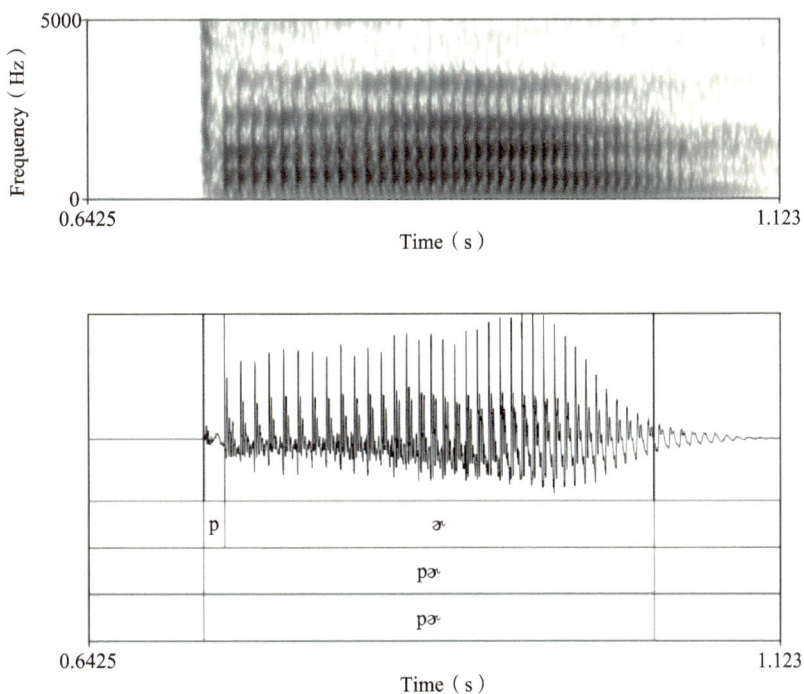

图 2.109　男发音人 pɚ［pɚ］“钱、货币”一词的三维语图和三层标注实例

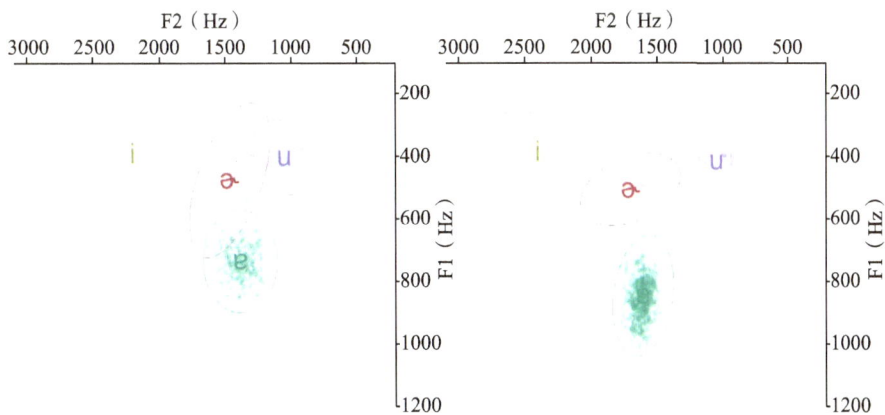

图 2.110　词首音节［ɚ］元音在声学元音图中的位置及其
声学空间中的分布模式（M&F）

四 非词首音节短元音

据"统一平台"统计结果，在东乡语非词首中共出现了 [ɐ] ← [ə] ← [e] ← [i] ← [ɭ] ← [ŋ] ← [o] ← [ɔ] ← [u] ← [ʊ] ← [ʉ] 等短元音。

(一) [ɐ]

1. 声学特征与音色

1.1 [ɐ] 元音三维语图和语音标注

图 2.111 为男发音人 ɐtɐ [ɐtɐ] "朋友"一词的三维语图和三层标注实例。ɐtɐ [ɐtɐ] "朋友"一词中非词首 [ɐ][1] 元音时长、音强分别为 154ms、75dB；该图中 [ɐ] 元音目标位置 F1~F4 四个共振峰参数为 647Hz、1396Hz、2528Hz、4086Hz。

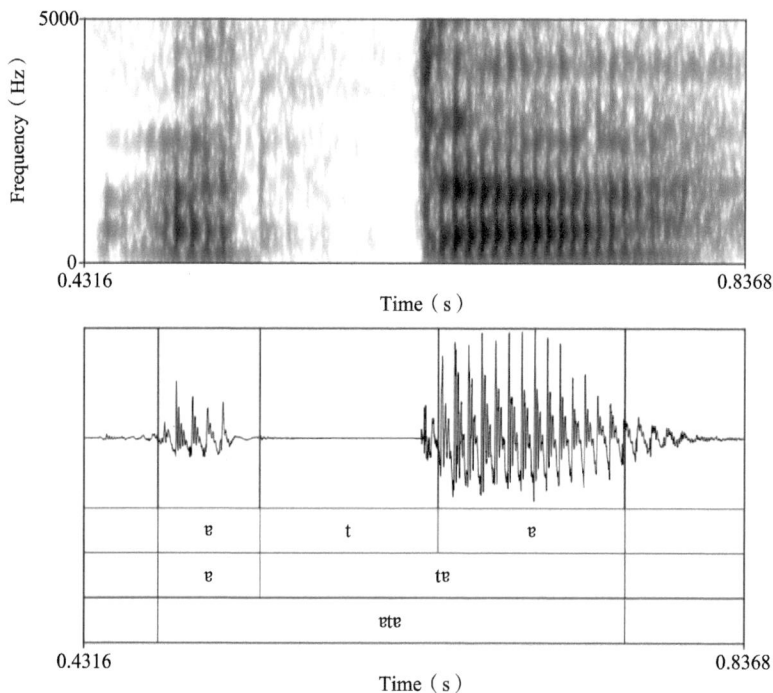

图 2.111 男发音人 ɐtɐ [ɐtɐ] "朋友"一词的三维语图和三层标注实例

① 元音声学空间中"元音+*"表示非词首元音，例如：ɐ* 。

1.2 [ɐ] 元音声学特征与声学参数

表 2.75 为非词首 [ɐ] 元音参数统计表。表 2.75 显示，男、女发音人 [ɐ] 元音平均时长、平均音长分别为 M = 162ms，F = 255ms；M = 72.17dB，F = 58.17dB。元音 F1 和 F2 的频率均值分别为 M：F1 = 725Hz，F2 = 1363Hz；F：F1 = 817Hz，F2 = 1595Hz。图 2.111 为男、女发音人非词首 [ɐ] 元音在声学元音图中的位置及其声学空间中的分布模式。图中的国际音标位置为平均值点，勾勒出的范围和形状为 [ɐ] 元音音位变体及其分布模式。左图为男发音人，右图为女发音人，下同。图 2.112 还显示了非词首 [ɐ] 元音在声学空间中分布范围为 F1 = 453 ~ 908Hz，F2 = 985 ~ 1690Hz（M）；F1 = 481 ~ 997Hz，F2 = 1006 ~ 1791Hz（F）。

表 2.75 非词首 [ɐ] 元音声学参数统计

	M					F				
	VD	VA	F1	F2	F3	VD	VA	F1	F2	F3
均值	162	72.17	725	1363	2396	255	58.17	817	1595	2919
标准差	74	3	80	127	316	45	4	81	146	417
变异系数	46%	4%	11%	10%	13%	18%	7%	10%	9%	14%
变化范围	30	55	908	1735	3193	554	71	997	2001	3640
	363	79	453	1057	1229	49	48	481	782	1487

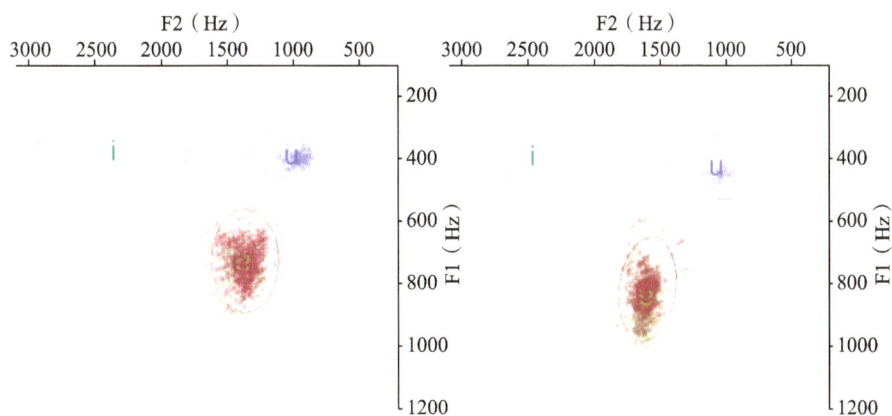

图 2.112 非词首 [ɐ] 元音在声学元音图中的位置及其声学空间中的分布模式（M&F）

从表 2.75 和图 2.112 可以看出，与词首 [ɐ] 元音相比东乡语非词首 [ɐ] 元音变化不是很大，稍微有些"央化"趋势，但"央化"的现象不太明显。男发音人词首与非词首［ɐ］元音均值从舌位语图上看几乎是重叠模式，女发音人变化稍明显。

2. 语流中的音变特征

2.1 目标位置共振峰频率与其前、后过渡段共振峰频率参数之间的显著性差异分析

为探讨元音目标位置共振峰频率与其前、后过渡段共振峰频率参数之间的显著性差异，我们采用了两种分析方法：（1）元音目标位置共振峰（F1、F2）及其前过渡段共振峰（TF1、TF2）均值语图比较；（2）检验元音目标位置共振峰频率与其前、后过渡段共振峰频率参数之间的显著性差异。下同。

为了能够直接观察和分析非词首［ɐ］元音目标位置共振峰与其前、后过渡段共振峰分布模式之间的差别，我们绘制了图 2.113。这是非词首［ɐ］元音目标位置第一、第二共振峰 F1/F2 及其前过渡段 TF1/TF2 和后过渡段 TP1/TP2 共振峰分布模式比较图。另外除上述数据直观对比的方法外，我们还对东乡语元音中所提取的非词首［ɐ］元音目标位置第一、第二共振峰 F1/F2 及其前过渡段 TF1/TF2 和后过渡段 TP1/TP2 共振峰等参数进行单因素方差分析，以 sig（显著性，P 值）系数来验证，目标位置第一、第二共振峰 F1/F2 及其前过渡 TF1/TF2 和后过渡 TP1/TP2 共振峰之间是否存在显著性差异。下同。请见表 2.75。

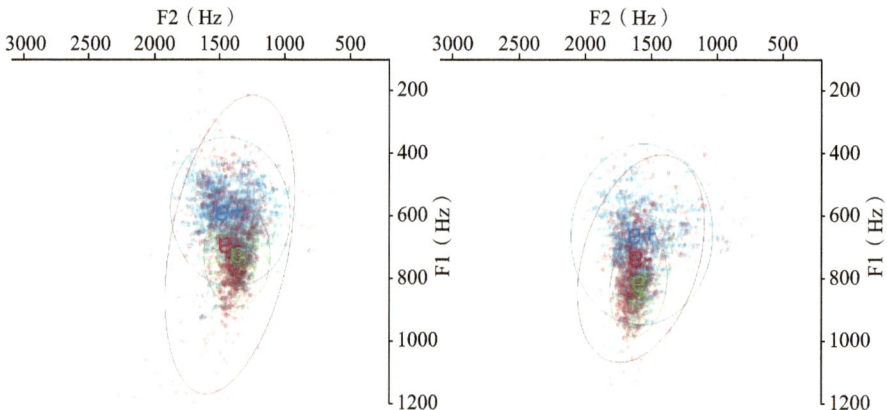

图 2.113　非词首［ɐ］元音目标位置共振峰（F1、F2）及其前、后过渡段
（TF1、TF2/TP1、TP2）共振峰分布模式（M&F）

图 2.76 和表 2.113 显示，男、女发音人［ɐ］元音目标位置第一、第

二共振峰频率与其前、后过渡段共振峰频率之间①的共同的、具有统计学意义的特点（规律）有：与目标元音相比前、后过渡段共振峰频率都有较大变化，P 值都小于 0.05，存在显著差异。

图 2.113 为非词首 [ɐ] 元音目标位置共振峰及其前后过渡段（TF1、TF2/TP1、TP2）分布模式图。从以上两张图可以看出，东乡语非词首 [ɐ] 元音前、后过渡段有明显的变化，其中前过渡段变化大于后过渡段。前过渡段（TF1、TF2）舌位有明显的上升趋势（开口度明显变小），上升 138Hz；后过渡段（TP1、TP2）舌位也有一定的上升趋势，上升 35Hz。前、后过渡段舌位前、后相比目标元音变化不是很大。

表 2.76 检验结果

检验值 检验样本	sig（显著性），P 值			
	M		F	
	F1	F2	F1	F2
目标位置与前过渡段共振峰之间的显著性	0.000	0.156	0.000	0.052
目标位置与后过渡段共振峰之间的显著性	0.000	0.000	0.000	0.000
前过渡段共振峰与后过渡段共振峰之间的显著性	0.000	0.009	0.000	0.000

* P 值小于 0.05 存在显著差异；大于 0.05 差异不明显。下同。

2.2 元音声学参数与音节数量之间的相关性分析

研究思路：一是统计分析元音在单音节和多音节词中的出现频率，探究语言最普遍的应用单元，即单音节词语言、双音节词语言，还是多音节词语言问题；二是探讨元音声学参数与其所出现词的音节数量之间的相关性问题，即元音声学参数与音节数量之间的相关性问题。研究方法：（1）比较分析元音在单音节、双音节和多音节词中出现的声学参数；（2）重点分析元音在不同音节数量词中出现的目标位置共振峰均值分布图；（3）分析元音声学参数均值与其所出现的不同音节数量词之间的相关性差异。

2.2.1 [ɐ] 元音在单音节和多音节词中的出现频率统计

表 2.77 为非词首 [ɐ] 元音双音节、三音节、多音节（四音节以上为多音节）词中出现的频率统计表。该表显示，在统一平台中出现 708 次

---

① 本书虽然检验了 [ɐ] 元音前过渡共振峰与后过渡共振峰之间的显著性，即 TF1/TF2 和 TP1/TP2 之间的显著性，但本书暂时忽略该检验结果，下同。

（M）和 628 次（F）。[ɐ] 元音在三音节词中的出现频率较高，约占所有出现次数的 23%（M）、24%（F），三音节词中出现的频率最高，约占所有出现次数的 54%（M）、60%（F）。这说明非词首 [ɐ] 元音在东乡语双音节和三音节词中的使用频率高于其他音节词。

表 2.77　不同音节中 [ɐ] 元音出现频率统计

音节数量	双音节词		三音节词		多音节词		共计	
发音人	M	F	M	F	M	F	M	F
出现次数	164	153	383	376	161	99	708	628
百分比	23%	24%	54%	60%	23%	16%	100%	100%

2.2.2　[ɐ] 元音声学参数与音节数量之间的相关性分析

下面探讨 [ɐ] 元音音长、音强和共振峰参数均值与其所出现词的音节数量之间的相关性问题。表 2.78 为在单、双、三音节词中出现的 [ɐ] 元音的音长（VD）、音强（VA）、共振峰目标值（F）统计表，图 2.114 ~ 2.116 为出现在单音节词、双音节词和三音节词中的 [ɐ] 元音目标位置共振峰均值的声学语图，表 2.77 为 [ɐ] 元音音长及其目标位置第一、第二共振峰（F1/F2）的均值与其所出现的不同音节数量词之间的相关性分析表，即 P 值分析表。

表 2.79 和图 2.114 ~ 2.116 可以看出，音节数量与元音音长、音强有一定的相关性。如：[ɐ] 元音音长随着音节数量增加而相对缩短，音强随着音节数量的增加而变得相对变弱，非词首 [ɐ] 元音随着音节数量的增加而舌位有所上升（开口度变小），跟舌位前后没有相关性。如：

M:224ms(B①)→169ms(C)→131ms(D);74.16dB(B)→71.51dB(C)→71dB(D)

F:334ms(B)→240ms(C)→204ms(D);59.29dB(B)→58.43dB(C)→57.41dB(D)

M:F1 = 758Hz(B)→724Hz(C)→699Hz(D)

F:F1 = 822Hz(B)→810Hz(C)→800Hz(D)

---

① 书中所示(B、C、D)代表双、三和多音节词。

表 2.78　出现在不同音节词中［e］元音音长（VD）、音强（VA）、共振峰统计

发音人		M					F				
参数		VD	VA	F1	F2	F3	VD	VA	F1	F2	F3
双音节词	平均值	224	74.16	758	1331	2495	334	59.29	822	1566	2941
	标准差	48	1.91	56	76	247	86	4.12	59	102	454
	变异系数	21%	3%	7%	6%	10%	26%	7%	7%	7%	15%
	变化范围	107	70.00	576	1064	1229	83	49.00	637	1017	1435
		335	79.00	891	1578	3193	534	71.00	965	1755	3640
三音节词	平均值	169	71.51	724	1376	2425	240	58.43	810	1590	2902
	标准差	74	3.62	68	112	288	62	4.07	90	157	409
	变异系数	44%	5%	9%	8%	12%	26%	7%	11%	10%	14%
	变化范围	30	55	453	1069	1354	29	45	425	1123	1487
		363	78	896	1690	3186	539	68	997	2001	3624
多音节词	平均值	131	71	699	1367	2362	204	57.41	800	1566	2863
	标准差	67	3.23	65	102	303	146	3.51	58	156	414
	变异系数	51%	5%	9%	7%	13%	72%	6%	7%	10%	14%
	变化范围	30	62	512	1057	1402	61	52	664	782	1576
		291	77	908	1735	2920	555	68	931	1817	3434

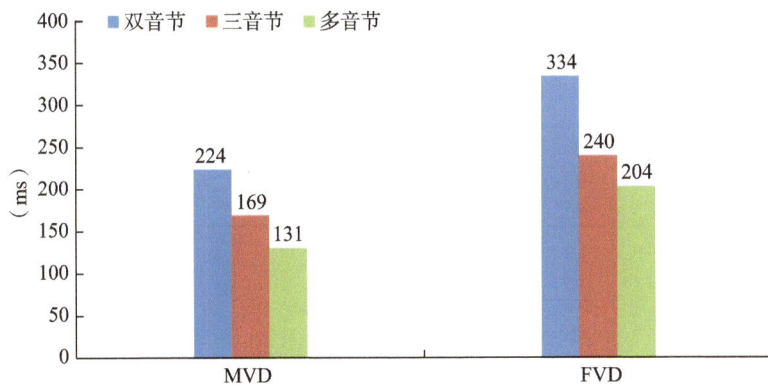

图 2.114　音节数量与音长之间关系示意（M&F）

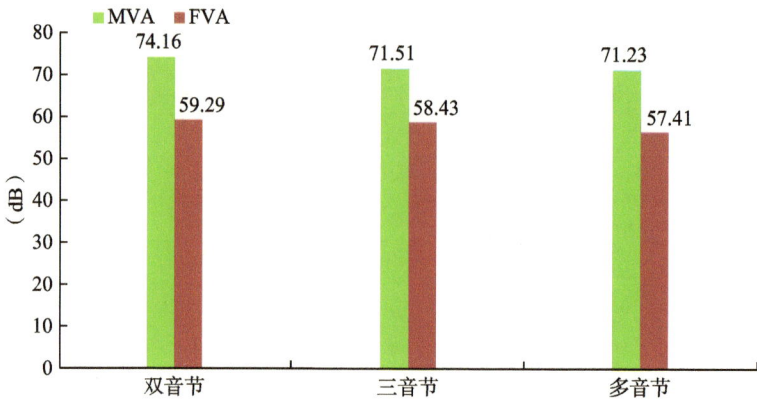

图 2.115　音节数量与音强之间关系示意（M&F）

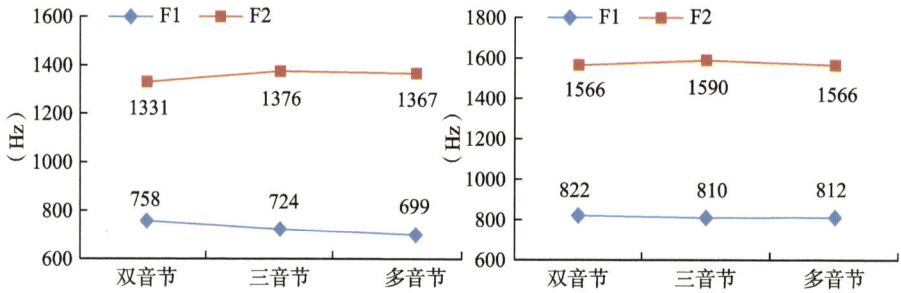

图 2.116　音节数量与共振峰之间关系示意（M&F）

表 2.79　检验结果

检验值 不同音节	sig（显著性），P 值							
	M		F		M		F	
	F1	F2	F1	F2	VD	VA	VD	VA
双音节词—三音节词	0.340	0.233	0.124	0.214	0.158	0.010	0.100	0.000
双音节词—四音节词	0.000	0.786	0.000	0.0541	0.000	0.002	0.000	0.000
三音节词—四音节词	0.001	0.289	0.001	0.111	0.000	0.253	0.000	0.078

2.3　元音声学参数与音节类型之间的相关性分析

本小节研究思路：一是统计元音在不同音节类型中的出现频率，探究该语言音节类型学特点；二是比较分析出现在不同音节类型中元音的声学参数，探究元音声学参数与词中音节类型之间的相关性问题。研究方法：（1）比较不同音节类型中出现的元音第一、第二共振峰均值语图；（2）分析元音声学参数均值与其所出现的不同音节类型之间的相关性差异。

2.3.1　[ɐ] 元音在不同音节类型中的出现频率统计

表 2.80 是非词首音节 [ɐ] 元音在不同音节类型中的出现比例统计表。该表显示，[ɐ] 元音在 CV 节类型中出现频率高，出现 706 次，82%（M）；512 次，18%（F）。CVC 音节类型中出现的频率为，159 次，18%（M）；99 次，16%（F）。可以说，非词首 [ɐ] 元音在东乡语 CV 和 CVC 音节中的出现频率较高。这是语言音节类型学的一种特点。

表 2.80　不同音节类型中 [ɐ] 元音的频率统计

发音人	音节类型	CV	CVC	共计
M	出现次数	706	159	865
	百分比	82%	18%	100%
F	出现次数	512	99	611
	百分比	84%	16%	100%

2.3.2　[ɐ] 元音声学参数与音节类型之间的相关性分析

表 2.81 为出现在不同音节类型中非词首 [ɐ] 元音声学参数统计表。从表 2.80 中可以看出，音节类型对非词首 [ɐ] 元音的音长（VD）、音强（VA）、共振峰频率有一定的影响、具有相关性。CV 音节类型（开音节）中的音长比其 CVC 音节类型（闭音节）中的音长要长，大约长 80～130ms（见图 2.116）；CV 音节类型（开音节）中的音强比其 CVC 音节类型（闭音节）中的音强要弱，大约弱 1dB（见图 2.117）；CV 音节类型（开音节）中的第一共振峰（F1）比其 CVC 音节类型（闭音节）中的第一共振峰（F1）相对低，大约低 100～120Hz（见图 2.118）；CV 音节类型（开音节）中的第二共振峰（F2）比其 CVC 音节类型（闭音节）中的第二共振峰（F2）相对靠前，大约靠前 150Hz（见图 2.118）。

表 2.81-1　不同音节类型中非词首 [ɐ] 元音声学参数统计（M）

音节类型	参数	VD	VA	F1	F2	F3
CV	平均值	173	72.05	726	1364	2428
	标准差	74	3.44	67	104	285
	变异系数	43%	5%	9%	8%	12%

续表

音节类型	参数	VD	VA	F1	F2	F3
CV	变化范围	30	55	453	1057	1229
		363	79	908	1735	3193
CVC	平均值	106	72.63	616	1203	2275
	标准差	33	3.77	70	135	388
	变异系数	31%	5%	11%	11%	17%
	变化范围	31	54	457	985	1476
		212	79	887	1879	3712

表 2.81-2　不同音节类型中非词首［ɐ］元音声学参数统计（F）

音节类型	参数	VD	VA	F1	F2	F3
CV	平均值	276	57.97	819	1592	2922
	标准差	119	4.19	79	138	405
	变异系数	43%	7%	10%	9%	14%
	变化范围	29	45	651	1012	1435
		555	71	997	2001	3640
CVC	平均值	145	58.99	748	1449	2902
	标准差	49	3.97	67	131	473
	变异系数	34%	7%	9%	9%	16%
	变化范围	61	49	599	782	1487
		304	68	926	1723	3637

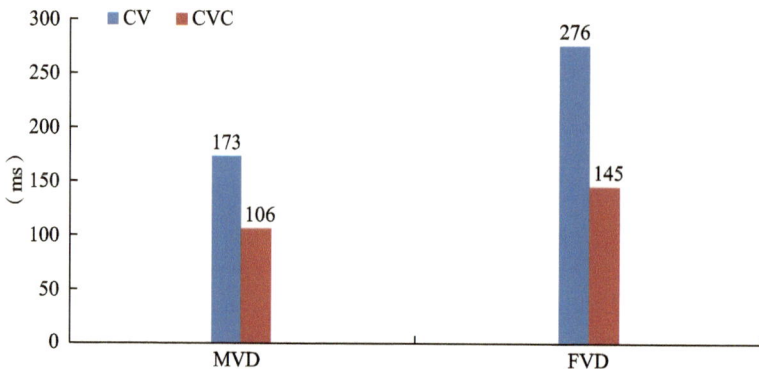

图 2.117　不同音节类型中出现的非词首［ɐ］元音音长（VD）比较（M&F）

　　图 2.117 为不同音节类型中非词首 ［ɐ］ 元音音长（VD）比较图。从图 2.116 中可以明显看出，［ɐ］ 元音在不同音节类型中的音长从短到长排序为：CV（276ms）>CVC（145ms）（M）、CV（173ms）>CVC（106s）（F）。

　　图 2.118 为不同音节类型中 ［ɐ］ 元音音强（VA）比较图。从图中可以看出 ［ɐ］ 元音在不同音节类型中的音强强弱。从强到弱排序为 CVC（72.63dB）>CV（72.05dB）（M）、CVC（58.99dB）>CV（57.97dB）（F）。

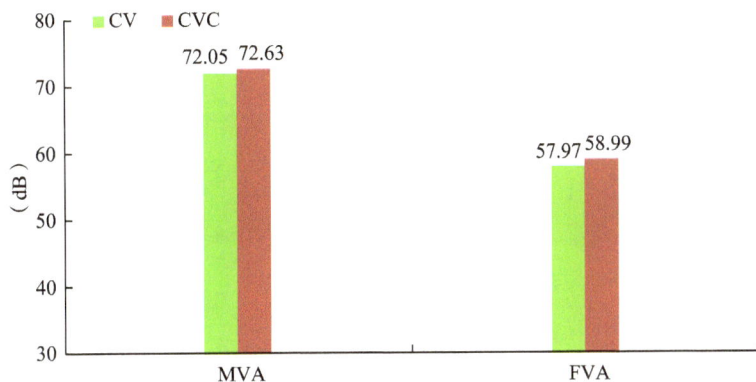

图 2.118　不同音节类型中出现的非词首 ［ɐ］ 元音音强（VA）比较（M&F）

　　图 2.119 为不同音节类型中非词首 ［ɐ］ 元音第一、第二共振峰（F1/F2）比较图。从图 2.118 中可以看出，在不同音节类型中 ［ɐ］ 元音开口度与舌位前后排序模式，开口度从小到大排序为 M：CVC（616Hz）> CV（726Hz）；F：CVC（819Hz）>CV（748Hz）。舌位前后从后到前排序为 M：CV→CVC；F：CVC→CV。

　　［ɐ］ 在非词首 CV、CVC 音节中出现，我们对词首 CV、CVC 音节中出现的 ［ɐ］ 与非词首 CV、CVC 音节 ［ɐ］ 元音共振峰 F1/F2、时长参数做了配对样本 T 检验（词首 CV、CVC 为一组，非词首 CV、CVC 为一组），结果如表 2.82 所示。

表 2.82　检验结果

	sig（双侧），P 值					
	M		F		M	F
	F1	F2	F1	F2	VD	VD
词首—非词首	0.892	0.000	0.000	0.005	0.000	0.000

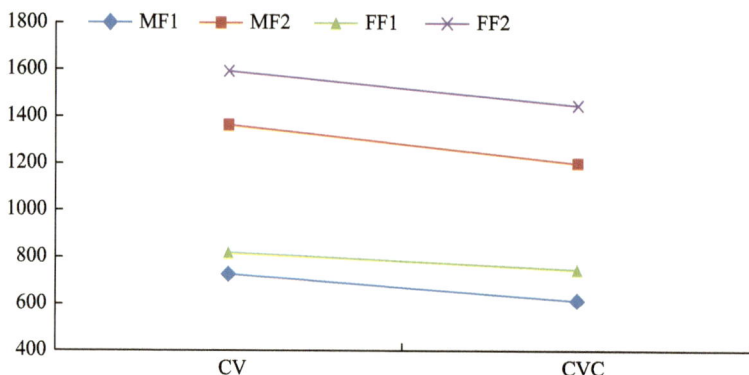

图 2.119　不同音节类型中出现的非词首 [ɐ] 元音第一共振峰 （F1）、
第二共振峰 （F2） 比较 （M&F）

我们从检验结果看，女发音人的 F1/F2 参数在词首与非词首音节之间差异性不显著，男发音人在 F1 上差异性不显著，F2 上差异性显著；男、女发音人的元音时长上都有显著性差异。

2.4　元音声学参数与前置辅音音质之间的相关性分析

表 2.83 为在不同前置辅音之后出现的或无前置辅音的非词首音节 [ɐ] 元音的声学参数统计表。图 2.120～2.122 为出现在非词首音节 （包括单音节词）[k-, m-, n-, p, s-, t-, tʰ-, f-, ɣ-, h-, j-, l-, r-, ʁ-, ʂ-, tʂ-, tʂʰ-, w-, x-] 等辅音 （前置辅音）之后 [ɐ] 元音的音长、音强和目标位置第一至第三共振峰 （F1、F2、F3） 的前过渡段频率 （TF1、TF2、TF3） 的变化示意图。其中，图 2.122 （1 和 3） 为以 TF1 的上升为准排列的，即以舌位自高至低排列示意图，图 2.122 （2 和 4） 为以 TF2 的上升为准排列，即舌位自后至前排列示意图。

图 2.120 显示，辅音音质与非词首 [ɐ] 元音声学参数之间具有一定的相关性。如，与该目标元音音长总值 （M：162ms、F：255ms） 相比，非词首 [ɐ] 元音出现在浊擦音 [ɣ-, ʁ-] 之后的音长比其目标元音音长总值相对较长，大约长 30ms （M）、60ms （F）。在清擦音 [f-, h-, s-] 之后的音长比其清擦音 [x-, ʂ-] 相对长，大约长 80ms （M）、100ms （F）。在清塞音 [k-, p-, t-] 辅音之后的元音音长比其目标元音总值相对短，大约短 40ms （M&F）。在不送气清塞音 [t-] 辅音之后元音音长比其送气清塞音 [t-] 辅音之后元音音长相对长，大约长 70ms （M）、100ms （F）；[t-]

辅音之后元音音长比其目标元音总值相对短，大约短 20ms（M）、80ms（F）。[t-] 辅音之后元音音长比其目标元音总值相对短，大约短 20ms（M&F）。

表 2.83 和图 2.121 显示，前置辅音音质与元音音强之间有一定的相关性。前置辅音为舌尖不送气清塞音 [t] 时的音强比其目标元音音强总值相对强，大约强 2dB（M&F）；前置辅音为舌尖送气清塞音 [tʰ] 时的音长相比目标元音音强总值相对弱，大约弱 2dB（M&F）。前置辅音为清擦音 [h-，ş-] 时的音强相比目标元音音强总值相对较强，大约强 2dB（M&F）；前置辅音为清擦音 [x-，s-] 时的音强相比目标元音音强总值相对较弱，大约弱 2dB（M&F）。前置辅音为浊辅音 [n-，m-，w-，ɣ-，j-，ʁ-] 时的音强相比目标元音音强总值相对较弱，大约弱 2dB（M&F）；只有前置辅音为浊辅音 [l] 时的音强相对目标元音音强总值相对较强，大约强 1dB（M&F）。

表 2.83 和图 2.122（1 和 3）显示，元音受到前置辅音的影响前过渡段有一定的变化。与 F1 总值相比前置辅音为送气清塞音、送气清塞擦音 [tʂʰ-，tʰ-] 时的前过渡段 TF1 共振峰分别上升到（开口度变大）750～800Hz（M）和 800～850Hz。其他辅音 [k-，m-，n-，p，s-，t-，f-，ɣ-，h-，j-，l-，r-，ʁ-，ş-，tʂ-，w-，x-] 之后的共振峰频率分别下降到（开口度变小）500～650Hz（M）和 500～800Hz（F）。很显然，与非词首 [ɐ] 元音第一共振峰相比，送气清塞音、送气清塞擦音 [tʂʰ-，tʰ-] 抬高了舌位的高度，而其他元音降低了 [ɐ] 元音舌位的高度。

表 2.83　非词首音节不同辅音之后和无前置辅音音节中 [ɐ] 元音声学参数比较（上 M& 下 F）

参数\辅音	VD	VA	TF1	TF2	TF3	F1	F2
k	119	70.4	662	1329	2312	740	1381
n	156	70.45	508	1528	2396	714	1422
m	153	70.67	493	1235	2361	698	1324
p	162	74.08	562	1184	2413	722	1281
s	163	72	572	1436	2410	711	1397
tʰ	109	69.12	754	1500	2591	690	1377
t	173	73.19	578	1532	2470	709	1364

参数 辅音	VD	VA	TF1	TF2	TF3	F1	F2
f	208	73.85	542	1253	2559	689	1276
ɣ	192	72.12	606	1283	2361	733	1331
h	242	75	546	1257	2607	753	1369
j	130	69.8	629	1628	2288	698	1465
l	181	72.24	607	1352	2375	749	1364
r	170	71.66	553	1499	2254	728	1393
ʁ	190	71	613	1309	2373	734	1325
ʂ	234	74.18	532	1655	2419	701	1336
tʂ	163	71.6	480	1691	2564	694	1377
tʂʰ	126	72.46	764	1601	2592	711	1437
w	159	70.5	603	1051	2448	702	1222
x	143	70.67	616	1419	2832	646	1431

参数 辅音	VD	VA	TF1	TF2	TF3	F1	F2
k	198	56.13	702	1535	2986	871	1616
n	275	57.15	580	1523	2476	766	1548
m	203	57.57	557	1245	2713	766	1518
p	239	60.88	655	1343	2921	863	1611
s	319	56.35	670	1707	3125	822	1579
tʰ	167	57.16	1024	1730	3173	838	1638
t	267	59.06	679	1642	2878	828	1605
f	318	57.67	631	1466	3190	836	1577
ɣ	297	57.55	725	1440	2863	831	1572
h	304	59.01	700	1389	2987	823	1555
j	147	57.67	658	2005	3069	805	1752
l	307	58.3	656	1559	2788	816	1619
r	303	58.57	594	1698	2577	872	1629
ʁ	343	58.07	697	1496	3028	833	1579
ʂ	254	60	578	1861	2795	838	1641
tʂ	215	58.9	505	1758	3041	818	1625
tʂʰ	234	56.81	797	1765	3026	788	1666

续表

参数\辅音	VD	VA	TF1	TF2	TF3	F1	F2
w	308	56.37	616	1215	3093	802	1570
x	199	56.67	722	1573	3176	847	1602

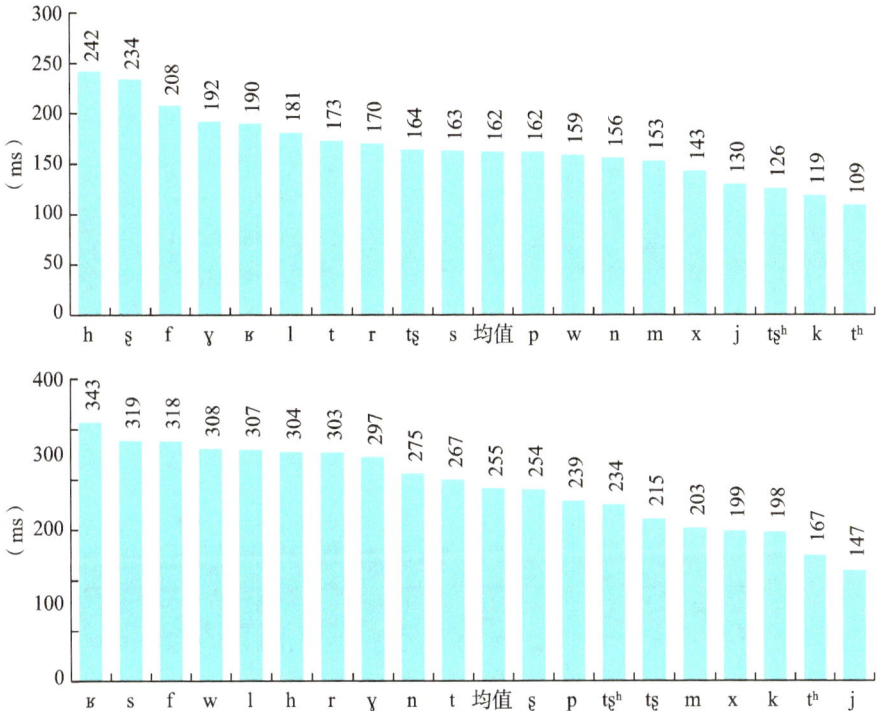

图 2.120　非词首音节不同辅音之后 [ɐ] 元音音长比较（M&F）

图 2.121-1　非词首音节不同辅音之后和无前置辅音音节中 [ɐ] 元音音强比较（M）

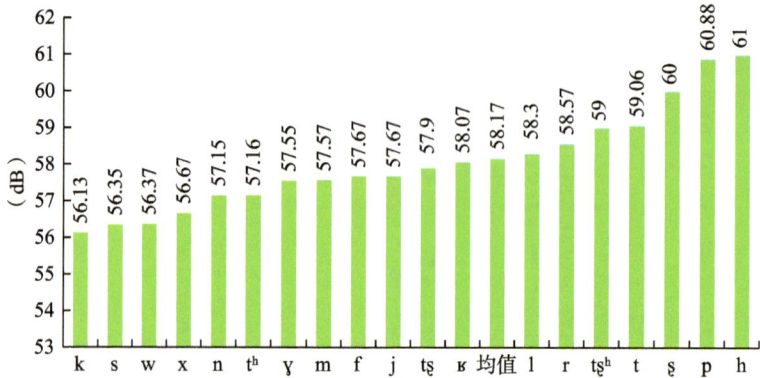

图 2.121-2　非词首音节不同辅音之后和无前置辅音音节中［ɐ］元音音强比较（M）

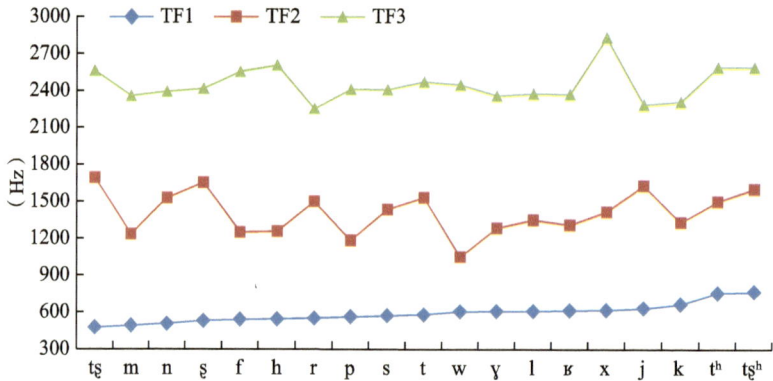

图 2.122-1　非词首不同辅音之后的［ɐ］元音三个共振峰前过渡段（TF1、
TF2、TF3）的变化示意（M）

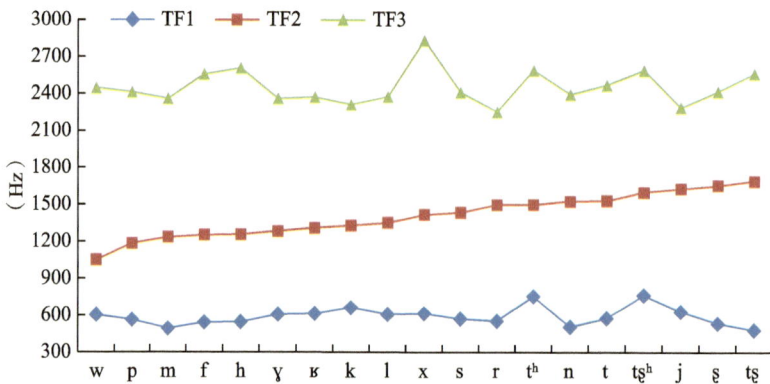

图 2.122-2　非词首不同辅音之后的［ɐ］元音三个共振峰前过渡段（TF1、
TF2、TF3）的变化示意（M）

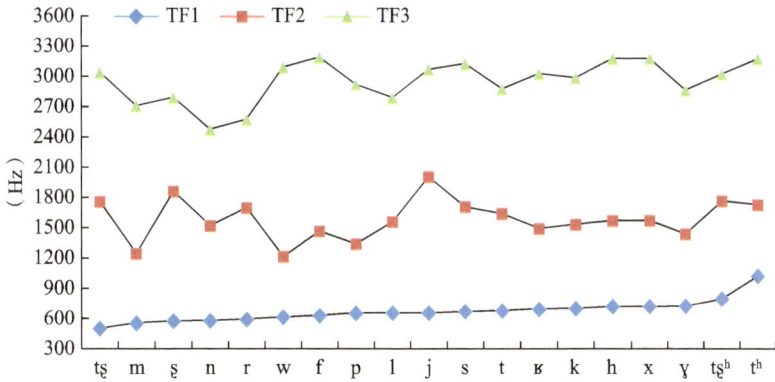

图 2.122-3 非词首不同辅音之后的［ɐ］元音三个共振峰前过渡段（TF1、
TF2、TF3）的变化示意（F）

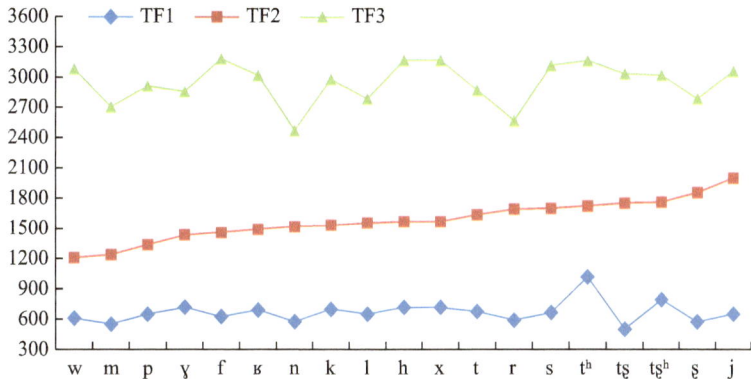

图 2.122-4 非词首不同辅音之后的［ɐ］元音三个共振峰前过渡段（TF1、
TF2、TF3）的变化示意（F）

表 2.83 和图 2.122（2 和 4）显示，元音受到前置辅音的影响前过渡段
有一定的变化。与 F2 总值相比，前置辅音为不送气清塞音［k-，p-］、浊
擦音［ʁ-，ɣ-］、清擦音［f-，h-，x-］、半元音［l-，w-］、鼻音［m-，
n-］时的前过渡段 TF2 共振峰分别下降后移到（舌位后移）1000~1350Hz
（M）和 1200~1600Hz；其他辅音［s-，t-，j-，r-，ʁ-，ʂ-，tʂ-］之后的
共振峰频率分别上升到（舌位前移）1400~1700Hz（M）和 1600~200Hz
（F）。

（二）［ə］元音

1. 声学特征与音色

1.1　［ə］元音三维语图和语音标注

图 2.123 为男发音人 ətə［ətə］"现在"一词的三维语图和三层标注实例。ətə［ətə］"现在"一词中非词首［ə］元音时长、音强分别为 241ms、77dB；该图上［ə］元音目标位置 F1～F4 四个共振峰频率为 612Hz、1530Hz、2827Hz、3958Hz。该语图比较真实地显示了［ə］元音在实际语流中的存在形式。

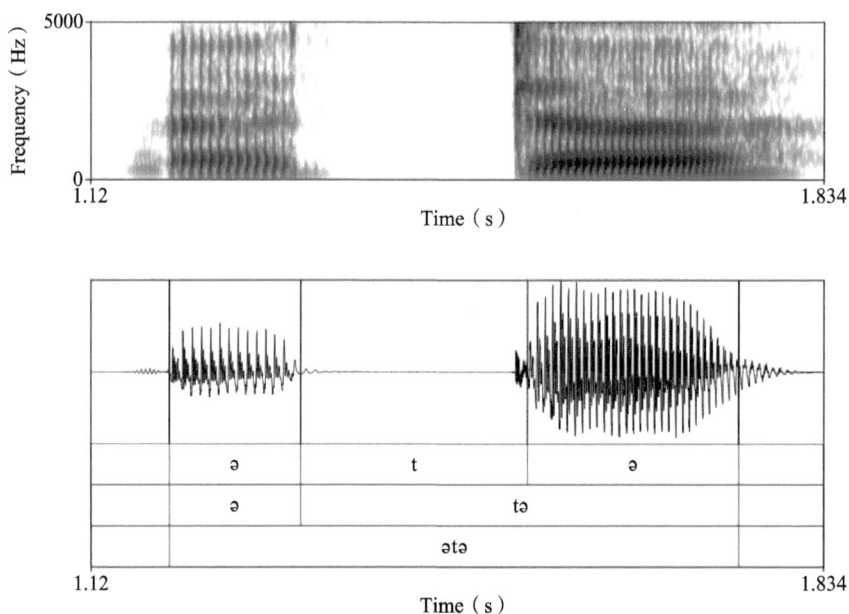

图 2.123　男发音人 ətə［ətə］"现在"一词的三维语图和三层标注实例

1.2　［ə］元音声学特征与声学参数

表 2.84 为非词首［ə］元音参数统计表。从表中可以看出，男、女发音人［ə］元音平均时长、平均音强分别为 M = 131ms，F = 246ms；M = 71.61dB，F = 58.31dB。元音 F1 和 F2 的频率均值分别为 M：F1 = 557Hz，F2 = 1573Hz；F：F1 = 579Hz，F2 = 1806Hz。图 2.124 为男、女发音人非词首［ə］元音在声学元音图中的位置及其声学空间中的分布模式。图中的国际音标位置为平均值点，勾勒出的范围和形状为［ə］元音音位变体及其分

布模式。图 2.125 还显示了 [ə] 元音在声学空间中分布范围为：F1 = 339 ~ 698Hz，F2 = 856 ~ 2098Hz（M）；F1 = 347 ~ 396Hz，F2 = 1225 ~ 2362Hz（F）。从表 2.84 和图 2.125 可以看出，与词首 [ə] 元音相比东乡语非词首 [ə] 元音变化不是很大，稍微有些"央化"趋势，但"央化"的现象不太明显。

表 2.84 非词首 [ə] 元音声学参数统计

	M					F				
	VD	VA	F1	F2	F3	VD	VA	F1	F2	F3
均值	131	71.61	557	1573	2653	246	58.31	579	1806	3142
标准差	74	3.59	77	173	328	133	4.56	67	176	218
变异系数	56%	5%	14%	11%	12%	54%	8%	12%	9%	7%
变化范围	23	61	339	856	1275	39	42	347	1225	2132
	315	78	698	2098	3554	410	68	696	2362	3716

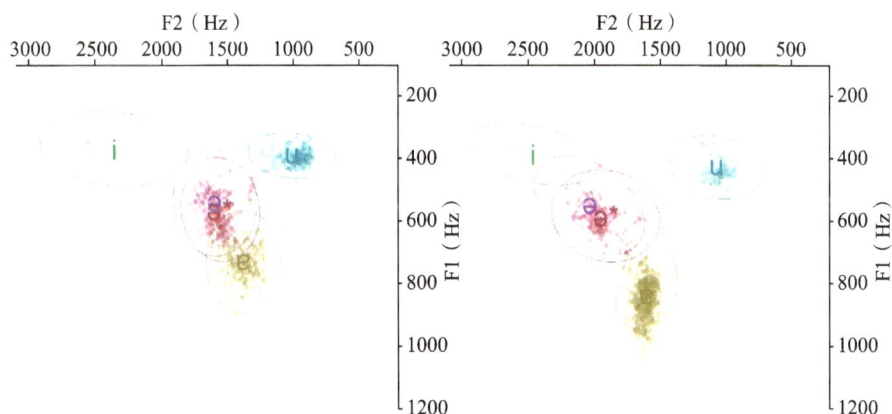

图 2.124 非词首 [ə] 元音在声学元音图中的位置及其声学空间中的分布模式（M&F）

2. 语流中的音变特征

2.1 目标位置共振峰频率与其前、后过渡段共振峰频率参数之间的显著性差异分析

图 2.125 和表 2.85 显示，男、女发音人 [ə] 元音目标位置第一、第二共振峰频率与其前、后过渡段共振峰频率之间共同的、具有统计学意义的特点（规律）有：与目标元音相比前、后过渡段共振峰频率都有较大变化，P 值都小于 0.05，存在显著差异（除了目标位置与后过渡段共振峰之间的没有显著性差异之外）。

从图 2.125 中还可以看出，东乡语非词首［ə］元音前、后过渡段有明显的变化，其中前过渡段变化大于后过渡段；从前、后过渡段的离散度看，前过渡段比后过渡段相对稳定。前过渡段（TF1/TF2）频率有下降趋势（开口度明显变小），下降 128Hz（M）和 84Hz（F）；后过渡段（TP1/TP2）舌位变化不太稳定。显然，前、后过渡段变化大于后过渡段。

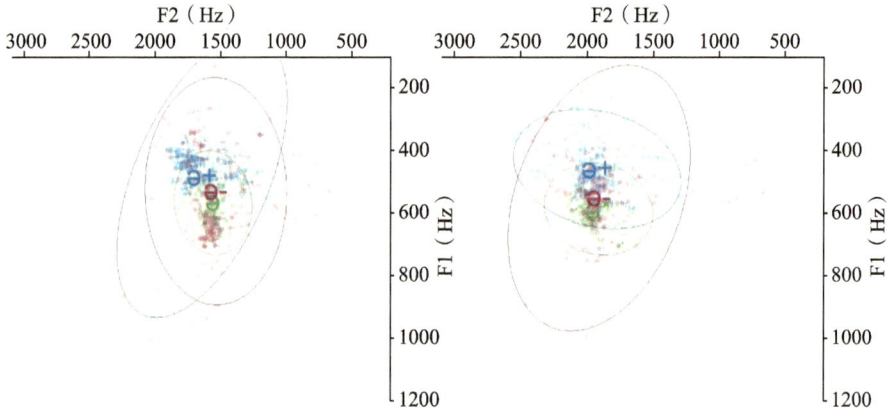

图 2.125 非词首［ə］元音目标位置共振峰（F1、F2）及其前、后过渡段（TF1、TF2/TP1、TP2）共振峰分布模式（M&F）

表 2.85 检验结果

检验样本 \ 检验值	sig（显著性），P 值			
	M		F	
	F1	F2	F1	F2
目标位置与前过渡段共振峰之间的显著性	0.000	0.000	0.000	0.000
目标位置与后过渡段共振峰之间的显著性	0.000	0.613	0.000	0.510
前过渡段共振峰与后过渡段共振峰之间的显著性	0.014	0.001	0.000	0.001

* P 值小于 0.05 存在显著差异；大于 0.05 差异不明显。下同。

2.2 元音声学参数与音节数量之间的相关性分析

2.2.1 ［ə］元音在单音节和多音节词中的出现频率统计

表 2.86 为非词首［ə］元音双音节、三音节、多音节（四音节以上为多音节）词中出现的频率统计表。该表显示，在统一平台中出现 199 次（M）和 164 次（F）。［ə］元音在双音节词中的出现频率较高，约占所有出现次数的 25%（M）、33%（F），三音节词的出现频率较高，约占所有出现

次数的 50%（M）、55%（F）。

表 2.86 不同音节中 [ə] 元音出现频率统计

发音人	双音节词		三音节词		多音节词		共计	
	M	F	M	F	M	F	M	F
出现次数	50	54	100	90	49	20	199	164
百分比	25%	33%	50%	55%	25%	12%	100%	100%

2.2.2 [ə] 元音声学参数与音节数量之间的相关性分析

下面探讨 [ə] 元音音长、音强和共振峰参数均值与其所出现词的音节数量之间的相关性问题。表 2.86 为在单、双、三音节词中出现的 [ə] 元音的音长（VD）、音强（VA）、共振峰目标值（F）统计表，图 2.126～2.128 为出现在单音节词、双音节词和三音节词中的 [ə] 元音音长（VD）、音强（VA）和目标位置共振峰均值的关系示意图，表 2.5 为 [ə] 元音音长及其目标位置第一、第二共振峰（F1/F2）的均值与其所出现的不同音节数量词之间的相关性分析表，即 P 值分析表。

表 2.87 和图 2.126～2.128 为男、女发音人非词首 [ə] 元音出现在双音节（B）、三音节（C）、多音节（D）时的音长（VD）、音强（VA）、共振峰统计表。从表 2.87 中的参数可以看出，音节数量与元音音长、音强有一定的相关性。如：[ə] 元音音长随着音节数量增加而相对缩短，音强随着音节数量的增加而相对变弱，非词首 [ə] 元音随着音节数量的增加而舌位有所下降（开口度变小），随着音节数量的变化舌位有所后移。例如：

M:216ms（B）→137ms（C）→87ms（D）；
　74.44dB（B）→71.07dB（C）→69.86dB（D）。
F:342ms（B）→220ms（C）→139ms（D）；
　60.11dB（B）→57.21dB（C）→57dB（D）。
M:F1＝605Hz（B）→565Hz（C）→517Hz（D）；
　F2＝1550Hz（B）→1544Hz（C）→1532Hz（D）。
F:F1＝612Hz（B）→556Hz（C）→546Hz（D）；
　F2＝1932Hz（B）→1923Hz（C）→1909Hz（D）。

表 2.87　出现在不同音节词中［e］元音音长（VD）、音强（VA）、共振峰统计

发音人		M					F				
参数		VD	VA	F1	F2	F3	VD	VA	F1	F2	F3
双音节词	平均值	216	74.44	605	1550	2679	342	60.11	612	1932	3177
	标准差	49	1.98	57	68	290	91	4.09	49	132	159
	变异系数	23%	3%	9%	4%	11%	27%	7%	8%	7%	5%
	变化范围	83	70	343	1421	1982	107	51	490	1515	2538
		315	78	680	1691	3554	528	68	696	2195	3387
三音节词	平均值	137	71.07	565	1544	2656	220	57.21	556	1923	3139
	标准差	74	3.30	57	115	308	55	4.60	55	317	180
	变异系数	54%	5%	10%	7%	12%	25%	8%	10%	16%	6%
	变化范围	34	63	420	1064	1596	39	42	410	1266	2300
		309	78	698	1887	3252	457	67	680	2362	3448
多音节词	平均值	87	69.86	517	1532	2608	139	57	546	1909	3057
	标准差	51	3.85	68	165	346	100	5.19	31	303	133
	变异系数	59%	6%	13%	11%	13%	72%	9%	6%	16%	4%
	变化范围	23	63	353	1178	1794	81	52	517	1620	2891
		234	77	660	1984	3143	290	63	583	2281	3216

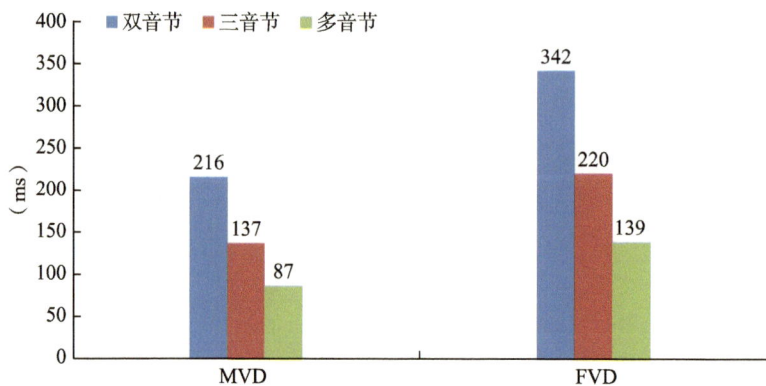

图 2.126　音节数量与音长之间关系示意（M&F）

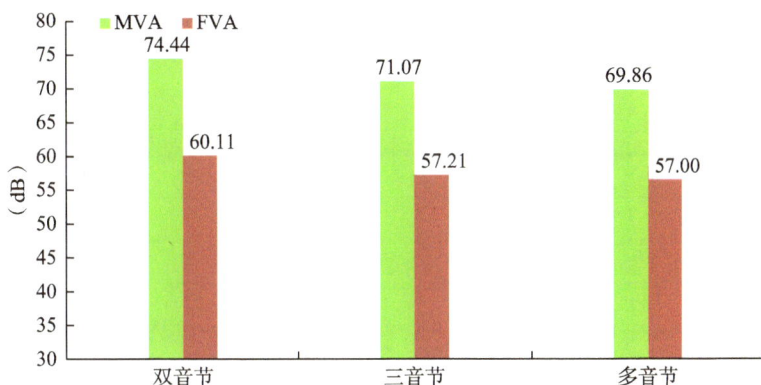

图 2.127　音节数量与音强之间关系示意（M&F）

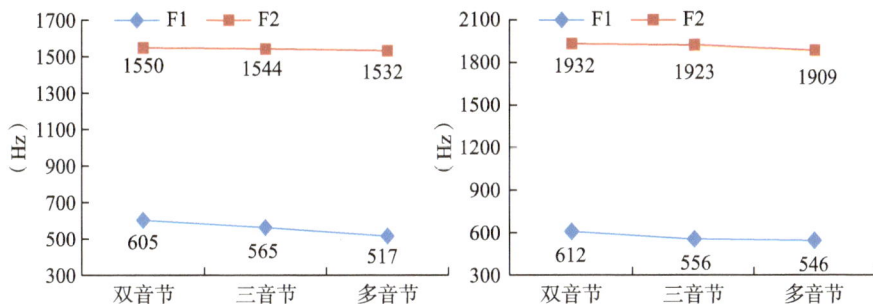

图 2.128　音节数量与共振峰之间关系示意（M&F）

表 2.88　检验结果

检验值	sig（显著性），P 值							
	M		F		M		F	
不同音节	F1	F2	F1	F2	VD	VA	VD	VA
双音节词—三音节词	0.008	0.163	0.000	0.000	0.000	0.000	0.000	0.010
双音节词—四音节词	0.000	0.000	0.000	0.031	0.000	0.000	0.000	0.030
三音节词—四音节词	0.015	0.005	0.010	0.000	0.000	0.149	0.000	0.101

* P 值小于 0.05 存在显著差异；大于 0.05 差异不明显。

2.3　元音声学参数与音节类型之间的相关性分析

2.3.1　[ə] 元音在不同音节类型中的出现频率统计

表 2.89 为非词首 [ə] 元音在不同音节类型中的出现比例统计表。从表 2.89 中可以看出，非词首 [ə] 元音在 CV 音节类型中出现频率高，出现

188 次，94%（M）；156 次，6%（F）。CVC 音节类型中出现的频率为，11 次，6%（M）；10 次，6%（F）。

表 2.89　不同音节类型中出现的［ə］元音频率统计

发音人	音节类型	CV	CVC	共计
M	出现次数	188	11	199
	百分比	94%	6%	100%
F	出现次数	156	18	164
	百分比	94%	6%	100%

2.3.2　［ə］元音声学参数与音节类型之间的相关性分析

表 2.90 为出现在不同音节类型中非词首［ə］元音声学参数统计表。从表 2.90 中可以看出，音节类型对非词首［ə］元音的音长（VD）、音强（VA）、共振峰频率有一定的影响、具有相关性。CV 音节类型（开音节）中的音长比其 CVC 音节类型（闭音节）中的音长要长，大约长 80~150ms（详见图 2.129）；CV 音节类型（开音节）中的音强比其 CVC 音节类型（闭音节）中的音强要强，大约强 1~2dB（详见图 2.130）；CV 音节类型（开音节）中的第一共振峰（F1）比其 CVC 音节类型（闭音节）中的第一共振峰（F1）频率相对低，大约降低 20~40Hz（详见图 2.131）；第二共振峰（F2）频率不太稳定，相关性较小。

表 2.90-1　不同音节类型中出现的非词首［ə］元音声学参数统计（M）

音节类型	参数	VD	VA	F1	F2	F3
CV	平均值	148	71.71	567	1552	2658
	标准差	78	3.57	64	120	303
	变异系数	53%	5%	11%	8%	11%
	变化范围	23	63	394	1064	1614
		315	78	698	1984	3554
CVC	平均值	77	70.11	517	1583	2512
	标准差	39	4.04	84	129	435
	变异系数	51%	6%	16%	8%	17%
	变化范围	31	65	353	1419	1596
		165	76	598	1762	3011

表 2.90-2 不同音节类型中非词首 ［ə］元音声学参数统计（F）

音节类型	参数	VD	VA	F1	F2	F3
CV	平均值	271	58.42	582	1960	3147
	标准差	134	4.60	59	133	174
	变异系数	49%	8%	10%	7%	6%
	变化范围	39	42	347	1515	2300
		450	68	696	2362	3448
CVC	平均值	113	56.13	560	1834	3191
	标准差	19	4.67	50	103	152
	变异系数	17%	8%	8%	6%	5%
	变化范围	93	50	554	1655	2923
		156	63	690	2011	3365

图 2.129 为不同音节类型中非词首 ［ə］元音音长（VD）比较图。从图中可以明显看出，［ə］元音在不同音节类型中的音长从短到长排序为：CV（271ms）>CVC（113ms）（F）、CV（148ms）>CVC（77ms）（M）。

图 2.130 为不同音节类型中 ［ə］元音音强（VA）比较图。从图中可以看出 ［ɐ］元音在不同音节类型中的音强强弱，从强到弱排序为 CVC（71.71dB）>CV（70.11dB）（M）、CVC（58.42dB）>CV（56.13dB）（F）。

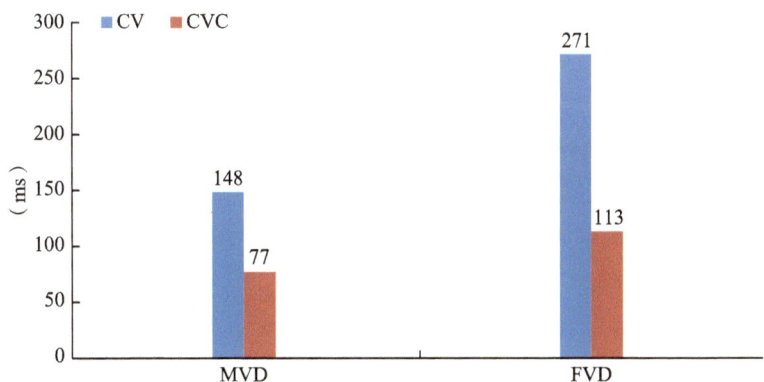

图 2.129 不同音节类型中出现的非词首 ［ə］元音音长（VD）比较（M&F）

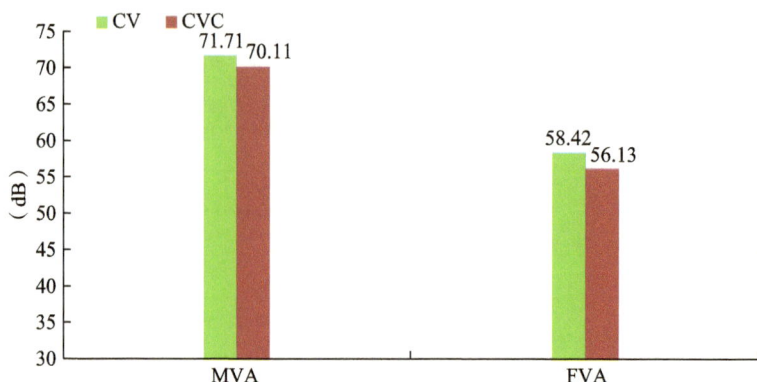

图 2.130　不同音节类型中出现的非词首 ［ə］ 元音音强（VA）比较（M&F）

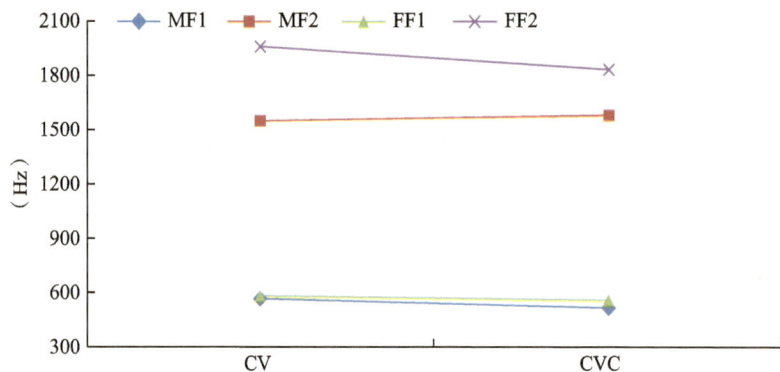

图 2.131　不同音节类型中出现的非词首 ［ə］ 元音第一共振峰（F1）、
第二共振峰（F2）比较（M&F）

图 2.131 为不同音节类型中非词首 ［ə］ 元音第一、第二共振峰（F1/F2）比较图。从图中可以看出，在不同音节类型中 ［ə］ 元音开口度与舌位前、后排序模式，开口度以小到大排序为 M：CV（567Hz）>CVC（517Hz）；F：CV（582Hz）>CVC（560Hz）。

2.4　元音声学参数与前置辅音音质之间的相关性分析

表 2.91 为在非词首音节不同辅音之后出现的 ［ə］ 元音声学参数比较表，图 2.132～2.134 为出现在非词首音节 ［m-、n-、s-、t-、ɣ-、r-、tʂ-、tʂʰ-］ 等辅音（前置辅音）之后出现的 ［ə］ 元音的音长、音强和目标位置第一至第三共振峰（F1、F2、F3）的前过渡段频率（TF1、TF2、TF3）的变化示意图。图 2.132 显示，辅音音质与非词首 ［ə］ 元音声学参数之间具

有一定的相关性。如，与该目标元音音长总值（M：131ms、F：246ms）相比，非词首［ə］元音出现在鼻音［n-，m-］之后的音长比其目标元音音长总值相对短，大约短15ms（M）、80ms（F）。在清擦音［s-］之后的音长目标元音音长总值相对长，大约长100ms（M&F）。

　　表2.91与图2.133显示，前置辅音音质与元音音强之间的有一定的相关性。与该目标元音音长总值（M：131ms、F：246ms）相比，非词首［ə］元音在不送气清塞音、不送气清塞擦音［t-，tʂ-］之后的音强比其送气塞擦音［tʂʰ］相对弱，大约强2dB（M&F）。

　　图2.134-1和2.134-3为以TF1的上升为准排列的，即以舌位自高至低排列示意图，图2.134-2和2.134-4为以TF2的上升为主准排列，即舌位自后至前排列示意图。从表2.91与图2.134-1和2.134-3可以看出，元音受到前置辅音的影响前过渡段有一定的变化，但是规律性比较弱。显然，前过渡段（TF1）对第一共振峰（F1）总值影响不是很大。从表2.91与图2.134-2和2.134-4可以看出，元音受到前置辅音的影响前过渡段有一定的变化。前置辅音为不送气清塞擦音［tʂʰ］时的舌位最前，1853Hz（M）、1980Hz（F）；前置辅音为［m-，ɣ-］时前过渡段TF2共振峰分别下降后移到（舌位后移）1300Hz左右（M）和1400~1800Hz（F）。

表2.91　非词首音节不同辅音之后和无前置辅音音节中出现的［ə］元音声学参数比较（上 M& 下 F）

参数\辅音	VD	VA	TF1	TF2	TF3	F1	F2
n	125	73	438	1693	3010	547	1638
m	133	70	416	1361	2407	606	1539
s	311	73.71	432	1601	2836	587	1519
t	170	73.34	469	1660	2694	576	1562
ɣ	85	68	454	1349	2557	552	1455
r	153	71.39	468	1582	2565	562	1545
tʂ	159	71.62	559	1853	2802	567	1560
tʂʰ	166	70.4	502	1707	2432	587	1560

续表

参数 辅音	VD	VA	TF1	TF2	TF3	F1	F2
n	200	57.6	453	1874	3112	585	1885
m	128	55.62	455	1430	2757	581	1835
s	341	50.66	458	1864	2959	601	1965
t	316	58.62	514	1869	2978	572	2027
ɣ	287	57.66	516	1820	3055	617	1927
r	270	58	470	1906	3089	584	1958
tʂ	283	59	494	1980	3146	570	1930
tʂʰ	291	58.12	481	1823	3026	596	1933

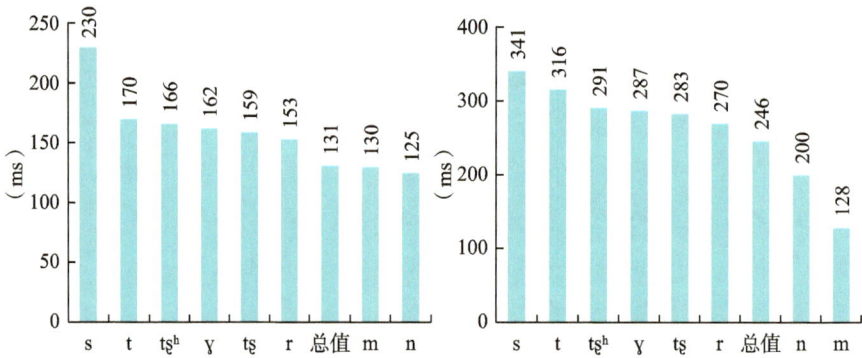

图 2.132　词首音节不同辅音之后出现的［ə］元音音长比较（M&F）

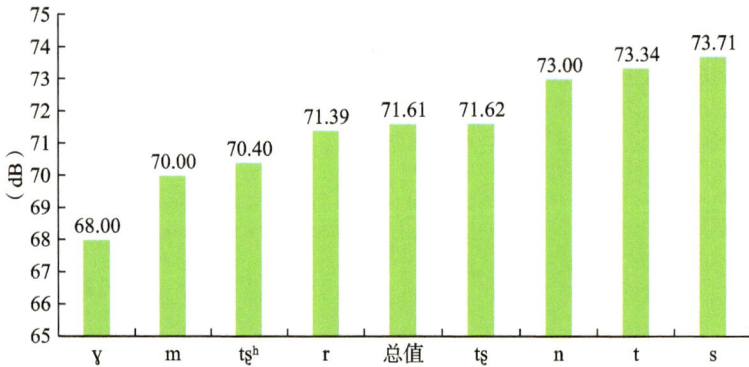

图 2.133-1　词首音节不同辅音之后和无前置辅音音节中出现的

［ə］元音音强比较（M）

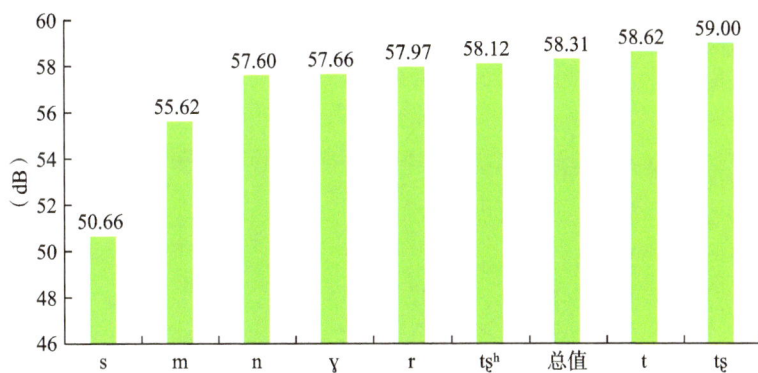

图 2.133-2　词首音节不同辅音之后和无前置辅音音节中出现的
[ə] 元音音强比较（F）

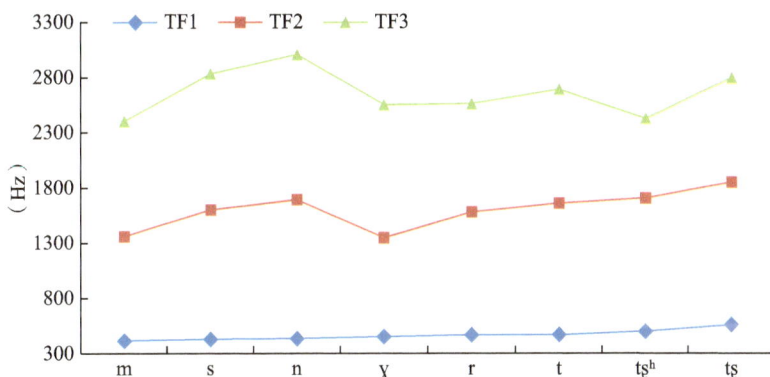

图 2.134-1　词首不同辅音之后出现的 [ə] 元音三个共振峰前过渡段
（TF1、TF2、TF3）的变化示意（M）

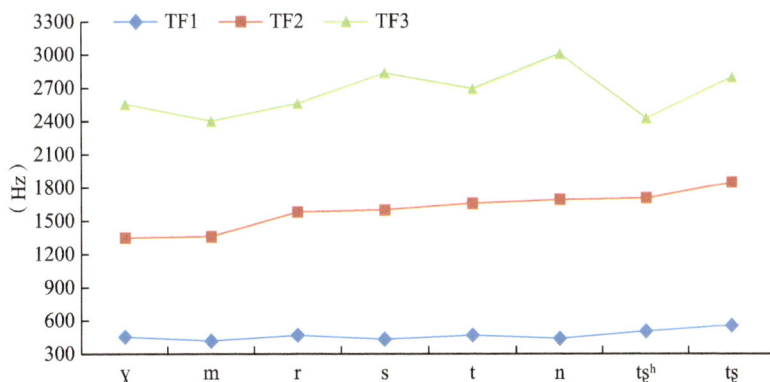

图 2.134-2　词首不同辅音之后出现的 [ə] 元音三个共振峰前过渡段
（TF1、TF2、TF3）的变化示意（M）

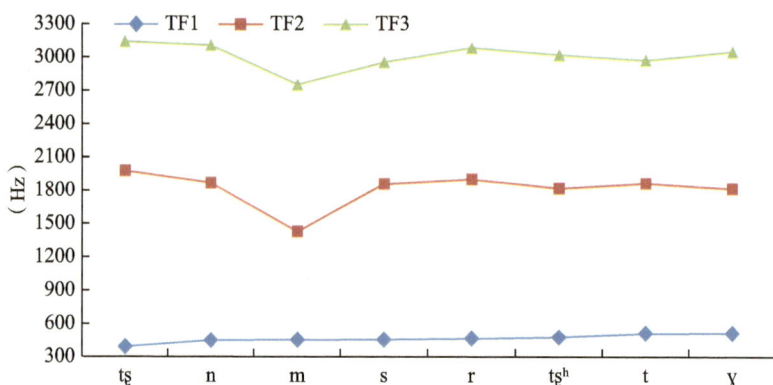

图 2.134-3　词首不同辅音之后的〔ə〕元音三个共振峰前过渡段（TF1、TF2、TF3）的变化示意（F）

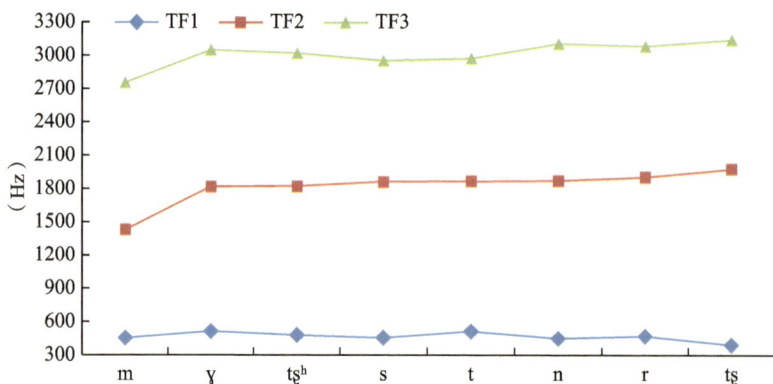

图 2.134-4　词首不同辅音之后的〔ə〕元音三个共振峰前过渡段（TF1、TF2、TF3）的变化示意（F）

〔ə〕在非词首 CV、CVC 音节中出现，我们对词首 CV、CVC 音节中出现的〔ə〕与非词首 CV、CVC 音节〔ə〕元音共振峰 F1/F2、时长参数做了配对样本 T 检验（词首 CV、CVC 为一组，非词首 CV、CVC 为一组），结果如表 2.92 所示。

表 2.92　检验结果

	sig（双侧）					
	M		F		M	F
	F1	F2	F1	F2	VD	VD
词首—非词首	0.000	0.020	0.040	0.000	0.030	0.009

我们从检验结果看，男、女发音人的 F1/F2 参数在词首与非词首音节之间差异性不显著，男、女发音人在元音时长上都有显著性差异。

（三）[i]

1. 声学特征与音色

1.1　[i] 元音三维语图和语音标注

图 2.135 为男发音人 ɐki[ɐki]"拿、取"一词的三维语图和三层标注实例。ɐki[ɐki]"拿、取"一词中非词首 [i] 元音时长、音强分别为251ms、74dB；该图中 [i] 元音目标位置 F1~F4 四个共振峰频率为：343Hz、2250Hz、2481Hz、3774Hz。该语图比较真实地显示了 [i] 元音在实际语流中的存在形式。

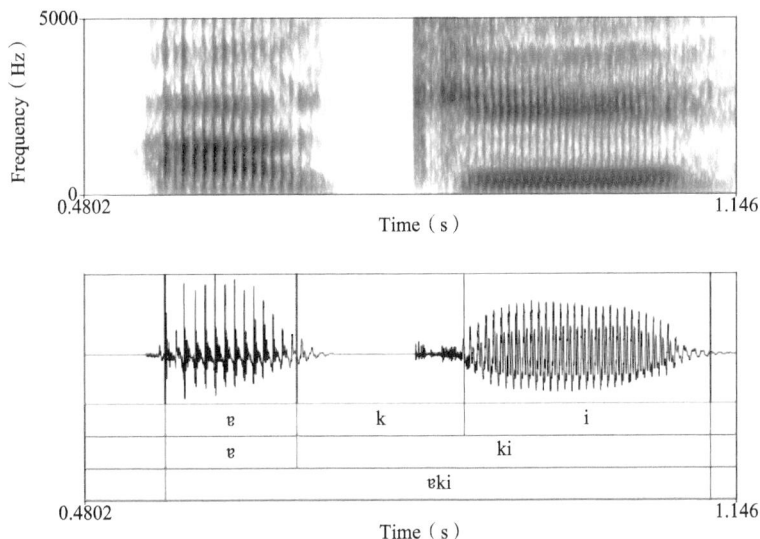

图 2.135　男发音人 ɐki[ɐki]"拿、取"一词的三维语和三层标注实例

1.2　[i] 元音声学特征与声学参数

表 2.93 为非词首 [i] 元音参数统计表。表中可以看出，男、女发音人 [i] 元音平均时长、平均音强分别为 M = 165ms，F = 256ms；M = 71.04dB，F = 57.23dB。元音 F1 和 F2 的频率均值分别为 M：F1 = 371Hz，F2 = 2323Hz；F：F1 = 394Hz，F2 = 2390Hz。图 2.136 为男、女发音人非词首音节 [i] 元音在声学元音图中的位置及其声学空间中的分布模式。图 2.136 还显示了 [i] 元音在声学空间中分布范围：F1 = 235~536Hz，F2 = 1590~

2831Hz（M）；F1 = 290 ~ 511Hz，F2 = 1545 ~ 2770Hz（F）。从表 2.93 和图 2.136 中还可以看出，与词首 [i] 元音相比非词首 [i] 元音舌位变化较小，第一共振峰（F1）频率有上升现象，大约上升 50 ~ 70Hz（M&F）；第二共振峰（F2）有前移现象，可以看出，非词首 [i] 元音开口度稍微变大，舌位稍有前移现象。

表 2.93　非词首 [i] 元音声学参数统计

	M					F				
	VD	VA	F1	F2	F3	VD	VA	F1	F2	F3
均值	165	71.04	371	2323	2941	256	57.23	394	2390	3230
标准差	79	4.26	49	263	250	27	3.89	44	300	162
变异系数	48%	6%	13%	11%	9%	11%	7%	11%	13%	5%
变化范围	23	57	235	1590	2053	28	46	290	1545	2438
	359	77	536	2831	3620	335	68	511	2770	3594

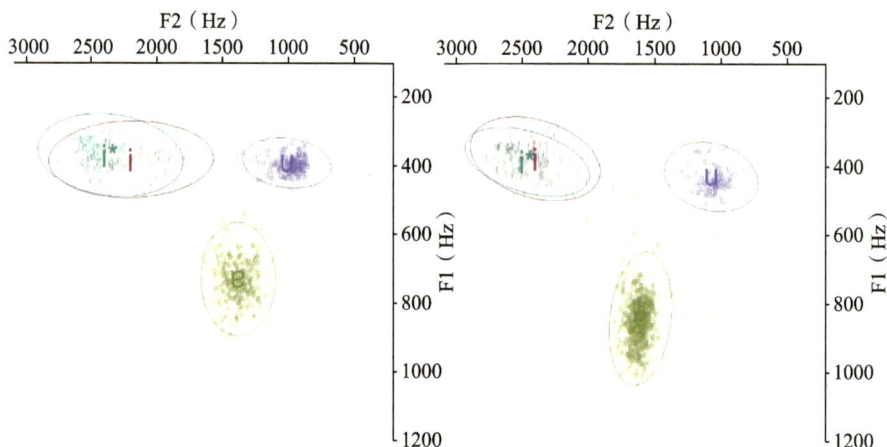

图 2.136　非词首 [i] 元音在声学元音图中的位置及其声学空间中的分布模式（M&F）

2. 语流中的音变特征

2.1　目标位置共振峰频率与其前、后过渡段共振峰频率参数之间的显著性差异分析

图 2.137 为非词首 [i] 元音目标位置共振峰及其前、后过渡段（TF1、TF2/TP1、TP2）分布模式图。从图 2.137 中可以看出，东乡语非词首 [i]

元音前、后过渡段有一定的变化，其中前过渡段变化大于后过渡段；从前、后过渡段的离散度看，后过渡段相比前过渡段相对稳定。前、后过渡段（TF2、TP2）舌位有后移现象，大约后移到 1800～2100Hz（M）、2000～2200Hz（F）。显然，东乡语非词首［i］元音前过渡段变化大于后过渡段。

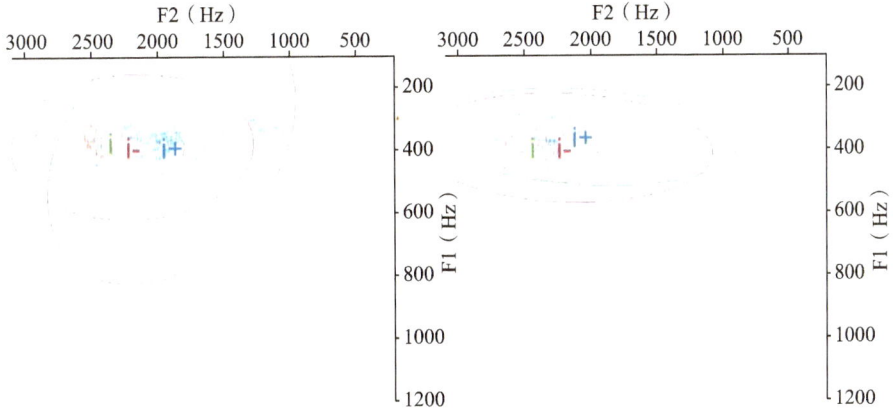

图 2.137　非词首［i］元音目标位置共振峰（F1、F2）及其前、后过渡段
（TF1、TF2/TP1、TP2）共振峰分布模式（M&F）

图 2.137 和表 2.94 显示，男、女发音人［i］元音目标位置第一、第二共振峰频率与其前、后过渡段共振峰频率之间①的共同的、具有统计学意义的特点（规律）有：与目标元音相比前、后过渡段共振峰频率都有较大变化，P 值都小于 0.05，存在显著差异。

表 2.94　检验结果

检验值	sig（显著性），P 值			
	M		F	
检验样本	F1	F2	F1	F2
目标位置与前过渡段共振峰之间的显著性	0.041	0.003	0.000	0.001
目标位置与后过渡段共振峰之间的显著性	0.000	0.063	0.000	0.042
前过渡段共振峰与后过渡段共振峰之间的显著性	0.000	0.274	0.000	0.135

＊ P 值小于 0.05 存在显著差异；大于 0.05 差异不明显。下同。

---

① 本书虽然检验了［ɐ］元音前过渡段共振峰与后过渡段共振峰之间的显著性，即 TF1/TF2 和 TP1/TP2 之间的显著性，但本书暂时忽略该检验结果，下同。

2.2 元音声学参数与音节数量之间的相关性分析

2.2.1 [i]元音在单音节和多音节词中的出现频率统计

表 2.95 为非词首 [i] 元音双音节、三音节、多音节（四音节以上为多音节）词中出现的频率统计表。表 2.94 显示，非词首 [i] 元音在统一平台中出现 211 次（M）和 154 次（F）。[i] 元音在双音节词中的出现频率较高，约占所有出现次数的 35%（M）、51%（F），三音节词中的出现频率约占所有出现次数的 52%（M）、40%（F）。

表 2.95 不同音节中 [i] 元音出现频率统计

	双音节词		三音节词		多音节词		共计	
发音人	M	F	M	F	M	F	M	F
出现次数	74	78	109	61	28	15	211	154
百分比	35%	51%	52%	40%	13%	10%	100%	100%

2.2.2 [i]元音声学参数与音节数量之间的相关性分析

下面探讨 [i] 元音音长、音强和共振峰参数均值与其所出现的词的音节数量之间的相关性问题。表 2.96 为在单、双、三音节词中出现的 [i] 元音的音长（VD）、音强（VA）、共振峰目标值（F）统计表，图 2.138 ~ 2.140 为出现在单音节词、双音节词和三音节词中的 [i] 元音目标位置音长（VD）、音强（VA）、共振峰（F）示意图，表 2.97 为 [i] 元音音长及其目标位置第一、第二共振峰（F1/F2）的均值与其所出现的不同音节数量词之间的相关性分析表，即 P 值分析表。

表 2.96 ~ 2.97 与图 2.138 ~ 2.140 中可以看出，音节数量与元音音长（VD）、音强（VA）有一定的相关性。如：[i] 元音音长随着音节数量增加而相对缩短，音强随着音节数量的增加而相对变弱，非词首 [i] 元音随着音节数量的增加而舌位有所上升（开口度变大），随着音节数量的变化舌位有所后移。如：

M:225ms(B)→138ms(C)→110ms(D);73.69dB(B)→69.67dB(C)→69.39dB(D)。

F:339ms(B)→166ms(C)→79ms(D);58.03dB(B)→57.69dB(C)→56.33dB(D)。

M:F1 = 366Hz(B)→370Hz(C)→383Hz(D);

F2 = 2426Hz(B)→2281Hz(C)→2213Hz(D)。

F:F1 = 386Hz(B)→403Hz(C)→405Hz(D);

$$F2 = 2457Hz(B) \rightarrow 2323Hz(C) \rightarrow 2201Hz(D)。$$

表 2.96　出现在不同音节词中 ［i］元音音长（VD）、音强（VA）、共振峰统计

发音人		M					F				
参数		VD	VA	F1	F2	F3	VD	VA	F1	F2	F3
双音节词	平均值	225	73.69	366	2426	2975	339	58.03	386	2457	3251
	标准差	46	1.63	41	167	241	90	3.80	39	263	139
	变异系数	20%	2%	11%	7%	8%	27%	7%	10%	11%	4%
	变化范围	101	69	296	1935	2481	81	49	303	1210	2438
		359	77	474	2740	3501	429	68	507	2764	3469
三音节词	平均值	138	69.67	370	2281	2911	166	57.69	403	2323	3205
	标准差	75	4.62	50	276	248	125	49	334	177	177
	变异系数	54%	7%	14%	12%	9%	75%	12%	14%	6%	6%
	变化范围	24	57	235	1590	2053	35	290	1045	2613	2613
		325	77	508	2764	3585	441	511	2770	3592	3592
多音节词	平均值	110	69.39	383	2213	2965	79	56.33	405	2201	3195
	标准差	68	4.36	62	328	277	55	2.73	45	160	255
	变异系数	62%	6%	16%	15%	9%	70%	5%	11%	7%	8%
	变化范围	23	63	283	1612	2341	28	55	371	1991	2857
		229	77	536	2831	3620	286	62	487	2341	3594

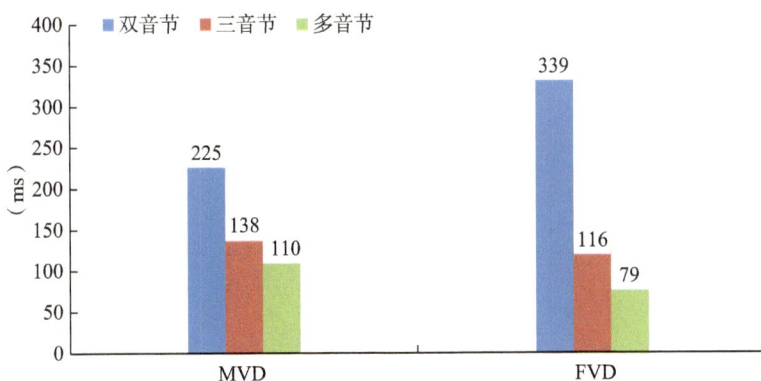

图 2.138　音节数量与音长之间关系示意（M&F）

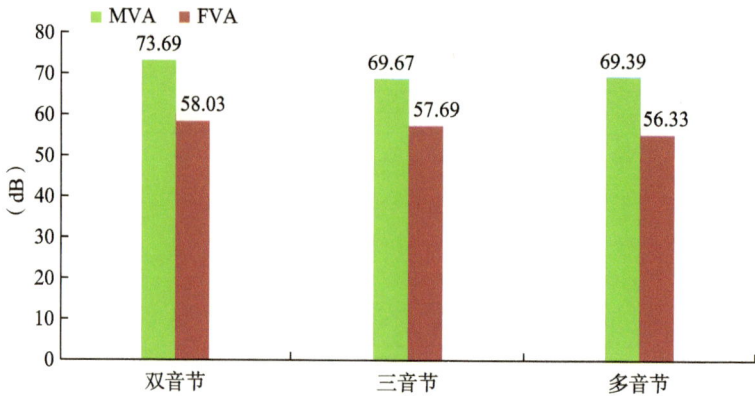

图 2.139　音节数量与音强之间关系示意（M&F）

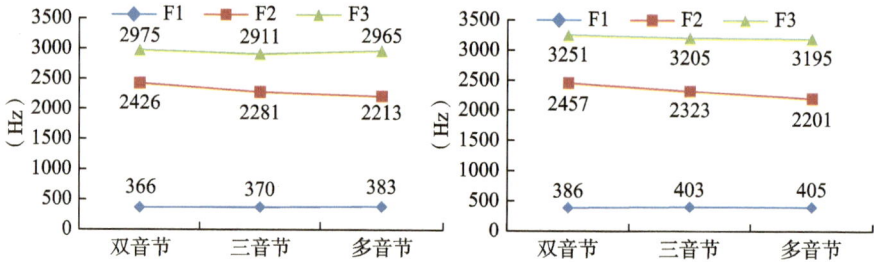

图 2.140　音节数量与共振峰之间关系示意（M&F）

表 2.97　检验结果

检验值 不同音节	sig（显著性），P 值							
	M		F		M		F	
	F1	F2	F1	F2	VD	VA	VD	VA
双音节词—三音节词	0.316	0.000	0.101	0.000	0.000	0.000	0.005	0.000
双音节词—多音节词	0.000	0.000	0.003	0.000	0.000	0.000	0.011	0.000
三音节词—多音节词	0.000	0.000	0.000	0.000	0.054	0.761	0.061	0.147

2.3　元音声学参数与音节类型之间的相关性分析

2.3.1　[i] 元音在不同音节类型中的出现频率统计

表 2.98 为非词首 [i] 元音在不同音节类型中的出现比例统计表。从表 2.98 中可以看出，非词首音节中的 [i] 元音在 CV 音节类型中出现频率高，出现 190 次，90%（M）；154 次，92%（F）。CVC 音节类型中出现的频率为 21 次，10%（M）、13 次，8%（F）。

表 2.98　不同音节类型中 ［ə］ 元音的频率统计

	音节类型	CV	CVC	共计
M	出现次数	190	21	211
	百分比	90%	10%	100%
F	出现次数	141	13	154
	百分比	92%	8%	100%

2.3.2　［i］元音声学参数与音节类型之间的相关性分析

表 2.99 为出现在不同音节类型中非词首 ［i］ 元音声学参数统计表。从表 2.99 中可以看出，音节类型对非词首 ［i］ 元音的音长 （VD）、音强 （VA）、共振峰频率有一定的影响、具有一定的相关性。CV 音节类型 （开音节） 中的音长比其 CVC 音节类型 （闭音节） 中的音长要长，大约长 100~150ms （详见图 2.141）；CV 音节类型 （开音节） 中的音强比其 CVC 音节类型 （闭音节） 中的音强要强，大约强 1dB （详见图 2.142）；CV 音节类型 （开音节） 中的第一共振峰 （F1） 比其 CVC 音节类型 （闭音节） 中的第一共振峰 （F1） 频率相对低 （开口度小），大约低 30~50Hz （详见图 2.143）；CV 音节类型 （开音节） 中的非词首 ［i］ 元音舌位比其 CVC 音节类型 （闭音节） 中的非词首 ［i］ 元音舌位相对靠后，大约靠后 100~200Hz。

表 2.99-1　不同音节类型中非词首 ［i］ 元音声学参数统计 （M）

音节类型	参数	VD	VA	F1	F2	F3
CV	平均值	167	71.06	370	2324	2937
	标准差	78	4.28	49	263	250
	变异系数	47%	6%	13%	11%	9%
	变化范围	23	57	235	1590	2053
		359	77	536	2831	3620
CVC	平均值	66	71.40	406	2272	3100
	标准差	23	3.51	55	305	242
	变异系数	35%	5%	13%	13%	8%
	变化范围	41	67	346	1906	2727
		101	76	479	2553	3370

表 2.99-2　不同音节类型中非词首 [i] 元音声学参数统计 （F）

音节类型	参数	VD	VA	F1	F2	F3
CV	平均值	270	57.14	389	2411	3243
	标准差	137	3.81	42	290	148
	变异系数	51%	7%	11%	12%	5%
	变化范围	28	46	290	1045	2613
		451	68	511	2770	3594
CVC	平均值	106	58.23	443	2174	3093
	标准差	57	4.68	33	335	228
	变异系数	54%	8%	8%	15%	7%
	变化范围	64	50	386	1210	2438
		264	68	507	2475	3304

图 2.141 为不同音节类型中非词首 [i] 元音音长（VD）比较图。从图 2.141 中可以明显看出，[i] 元音在不同音节类型中的音长从短到长排序为：CV（167ms）>CVC（66ms）（M）、CV（1270ms）>CVC（106ms）（F）。

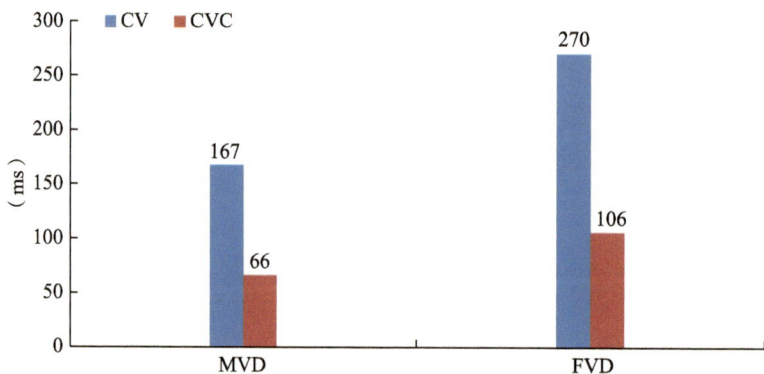

图 2.141　不同音节类型中出现的非词首 [i] 元音音长（VD）比较（M&F）

图 2.142 为不同音节类型中 [i] 元音音强（VA）比较图。从图 2.142 中可以看出 [i] 元音在不同音节类型中的音强强弱。从强到弱排序为 CVC（71.06dB）>CV（71.40dB）（M）、CVC（57.14dB）>CV（58.23dB）（F）。

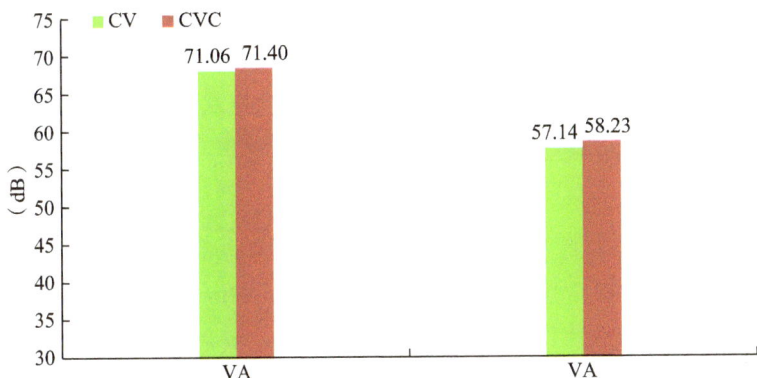

图 2.142　不同音节类型中出现的非词首［i］元音音强（VA）比较（M&F）

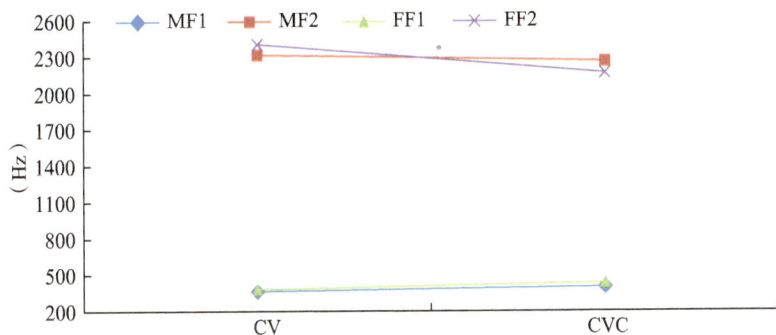

图 2.143　不同音节类型中出现的非词首［i］元音第一共振峰（F1）、
第二共振峰（F2）比较（M&F）

　　图 2.143 为不同音节类型中非词首［i］元音第一、第二共振峰（F1/F2）比较图。从图 2.143 中可以看出，在不同音节类型中［i］元音开口度与舌位前后排序模式，开口度以小到大排序为 M：CV（370Hz）→CVC（406Hz）；F：CV（389Hz）→CVC（443Hz）；舌位从前到后排序为：CV（2324Hz）→CVC（2272Hz）；F：CV（2411Hz）→CVC（2174Hz）。

　　2.4　元音声学参数与前置辅音音质之间的相关性分析

　　表 2.100 为出现在非词首音节不同前置辅音之后［i］元音声学参数比较表，图 2.144~2.146 为出现在非词首音节［ɣ-，j-，k-，kʰ-，l-，m-，n-，r-，ʁ-，t-］等辅音（前置辅音）之后［i］元音的音长（VD）、音强（VA）和目标位置第一至第三共振峰（F1、F2、F3）的前过渡段频率（TF1、TF2、TF3）的变化示意图。

图 2.144 显示，辅音音质与非词首［i］元音声学参数之间具有一定的相关性。如，与该目标元音音长总值（M：165ms、F：256ms）相比，非词首［i］元音出现在鼻音［m-］之后的音长比其目标元音音长总值相对短，大约短 40ms（M）、80ms（F）；在鼻音［n-］之后的音长比其目标元音音长总值相对长，大约长 20ms（M）、60ms（F）。非词首［i］元音在送气清塞音、浊辅音［ɣ-、j-、kʰ-、l-］之后的音长比其在不送气清塞音、颤音［k-、r-］之后的相对短，大约短 20ms（M）、80ms（F）。显然，东乡语中前置辅音的发音方法（送气和浊辅音）会延长其后置元音的音长，而不送气清塞音、颤音等发音方法会缩短其后置辅音的音长。

表 2.100 与图 2.145 显示，前置辅音音质与元音音强之间相关性不是很大。与该目标元音音长总值（M：71.04dB、F：57.23dB）相比，非词首［i］元音在［j］之后的音强比其目标元音音强总值要弱，大约弱 1dB（M&F）。

图 2.146-1 和 2.146-3 为以 TF2 的上升为准排列的，即以舌位自高至低排列示意图，图 2.146-2 和 2.146-4 为以 TF2 的上升为主准排列，即舌位自后至前排列示意图。从表 2.100 与图 2.146-1 和 2.146-3 可以看出，元音受到前置辅音的影响前过渡段有一定的变化，但是规律性不强。显然，前过渡段（TF1）对第一共振峰（F1）总值影响不是很大。从表 2.100 与图 2.146-2 和 2.146-4 可以看出，元音受到前置辅音的影响前过渡段有一定的变化。前置辅音为鼻音［m-］，之后的元音舌位较后，为 1368Hz（M）、1578Hz（F）；前置辅音为清塞音［kʰ-］时对前过渡段 TF2 共振峰的影响较大，元音舌位较前，为 2259Hz（M）、2476Hz（F）。

表 2.100 非词首音节不同辅音之后和无前置辅音音节中出现的
［i］元音声学参数比较（上 M& 下 F）

参数\辅音	VD	VA	TF1	TF2	TF3	F1	F2
ɣ	144	69.29	429	1900	2760	411	2279
j	149	71	397	1914	2715	383	2319
k	170	71.66	403	2232	2795	344	2286
kʰ	141	69	713	2259	2808	377	2368

续表

参数 辅音	VD	VA	TF1	TF2	TF3	F1	F2
l	146	71.25	385	1956	2857	387	2278
m	128	69.5	341	1578	2562	344	2481
n	187	71.66	329	1368	2642	370	2461
r	175	70.03	400	1929	2735	349	2269
ʁ	189	72.46	412	2042	2653	405	2371
t	168	71.16	336	2091	2773	328	2340

参数 辅音	VD	VA	TF1	TF2	TF3	F1	F2
ɣ	195	55.55	430	2014	3155		
j	199	56.5	396	2259	3170	384	2498
k	286	55.6	411	2458	3519	352	2483
kʰ	353	60.75	346	2476	3354	393	2520
l	244	56.68	347	2295	3256	389	2400
m	180	55.62	359	1212	2740	420	2495
n	314	55.38	358	1306	2889	412	2319
r	337	58.11	409	1956	2921	371	2573
ʁ	341	61.83	428	2298	3210	431	2585
t	315	58.83	355	2280	2916	346	2594

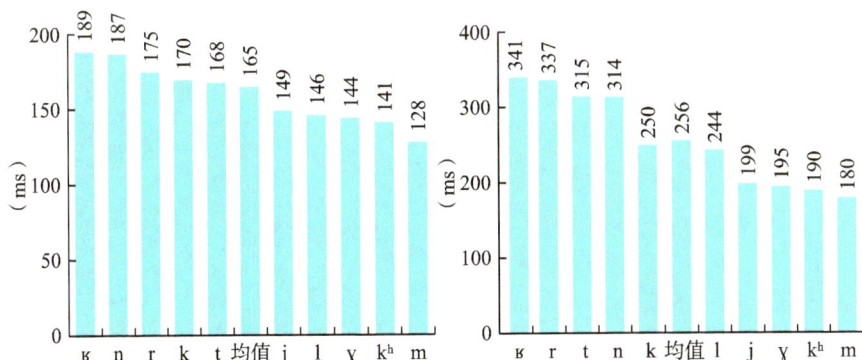

图 2.144　词首音节不同辅音之后出现的［i］元音音长比较（M&F）

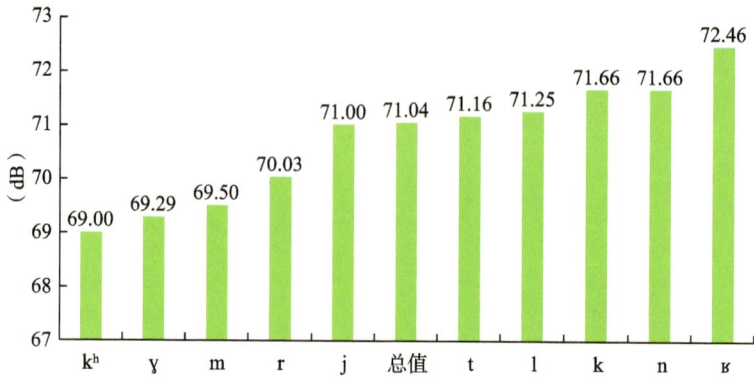

图 2.145-1 词首音节不同辅音之后和无前置辅音音节中出现的
[i] 元音音强比较（M）

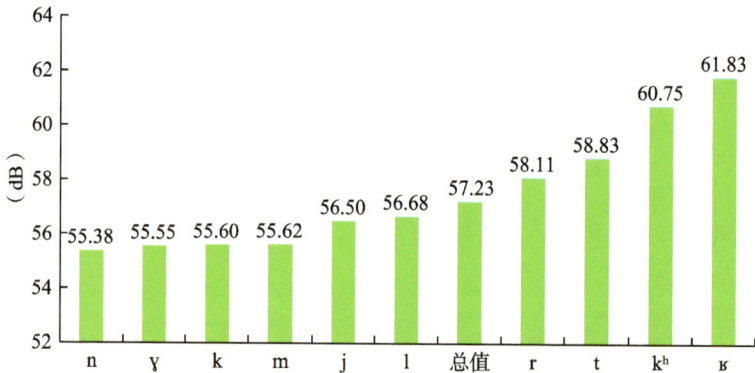

图 2.145-2 词首音节不同辅音之后和无前置辅音音节中出现的
[i] 元音音强比较（F）

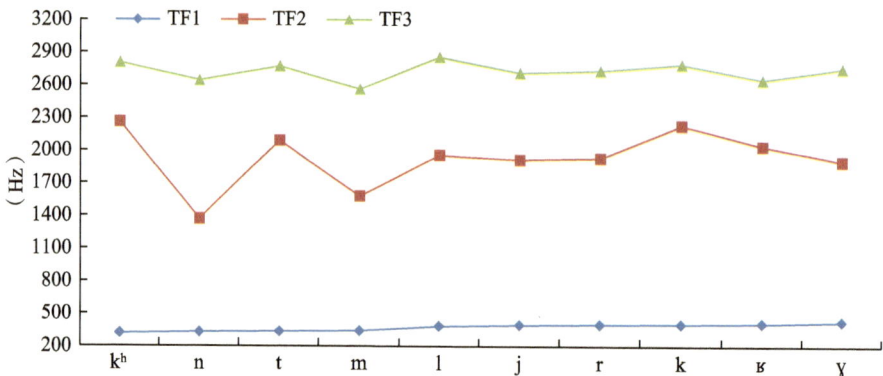

图 2.146-1 词首不同辅音之后出现的 [i] 元音三个共振峰前过渡段（TF1、
TF2、TF3）的变化示意（M）

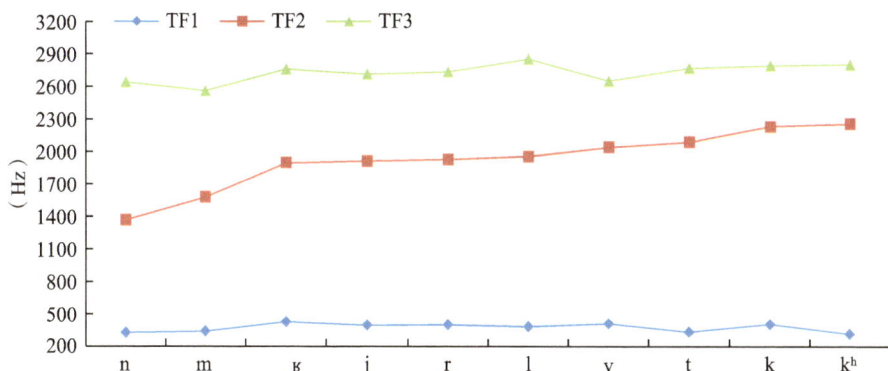

图 2.146-2　词首不同辅音之后出现的［i］元音三个共振峰前过渡段（TF1、TF2、TF3）的变化示意（M）

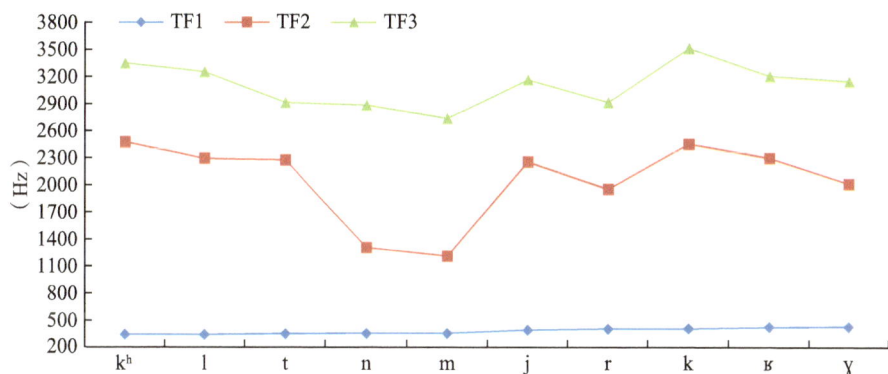

图 2.146-3　词首不同辅音之后出现的［i］元音三个共振峰前过渡段（TF1、TF2、TF3）的变化示意（F）

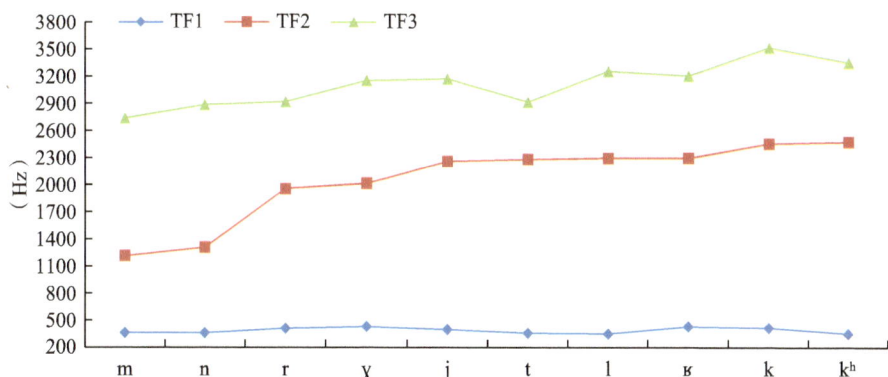

图 2.146-4　词首不同辅音之后出现的［i］元音三个共振峰前过渡段（TF1、TF2、TF3）的变化示意（F）

[i] 在非词首 CV、CVC 音节中出现，我们对词首 CV、CVC 音节中出现的 [i] 与非词首 CV、CVC 音节 [i] 元音共振峰 F1/F2、时长参数做了配对样本 T 检验（词首 CV、CVC 为一组，非词首 CV、CVC 为一组），结果如表 2.101 所示。

表 2.101　检验结果

参数 音节类型	sig（双侧）					
	M		F		M	F
	F1	F2	F1	F2	VD	VD
词首—非词首	0.461	0.038	0.000	0.228	0.000	0.000

从检验结果看，男发音人的 F1 参数在词首与非词首音节之间差异性不显著，F2 参数上有着显著性差异。女发音人的 F1 参数在词首与非词首音节之间有显著性差异，F2 参数上没有显著性差异；男、女发音人在元音时长上都有显著性差异。

词首 V、VC 音节中出现的 [i] 与非词首 CV、CVC 音节 [i] 元音共振峰 F1/F2、时长参数做了配对样本 T 检验（词首 V、VC 为一组，非词首 CV、CVC 为一组），结果如表 2.102 所示。

表 2.102　检验结果

参数 音节类型	sig（双侧）					
	M		F		M	F
	F1	F2	F1	F2	VD	VD
词首—非词首	0.040	0.891	0.000	0.657	0.000	0.019

男、女发音人在 F1 参数与元音时长参数上有着显著性差异，在 F2 参数上没有显著性差异。

（四）[o]

1. 声学特征与音色

1.1　[o] 元音三维语图和语音标注

图 2.147 为男发音人 oro [oro]"进入"一词的三维语图和三层标注实例。非词首音节中 [o] 元音的时长（VD）、音强（VA）分别为 202ms、

75dB；该图上［o］元音目标位置 F1～F4 四个共振峰参数为 534Hz、1022Hz、2331Hz、3880Hz；该语图比较真实地显示了［o］元音在实际语流中的存在形式。

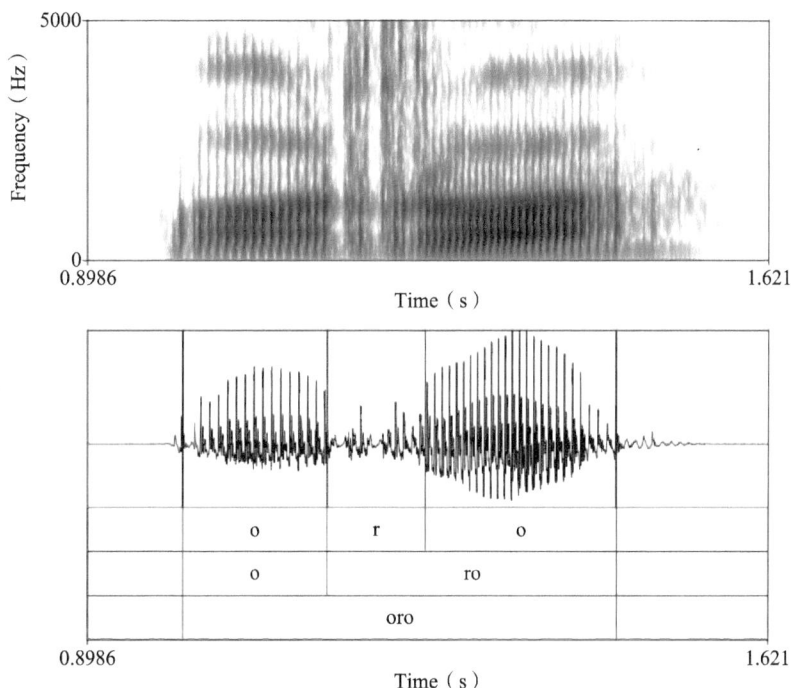

图 2.147　男发音人 oro［oro］"进入"一词的三维语图和三层标注实例

1.2　［o］元音声学特征与声学参数

表 2.103 为非词首［o］元音声学参数统计表。从表 2.103 中可以看出，男、女发音人［o］元音平均时长（VD）、音强（VA）分别为 M＝125ms，F＝192ms；M＝70.18dB，F＝58.94dB。该元音 F1 和 F2 的频率均值分别为 M：F1＝504Hz，F2＝1055Hz；F：F1＝524Hz，F2＝1143Hz。图 2.148 为男、女发音人非词首音节［o］元音在声学元音图中的位置及其声学空间中的分布模式。图 2.148 还显示了［o］元音在声学空间中分布范围：F1＝319～706Hz，F2＝714～1523Hz（M）；F1＝233～670Hz，F2＝773～1497Hz（F）。男发音人非词首［o］元音在声学空间中分布相对比较扩散，但总体呈现出"爆破"扩展模式，女发音的看起来不明显。

表 2.103 非词首 [o] 元音声学参数统计

参数 统计项	M					F				
	VD	VA	F1	F2	F3	VD	VA	F1	F2	F3
均值	125	70.18	504	1055	2233	192	58.94	524	1143	3008
标准差	80	3.72	66	134	310	127	4.26	67	101	502
变异系数	64%	5%	13%	13%	14%	66%	7%	13%	9%	17%
变化范围	27	62	319	714	1087	26	48	233	773	1367
	336	79	706	1523	3063	452	68	670	1497	3734

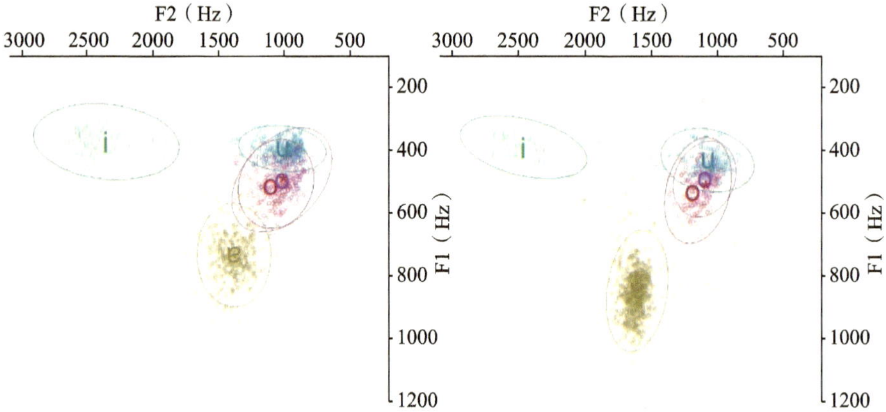

图 2.148 非词首 [o] 元音在声学元音图中的位置及其
声学空间中的分布模式 (M&F)

2. 语流中的音变特征

2.1 目标位置共振峰频率与其前、后过渡段共振峰频率参数之间的显著性差异分析

图 2.149 和表 2.104 显示，男、女发音人 [o] 元音目标位置第一、第二共振峰频率与其前、后过渡段共振峰频率之间的共同的、具有统计学意义的特点（规律）。与目标元音相比，前、后过渡段共振峰频率都有较大变化，P 值都小于 0.05，存在显著差异。

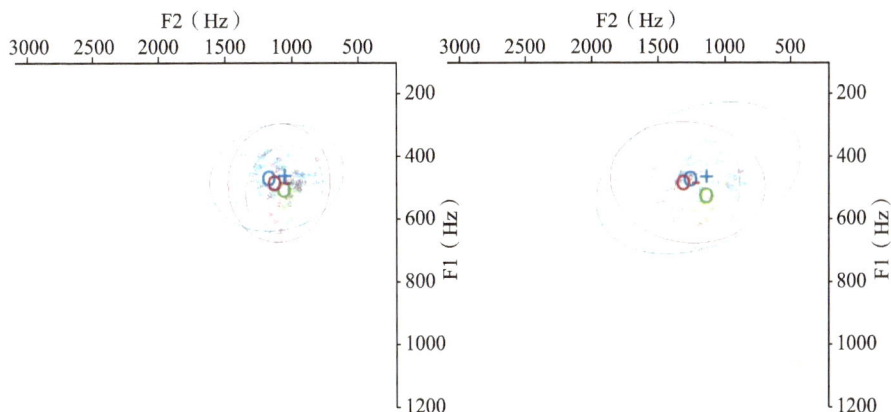

图 2.149　非词首［o］元音目标位置共振峰（F1/F2）及其前、后过渡段共振峰（TF1、TF2/TP1、TP2）比较（M&F）

图 2.149 为非词首［o］元音目标位置共振峰（F1/F2）及其前、后过渡段共振峰（TF1、TF2/TP1、TP2）比较图。从图 2.149 中可以看出，与目标位置［o］元音共振峰频率相比，前、后过渡段共振峰频率有一定的变化。其中，前、后过渡段共振峰均值均有前移与上升现象，其中前过渡段频率前移与上升变化比较明显。相比之下前过渡段变化大于后过渡段。前、后过渡段共振峰频率离散度较大，稳定性较弱。前、后过渡段均有"央化"现象。

表 2.104　检验结果

检验值	sig（显著性），P 值			
	M		F	
检验样本	F1	F2	F1	F2
目标位置与前过渡段共振峰之间的显著性	0.017	0.000	0.000	0.011
目标位置与后过渡段共振峰之间的显著性	0.024	0.000	0.000	0.000
前过渡段共振峰与后过渡段共振峰之间的显著性	0.900	0.000	0.100	0.000

*　P 值小于 0.05 存在显著差异；大于 0.05 差异不明显。下同。

2.2　元音声学参数与音节数量之间的相关性分析

2.2.1　［o］元音在单音节和多音节词中的出现频率统计

表 2.105 为非词首［o］元音双音节、三音节、多音节（四音节以上为

多音节）词中出现的频率统计表。该表显示，在统一平台中出现 108 次（M）和 88 次（F）。［o］元音在双音节词中的出现频率约占所有出现次数的 17%（M）、16%（F），三音节词中出现的频率最高，约占所有出现次数的 62%（M）、73%（F）。

表 2.105　不同音节中［o］元音出现频率统计

音节数量	双音节词		三音节词		多音节词		共计	
发音人	M	F	M	F	M	F	M	F
出现次数	18	14	67	64	27	10	108	88
百分比	17%	16%	62%	73%	25%	11%	100%	100%

2.2.2 ［o］元音声学参数与音节数量之间的相关性分析

表 2.106 为在双音节、三音节、多音节词中出现的非词首［o］元音的音长（VD）、音强（VA）、共振峰目标值（F）统计表。图 2.150～2.152 为双音节、三音节、多音节词中出现的非词首［o］元音的音长（VD）、音强（VA）、共振峰均值（F）示意图，从表 2.106 中可以看出，音节数量与元音音长（VD）、音强（VA）有一定的相关性。如：［o］元音音长随着音节数量增加而相对缩短，音强随着音节数量的增加而相对变弱。例如：

M：191ms（B）→127ms（C）→74ms（D）；73.72dB（B）→69.95dB（C）→68.33dB（D）

F：303ms（B）→171ms（C）→131ms（D）；61.93dB（B）→58.14dB（C）→57.89dB（D）

表 2.106　出现在不同音节词中［o］元音音长（VD）、音强（VA）、共振峰统计

参数	发音人	M					F				
		VD	VA	F1	F2	F3	VD	VA	F1	F2	F3
双音节词	平均值	191	73.72	506	996	2274	303	61.93	550	1090	3082
	标准差	70	2.08	57	75	205	134	4.14	57	114	460
	变异系数	37%	3%	11%	7%	9%	44%	7%	10%	10%	15%
	变化范围	87	70	418	849	1782	89	55	476	773	1937
		319	79	599	1140	2649	509	68	670	1223	3505
三音节词	平均值	127	69.95	522	1077	2254	171	58.14	516	1154	2976
	标准差	79	3.82	67	130	352	116	4.05	69	96	523
	变异系数	62%	5%	13%	12%	16%	68%	7%	13%	8%	18%

续表

发音人		M					F				
参数		VD	VA	F1	F2	F3	VD	VA	F1	F2	F3
多音节词	变化范围	38	62	319	714	1087	26	48	233	970	1367
		336	78	706	1523	3063	484	66	626	1497	3734
	平均值	74	68.33	468	1070	2156	131	57.89	501	1168	3252
	标准差	49	2.67	54	160	256	56	2.94	61	79	198
	变异系数	66%	4%	12%	15%	12%	43%	5%	11%	7%	6%
	变化范围	27	64	373	825	1598	72	58	476	1107	2969
		241	74	602	1465	2678	206	65	610	1274	3431

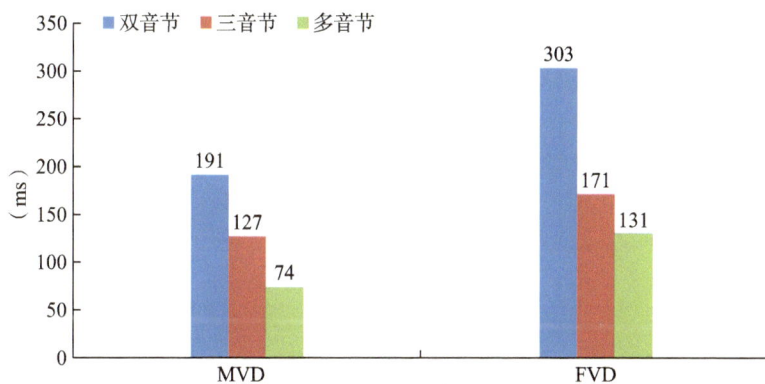

图 2.150　音节数量与音长之间关系示意（M&F）

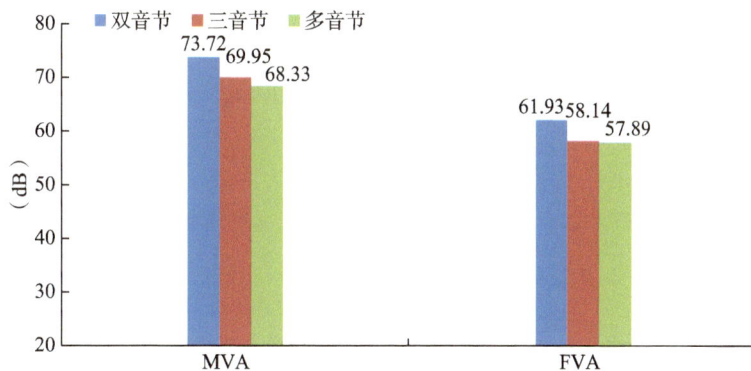

图 2.151　音节数量与音强之间关系示意（M&F）

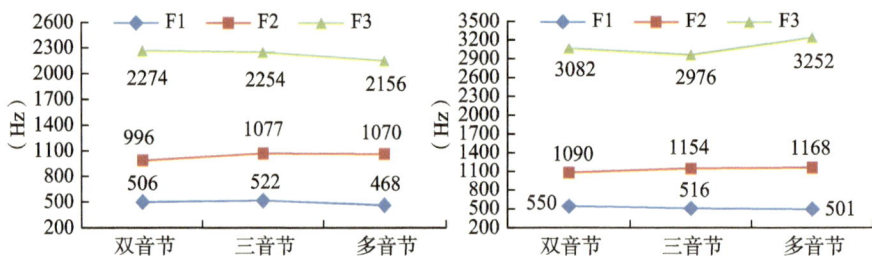

图 2.152 音节数量与共振峰之间关系示意 （M&F）

表 2.107 为 ［o］元音音长及其目标位置第一、第二共振峰（F1/F2）的均值与其所出现的不同音节数量词之间的相关性分析表，即 P 值分析表。

表 2.107 检验结果

检验值 不同音节	sig（显著性），P 值							
	M		F		M		F	
	F1	F2	F1	F2	VD	VA	VD	VA
双音节词—三音节词	0.172	0.107	0.124	0.100	0.000	0.000	0.000	0.000
双音节词—多音节词	0.022	0.056	0.035	0.074	0.000	0.000	0.000	0.000
三音节词—多音节词	0.168	0.535	0.172	0.245	0.001	0.220	0.000	0.030

2.3 元音声学参数与音节类型之间的相关性分析

2.3.1 ［o］元音在不同音节类型中的出现频率统计

表 2.108 是非词首音节 ［o］元音在不同音节类型中的出现比例统计表。该表显示，非词首 ［o］元音在 CV 音节类型中出现频率高，为 97 次、90%（M），72 次、82%（F）。CVC 音节类型中出现的频率为 11 次、10%（M），16 次、18%（F）。

表 2.108 不同音节类型中 ［o］元音的频率统计

	音节类型	CV	CVC	共计
M	出现次数	97	11	211
	百分比	90%	10%	100%
F	出现次数	72	16	154
	百分比	82%	18%	100%

2.3.2 ［o］元音声学参数与音节类型之间的相关性分析

表 2.109 为出现在不同音节类型中非词首［o］元音声学参数统计表。从表 2.109 中可以看出，音节类型对非词首［o］元音的音长（VD）、音强（VA）、共振峰频率有一定的影响，具有一定的相关性。CV 音节类型（开音节）中的音长比其 CVC 音节类型（闭音节）中的音长要长，大约长 100～150ms（详见图 2.153）；CV 音节类型（开音节）中的音强比其 CVC 音节类型（闭音节）中的音强要强，大约强 1dB（详见图 2.154）；CV 音节类型（开音节）中的第一共振峰（F1）比其 CVC 音节类型（闭音节）中的第一共振峰（F1）频率相对低（开口度小），大约降低 30～50Hz（详见图 2.155）；CV 音节类型（开音节）中的非词首［o］元音舌位比其 CVC 音节类型（闭音节）中的非词首［o］元音舌位相对靠后，大约靠后 100～200Hz。

表 2.109-1 不同音节类型中非词首［o］元音声学参数统计（M）

音节类型	参数	VD	VA	F1	F2	F3
CV	平均值	129	69.96	506	1064	2246
	标准差	82	3.74	67	128	300
	变异系数	64%	5%	13%	12%	13%
	变化范围	27	62	319	714	1087
		336	79	706	1523	3063
CVC	平均值	84	72.09	509	1043	2119
	标准差	21	3.08	52	182	386
	变异系数	25%	4%	10%	17%	18%
	变化范围	48	66	432	844	1583
		119	76	632	1358	2811

表 2.109-2 不同音节类型中非词首［o］元音声学参数统计（F）

音节类型	参数	VD	VA	F1	F2	F3
CV	平均值	200	59.02	523	1147	3176
	标准差	142	4.28	64	97	232
	变异系数	71%	7%	12%	8%	7%
	变化范围	26	48	233	970	2171
		509	68	618	1497	3734

续表

音节类型	参数	VD	VA	F1	F2	F3
CVC	平均值	168	60.21	528	1131	2463
	标准差	54	4.27	79	115	727
	变异系数	32%	7%	15%	10%	30%
	变化范围	66	48	422	773	1367
		26	67	670	1262	3681

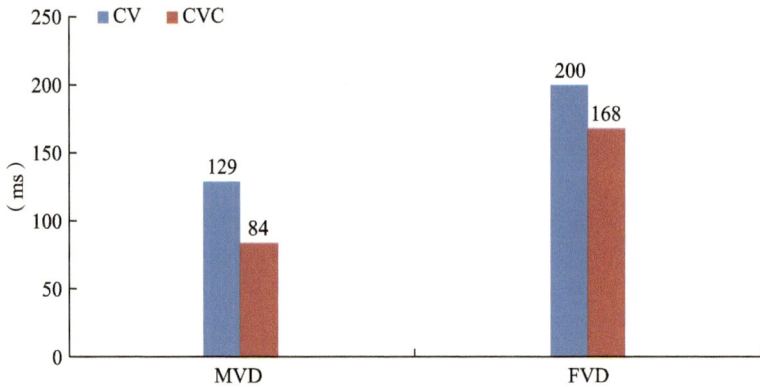

图 2.153 不同音节类型中非词首［o］元音音长（VD）比较（M&F）

图 2.153 为不同音节类型中非词首［o］元音音长（VD）比较图。从图 2.153 中可以看出，［o］元音在不同音节类型中的音长从短到长排序为：CV（129ms）>CVC（84ms）（M）、CV（200ms）>CVC（168ms）（F）。

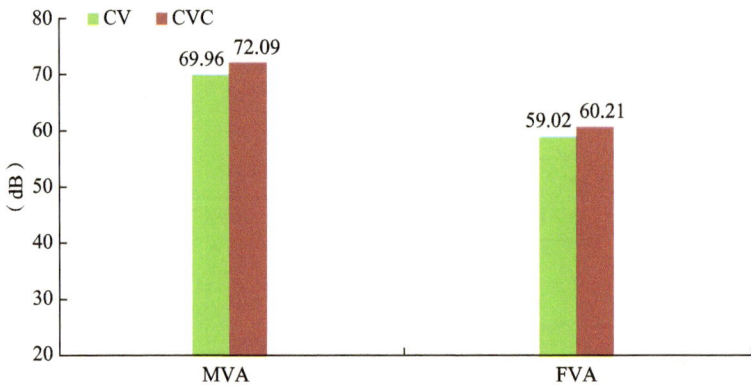

图 2.154 不同音节类型中出现的非词首［o］元音音强（VA）比较（M&F）

图 2.154 为不同音节类型中 [o] 元音音强（VA）比较图。从图 2.154 中可以看出 [i] 元音在不同音节类型中的音强强弱，从强到弱排序为 CVC（72.09dB）>CV（69.96dB）（M）、CVC（59.02dB）>CV（58.68dB）（F）。

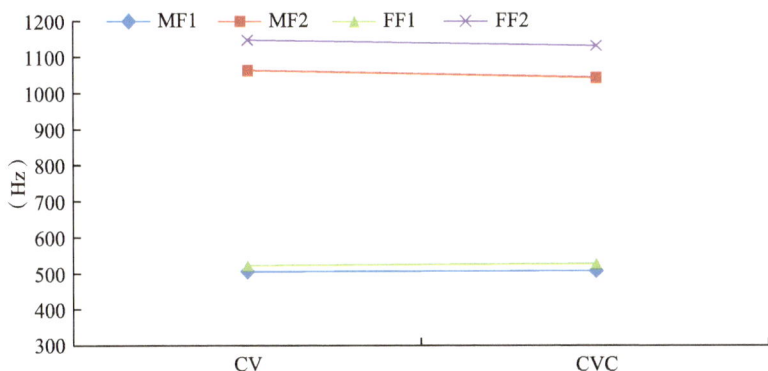

图 2.155　不同音节类型中出现的非词首 [o] 元音第一共振峰
（F1）、第二共振峰（F2）比较（M&F）

图 2.155 为不同音节类型中非词首 [o] 元音第一、第二共振峰（F1/F2）比较图。从图 2.155 中可以看出，在不同音节类型中 [o] 元音开口度与舌位前后排序模式，开口度以小到大排序为 M：CV（506Hz）→CVC（509Hz）；F：CV（523Hz）→CVC（528Hz）；舌位从前到后排序为 M：CV（1064Hz）→CVC（1043Hz）；F：CV（1147Hz）→CVC（1131Hz）。

2.4　元音声学参数与前置辅音音质之间的相关性分析

表 2.110 为在非词首音节不同前置辅音之后出现的 [o] 元音声学参数统计表，图 2.156～2.158 为出现在非词首音节 [ɣ-、k-、l-、m-、n-、r-、s-、tʰ-、t-] 等辅音（前置辅音）之后出现的 [ɐ] 元音的音长（VD）、音强（VA）和目标位置第一至第三共振峰（F1、F2、F3）的前过渡段频率（TF1、TF2、TF3）的变化示意图。

图 2.156 显示，辅音音质与非词首 [o] 元音声学参数之间具有一定的相关性。如，与该目标元音音长总值（M：125ms、F：192ms）相比，非词首 [o] 元音出现在舌尖鼻音 [n-]、不送气塞音 [k-、t-] 之后的音长比其双唇鼻音 [n-]、送气塞音之后的相对短，大约短 40ms（M）、80ms（F）；在清塞音、浊辅音 [s-、ɣ-、l-] 之后的音长比其目标元音音长总值相对长，大约长 50～100ms（M&F）。显然，东乡语中前置辅音的发音方法

（清塞音和浊辅音）会延长其后置元音的音长，而不送气清塞音等辅音发音方法会缩短其后置辅音的音长。

表 2.110 和图 2.157 显示，前置辅音音质与元音音强之间有一定的相关性。与该目标元音音长总值（M：71.04dB、F：57.23dB）相比，在浊辅音、不送气清塞音、舌尖鼻音 [l-，t-，n] 辅音之后的音强比其送气清塞音、颤音、双唇鼻音、清擦音 [tʰ-，ʁ-，m-，s] 之后的相对较弱，大约弱 1~2dB（M&F）。

图 2.158-1 和 2.158-3 为以 TF1 的上升为准排列的，即以舌位自高至低排列示意图，图 2.158-2 和 2.158-4 为以 TF2 的上升为主准排列，即舌位自后至前排列示意图。从表 2.110 与图 2.158-1 和 2.158-3 中可以看出，元音受到前置辅音的影响前过渡段有一定的变化，但是规律性不是很强。显然，前过渡段（TF1、TF2）对第一共振峰（F1）、第二共振峰（F2）总值的影响不是很大。

表 2.110 非词首音节不同辅音之后和无前置辅音音节中出现的
[o] 元音声学参数比较（上 M& 下 F）

参数 辅音	VD	VA	TF1	TF2	TF3	F1	F2
ɣ	137	64.25	477	878	2371	538	1030
k	116	67.54	478	939	2319	522	1067
l	162	69	444	1315	2535	397	1231
m	170	70.18	457	1036	1880	571	1078
n	99	70.25	421	1294	2463	482	1046
r	154	70.38	464	1192	2253	523	1052
s	130	70.47	470	1233	2593	463	1082
tʰ	177	70.75	536	1079	2503	499	1001
t	100	71.8	454	1281	2554	478	1075
参数 辅音	VD	VA	TF1	TF2	TF3	F1	F2
ɣ	204	56.78	479	883	3356	549	1125
k	160	57.5	472	1000	3116	517	1129
l	220	58	469	1273	2330	533	1159
m	232	58.94	418	1119	2326	539	1101

续表

参数 辅音	VD	VA	TF1	TF2	TF3	F1	F2
n	133	59	519	1328	2767	593	1135
r	210	60.67	464	1329	2820	543	1173
s	200	61	489	1107	2587	489	1160
tʰ	241	61.74	443	1367	3059	379	1146
t	140	62.14	438	1348	3283	536	1077

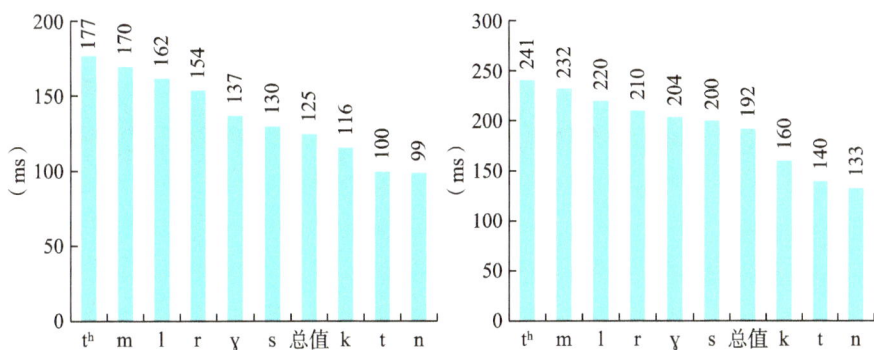

图 2.156　词首音节不同辅音之后出现的［o］元音音长比较（M&F）

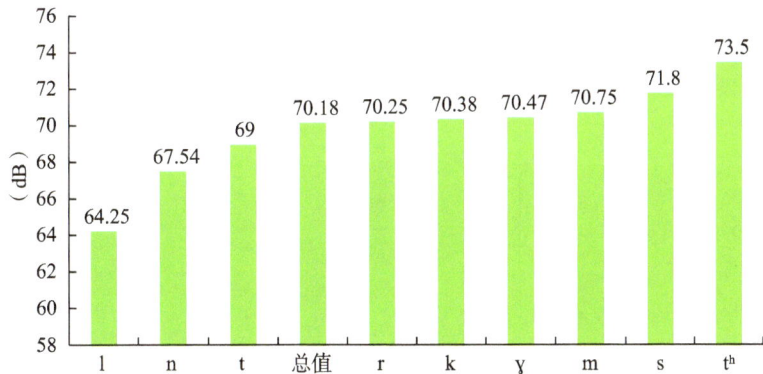

图 2.157-1　词首音节不同辅音之后和无前置辅音音节中出现的
［o］元音音强比较（M）

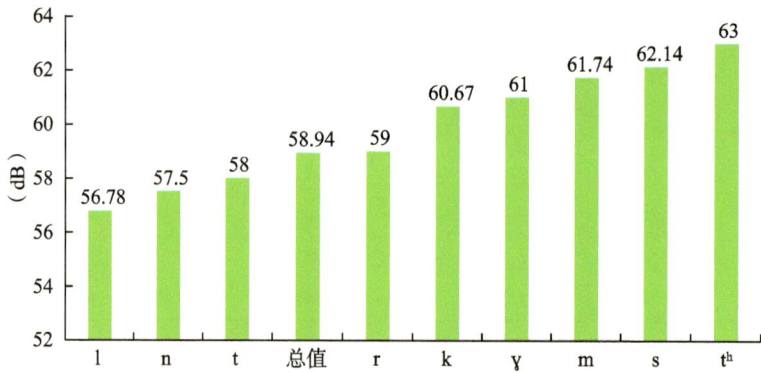

图 2.157-2 词首音节不同辅音之后和无前置辅音音节中出现的
[o] 元音音强比较（F）

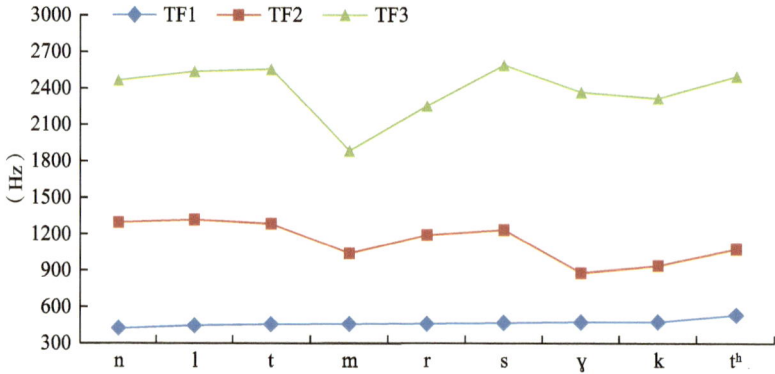

图 2.158-1 词首不同辅音之后出现的 [o] 元音三个共振峰前过渡段
（TF1、TF2、TF3）的变化示意（M）

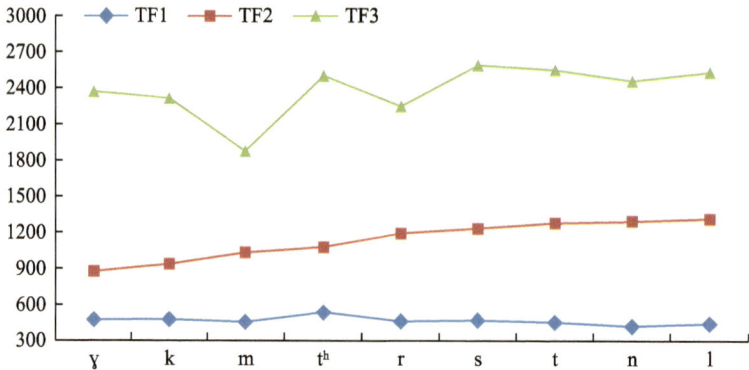

图 2.158-2 词首不同辅音之后出现的 [o] 元音三个共振峰前过渡段
（TF1、TF2、TF3）的变化示意（M）

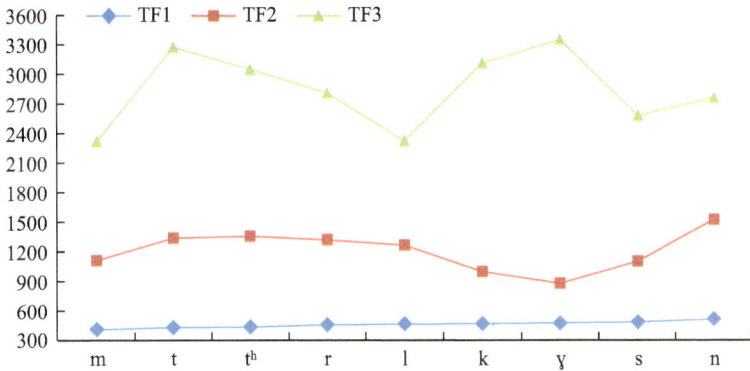

图 2.158-3 词首不同辅音之后的 [o] 元音三个共振峰前过渡段（TF1、
TF2、TF3）的变化示意（F）

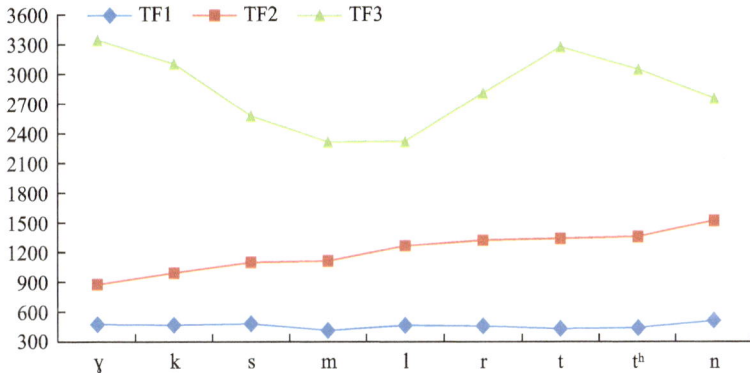

图 2.158-4 词首不同辅音之后的 [o] 元音三个共振峰前过渡段（TF1、
TF2、TF3）的变化示意（F）

[o] 在非词首 CV、CVC 音节中出现，我们对词首 CV、CVC 音节中出现的 [i] 与非词首 CV、CVC 音节 [o] 元音共振峰 F1/F2、时长参数做了配对样本 T 检验（词首 CV、CVC 为一组，非词首 CV、CVC 为一组），结果如表 2.111 所示。

表 2.111 检验结果

	sig（双侧）					
	M		F		M	F
	F1	F2	F1	F2	VD	VD
词首—非词首	0.511	0.012	0.000	0.000	0.180	0.634

　　从检验结果看，男发音人的 F1 参数在词首与非词首音节之间差异性不显著，F2 参数有显著性差异。女发音人的 F1/F2 参数在词首与非词首音节之间有显著性差异；男、女发音人的元音时长上都没有显著性差异。

　　词首 V、VC 音节中出现的 [ɔ] 与非词首 CV、CVC 音节 [ɔ] 元音共振峰 F1/F2、时长参数做了配对样本 T 检验（词首 V、VC 为一组，非词首 CV、CVC 为一组），结果如表 2.112 所示。

表 2.112　检验结果

	sig（双侧）					
	M		F		M	F
	F1	F2	F1	F2	VD	VD
词首—非词首	0.007	0.001	0.002	0.079	0.032	0.830

　　男、女发音人 F1、F2 参数上有着显著性差异（除女发音人 F2 之外）；元音时长上男发音人有显著性差异，女发音人没有显著性差异。

（五）[ɔ]

1. 声学特征与音色

1.1　[ɔ] 元音三维语图和语音标注

　　图 2.159 为男发音人 kono [konɔ]"住、住宿"一词的三维语图和三层标注实例。非词首 [ɔ] 元音的时长、音强分别为 238ms、76dB；该图上 [ɔ] 元音目标位置 F1～F4 四个共振峰参数为 627Hz、1091Hz、2677Hz、3870Hz。该语图比较真实地显示了 [ɔ] 元音在实际语流中的存在形式。

1.2　[ɔ] 元音声学特征与声学参数

　　表 2.113 为非词首 [ɔ] 元音参数统计表。从表中可以看出，男、女发音人非词首 [ɔ] 元音平均时长、平均音强分别为 M = 129ms，F = 233ms；M = 71.53dB，F = 60.72dB。元音 F1 和 F2 的频率均值分别为 M：F1 = 578Hz，F2 = 1112Hz；F：F1 = 564Hz，F2 = 1157Hz。图 2.160 为男、女发音人非词首音节 [ɔ] 元音在声学元音图中的位置及其声学空间中的分布模式。该图显示了 [ɔ] 元音在声学空间中分布范围为：F1 = 417～700Hz，F2 = 884～1385Hz（M）；F1 = 438～614Hz，F2 = 959～1341Hz（F）。男发音人非词首 [ɔ] 元音在声学空间中分布相对比较扩散，但总体呈现出"爆破"扩展模

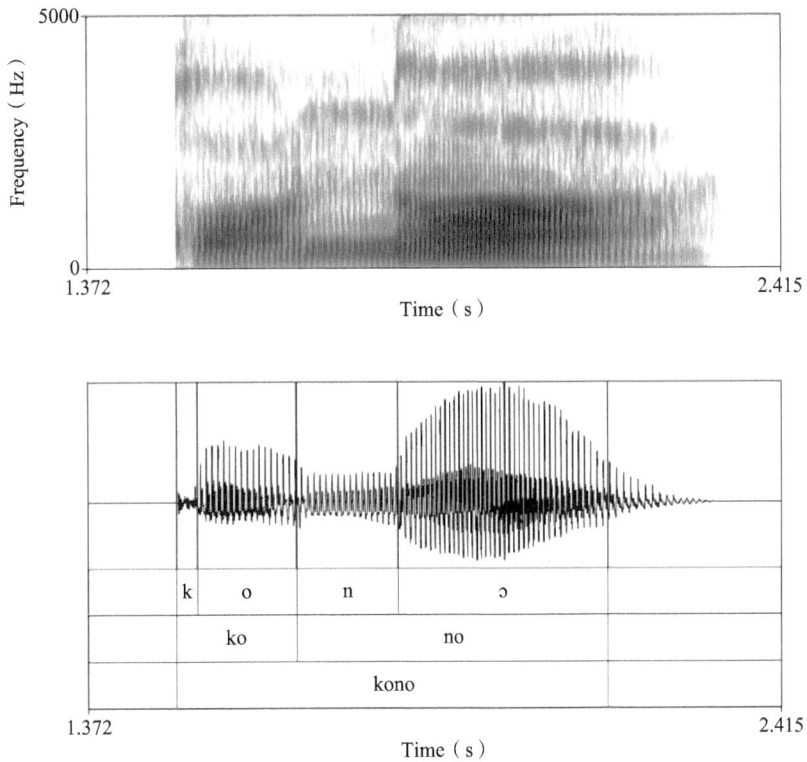

图 2.159 男发音人 kono［konɔ］"住、住宿"一词的三维语图和三层标注实例

式，女发音的看起来不明显。

表 2.113 非词首［ɔ］元音声学参数统计

	M					F				
	VD	VA	F1	F2	F3	VD	VA	F1	F2	F3
均值	129	71.53	578	1112	2296	233	60.72	564	1157	3001
标准差	70	4.14	53	133	320	131	4.00	57	104	424
变异系数	27	61	417	884	1311	53	51	433	976	1919
变化范围	129	71.53	578	1112	2296	233	60.72	564	1157	3001
	330	78	696	1590	3036	431	68	673	1382	3533

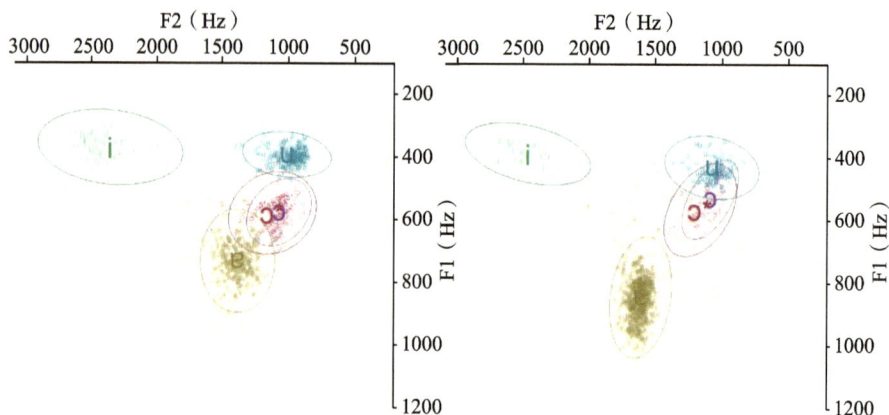

图 2.160　非词首［ɔ］元音在声学元音图中的位置及其声学
空间中的分布模式（M&F）

2. 语流中的音变特征

2.1　目标位置共振峰频率与其前、后过渡段共振峰频率参数之间的显著性差异分析

图 2.161 和表 2.114 显示，男、女发音人［ɔ］元音目标位置第一、第二共振峰频率与其前、后过渡段共振峰频率之间差别较小，统计意义不大。如，与目标元音相比前、后过渡段共振峰频率变化较小，P 值都大于 0.05，不存在显著差异。

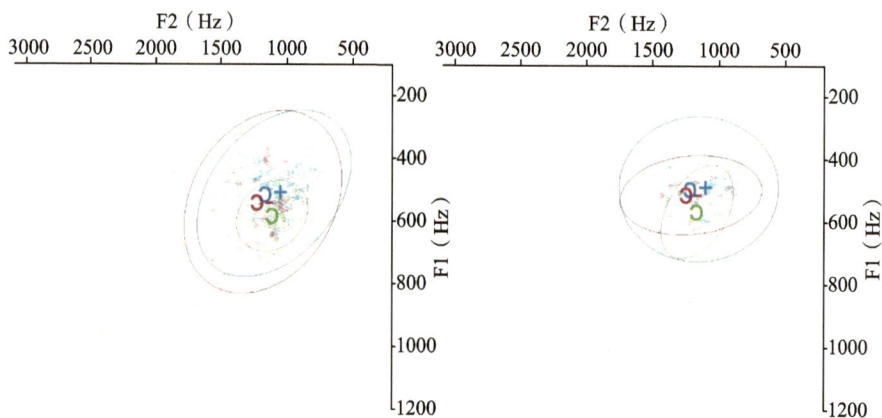

图 2.161　非词首［ɔ］元音目标位置共振峰（F1/F2）及其前、后过渡段共振峰
（TF1、TF2/TP1、TP2）比较（M&F）

表 2.114　检验结果

检验值 检验样本	sig（显著性），P 值			
	M		F	
	F1	F2	F1	F2
目标位置与前过渡段共振峰之间的显著性	0.012	0.956	0.051	0.541
目标位置与后过渡段共振峰之间的显著性	0.166	0.103	0.111	0.064
前过渡段共振峰与后过渡段共振峰之间的显著	0.254	0.115	0.145	0.084

　　* P 值小于 0.05 存在显著差异；大于 0.05 差异不明显。下同。

　　图 2.161 为非词首 [ɔ] 元音目标位置共振峰（F1、F2）及其前后过渡段共振峰（TF1、TF2/TP1、TP2）比较图。从图 2.161 中还可以看出，与目标位置 [ɔ] 元音共振峰频率相比，前、后过渡段共振峰频率有一定的变化。其中，前、后过渡段共振峰均值均有前移（舌位前移）与上升现象（开口度变小），其中前过渡段频率前移与上升变化比较明显。相比之下前过渡段变化大于后过渡段。前过渡段共振峰频率离散度较大，稳定性较弱。显然，前过渡段变化大于后过渡段。

　　2.2　元音声学参数与音节数量之间的相关性分析

　　2.2.1　[ɔ] 元音在单音节和多音节词中的出现频率统计

　　表 2.115 为非词首 [ɔ] 元音双音节、三音节、多音节（四音节以上为多音节）词中出现的频率统计表。该表显示，非词首 [ɔ] 元音在统一平台中出现 95 次（M）和 65 次（F）。[ɔ] 元音在双音节词中的出现频率较高，约占所有出现次数的 36%（M）、38%（F），在三音节词中的出现频率最高，约占所有出现次数的 43%（M）、42%（F）。

表 2.115　不同音节中 [ɔ] 元音出现频率统计

发音人	双音节词		三音节词		多音节词		共计	
	M	F	M	F	M	F	M	F
出现次数	34	25	41	27	20	13	95	65
百分比	36%	38%	43%	42%	21%	20%	100%	100%

　　2.2.2　[ɔ] 元音声学参数与音节数量之间的相关性分析

　　下面探讨 [ɔ] 元音音长、音强和共振峰参数均值与其所出现词的音节数量之间的相关性问题。表 2.116 为在双、三、多音节词中出现的 [ɔ] 元音的音长（VD）、音强（VA）、共振峰目标值（F）统计表，图 2.162 ~ 2.164 为出现在双、三、多音节词中的 [ɔ] 元音音长（VD）、音强（VA）和目标位置共振峰均值的关系示意图，表 2.117 为 [ɔ] 元音音长及其目标位置第一、第二共振峰（F1/F2）的均值与其所出现的不同音节数量词之间的相关性分析表，即 P 值分析表。

从表 2.117 中的参数可以看出，音节数量与元音音长、音强有一定的相关性。如：[ɔ] 元音音长随着音节数量增加而相对缩短，音强随着音节数量的增加而相对变弱。第一共振峰（F1）频率与音节数量相关性不是很大；第二共振峰（F2）频率与音节数量有一定的相关性，随着音节数量的增加而舌位前移（舌位前化）。如：

M:175ms(B)→117ms(C)→73ms(D);74.97dB(B)→69.66dB(C)→69.5dB(D)。

F:285ms(B)→185ms(C)→87ms(D);61.74dB(B)→60.80dB(C)→60.00dB(D)。

M:F1 = 581Hz(B)→574Hz(C)→580Hz(D);

F2 = 1050Hz(B)→1137Hz(C)→1166Hz(D)。

F:F1 = 558Hz(B)→568Hz(C)→590Hz(D);

F2 = 1117Hz(B)→1193Hz(C)→1266Hz(D)。

表 2.116　出现在不同音节词中 [ɔ] 元音音长（VD）、音强（VA）、共振峰统计

参数	发音人	M					F				
		VD	VA	F1	F2	F3	VD	VA	F1	F2	F3
双音节词	平均值	175	74.97	581	1050	2322	285	61.74	558	1117	2911
	标准差	54	1.49	54	62	323	116	4.91	66	82	500
	变异系数	31%	2%	9%	6%	14%	41%	8%	12%	7%	17%
	变化范围	99	72	417	884	1311	95	51	433	993	1919
		317	77	696	1250	3036	431	68	673	1272	3533
三音节词	平均值	117	69.66	574	1137	2306	185	60.80	568	1193	3078
	标准差	72	3.89	55	135	301	128	2.98	46	106	314
	变异系数	62%	6%	10%	12%	13%	69%	5%	8%	9%	10%
	变化范围	27	61	450	921	1387	53	54	487	976	2029
		330	78	687	1590	2932	389	65	655	1371	3320

续表

发音人		M					F				
参数		VD	VA	F1	F2	F3	VD	VA	F1	F2	F3
多音节词	平均值	73	69.50	580	1166	2233	87	60.00	590	1266	3289
	标准差	30	3.99	48	175	358	24	1.41	68	165	18
	变异系数	41%	6%	8%	15%	16%	28%	2%	12%	13%	1%
	变化范围	32	64	498	903	1517	35	59	542	1149	3276
		141	78	676	1540	2996	110	61	638	1382	3301

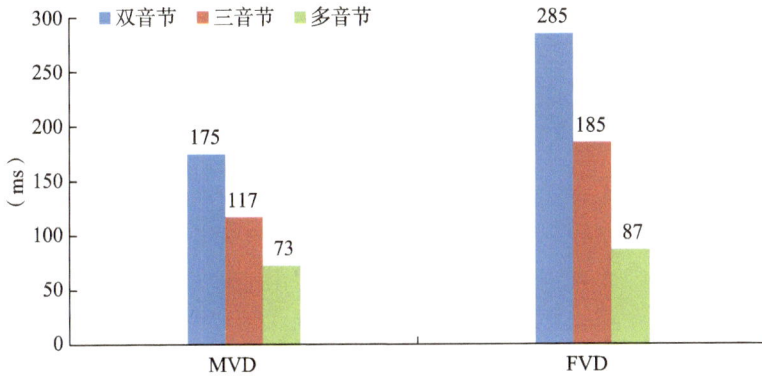

图 2.162　音节数量与音长之间关系示意（M&F）

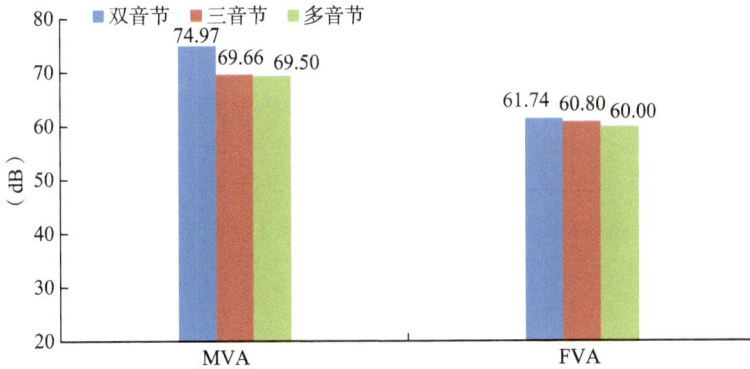

图 2.163　音节数量与音强之间关系示意（M&F）

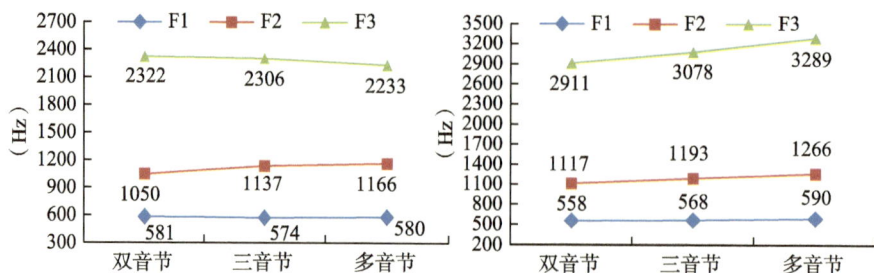

图 2.164　双音节、三音节和多音节词中出现的［ɔ］元音
目标位置共振峰均值分布示意（M&F）

表 2.117　检验结果

检验值	sig（显著性），P 值							
	M		F		M		F	
不同音节	F1	F2	F1	F2	VD	VA	VD	VA
双音节词—三音节词	0.614	0.013	0.551	0.102	0.000	0.000	0.003	0.010
双音节词—四音节词	0.815	0.064	0.125	0.188	0.000	0.000	0.010	0.000
三音节词—四音节词	0.817	0.621	0.321	0.520	0.001	0.002	0.000	0.000

* P 值小于 0.05 存在显著差异；大于 0.05 差异不明显。

2.3　元音声学参数与音节类型之间的相关性分析

2.3.1　［ɔ］元音在不同音节类型中的出现频率统计

表 2.118 为非词首［ɔ］元音在不同音节类型中出现的比例统计表。从表 2.118 中可以看出，非词首［ɔ］元音在 CV 音节类型中出现频率高，出现 60 次，63%（M）；51 次，77%（F）。CVC 音节类型中出现的频率为，35 次，37%（M）；14 次，23%（F）。

表 2.118　不同音节类型中［ɔ］元音的频率统计

	音节类型	CV	CVC	共计
M	出现次数	60	35	95
	百分比	63%	37%	100%
F	出现次数	51	14	65
	百分比	77%	23%	100%

2.3.2　［ɔ］元音声学参数与音节类型之间的相关性分析

表 2.119 为出现在不同音节类型中非词首［ɔ］元音声学参数统计表。

从表 2.119 中可以看出，音节类型对非词首［ɔ］元音的音长（VD）、音强（VA）、共振峰频率有一定的影响，具有一定的相关性。CV 音节类型（开音节）中的音长比其 CVC 音节类型（闭音节）中的音长要长，大约长 30～100ms（详见图 2.165）；CV 音节类型（开音节）中的非词首［ɔ］元音音强比其 CVC 音节类型（闭音节）中的音强要弱，大约弱 1dB（详见图 2.166）；CV 音节类型（开音节）中的第一共振峰（F1）比其 CVC 音节类型（闭音节）中的第一共振峰（F2）频率相对低（开口度小）（详见图 2.167）；CV 音节类型（开音节）中的非词首［ɔ］元音舌位比其 CVC 音节类型（闭音节）中的非词首［ɔ］元音舌位相对靠后，大约靠后 100Hz～110Hz。

表 2.119-1　不同音节类型中非词首［ɔ］元音声学参数统计（M）

音节类型	参数	VD	VA	F1	F2	F3
CV	平均值	140	71.18	577	1098	2302
	标准差	83	4.05	52	112	253
	变异系数	59%	6%	9%	10%	11%
	变化范围	27	64	450	903	1387
		330	78	696	1470	2710
CVC	平均值	109	72.11	579	1136	2287
	标准差	33	4.28	55	161	414
	变异系数	30%	6%	9%	14%	18%
	变化范围	44	61	417	884	1311
		178	77	676	1590	3036

表 2.119-2　不同音节类型中非词首［ɔ］元音声学参数统计（F）

音节类型	参数	VD	VA	F1	F2	F3
CV	平均值	253	61.07	565	1078	3159
	标准差	140	4.19	49	96	142
	变异系数	55%	7%	9%	8%	5%
	变化范围	53	51	457	1008	2773
		431	68	655	1382	3368
CVC	平均值	162	59.50	570	1186	2451
	标准差	57	3.21	84	107	613

续表

音节类型	参数	VD	VA	F1	F2	F3
CVC	变异系数	35%	5%	15%	10%	25%
	变化范围	95	55	433	976	1919
		281	63	673	1272	3533

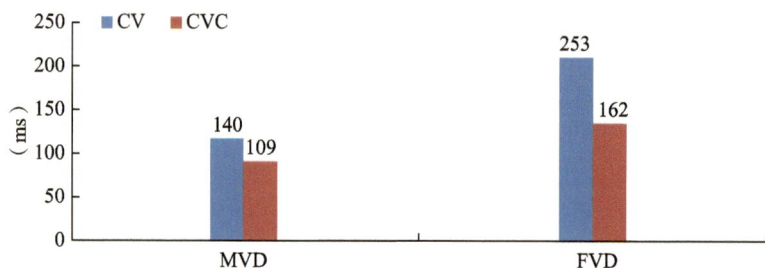

图 2.165　不同音节类型中出现的非词首［ɔ］元音音长（VD）比较（M&F）

图 2.165 为不同音节类型中非词首［ɔ］元音音长（VD）比较图。从图 2.165 中可以明显地看出，［ɔ］元音在不同音节类型中的音长从短到长排序为：CV（140ms）>CVC（109ms）（M）、CV（253ms）>CVC（162ms）（F）。

图 2.166 为不同音节类型中［ɔ］元音音强（VA）比较图。从图中可以看出［i］元音在不同音节类型中的音强强弱，从强到弱排序为 CVC（71.18dB）>CV（72.11dB）（M）、CVC（61.07dB）>CV（62.11dB）（F）。

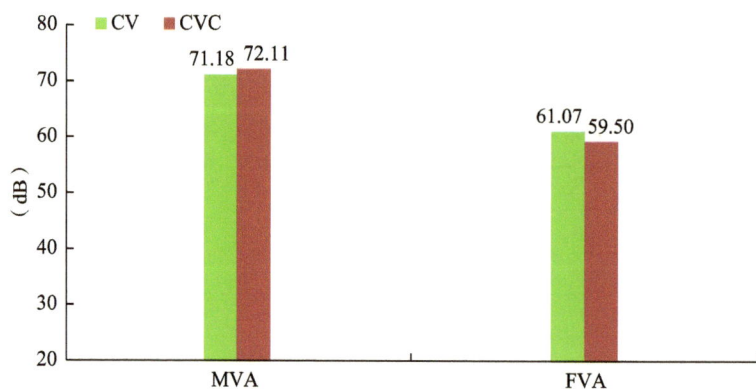

图 2.166　不同音节类型中非词首［ɔ］元音音强（VA）比较（M&F）

图 2.167 为不同音节类型中非词首［ɔ］元音第一、第二共振峰（F1/F2）比较图。从图 2.167 中可以看出，在不同音节类型中［ɔ］元音开口度

与舌位前后排序模式，开口度以小到大排序为 M：CV（577Hz）→CVC（579Hz）；F：CV（565Hz）→CVC（570Hz）；舌位从前到后排序为：CV（1098Hz）→CVC（1136Hz）；F：CV（1078Hz）→CVC（1186Hz）。

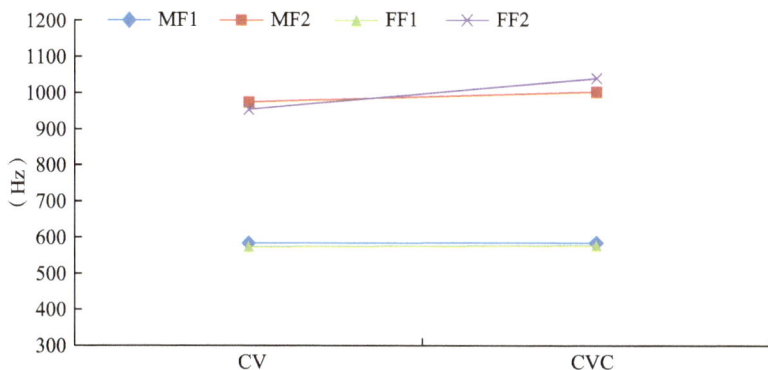

图 2.167　不同音节类型中非词首［ɔ］元音第一共振峰（F1）、第二共振峰（F2）比较（M&F）

2.4　元音声学参数与前置辅音音质之间的相关性分析

表 2.120 为出现在非词首音节不同辅音之后出现的［ɔ］元音声学参数比较表，图 2.180 ~ 2.182 为在非词首音节［ɣ-，k-，l-，m-，n-，r-］等辅音（前置辅音）之后出现的［ɔ］元音的音长、音强和目标位置第一至第三共振峰（F1、F2、F3）的前过渡段频率（TF1、TF2、TF3）变化示意图。

图 2.168 显示，辅音音质与非词首［ɔ］元音声学参数之间具有一定的相关性。如，与该目标元音音长总值（M：129ms、F：233ms）相比，非词首［ɔ］元音出现在双唇鼻音［m-］、浊辅音之后的音长比其舌尖鼻音［n-］、不送气塞音［k-］、闪音［r-］之后的相对短，大约短 20ms（M）、100ms（F）。

表 2.120　非词首音节不同辅音之后和无前置辅音音节中［ɔ］元音声学参数比较（上 M& 下 F）

参数 辅音	VD	VA	TF1	TF2	TF3	F1	F2
ɣ	114	71.27	522	970	2311	585	1133
k	134	70.60	477	916	2396	569	1082
l	121	71.78	508	1127	2276	570	1078
m	100	69.17	441	1198	2320	567	1086

续表

参数 辅音	VD	VA	TF1	TF2	TF3	F1	F2
n	139	68.67	469	1279	2531	575	1157
r	138	72.06	519	1196	2188	588	1129

参数 辅音	VD	VA	TF1	TF2	TF3	F1	F2
ɣ	107	59.17	487	916	2977	577	1161
k	175	61.80	458	959	3308	543	1117
l	188	60.00	455	1326	2350	553	1212
m	100	58.53	443	1351	2254	562	1201
n	324	57.50	510	1491	2568	594	1149
r	306	62.60	501	1340	2679	600	1143

　　表 2.121 和图 2.168 显示，前置辅音音质与元音音强之间有一定的相关性。与该目标元音音长总值（M：71.55dB、F：60.72dB）相比，鼻音［m-，n-］辅音之后的非词首［ɔ］元音音强比其闪音［ɾ］之后的相对较弱，大约弱 1~2dB（M&F）。

　　图 2.170-1 和 2.170-3 为以 TF1 的上升为准排列的，即以舌位自高至低排列示意图，图 2.170-2 和 2.170-4 为以 TF2 的上升为主准排列，即舌位自后至前排列示意图。从表 2.121 与图 2.170-1 和 2.170-3 中可以看出，元音受到前置辅音的影响前过渡段有一定的变化，但是规律性不是很强。显然，前过渡段（TF1、TF2）对第一共振峰（F1）、第二共振峰（F2）总值的影响不是很大。

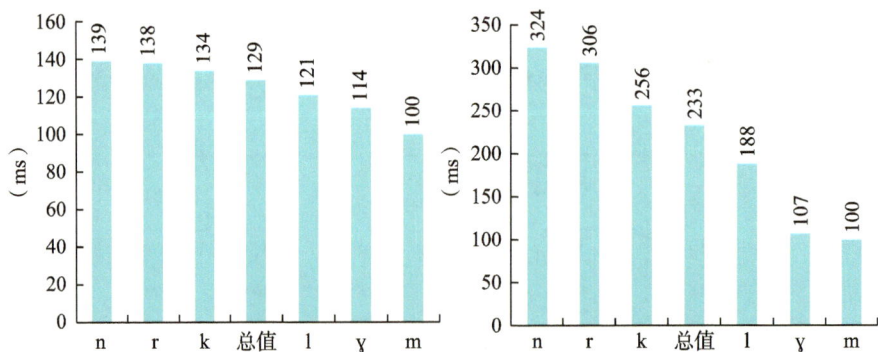

图 2.168　词首音节不同辅音之后［ɔ］元音音长比较（M&F）

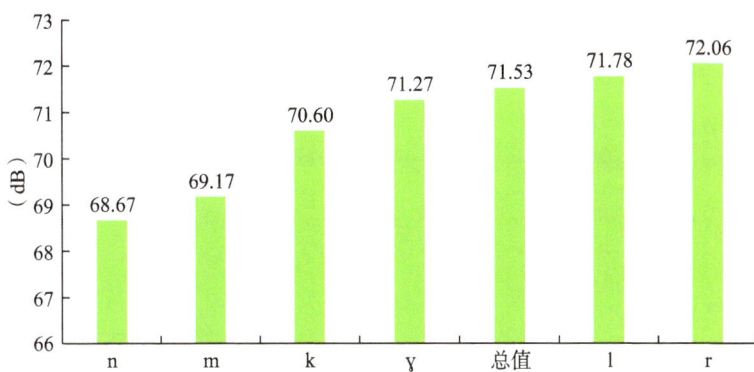

图 2.169-1　词首音节不同辅音之后和无前置辅音音节中出现的
[ɔ] 元音音强比较（M）

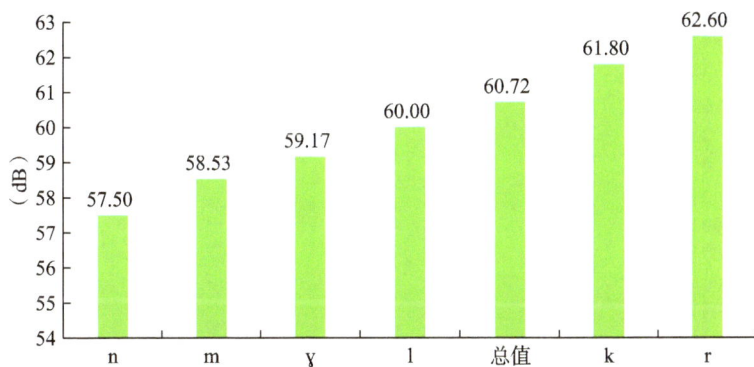

图 2.169-2　词首音节不同辅音之后和无前置辅音音节中出现的
[ɔ] 元音音强比较（F）

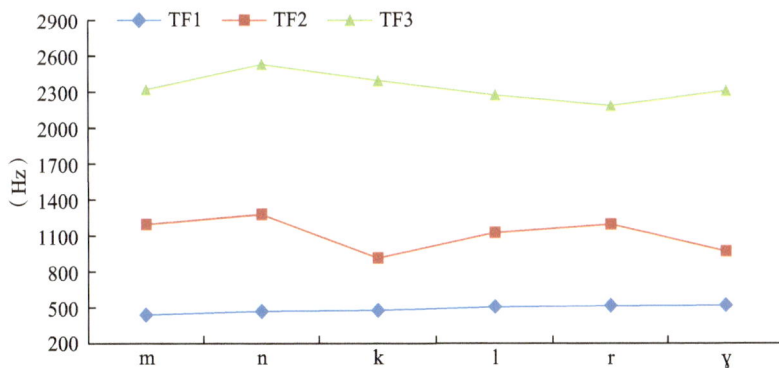

图 2.170-1　词首不同辅音之后出现的 [ɔ] 元音三个共振峰前过渡段
（TF1、TF2、TF3）的变化示意（M）

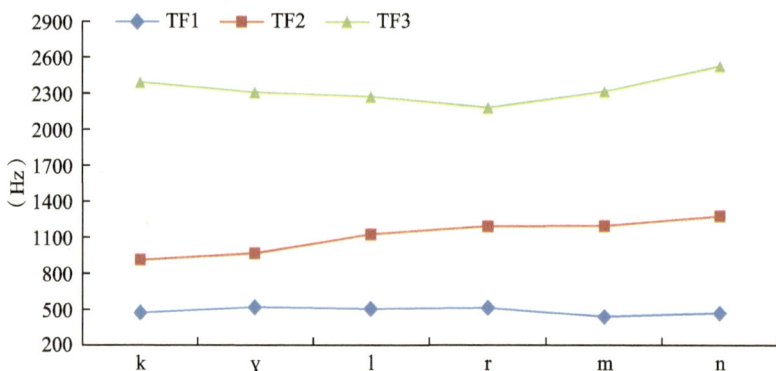

图 2.170-2　词首不同辅音之后出现的［ɔ］元音三个共振峰前过渡段
（TF1、TF2、TF3）的变化示意（M）

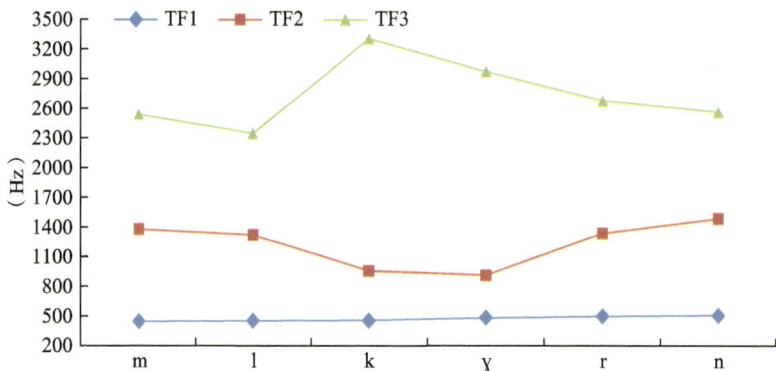

图 2.170-3　词首不同辅音之后出现的［ɔ］元音三个共振峰前过渡段
（TF1、TF2、TF3）的变化示意（F）

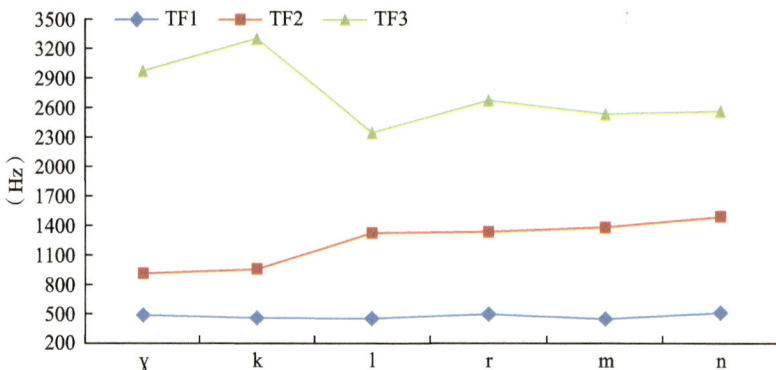

图 2.170-4　词首不同辅音之后出现的［ɔ］元音三个共振峰前过渡段
（TF1、TF2、TF3）的变化示意（F）

[ɔ] 在非词首 CV、CVC 音节中出现，我们对词首 CV、CVC 音节中出现的 [i] 与非词首 CV、CVC 音节 [ɔ] 元音共振峰 F1/F2、时长参数做了配对样本 T 检验（词首 CV、CVC 为一组，非词首 CV、CVC 为一组），详见表 2.121。

表 2.121 检验结果

	sig（双侧）					
	M		F		M	F
	F1	F2	F1	F2	VD	VD
词首—非词首	0.044	0.053	0.000	0.000	0.032	0.725

我们从检验结果看，男、女发音人的 F1/F2 参数在词首与非词首音节之间有显著性差异（除男生 F2 之外）。男发音人的元音时长上都有显著性差异，女发音的元音时长上差异不明显。

词首 V、VC 音节中出现的 [ɔ] 与非词首 CV、CVC 音节 [ɔ] 元音共振峰 F1/F2、时长参数做了配对样本 T 检验（词首 V、VC 为一组，非词首 CV、CVC 为一组），详见表 2.122。

表 2.122 检验结果

	sig（双侧）					
	M		F		M	F
	F1	F2	F1	F2	VD	VD
词首—非词首	0.430	0.107	0.002	0.274	0.023	0.052

男、女发音人在 F1/F2 参数上有着显著性差异（除女发音人 F2 之外）；元音时长上男发音人有显著性差异，女发音人差异不是很明显。

（六）[u]

1. 声学特征与音色

1.1 [u] 元音三维语图和语音标注

图 2.171 为男发音人 ɐku [ɐku]“瞳孔”一词的三维语图和三层标注实例。ɐku [ɐku]“瞳孔”一词中非词首 [u] 元音时长、音强分别为 147ms、73dB；该图上 [u] 元音目标位置 F1～F4 共振峰参数为：377Hz、864Hz、

2270Hz、3065Hz。该语图比较真实地显示了［u］元音在实际语流中的存在形式。

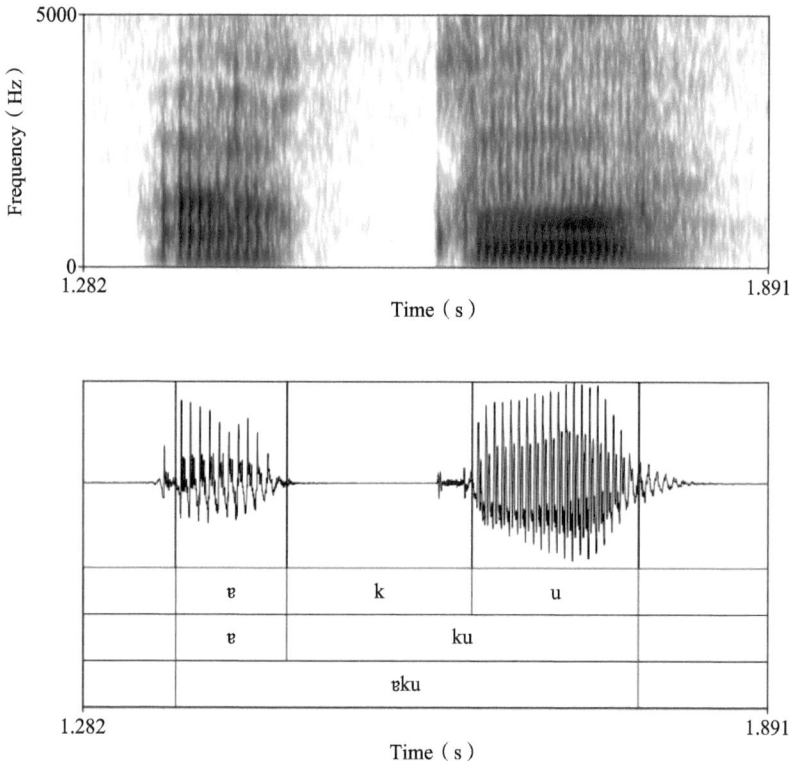

图 2.171　男发音人 ɐku［ɐkɐ］"瞳孔"一词的三维语图和三层标注实例

1.2　［u］元音声学特征与声学参数

表 2.123 为非词首［u］元音参数统计表。从表 2.123 中可以看出，男、女发音人［u］元音平均时长、平均音长分别为 M = 155ms，F = 239ms；M = 69.80dB，F = 56.73dB。元音第一共振峰（F1）和第二共振峰（F2）的频率均值分别为 M：F1 = 391Hz，F2 = 1015Hz；F：F1 = 426Hz，F2 = 1076Hz。图 2.172 为男、女发音人非词首音节［u］元音在声学元音图中的位置及其声学空间中的分布模式。图 2.172 显示了［u］元音在声学空间中分布范围为：F1 = 334～491Hz，F2 = 801～1390Hz（M）；F1 = 305～499Hz，F2 = 809～1372Hz（F）。可以看出，与词首［u］元音相比东乡语非词首［u］元音变化不是很大，稍微有些"央化"趋势，但"央化"的现象不太明显。男、女发音人词首与非词［u］首元音均值从舌位语图上看几乎呈现

重叠模式。

表 2.123 非词首 [u] 元音声学参数统计

	M					F				
	VD	VA	F1	F2	F3	VD	VA	F1	F2	F3
均值	155	69.80	391	1015	2370	239	56.73	426	1076	2951
标准差	81	3.92	61	161	269	107	4.89	48	173	530
变异系数	52%	6%	15%	16%	11%	45%	9%	11%	16%	18%
变化范围	25	50	156	733	1521	26	45	239	668	1267
	360	77	926	2153	3840	200	71	584	2112	3820

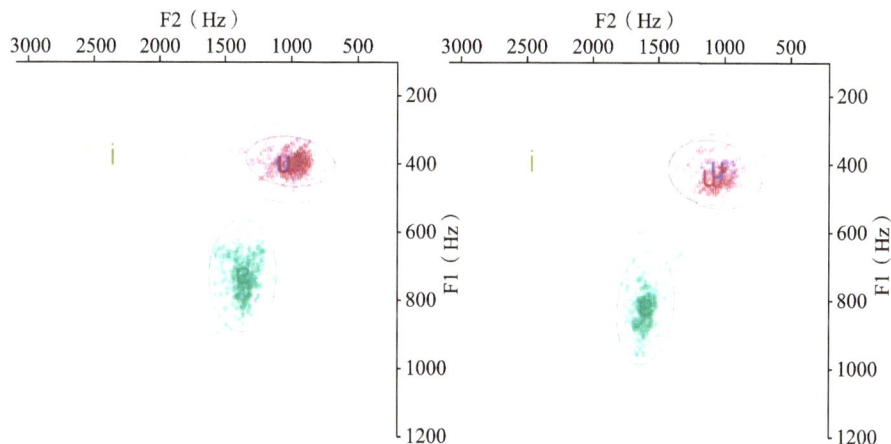

图 2.172 非词首 [u] 元音在声学元音图中的位置及其声学空间中的分布模式 （M&F）

2. 语流中的音变特征

2.1 目标位置共振峰频率与其前、后过渡段共振峰频率参数之间的显著性差异分析

图 2.173 和表 2.124 显示，男、女发音人 [u] 元音目标位置第一、第二共振峰频率与其前、后过渡段共振峰频率之间的共同的、具有统计学意义的特点（规律）有：与目标元音相比，前、后过渡段共振峰频率有较大变化，P 值都小于 0.05，存在显著差异（除了目标位置与后过渡段共振峰之间的没有显著性差异之外）。

图 2.173 为非词首 [u] 元音目标位置共振峰及其前、后过渡段（TF1、

TF2/TP1、TP2）分布模式图。从图 2.172 可以看出，东乡语非词首［u］元音前、后过渡段有明显的变化，其中前过渡段变化大于后过渡段。前过渡段（TF1、TF2）舌位有明显的上升趋势（开口度明显变小），上升 154Hz；后过渡段（TP1、TP2）舌位也有一定的上升趋势，上升 30Hz。前、后过渡段舌位相比目标元音变化不是很大。

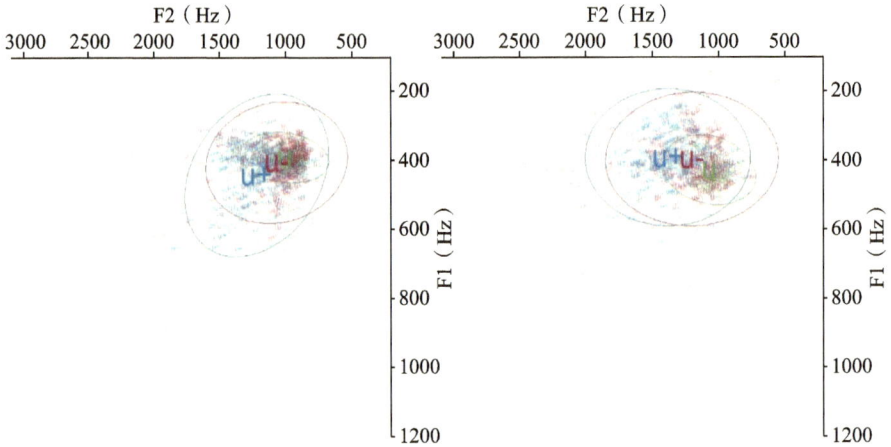

图 2.173　非词首［u］元音目标位置共振峰（F1/F2）及其前、后过渡段
（TF1、TF2/TP1、TP2）共振峰分布模式（M&F）

表 2.124　检验结果

检验值	sig（显著性），P 值			
	M		F	
检验样本	F1	F2	F1	F2
目标位置与前过渡段共振峰之间的显著性	0.000	0.000	0.000	0.000
目标位置与后过渡段共振峰之间的显著性	0.000	0.000	0.000	0.000
前过渡段共振峰与后过渡段共振峰之间的显著	0.000	0.000	0.000	0.000

* P值小于 0.05 存在显著差异；大于 0.05 差异不明显，下同。

2.2　元音声学参数与音节数量之间的相关性分析

2.2.1　［u］元音在单音节和多音节词中的出现频率统计

表 2.125 为非词首［u］元音双音节、三音节、多音节（四音节以上为多音节）词中出现的频率统计表。该表显示，在统一平台中［u］元音共出现 440 次（M）和 376 次（F）。［u］元音在双音节词中的出现频率较高，

约占所有出现次数的 20%（M）、41%（F），在三音节词中的出现频率最高，约占所有出现次数的 61%（M）、51%（F）。

表 2.125 不同音节中 [u] 元音出现频率统计

发音人	双音节词		三音节词		多音节词		共计	
	M	F	M	F	M	F	M	F
出现次数	87	155	269	193	84	28	440	376
百分比	20%	41%	61%	51%	19%	7%	100%	100%

2.2.2 [u] 元音声学参数与音节数量之间的相关性分析

下面探讨 [u] 元音音长、音强和共振峰参数均值与其所出现的词的音节数量之间的相关性问题。表 2.126 为在双、三、多音节词中出现的 [u] 元音的音长（VD）、音强（VA）、共振峰目标值（F）统计表，图 2.174～2.176 为出现在双音节词、三音节和多音节中的 [u] 元音音长（VD）、音强（VA）和目标位置共振峰均值的关系示意图，表 2.127 为 [u] 元音音长及其目标位置第一、第二共振峰（F1/F2）的均值与其所出现的不同音节数量词之间的相关性分析表，即 P 值分析表。

表 2.126 和图 2.174～2.176 为男、女发音人非词首 [u] 元音出现在双音节（B）、三音节（C）、多音节（D）时的音长（VD）、音强（VA）、共振峰统计。从表 2.127 中可以看出，音节数量与元音音长、音强有一定的相关性。[u] 元音音长随着音节数量增加而相对缩短，音强随着音节数量的增加而变得相对变弱。第一共振峰（F1）频率与音节数量相关性不是很大；第二共振峰（F2）频率与音节数量有一定的关系，随着音节数量的增加而舌位前移（舌位前化）。例如：

M：209ms(B)→155ms(C)→99ms(D)；
71.82dB(B)→69.73dB(C)→67.94dB(D)。
F：276ms(B)→230ms(C)→147ms(D)；
59.30dB(B)→58.74dB(C)→57.14dB(D)。
M：F1 = 394Hz(B)→400Hz(C)→430Hz(D)；
F2 = 971Hz(B)→1004Hz(C)→1113Hz(D)。
F：F1 = 448Hz(B)→439Hz(C)→424Hz(D)；
F2 = 1055Hz(B)→1123Hz(C)→1135Hz(D)。

表 2.126　出现在不同音节词中［u］元音音长（VD）、音强（VA）、共振峰统计

参数	发音人	M					F				
		VD	VA	F1	F2	F3	VD	VA	F1	F2	F3
双音节词	平均值	209	71.82	394	971	2328	276	59.30	448	1055	2864
	标准差	56	3.09	31	102	239	118	4.10	37	147	645
	变异系数	27%	4%	8%	11%	10%	43%	7%	8%	14%	23%
	变化范围	81	52	299	795	1548	53	50	369	735	1267
		321	77	489	1362	2721	553	71	578	2112	3624
三音节词	平均值	155	69.73	400	1004	2389	230	58.74	439	1123	3008
	标准差	79	3.64	44	112	244	157	4.70	49	188	461
	变异系数	51%	5%	11%	11%	10%	60%	8%	11%	17%	15%
	变化范围	29	58	156	733	1521	29	45	271	668	1683
		360	77	637	1386	3476	505	67	584	1934	3820
多音节词	平均值	99	67.94	430	1113	2353	147	57.14	424	1135	2925
	标准差	50	4.57	107	271	360	126	7.10	71	129	408
	变异系数	51%	7%	25%	24%	15%	86%	12%	17%	11%	14%
	变化范围	25	50	324	776	1567	35	45	239	889	1799
		349	77	926	2153	3840	523	70	546	1400	3444

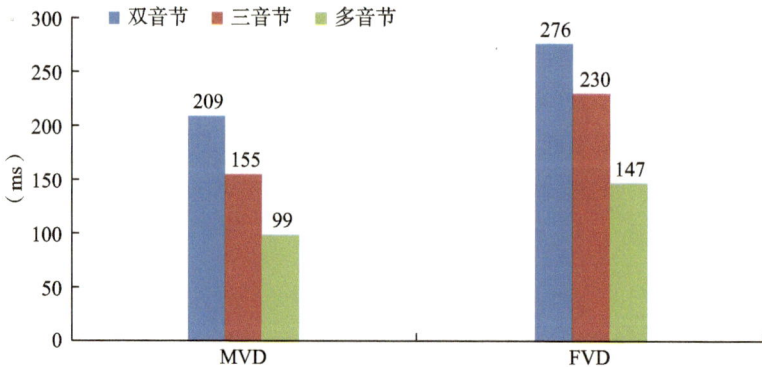

图 2.174　音节数量与音长之间关系示意（M&F）

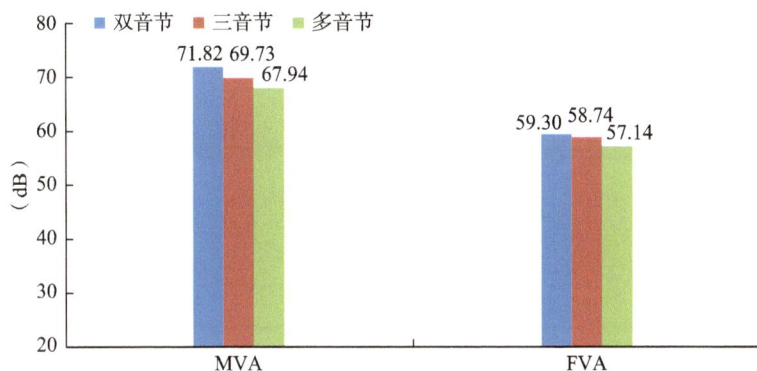

图 2.175 音节数量与音强之间关系示意（M&F）

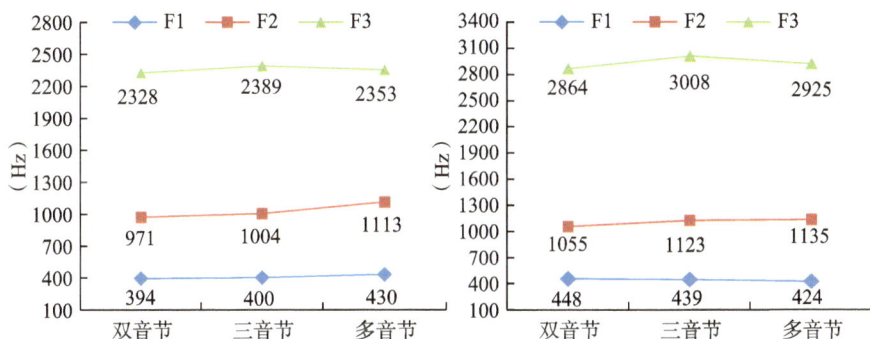

图 2.176 音节数量与共振峰之间关系示意（M&F）

表 2.127 检验结果

检验值	sig（显著性），P 值							
	M		F		M		F	
不同音节	F1	F2	F1	F2	VD	VA	VD	VA
双音节词—三音节词	0.690	0.343	0.241	0.541	0.000	0.000	0.000	0.000
双音节词—四音节词	0.000	0.000	0.003	0.000	0.000	0.000	0.000	0.000
三音节词—四音节词	0.000	0.000	0.011	0.000	0.000	0.000	0.000	0.000

* P 值小于 0.05 存在显著差异；大于 0.05 差异不明显。

2.3 元音声学参数与音节类型之间的相关性分析

2.3.1 ［u］元音在不同音节类型中的出现频率统计

表 2.128 为非词首［u］元音在不同音节类型中的出现比例统计表。从表 2.128 中可以看出，非词首［u］元音在 CV 音节类型中出现频率高，为

316次，72%（M）；258次，70%（F）；在CVC音节类型中出现的频率为，124次，28%（M）、109次，30%（F）。

表 2.128　不同音节类型中［u］元音的频率统计

	音节类型	CV	CVC	共计
M	出现次数	316	124	440
	百分比	72%	28%	100%
F	出现次数	258	109	367
	百分比	70%	30%	100%

2.3.2　［u］元音声学参数与音节类型之间的相关性分析

表 2.129 为出现在不同音节类型中非词首［u］元音声学参数统计表。从表 2.129 中可以看出，音节类型对非词首［u］元音的音长（VD）、音强（VA）、共振峰频率有一定的影响，具有一定的相关性。CV 音节类型（开音节）中的音长比其 CVC 音节类型（闭音节）中的音长要长，大约长 30~100ms（详见图 2.177）；CV 音节类型（开音节）中的非词首［u］元音音强比其 CVC 音节类型（闭音节）中的音强要弱，大约弱 1dB（详见图 2.178）；CV 音节类型（开音节）中的第一共振峰（F1）比其 CVC 音节类型（闭音节）中的第一共振峰（F2）频率相对低（开口度小）（详见图 2.179）；CV 音节类型（开音节）中的非词首［u］元音舌位比其 CVC 音节类型（闭音节）中的非词首［u］元音舌位相对靠后，大约靠后 100~110Hz。

表 2.129-1　不同音节类型中非词首［u］元音声学参数统计（M）

音节类型	参数	VD	VA	F1	F2	F3
CV	平均值	159	69.00	405	1014	2380
	标准差	80	3.88	61	161	261
	变异系数	50%	6%	15%	16%	11%
	变化范围	25	50	156	733	1548
		360	77	926	2153	3840
CVC	平均值	75	69.52	415	1096	2151
	标准差	29	4.94	54	141	359
	变异系数	39%	7%	13%	13%	17%

续表

音节类型	参数	VD	VA	F1	F2	F3
CVC	变化范围	40	61	318	882	1521
		143	77	581	1363	2956

表 2.129-2　不同音节类型中非词首［u］元音声学参数统计（F）

音节类型	参数	VD	VA	F1	F2	F3
CV	平均值	270	56.50	436	1089	3122
	标准差	136	5.13	46	165	349
	变异系数	50%	9%	11%	15%	11%
	变化范围	29	45	239	668	1395
		553	71	578	2112	3820
CVC	平均值	138	57.34	462	1105	2306
	标准差	56	3.95	47	135	601
	变异系数	41%	7%	10%	12%	26%
	变化范围	49	46	301	758	1267
		271	67	584	1627	3624

图 2.177 为不同音节类型中非词首［u］元音音长（VD）比较图。从图 2.177 中可以明显看出，［u］元音在不同音节类型中的音长从短到长排序为：CV（159ms）>CVC（75ms）（M）、CV（270ms）>CVC（138ms）（F）。

图 2.178 为不同音节类型中［u］元音音强（VA）比较图。从图 2.178 中可以看出，［u］元音在不同音节类型中的音强强弱，从强到弱排序为 CVC（69.82dB）>CV（69dB）（M）、CVC（56.50dB）>CV（57.34dB）（F）。

图 2.179 为不同音节类型中非词首［u］元音第一、第二共振峰（F1/F2）比较图。从图 2.179 中可以看出，在不同音节类型中非词首［u］元音开口度与舌位前后排序模式，开口度以小到大排序为 M：CV（405Hz）→CVC（415Hz）；F：CV（436Hz）→CVC（462Hz）；舌位从前到后排序为：CV（1014Hz）→CVC（1096Hz）；F：CV（1089Hz）→CVC（1105Hz）。

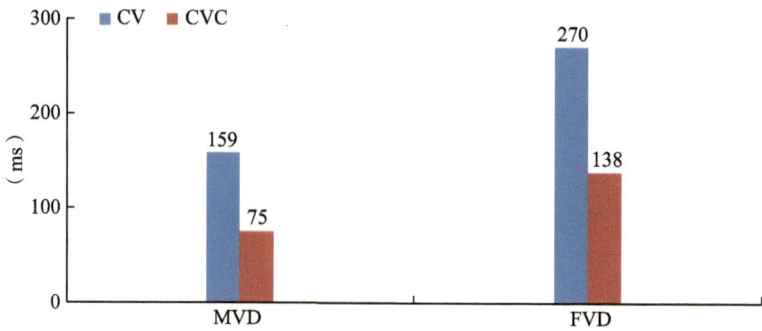

图 2.177　不同音节类型中出现的非词首 ［u］ 元音音长（VD）比较（M&F）

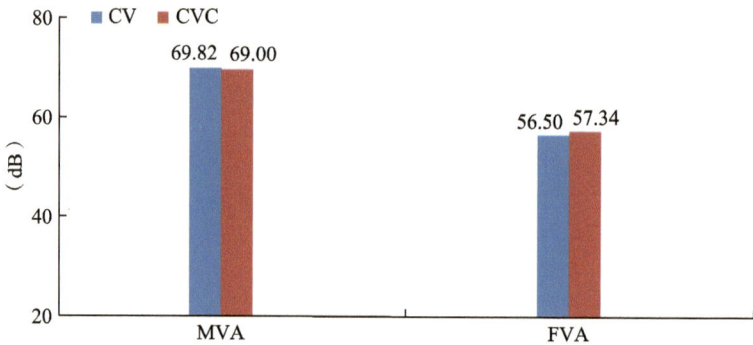

图 2.178　不同音节类型中出现的非词首 ［u］ 元音音强（VA）比较（M&F）

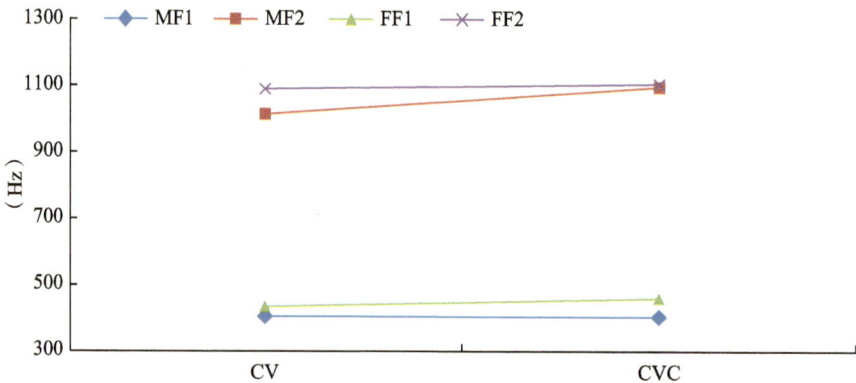

图 2.179　不同音节类型中出现的非词首 ［u］ 元音第一共振峰（F1）、
第二共振峰（F2）比较（M&F）

2.4　元音声学参数与前置辅音音质之间的相关性分析

表 2.130 为出现在非词首音节不同辅音之后 ［u］ 元音声学参数比较表，图 2.180~2.182 为在非词首音节 ［ɣ-，k-，kʰ-，l-，m-，n-，r-， s-，tʰ-，t-，tʂ-，tʂʰ-〕等辅音（前置辅音）之后出现的〔u〕元音的音长、音强和目标位置第一至第三共振峰（F1、F2、F3）的前过渡段频率（TF1、TF2、TF3）的变化示意图。

图 2.180 显示，辅音音质与非词首〔u〕元音声学参数之间具有一定的相关性。如，与该目标元音音长总值（M：155ms、F：239ms）相比，非词首〔u〕元音出现在鼻音〔m-〕〔n-〕、浊辅音〔ɣ-〕、清擦音〔s-〕之后的音长相对短，大约短 30ms（M&F）；出现在塞音〔t-〕〔tʰ-〕、边音〔l-〕之后的音长相对较长，大约长 30ms（M）、60ms（F）。

表 2.130 和图 2.181 显示，前置辅音音质与元音音强之间有一定的相关性。与该目标元音音长总值（M：69.8dB、F：56.73dB）相比，不送气塞音、塞擦音〔k-，t-，tʂ-〕辅音之后的非词首〔u〕元音音强比其送气塞音、塞擦音〔kʰ-，tʰ-，tʂʰ-〕之后的相对较弱，大约弱 1~2dB（M&F）。显然，辅音音质对元音音强强弱有一定的影响。

表 2.130　非词首音节不同辅音之后和无前置辅音音节中
〔u〕元音声学参数比较（上 M& 下 F）

辅音 ＼ 参数	VD	VA	TF1	TF2	TF3	F1	F2
ɣ	102	68.33	458	962	2353	426	941
k	136	69.02	430	1232	2525	416	971
kʰ	114	70	421	1124	2871	410	920
l	187	70.40	391	1170	2279	394	957
m	117	69.22	351	1283	2424	398	1114
n	105	67.70	387	1196	2234	410	944
r	128	68.35	520	1393	2683	404	1069
s	143	68.5	427	1308	2715	406	1192
tʰ	191	71.08	464	1352	2629	404	989
t	167	69.65	469	1344	2608	398	1022
tʂ	101	68.67	394	1437	2923	387	1058
tʂʰ	98	77	347	1210	2378	436	1119
辅音 ＼ 参数	VD	VA	TF1	TF2	TF3	F1	F2
ɣ	235	58	466	917	3091	496	1018
k	231	56.12	419	1191	2887	426	1029

续表

参数 辅音	VD	VA	TF1	TF2	TF3	F1	F2
kʰ	276	55.2	370	1253	2884	402	1005
l	310	57.61	409	1352	2447	445	1003
m	170	55.61	374	1156	2223	414	1083
n	251	57.85	398	1230	2562	468	1066
r	291	59.66	433	1262	2846	474	1040
s	220	57.96	413	1363	3077	453	1083
tʰ	334	55.81	366	1423	3083	446	1075
t	288	58.26	409	1514	3020	448	1129
tʂ	297	58	365	1456	2830	449	1039
tʂʰ	281	60	355	1310	2341	451	1112

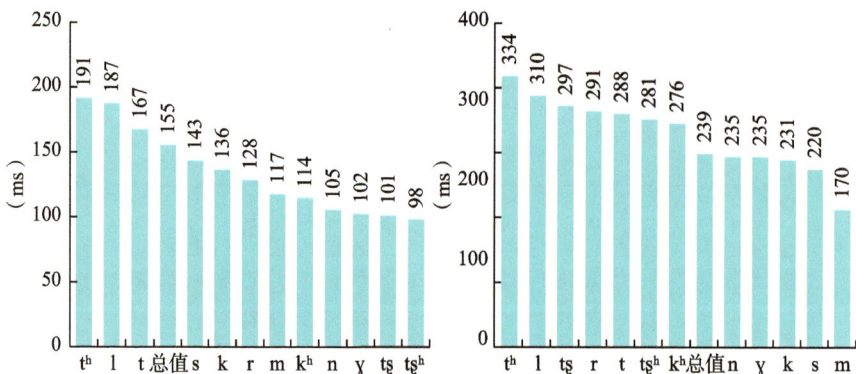

图 2.180 词首音节不同辅音之后 [u] 元音音长比较 (M&F)

图 2.181-1 词首音节不同辅音之后和无前置辅音音节中出现的
[u] 元音音强比较 (M&F)

图 2.181-2　词首音节不同辅音之后和无前置辅音音节中出现的

[u] 元音音强比较（M&F）

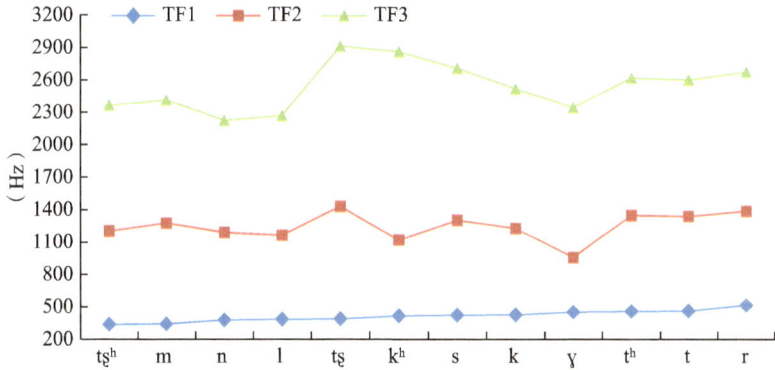

图 2.182-1　词首不同辅音之后出现的 [u] 元音三个共振峰前过渡段

（TF1、TF2、TF3）的变化示意（M）

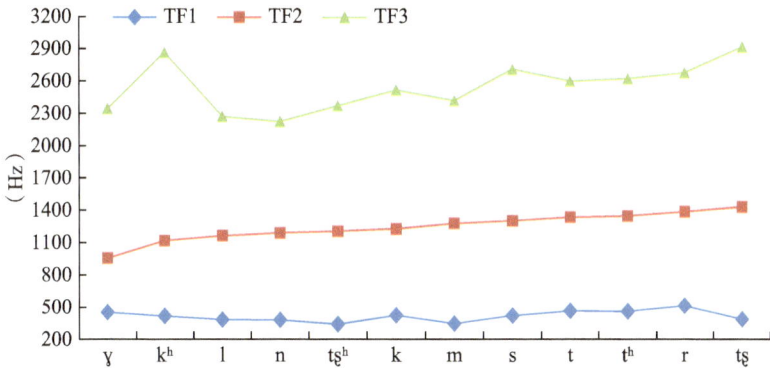

图 2.182-2　词首不同辅音之后出现的 [u] 元音三个共振峰前过渡段

（TF1、TF2、TF3）的变化示意（M）

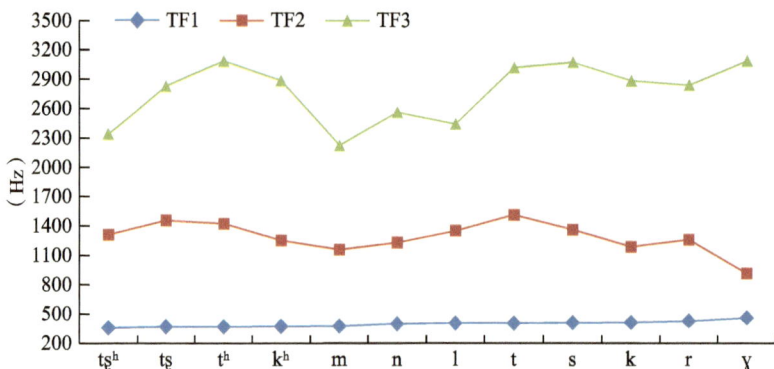

图 2.182-3 词首不同辅音之后出现的 [u] 元音三个共振峰前过渡段
（TF1、TF2、TF3）的变化示意（F）

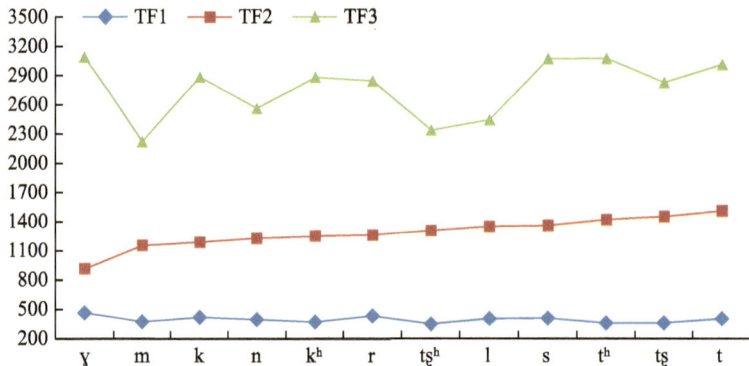

图 2.182-4 词首不同辅音之后出现的 [u] 元音三个共振峰前过渡段
（TF1、TF2、TF3）等的变化示意（F）

图 2.182-1 和 2.182-2 是以 TF1 的上升为准排列的，即以舌位自高至低排列示意图，图 2.182-2 和 2.182-4 以 TF2 的上升为主准排列，即舌位自后至前排列示意图。从表 2.131 与图 2.182-1 和 2.182-3 可以看出，元音受到前置辅音的影响前过渡段有一定的变化，但是规律性不是很强。显然，前过渡段（TF1、TF2）对第一共振峰（F1）、第二共振峰（F2）总值的影响不是很大。

[u] 在非词首 CV、CVC 音节中出现，我们对词首 CV、CVC 音节中出现的 [u] 与非词首 CV、CVC 音节 [u] 元音共振峰 F1/F2、时长参数做了配对样本 T 检验（词首 CV、CVC 为一组，非词首 CV、CVC 为一组），结果如表 2.131 所示。

表 2.131　检验结果

	sig（双侧），P 值					
	M		F		M	F
	F1	F2	F1	F2	VD	VD
词首—非词首	0.602	0.000	0.000	0.942	0.000	0.00

我们从检验结果看，男、女发音人的 F1/F2 参数在词首与非词首音节之间有显著性差异（除男发音人 F2 之外）。男发音人的元音时长上有显著性差异，女发音人元音时长上差异不明显。

词首 V、VC 音节中出现的 [u] 与非词首 CV、CVC 音节 [u] 元音共振峰 F1/F2、时长参数做了配对样本 T 检验（词首 V、VC 为一组，非词首 CV、CVC 为一组），结果如表 2.132 所示。

表 2.132　检验结果

	sig（双侧）					
	M		F		M	F
	F1	F2	F1	F2	VD	VD
词首—非词首	0.752	0.000	0.001	0.000	0.000	0.012

男、女发音人在 F1/F2 参数上有着显著性差异（除男发音人 F1 之外）；男、女发音人在元音时长上有显著性差异。

（七）[ʊ]

1. 声学特征与音色

1.1　[ʊ] 元音三维语图和语音标注

图 2.183 为男发音人 fututɤ [fŭtʊtɤ]“变长”一词的三维语图和三层标注实例图。fututɤ [fŭtʊtɤ]“变长”一词中非词首 [ʊ] 元音时长、音强分别为 57ms、63dB；该图上 [ʊ] 元音目标位置 F1～F4 四个共振峰参数为：429Hz、1068Hz、2574Hz、3979Hz。

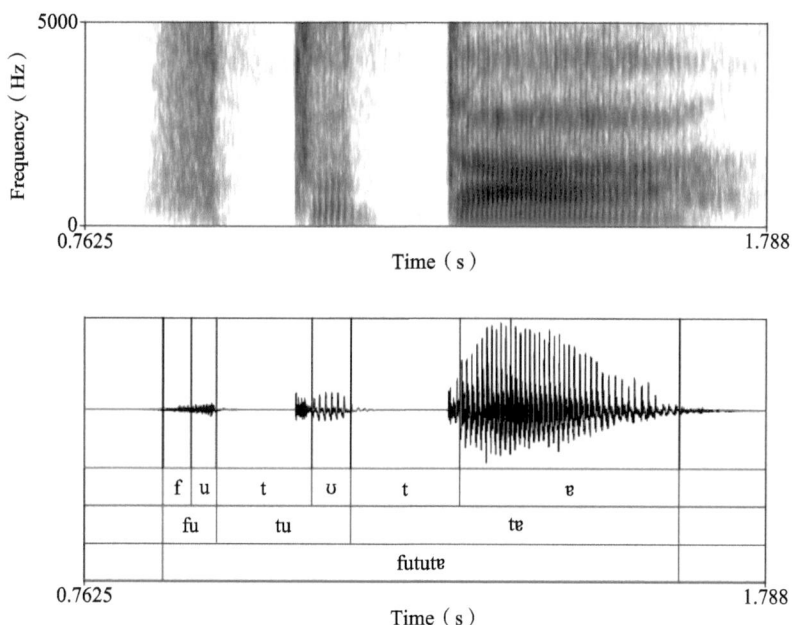

图 2.183　男发音人 fututɐ［fũtʊtɐ］"变长"一词的三维语图和三层标注实例

1.2　［ʊ］元音声学特征与声学参数

表 2.133 为非词首［ʊ］元音参数统计表。表 2.133 显示，男、女发音人［ʊ］元音平均时长、平均音强分别为 M=88ms，F=128ms；M=69.87dB，F=56.00dB。元音 F1 和 F2 的频率均值分别为 M：F1=420Hz，F2=1264Hz；F：F1=413Hz，F2=1290Hz。图 2.184 为男、女发音人非词首音节［ʊ］元音在声学元音图中的位置及其声学空间中的分布模式。图 2.184 还显示了［ʊ］元音在声学空间中分布范围为：F1=331~558Hz，F2=823~1449Hz（M）；F1=308~600Hz，F2=812~1569Hz（F）。

表 2.133　非词首［ʊ］元音声学参数统计

	M					F				
	VD	VA	F1	F2	F3	VD	VA	F1	F2	F3
均值	88	69.87	420	1264	2326	128	56.00	413	1290	2926
标准差	39	4.03	65	150	455	83	5.24	49	136	460
变异系数	44%	6%	15%	12%	20%	65%	9%	12%	11%	16%

续表

	M					F				
	VD	VA	F1	F2	F3	VD	VA	F1	F2	F3
变化范围	27	61	300	819	1387	40	47	325	1077	1721
	307	77	724	1799	3255	360	65	530	1707	3972

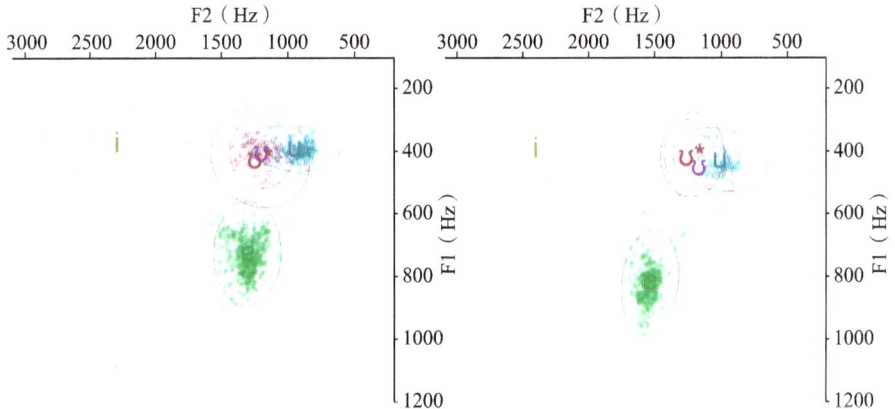

图 2.184　非词首 [ʊ] 元音在声学元音图中的位置及其声学空间中的分布模式（M&F）

从表 2.133 和图 2.184 中可以看出，与词首 [ʊ] 元音相比东乡语非词首 [u] 元音变化不是很大，男发音人词首与非词首 [ʊ] 元音均值从舌位语图上看几乎呈现重叠模式，女发音人的稍微有变化。显然，东乡语非词首 [ʊ] 元音没有明显的"央化"现象。

2. 语流中的音变特征

2.1　目标位置共振峰频率与其前、后过渡段共振峰频率参数之间的显著性差异分析

图 2.185 和表 2.134 显示，男、女发音人 [ʊ] 元音目标位置第一、第二共振峰频率与其前、后过渡段共振峰频率之间共同的、具有统计学意义的特点（规律）有：与目标元音相比，前、后过渡段共振峰频率都有较大变化，P 值都小于 0.05，存在显著差异。

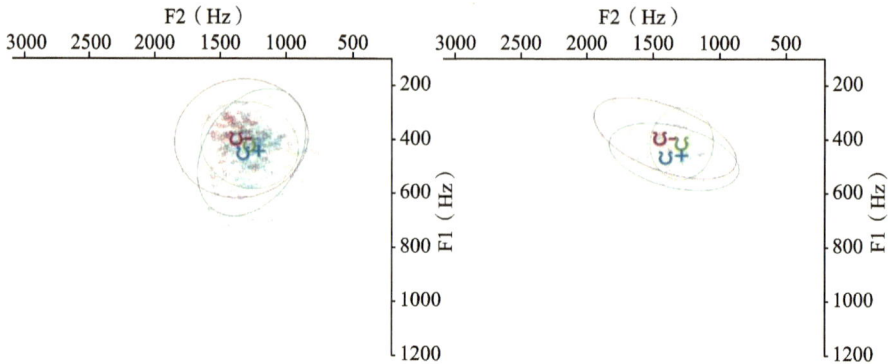

图 2.185　非词首［ʊ］元音目标位置共振峰（F1/F2）及其前、后过渡段
（TF1、TF2/TP1、TP2）共振峰分布模式（M&F）

图 2.185 为非词首［ʊ］元音目标位置共振峰及其前后过渡段（TF1、TF2/TP1、TP2）分布模式图。从图中可以看出，东乡语非词首［ʊ］元音前、后过渡段有变化但变化不是很大，其中前过渡段变化大于后过渡段。与目标元音相比，前过渡段频率 TF1 有明显的上升趋势（开口度明显变大），大约上升 50~100Hz；后过渡第一共振峰频率 TP1 有下降趋势（开口度变小），大约下降 30Hz。前、后过渡段第二共振峰频率 TF2/TP2 有上升趋势（舌位前移），大约 100Hz。这说明，在前过渡段中非词首［ʊ］元音舌位有明显下降（开口度变大、舌位靠前）；在后过渡段（TP1/TP2）中舌位有所上升（开口度变小、舌位靠前）。

表 2.134　检验结果

检验样本 \ 检验值	sig（显著性），P 值			
	M		F	
	F1	F2	F1	F2
目标位置与前过渡段共振峰之间的显著性	0.000	0.004	0.020	0.000
目标位置与后过渡段共振峰之间的显著性	0.001	0.600	0.000	0.214
前过渡段共振峰与后过渡段共振峰之间的显著	0.423	0.001	0.000	0.000

＊ P 值小于 0.05 存在显著差异；大于 0.05 差异不明显。

2.2　元音声学参数与音节数量之间的相关性分析

2.2.1　［ʊ］元音在单音节和多音节词中的出现频率统计

表 2.135 为非词首［ʊ］元音双音节、三音节、多音节（四音节以上为

多音节）词中出现的频率统计表。该表显示，在统一平台中［ʊ］元音共出现160次（M）和86次（F）。［ʊ］元音在双音节词中的出现频率较高，约占所有出现次数的29%（M）、35%（F），在三音节词中的出现频率最高，约占所有出现次数的55%（M）、48%（F）。

表2.135　不同音节词中［ʊ］元音出现频率统计

发音人	双音节词		三音节词		多音节词		共计	
	M	F	M	F	M	F	M	F
出现次数	47	30	88	41	25	15	160	86
百分比	29%	35%	55%	48%	16%	17%	100%	100%

2.2.2　［ʊ］元音声学参数与音节数量之间的相关性分析

下面探讨［ʊ］元音音长、音强和共振峰参数均值与其所出现的词的音节数量之间的相关性问题。表2.136为在双、三、多音节词中出现的［ʊ］元音的音长（VD）、音强（VA）、共振峰目标值（F）统计表，图2.186～2.188为出现在双音节词、三音节词和多音节词中的［ʊ］元音目标位置音长（VD）、音强（VA）和共振峰均值的示意图，表2.135为［ʊ］元音音长（VD）、音强（VD）及其目标位置第一、第二共振峰（F1/F2）的均值与其所出现的不同音节数量词之间的相关性分析表，即P值分析表。

表2.136和图2.186～2.188为男、女发音人非词首［ʊ］元音出现在双音节、三音节和多音节时的音长（VD）、音强（VA）、共振峰统计。从表2.137中的参数可以看出，音节数量与元音音长、音强有一定的相关性。［ʊ］元音音长随着音节数量增加而相对缩短，音强随着音节数量的增加而变得相对变弱。第一共振峰（F1）频率与音节数量有一定的相关性，三音节词中的元音开口度相比其双音节词、多音节词的要大，大约大30Hz；第二共振峰（F3）频率与音节数量有一定的关系，随着音节数量的增加而舌位前移（舌位前化）。如：

M:116ms(B)→79ms(C)→68ms(D);73.17dB(B)→68.67dB(C)→67.88dB(D)。

F:158ms(B)→114ms(C)→89ms(D);56.87dB(B)→55.72dB(C)→55dB(D)。

M:F1=403Hz(B)→432Hz(C)→413Hz(D);

F2=1257Hz(B)→1261Hz(C)→1292Hz(D)。

F:F1=408Hz(B)→422Hz(C)→415Hz(D);

$$F2 = 1278Hz(B) \rightarrow 1293Hz(C) \rightarrow 1308Hz(D)。$$

表 2.136　出现在不同音节词中的［ʊ］元音音长（VD）、

音强（VA）、共振峰统计

发音人		M					F				
参数		VD	VA	F1	F2	F3	VD	VA	F1	F2	F3
双音节词	平均值	116	73.17	403	1257	2230	158	56.87	408	1278	2789
	标准差	28	2	44	174	482	41	3.45	38	89	124
	变异系数	24%	3%	11%	14%	22%	26%	6%	9%	7%	4%
	变化范围	69	70	340	906	1387	51	51	311	890	1541
		186	77	540	1799	3255	211	64	572	1524	3038
三音节词	平均值	79	68.67	432	1261	2353	114	55.72	422	1293	2861
	标准差	38	3.96	74	134	430	67	5.15	45	136	411
	变异系数	48%	6%	17%	11%	18%	59%	9%	11%	10%	14%
	变化范围	27	62	300	819	1436	40	47	325	1125	1721
		307	76	724	1526	3196	329	64	530	1707	3363
多音节词	平均值	68	67.88	413	1292	2412	89	55	415	1308	2916
	标准差	31	3.93	58	157	479	22	3.41	32	189	205
	变异系数	46%	6%	14%	12%	20%	25%	6%	8%	14%	7%
	变化范围	34	61	329	930	1559	23	50	387	1001	1400
		147	75	528	1514	3179	181	68	551	1471	3111

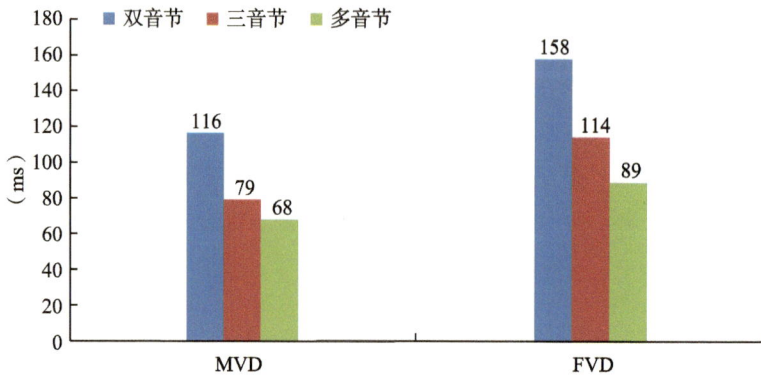

图 2.186　音节数量与音长之间关系示意（M&F）

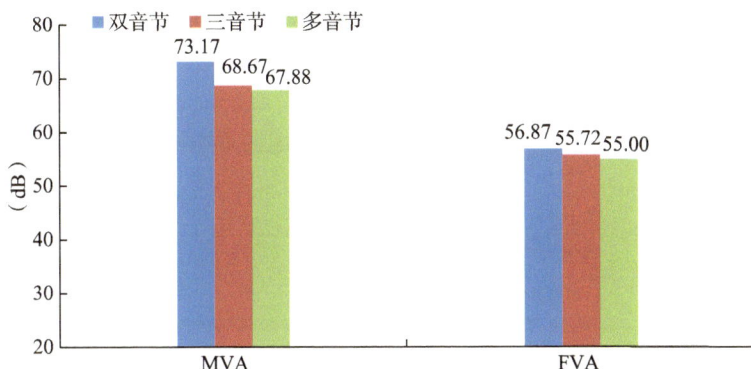

图 2.187　音节数量与音强之间关系示意（M&F）

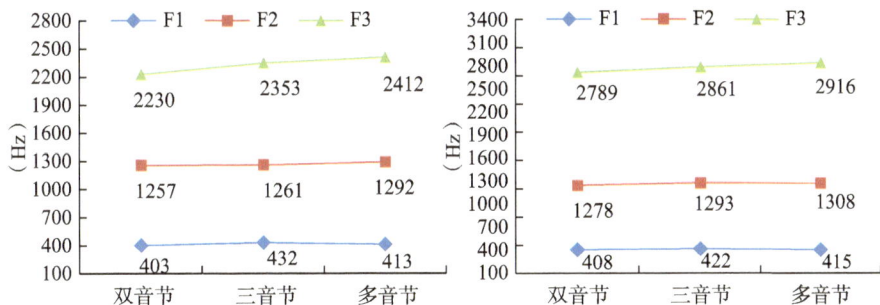

图 2.188　音节数量与共振峰之间关系示意（M&F）

表 2.137　检验结果

| 检验值 | sig（显著性），P 值 | | | | | | | |
| | M | | F | | M | | F | |
不同音节	F1	F2	F1	F2	VD	VA	VD	VA
双音节词—三音节词	0.340	0.233	0.124	0.214	0.158	0.010	0.100	0.000
双音节词—四音节词	0.000	0.786	0.000	0.0541	0.000	0.002	0.000	0.000
三音节词—四音节词	0.001	0.289	0.001	0.111	0.000	0.253	0.000	0.078

2.3　元音声学参数与音节类型之间的相关性分析

2.3.1　［ʊ］元音在不同音节类型中的出现频率统计

表 2.138 为非词首［ʊ］元音在不同音节类型中的出现比例统计表。从表中可以看出，非词首［ʊ］元音在 CV 音节类型中出现频率高，出现 34 次、21%（M），23 次、27%（F）。在 CVC 音节类型中出现的频率为，126

次、79%（M），63 次、73%（F）。

表 2.138　不同音节类型中 [ʊ] 元音的频率统计

	音节类型	CV	CVC	共计
M	出现次数	34	126	160
	百分比	21%	79%	100%
F	出现次数	23	63	86
	百分比	27%	73%	100%

2.3.2　[ʊ] 元音声学参数与音节类型之间的相关性分析

表 2.139 为出现在不同音节类型中非词首 [ʊ] 元音声学参数统计表。从表 2.138 中可以看出，音节类型对非词首 [u] 元音的音长（VD）、音强（VA）、共振峰频率有一定的影响，具有一定的相关性。CV 音节类型（开音节）中的音长比其 CVC 音节类型（闭音节）中的音长要短，大约短30ms（详见图 2.189）；CV 音节类型（开音节）中的非词首 [ʊ] 元音音强比其 CVC 音节类型（闭音节）中的音强要弱，大约弱 1dB（详见图 2.190）；CV 音节类型（开音节）中的第一共振峰（F1）比其 CVC 音节类型（闭音节）中的第一共振峰（F1）频率相对低（开口度小）（详见图 2.191）；CV 音节类型（开音节）中的非词首 [ʊ] 元音舌位比其 CVC 音节类型（闭音节）中的非词首 [ʊ] 元音舌位相对靠前，大约靠前 80Hz。

表 2.139-1　不同音节类型中非词首 [ʊ] 元音声学参数统计（M）

音节类型	参数	VD	VA	F1	F2	F3
CV	平均值	67	66.2	420	1203	2416
	标准差	46	3.26	52	134	359
	变异系数	69%	5%	12%	11%	15%
	变化范围	27	61	330	898	1666
		307	74	528	1514	3093
CVC	平均值	94	70.85	420	1281	2302
	标准差	35	3.62	68	150	476
	变异系数	37%	5%	16%	12%	21%
	变化范围	28	63	300	819	1387
		186	77	724	1799	3255

表 2.139-2 不同音节类型中非词首 [ʊ] 元音声学参数统计 (F)

音节类型	参数	VD	VA	F1	F2	F3
CV	平均值	113	55.5	414	1332	3017
	标准差	69	4.56	48	144	221
	变异系数	61%	8%	12%	11%	7%
	变化范围	40	48	325	1125	2682
		329	63	530	1707	3363
CVC	平均值	118	56.5	406	1212	2317
	标准差	68	5	38	7	486
	变异系数	58%	9%	9%	1%	21%
	变化范围	63	47	373	1204	1721
		218	64	458	1220	2776

图 2.189 为不同音节类型中非词首 [ʊ] 元音音长（VD）比较图。从图 2.189 中可以明显看出，[ʊ] 元音在不同音节类型中的音长从短到长排序为：CVC（118ms）>CV（113ms）（M）、CVC（94ms）>CV（67ms）（F）。

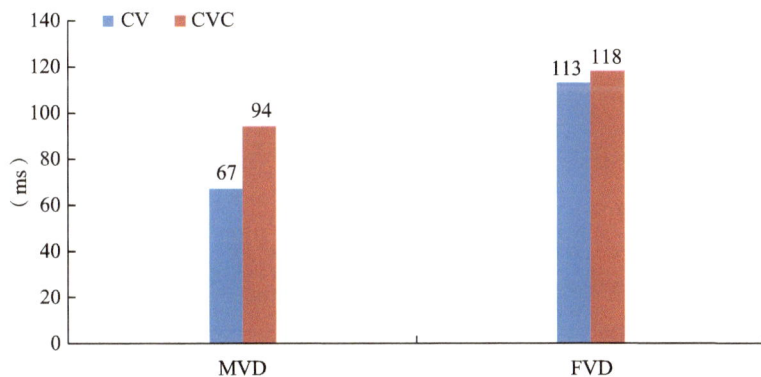

图 2.189 不同音节类型中非词首 [ʊ] 元音音长（VD）比较（M&F）

图 2.190 为不同音节类型中 [ʊ] 元音音强（VA）比较图。从图中可以看出 [ʊ] 元音在不同音节类型中的音强强弱，从强到弱排序为 CVC（66.2dB）<CV（70.85dB）（M）、CVC（56.50dB）>CV（55.50dB）（F）。

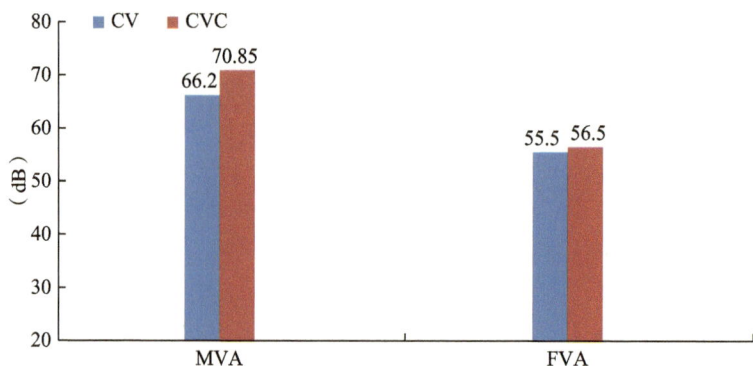

图 2.190　不同音节类型中出现的非词首［ʊ］元音音强（VA）比较（M&F）

图 2.191 为不同音节类型中非词首［ʊ］元音第一、第二共振峰（F1/F2）比较图。从图 2.191 中可以看出，在不同音节类型中非词首［ʊ］元音开口度与舌位前后排序模式，开口度以小到大排序为 M：CV（405Hz）→CVC（415Hz）；F：CV（436Hz）→CVC（462Hz）；舌位从前到后排序为：CV（1014Hz）→CVC（1096Hz）；F：CV（1089Hz）→CVC（1105Hz）。

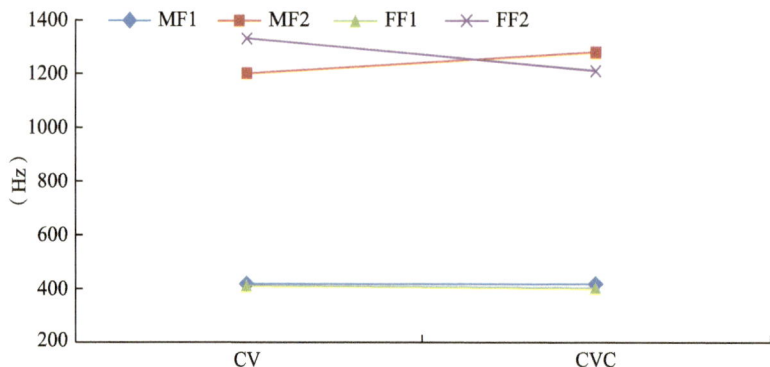

图 2.191　不同音节类型中出现的非词首［ʊ］元音第一共振峰（F1）、
第二共振峰（F2）比较（M&F）

2.4　元音声学参数与前置辅音音质之间的相关性分析

表 2.140 为在不同前置辅音之后出现的或无前置辅音的非词首音节［ʊ］元音的声学参数统计表，图 2.192～2.194 为出现在非词首音节［ɣ-，k-，kʰ-，l-，m-，n-，r-，s-，tʰ-，t-，tʂ-，tʂʰ-］等辅音（前置辅音）之后［ʊ］元音的音长、音强和目标位置第一至第三共振峰（F1、F2、F3）

的前过渡段频率（TF1、TF2、TF3）的变化示意图。其中，图 2.194 为以TF1、TF2 的上升为准排列的，即以舌位自高至低排列示意图。

图 2.192 显示，辅音音质与非词首［ʊ］元音声学参数之间具有一定的相关性。如，与该目标元音音长总值（M：88ms、F：124ms）相比，非词首［ʊ］元音出现在鼻音［m-］、送气塞音［tʰ-］、闪音［ɾ-］之后的音长相对短，大约短 30ms（M&F）；出现在不送气塞音［t-］［k-］、边音［l-］、清擦音［s-］、浊辅音［ɣ-］之后的音长相对较长，大约长 30ms（M&F）。显然，辅音的发音方法与元音音长有一定的影响。

表 2.140 和图 2.193 显示，前置辅音音质与元音音强之间有一定的相关性。与该目标元音音长总值（M：69.87dB、F：57dB）相比，舌尖塞音［t-，tʰ-］、鼻音［m-］、边音［l-］、闪音［ɾ-］辅音之后的非词首［ʊ］元音音强比其舌面塞音［k-］、擦音［s-］、浊辅音［ɣ-］之后的相对较弱，大约弱 1~2dB（M&F）。显然，辅音音质对元音音强强弱有一定的影响。

图 2.194-1 和 2.194-3 是以 TF1 的上升为准排列的，即以舌位自高至低排列示意图，图 2.194-2 和 2.194-4 以 TF2 的上升为主准排列，即舌位自后至前排列示意图。从以上的表与图可以看出，元音受到前置辅音的影响前过渡段有一定的变化，但是规律性不是很强。显然，前过渡段（TF1、TF2）对第一共振峰（F1）、第二共振峰（F2）总值的影响不是很大。

表 2.140　非词首音节不同辅音之后和无前置辅音音节中出现的
［u］元音声学参数比较（上 M& 下 F）

参数 \ 辅音	VD	VA	TF1	TF2	TF3	F1	F2
m	45	65.2	444	1036	2421	463	1237
tʰ	53	67	423	1113	2300	417	1414
ɾ	87	69.47	466	1123	2427	409	1246
s	89	70.47	392	1253	2426	417	1313
t	89	68.77	486	1231	2489	435	1121
l	101	67.6	488	1334	2585	409	1303
ɣ	103	72.89	486	1234	2235	390	1195
k	113	71.71	496	1382	2664	435	1250

续表

参数 辅音	VD	VA	TF1	TF2	TF3	F1	F2
m	79	55.1	451	1163	2941		
tʰ	85	55.87	380	1204	3377	385	1306
ɾ	98	56.96	423	1222	2997		
s	130	57.62	411	1309	2891		
t	138	55.91	390	1392	3067	391	1331
l	140	56.09	337	1394	3197	435	1181
ɣ	147	59.88	398	1357	3184		
k	158	59.12	385	1369	2937	412	1269

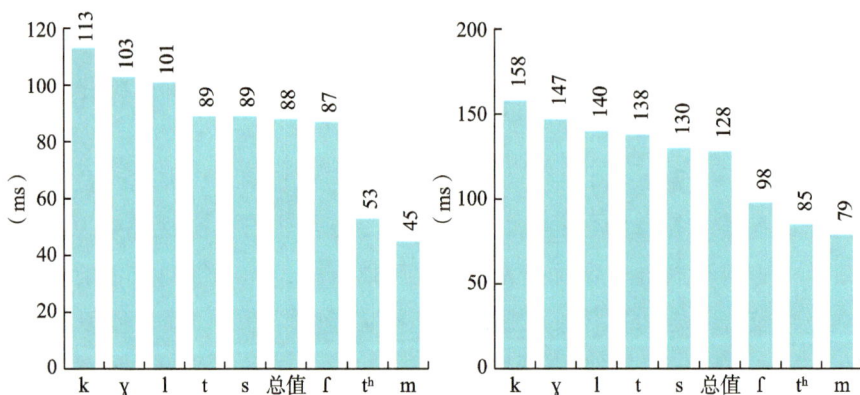

图 2.192　词首音节不同辅音之后出现的 [ʊ] 元音音长比较（M&F）

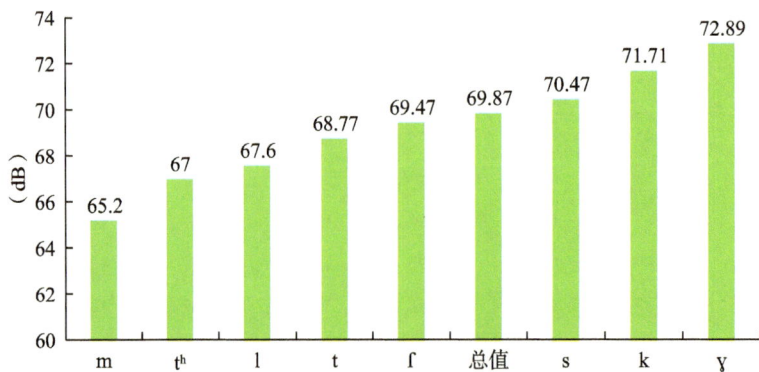

图 2.193-1　词首音节不同辅音之后和无前置辅音音节中出现的
[ʊ] 元音音强比较（M&F）

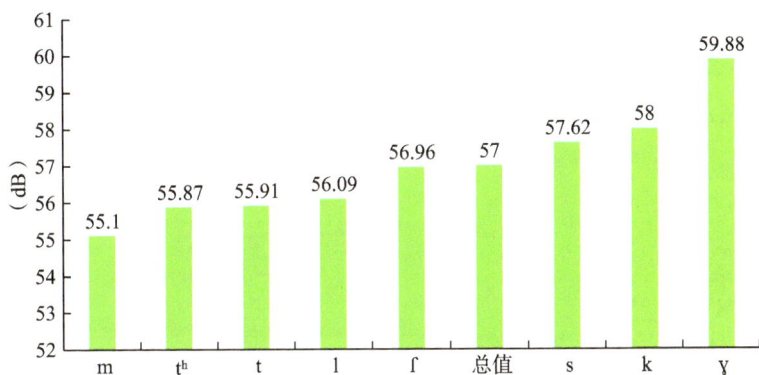

图 2.193-2 词首音节不同辅音之后和无前置辅音音节中出现的
[ʊ] 元音音强比较 (M&F)

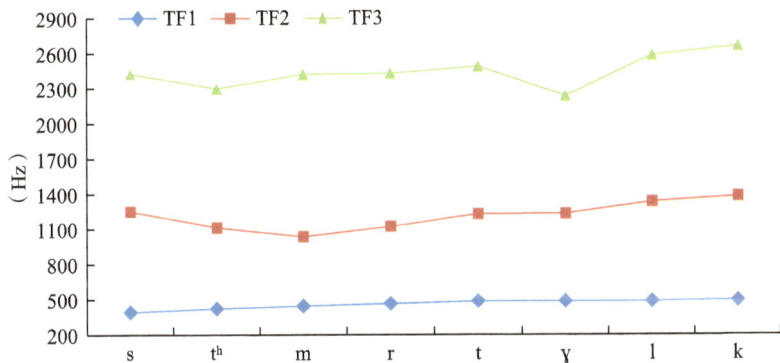

图 2.194-1 词首不同辅音之后出现的 [ʊ] 元音三个共振峰前过渡段 (TF1、
TF2、TF3) 的变化示意 (M)

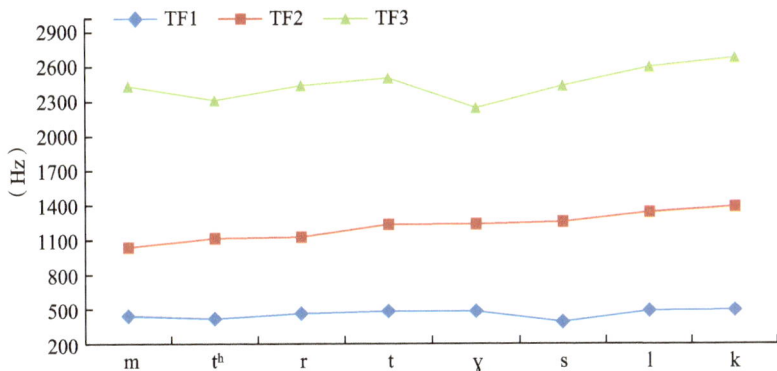

图 2.194-2 词首不同辅音之后出现的 [ʊ] 元音三个共振峰前过渡段 (TF1、
TF2、TF3) 的变化示意 (M)

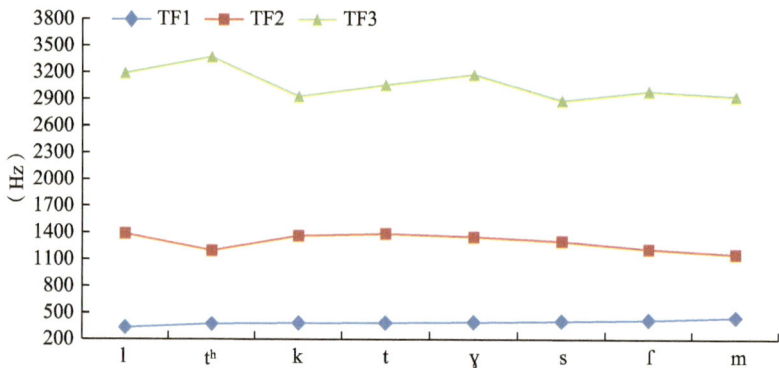

图 2.194-3　词首不同辅音之后出现的 [ʊ] 元音三个共振峰前过渡段（TF1、TF2、TF3）的变化示意（F）

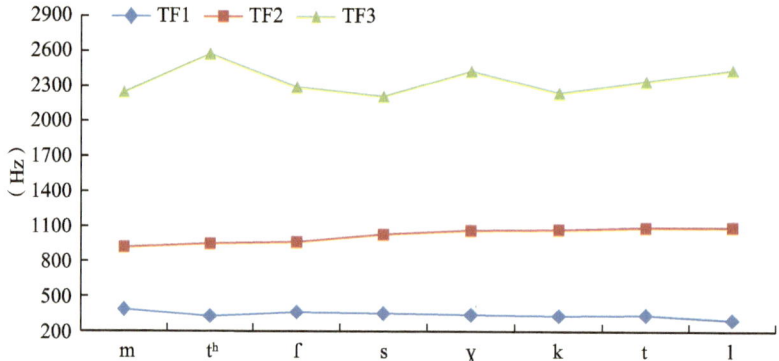

图 2.194-4　词首不同辅音之后出现的 [ʊ] 元音三个共振峰前过渡段（TF1、TF2、TF3）的变化示意（F）

　　[ʊ] 在非词首 CV、CVC 音节中出现，我们对词首 CV、CVC 音节中出现的 [ʊ] 与非词首 CV、CVC 音节 [ʊ] 元音共振峰 F1/F2、时长参数做了配对样本 T 检验（词首 CV、CVC 为一组，非词首 CV、CVC 为一组），结果如表 2.141 所示。

表 2.141　检验结果

	sig（双侧）					
	M		F		M	F
	F1	F2	F1	F2	VD	VD
词首—非词首	0.552	0.370	0.077	0.061	0.000	0.100

我们从检验结果看，男、女发音人的 F1/F2 参数在词首与非词首音节之间没有明显的差异。男发音人在元音时长上有显著性差异，女发音人在元音时长上没有显著性差异。

（八）［e］

1. 声学特征与音色

1.1 ［e］元音三维语图和语音标注

图 2.195 为男发音人 pəjə［pəje］"身体、身材"一词的三维语图和三层标注实例。pəjə［pəje］"身体、身材"一词中非词首［e］元音时长（VD）、音强（VA）分别为 276ms、71dB；该图上［e］元音目标位置 F1～F4 四个共振峰参数为：599Hz、1866Hz、2737Hz、3893Hz。

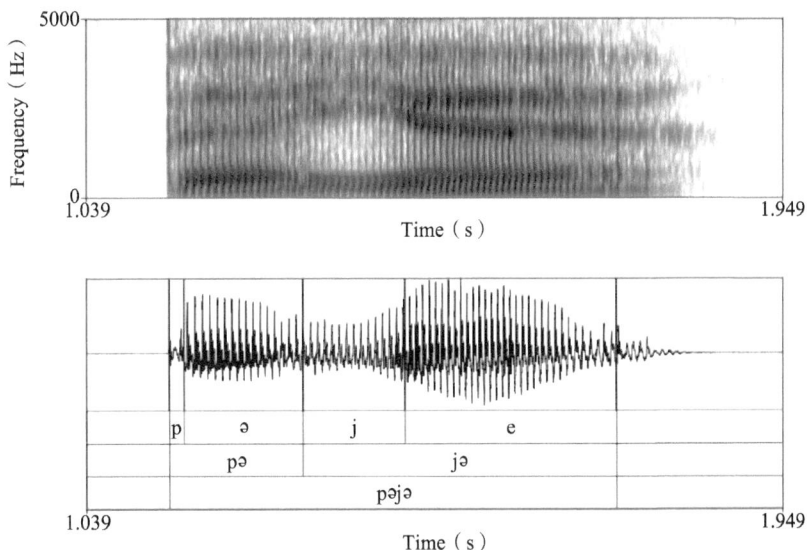

图 2.195 男发音人 pəjə［pəje］"身材、身体"一词的三维语图和三层标注实例

1.2 ［e］元音声学特征与声学参数

表 2.142 为非词首［e］元音参数统计表。表 2.142 显示，男、女发音人［e］元音平均时长、平均音强分别为 M = 150ms，F = 168ms；M = 68.93dB，F = 59.50dB。元音 F1 和 F2 的频率均值分别为 M：F1 = 469Hz，F2 = 1928Hz；F：F1 = 462Hz，F2 = 1972Hz。图 2.196 为男、女发音人非词首音节［e］元音在声学元音图中的位置及其声学空间中的分布模式。图

2.196 还显示了 [ɐ] 元音在声学空间中分布范围为：F1 = 413～579Hz，F2 = 1679～2444Hz（M）；F1 = 362～600Hz，F2 = 1695～2377Hz（F）。

从表 2.142 和图 2.196 可以看出，与词首音节 [ɐ] 元音相比，东乡语非词首音节 [ɐ] 元音变化不是很大，男发音人词首与非词 [ɐ] 首元音均值从舌位语图上看几乎呈现重叠模式，女发音人的稍微有变化。显然，东乡语非词首 [ɐ] 元音没有"央化"趋势。

表 2.142　非词首 [ɐ] 元音声学参数统计

	M					F				
	VD	VA	F1	F2	F3	VD	VA	F1	F2	F3
均值	150	68.93	469	1928	2765	168	59.50	462	1972	3118
标准差	73	11.15	68	164	246	124	3.43	56	289	281
变异系数	62%	16%	14%	9%	9%	60%	6%	12%	15%	9%
变化范围	33	55	318	1445	1800	43	53	366	722	2152
	337	77	674	2377	3057	455	65	657	2444	3418

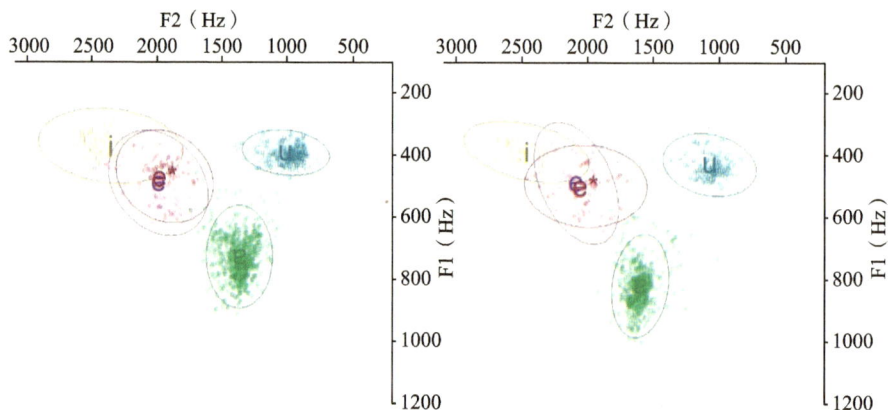

图 2.196　非词首 [ɐ] 元音在声学元音图中的位置及其声学空间中的分布模式（M&F）

2. 语流中的音变特征

2.1　目标位置共振峰频率与其前、后过渡段共振峰频率参数之间的显著性差异分析

图 2.197 和表 2.143 显示，男、女发音人 [ɐ] 元音目标位置第一、第二共振峰频率与其前、后过渡段共振峰频率之间的共同的、具有统计学意

义的特点（规律）有：与目标元音相比前、后过渡段共振峰频率都有较大变化，P值都小于0.05，存在显著差异。

图2.197为非词首［e］元音目标位置共振峰及其前、后过渡段（TF1、TF2/TP1、TP2）分布模式图。从图2.197中可以看出，东乡语非词首［e］元音前、后过渡段有变化但不是很大，其中前过渡段变化大于后过渡段。男发音人（M）：与目标元音相比前过渡段频率TF1有些下降趋势（开口度明显变小），大约上升50Hz；后过渡第一共振峰频率TP1有下降趋势（开口度变小），大约下降30Hz。女发音人（F）：与目标元音相比前过渡段频率TF1有明显的上升趋势（开口度明显变大），大约上升50~100Hz；后过渡第一共振峰频率TP1有上升趋势（开口度变大），大约下降50Hz。前后过渡段第二共振峰频率TF1/TP1有上升趋势（舌位后移），大约100Hz。这说明，在前过渡段中非词首［e］元音舌位有下降趋势（开口度变大、舌位靠后）；在后过渡段（TP1/TP2）中舌位有所上升（开口度变小、舌位靠前）。

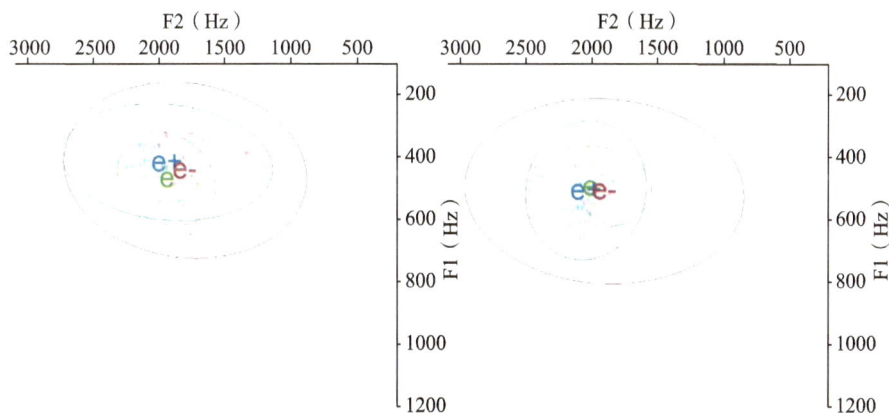

图2.197 非词首［e］元音目标位置共振峰（F1/F2）及其前、后过渡段（TF1、TF2/TP1、TP2）共振峰分布模式（M&F）

表2.143 检验结果

检验样本 \ 检验值	sig（显著性），P值			
	M		F	
	F1	F2	F1	F2
目标位置与前过渡段共振峰之间的显著性	0.045	0.031	0.008	0.060
目标位置与后过渡段共振峰之间的显著性	0.045	0.036	0.041	0.009

检验值 检验样本	sig（显著性），P 值			
	M		F	
	F1	F2	F1	F2
前过渡段共振峰与后过渡段共振峰之间的显著	0.043	0.038	0.003	0.005

* P值小于 0.05 存在显著差异；大于 0.05 差异不明显。

2.2 元音声学参数与音节数量之间的相关性分析

2.2.1 ［e］元音在单音节和多音节词中的出现频率统计

表 2.144 为非词首［e］元音双音节、三音节、多音节（四音节以上为多音节）词中出现的频率统计表。该表显示，在统一平台中［e］元音共出现 44 次（M）和 39 次（F）。［e］元音在双音节词中的出现频率较高，约占所有出现次数的 25%（M）、28%（F），在三音节词中的出现频率最高，约占所有出现次数的 39%（M）、51%（F）。

表 2.144　不同音节词中［e］元音出现频率统计

发音人	双音节词		三音节词		多音节词		共计	
	M	F	M	F	M	F	M	F
出现次数	11	11	17	20	16	8	44	39
百分比	25%	28%	39%	51%	36%	21%	100%	100%

2.2.2 ［e］元音声学参数与音节数量之间的相关性分析

下面探讨［e］元音音长、音强和共振峰参数均值与其所出现词的音节数量之间的相关性问题。表 2.143 为在双、三、多音节词中出现的［e］元音的音长（VD）、音强（VA）、共振峰目标值（F）统计表，图 2.198~2.200 为出现在双音节词、三音节词和多音节词中的［e］元音目标位置音长（VD）、音强（VA）、共振峰（F）均值的示意图，表 2.146 为［e］元音音长（VD）、音强（VA）及其目标位置第一、第二共振峰（F1/F2）的均值与其所出现的不同音节数量词之间的相关性分析表，即 P 值分析表。

表 2.145 和图 2.198~2.200 为男、女发音人非词首［e］元音出现在双音节（B）、三音节（C）、多音节（D）时的音长（VD）、音强（VA）、共振峰统计表。从表 2.145 中的参数可以看出，音节数量与元音音长、音强有

一定的相关性。如：［e］元音音长随着音节数量增加而相对缩短，音强随着音节数量的增加而变得相对变弱。第一共振峰（F1）频率与音节数量有一定的相关性，三音节词中的元音开口度相比其双音节词、多音节词的要小，大约小 20Hz；第二共振峰（F2）频率与音节数量有一定的关系，三音节词中的元音舌位最靠后。例如：

M：197ms(B)→132ms(C)→100ms(D)；74.09dB(B)→69.65dB(C)→69.00dB(D)。

F：291ms(B)→168ms(C)→85ms(D)；59.73dB(B)→57.75dB(C)→57.12dB(D)。

M：F1 = 479Hz(B)→460Hz(C)→471Hz(D)；

F2 = 1976Hz(B)→1883Hz(C)→1942Hz(D)。

F：F1 = 460Hz(B)→455Hz(C)→468Hz(D)；

F2 = 2025Hz(B)→1928Hz(C)→1901Hz(D)。

表 2.145　出现在不同音节词中［e］元音音长（VD）、音强（VA）、共振峰统计

发音人		M					F				
参数		VD	VA	F1	F2	F3	VD	VA	F1	F2	F3
双音节词	平均值	197	74.09	479	1976	2832	291	59.73	460	2025	3216
	标准差	72	1.81	74	140	132	123	3.35	58	216	130
	变异系数	37%	2%	15%	7%	5%	42%	6%	14%	11%	4%
	变化范围	115	71	318	1829	2606	73	55	393	1729	2970
		337	77	599	2300	3057	455	64	657	2381	3392
三音节词	平均值	132	69.65	460	1883	2751	168	57.75	455	1928	3059
	标准差	26	2.50	48	156	223	104	3.29	61	321	332
	变异系数	20%	4%	10%	8%	8%	62%	6%	11%	17%	11%
	变化范围	50	66	402	1445	2097	43	53	366	722	2152
		149	75	584	2053	2975	446	65	657	2444	3418
多音节词	平均值	100	69.00	471	1942	2733	85	57.12	468	1901	3321
	标准差	50	3.25	83	184	323	45	3	48	124	258
	变异系数	50%	5%	18%	9%	12%	53%	5%	10%	7%	8%
	变化范围	33	64	362	1695	1800	52	50	310	1523	2011
		286	75	674	2377	3034	182	71	582	2210	3852

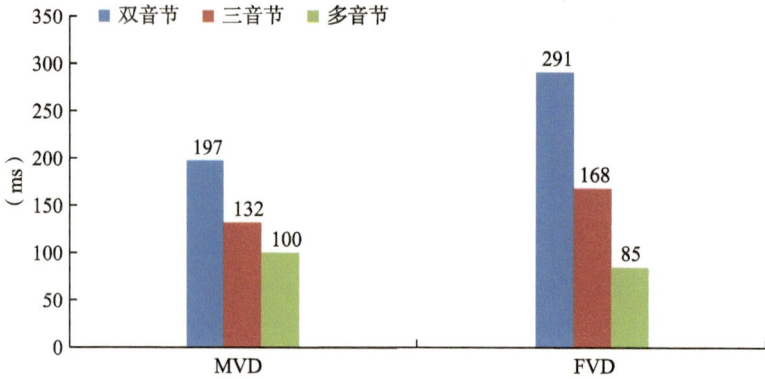

图 2.198 音节数量与音长之间关系示意（M&F）

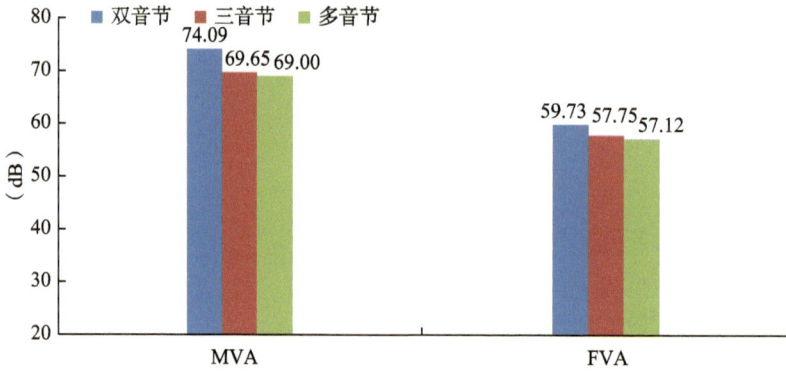

图 2.199 音节数量与音强之间关系示意（M&F）

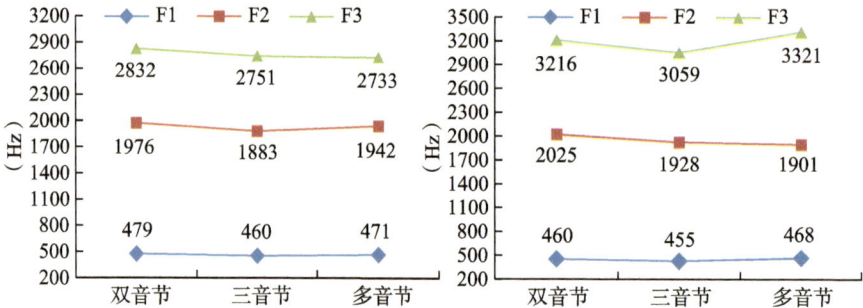

图 2.200 双音节、三音节、多音节词中出现的 [e] 元音目标
位置共振峰均值分布示意（M&F）

表 2.146 检验结果

检验值 / 不同音节	sig（显著性），P 值							
	M		F		M		F	
	F1	F2	F1	F2	VD	VA	VD	VA
双音节词—三音节词	0.266	0.670	0.123	0.347	0.000	0.001	0.000	0.000
双音节词—四音节词	0.043	0.320	0.051	0.064	0.000	0.005	0.000	0.000
三音节词—四音节词	0.113	0.328	0.078	0.045	0.280	0.842	0.614	0.510

2.3 元音声学参数与音节类型之间的相关性分析

2.3.1 ［e］元音在不同音节类型中的出现频率统计

表 2.147 为非词首音节［e］元音在不同音节类型中的出现比例统计表。该表显示，非词首音节［e］元音在 CV 音节类型中出现频率高，出现 41 次、93%（M），34 次、87%（F）。在 CVC 音节类型中出现的频率为，3 次、7%（M），5 次、13%（F）。

表 2.147 不同音节类型中［e］元音的频率统计

	音节类型	CV	CVC	共计
M	出现次数	41	3	44
	百分比	93%	7%	100%
F	出现次数	34	5	39
	百分比	87%	13%	100%

2.3.2 ［e］元音声学参数与音节类型之间的相关性分析

表 2.148 为出现在不同音节类型中非词首［e］元音声学参数统计表。从表 2.148 中可以看出，音节类型对非词首［e］元音的音长（VD）、音强（VA）、共振峰频率有一定的影响，具有一定的相关性。CV 音节类型（开音节）中的音长比其 CVC 音节类型（闭音节）中的音长要短，大约短 10ms（详见图 2.200）；CV 音节类型（开音节）中的非词首［e］元音音强比其 CVC 音节类型（闭音节）中的音强要弱，大约弱 2dB（详见图 2.201）；CV 音节类型（开音节）中的第一共振峰（F1）比其 CVC 音节类型（闭音节）中的第一共振峰（F1）频率相对低（开口度小）（详见图 2.202）；CV 音节类型（开音节）中的非词首［e］元音舌位比其 CVC 音节类型（闭音节）

中的非词首 [e] 元音舌位相对靠前，大约靠前 30Hz。

表 2.148-1 不同音节类型中非词首 [e] 元音声学参数统计 （M）

音节类型	参数	VD	VA	F1	F2	F3
CV	平均值	117	70.34	471	1929	2759
	标准差	75	3.39	65	169	254
	变异系数	64%	5%	14%	9%	9%
	变化范围	33	64	362	1445	1800
		337	77	674	2377	3057
CVC	平均值	130	73.00	435	1917	2847
	标准差	16	1.00	107	151	240
	变异系数	12%	1%	25%	8%	8%
	变化范围	115	72	318	1866	2799
		148	74	528	1996	2873

表 2.148-2 不同音节类型中非词首 [e] 元音声学参数统计 （F）

音节类型	参数	VD	VA	F1	F2	F3
CV	平均值	153	57.80	457	1926	2999
	标准差	83	3.43	23	270	359
	变异系数	54%	6%	5%	14%	12%
	变化范围	43	53	366	722	2152
		300	65	627	2444	3353
CVC	平均值	169	59.12	143	1900	3017
	标准差	45	3.12	16	68	155
	变异系数	28%	5%	11%	4%	5%
	变化范围	38	50.12	312	1298	1555
		245	65.41	522	2212	3612

图 2.201 为不同音节类型中非词首 [e] 元音音长（VD）比较图。从图 2.201 中可以明显地看出，[e] 元音在不同音节类型中的音长从短到长排序为：CVC（130ms）>CV（117ms）（M）、CVC（169ms）>CV（153ms）（F）。

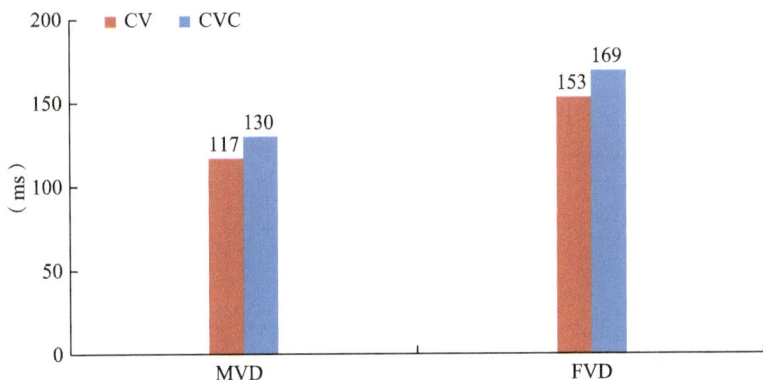

图 2.201　不同音节类型中出现的非词首［e］元音音长（VD）比较（M&F）

图 2.202 为不同音节类型中［e］元音音强（VA）比较图。从图中可以看出，［e］元音在不同音节类型中的音强强弱，从强到弱排序为 CVC（73dB）>CV（70.34dB）（M）、CVC（59.12）>CV（57.8dB）（F）。

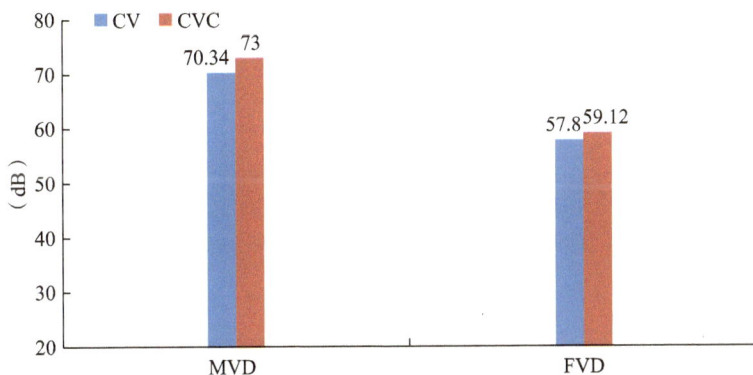

图 2.202　不同音节类型中出现的非词首［e］元音音强（VA）比较（M&F）

图 2.203 为不同音节类型中非词首［e］元音第一、第二共振峰（F1/F2）比较图。从图 2.203 中可以看出，在不同音节类型中非词首［e］元音开口度与舌位前、后排序模式，开口度以小到大排序为 M：CVC（435Hz）→CV（471Hz）；F：CVC（443Hz）→CVC（457Hz）；舌位从前到后排序为：CV（1929Hz）→CVC（1917Hz）；F：CV（1926Hz）→CVC（1900Hz）。

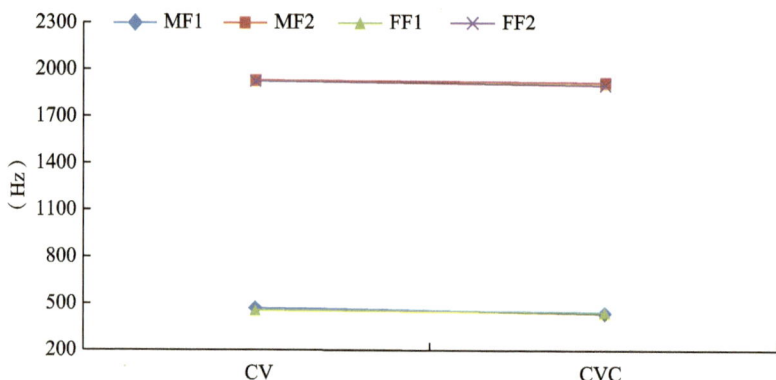

图 2.203 不同音节类型中出现的非词首 [e] 元音第一共振峰 (F1)、
第二共振峰 (F2) 比较 (M&F)

2.4 元音声学参数与前置辅音音质之间的相关性分析

表 2.149 为在不同前置辅音之后出现的或无前置辅音的非词首音节 [e] 元音的声学参数统计表。图 2.204～2.206 为出现在非词首音节 [k-, j-, l-, m-, n-, s-, h-] 等辅音 (前置辅音) 之后 [e] 元音的音长、音强和目标位置第一至第三共振峰 (F1、F2、F3) 的前过渡段频率 (TF1、TF2、TF3) 的变化示意图。图 2.205 以 TF1/TF2 的上升为主准排列, 即为舌位自后至前排列示意图。

图 2.204 显示, 辅音音质与非词首 [e] 元音声学参数之间具有一定的相关性。如, 与该目标元音音长总值 (M: 117ms、F: 172ms) 相比, 非词首 [e] 元音出现在鼻音 [m-] [n-]、塞音 [k-] 之后的音长相对短, 大约短 10～30ms (M&F); 出现在清擦音 [h-]、半元音 [j-]、边音 [l-] 之后的音长相对较长, 大约长 10～30ms (M&F)。显然, 辅音的发音方法与元音音长有一定的影响。

表 2.149 和图 2.205 显示, 前置辅音音质与元音音强之间有一定的相关性。与该目标元音音长总值 (M: 68.95dB、F: 59.50dB) 相比, 塞音 [k-]、边音 [l-]、清擦音 [h-] 之后的非词首 [e] 元音音强比其鼻音 [m-] [n-]、半元音 [j-] 之后的相对较弱, 大约弱 1～2dB (M&F)。显然, 辅音音质对元音音强强弱有一定的影响。

图 2.206-1 和 2.206-3 是以 TF1 的上升为准排列的, 即以舌位自高至低排列示意图, 图 2.206-2 和 2.206-4 以 TF2 的上升为主准排列, 即舌位

自后至前排列示意图。从以上的表与图可以看出，元音受到前置辅音的影响前过渡段有一定的变化，但是规律性不是很强。显然，前过渡段（TF1、TF2）对第一共振峰（F1）、第二共振峰（F2）总值的影响不是很大。

表 2.149　非词首音节不同辅音之后和无前置辅音音节中出现的
[e] 元音声学参数比较（上 M& 下 F）

参数\辅音	VD	VA	TF1	TF2	TF3	F1	F2
j	160	73.22	419	1826	2638	466	1868
l	179	68.75	449	1913	2925	514	1867
k	86	68.4	379	2080	2858	421	1971
h	154	68.88	540	1818	2608	474	1722
m	149	75	339	1612	2235	428	2020
n	141	73	378	1955	2896	454	2041
参数\辅音	VD	VA	TF1	TF2	TF3	F1	F2
j	178	60	475	2292	3103	430	2076
l	216	58.1	531	2109	3141	465	2086
k	73	57.33	417	2063	3039	485	2122
h	170	58.45	487	1881	3075	466	1829
m	166	61.45	440	1878	2720	477	1832
n	153	59.12	487	1881	3075	466	1826

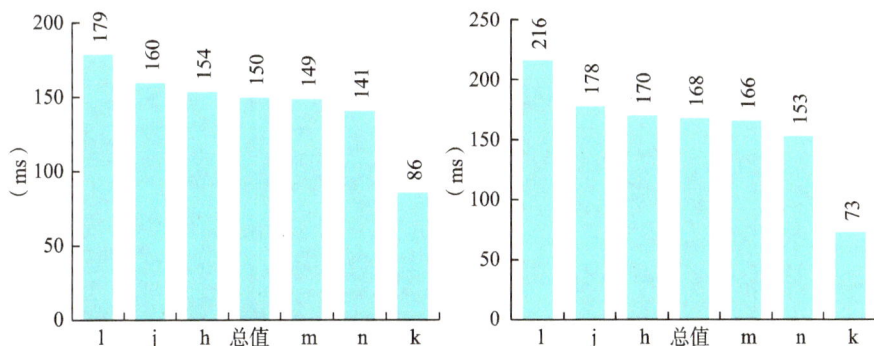

图 2.204　词首音节不同辅音之后出现的 [e] 元音音长比较（M&F）

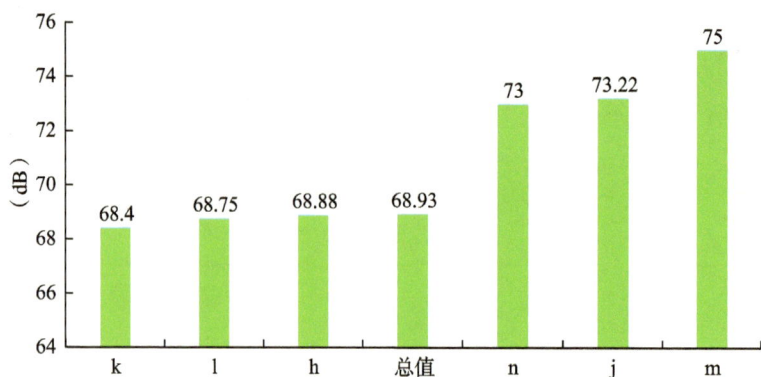

图 2.205-1　词首音节不同辅音之后和无前置辅音音节中出现的
[e] 元音音强比较（M&F）

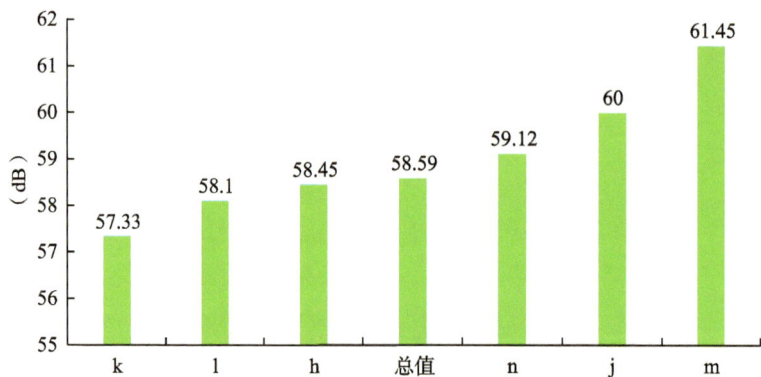

图 2.205-2　词首音节不同辅音之后和无前置辅音音节中出现的
[e] 元音音强比较（M&F）

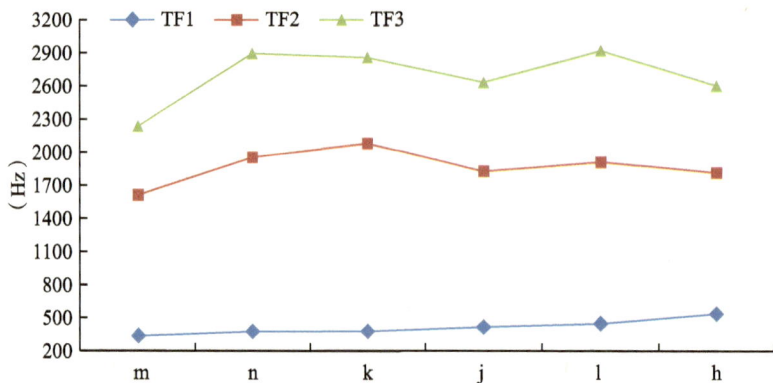

图 2.206-1　词首不同辅音之后出现的 [e] 元音三个共振峰前过渡段
（TF1、TF2、TF3）的变化示意（M）

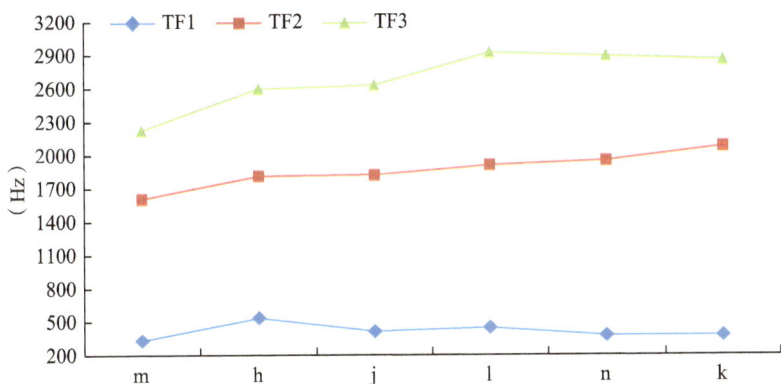

图 2.206-2　词首不同辅音之后出现的［e］元音三个共振峰前过渡段
（TF1、TF2、TF3）的变化示意（M）

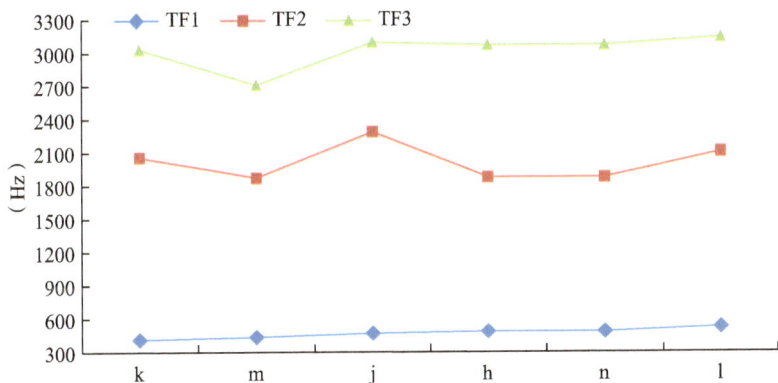

图 2.206-3　词首不同辅音之后出现的［e］元音三个共振峰前过渡段
（TF1、TF2、TF3）的变化示意（F）

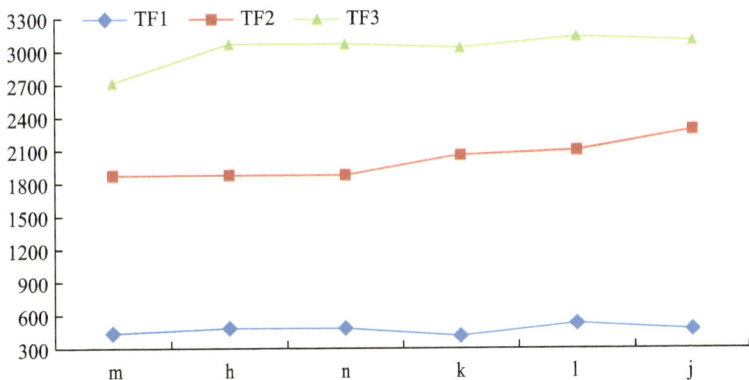

图 2.206-4　词首不同辅音之后出现的［e］元音三个共振峰前过渡段
（TF1、TF2、TF3）的变化示意（F）

[e] 在非词首 CV、CVC 音节中出现，我们对词首 CV、CVC 音节中出现的 [e] 与非词首 CV、CVC 音节 [e] 元音共振峰 F1/F2、时长参数做了配对样本 T 检验（词首 CV、CVC 为一组，非词首 CV、CVC 为一组），结果如表 2.150 所示。

表 2.150　检验结果

	sig（双侧）					
	M		F		M	F
	F1	F2	F1	F2	VD	VD
词首—非词首	0.602	0.000	0.011	0.486	0.000	0.013

我们从检验结果看，男发音人的 F2 参数在词首与非词首音节之间没有显著性差异，F1 上有较为明显的差异。女发音人的 F1 参数在词首与非词首音节之间有显著性差异，F2 上差异不是很明显；从元音时长参数上看，男、女发音人都有显著性差异。

（九）［ʅ］

1. 声学特征与音色

1.1　［ʅ］元音三维语图和语音标注

图 2.207 为男发音人 ɐtʂʰi［ɐtʂʰʅ］"托"一词的三维语图和三层标注实例。ɐtʂʰi［ɐtʂʰʅ］（托）一词中非词首［ʅ］元音时长、音强分别为 172ms、75dB；该图中［ʅ］元音目标位置 F1~F4 四个共振峰参数为：510Hz、1558Hz、2018Hz、3451Hz。

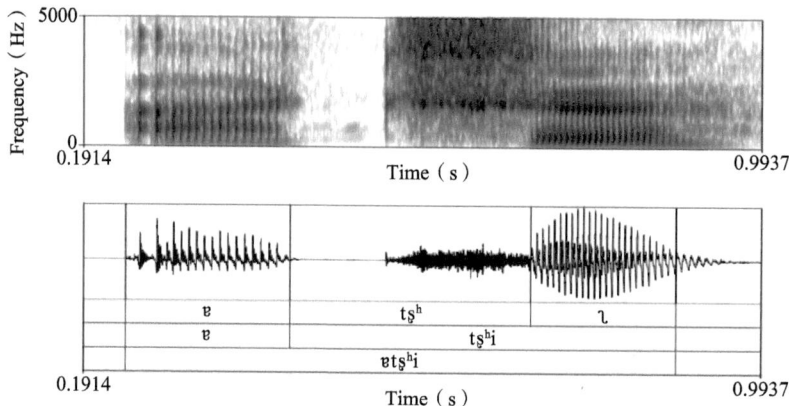

图 2.207　男发音人 ɐtʂʰi［ɐtʂʰʅ］"托"一词的三维语图和三层标注实例

1.2　[ʅ] 元音声学特征与声学参数

表2.151 为非词首 [ʅ] 元音参数统计表。表2.151 显示，男、女发音人 [ʅ] 元音平均时长、平均音强分别为 M = 190ms，F = 323ms；M = 72.01dB，F = 56.00dB。元音 F1 和 F2 的频率均值分别为 M：F1 = 432Hz，F2 = 1623Hz；F：F1 = 470Hz，F2 = 1690Hz。图2.208 为男、女发音人非词首音节 [ʅ] 元音在声学元音图中的位置及其声学空间中的分布模式。图2.208 还显示了 [ʅ] 元音在声学空间中的分布范围为：F1 = 309~565Hz，F2 = 1262~1881Hz （M）；F1 = 321~551Hz，F2 = 1204~1890Hz（F）。

从表2.151 和图2.208 中还可以看出，与词首 [ʅ] 元音相比东乡语非词首 [ʅ] 元音变化不是很大，男、女发音人词首与非词首 [ʅ] 元音均值从舌位语图上均有"央化"现象。

表2.151　非词首 [ʅ] 元音声学参数统计

	M					F				
	VD	VA	F1	F2	F3	VD	VA	F1	F2	F3
均值	190	72.01	432	1623	2270	323	56.00	470	1690	3017
标准差	59	2.55	72	142	405	56	4.16	44	184	389
变异系数	31%	4%	17%	9%	18%	25%	7%	9%	11%	13%
变化范围	37	62	309	1039	1567	45	46	321	656	1680
	312	77	1246	2439	3468	540	64	604	2152	3855

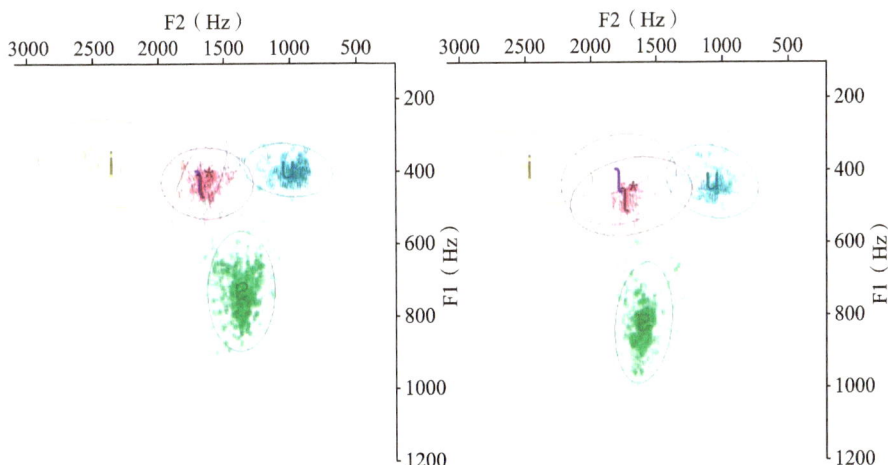

图2.208　非词首 [ʅ] 元音在声学元音图中的位置及其声学空间中的分布模式（M&F）

2. 语流中的音变特征

2.1 目标位置共振峰频率与其前、后过渡段共振峰频率参数之间的显著性差异分析

图 2.209 和表 2.152 显示,男、女发音人 [ʅ] 元音目标位置第一、第二共振峰频率与其前、后过渡段共振峰频率之间的共同的、具有统计学意义的特点(规律)有:与目标元音相比前、后过渡段共振峰频率都有较大变化,P 值都小于 0.05,存在显著差异。

图 2.209 为非词首 [ʅ] 元音目标位置共振峰及其前、后过渡段(TF1、TF2/TP1、TP2)分布模式图。从图 2.209 中可以看出,与目标元音相比,东乡语非词首 [ʅ] 元音前、后过渡段有变化但不是很大,其中前过渡段变化大于后过渡段。男发音人(M):与目标元音相比前过渡段频率 TF1 有下降趋势(开口度明显变小),大约上升 80Hz;后过渡段第一共振峰频率 TP1 有所下降(开口度变小),大约下降 50Hz;前过渡段第二共振峰频率有所上升(舌位前移),大约前移 80Hz;后过渡段第二共振峰频率有所下降(舌位后移),大约下降 50Hz。女发音人(F):与目标元音相比前后过渡段频率 TF1/TP1 有所下降(开口度明显变小),大约上升 50~100Hz;前过渡段第二共振峰频率有所上升(舌位前移),大约前移 100Hz;后过渡段第二共振峰频率下降不太明显(舌位后移),大约下降 20Hz。

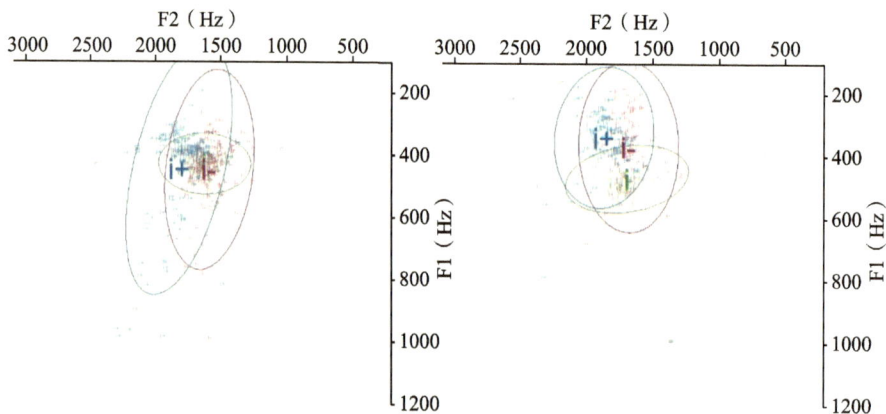

图 2.209 非词首 [ʅ] 元音目标位置共振峰(F1/F2)及其前、后过渡段
(TF1、TF2/TP1、TP2)共振峰分布模式(M&F)

表 2.152　检验结果

检验样本	检验值 sig（显著性），P 值			
	M		F	
	F1	F2	F1	F2
目标位置与前过渡段共振峰之间的显著性	0.000	0.000	0.000	0.000
目标位置与后过渡段共振峰之间的显著性	0.000	0.000	0.000	0.000
前过渡段共振峰与后过渡段共振峰之间的显著	0.128	0.857	0.117	0.090

＊P 值小于 0.05 存在显著差异；大于 0.05 差异不明显。

2.2　元音声学参数与音节数量之间的相关性分析

2.2.1　［ɭ］元音在单音节和多音节词中的出现频率统计

表 2.153 为非词首［ɭ］元音双音节、三音节、多音节（四音节以上为多音节）词中出现的频率统计表。该表显示，在统一平台中［ɭ］元音共出现 187 次（M）和 114 次（F）。［ɭ］元音在双音节词中的出现频率较高，约占所有出现次数的 18%（M）、22%（F），在三音节词中的出现频率最高，约占所有出现次数的 67%（M）、56%（F）。

表 2.153　不同音节中［ɭ］元音出现频率统计

发音人	双音节词		三音节词		多音节词		共计	
	M	F	M	F	M	F	M	F
出现次数	34	25	125	64	28	25	187	114
百分比	18%	22%	67%	56%	15%	22%	100%	100%

2.2.2　［ɭ］元音声学参数与音节数量之间的相关性分析

下面探讨［ɭ］元音音长、音强和共振峰参数均值与其所出现词的音节数量之间的相关性问题。表 2.154 为在双、三、多音节词中出现的［ɭ］元音的音长（VD）、音强（VA）、共振峰目标值（F）统计表，图 2.210～2.212 为出现在双音节词、三音节词和多音节词中的［ɭ］元音目标位置音长（VD）、音强（VA）、共振峰（F）均值的示意图，表 2.155 为［ɭ］元音音长（VD）、音强（VA）及其目标位置第一、第二共振峰（F1/F2）的均值与其所出现的不同音节数量词之间的相关性分析表，即 P 值分析表。

表 2.154 和图 2.210~2.212 为男、女发音人非词首［ɭ］元音出现在双音节（B）、三音节（C）、多音节（D）时的音长（VD）、音强（VA）、共

振峰统计。从表 2.155 中的参数可以看出，音节数量与元音音长、音强有一定的相关性。如 [ʅ] 元音音长随着音节数量增加而相对缩短，音强随着音节数量的增加而相对变弱。第一共振峰（F1）频率与音节数量有一定的相关性，三音节词中的元音开口度相比其双音节词、多音节词的要小，大约小 20Hz；第二共振峰（F2）频率与音节数量有一定的关系，三音节词中的元音舌位最靠后。例如：

M：200ms（B）→196ms（C）→173ms（D）；72.24dB（B）→72.09dB（C）→71.36dB（D）。

F：358ms（B）→315ms（C）→283ms（D）；57.12dB（B）→56.64dB（C）→55.7dB（D）。

M：F1 = 418Hz（B）→430Hz（C）→460Hz（D）；

F2 = 1670Hz（B）→1613Hz（C）→1608Hz（D）。

F：F1 = 472Hz（B）→470Hz（C）→453Hz（D）；

F2 = 1659Hz（B）→1706Hz（C）→1638Hz（D）。

表 2.154 出现在不同音节词中 [ʅ] 元音音长（VD）、音强（VA）、共振峰统计

发音人		M					F				
参数		VD	VA	F1	F2	F3	VD	VA	F1	F2	F3
双音节词（B）	平均值	200	72.24	418	1670	2234	358	57.12	472	1659	3074
	标准差	52	2.30	38	171	379	97	3.85	40	164	357
	变异系数	26%	3%	9%	10%	17%	27%	7%	8%	10%	12%
	变化范围	82	67	364	1439	1567	158	46	373	1145	1971
		291	77	510	2439	3463	540	64	532	1830	3434
三音节词（C）	平均值	196	72.09	430	1613	2255	315	56.64	470	1706	3010
	标准差	56	2.37	42	136	393	115	4.27	46	183	387
	变异系数	29%	3%	10%	8%	17%	37%	8%	10%	11%	13%
	变化范围	44	63	309	1039	1669	45	47	321	656	1680
		310	77	594	2263	3357	313	63	604	2152	3855
多音节词（D）	平均值	173	71.36	460	1608	2380	283	55.7	453	1638	3317
	标准差	74	3.43	156	117	475	65	2.34	55	123	269
	变异系数	43%	5%	34%	7%	20%	23%	4%	12%	8%	8%
	变化范围	37	62	386	1255	1695	102	49	320	1387	2540
		312	76	1246	1798	3468	214	65	549	1982	4100

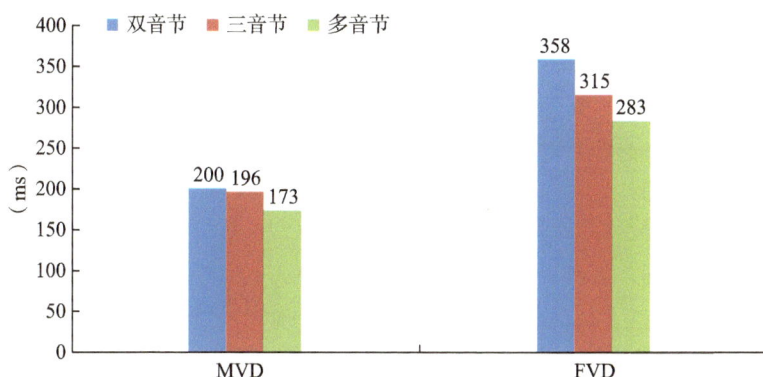

图 2.210　**音节数量与音长之间关系示意**（M&F）

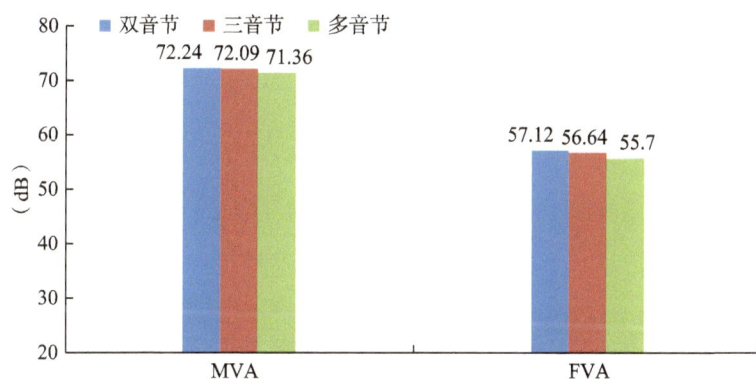

图 2.211　**音节数量与音强之间关系示意**（M&F）

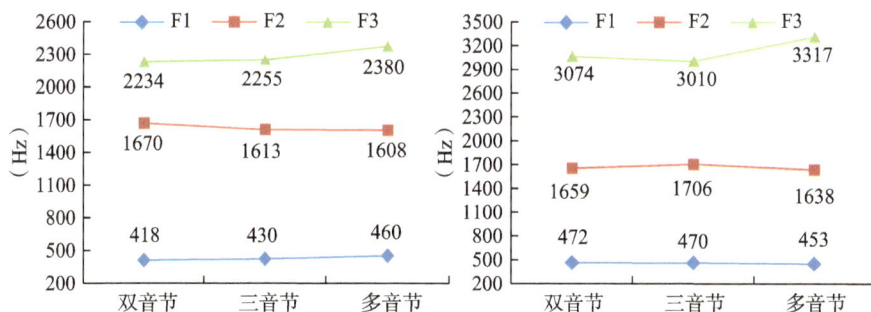

图 2.212　**双音节、三音节、多音节词中出现的**［ʅ］**元音目标位置**

共振峰均值分布示意（M&F）

表 2.155　检验结果

检验值	sig（显著性），P 值							
	M		F		M		F	
不同音节	F1	F2	F1	F2	VD	VA	VD	VA
双音节词—三音节词	0.054	0.747	0.087	0.618	0.284	0.389	0.200	0.312
双音节词—四音节词	0.390	0.553	0.245	0.111	0.729	0.745	0.513	0.641
三音节词—四音节词	0.170	0.604	0.210	0.174	0.942	0.915	0.745	0.287

2.3　元音声学参数与音节类型之间的相关性分析

2.3.1　[ʅ] 元音在不同音节类型中的出现频率统计

表 2.156 为非词首音节 [ʅ] 元音在不同音节类型中的出现比例统计表。该表显示，非词首音节 [ʅ] 元音在 CV 音节类型中出现频率最高，出现 178 次，95%（M）；100 次，88%（F）。在 CVC 音节类型中出现的频率为，9 次，5%（M）；14 次，12%（F）。

表 2.156　不同音节类型中 [ʅ] 元音的频率统计

	音节类型	CV	CVC	共计
M	出现次数	178	9	187
	百分比	95%	5%	100%
F	出现次数	100	14	114
	百分比	88%	12%	100%

2.3.2　[ʅ] 元音声学参数与音节类型之间的相关性分析

表 2.157 为出现在不同音节类型中非词首 [ʅ] 元音声学参数统计表。从表 2.157 中可以看出，音节类型对非词首 [ʅ] 元音的音长（VD）、音强（VA）、共振峰频率有一定的影响，具有一定的相关性。CV 音节类型（开音节）中的音长比其 CVC 音节类型（闭音节）中的音长要长，大约长100ms（详见图 2.213）；CV 音节类型（开音节）中的非词首 [ʅ] 元音音强比其 CVC 音节类型（闭音节）中的音强要弱，大约弱 2dB（详见图 2.214）；CV 音节类型（开音节）中的第一共振峰（F1）比其 CVC 音节类型（闭音节）中的第一共振峰（F1）频率相对高（开口度大）（详见图 2.215）；CV 音节类型（开音节）中的非词首 [ʅ] 元音舌位比其 CVC 音节类型

（闭音节）中的非词首［ʅ］元音舌位相对靠前，大约靠前 50Hz。

表 2.157-1　不同音节类型中出现的非词首［ʅ］元音声学参数统计（M）

音节类型	参数	VD	VA	F1	F2	F3
CV	平均值	196	72.33	429	1698	2251
	标准差	55	2.47	38	133	401
	变异系数	28%	3%	9%	8%	18%
	变化范围	37	62	309	1039	1567
		312	77	565	2439	3468
CVC	平均值	85	71.66	422	1637	2666
	标准差	26	3.8	69	240	289
	变异系数	31%	5%	16%	14%	11%
	变化范围	44	65	372	1461	2148
		128	76	594	2263	3259

表 2.157-2　不同音节类型中出现的非词首［ʅ］元音声学参数统计（F）

音节类型	参数	VD	VA	F1	F2	F3
CV	平均值	337	56.09	473	1713	3035
	标准差	107	4.30	41	163	367
	变异系数	32%	8%	9%	10%	12%
	变化范围	45	46	321	656	1680
		540	64	604	2152	3855
CVC	平均值	193	55.00	442	1564	2825
	标准差	59	2.20	59	232	579
	变异系数	31%	4%	13%	18%	21%
	变化范围	99	52	348	1145	1995
		280	58	523	1727	3404

图 2.213 为不同音节类型中出现的非词首［ʅ］元音音长（VD）比较图。从图 2.213 中可以明显看出，［ʅ］元音在不同音节类型中的音长从短到长排序为：CVC（196ms）>CV（85ms）（M）、CV（337ms）>CVC（193ms）（F）。

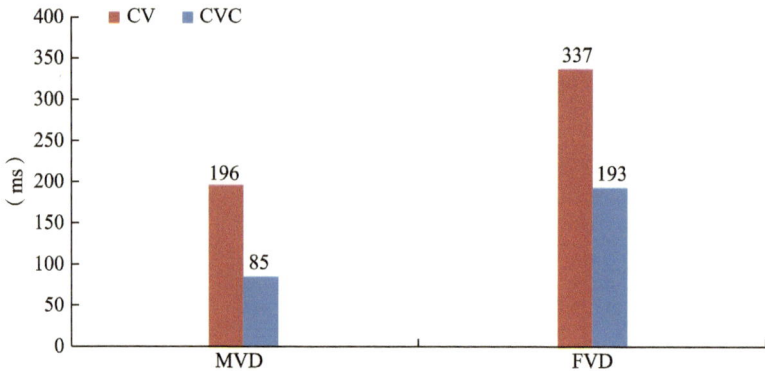

图 2.213　不同音节类型中出现的非词首［ʅ］元音音长（VD）比较（M&F）

图 2.214 为不同音节类型中［ʅ］元音音强（VA）比较图。从图中可以看出［ʅ］元音在不同音节类型中的音强强弱。从强到弱排序为 CV（72.33dB）>CVC（71.66dB）（M）、CV（56.09）>CVC（55.00dB）（F）。

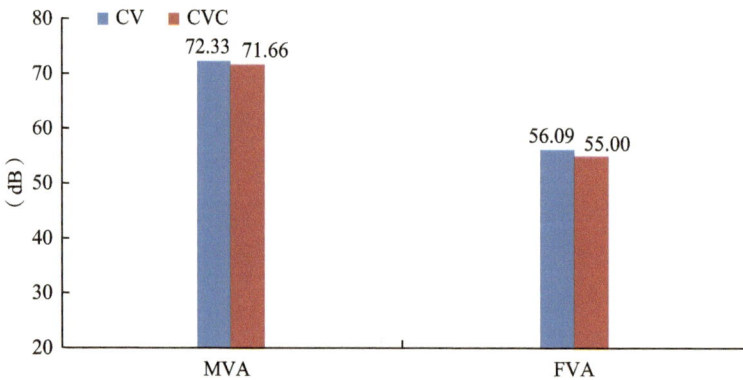

图 2.214　不同音节类型中出现的非词首［ʅ］元音音强（VA）比较（M&F）

图 2.215 为不同音节类型中非词首［ʅ］元音第一、第二共振峰（F1/F2）比较图。从图 2.215 中可以看出，在不同音节类型中非词首［ʅ］元音开口度与舌位前、后排序模式，开口度从小到大排序为 M：CVC（422Hz）→CV（429Hz）；F：CVC（473Hz）→CVC（442Hz）；舌位从前到后排序为：CV（1693Hz）→CVC（1637Hz）；F：CV（1713Hz）→CVC（1564Hz）。

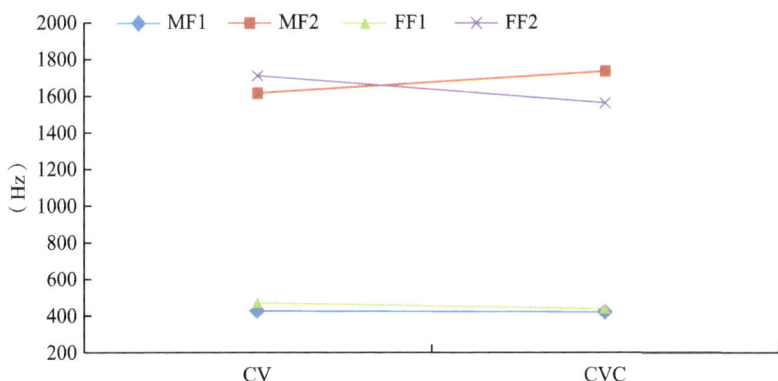

图 2.215　不同音节类型中出现的非词首 [ʅ] 元音第一共振峰（F1）、
第二共振峰（F2）比较（M&F）

2.4　元音声学参数与前置辅音音质之间的相关性分析

表 2.158 为在不同前置辅音之后和无前置辅音音节中出现的非词首音节 [ʅ] 元音的声学参数统计表。图 2.216~2.218 为出现在非词首音节 [tʂ-，tʂʰ-，ʂ-] 等辅音（前置辅音）之后 [ʅ] 元音的音长、音强和目标位置第一至第三共振峰（F1、F2、F3）的前过渡段频率（TF1、TF2、TF3）的变化示意图。图 2.218 是以 TF1/TF2 的上升为准排列的，即以舌位自高至低排列示意图。

图 2.216 显示，辅音音质与非词首 [ʅ] 元音声学参数之间具有一定的相关性。如，与该目标元音音长总值（M：190ms、F：325ms）相比，非词首 [ʅ] 元音出现在不送气塞擦音 [tʂ-] 之后的音长相对短，大约短 5~30ms（M&F）；出现在送气塞擦音 [tʂʰ-]、清擦音 [ʂ-] 之后的音长相对较长，大约长 10~30ms（M&F）。显然，辅音的发音方法对元音音长有一定的影响。

表 2.158 和图 2.217 显示，前置辅音音质与元音音强之间有一定的相关性。与该目标元音音长总值（M：68.95dB、F：59.50dB）相比，塞擦音 [tʂ-] [tʂʰ-] 之后的非词首 [ʅ] 元音音强比其清擦音 [ʂ-] 之后的相对较强，大约强 1~2dB（M&F）。显然，辅音音质对元音音强强弱有一定的影响。

图 2.218-1 和 2.218-3 是以 TF1 的上升为准排列的，即以舌位自高至低排列示意图。图 2.218-2 和 2.218-4 以 TF2 的上升为准排列，即舌位自

后至前排列示意图。从以上的表与图中可以看出，非词首 ［ɿ］ 元音前过渡段第一共振峰（TF1）频率相比目标元音均值第一共振峰（F1）频率相对降低（开口度变小）；目标元音舌位位置相比前过渡段舌位相对靠前。

表 2.158　非词首音节不同辅音之后和无前置辅音音节中出现的

［ɿ］元音声学参数比较（上 M& 下 F）

参数 辅音	VD	VA	TF1	TF2	TF3	F1	F2
tʂ	185	74.68	372	1834	2873	415	1665
tʂʰ	194	72.21	432	1822	2767	431	1621
ʂ	208	71.94	394	1772	2741	429	1572

参数 辅音	VD	VA	TF1	TF2	TF3	F1	F2
tʂ	296	57.23	372	1898	3314	480	1740
tʂʰ	338	56.60	399	1912	3253	461	1649
ʂ	350	55.40	377	1872	3240	470	1709

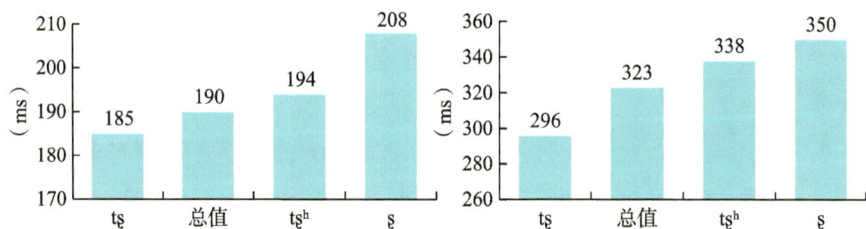

图 2.216　非词首音节不同辅音之后出现的 ［ɿ］ 元音音长比较（M&F）

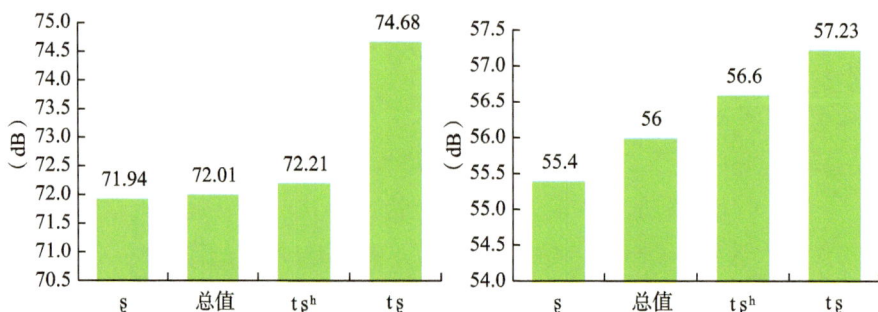

图 2.217　非词首音节不同辅音之后出现的 ［ɿ］ 元音音强比较（M&F）

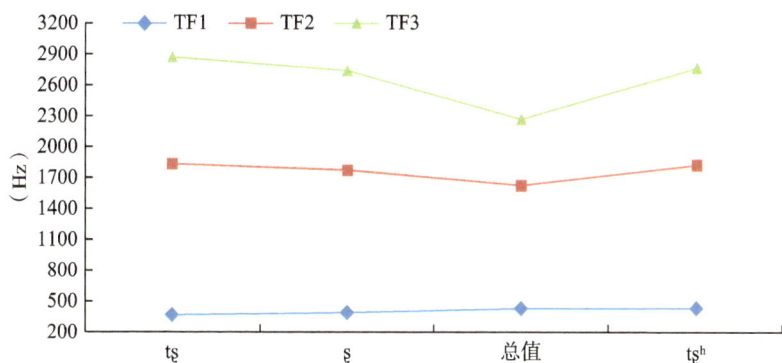

图 2.218-1　非词首不同辅音之后出现的［ʅ］元音三个共振峰前过渡段（TF1、TF2、TF3）的变化示意（M）

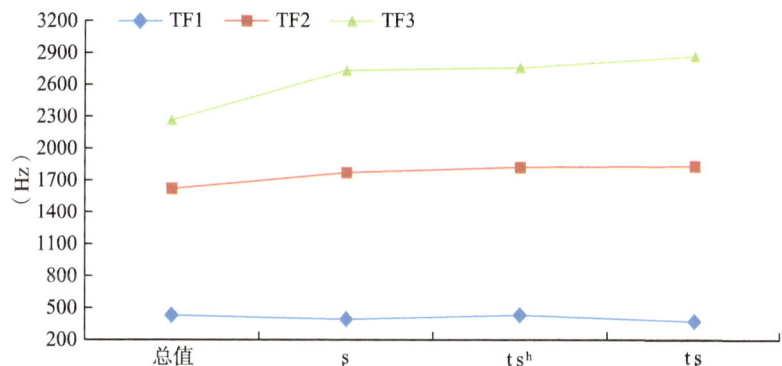

图 2.218-2　非词首不同辅音之后出现的［ʅ］元音三个共振峰前过渡段（TF1、TF2、TF3）的变化示意（M）

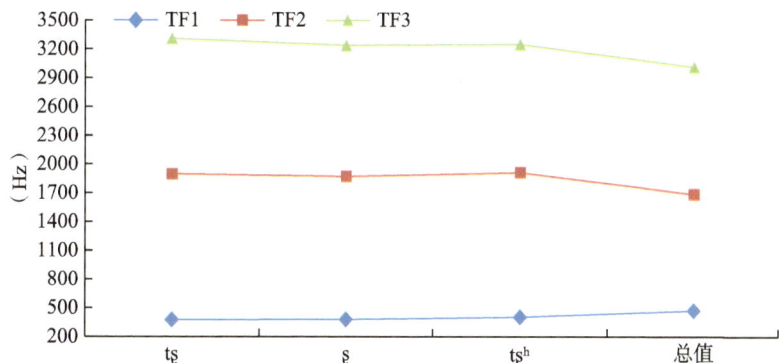

图 2.218-3　非词首不同辅音之后出现的［ʅ］元音三个共振峰前过渡段（TF1、TF2、TF3）的变化示意（F）

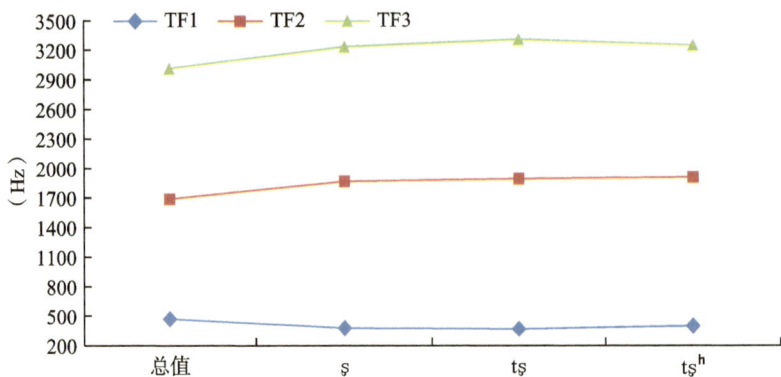

图 2.218-4　非词首不同辅音之后出现的 [ʅ] 元音三个共振峰前过渡段（TF1、TF2、TF3）的变化示意（F）

　　[ʅ] 在非词首 CV、CVC 音节中出现，我们对词首 CV、CVC 音节中出现的 [ʅ] 与非词首 CV、CVC 音节 [ʅ] 元音共振峰 F1/F2、时长参数做了配对样本 T 检验（词首 CV、CVC 为一组，非词首 CV、CVC 为一组），结果如表 2.159 所示。

表 2.159　检验结果

	sig（双侧）					
	M		F		M	F
	F1	F2	F1	F2	VD	VD
词首—非词首	0.035	0.189	0.001	0.018	0.000	0.000

　　我们从检验结果看，男、女发音人的 F1/F2 参数在词首与非词首音节之间有显著性差异（除男发音人 F2 之外）。男、女发音人的元音时长上有显著性差异。

（十）[ɻ]①

1. 声学特征与音色

1.1　[ɻ] 元音三维语图和语音标注

　　图 2.219 为男发音人 osi [osɻ]"草"一词的三维语图和三层标注实例。

――――――――――

① 在"统一平台"中此元音只出现在非词首音节当中。

osi［osʅ］"草"一词中非词首［ʅ］元音时长、音强分别为 220ms、74dB；该图上［ʅ］元音目标位置 F1～F4 四个共振峰参数为：448Hz、1287Hz、2790Hz、4338Hz。该语图比较真实地显示了［ʅ］元音在实际语流中的存在形式。

1.2　［ʅ］元音声学特征与声学参数

表 2.160 为非词首［ʅ］元音参数统计表。从表中可以看出，男、女发音人［ʅ］元音平均时长、平均音强分别为 M = 188ms，F = 303ms；M = 70.22dB，F = 56.30dB。元音 F1 和 F2 的频率均值分别为 M：F1 = 436Hz，F2 = 1445Hz；F：F1 = 480Hz，F2 = 1525Hz。图 2.220 为男、女发音人非词首音节［ʅ］元音在声学元音图中的位置及其声学空间中的分布模式。图 2.232 还显示了［ʅ］元音在声学空间中分布范围为：F1 = 368～491Hz，F2 = 1287～1722Hz（M）；F1 = 439～515Hz，F2 = 1406～1657Hz（F）。该元音多数出现在汉语借词中，少数出现在本民族语言中。

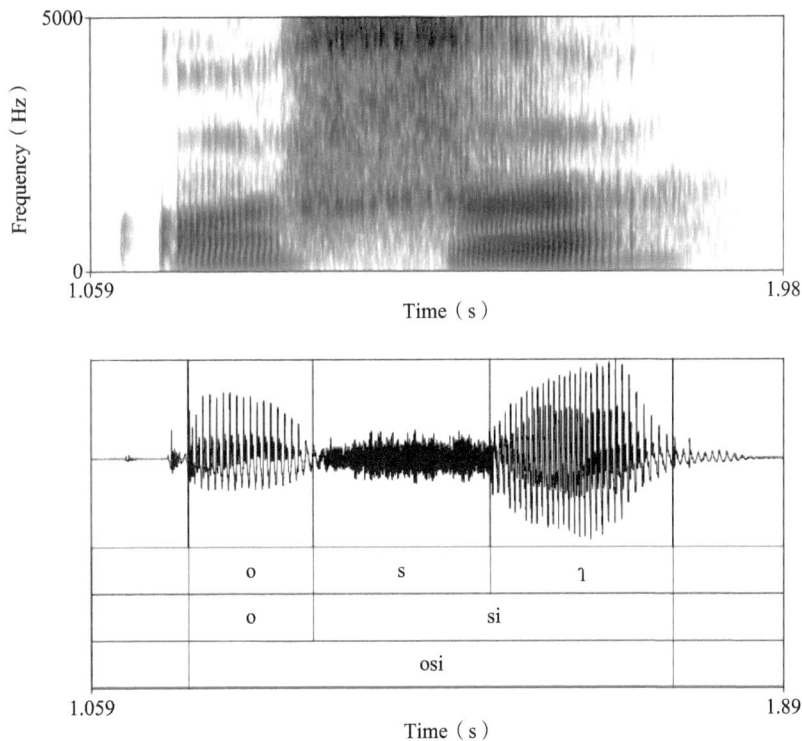

图 2.219　osi［osʅ］"草"一词的三维语图和三层标注实例

表 2.160　非词首 ［ʅ］元音声学参数统计

	M					F				
	VD	VA	F1	F2	F3	VD	VA	F1	F2	F3
均值	188	70.22	436	1445	2812	303	56.3	480	1525	3137
标准差	69	3.65	36	112	152	54	3.77	26	67	339
变异系数	37%	5%	8%	8%	5%	18%	7%	5%	4%	11%
变化范围	40	61	368	1287	2598	208	50	439	1406	2225
	280	75	491	1722	3146	346	62	515	1657	3554

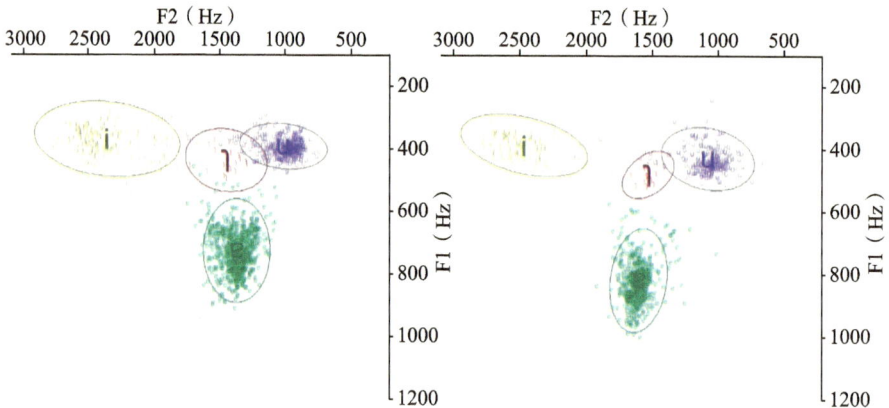

图 2.220　非词首 ［ʅ］元音在声学元音图中的位置及其声学空间中的分布模式（M&F）

2. 语流中的音变特征

2.1　目标位置共振峰频率与其前、后过渡段共振峰频率参数之间的显著性差异分析

图 2.221 结果显示，男、女发音人 ［ʅ］元音目标位置第一、第二共振峰频率与其前、后过渡段共振峰频率之间的共同的、具有统计学意义的特点（规律）有：与目标元音相比前、后过渡段共振峰频率都有较大变化，P值都小于 0.05，存在显著差异（除了前过渡段共振峰与后过渡段共振峰之间的没有显著性差异之外，见表 2.161）。

图 2.221 为非词首音节 ［ʅ］元音目标位置共振峰及其前、后过渡段（TF1、TF2/TP1、TP2）分布模式图。从图 2.220 中可以看出，与目标元音相比，东乡语非词首 ［ʅ］元音前、后过渡段有变化不是很大，其中前过渡段变化大于后过渡段。男发音人（M）：与目标元音相比前过渡段频率 TF1

有些下降趋势（开口度明显变小），大约上升200Hz；后过渡第一共振峰频率TP1有所上升（开口度变大），大约下降800Hz；前、后过渡段第二共振峰频率有所上升（舌位前移），大约前移50~100Hz；女发音人（F）：与目标元音相比前、后过渡段频率TF1/TP1有所下降（开口度明显变小），大约上升50~100Hz；前、后过渡段第二共振峰频率有所上升（舌位前移），大约前移100Hz。

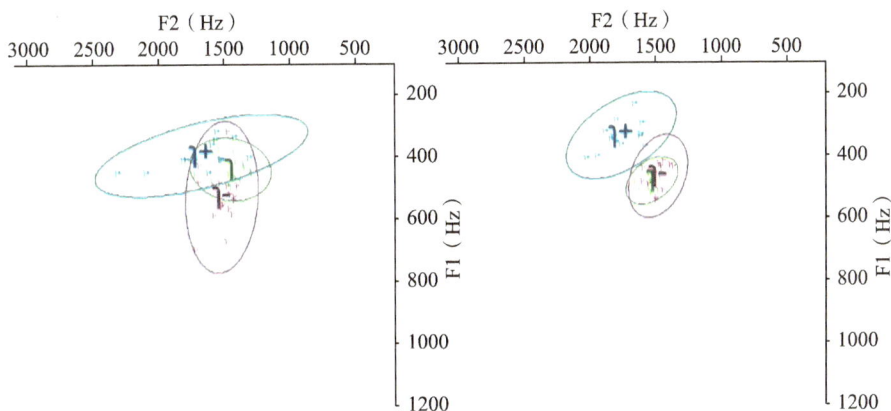

图2.221 非词首［ɿ］元音目标位置共振峰（F1/F2）及其前、后过渡段（TF1、TF2/TP1、TP2）共振峰分布模式（M&F）

表2.161 检验结果

检验样本 \ 检验值	sig（显著性），P值			
	M		F	
	F1	F2	F1	F2
目标位置与前过渡段共振峰之间的显著性	0.026	0.001	0.012	0.000
目标位置与后过渡段共振峰之间的显著性	0.029	0.021	0.011	0.006
前过渡段共振峰与后过渡段共振峰之间的显著	0.285	0.214	0.123	0.087

* P值小于0.05存在显著差异；大于0.05差异不明显。

2.2 元音声学参数与音节数量之间的相关性分析

2.2.1 ［ɿ］元音在单音节和多音节词中的出现频率统计

表2.162为非词首音节［ɿ］元音双音节、三音节、多音节（四音节以上为多音节）词中出现的频率统计表。该表显示，［ɿ］元音在统一平台中共出现18次（M）和13次（F）。［ɿ］元音双音节词在双音节词中的出现

频率约占所有出现次数的 56%（M）、62%（F），三音节词中的出现频率约占所有出现次数的 44%（M）、38%（F）。

表 2.162　不同音节中［ʅ］元音出现频率统计

发音人	双音节词		三音节词		多音节词		共计	
	M	F	M	F	M	F	M	F
出现次数	10	8	8	5	/	/		
百分比	56%	62%	44%	38%	/	/	100%	100%

2.2.2　［ʅ］元音声学参数与音节数量之间的相关性分析

表 2.163 和图 2.222~2.224 为男、女发音人非词首［ʅ］元音出现在双音节（B）、三音节（C）、多音节（D）时的音长（VD）、音强（VA）、共振峰统计表。从表 2.163 中的参数可以看出，音节数量与元音音长、音强有一定的相关性。如：［ʅ］元音音长随着音节数量增加而相对缩短，音强随着音节数量的增加而相对变弱。第一共振峰（F1）频率与音节数量有一定的相关性，三音节词中的元音开口度相比其双音节词、多音节词的要小，大约小 30Hz；第二共振峰（F2）频率与音节数量有一定的关系，三音节词中的元音舌位最靠后。例如：

M:212ms(B)→163ms(C);70.20dB(B)→70.00dB(C)。

F:319ms(B)→277ms(C);57.88dB(B)→56.80dB(C)。

M:F1＝424Hz(B)→464Hz(C)→;F2＝1412Hz(B)→1478Hz(C)。

F:F1＝473Hz(B)→491Hz(C);F2＝1492Hz(B)→1578Hz(C)。

表 2.163　出现在不同音节词中［ʅ］元音音长（VD）、音强（VA）、共振峰统计

参数	发音人	M					F				
		VD	VA	F1	F2	F3	VD	VA	F1	F2	F3
双音节词	平均值	212	70.20	424	1412	2773	319	57.88	473	1492	3267
	标准差	55	3.11	31	87	111	41	3.31	24	50	179
	变异系数	26%	4%	7%	6%	4%	13%	6%	5%	3%	5%
	变化范围	88	63	375	1287	2620	261	54	439	1406	2966
		280	74	464	1576	2965	359	62	509	1556	3554

续表

发音人		M					F				
参数		VD	VA	F1	F2	F3	VD	VA	F1	F2	F3
三音节词	平均值	163	70.00	464	1478	2827	277	56.80	491	1578	2930
	标准差	81	4.76	19	141	176	68	3.27	29	58	448
	变异系数	50%	7%	4%	10%	6%	25%	6%	6%	4%	15%
	变化范围	40	61	439	1293	2598	208	50	447	1521	2225
		253	75	491	1722	3146	364	57	515	1657	3382

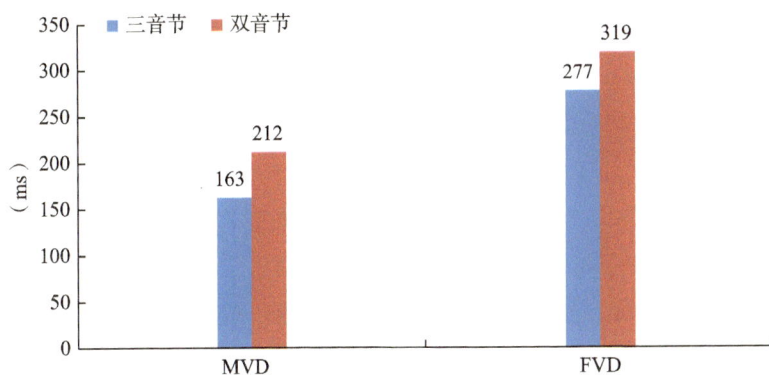

图 2.222　音节数量与音长之间关系示意（M&F）

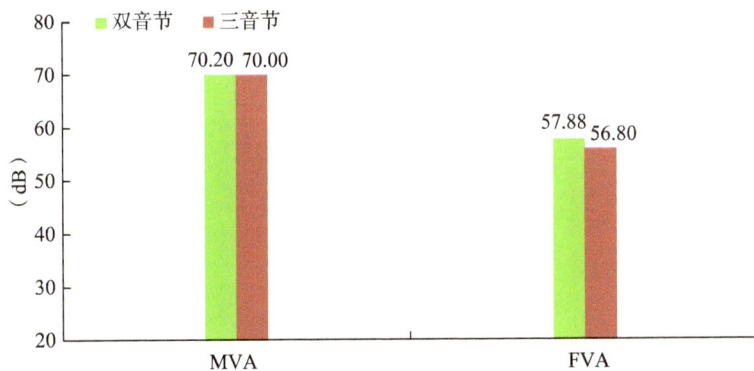

图 2.223　音节数量与音强之间关系示意（M&F）

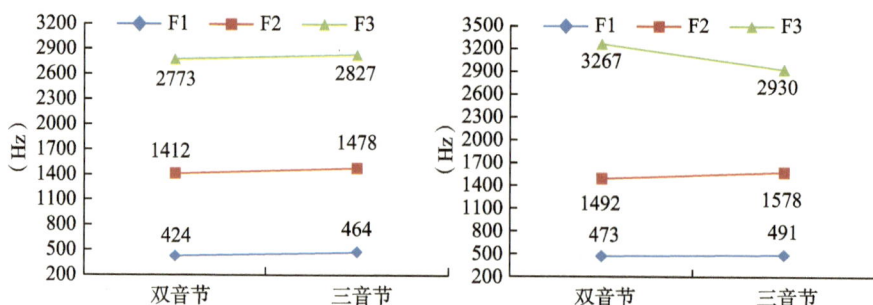

图 2.224　音节数量与共振峰之间关系示意（M&F）

2.3　元音声学参数与前置辅音音质之间的相关性分析

表 2.164 为出现在非词首音节不同辅音之后 [ʅ] 元音声学参数比较表，图 2.222～2.224 为出现在非词首音节 [ts-，s-] 辅音（前置辅音）之后 [ʅ] 元音的音长、音强、F1 和 F2 前过渡段（TF1、TF2、TF3）的变化示意图。

表 2.164 和图 2.223 显示，辅音音质与非词首 [ʅ] 元音声学参数之间具有一定的相关性。在塞擦音 [ts] 之后的元音音长比清擦音 [s] 之后的要长，大约长 10ms。辅音音质对元音音长长短有一定的影响。

表 2.164 与图 2.223 显示，前置辅音音质与元音音强之间有一定的相关性。在塞擦音 [ts] 之后的元音音强比清擦音 [s] 之后的要弱，大约强 1～2dB（M&F）。显然，辅音音质对元音音强强弱有一定的影响。

表 2.164　非词首音节不同辅音之后和无前置辅音音节中出现的

[ʅ] 元音声学参数比较（上 M& 下 F）

参数 辅音	VD	VA	TF1	TF2	TF3	F1	F2
ts	193	69.4	399	1749	3233	419	1469
s	182	71.25	385	1596	3000	457	1414
参数 辅音	VD	VA	TF1	TF2	TF3	F1	F2
ts	310	57.68	339	1663	3238	470	1553
s	294	58.28	319	1786	3035	483	1500

（十一）［ʉ］①

1. 声学特征与音色

1.1　［ʉ］元音三维语图和语音标注

图 2.225 为男发音人 tɐlu［tɐlʉ］"肩"一词的三维语图和三层标注实例。tɐlu［tɐlʉ］"肩"一词中非词首［ʉ］元音时长、音强分别为 275ms、75dB；该图上［ʉ］元音目标位置 F1~F2 四个共振峰参数为：352Hz、1385Hz、2677Hz、4155Hz。该语图比较真实地显示了［ʉ］元音在实际语流中的存在形式。

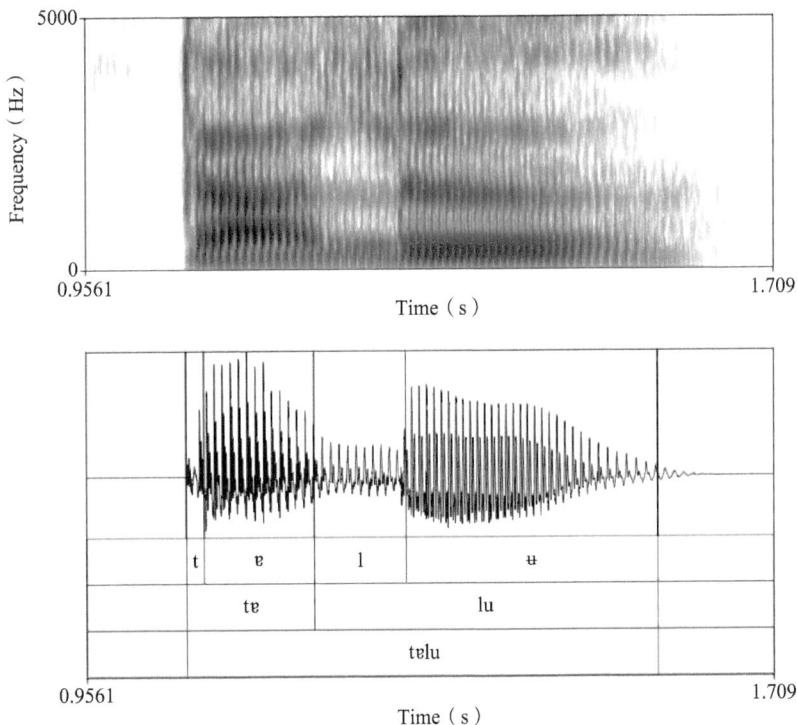

图 2.225　男发音人 tɐlu［tɐlʉ］"肩"一词的三维语图和三层标注实例

1.2　［ʉ］元音声学特征与声学参数

表 2.165 为非词首［ʉ］元音参数统计表。从表中可以看出，男、女

---

① 该元音在"统一平台"中出现次数较少，因此除"声学特征与音色"和"语流中的音变特征"外不做其他几项特征的分析。

发音人［ʉ］元音平均时长、平均音强分别为 M = 93ms，F = 69ms；M = 66.75dB，F = 53.10dB。元音 F1 和 F2 的频率均值分别为 M：F1 = 389Hz，F2 = 1450Hz；F：F1 = 413Hz，F2 = 1500Hz。图 2.226 为男、女发音人非词首音节［ʉ］元音在声学元音图中的位置及其声学空间中的分布模式。图 2.226 还显示了［ʉ］元音在声学空间中分布范围为：F1 = 309 ~ 565Hz，F2 = 1262 ~ 1881Hz（M）；F1 = 321 ~ 551Hz，F2 = 1204 ~ 1890Hz（F）。可以看出，与词首［ʉ］元音相比，东乡语非词首［ʉ］元音较为明显，男、女发音人词首与非词首［ʉ］元音均值从舌位语图上均有些"央化"现象，但"央化"程度不像蒙古语非词首元音那样明显。

表 2.165　非词首［ʉ］元音声学参数统计

	M					F				
	VD	VA	F1	F2	F3	VD	VA	F1	F2	F3
均值	93	66.75	389	1450	2649	69	53.10	413	1500	2948
标准差	60	4.27	65	169	339	25	4.32	64	165	353
变异系数	65%	6%	17%	12%	13%	36%	8%	16%	11%	12%
变化范围	28	60	309	934	1639	21	45	310	1272	1935
	276	76	576	1759	3099	118	61	573	2119	3425

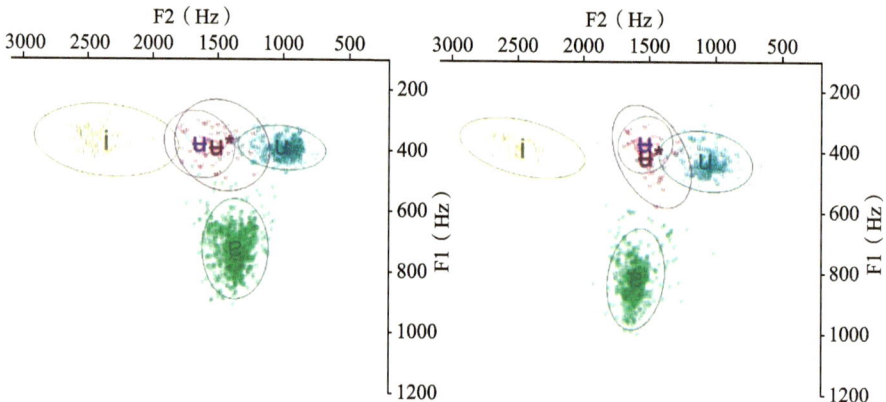

图 2.226　非词首［ʉ］元音在声学元音图中的位置及其声学空间中的分布模式（M&F）

2. 语流中的音变特征

2.1　目标位置共振峰频率与其前、后过渡段共振峰频率参数之间的显著性差异分析

图 2.227 和表 2.166 显示，男、女发音人 [ʉ] 元音目标位置第一、第二共振峰频率与其前、后过渡段共振峰频率变化较小，P 值都大于 0.05，没有显著差异。

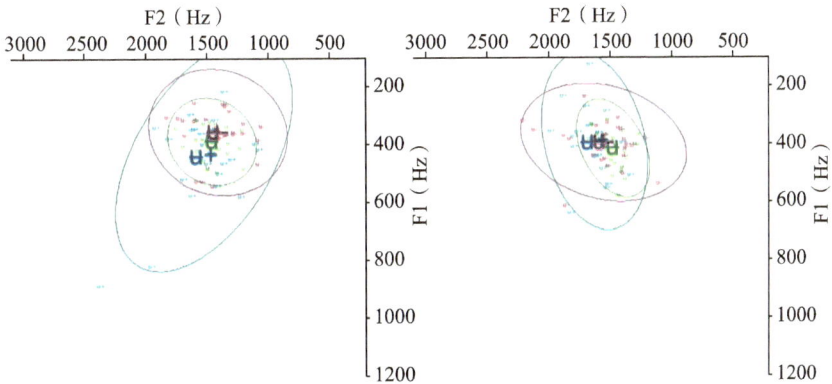

图 2.227　非词首 [ʉ] 元音目标位置共振峰（F1/F2）及其前、后过渡段（TF1、TF2/TP1、TP2）共振峰分布模式（M&F）

图 2.227 为非词首 [ʉ] 元音目标位置共振峰及其前后过渡段（TF1、TF2/TP1、TP2）分布模式图。从图 2.227 中可以看出，与目标元音相比，东乡语非词首 [ʉ] 元音前、后过渡段有变化不是很大，其中前过渡段变化大于后过渡段。男发音人（M）：与目标元音相比前过渡段频率 TF1 有些上升趋势（开口度明显变大），大约上升 50Hz；后过渡第一共振峰频率 TP1 有所下降（开口度变小），大约下降 40Hz；前后过渡段第二共振峰频率有所上升（舌位前移），大约前移 50~100Hz；女发音人（F）：与目标元音相比前后过渡段频率 TF1/TP1 有所下降（开口度明显变小），大约上升 30~50Hz；前、后过渡段第二共振峰频率有所上升（舌位前移），大约前移 80Hz。

表 2.166　检验结果

检验样本 \ 检验值	sig（显著性），P 值			
	M		F	
	F1	F2	F1	F2
目标位置与前过渡段共振峰之间的显著性	0.050	0.233	0.087	0.200
目标位置与后过渡段共振峰之间的显著性	0.609	0.949	0.510	0.712
前过渡段共振峰与后过渡段共振峰之间的显著	0.150	0.212	0.221	0.206

＊ P 值小于 0.05 存在显著差异；大于 0.05 差异不明显。

［ʉ］在非词首 CV、CVC 音节中出现，我们对词首 CV、CVC 音节中出现的［ʉ］与非词首 CV、CVC 音节［ʉ］元音共振峰 F1/F2、时长参数做了配对样本 T 检验（词首 CV、CVC 为一组，非词首 CV、CVC 为一组），结果如表 2.167 所示。

表 2.167　检验结果

	sig（双侧）					
	M		F		M	F
	F1	F2	F1	F2	VD	VD
词首—非词首	0.602	0.000	0.077	0.066	0.000	0.100

我们从检验结果看，男、女发音人的 F1/F2 参数在词首与非词首音节之间有显著性差异（除男发音人 F2 之外）。男发音人的元音时长有显著性差异，女发音人在元音时长上差异不明显。

五　复合元音

东乡语中的复合元音与其他蒙古语族语言相比相对较多。"统一平台"中出现［iɑ］、［iɛ］、［ie］、［ui］、［ʉi］、［ɑu］、［ue］、［ou］、［ic］、［iʌ］、［ei］、［iu］12 个复合元音。

从图 2.228 中可以清楚看到，所谓的复合元音并不是单纯的两或三个元音的复合体，而是一个元音向另一个元音滑动的过程。以复合元音［ʌi］为例，图 2.228 为复合元音［ʌi］的动程图模板，［i］为起首元音，［ʌ］为目标元音。复合元音［ʌi］的形成是起首［i］元音滑向目标［ʌ］元音的过程。起首［i］元音滑向目标［ɚ］元音的过程不是突变的过程，中间会有过渡音。

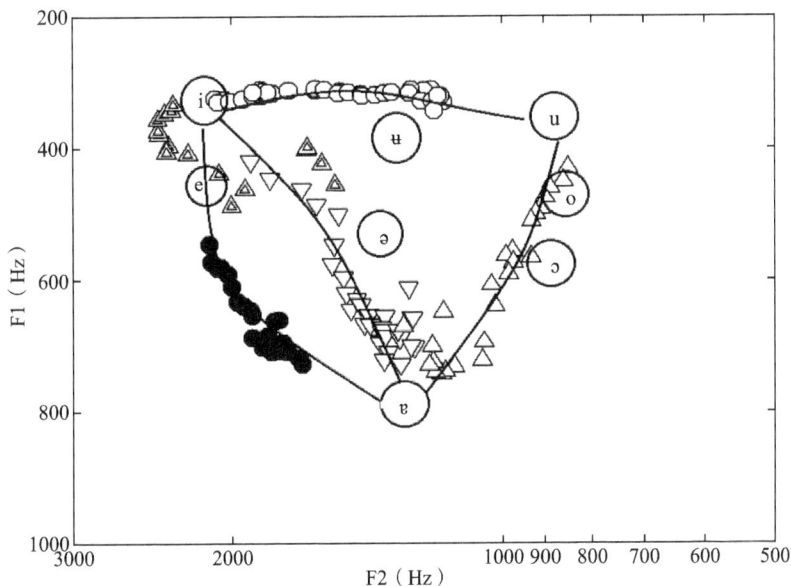

图 2.228　复合元音动程图模板

关于东乡语复合元音问题，学者意见各有不同。刘照雄（1981）认为，东乡语中有［ai，ɐi，ao，ou］等四个前响二合元音、［ia，iə，ua］等三个后响二合元音、［iao，iou（iu），uai，uɐi（ui）］四个三合元音。清格尔泰（1957~1958）认为，东乡语有［ɑi，ɑu，ɐi，əuɐ，ou，ui］等六个前响二合元音，有［iɑ，iə，io，iu，ua］等五个后响二合元音，有［uai，iau］等两个三合元音。布和（1986）认为，东乡语中有［ɑi，ɐi，ui，ɑu，əu］等五个前响二合元音、［iɐ，iə，iu，uɐ］等四个后响二合元音、［iɐu，uɐi］等两个三合元音。阿·伊布拉黑麦（1988）认为：东乡语中有［ɐi，ou，ui］三个前响二合元音，有［ia，iə，iu，iɔ，ua，ɜu，uə］七个后响二合元音，没有发现三合元音。

（一）［ɐi］

1. 共振峰分析

该复合元音在单词词首位置出现频率比较多。例如：tʰɐi［tʰɐi］"猜"

（见图 2.229）中起首元音［ɐ］的目标时刻 F1 为 675Hz、F2 为 1699Hz；目标元音［i］的目标时刻 F1 为 432Hz、F2 为 2175Hz。复合元音［ɐi］的男发音人起首元音［ɐ］的目标时刻总均值 F1 与 F2 为 678Hz 和 1733Hz，目标元音［ɐ］的目标时刻总均值 F1 与 F2 为 434Hz 和 2104Hz。我们用复合元音［ɐi］的起首元音与目标元音共振峰绘制从［ɐ］到［i］的动程图（见图 2.230），展示从［ɐ］到［i］的滑动过程。

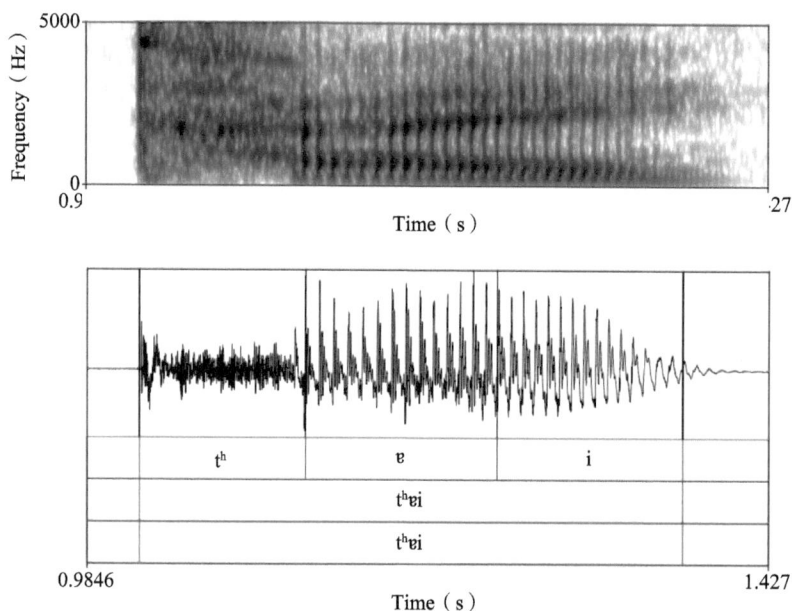

图 2.229　复合元音［ɐi］的三维语图和三层标注实例

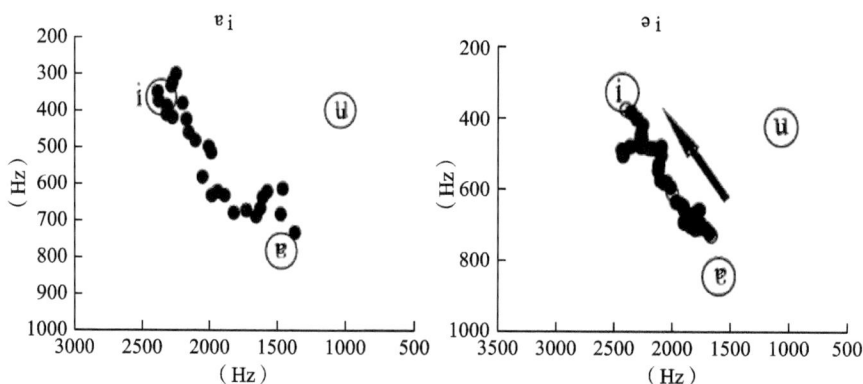

图 2.230　复合元音［ɐi］声学空间动态分布（复合元音发音动程图、左 M& 右 F、下同）

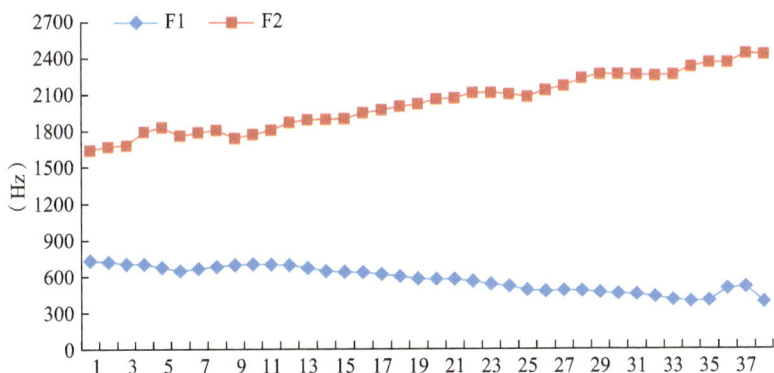

图 2.231 复合元音 [ɐi] 的 F1 与 F2 动态模式

从图 2.231 中可以看出，[ɐi] 元音的 F1 和 F2 的斜率比较大，F1 的斜率为 20.21，F2 的斜率为 -9.335。

2. 时长分析

复合元音形成过程中有前稳定段、过渡段和后稳定段。前稳定段为起首元音的发音时的稳定时段、过渡段为起首元音滑动到目标元音的时段、后稳定段为目标元音发音时的稳定时段。有些词中复合元音的前稳定段、过渡段和后稳定段的界限比较明显，但是在有些词中不是那么明显。研究分析复合元音的各个时段是对复合元音的定型有着至关重要的作用。图 2.232 为复合元音发音过程中的前稳定段、过渡段和后稳定段的模式图。

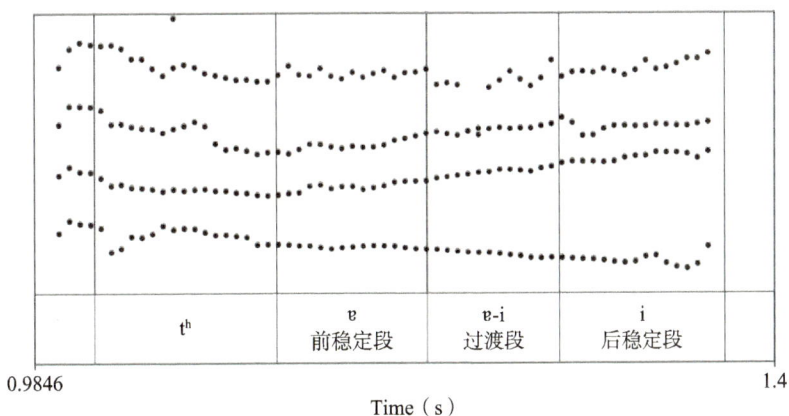

图 2.232 复合元音发音过程中的前稳定段、过渡段和后稳定段的模式（下同）

表 2.168 和图 2.232 是 [ɐi] 复合元音的前稳定段、过渡段和后稳定段

时长比例数据。

从表 2.168 和图 2.233 可以看出复合元音［ɐi］的前稳定段为最长、过渡段为中、后稳定段最短。从变异系数与标准差可以看出，复合元音［ɐi］的各项数据比较稳定。

表 2.168　［ɐi］复合元音的前稳定段、过渡段和后稳定段时长比例

单位：ms，下同

发音人	M			F		
复合元音	［ɐi］			［ɐi］		
	前稳定段	过渡段	后稳定段	前稳定段	过渡段	后稳定段
均值	44	39	32	41	40	38
变异系数	6%	5%	9%	8%	9%	6%
标准差	3	2	3	4	8	7
百分比	38%	34%	28%	34%	34%	32%

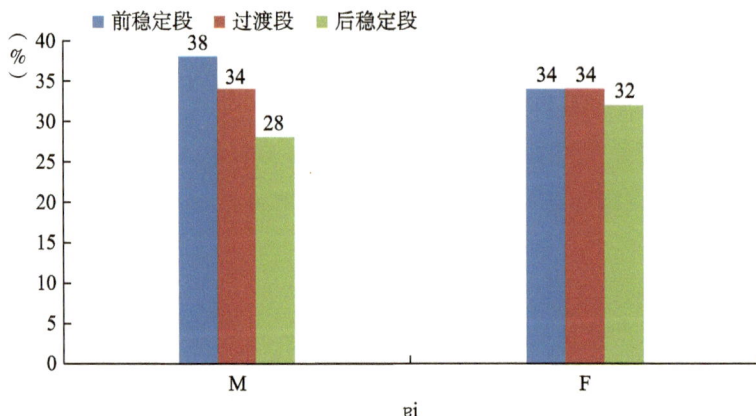

图 2.233　［ɐi］复合元音的前稳定段、过渡段和后稳定段时长比例

3. 音强分析

音强峰值对于复合元音来说是一项很重要的数据，判断复合元音前响与后响的重要数据之一。从我们创建的数据库来判断，复合元音［ɐi］的音强峰值落在起首元音上（除单音节词外，单音节词中起首元音与目标元音的音强峰值为持平）。表 2.169 为复合元音［ɐi］的音强峰值统计表。

从表 2.169 看出，男、女发音人复合元音［ɐi］的音强峰值落在起首元音上。复合元音 [ɐi] 音强峰值的变异系数与标准差都非常稳定。

从舌位的移动程度、复合元音发音动程三段、音强峰值来判断：复合元音 [ɐi] 为前响复合元音。

表 2.169　复合元音 [ɐi] 的音强峰值统计

单位：dB，下同

发音人	M		F	
复合元音	[ɐi]		[ɐi]	
	ɐ	i	ɐ	i
均值	76	72	72	70
变异系数	3%	4%	4%	4%
标准差	2	3	3	3

(二) [ɛi]

1. 共振峰分析

在"统一平台"该元音出现频率不是很多，出现了 10 次。例如：kʰɛitʂʰi [kɛitʂʰɻ]"剪刀"（见图 2.234）中起首元音 [ɛ] 的目标时刻 F1 为 562Hz、F2 为 1914Hz；目标元音 [i] 的目标时刻 F1 为 403Hz、F2 为 2289Hz。复合元音 [ɛi] 的男发音人起首元音 [ɛ] 的目标时刻总均值 F1 与 F2 为 554Hz 和 1933Hz，目标元音 [i] 的目标时刻总均值 F1 与 F2 为 405Hz 和 2198Hz。我们用复合元音 [ɛi] 的起首元音与目标元音共振峰绘制从 [ɛ] 到 [i] 的动程图（见图 2.235），展示从 [ɛ] 到 [i] 的动态过程。

复合元音 [ɛi] 的 F1 的斜率为 -7.84、[ɛi] F2 的斜率为 8.39。从图 2.236 可以看出，该复合元音的斜率不是很大。这说明，东乡语 [ɛi] 元音有"长化"（长元音）趋势。

2. 时长分析

图 2.237 为复合元音发音过程中的前稳定段、过渡段和后稳定段的共振峰模式图。

表 2.170 和图 2.238 是 [ɛi] 复合元音的前稳定段、过渡段和后稳定段时长比例。

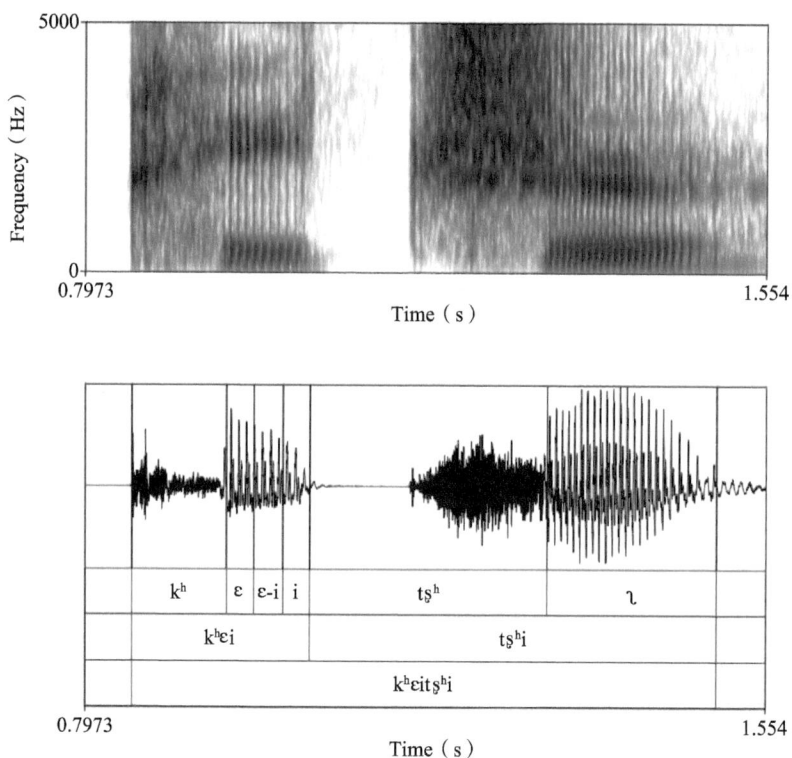

图 2.234 复合元音 [εi] 的三维语图和三层标注实例

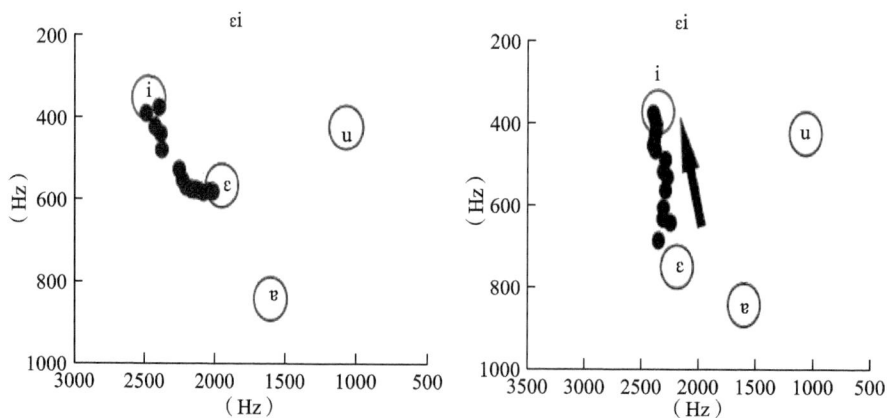

图 2.235 复合元音 [εi] 声学空间动态分布

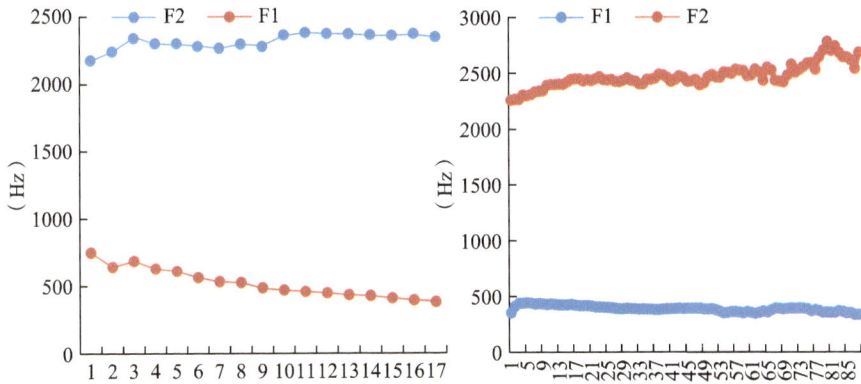

图 2.236 复合元音 [εi] 的 F1 与 F2 动态模式

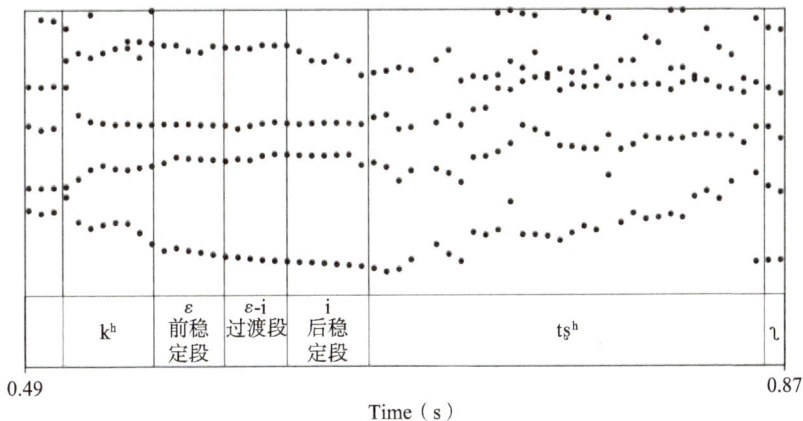

图 2.237 复合元音 [εi] 发音过程中的前稳定段、过渡段和后稳定段共振峰模式

表 2.170 [εi] 复合元音的前稳定段、过渡段和后稳定段时长比例

发音人	M			F		
复合元音	[εi]			[εi]		
三段	前稳定段	过渡段	后稳定段	前稳定段	过渡段	后稳定段
均值	36	30	33	40	36	38
变异系数	10%	7%	6%	12%	9%	9%
标准差	4	2	2	5	8	3
百分比	36%	31%	33%	35%	32%	33%

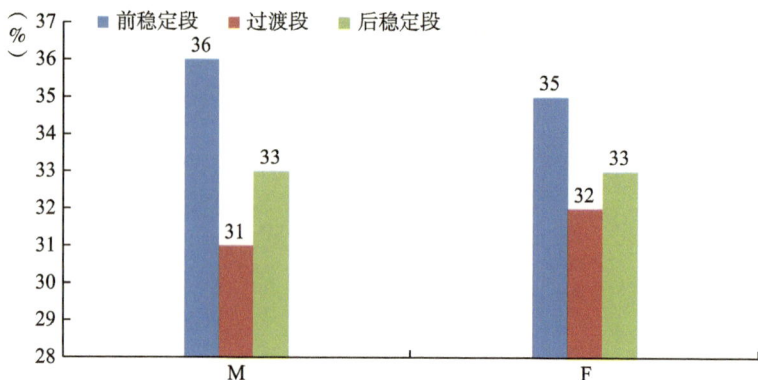

图 2.238 ［εi］复合元音的前稳定段、过渡段和后稳定段时长比例

从表 2.170 和图 2.238 可以看出复合元音 ［εi］的前稳定段为最长、过渡段为中、后稳定段最短。从变异系数与标准差可以看出，复合元音 ［εi］的各项数据都很稳定。

3. 音强分析

复合元音 ［εi］的音强峰值落在起首元音上（除单音节词外，单音节词中起首元音与目标元音的音强峰值为持平）。表 2.171 为复合元音 ［εi］的音强峰值统计表。

从表 2.171 可以看出，男、女发音人复合元音 ［εi］的音强峰值落在起首元音上。复合元音 ［εi］音强峰值的变异系数与标准差都非常稳定。

从舌位的移动程度、复合元音发音动程三段、音强峰值来判断：复合元音 ［εi］为前响复合元。

表 2.171 复合元音 ［εi］的音强峰值统计

发音人	M		F	
复合元音	［εi］		［εi］	
	ε	i	ε	i
均值	70	67	68	65
变异系数	3%	3%	7%	9%
标准差	2	2	5	9

（三）［əi］

1. 共振峰分析

复合元音［əi］的男发音人起首元音［ə］的目标时刻总均值 F1 与 F2 为 556Hz 和 1788Hz，目标元音［i］的目标时刻总均值 F1 与 F2 为 413Hz 和 2144Hz。例如：tʰuləi［tuləi］"兔子"（见图 2.239）中起首元音［ə］的目标时刻 F1 为 510Hz、F2 为 1768Hz；目标元音［i］的目标时刻 F1 为 409Hz、F2 为 2189Hz。我们用复合元音［əi］的起首元音与目标元音共振峰绘制从［ə］到［i］的动程图（见图 2.240），展示从［ə］到［i］的滑动过程。

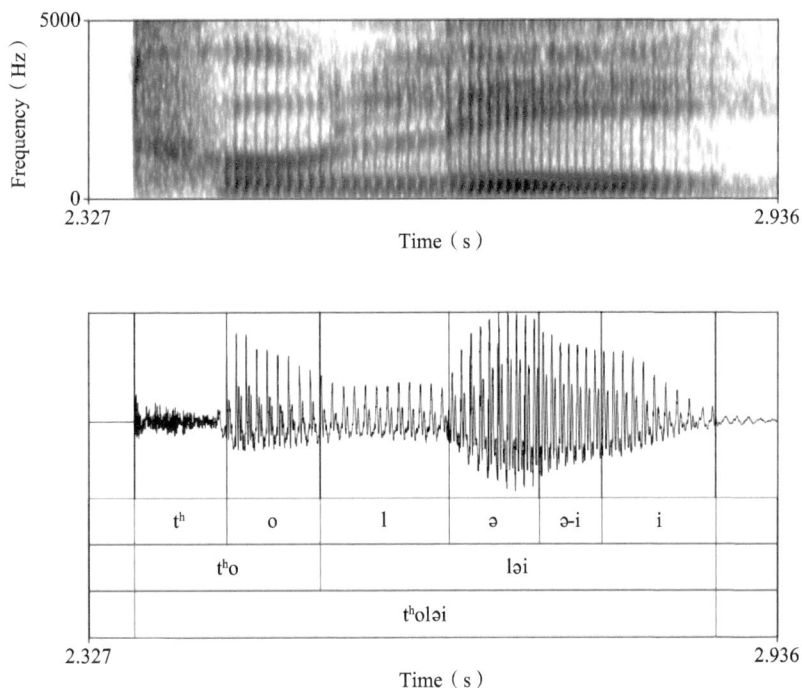

图 2.239　复合元音［əi］的三维语图和三层标注实例

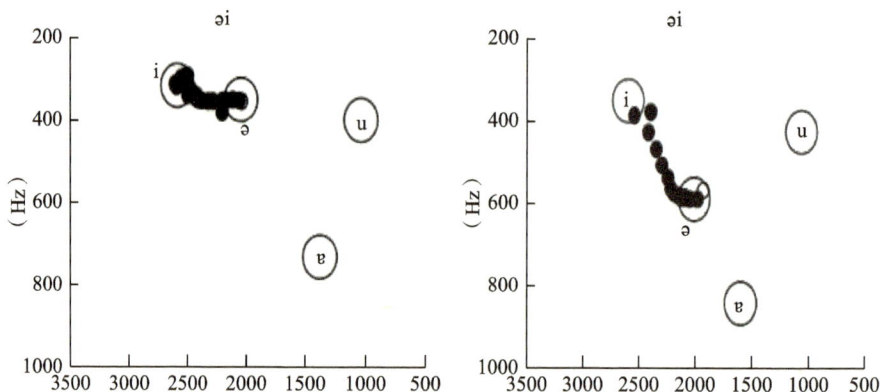

图 2.240　复合元音［əi］声学空间动态分布

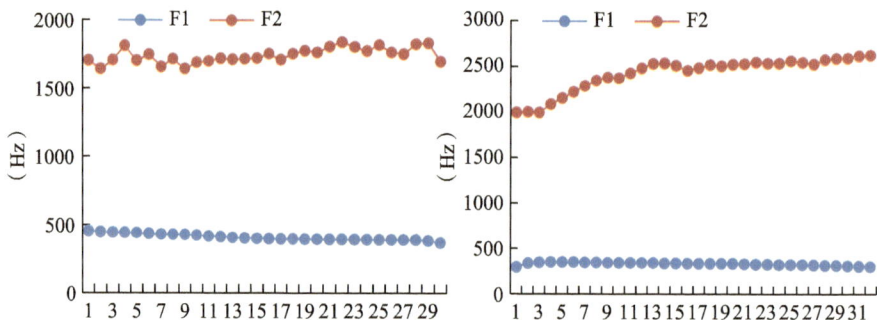

图 2.241　复合元音［əi］的 F1 与 F2 动态模式

复合元音［əi］的 F1 的斜率为 2.47、［əi］的 F2 的斜率为 3.87。从图 2.241 中可以看出，该复合元音的斜率不是很大。这说明，东乡语［əi］元音有"长化"（长元音）趋势。

2. 时长分析

图 2.242 为复合元音发音过程中的前稳定段、过渡段和后稳定段的模式图。

表 2.172 和图 2.243 是［əi］复合元音的前稳定段、过渡段和后稳定段时长比例数据。

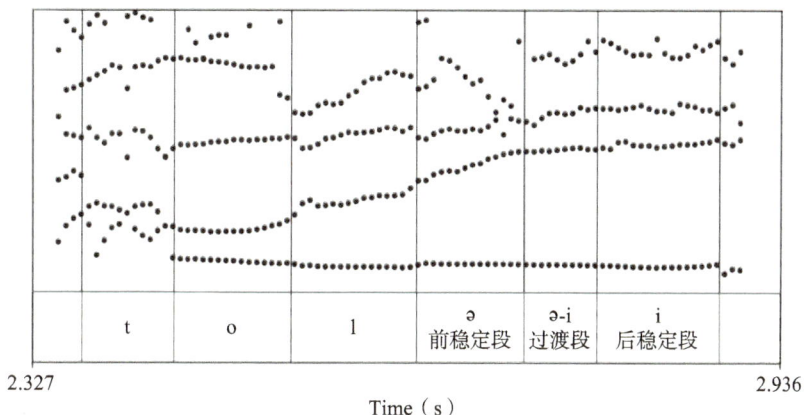

| t | o | l | ə 前稳定段 | ə-i 过渡段 | i 后稳定段 |

2.327　　　　　　　　　　　　　　　　　　　　　　　　　　　　2.936

Time（s）

图 2.242　复合元音［əi］发音过程中的前稳定段、过渡段和后稳定段的模式

表 2.172　［əi］复合元音的前稳定段、过渡段和后稳定段时长比例

发音人	M			F		
复合元音	［əi］			［əi］		
三段	前稳定段	过渡段	后稳定段	前稳定段	过渡段	后稳定段
均值	77	51	81	67	38	83
变异系数	4%	6%	2%	3%	8%	4%
标准差	3	3	2	2	3	3
百分比	37%	24%	39%	36%	20%	44%

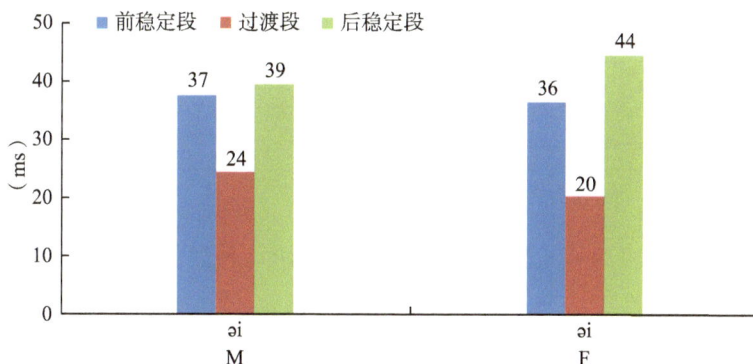

图 2.243　［əi］复合元音的前稳定段、过渡段和后稳定段时长比例

从表 2.172 和图 2.243 中可以看出，复合元音［əi］的前稳定段为最长、过渡段为中、后稳定段最短。从变异系数与标准差可以看出，复合元音［əi］的各项数据都很稳定。

3. 音强分析

复合元音［əi］的音强峰值落在起首元音上（除单音节词外，单音节词中起首元音与目标元音的音强峰值为持平）。表 2.173 为复合元音［əi］的音强峰值统计表。

从表 2.173 可以看出，男、女发音人复合元音［əi］的音强峰值落在起首元音上。复合元音［əi］音强峰值的变异系数与标准差都非常稳定。

从舌位的移动程度、复合元音发音动程三段、音强峰值来判断：复合元音［əi］为前响复合元音。

表 2.173　复合元音［əi］的音强峰值统计

发音人	M		F	
复合元音	［əi］		［əi］	
	ə	i	ə	i
均值	71.4	70.4	71.4	70.4
变异系数	3%	7%	3%	7%
标准差	2	4	2	4

（四）［ui］

1. 共振峰分析

复合元音［ui］的男发音人起首元音［u］的目标时刻总均值 F1 与 F2 为 360Hz 和 1167Hz，目标元音［i］的目标时刻总均值 F1 与 F2 为 355Hz 和 2067Hz。例如：kuitʂʰin［kuitʂʰʅn］"乞丐"（见图 2.244）一词中起首元音［u］的目标时刻 F1 为 376Hz、F2 为 1258Hz；目标元音［i］的目标时刻 F1 为 356Hz、F2 为 2284Hz。我们用复合元音［ui］的起首元音与目标元音共振峰绘制［u］到［i］的动程图（见图 2.245），展示从［u］到［i］的滑动过程。

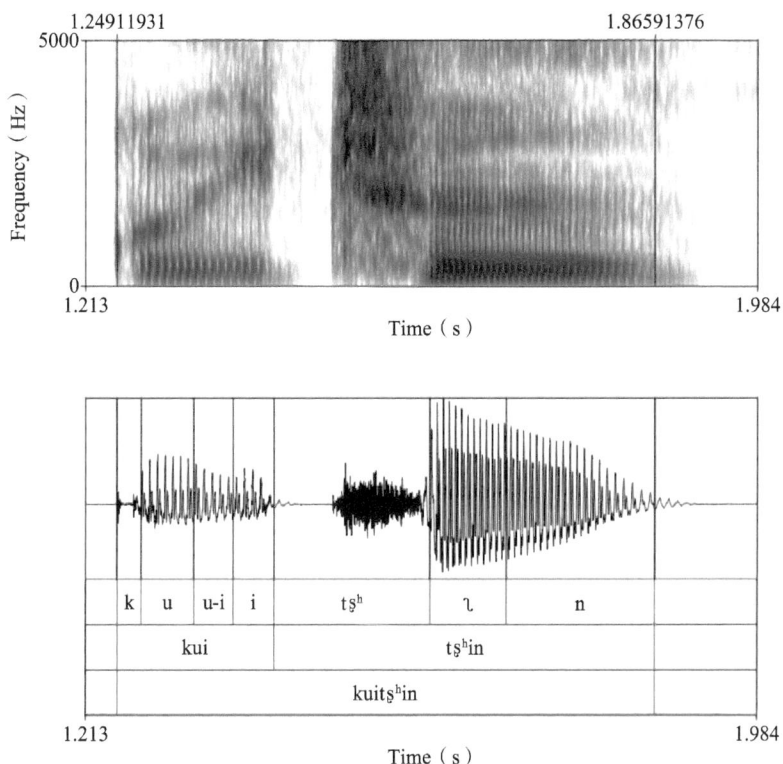

图 2.244 复合元音 ［ui］ 的三维语图和三层标注实例

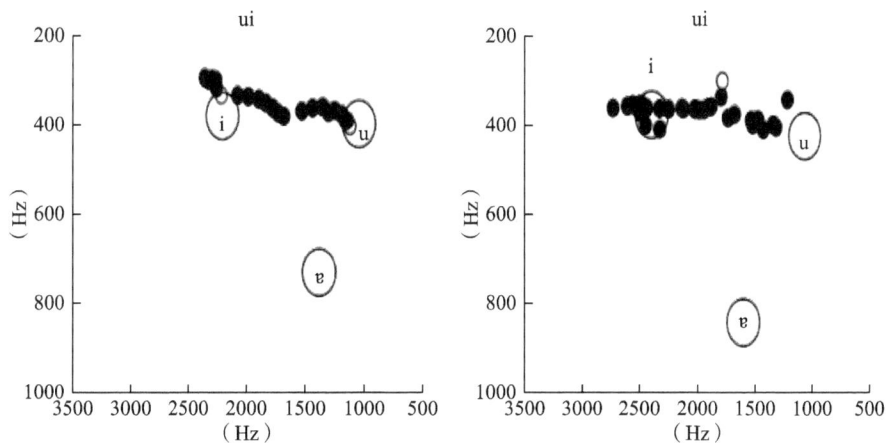

图 2.245 复合元音 ［ui］ 声学空间动态分布

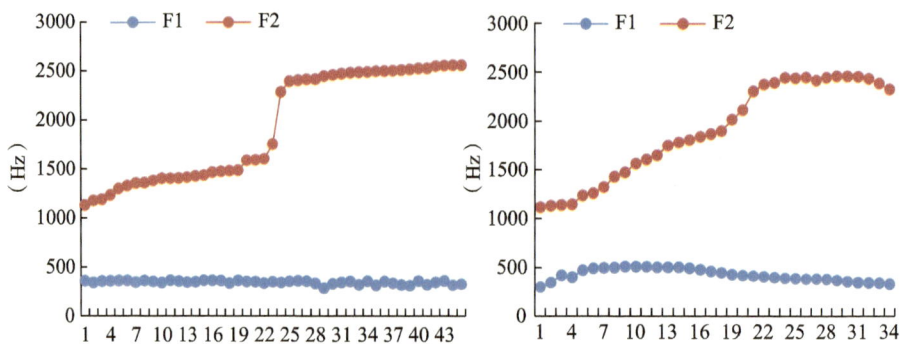

图 2.246 复合元音［ui］的 F1 与 F2 动态模式

2. 时长分析

图 2.247 为［ui］复合元音的前稳定段、过渡段和后稳定段分布模式图。表 2.174 为［ui］复合元音的前稳定段、过渡段和后稳定段时长比例表。

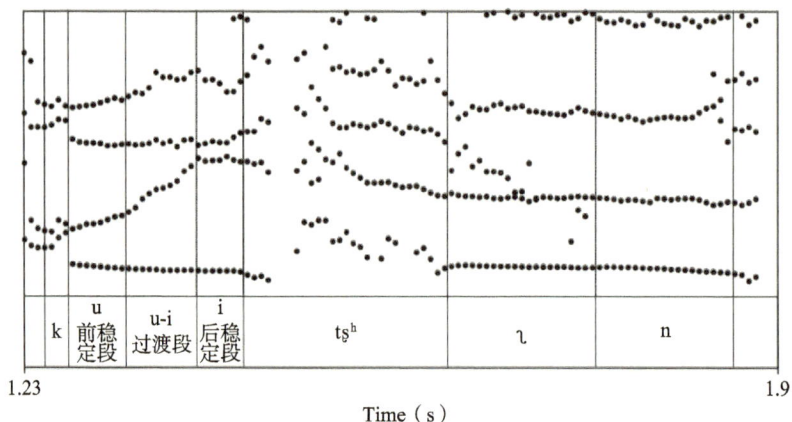

1.23   Time（s）   1.9

图 2.247 复合元音［ui］发音过程中的前稳定段、过渡段和后稳定段的分布模式

表 2.174 复合元音［ui］的前稳定段、过渡段和后稳定段时长比例

发音人	M			F		
复合元音	［ui］			［ui］		
三段	前稳定段	过渡段	后稳定段	前稳定段	过渡段	后稳定段
均值	44	41	42	96	76	59
变异系数	5%	7%	5%	5%	3%	3%
标准差	2	3	2	5	2	2
百分比	35%	32%	33%	42%	33%	26%

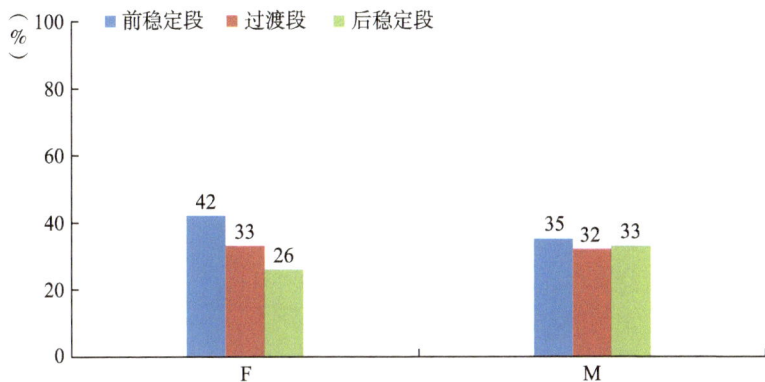

图 2.248　[ui] 复合元音的前稳定段、过渡段和后稳定段时长比例

从表 2.174 和图 2.248 可以看出复合元音 [ui] 的前稳定段为最长、过渡段为中、后稳定段为最短；复合元音 [ui] 前稳定段、过渡段、后稳定段的变异系数与标准差都非常稳定。

3. 音强分析

从我们创建的数据库来判断，复合元音 [ui] 的音强峰值落在起首元音上（除单音节词外，单音节词中起首元音与目标元音的音强值为持平）。表 2.175 为复合元音 [ui] 的音强值统计表。

表 2.175　复合元音 [ui] 的音强峰值统计

发音人	M		F	
复合元音	[ui]		[ui]	
	u	i	u	i
均值	76	74	65	63
变异系数	3%	3%	6%	3%
标准差	2	2	4	2

从表 2.175 可以看出，男、女发音人复合元音 [ui] 的音强峰值落在起首元音上。复合元音 [ui] 音强峰值的变异系数与标准差都非常稳定。

从舌位的移动程度、复合元音发音动程三段、音强值来判断：复合元音 [ui] 为前响复合元音。

（五）［ʉi］

1. 共振峰分析

复合元音［ʉi］的男发音人起首元音［ʉ］的目标时刻总均值 F1 与 F2 为 345Hz 和 1501Hz，目标元音［i］的目标时刻总均值 F1 与 F2 为 334Hz 和 2098Hz。kʰuinɐ［kʰʉinɐ］"后面"（见图 2.249）一词中起首元音［ʉ］的目标时刻 F1 为 379Hz、F2 为 1437Hz；目标元音［i］的目标时刻 F1 为 350Hz、F2 为 2011Hz。复合元音［ʉi］的声学空间动态分布图请见图 2.250。

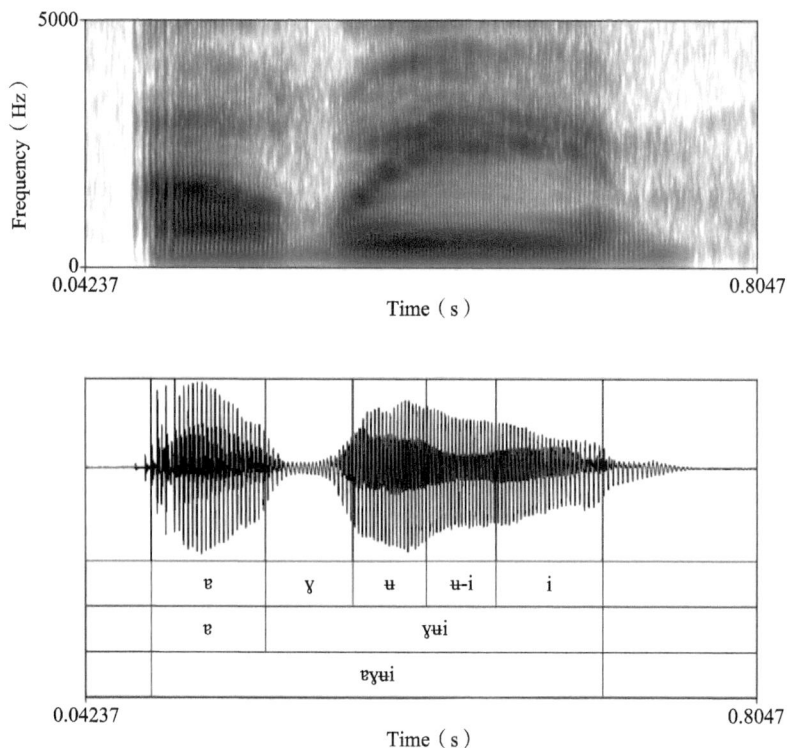

图 2.249　复合元音［ʉi］的三维语图和三层标注实例

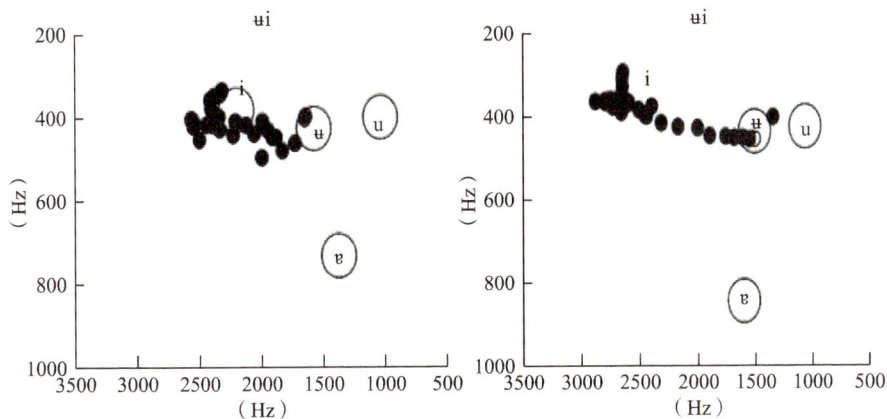

图 2.250　复合元音 [ʉi] 发音动程

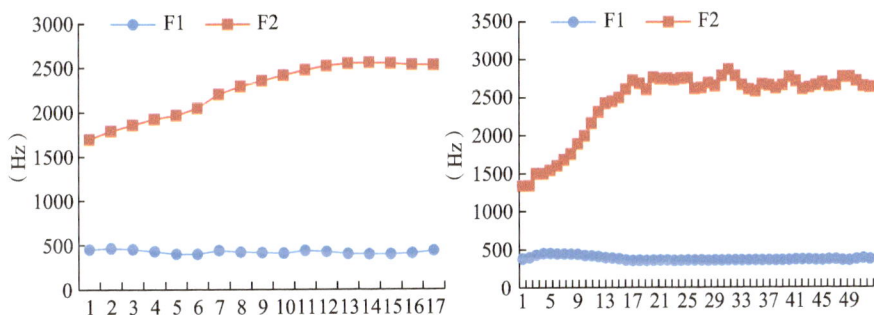

图 2.251　复合元音 [ʉi] 的 F1 与 F2 动态模式（M&F）

　　复合元音 [ʉi] 的 F1 的斜率为 2.40、F2 的斜率为 57.72；从图 2.251 可以看出，该复合元音的斜率很大。

2. 时长分析

　　表 2.176 为 [ʉi] 复合元音的前稳定段、过渡段和后稳定段时长比例表。图 2.253 为 [ʉi] 复合元音的前稳定段、过渡段和后稳定段时长比例图。

　　从表 2.176 和图 2.253 可以看出复合元音 [ʉi] 的前稳定段为最长、后稳定段为中、过渡段为最短。复合元音 [ʉi] 前稳定段、过渡段、后稳定段的变异系数与标准差都非常稳定。

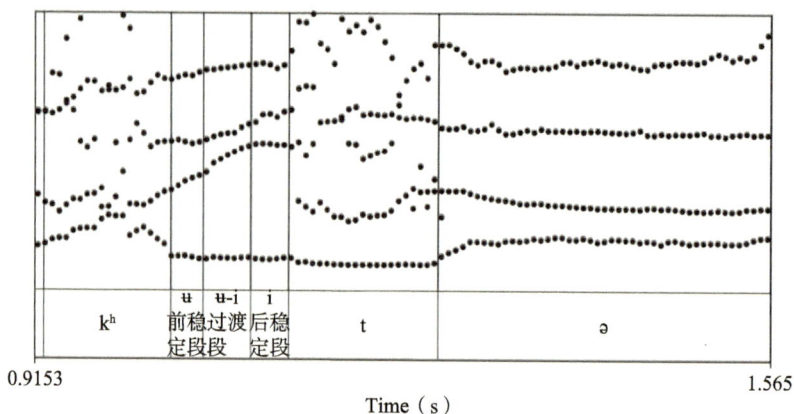

图 2.252 复合元音 [ʉi] 发音过程中的前稳定段、过渡段和后稳定段的模式

表 2.176 [ʉi] 复合元音的前稳定段、过渡段和后稳定段时长比例

发音人	M			F		
复合元音	[ʉi]			[ʉi]		
三段	前稳定段	过渡段	后稳定段	前稳定段	过渡段	后稳定段
均值	36	31	33	88	67	61
变异系数	8%	6%	6%	3%	6%	5%
标准差	3	2	2	3	4	3
百分比	36%	31%	33%	41%	31%	28%

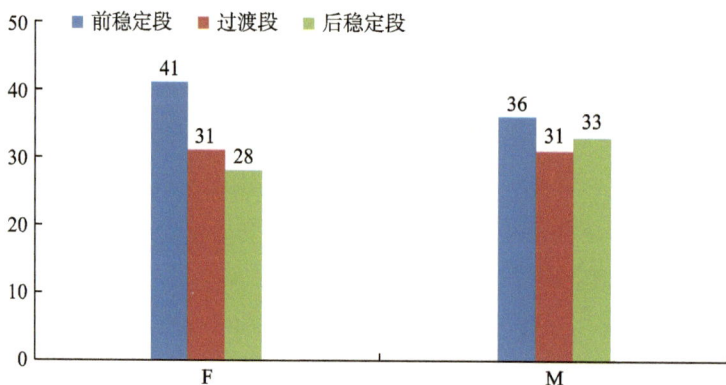

图 2.253 [ʉi] 复合元音的前稳定段、过渡段和后稳定段时长比例

3. 音强分析

从我们创建的数据库来判断,复合元音 [ʉi] 的音强峰值落在起首元音

上（除单音节词外，单音节词中起首元音与目标元音的音强峰值为持平）。表
2. 177 为复合元音［ʉi］的音强峰值统计表。

表 2. 177　复合元音［ʉi］的音强峰值统计

发音人	M		F	
复合元音	［ʉi］		［ʉi］	
	ʉ	i	ʉ	i
均值	69	67	63	61
变异系数	4%	6%	3%	3%
标准差	3	4	2	2

从表 2. 177 看出，男、女发音人复合元音［ʉi］的音强峰值落在起首元
音上。复合元音［ʉi］音强峰值的变异系数与标准差都非常稳定。

从舌位的移动程度、复合元音发音动程三段、音强峰值来判断：复合
元音［ʉi］为前响复合元音。

（六）［uɐ］

1. 共振峰分析

复合元音［uɐ］的男发音人起首元音［u］的目标时刻总均值 F1 与 F2
为 535Hz 和 1120Hz，目标元音［ɐ］的目标时刻总均值 F1 与 F2 为 740Hz
和 1295Hz。例如：男发音人 kuɐtə［kuɐtə］"第二"（见图 2. 254）中起首
元音［u］的目标时刻 F1 为 590Hz、F2 为 1013Hz；目标元音［ɐ］的目标
时刻 F1 为 720Hz、F2 为 1291Hz。我们用复合元音［uɐ］的起首元音与目标
元音共振峰绘制［u］到［ɐ］的动程图（见图 2. 255），展示从［u］到［ɐ］
的滑动过程。

复合元音［uɐ］的 F1 的斜率为 12. 26、F2 的斜率为 23. 25。从图 2. 256
中可以看出，该复合元音的斜率很大。

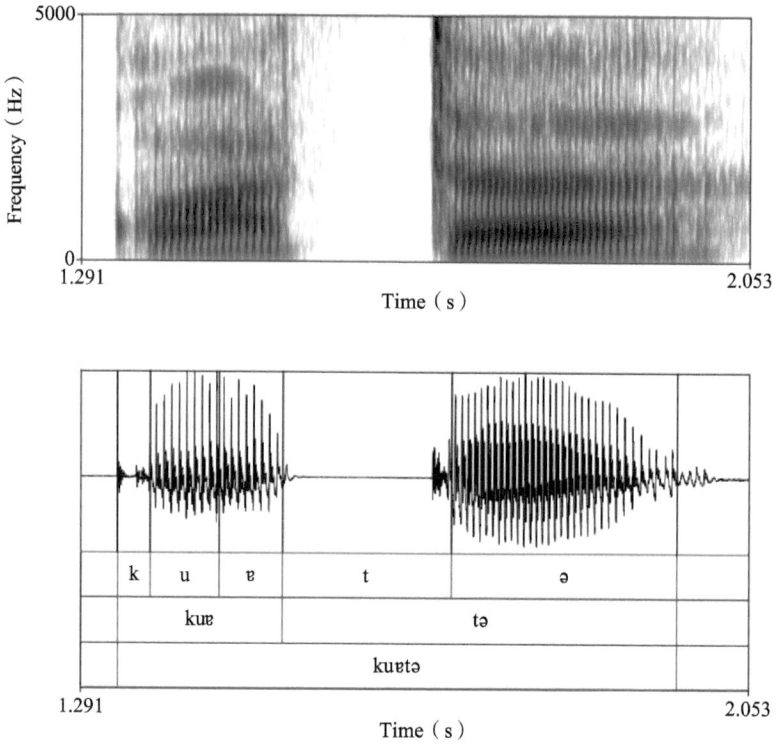

图 2.254　复合元音 [uɐ] 的三维语图和三层标注实例

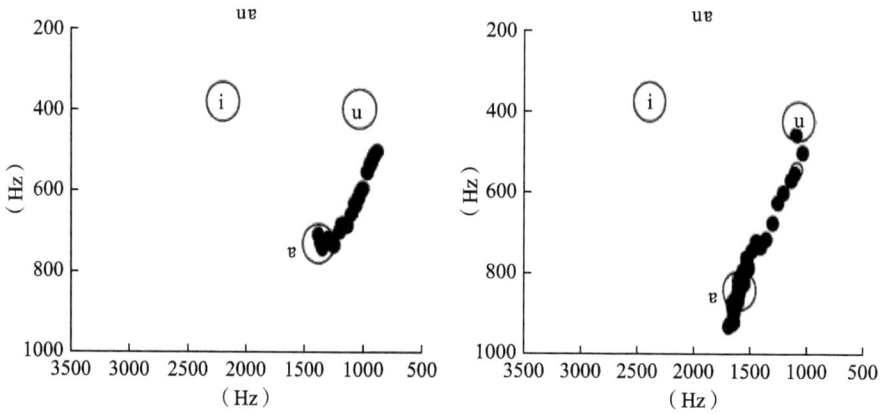

图 2.255　复合元音 [uɐ] 声学空间动态分布

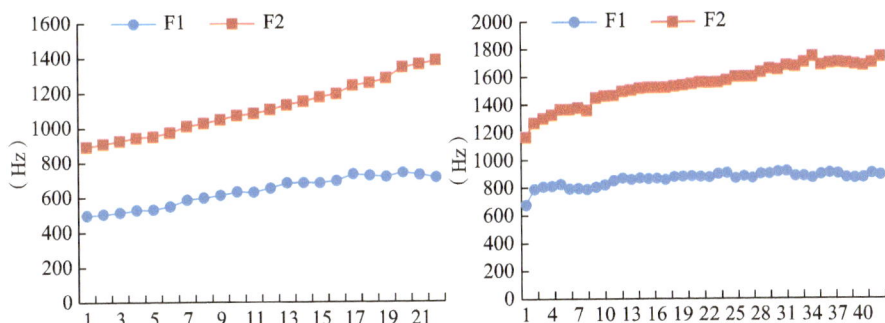

图 2.256 复合元音 [uɐ] 的 F1 与 F2 动态模式

2. 时长分析

表 2.178 为 [uɐ] 复合元音的前稳定段、过渡段和后稳定段时长统计表。图 2.257 为 [uɐ] 复合元音的前稳定段、过渡段和后稳定段共振峰动态模式图。

表 2.178 [uɐ] 复合元音的前稳定段、过渡段和后稳定段时长统计

发音人	M			F		
复合元音	[uɐ]			[uɐ]		
三段	前稳定段	过渡段	后稳定段	前稳定段	过渡段	后稳定段
均值	58	31	63	86	76	113
变异系数	5%	6%	5%	5%	5%	4%
标准差	3	2	3	4	4	5
百分比	38%	20%	41%	31%	28%	41%

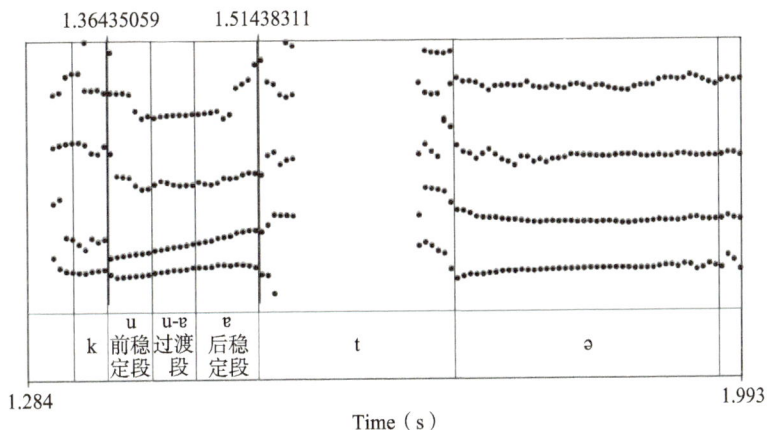

图 2.257 复合元音 [uɐ] 发音过程中的前稳定段、过渡段和后稳定段共振峰动态模式

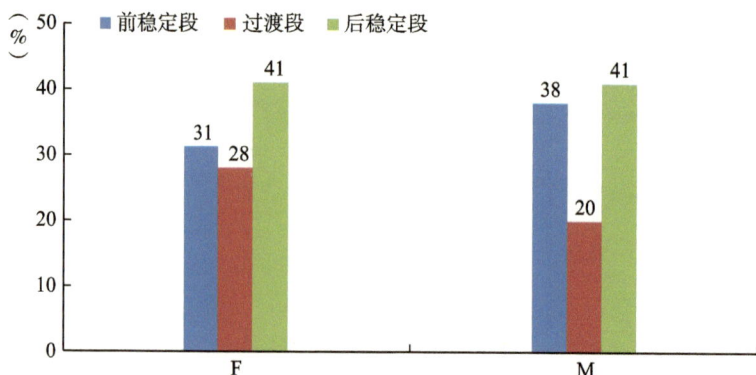

图 2.258　［uɐ］复合元音的前稳定段、过渡段和后稳定段时长比例

从表 2.178 和图 2.258 中可以看出，女发音人（F）复合元音［uɐ］的前稳定段为最短、过渡段为中、后稳定段为最短；男发音人（M）复合元音［uɐ］的前稳定段为最短、过渡段为中、后稳定段为最长。复合元音［uɐ］前稳定段、过渡段、后稳定段的变异系数与标准差都非常稳定。

3. 音强分析

从我们创建的数据库显示，［uɐ］复合元音音强峰值在男发音人中出现持平的现象。但在女发音人中音强峰值起首元音强于目标元音。表 2.179 为复合元音［uɐ］的音强峰值统计表。

表 2.179　复合元音［uɐ］的音强峰值统计

发音人	M		F	
复合元音	［uɐ］		［uɐ］	
	u	ɐ	u	ɐ
均值	72	72	60	57
变异系数	3%	4%	5%	5%
标准差	2	3	3	3

从舌位的移动程度、复合元音发音动程三段、音强峰值来判断：复合元音［uɐ］为后响复合元音。

（七）［əu］

1. 共振峰分析

复合元音［əu］的男发音人起首元音［ə］的目标时刻总均值 F1 与 F2

为 489Hz 和 1420Hz，目标元音 ［u］的目标时刻总均值 F1 与 F2 为 501Hz 和 1879Hz。例如：男发音人（M）ʙɾəu ［ʙɾəu］"背篓"（见图 2.259）中起首元音 ［ə］的目标时刻 F1 为 480Hz、F2 为 1413Hz；目标元音 ［u］的目标时刻 F1 为 432Hz、F2 为 1188Hz。复合元音 ［ue］的女发音人起首元音 ［ə］的目标时刻总均值 F1 与 F2 为 509Hz 和 1907Hz，目标元音 ［u］的目标时刻总均值 F1 与 F2 为 463Hz 和 1130Hz。例如：女发音人（F）ʙɾəu ［ʙɾəu］"背篓"中起首元音 ［ʙ］的目标时刻 F1 为 450Hz、F2 为 1869Hz；目标元音 ［u］的目标时刻 F1 为 421Hz、F2 为 1145Hz。我们用复合元音 ［əu］的起首元音与目标元音共振峰绘制 ［ə］到 ［u］的动程图（见图 2.260），展示了从 ［ə］到 ［u］的滑动过程。

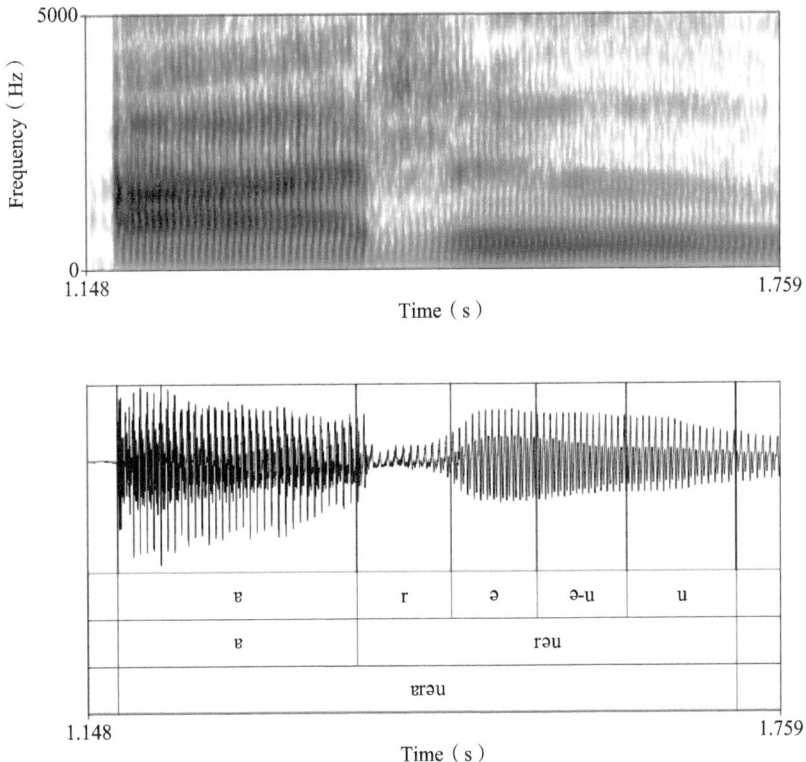

图 2.259　复合元音 ［əu］的三维语图和三层标注实例

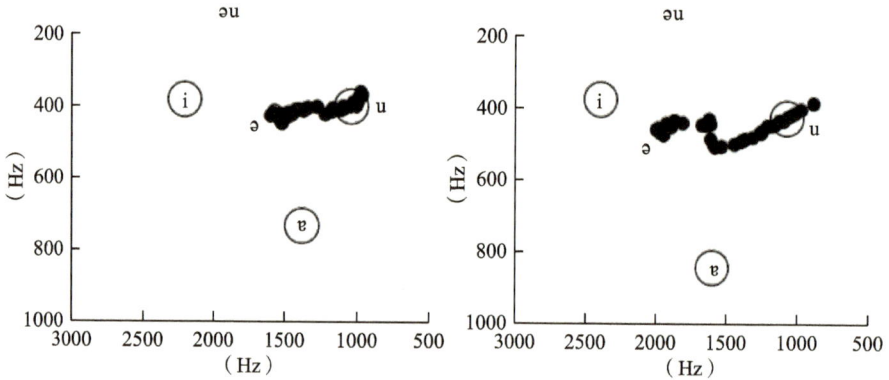

图 2.260 复合元音［əu］声学空间动态分布

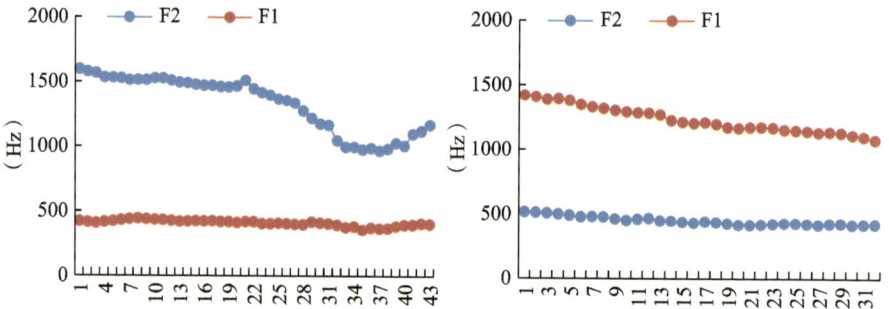

图 2.261 复合元音［əu］的 F1 与 F2 动态模式

从图 2.261 来看，男发音人（M）［əu］元音的 F1 的斜率基本上没有变化，F2 的斜率比较大，F2 的斜率为-16.8、F1 的斜率为 1.5；女发音人（F）复合元音［əu］的 F1 的斜率为-14.9、F1 的斜率为 2.0。

2. 时长分析

表 2.180 为［əu］复合元音的前稳定段、过渡段和后稳定段时长比例。图 2.262 为［aɤ］复合元音的前稳定段、过渡段和后稳定段时长比例图。

表 2.180　［əu］复合元音的前稳定段、过渡段和后稳定段时长比例

发音人	M			F		
复合元音	［əu］			［əu］		
三段	前稳定段	过渡段	后稳定段	前稳定段	过渡段	后稳定段
均值	54	44	52	52	47	51
变异系数	6%	5%	4%	6%	9%	10%

续表

发音人	M			F		
复合元音	［əu］			［əu］		
三段	前稳定段	过渡段	后稳定段	前稳定段	过渡段	后稳定段
标准差	3	2	2	3	4	5
百分比	36%	29%	35%	35%	31%	34%

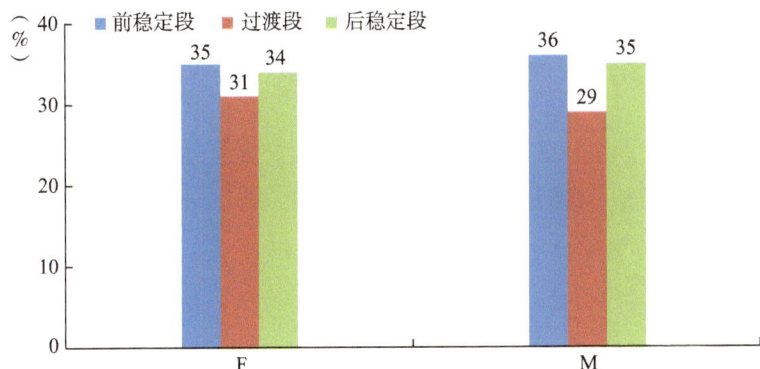

图 2.262　复合元音［əu］的前稳定段、过渡段和后稳定段时长比例

从表 2.180 和图 2.262 中可以看出，女发音人复合元音［əu］的前稳定段为最长、过渡段为最短、后稳定段为中；男发音人复合元音［əu］的前稳定段为最长、过渡段为最短、后稳定段为中。复合元音［əu］前稳定段、过渡段、后稳定段的变异系数与标准差都非常稳定。

3. 音强分析

从我们创建的数据库中的参数来判断，复合元音［əu］的音强峰值落在起首元音上。表 2.181 为复合元音［əu］的音强峰值统计表。

表 2.181　复合元音［əu］的音强峰值统计

发音人	M		F	
复合元音	［əu］		［əu］	
	ə	u	ə	u
均值	71	69	57	55
变异系数	6%	3%	4%	5%
标准差	4	2	2	3

从表 2.181 中可以看出，男、女发音人复合元音［əu］的音强峰值落在起首元音上。男发音人复合元音［əu］的起首元音音强为 71dB、目标元音音强为 69dB；女发音人复合元音［əu］的起首元音音强为 57dB、目标元音音强为 55dB。以上数据足以证明复合元音［əu］的音强峰值落在起首元音上。

从舌位的移动程度、复合元音发音动程三段、音强峰值来判断：复合元音［əu］为前响复合元音。

（八）［ou］

关于东乡语［ou］复合元音很多学者认为是复合元音［ɐu］。通过"统一平台"分析得出，我们认为该元音不是复合元音［ɐu］，初步判断是复合元音［ou］。例如：poutəi［poutei］"麦子"、sou［sou］"坐"。

1. 共振峰分析

复合元音［ou］的男发音人起首元音［o］的目标时刻总均值 F1 与 F2 为 421Hz 和 1021Hz，目标元音［u］的目标时刻总均值 F1 与 F2 为 413Hz 和 1019Hz。例如：男发音人 poutəi［poutei］"麦子"（见图 2.263）一词中起首元音［o］的 F1 为 393Hz、F2 为 976Hz；目标元音［u］的 F1 为 351Hz、

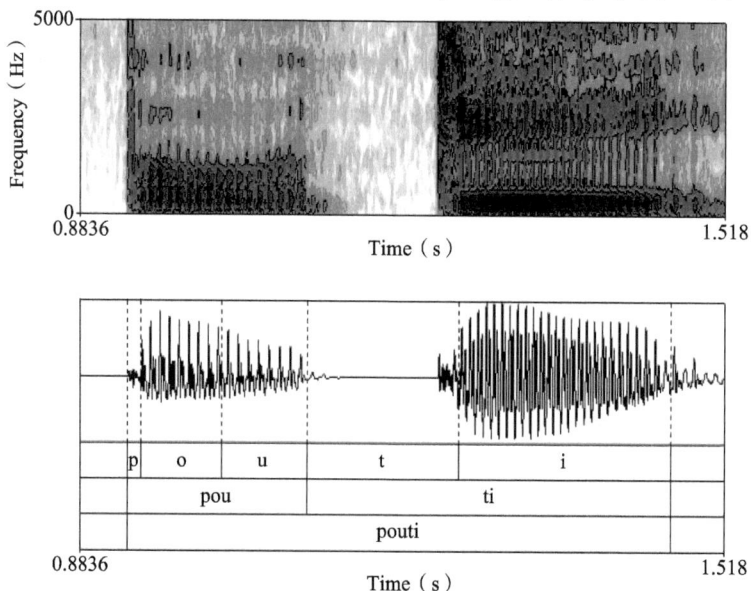

图 2.263　复合元音［ou］的三维语图和三层标注实例

F2 为 1015Hz。复合元音［ou］的女发音人起首元音［o］的目标时刻总均值 F1 与 F2 为 509Hz 和 1907Hz，目标元音［u］的目标时刻总均值 F1 与 F2 为 463Hz 和 1130Hz。例如：poutəi［poutei］"麦子"一词中起首元音［o］的 F1 为 410Hz、F2 为 1078Hz；目标元音［u］的 F1 为 378Hz、F2 为 980Hz。我们利用复合元音［ou］的起首元音与目标元音共振峰绘制从［o］到［u］的动程图（见图 2.264），展示从［o］到［u］的滑动过程。复合元音［ou］的斜率图（见图 2.265）。

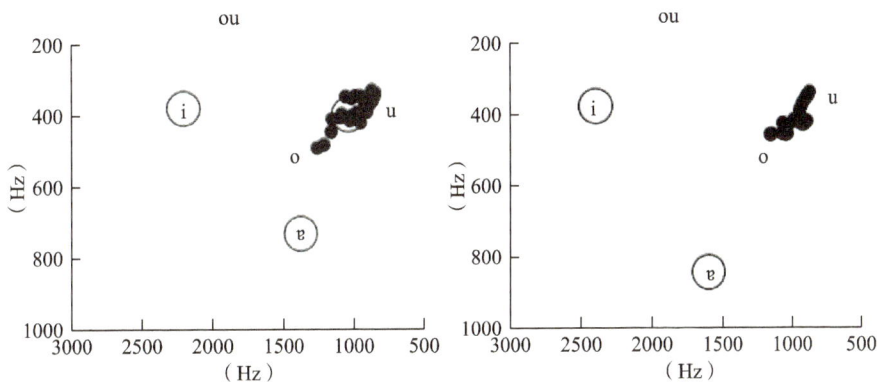

图 2.264 复合元音［ou］声学空间动态分布（M&F）

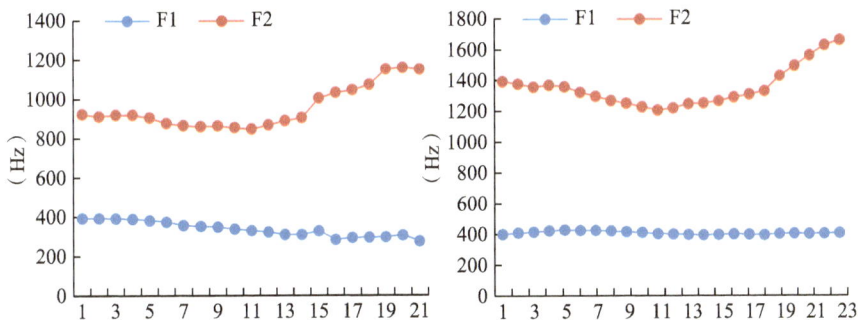

图 2.265 复合元音［ou］的 F1 与 F2 动态模式（M&F）

从图 2.265 中可以看，男、女发音人［ou］元音的 F1 与 F2 均在下降，但是下降的幅度很小，斜率幅度较小。男发音人 F1 的斜率为 -4.1、F2 的斜率为 -7.5；女发音人复合元音［ou］的 F1 的斜率为 -2.5、F1 的斜率为 -5.8。

2. 时长分析

表 2.182 为 [ʉɤ] 复合元音的前稳定段、过渡段和后稳定段时长比例表。图 2.266 为 [ʉɤ] 复合元音的前稳定段、过渡段和后稳定段时长比例图。

表 2.182　[ou] 复合元音的前稳定段、过渡段和后稳定段时长比例

发音人	M			F		
复合元音	[ou]			[ou]		
三段	前稳定段	过渡段	后稳定段	前稳定段	过渡段	后稳定段
均值	44	63	56	48	50	76
变异系数	5%	5%	6%	10%	6%	8%
标准差	2	3	4	5	3	6
百分比	27%	34%	39%	28%	29%	44%

从表 2.182 和图 2.266 中可以看出，女发音人复合元音 [ou] 的前稳定段为最短、过渡段为中、后稳定段为最长；男发音人复合元音 [ou] 的前稳定段为最短、过渡段为中、后稳定段为最长。复合元音 [ou] 前稳定段、过渡段、后稳定段的变异系数与标准差都非常稳定。

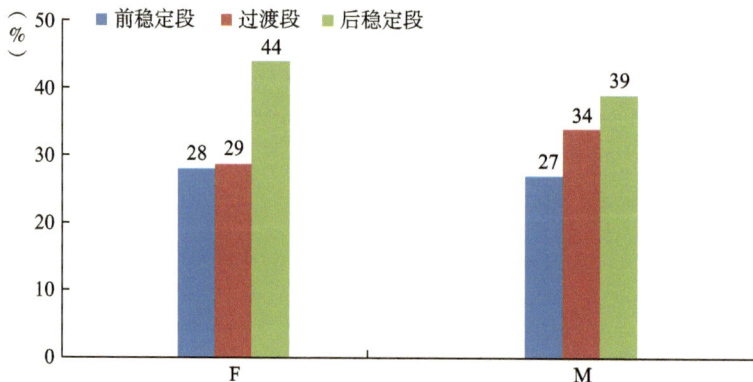

图 2.266　复合元音 [ou] 的前稳定段、过渡段和后稳定段时长比例（M&F）

3. 音强分析

从我们创建的数据库中的参数来判断，复合元音 [ou] 的音强峰值落在起首元音上（除单音节词外，单音节词中起首元音与目标元音的音强峰值为持平）。表 2.183 为复合元音 [ou] 的音强峰值统计表。

表 2.183　复合元音［ou］的音强峰值统计

发音人	M		F	
复合元音	［ou］		［ou］	
	o	u	o	u
均值	68	66	67	64
变异系数	4%	8%	9%	5%
标准差	3	2	4	3

从表 2.183 中可以看出，男、女发音人复合元音［ou］的音强峰值落在起首元音上。男发音人复合元音［ou］的起首元音音强为 68dB、目标元音音强为 66dB；女发音人复合元音［ou］的起首元音音强为 67dB、目标元音音强为 64dB。以上数据足以证明复合元音［ou］的音强峰值落在起首元音上。

从舌位的移动程度、复合元音发音动程三段、音强峰值来判断：复合元音［ou］为前响复合元音。

（九）［ɔi］

1. 共振峰分析

在"统一平台"中该元音只出现 4 次（女发音人中）。例如：kɔitʂɐ［kɔitʂɐ］"小沟"（见图 2.267）中起首元音［ɔ］的 F1 为 514Hz、F2 为 1103Hz；目标元音［i］的 F1 为 415Hz、F2 为 1915Hz。我们用复合元音［ɔi］的起首元音与目标元音共振峰绘制［ɔ］到［i］的动程图（详见图 2.268），展示从［ɔ］到［i］的滑动过程。复合元音［ɔi］的女发音人起首元音［ɔ］的目标时刻总均值 F1 与 F2 为 534Hz 和 1109Hz，目标元音［i］的目标时刻总均值 F1 与 F2 为 411Hz 和 1905Hz。图 2.269 为复合元音［ɔi］的斜率图。

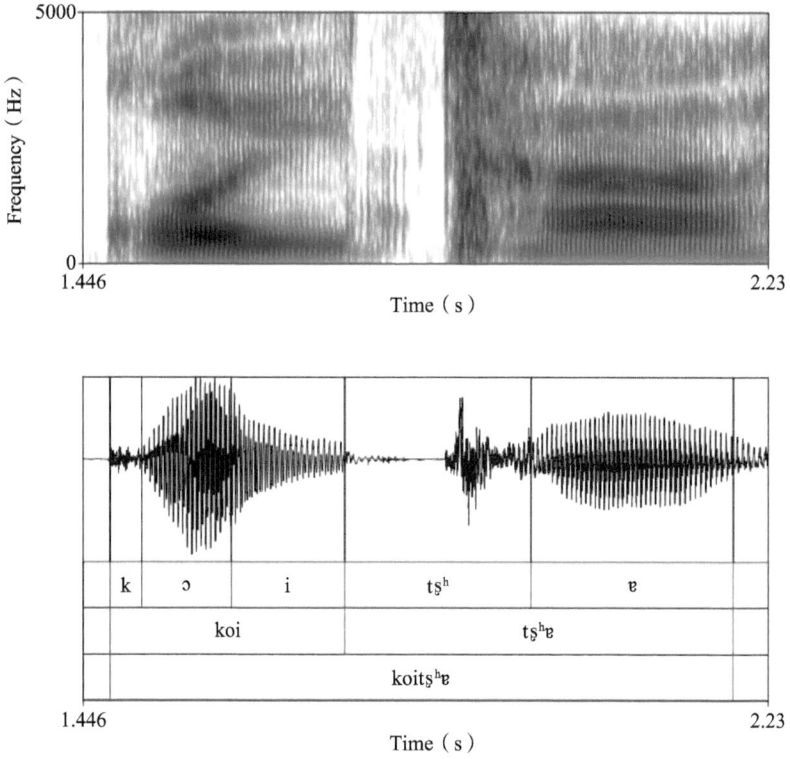

图 2.267　复合元音［ɔi］的三维语图和三层标注实例

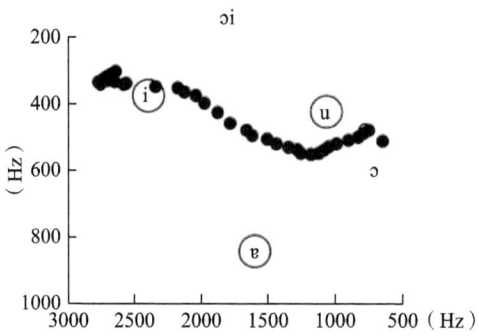

图 2.268　复合元音［ɔi］发音动程（F）

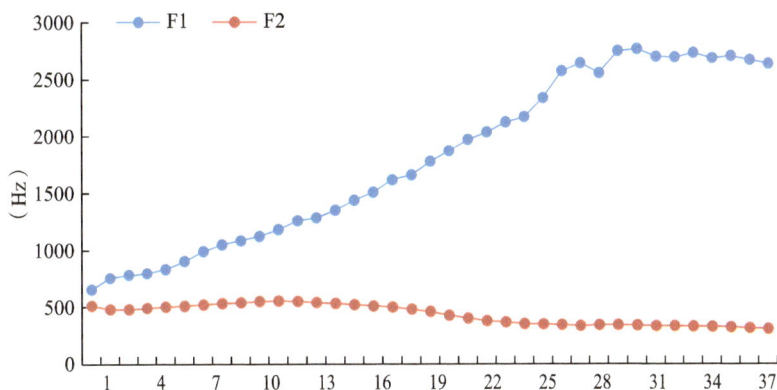

图 2.269 复合元音 [ɔi] 的 F1 与 F2 斜率（F）

从图 2.269 可以看出，女发音人 [ɔi] 元音的 F1 在下降，斜率为 - 11.3；F2 有明显的上升趋势，斜率为 66.6。

2. 时长分析

表 2.184 为 [ɔi] 复合元音的前稳定段、过渡段和后稳定段时长统计表。图 2.270 为 [ɔi] 复合元音的前稳定段、过渡段和后稳定段时长比例图。

表 2.184 [ɔi] 复合元音的前稳定段、过渡段和后稳定段时长比例

发音人	F		
复合元音	[ɔi]		
三段	前稳定段	过渡段	后稳定段
均值	79	78	73
变异系数	5%	6%	7%
标准差	4	5	5
百分比	35%	33%	32%

从表 2.184 和图 2.270 中可以看出，女发音人复合元音 [ɔi] 的前稳定段为最长、过渡段为中、后稳定段为最最短；复合元音 [ɔi] 前稳定段、过渡段、后稳定段的变异系数与标准差都非常稳定。

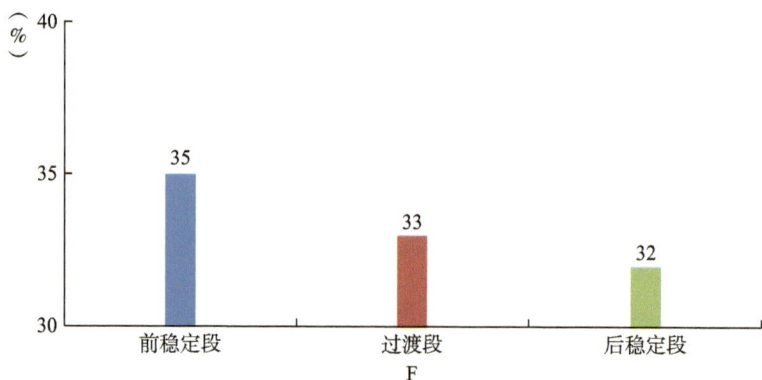

图 2.270　复合元音 ［ɔi］ 的前稳定段、过渡段和后稳定段时长比例

3. 音强分析

从我们创建的数据库中的参数来判断，复合元音 ［ɔi］ 的音强峰值落在起首元音上（除单音节词外，单音节词中起首元音与目标元音的音强峰值为持平）。

女发音人复合元音 ［ɔi］ 的起首元音音强为 69dB、目标元音音强为 67dB。以上数据可以证明复合元音 ［ɔi］ 的音强峰值落在起首元音上。

从舌位的移动程度、复合元音发音动程三段、音强峰值来判断：元音 ［ɔi］ 为前响复合元音。

（十）［iɐ］

1. 共振峰分析

该复合元音在"统一平台"中出现的频率不少。例如：男发音人 niɐkɐ ［niɐʝɐ］ "粘贴"（见图 2.271）中起首元音 ［i］ 的 F1 为 515Hz、F2 为 1803Hz；目标元音 ［ɐ］ 的 F1 为 669Hz、F2 为 1342Hz。女发音人 miɐkɐ ［miɐʝɐ］ "肉"中起首元音 ［i］ 的 F1 为 554Hz、F2 为 1994Hz；目标元音 ［ɐ］ 的 F1 为 804Hz、F2 为 1476Hz。复合元音 ［iɐ］ 的男发音人起首元音 ［o］ 的目标时刻总均值 F1 与 F2 为 500Hz 和 1889Hz，目标元音 ［ɐ］ 的目标时刻总均值 F1 与 F2 为 688Hz 和 1331Hz。复合元音 ［iɐ］ 的女发音人起首元音 ［i］ 的目标时刻总均值 F1 与 F2 为 499Hz 和 1913Hz，目标元音 ɐ 的目标时刻总均值 F1 与 F2 为 811Hz 和 1503Hz。我们用复合元音 ［iɐ］ 的起首元音与目标元音共振峰绘制从 ［i］ 到 ［ɐ］ 的动程图（详见图 2.272），展示从 ［i］

到 ［ɐ］的滑动过程。图 2.272 为复合元音 ［iɐ］ 的动态分布模式图。

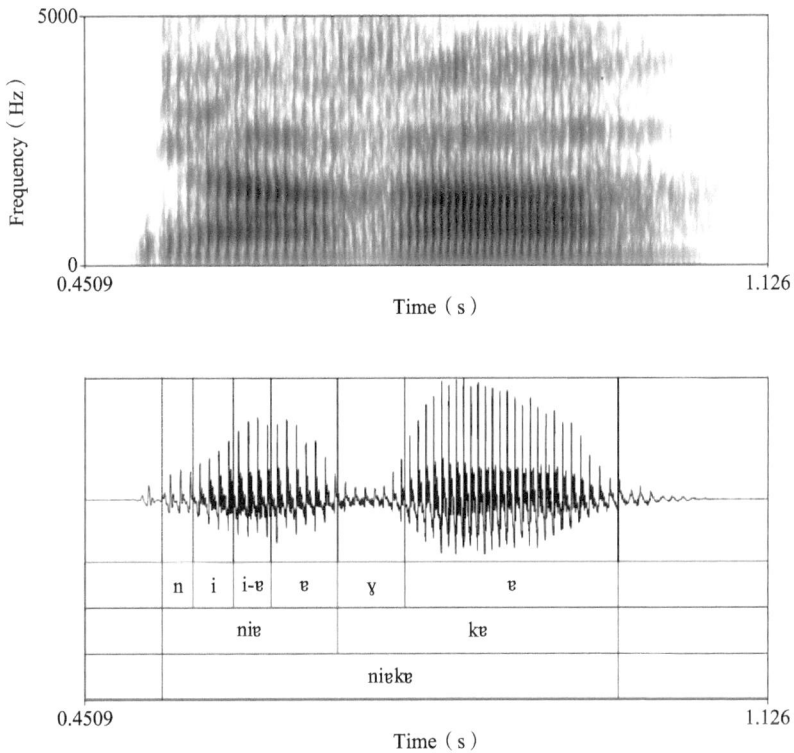

图 2.271　复合元音 ［iɐ］ 的三维语图和三层标注实例

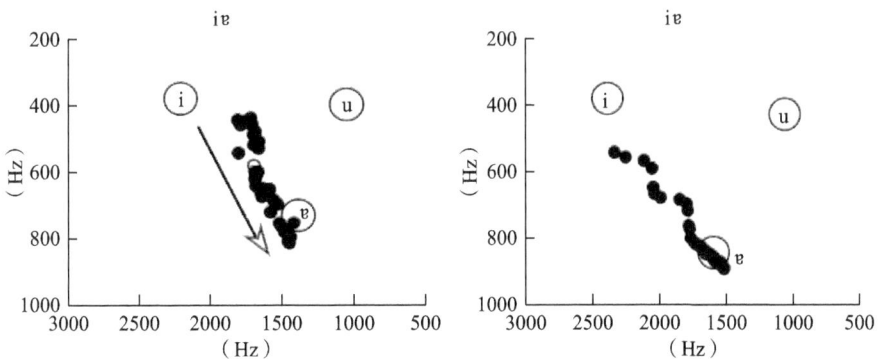

图 2.272　复合元音 ［iɐ］ 声学空间动态分布模式 （M&F）

从图 2.273 中可以看出，［iɐ］ 复合元音男发音人的 F1 有明显的上升现象，斜率为 11.7、F2 也有明显的下降现象，斜率为 -10.6；女发音人 F1 的斜率为-12.8、F2 的斜率为 6.2。

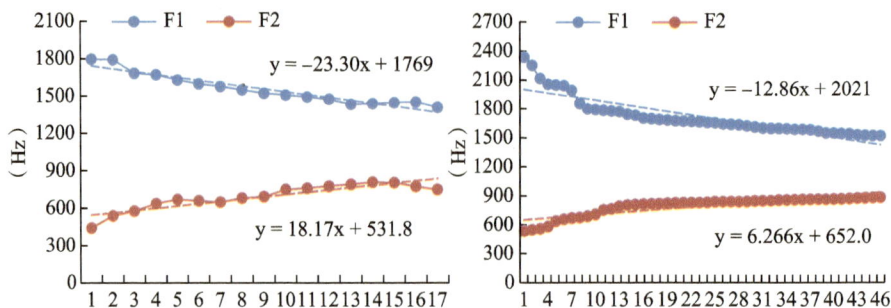

图 2.273 复合元音［iɤ］的 F1 与 F2 斜率（M&F）

2. 时长分析

图 2.274 为复合元音［iɤ］前稳定段、过渡段、后稳定段共振峰模式图，表 2.185 为［iɤ］复合元音的前稳定段、过渡段和后稳定段时长统计表。图 2.275 为［iɤ］复合元音的前稳定段、过渡段和后稳定段时长比例图。

从表 2.185 和图 2.275 中可以看出，男、女发音人复合元音［iɤ］的前稳定段为最短、过渡段为中、后稳定段为最长；复合元音［iɤ］前稳定段、过渡段、后稳定段的变异系数与标准差都非常稳定。

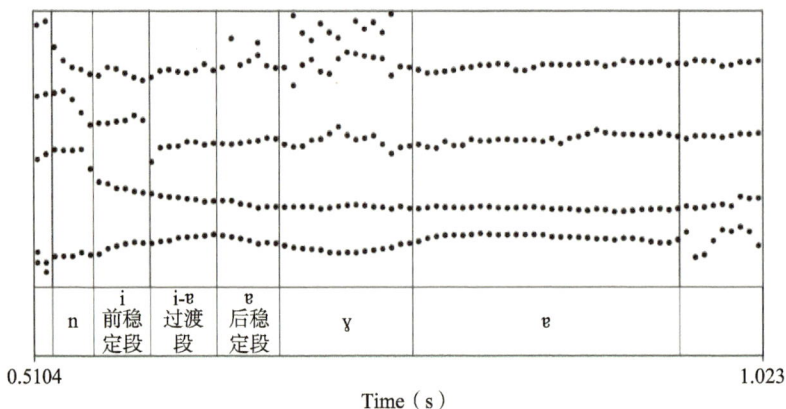

图 2.274 复合元音［iɤ］发音过程中的前稳定段、过渡段和后稳定段共振峰模式

表 2.185　[iɐ] 复合元音的前稳定段、过渡段和后稳定段时长比例

单位：ms

发音人	M			F		
复合元音	[iɐ]			[iɐ]		
三段	前稳定段	过渡段	后稳定段	前稳定段	过渡段	后稳定段
均值	39	42	61	83	93	136
变异系数	8%	10%	7%	6%	4%	4%
标准差	3	4	4	5	4	6
百分比	27%	30%	43%	27%	30%	44%

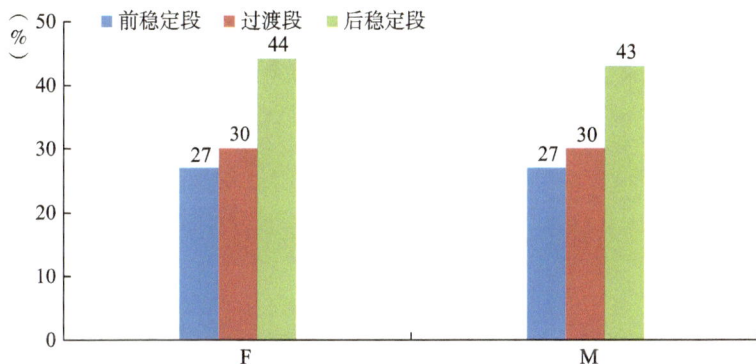

图 2.275　复合元音 [iɐ] 的前稳定段、过渡段和后稳定段时长比例

3. 音强分析

从我们创建的数据库中的参数来判断，复合元音 [iɐ] 的音强峰值落在目标元音上。起首元音与目标元音的音强相同。表 2.186 为复合元音 [iɐ] 的音强峰值统计表。

表 2.186　为复合元音 [iɐ] 的音强峰值统计

发音人	M		F	
复合元音	[iɐ]		[iɐ]	
	i	ɐ	i	ɐ
均值	69	69	67	67
变异系数	4%	3%	6%	4%
标准差	3	2	4	3

从表 2.186 中可以看出，男、女发音人复合元音 ［iɐ］的音强峰值落在起首元音上。男发音人复合元音 ［iɐ］的起首元音音强为 69dB、目标元音音强为 69dB；女发音人复合元音 ［iɐ］的起首元音音强为 67dB、目标元音音强为 67dB。该复合元音音强峰值落在过渡段，男发音人音强为 71dB、女发音人音强为 68dB。

从舌位的移动程度、复合元音发音动程三段、音强值来判断：复合元音 ［iɐ］为后响复合元音。

（十一）［iə］

1. 共振峰分析

复合元音 ［iə］在"统一平台"中出现次数最多。例如：男发音人 əliə ［əliə］"破损"（见图 2.276）中起首元音 ［i］的目标时刻 F1 为 558Hz、F2 为 1740Hz；目标元音 ［ə］的目标时刻 F1 为 639Hz、F2 为 1536Hz。复合元

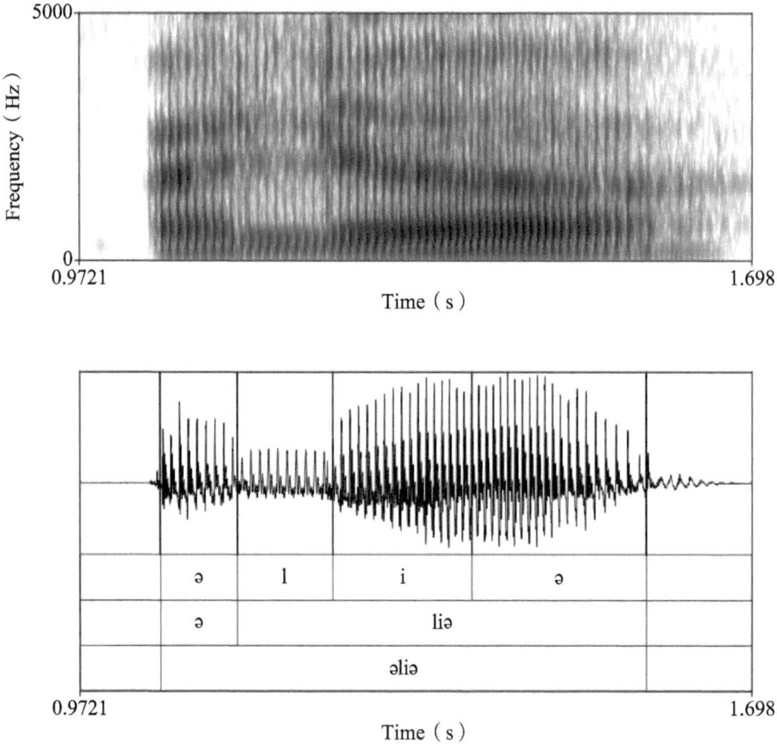

图 2.276　复合元音 ［iə］的三维语图和三层标注实例

音［iə］的男发音人起首元音［i］的目标时刻总均值 F1 与 F2 为 551Hz 和 1853Hz，目标元音［ə］的目标时刻总均值 F1 与 F2 为 578Hz 和 1499Hz。我们用复合元音［iə］的起首元音与目标元音共振峰绘制从［i］到［ə］的声学空间动态分布图（见图 2.277），展示从［i］到［ə］的滑动过程。图 2.278 为复合元音［iə］的动态模式图。

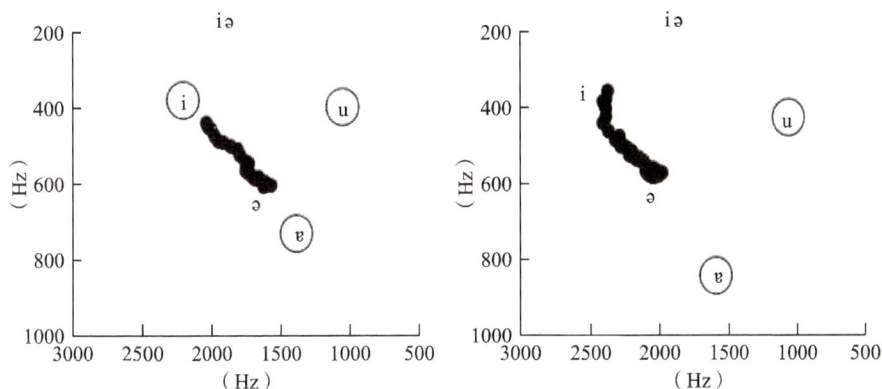

图 2.277　复合元音［iə］声学空间动态分布（M&F）

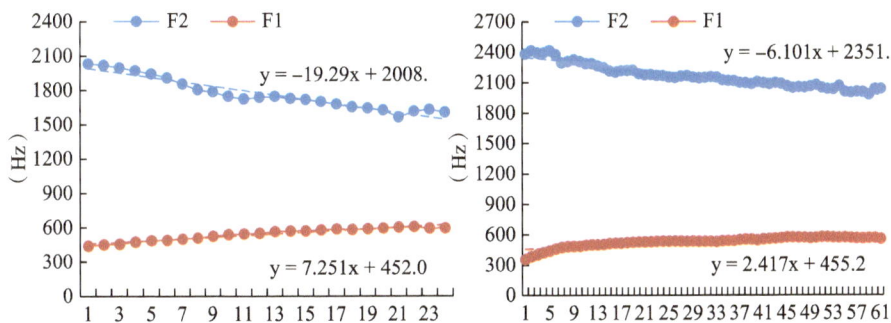

图 2.278　复合元音［iə］的 F1 与 F2 动态模式（M&F）

从图 2.278 中可以看出，男发音人［iə］元音的 F1 有一定程度上升现象，斜率为 7.25、F2 有明显的下降现象，斜率为-19.294；女发音人［iə］的 F1 也有一定程度的上升，斜率为 2，417、F2 的下降幅度较大，斜率为-6.101。

2. 时长分析

图 2.279 为复合元音［iə］前稳定段、过渡段、后稳定段共振峰模式图；表 2.187 为［iə］复合元音的前稳定段、过渡段和后稳定段时长比例表，

图 2.280 为 [iə] 复合元音的前稳定段、过渡段和后稳定段时长比例图。

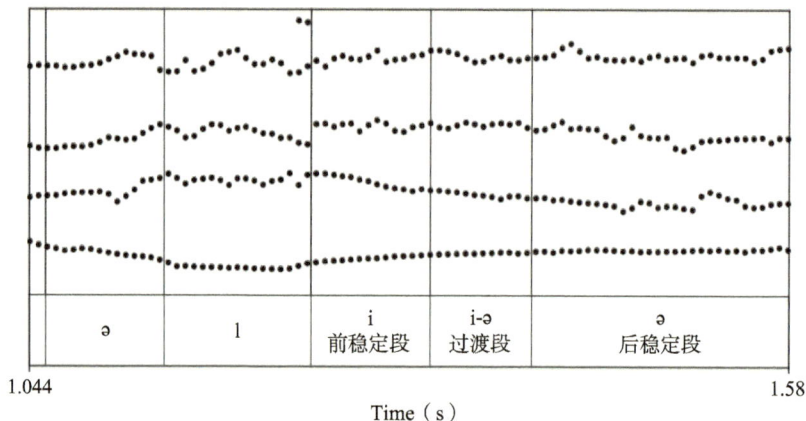

图 2.279　复合元音 [iə] 发音过程中的前稳定段、过渡段和后稳定段共振峰模式

表 2.187　复合元音 [iə] 的前稳定段、过渡段和后稳定段时长比例

复合元音 参数	M			F		
	前稳定段	过渡段	后稳定段	前稳定段	过渡段	后稳定段
均值	81	68	84	36	44	86
变异系数	5%	7%	5%	4%	8%	5%
标准差	4	5	4	4	5	5
百分比	35%	29%	36%	33%	28%	39%

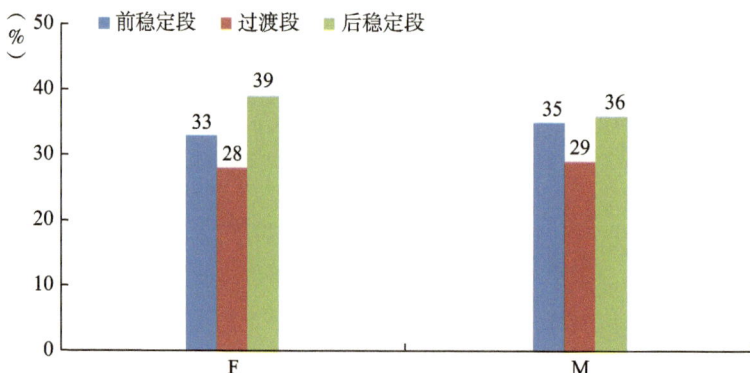

图 2.280　复合元音 [iə] 的前稳定段、过渡段和后稳定段时长比例

从表 2.187 和图 2.280 可以看出，复合元音 [iə] 的前稳定段为中、过渡段为最短、后稳定段为最长；复合元音 [iə] 前稳定段、过渡段、后稳定

段的变异系数与标准差都非常稳定。

3. 音强分析

从我们创建的数据库中的参数来判断，复合元音［iə］的音强峰值落在目标元音上。复合元音［iə］的音强峰值落在目标元音上，起首元音音强相比目标元音音强相对较弱。表 2.188 为复合元音［iə］的音强峰值统计表。

表 2.188 为复合元音［iə］的音强峰值统计

发音人	M		F	
复合元音	［iə］		［iə］	
	i	ə	i	ə
均值	73	74	61	64
变异系数	7%	5%	5%	3%
标准差	5	4	3	2

从表 2.188 中可以看出，男发音人复合元音［iə］的音强峰值落在目标元音上。女发音人复合元音［əi］的起首元音音强为 61dB、目标元音音强为 64dB。

从舌位的移动程度、复合元音发音动程三段、音强值来判断：复合元音［iə］为后响复合元音。

（十二）［iu］

1. 共振峰分析

复合元音［iu］的男发音人起首元音［i］的目标时刻总均值 F1 与 F2 为 390Hz 和 1989Hz，目标元音［u］的目标时刻总均值 F1 与 F2 为 388Hz 和 1031Hz。例如：男发音人 niukɐ［niuɣɛ］"藏"（见图 2.281）中起首元音［i］的 F1 为 373Hz、F2 为 1843Hz；目标元音［u］的 F1 为 377Hz、F2 为 1097Hz。复合元音［iu］的女发音人起首元音［i］的目标时刻总均值 F1 与 F2 为 399Hz 和 1900Hz，目标元音［u］的目标时刻总均值 F1 与 F2 为 389Hz 和 1067Hz。例如：女发音人 niukɐ［niuɣɛ］"藏"中起首元音［i］的 F1 为 388Hz、F2 为 1883Hz；目标元音［u］的 F1 为 371Hz、F2 为 1053Hz。我们用复合元音［iu］的起首元音与目标元音共振峰绘制从［i］到［u］的动程图（图 2.282），展示从［i］到［u］的滑动过程。图 2.283

复合元音［iu］的动态模式图。

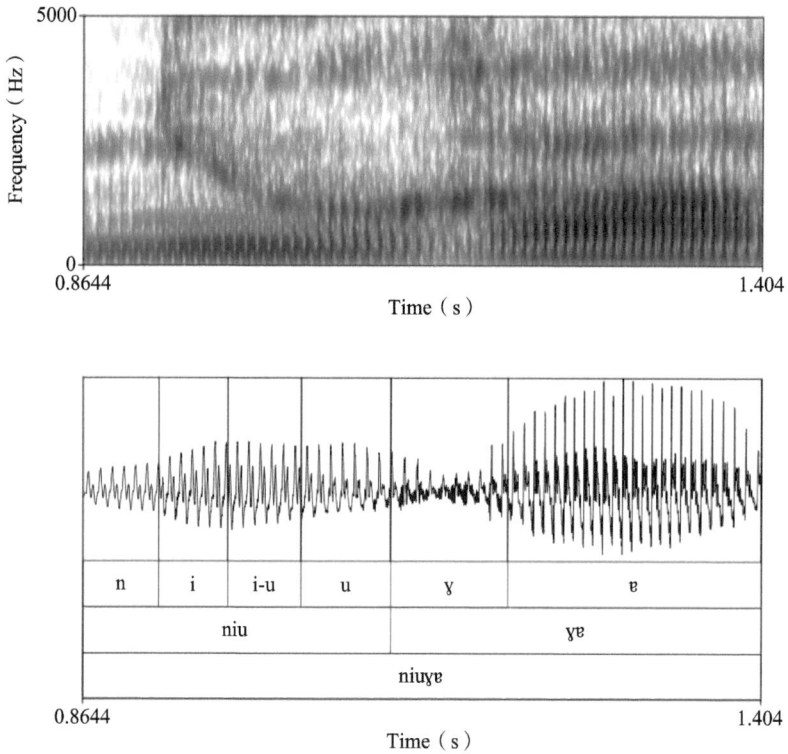

图 2.281　复合元音［iu］的三维语图和三层标注实例

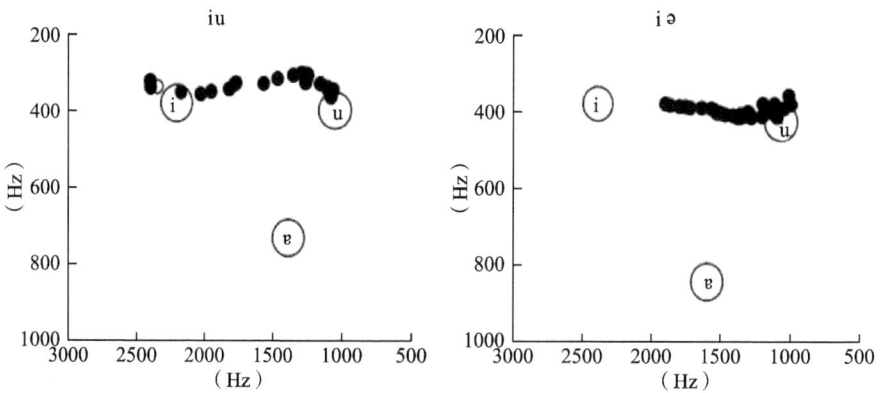

图 2.282　复合元音［iu］声学空间动态分布（M&F）

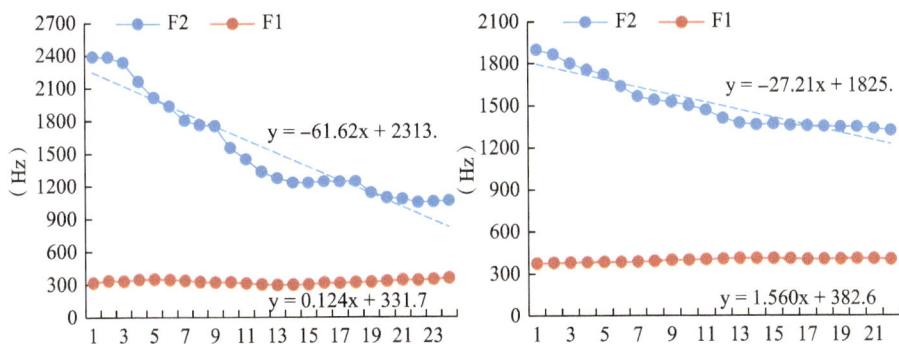

图 2.283　复合元音［iu］的 F1 与 F2 动态模式（M&F）

从图 2.283 两张图看，男发音人［iu］元音的 F1 的幅度基本上没有变化，斜率很小。F2 的幅度很大，有明显的下降现象，F2 的斜率为-61.62；女发音人复合元音［iu］的 F1 的幅度基本上没有变化，斜率较小。F2 的幅度很大，有明显的下降现象，F2 的斜率为-27.24。

2. 时长分析

表 2.189 为［iu］复合元音的前稳定段、过渡段和后稳定段时长比例表。图 2.283 为［iu］复合元音的前稳定段、过渡段和后稳定段时长比例图。

表 2.189　复合元音［iu］的前稳定段、过渡段和后稳定段时长比例

发音人	M			F		
复合元音	［iu］			［iu］		
三段	前稳定段	过渡段	后稳定段	前稳定段	过渡段	后稳定段
均值	58	46	66	76	61	141
变异系数	5%	4%	3%	5%	7%	2%
标准差	3	2	2	4	4	3
百分比	34%	27%	39%	27%	22%	51%

从表 2.189 和图 2.284 中可以看出，女发音人复合元音［iu］的前稳定段为最短、过渡段为中、后稳定段为最长；男发音人复合元音［iu］的前稳定段为最短、过渡段为中、后稳定段为最长。复合元音［iu］前稳定段、过渡段、后稳定段的变异系数与标准差都非常稳定。

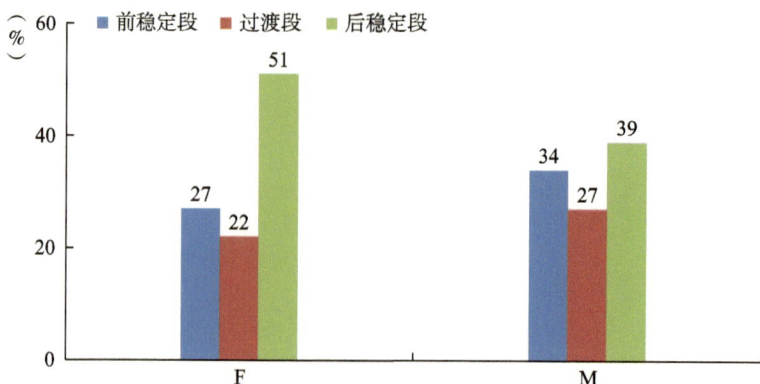

图 2.284　复合元音［iu］的前稳定段、过渡段和后稳定段时长比例

3. 音强分析

从我们创建的数据库中的参数来判断，复合元音［iu］的音强峰值落在后稳定段上（目标元音），起首元音与目标元音的音强相同。表 2.190 为复合元音［iu］的音强峰值统计表。

表 2.190　复合元音［iu］的前稳定段、过渡段和后稳定段时长比例

发音人	M		F	
复合元音	［iu］		［iu］	
	i	u	i	u
均值	69	69	63	63
变异系数	3%	4%	5%	5%
标准差	2	3	3	3

从表 2.190 看出，男、女发音人复合元音［iu］的音强峰值落在起首元音上。男发音人复合元音［iu］的起首元音音强为 69dB、目标元音音强为 69dB；女发音人复合元音［iu］的起首元音音强为 63dB、目标元音音强为 63dB。该复合元音音强峰值落在过渡段，男发音人音强为 70dB、女发音人音强为 65dB。

从舌位的移动程度、复合元音发音动程三段、音强值来判断：复合元音［iu］为后响复合元音。

六 弱化、清化元音

在"统一平台"中东乡语 [u] [i] 元音有弱化 [ŭ] [ĭ] 或清化 [ů] [i̥] 现象。该元音出现在词首音节位置清塞音与塞擦音、擦音之后,第二音节前置辅音为清塞音与塞擦音时出现弱化或清化现象。出现在词首音节位置清塞音与塞擦音、擦音 [f] 辅音之后,第二音节前置辅音为浊辅音时出现弱化现象 [ŭ] (见图 2.285)。该元音弱化时第一共振峰与第二共振峰参数有所升高,相比 [u] 元音舌位稍低、稍前。

东乡语 [u] 元音前置辅音为 [s],后置辅音为 [k] 时 [u] 元音呈现清化现象 (见图 2.286)。例如:sukiə [sůkiə] "斧头"。

前置辅音为 [f],后置辅音为 [n] 时 [u] 元音弱化现象。例如:funi [fŭkni] "烟雾"。

东乡语 [i] 元音前置辅音为 [s],后置辅音为 [t] 时有清化现象 (见图 2.287)。例如:sitɐsuŋ [si̥tɐsuŋ] "筋"。

东乡语 [i] 元音前置辅音为 [ʂ],后置辅音为 [t] 时有弱化现象 (见图 2.288)。例如:ʂituŋ [ʂĭtuŋ] "牙齿"。

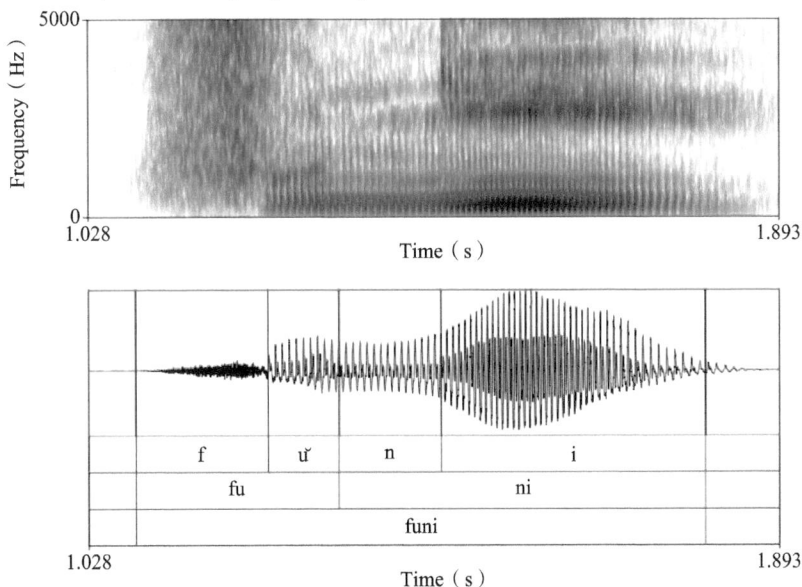

图 2.285 弱化 [ŭ] 元音三维语图和三层标注实例

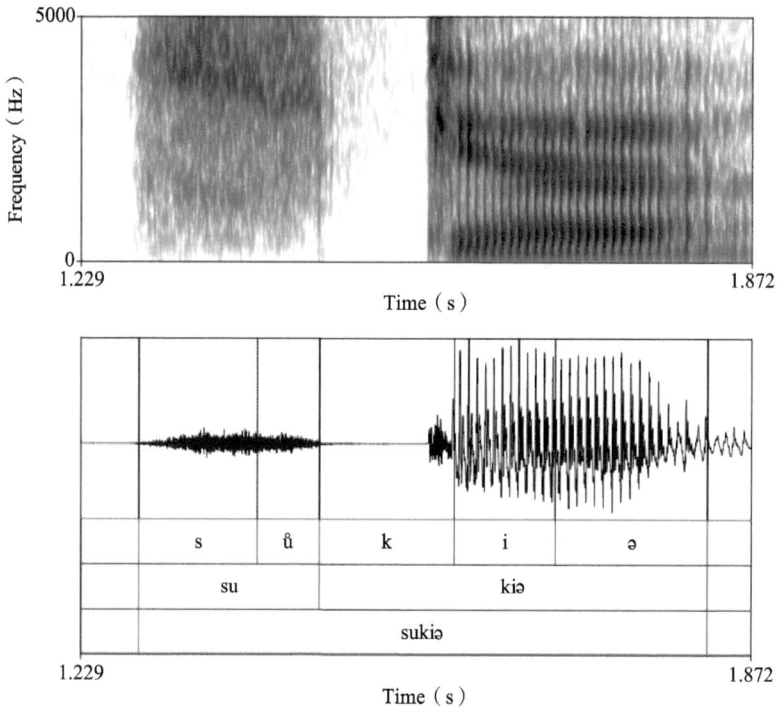

图 2.286　清化〔ů〕元音三维语图和三层标注实例

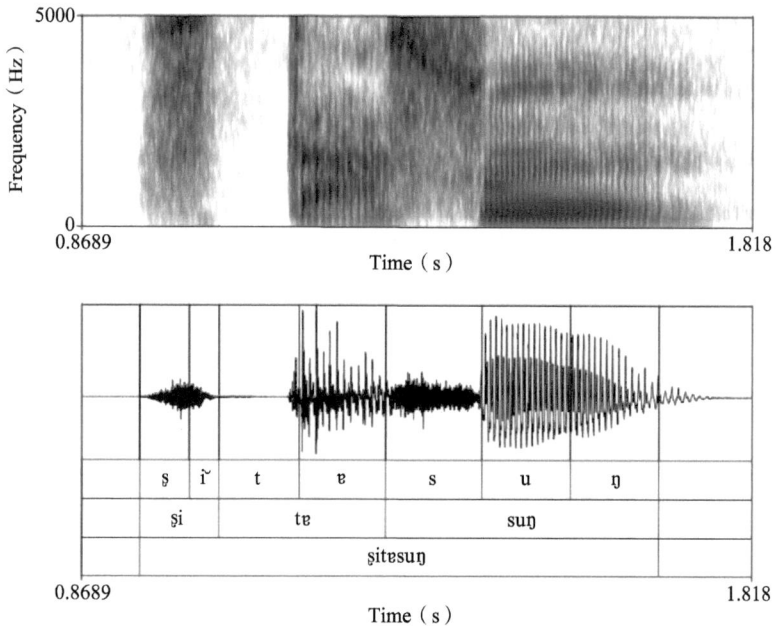

图 2.287　清化〔i̥〕元音三维语图和三层标注实例

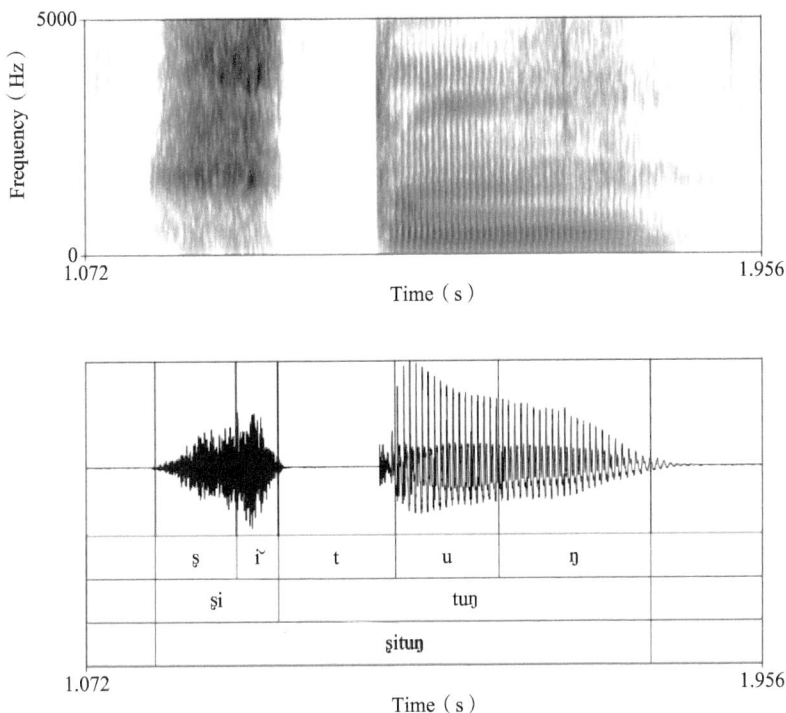

图 2.288　弱化 [ĭ] 元音三维语图和三层标注实例

七　元音和谐律问题

元音和谐是阿尔泰语系语言一个独有的特点，本节中我们将初步探讨东乡语元音和谐的基本情况。

关于东乡语元音和谐很多专家学者有不同的观点。清格尔泰（1978）认为："东乡语元音分为阳性元音 ɑ，阴性元音 ə，o，中性元音 i、u。阳阴性元音不能同时出现在一个单词中，中性元音可以出现在阳阴两种单词中。"那森柏认为："东乡语元音分为阳性元音 ɑ，o，阴性元音 ə，中性元音 i、u。"刘照雄（1981）认为："东乡语没有元音和谐。"

经过研究发现，东乡语元音和谐受到了严重破坏，但是还残存着阿尔泰语系语言独有的元音和谐特征。东乡语最主要的和谐为阴阳和谐。东乡语元音可分为阳性元音 [ɐ，ɔ，o]、阴性元音 [ə，ʊ]、中性元音 [i，u，ɻ，ɭ，ɯ] 等三种元音。基本和谐规律如下。

（1）［ɐ］元音在词首音节出现时，后续音节中可以出现 ［ɐ, i, o, u, ʅ, ɿ］等元音。例如：［mɐlɐʁ］"帽子"、［ɐli］"哪儿"、［mɐŋoʁuŋ］"咱们的"［ɐmɯ］"口粮"、［ɐtʂʰʅ］"驮子"、［pɐtsɿ］"把子"。

（2）［ə］元音在词首音节出现时，后续音节中可以出现 ［ɐ, i, ʊ, u, ʅ, ɿ］等元音。例如：［ərə］"男的"、［əri］"寻找"、［mətʊŋ］"裤子"、［kʰəʂʅ］"中风"、［zəmə］"女人"。

（3）［i］元音在词首音节出现时，后续音节中可以出现 ［ɐ, ə, i, ʊ, u, ʅ］等元音。例如：［winə］"有"、［irə］"来"、［ipɐri］"根据"、［irʊlu］"化脓"、［iʂʅ］"诚实"。

（4）［o］元音在词首音节出现时，后续音节中可以出现 ［ɐ, i, o, ʊ, u, ʅ］等元音。例如：［koʁɐ］"晒干"、［koji］"借"、［oso］"生长"、［noʁosʊŋ］"毛"、［otʰu］"痛"、［otʂʰʅ］"喝"。

（5）［ʊ］元音在词首音节出现时，后续音节中可以出现 ［ɐ, i, ʊ, ʅ］等元音。例如：［mʊʂʅʁɐ］"拧"、［wʊntɕi］"纺织"。

（6）［ɔ］元音在词首音节出现时，后续音节中可以出现 ［ɐ, ɔ, u, ʊ, ʅ］等元音。例如：［wɔpa］"淋巴"、［ɔlɔŋ］"多"、［tɕʰɔrʊŋ］"房檐"、［ɔŋʂʅ］"读"、［pɔlu］"定亲"。

（7）［u］元音在词首音节出现时，后续音节中可以出现 ［ɐ, i, u, ʊ, ʅ, ɿ］等元音。例如：［kuɾɐ］"一块儿"、［funɯ］"烟雾"、［kuʂʅ］"规矩"、［xuli］"变红"、［xulu］"揉搓"、［mutʰʊŋ］"木头"、［musɿ］"穿着"。

（8）［ʅ］元音在词首音节出现时，后续音节中可以出现 ［ɐ, ə, ʊ, ɔ, ɯ］等元音。例如：［ʂʅrə］、"桌子"、［tʂʰʅlɐ］"困"、［tʂʅʁɐtə］"往上"、［ʂʅmɯ］"新的"、［tʂʰʅnuʁʊŋ］"你们的"。

从以上元音和谐规律中可以看出，东乡语元音和谐规律非常杂乱。我们认为中性元音的不断增多表明该语言元音和谐已经受到了非常严重的破坏。东乡语中性元音增多说明该语言中元音和谐规律受到了一定程度上的破坏。表2.191为东乡语词首音节元音与后续音节元音统计表。表2.192为元音和谐组成矩阵。

表 2.191　东乡语词首音节元音与后续音节元音统计

词首音节	后续音节
ɐ	ɐ i o u ʅ ɿ a
e	ə i o u ʅ ɿ e
i	ə ɐ i o u ʅ ɿ e a
o	ə i o u ʅ ɿ a
ɔ	ə ɔ u o ʅ a
u	ə i o u ʅ ɿ a
ʊ	ʅ ɿ a
ɿ	ɯ ʅ ɿ o u i ə a

表 2.192　元音和谐组成矩阵

词首 ＼ 非词首	ɐ	e	i	o	ɔ	u	ʅ	ɿ	ʊ
ɐ	+	−	+	+	−	+	+	+	−
e	−	+	+	−	−	+	+	+	+
i	+	+	+	+	−	+	+	+	+
o	+	−	+	+	+	+	+	−	−
ɔ	+	−	−	−	+	+	+	−	+
u	+	−	+	−	−	+	+	+	+
ʊ	+	−	+	−	−	−	+	−	+
ɿ	+	−	+	−	−	+	+	+	+

第三章

东乡语辅音声学特征

鲍怀翘研究员在其实验语音学讲义中，比较准确地总结了辅音的发音特点，以下我们根据对鲍氏观点稍做修改：（1）声源：气流克服阻碍通过口腔时激发阻碍的各部位而形成声波，发浊辅音时在上述声源上加载声带振动波；（2）感知：噪声（除半元音外）；（3）时程：虽然相对短促，但不一定比元音短；（4）气流类型：脉冲波（塞音）和湍流（擦音）；（5）气流受阻方式：口腔中存在不同程度的阻塞（塞音）或阻碍（擦音）；（6）肌肉活动范围：发音成阻部位肌肉紧张。这些是辅音的共性。下面从东乡语自身的特点出发总结东乡语辅音系统的某些特点。

一 辅音声学特征参数及分析方法

根据声学语音学理论和鲍怀翘研究员的讲义，辅音的基本声学特征可以归纳为如下几个模式。

（一）冲直条（Spike）

塞音破裂产生的脉冲频谱，表现为一直条，时程较短，约 10～20ms，意味在所有的频率成分上都有能量分布。图 3.1 为 [tʊtʰ] "近便的" 一词中 [t] 和 [tʰ] 的冲直条示例。

（二）无声空间（GAP）

在塞音和塞擦音破裂之前有一段空白，这是辅音成阻、持阻时段的表

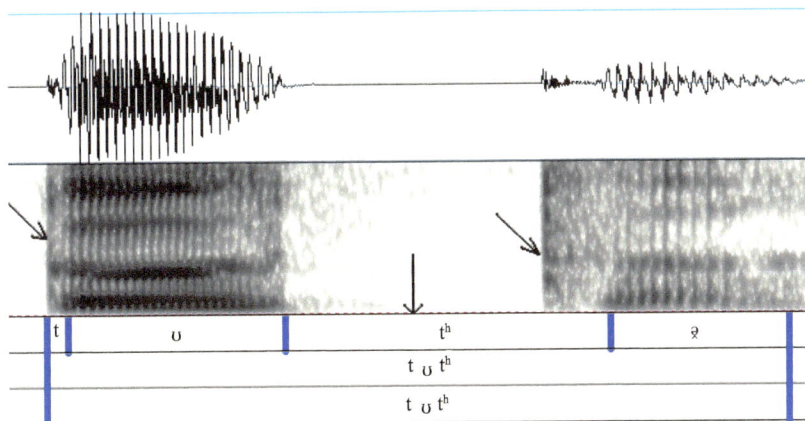

图 3.1 在［tʊtʰ］"近便的"一词中［t］和［tʰ］的冲直条示例

现，造成清塞音的效果。这一段虽是空白，但对塞音感知来说是不可缺少的，可以说"此处无声胜有声"（见图 3.1）。

（三）嗓音横杠（Voice Bar）

这是声带振动的浊音流经鼻腔辐射到空气中在语图上的表现。冲直条之前若有一条 500Hz 以下较宽的嗓音横杠，说明这是浊塞音。蒙古语标准话中没有浊塞音。

（四）乱纹（Fills）

这是气流流经口腔某部位狭窄通道时形成的湍流，所有的擦音在语图上都表现为乱纹。图 3.2 为［sum］"寺庙"一词中［s］的乱纹示例，请见斜线箭头所指位置。

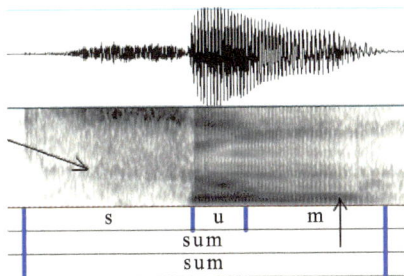

图 3.2 在［sum］"寺庙"一词中［s］的乱纹示例

（五） 共振峰 （Formant）

共振峰是由声带振动作为激励源经声腔共鸣形成的，鼻音、边音等浊辅音都有共振峰。请见图 3.3 中直线箭头所指位置。

图 3.3 是引自鲍怀翘讲义的辅音声学特征基本模式图。

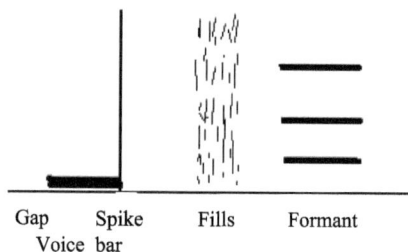

图 3.3　辅音声学特征基本模式

因辅音发音方法的不同，这些基本模式的组合方式也不同。如，浊塞音的声学表现为噪音横条与冲直条，清塞音为无声间隙与冲直条、清塞擦音为冲直条与一段较短时程的乱纹，清送气塞擦音为冲直条与一段较长时程的乱纹，清擦音为较长的乱纹，浊擦音为乱纹与共振峰等。

（六） 噪音起始时间 （Voice Onset Time，VOT）

如图 3.4 所示，噪音起始时间是指声带振动产生的浊音流（噪音）出现在冲直条前后的位置及其时间。出现在冲直条之前的就是浊音，VOT 为负值，出现在冲直条之后为正值，就是清辅音。它们都分布在时间轴上，因此都可以用时间来量化。根据 VOT 数据，比较容易区分清塞音、清塞擦音、清塞送气音、清塞擦送气音。图 3.4 为引自鲍怀翘讲义的噪音起始时间（VOT）示意图。

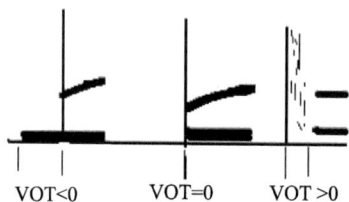

图 3.4　噪音起始时间 （VOT） 示意

GAP 和 VOT 参数对塞音/塞擦音有较明确的区别意义。李玲玲（2011）利用"蒙古语标准音语音声学参数数据库"，用冉启斌和石锋在 2008 年提出的塞音格局理论和方法统计分析了蒙古语塞音、塞擦音的声学格局，探讨它们在格局图上音类的集聚特征、音类的位置规律和纵、横轴上所反映的特点等。图 3.5 为蒙古语标准话词中音节首塞音、塞擦音的声学格局图。图中的 X 轴为 GAP，Y 轴为 VOT。从该图中我们可以看到，（1）［p］、［pʰ］、［t］、［tʰ］、［k］、［kʰ］、［tʃ］、［tʃʰ］等 8 个清塞音、塞擦音，在格局图上总是分布在三个区域，形成三个聚合；（2）送气塞音［tʰ］在格局图中总是居于最高的位置，而不送气塞音［t］在格局图中总是居于最左边的位置，送气塞擦音［tʃʰ］在格局图中总是居于最右边的位置，而不送气［k］音在格局图中总是居于最低位置；（3）在送气和不送气塞音、塞擦音中，送气音在格局图中总是居于不送气的右、上的位置。

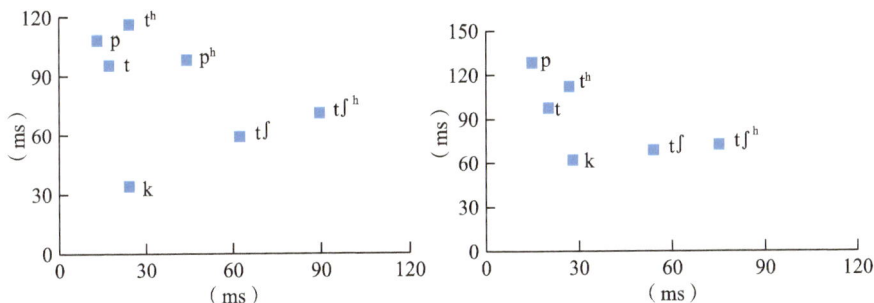

图 3.5　词中音节首塞音、塞擦音的声学格局（左图为 M1，右图为 M2）

（七）强频集中区（Concentrated Frequency Area）

强频集中区（CFA）又称辅音共振峰，是清擦音和一切摩擦噪声（塞擦音中的摩擦段和送气音）经声腔共鸣形成的共振峰（我们在参数库中标记为 CF1，CF2，…）。擦音是一种摩擦噪声，在语图上表现为乱纹。但由于发音部位的不同（气流受阻位置不同），形成特定的共鸣腔和反共鸣腔，于是某些频率位置的能量得到加强，这就是强频区。发音部位越靠前，共鸣腔越短，共鸣频率（特别是最强共鸣）就越高，反之则反。所以/s/音最高，/h/音最低。/f/是唇齿音，几乎没有共鸣腔体，因此它的乱纹也没有特别强的频率区（鲍怀翘，2005）。胡红彦（2011）利用"蒙古语标准音语音声学参数数据库"探讨蒙古语 [s，ʃ，x] 等清擦音的共振峰分布模式后认为，[s，ʃ，x] 等清擦音的 CF 在词中不同位置上的分布模式相对稳定，说明清辅音共振峰频率是有效参数。这三个清擦音的共振峰（CF2～CF4）随着舌位的后移，呈现了整体下降的趋势（胡红彦，2011）（见图 3.6）。

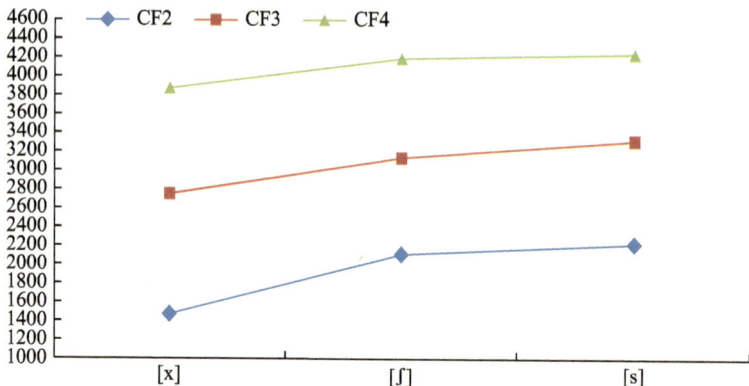

图 3.6 [s，ʃ，x] 三个辅音共振峰（CF2～CF4）分布模式（M2）

（八）辅音谱特征

在清擦音噪声谱分析中 Svantesson（1986）提出了"谱重心"（COG，Center of Gravity）和"离散"（Dispersion）程度方法。具体做法是在擦音谱稳定段的某一时间点上作 FFT 分析，然后将其转换为临界带（critical band）。将 0～10000Hz 频率范围划分为 24 个子带，计算出每个子带的平均能量。谱重心即为能量最强的子带的频率，计算重心的公式为：

$$m = \sum n \times 10^{(xn/10)} / F \qquad 其中\ m\ 为重心子带，n\ 为\ 1\sim24\ 个子带$$

离散度表示语音频谱的离散程度，离散度越大表示谱越离散，反之则反是。离散度的计算公式为：

$$s = \sqrt{(\sum (n-m)^2 \times 10^{(xn/10)} / F)} \qquad s\ 为离散度$$
$$F = \sum 10^{(xn/10)} \qquad F\ 为语音谱能量$$

以谱重心为横轴，分散度为纵轴可以绘制擦音空间分布图（见图 3.7）。

对以上公式做一些修正，用 S（f）表示语音的复数谱，f 表示频率，将频率域改为连续域，则参数的积分式定义如下：

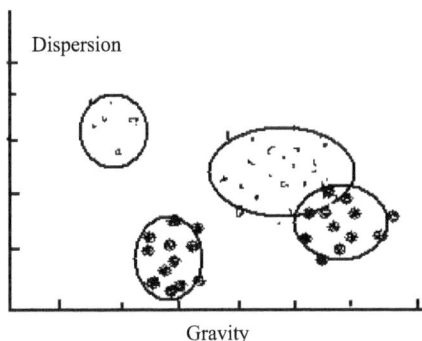

图 3.7　擦音谱重心—分散度分布示例

谱能量（Energy）= $\int_0^\infty |S(f)|^2 df$ ；

谱重心（COG）为：$\int_0^\infty |S(f)|^2 df$ 除以谱能量，单位赫兹，以下公式中 fc 等于谱重心 COG；

离散度（Dispersion）为：$\int_0^\infty (f-fc)^2 |S(f)|^2 df$ 除以谱能量，单位赫兹，然后取平方根；

令 A 为：$\int_0^\infty (f-fc)^3 |S(f)|^2 df$ 除以 $\int_0^\infty |S(f)|^2 df$ ；B 为：$\int_0^\infty (f-fc)^2 |S(f)|^2 df$ 除以 $\int_0^\infty |S(f)|^2 df$ ，则倾斜度 SKEW 为：A／（B）$^{1.5}$。

倾斜度 SKEW 表示低于谱重心的谱与平均频率以上的谱的差，无单位（周学文，2013）。

冉启斌在他的博士学位论文（2005）中引入了这种方法并对普通话及几种方言的擦音进行了深入研究，并给出了具体的数据，其结论是，普通话 5 个清擦音可分为两类：[s, ç, ʂ] 谱重心高而分散度小，分布范围小；/f/、/x/谱重心低而分散度大，分布范围也大。该文表明，谱重心对应的频率比语图中实际显示的高得多，从统计上看，擦辅音两两比较时才有显著性意义。尽管如此，该方法在清擦音研究中是一种值得重视的方法。

我们在"少数民族语言语音声学参数统一平台"中采用了 COG、Dispersion 和 SKEW 三个谱参数。为了避免辅音随便取点可能带来的野点问题和受其前、后置音段的影响因素，在经过多次实验的基础上，我们采用辅音中间 1/3 段来计算的方法。

呼和用该三个参数分析蒙古语标准话辅音后得出：COG、STD 和 SKEW 三个谱参数相对稳定，能够有效区别蒙古语标准话辅音的清、浊和不同发音部位的清擦音，具有语言学意义。其中，清辅音的 COG 和 STD 值都明显大于浊辅音，而其 SKEW 值则小于浊辅音；三个参数与清辅音发音部位之间具有较好的相关性，而与浊辅音发音部位之间的相关性较差（呼和，2015，具体见本书第四章）。

二 东乡语辅音基本特点

（一）单辅音系统

按发音方法，东乡语基本辅音可以分为：（1）塞音［b, p, pʰ, t, tʰ, k, kʰ, q, qʰ］；（2）塞擦音［tʂ, tʂʰ, ts, tɕ, tɕʰ］；（3）擦音［ɣ, s, β, ʂ, x, f］；（4）鼻音［n, ŋ, m］；（5）边音［l］；（6）闪音颤音［r, ɾ］；（7）半元音［w, j］。其中［b, β, n, ŋ, m, l, r, w, j］是浊辅音（见表 3.1）。

表 3.1　根据国际音标表（2018 年修正版）填写的东乡语辅音概况

			双唇	唇齿	齿根	卷舌	硬腭	软腭	小舌	喉
塞音	清塞音	不送气						k	q	
		送气	pʰ		tʰ			kʰ	qʰ	
	浊塞音	不送气	b		d			g	ɢ	
		送气								
塞擦音	清塞音	不送气			ts	tʂ	tɕ			
		送气			tsʰ	tʂʰ tʃʰ	tɕʰ			
	浊塞音	不送气			dz	dʐ dʒ	dʑ			
		送气								
擦音	清			f	s	ʂ ʃ	ç	x	χ	h
	浊			v	z	ʐ		ɣ	ʁ	
鼻音			m		n			ŋ		
边音					l					
闪音						ɾ				

续表

	双唇	唇齿	齿根	卷舌	硬腭	软腭	小舌	喉
颤音			r					
近音					j	w		

（二）辅音的浊化问题

在语流中辅音因受前后置或前后位音段的影响而改变其发音方法和部位的现象比较普遍。例如，在语流中元音之间出现的［p］通常会变成［β］（清塞音变成浊擦音），元音之间出现的［k］通常会变成［ɣ］（清塞音变成浊擦音）（见图3.8、图3.9）。

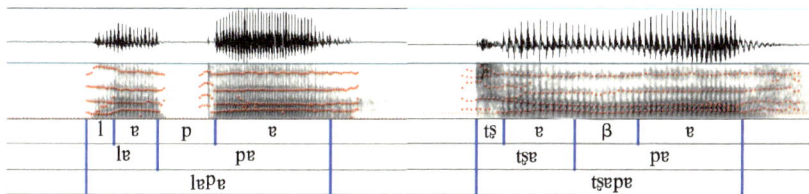

图3.8　在不同语境中出现的［p］和［β］辅音波形图与三维语图

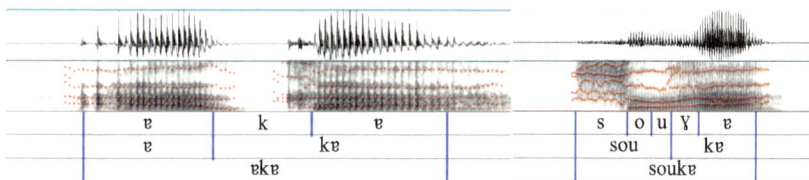

图3.9　在不同语境中出现的［k］和［ɣ］辅音波形图与三维语图

（三）辅音描写思路和方法

以下是描写辅音的目标、思路、方法和步骤，用于所有阿尔泰语系语言辅音的描写，有些语言或辅音的描写可以省略其中的方法和步骤。具体方法和步骤如下。

1. 确定辅音变体和典型变体

采用统计分析，确定一个辅音的所有变体和典型变体。具体方法如下：

（1）统计分析。通过分析一个辅音不同变体在词中出现的频率统计表，找到出现频率最高的变体。

（2）分析每一个变体的出现条件。通过观察分析每一个变体的出现条件和出现位置，找到能够在词首音节位置上出现的变体。

结合上述两种分析，确定一个辅音的典型变体。

2. 确定辅音音色

用"看图说话"、"看数据说话"与"传统音系学研究成果"相结合的方法，确定每一个辅音的音色。这是"具体语图和抽象数据相结合"，"声学语音学与传统音系学相结合"的分析方法。

（1）"看图说话"。用一个辅音变体的典型语图（三维语图）展现该变体在实际语流中的存在形式。通过分析一个辅音三维语图上的声学特征，说明该辅音声学上的音色特点，这是通过辅音特征的具体声学表现，确定辅音音色的分析法。通过展示和解释一个辅音三维语图和语音标注图，说明一个辅音的音色特点。因为一个辅音的三维语图上的声学表现是确定其音色的最直观的依据。如，[p] 变体的冲直条不明显，VOT 较短等。

（2）"看数据说话"。这是通过辅音声学特征参数，确定辅音音色的分析法。通过展示和解释一个辅音的声学参数统计表，说明一个辅音的音色特点。因为一个辅音的声学参数是确定其音色的抽象的数据依据。如，两位发音人 [p] 辅音第一、第二和第三共振峰的均值分别为 M：CF1 = 871Hz，CF2 = 1960Hz，CF3 = 2913Hz；F：CF1 = 696Hz，CF2 = 1695Hz，CF3 = 2694Hz。男、女发音人 [p] 辅音第一共振峰的变异系数较大，说明该参数相对不稳定，离散度大。但该辅音第二、第三共振峰 CF2 和 CF3 的变异系数都小于20%，说明这两个参数相对稳定，离散度小。从整体上看，男发音人 [p] 辅音的第一、第二和第三共振峰的均值频率都比女发音人 [p] 辅音的第一、第二和第三共振峰的均值频率相对高。

（3）"看图说话"、"看数据说话"与"传统音系学研究成果"相结合，最后确定辅音音色特征，即与传统音系学的辅音发音部位和发音方法的描写结果相结合，确定一个辅音的发音部位和发音方法特点（音色特点）。本书认为，科尔沁土语 [p] 是比较典型的双唇、不送气、清塞音。

3. 探讨辅音在语流中的音变特征

通过"辅音声学参数与词中音节位置之间的相关性分析"和"辅音声学参数与其后置元音音质之间的相关性分析"，探讨辅音在语流中的音变特征。如，[p] 辅音时长均值、音强均值和第一至第三共振峰频率均值与其所出现的词中音节位置之间的相关性，确定［p］辅音声学参数与词中音节位置之间是否有共同的、具有统计学意义的规律（特点）问题。

通过研究发现，用这两种分析方法所得到的结果都不理想，即没有得出共同的、具有统计学意义的结果。但是为了章节上的平衡，在辅音描写研究中保留了第一种分析。

具体研究思路和步骤如下，可成为辅音描写基本模板。

（1）辅音变体统计分析（有变体辅音）。

（2）辅音音质及其声学特征分析：辅音三维语图和语音标注；辅音声学参数与音色定位。

（3）语流中的音变特征分析。辅音声学参数与词中音节位置之间的相关性分析；辅音声学参数与其后置元音音质之间的相关性分析。

三　塞音

塞音（stop），又称作爆破音（plosive），是辅音中按发音方法区分的一个基本类别。塞音的发音特点是：（1）主动发音器官上举与被动发音器官构成完全性的接触，从而关闭了口腔或鼻腔的气流通路，这就是塞音的成阻阶段；（2）声门下的气流被阻塞在关闭点后部，随着气流的积聚，口腔内形成超压（即大于体外的大气压力），这就是持阻阶段；（3）关闭点被突然打开，释放出一股强气流，冲破空气的阻力，形成一个类冲击波，这就是除阻阶段。由于发这类辅音时，口腔或鼻腔完全关闭，气流被阻塞，故而称之为塞音。塞音与塞擦音的主要区别是：发塞音时两个器官必须构成阻塞，气流不断在口腔内集聚，口腔内就会形成超压，突然释放，发出一个爆破音，因此塞音又叫破裂音；发塞擦音时先是塞音破裂，口腔不马上打开，而是留有一条窄缝，紧接着口腔内余气从缝隙中挤出，产生摩擦，发出塞擦音（鲍怀翘，2005）。

东乡语有［b, p, pʰ, t, tʰ, k, kʰ, q, qʰ］9个塞音。下面按照上述思路和方法描写东乡语塞音声学特征。

（一）/p/辅音

1. /p/辅音变体统计分析

表3.2为/p/辅音音位变体在"东乡语语音声学参数数据库"中的出现

频率统计表。可以看出，东乡语/p/辅音在词中以［p］［β］2 种变体形式共出现了 141 次（M）和 148 次（F）。其中，变体［p］的出现频率最高。M 的［p］变体共出现 135 次，占所有/p/辅音变体的 96%；F 的［p］变体共出现 144 次，占所有/p/辅音变体的 97%。从/p/辅音 2 种变体的统计分析结果看，无论是从词和音节里的分布特点看，还是从词中的出现位置和条件以及出现频率看，［p］已具备了作为典型变体的条件，把［p］作为典型变体，符合东乡语语音特点。

表 3.2　/p/辅音变体统计

	M		F	
	出现次数	百分比	出现次数	百分比
/p/	141	100%	148	100%
［p］	135	96%	144	97%
［β］	6	4%	4	3%

2. ［p］辅音

2.1　音质及其声学特征

下面根据［p］辅音三维语图和目标位置上的第一至第三共振峰（CF1、CF2、CF3）均值（声学参数统计表）及其在声学空间中的分布模式（声学语图），以及［p］辅音频谱图，确定其实际音值（音质）及其声学特点。

2.1.1　［p］辅音三维语图和语音标注以及频谱图

从表 3.2 中可以看出，［p］为东乡语/p/辅音的典型变体。图 3.10-1 为东乡语男发音人 pere［pɛrɛ］"完成"一词的三维语图、波形图和三层标注实例，图 3.10-2 为东乡语男发音人 pere［pɛrɛ］"完成"一词［p］辅音频谱图，可以看出东乡语词首［p］辅音的冲直条和第一（CF1）、第二（CF2）、第三（CF3）共振峰的分布模式以及短暂的 VOT。

2.1.2　［p］辅音声学参数与音色定位

表 3.3 为两位发音人［p］辅音的声学参数统计，图 3.11-1 为男、女两位发音人［p］辅音的第一、第二和第三共振峰（CF1、CF2、CF3）的分布图，图 3.11-2 为两位发音人［p］辅音三个共振峰均值比较图。从表 3.3 和图 3.11 中可以看出以下几方面。

（1）两位发音人［p］辅音第一至第三共振峰均值为 M：CF1 = 717Hz，

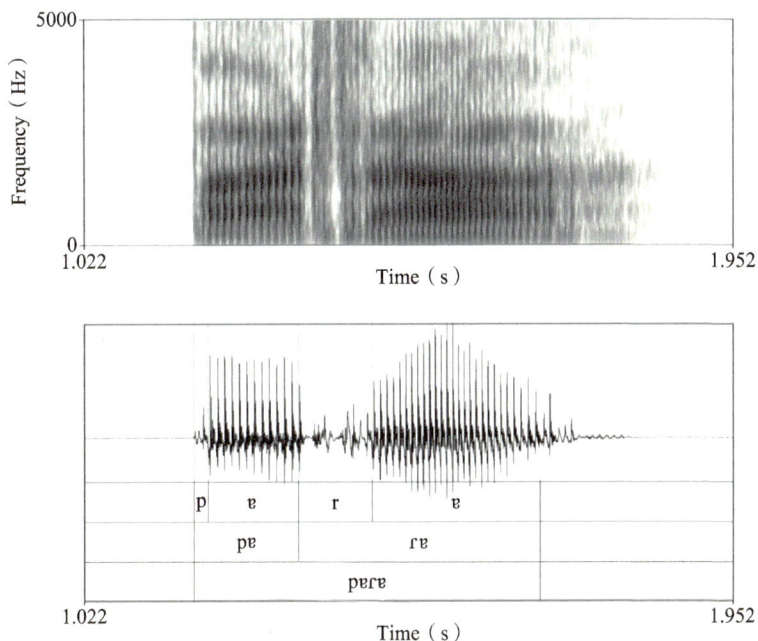

图 3.10-1　男发音人 pɛrɛ [pɛrɛ] "完成" 一词的三维语图、
波形图和三层标注实例

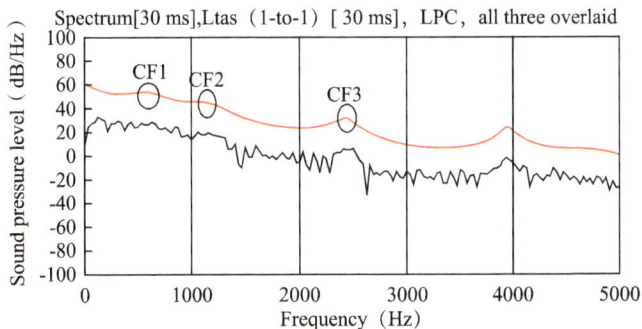

图 3.10-2　男发音人 pɛrɛ [pɛrɛ] "完成" 一词 [p] 辅音频谱图

CF2＝1696Hz，CF3＝2681Hz；F：CF1＝855Hz，CF2＝1963Hz，CF3＝3085Hz。
男、女发音人 [p] 辅音第一共振峰的变异系数较大，说明该参数相对不稳
定，离散度大。但该辅音第二、第三共振峰 CF2 和 CF3 的变异系数都小于
20%，说明这两个参数相对稳定，离散度小。

（2）从整体上看，女发音人 CF 的频率高于男性发音人，但两位发音

人［p］辅音的共振峰分布模式基本相同。如，CF1 围绕 700Hz，在 600～1500Hz 之间浮动；CF2 围绕 1700Hz，在 1300～2300Hz 之间浮动；CF3 围绕 2700Hz，在 2300～3300Hz 之间浮动。

（3）［p］辅音的 VOT 较短，只有近 20 毫秒。因从三维语图上无法准确测量词首塞音、塞擦音的 GAP 的时长，本项研究没能测量词首塞音的 GAP 时长，而是把词中 GAP 的时长作为塞音、塞擦音 GAP 的标准时长。

（4）男发音人［p］辅音的音强明显高于女性发音人［p］辅音的音强。辅音音强参数对辅音音色研究意义不大，可以忽略。

（5）东乡语［p］辅音是比较典型的双唇、不送气、清塞音。以往标记的浊塞音［b］不符合国际音标标准。

表 3.3　两位发音人［p］辅音参数统计

单位：G+VOT 为 ms，CA 为 dB，CF 为 Hz，下同

发音人	M					F				
参数	VOT	CA	CF1	CF2	CF3	VOT	CA	CF1	CF2	CF3
均值	20	55.59	717	1696	2681	18	50.41	855	1963	3085
标准差	1	5.64	287	284	321	1	6.85	435	417	419
变异系数	5%	10%	40%	17%	12%	6%	14%	51%	21%	14%
极小值	10	41	360	1018	1842	8	29	494	1317	2425
极大值	57	77	1521	2668	3848	39	66	1889	3003	4031

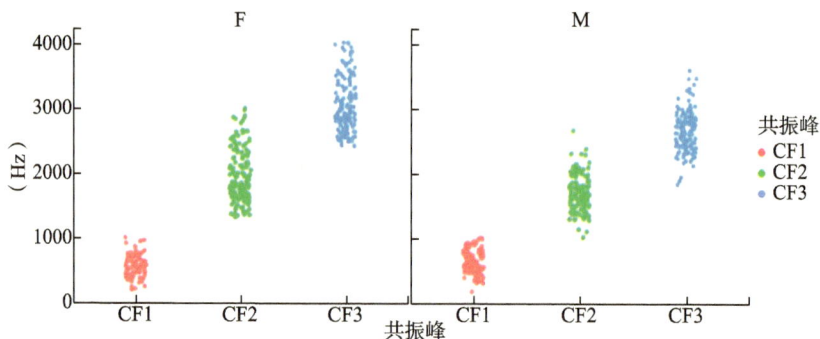

图 3.11-1　［p］辅音第一至第三共振峰分布（F&M）

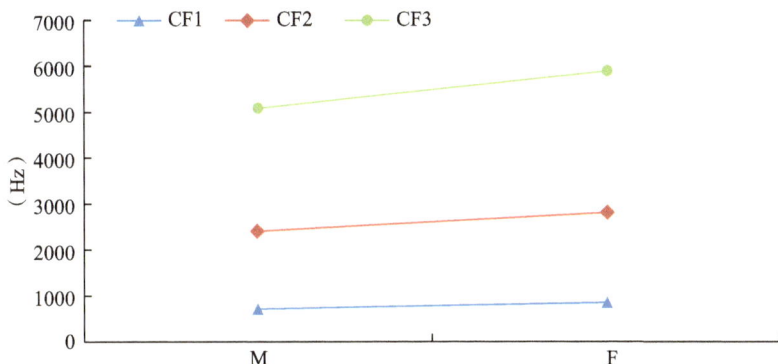

图 3.11-2 ［p］辅音第一至第三共振峰均值比较（F&M）

2.2 语流中的音变特征分析

2.2.1 ［p］辅音声学参数与其后置元音音质之间的相关性分析

表 3.4 为在 ［ɤ］、［ə］、［i］、［o］、［u］等元音之前出现的 ［p］辅音嗓音起始时间（VOT）、音强（CA）和三个共振峰均值统计表，图 3.12 为男、女发音人不同元音之前出现的 ［p］辅音 VOT 比较图，图 3.13 为男、女发音人不同元音之前出现的 ［p］辅音音强比较图。图 3.13 为不同元音之前出现的 ［p］辅音三个共振峰示意图（以 CF1 的依次上升排列），图 3.14 为不同元音之前出现的 ［p］辅音三个共振峰示意图（以 CF2 的依次上升排列）。从表 3.4 和图 3.12~3.15 中可以看出，［p］辅音声学参数与其后置元音音质之间有一定的共同的、具有统计学意义的规律。

（1）［i，u］等高元音之前 ［p］辅音的音强相对弱。有关这一现象有待进一步研究。

（2）［i，u］等高元音之前 ［p］辅音的 CF1 频率相对高。这与 ［i，u］等高元音的 F1 频率低的特征不符。有关这一现象有待进一步研究。

（3）［i］元音之前 ［p］辅音的 CF2 频率相对高。这与 ［i］元音舌位吻合。

表 3.4-1 不同元音之前出现的词首 ［p］辅音声学参数统计（M）

单位：VOT 为 ms、CA 为 dB、CF 为 Hz，下同

	VOT	CA	CF1	CF2	CF3
u	23	51.29	750	1682	2771

续表

	VOT	CA	CF1	CF2	CF3
o	20	54.25	743	1634	2643
i	21	53.60	991	2136	3161
ə	18	56.50	621	1727	2648
ɐ	20	57.91	689	1636	2593
总值	20	55.59	717	1696	2681

表 3.4-2　不同元音之前出现的词首［p］辅音声学参数统计（F）

	VOT	CA	CF1	CF2	CF3
u	25	46.7619	969.67	2084.71	3227.95
o	17	54.5294	925.12	1940.59	3077.29
i	23	47.4167	1224.58	2383.75	3446.58
ə	16	52.6667	687.75	1834.42	2998.42
ɐ	17	51.027	616.41	1717.11	2864.05
总值	18	50.41	855	1963	3085

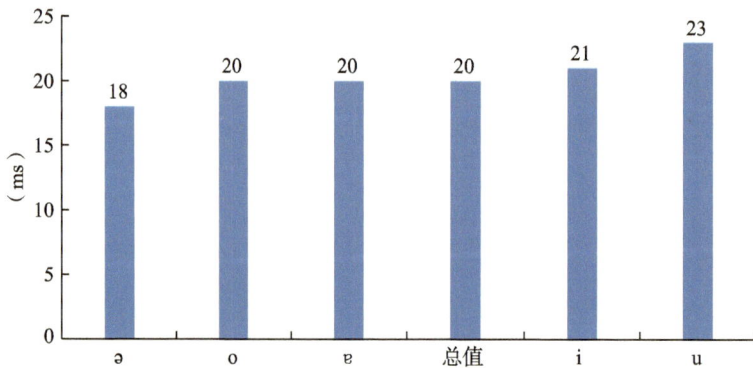

图 3.12-1　不同元音之前出现的［p］辅音噪音起始时间（VOT）比较（M）

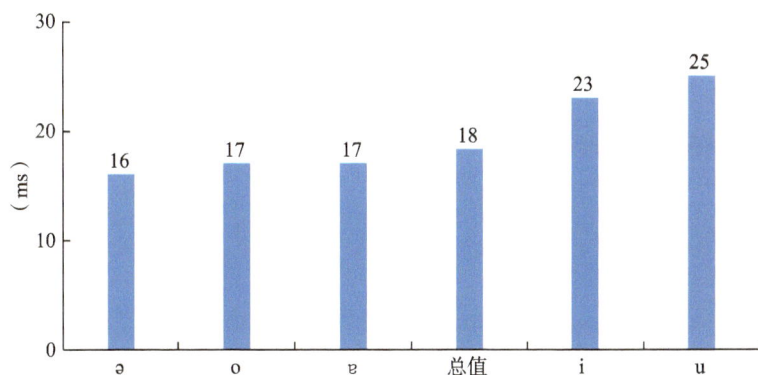

图 3.12-2　不同元音之前出现的［p］辅音噪音起始时间（VOT）比较（F）

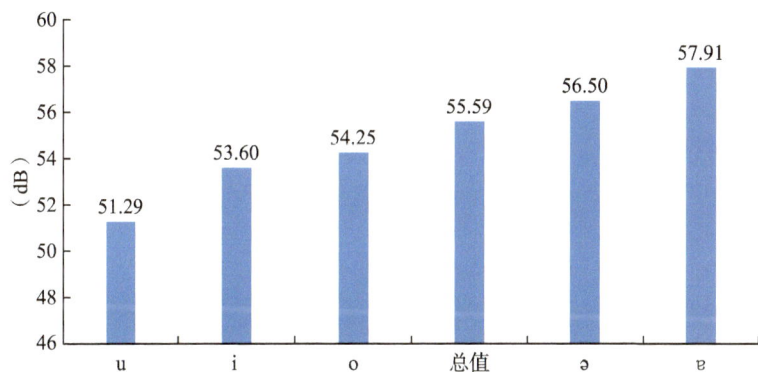

图 3.13-1　不同元音之前出现的［p］辅音音强（CA）比较（M）

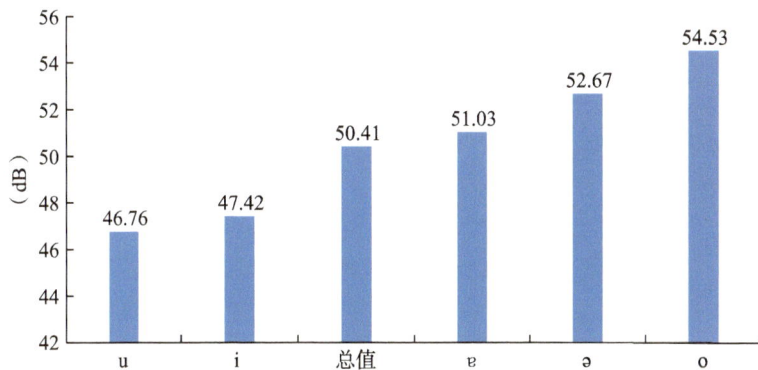

图 3.13-2　不同元音之前出现的［p］辅音音强（CA）比较（F）

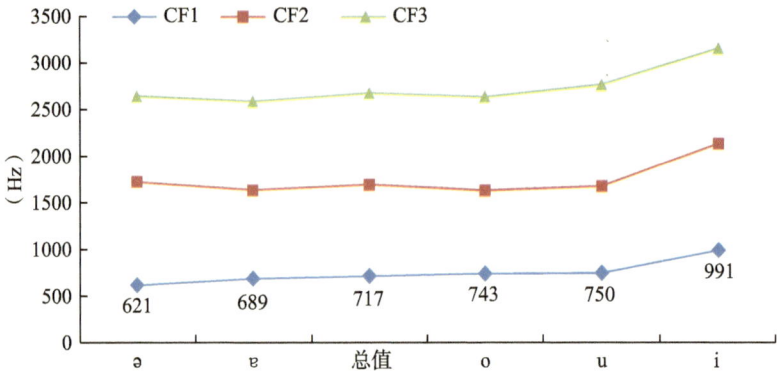

图 3.14-1　不同元音之前出现的 [p] 辅音三个共振峰示意
（以 CF1 的上升为序排列）（M）

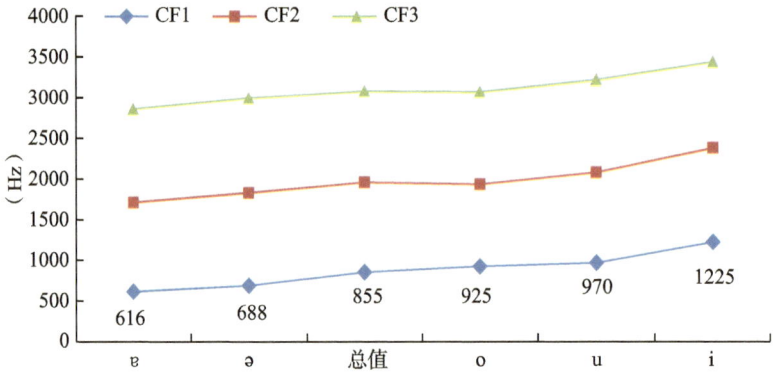

图 3.14-2　不同元音之前出现的 [p] 辅音三个共振峰示意
（以 CF1 的上升为序排列）（F）

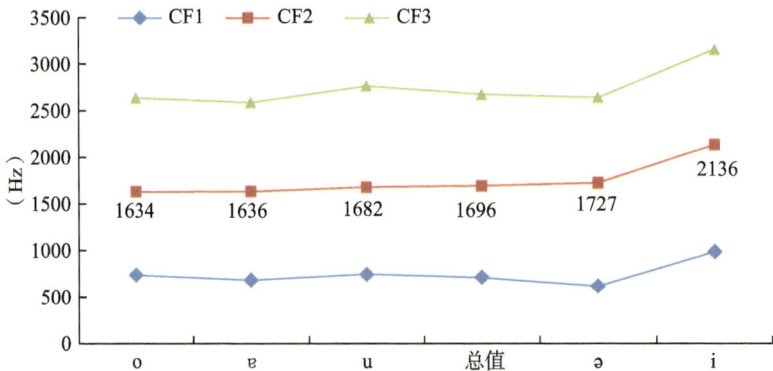

图 3.15-1　不同元音之前出现的 [p] 辅音三个共振峰示意
（以 CF2 的上升为序排列）（M）

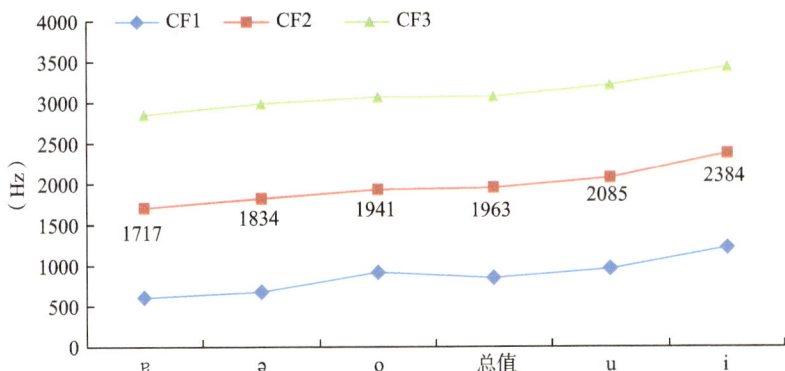

图 3.15-2 不同元音之前出现的 [p] 辅音三个共振峰示意

（以 CF2 的上升为序排列）（F）

2.2.2 [p] 辅音声学参数与词中音节位置之间的相关性分析

表 3.5 为词中不同音节位置上出现的 [p] 辅音声学参数统计，图 3.16 为词中不同音节位置上出现的 [p] 辅音音长均值比较图，图 3.17 为词中不同音节位置上出现的 [p] 辅音音强均值比较图，图 3.18 为词中不同音节位置上出现的 [p] 辅音的共振峰均值比较图。

上述表和图显示，[p] 辅音声学参数与词中音节位置之间没有共同的、具有统计学意义的规律。

表 3.5-1 词中不同音节位置上出现的 [p] 辅音声学参数统计（M）

位置	参数	N	GAP	VOT	CD	CA	CF1	CF2	CF3
词首	平均值	116		21		54.40	686	1680	2667
	标准差			1.3		4.6	246	278	316
	变异系数			6.1%		8.4%	35%	16%	11%
词中音节	平均值	8	83	11	94	63.28	597	1707	2786
	标准差		13	3.1	14	4.5	199	183	175
	变异系数		16%	28%	15%	7%	33%	11%	6%
词末音节	平均值	16	105	18	123	58.26	719	1761	2726
	标准差		31	6	33	5.7	251	332	354
	变异系数		30%	33%	27%	10%	35%	19%	13%

表 3.5-2　词中不同音节位置上出现的 [p] 辅音声学参数统计（F）

位置	参数	N	GAP	VOT	CD	CA	CF1	CF2	CF3
词首	平均值	126		18		50.5	859	1962	3095
	标准差			6		6.7	437	414	430
	变异系数			33%	19%	13%	51%	21%	14%
词中音节	平均值	12	105	15	120	50.6	970	2052	3086
	标准差		16	5	20	6.1	530	539	456
	变异系数		15%	33%	17%	12%	55%	26%	15%
词末音节	平均值	16	98	17	118	50.25	731	1880	2965
	标准差		26	6	22	8.1	329	356	274
	变异系数		27%	35%	19%	16%	45%	19%	9%

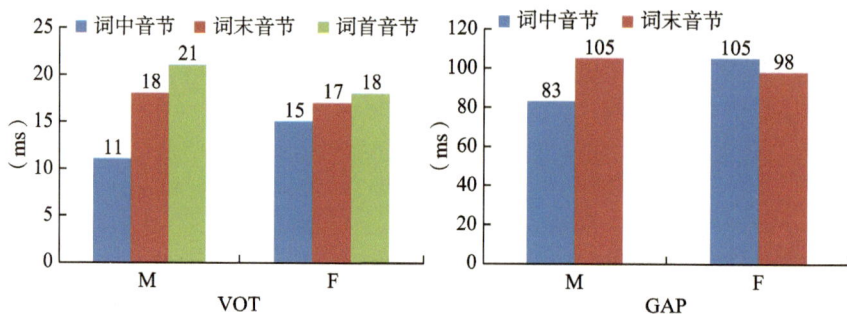

图 3.16　词中不同音节位置上出现的 [p] 辅音音长均值比较（M&F）

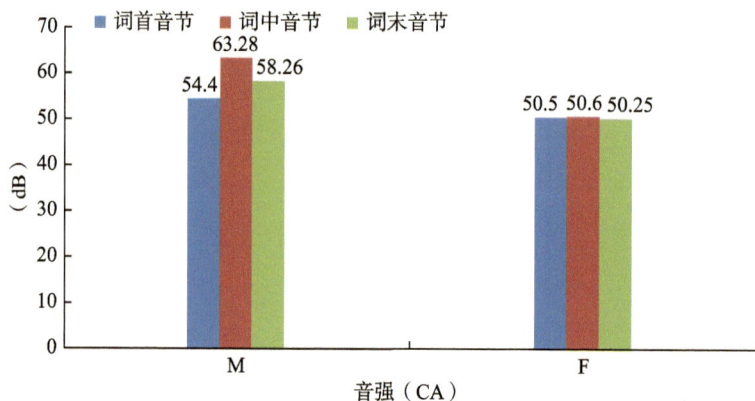

图 3.17　词中不同音节位置上出现的 [p] 辅音音强均值比较

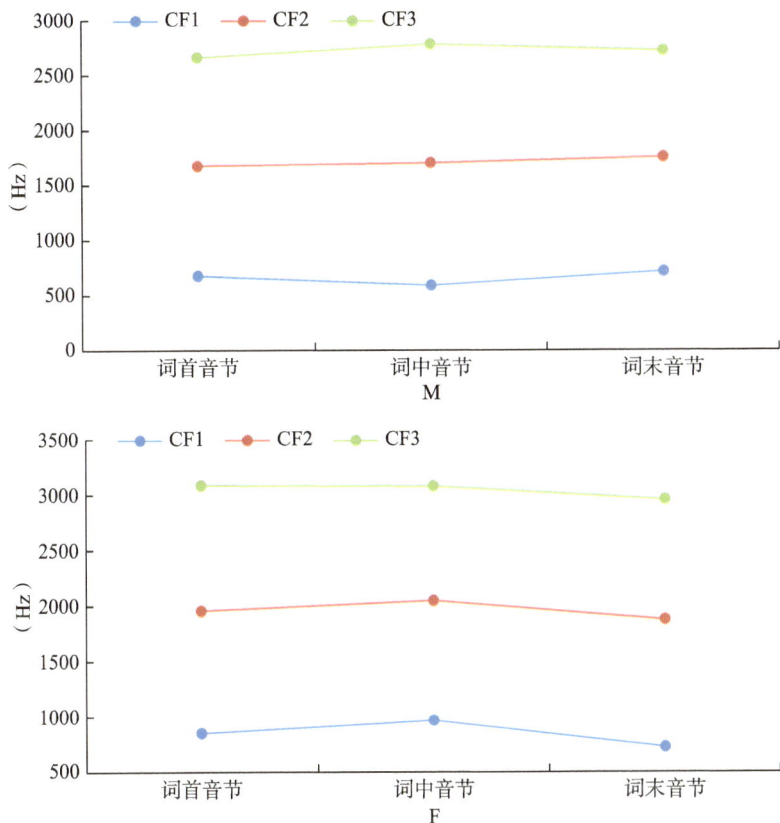

图 3.18 词中不同音节位置上出现的 [p] 辅音共振峰均值比较 (M&F)

3. [β] 辅音

3.1 音质及其声学特征

3.1.1 [β] 辅音三维语图和语音标注以及频谱图

东乡语/p/辅音另一个变体为双唇浊擦音，用国际音标 [β] 来标记。该元音只在非词首音节出现，不出现在词首音节与非词首音节末。图 3.19-1 为东乡语男发音人 tʂɐpɐ [tʂɐβɐ]"缝隙"一词的三维语图、波形图和三层标注实例，图 3.19-2 为东乡语男发音人 tʂɐpɐ [tʂɐβɐ]"缝隙"一词 [β] 辅音频谱图。从图 3.19 中可以看出，东乡语词首 [β] 辅音的第一 (VF1)、第二 (VF2)、第三 (VF3) 共振峰及其频谱图分布模式。

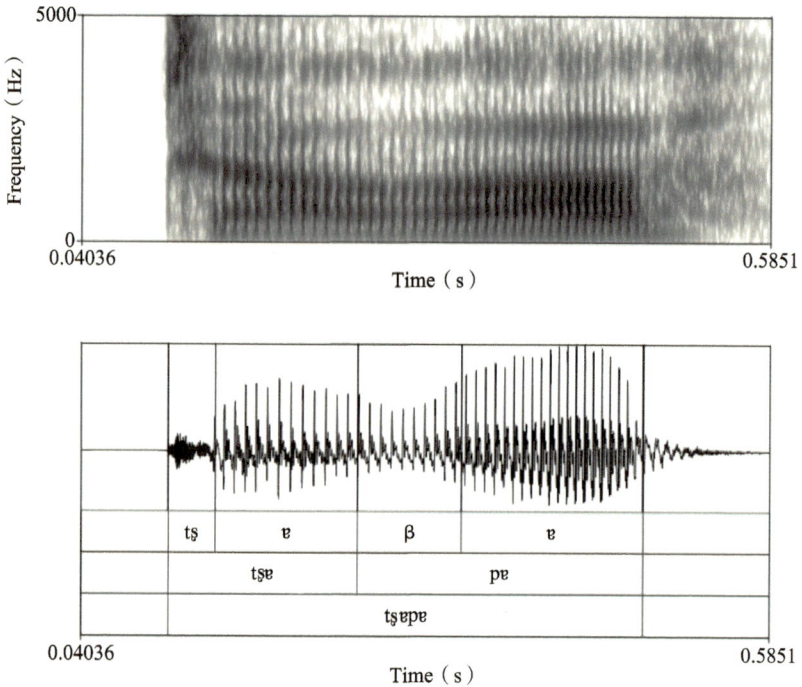

图 3.19-1　tʂɐpɐ〔tʂɐβɐ〕"缝隙"一词的三维语图、波形图和三层标注实例

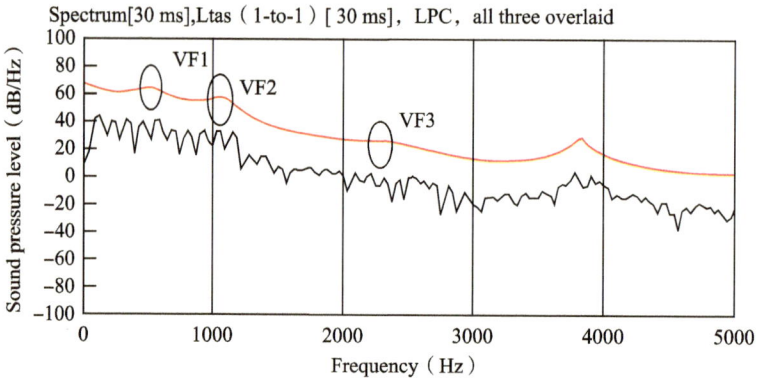

图 3.19-2　tʂɐpɐ〔tʂɐβɐ〕"缝隙"一词〔β〕辅音频谱图

3.1.2　〔β〕辅音声学参数与音色定位

表 3.6 为男、女发音人〔β〕辅音声学参数统计，图 3.20 为男、女发音人〔β〕辅音第一、第二和第三共振峰的分布图。从表 3.6 中可以看出，男、女发音人〔β〕辅音第一、第二和第三共振峰频率均值。如，M：VF1 = 485Hz，VF2 = 1088Hz，VF3 = 2374；F：VF1 = 511Hz，VF2 = 1111Hz，VF3 =

3110。图 3.20 显示，男、女发音人［β］辅音的第一、第二共振峰的变化范围基本一致，都在 300~700Hz 之间和 800~1500Hz 之间。其中两人都围绕着 1100Hz 在变化。该辅音 VF3 频率的差别最为明显。其中，M 的变化范围低而窄（2200~2500Hz），F 的变化范围高而宽（2600~3200Hz）并围绕 3000Hz 变化。从表 3.6 中也可以看出，男、女发音人［β］辅音谱重心（COG）、偏移量（STD）和偏移度（SKEW）三个谱参数及其变异系数。可以看出，它们的变异系数都较大，说明这些系数都不稳定。

表 3.6-1 ［β］辅音声学参数统计（M）

参数	CD	CA	VF1	VF2	VF3	COG	STD	SKEW
均值	79	67.7	485	1088	2374	338	299	10.71
变异系数	38%	6%	22%	17%	9%	33%	28%	37%
标准差	30	4	106	180	214	112	83	4

表 3.6-2 ［β］辅音声学参数统计（F）

参数	CD	CA	VF1	VF2	VF3	COG	STD	SKEW
均值	111	54.3	511	1111	3110	395	323	12.21
变异系数	35%	7%	18%	15%	7%	15%	29%	25%
标准差	39	4	90	172	203	58	94	3

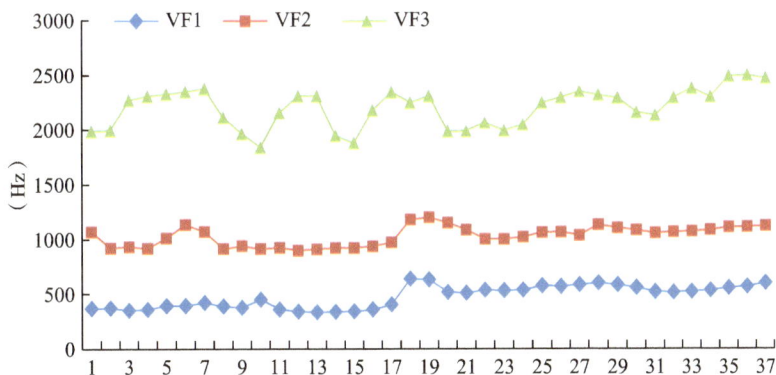

图 3.20-1 ［β］辅音第一至第三共振峰分布（M）

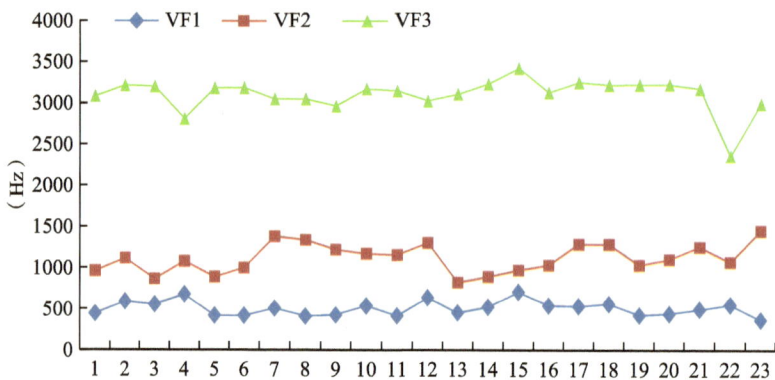

图 3.20-2 ［β］辅音第一至第三共振峰分布（F）

（二）/pʰ/辅音

1./pʰ/辅音统计分析

东乡语/pʰ/辅音在词中只有一种［pʰ］变体形式，分别出现了 28 次（M）和 21 次（F）。其中，词首出现 25 次（M）和 19 次（F），词中音节首出现了 3 次（M）和 2 次（F）。在"东乡语语音声学参数数据库"中该辅音出现在词首音节的次数远远超过非词首音节的次数，非词首音节出现的可以忽略不计，不会出现在音节末与词末。［pʰ］作为唯一变体也可以视作典型变体，如 pʰɐfəi［pʰɐfəi］"肺"、ɑʰɑ［ɑʰɑ］"父亲"等。

2.［pʰ］辅音

2.1 音质及其声学特征

下面根据［pʰ］辅音三维语图和目标位置上的第一至第三共振峰（CF1、CF2、CF3）均值（声学参数统计表）及其在声学空间中的分布模式（声学语图）及其频谱图，确定其实际音值（音质）及其声学特点。

2.1.1 ［pʰ］辅音三维语图和语音标注以及频谱图

在图 3.20-2 中，［pʰ］为东乡语/pʰ/辅音的典型变体。图 3.21-1 为东乡语男发音人 pʰɐfi［pʰɐfi］"肺"这一词的三维语图、波形图和三层标注实例，图 3.21-2 为东乡语男发音人 pʰɐfi［pʰɐfi］"肺"一词［pʰ］辅音频谱图。从中可以看出，东乡语词首［pʰ］辅音的冲直条和第一（CF1）、第二（CF2）、第三（CF3）共振峰的分布模式以及较长的 VOT。

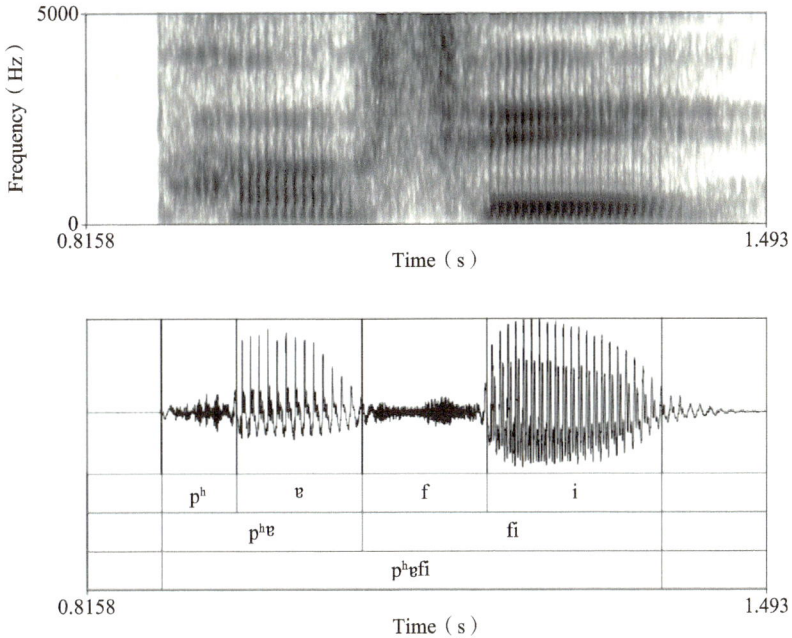

图 3.21-1　男发音人 pʰɐfi［pʰɐfi］"肺"一词的三维语图、波形图和三层标注实例

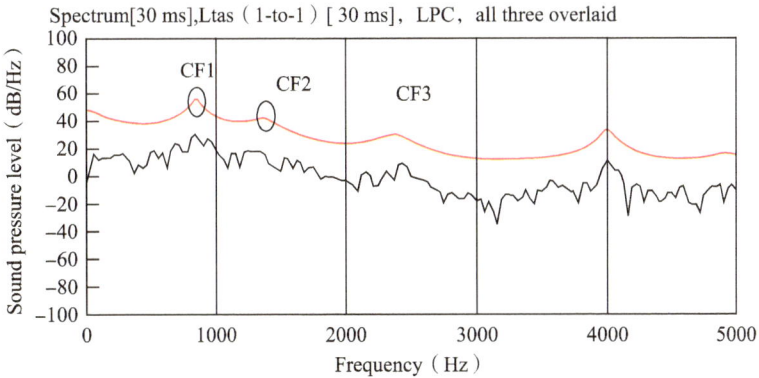

图 3.21-2　男发音人 pʰɐfi［pʰɐfi］"肺"一词［pʰ］辅音频谱图

2.1.2　［pʰ］辅音声学参数与音色定位

表 3.7 为男、女发音人［pʰ］辅音参数统计。图 3.22 为男、女发音人［pʰ］辅音的第一、第二和第三共振峰（CF1、CF2、CF3）的分布图，图 3.23 为男、女发音人［p］辅音三个共振峰均值比较图。从表 3.7 和图 3.22

中可以看出以下几方面。

（1）男、女两位发音人［pʰ］第一至第三共振峰均值分别如下。M：第一共振峰（CF1）= 862Hz，第二共振峰（CF2）= 1818Hz，第三共振峰（CF3）= 2914Hz；F：第一共振峰（CF1）= 1059Hz，第二共振峰（CF2）= 1846Hz，第三共振峰（CF3）= 3019Hz。男、女发音人第一、第二、第三共振峰变异系数较小，参数相对稳定，离散度小。

（2）从整体上看，女发音人 CF 的频率高于男发音人，但男、女发音人的［pʰ］辅音的共振峰分布模式基本相同。如，CF1 围绕 900Hz，在 700～1300Hz 之间浮动；CF2 围绕 1800Hz，在 1400～2400Hz 之间浮动；CF3 围绕 2800Hz，在 2400～3200Hz 之间浮动。

（3）［pʰ］辅音的 VOT 相比［p］辅音相对较长，男发音人为 61ms，女发音人为 92ms。本项研究没能测量词首［pʰ］辅音的 GAP 时长。

（4）男发音人［pʰ］辅音的音强稍低于女发音人［pʰ］辅音的音强。

（5）东乡语［pʰ］辅音为比较典型的双唇、送气、清塞音。

表 3.7-1　　［pʰ］**辅音参数统计**（M）

参数	VOT	CA	CF1	CF2	CF3
均值	61	48.3	862	1818	2914
变异系数	3%	10%	4%	18%	13%
标准差	2	5	36	329	381

表 3.7-2　　［pʰ］**辅音参数统计**（F）

参数	VOT	CA	CF1	CF2	CF3
均值	92	51.6	1059	1846	3019
变异系数	2%	4%	11%	22%	10%
标准差	2	2	117	380	313

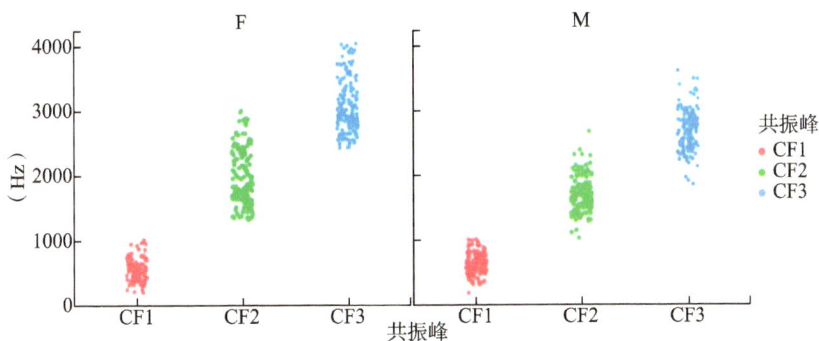

图 3.22　男、女两位发音人 [pʰ] 辅音的第一、第二和第三共振峰
（CF1、CF2、CF3）的分布

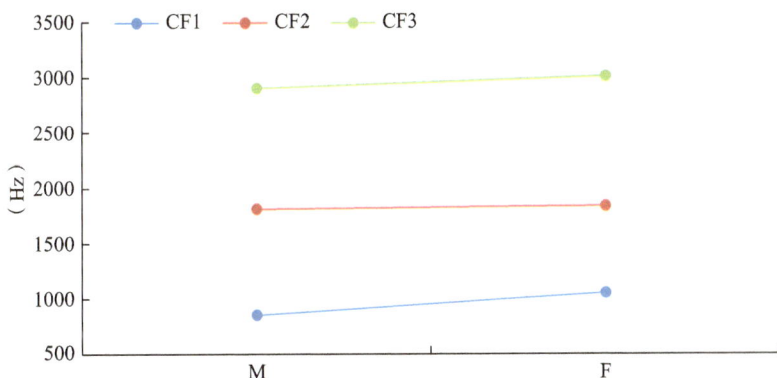

图 3.23　[pʰ] 辅音第一至第三共振峰均值比较（F&M）

2.2　语流中的音变特征分析

2.2.1　[pʰ] 辅音声学参数与其后置元音音质之间的相关性分析

表 3.8 为在 [ɐ]、[i]、[u] 等元音之前出现的 [pʰ] 辅音嗓音起始时间（VOT）、音强（CA）和三个共振峰均值统计表，图 3.24 为男、女两位发音人不同元音之前出现的 [pʰ] 辅音 VOT 比较图，图 3.25 为男、女发音人不同元音之前出现的 [pʰ] 辅音音强比较图，图 3.26-1 和 3.26-2 为不同元音之前出现的 [pʰ] 辅音三个共振峰示意图（以 CF1 的依次上升排列），图 3.26-3 和 3.26-4 为不同元音之前出现的 [pʰ] 辅音三个共振峰示意图（以 CF2 的依次上升排列）。从上述表和图中可以看出，[pʰ] 辅音声学参数与其后置元音音质之间有一定的共同的、具有统计学意义的规律。

（1）[i, u] 等高元音之前 [p] 辅音的音强相对弱。有关这一现象有待进一步研究。

（2）［i，u］等高元音之前［p］辅音的 CF1 频率相对高。这与［i，u］等高元音的 F1 频率低的特征不符。有关这一现象有待进一步研究。

（3）［i］元音之前［p］辅音的 CF2 频率相对高。这与［i］元音舌位吻合。

表 3.8-1　不同元音之前出现的词首［pʰ］辅音声学参数统计（M）

	VOT	CA	CF1	CF2	CF3
u	56	47.20	870	1866	2960
i	67	48.67	914	2112	2810
ɐ	51	49.71	750	1575	2591
总值	61	48.3	862	1818	2914

表 3.8-2　不同元音之前出现的词首［pʰ］辅音声学参数统计（F）

	VOT	CA	CF1	CF2	CF3
u	92	50.10	991	2101	3241
i	70	50.33	876	1812	3099
ɐ	72	55.00	803	1962	2942
总值	92	51.6	1059	1846	3019

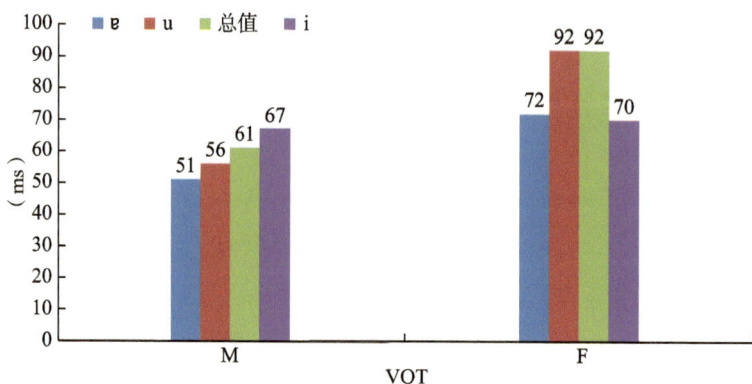

图 3.24　不同元音之前出现的［pʰ］辅音噪音起始时间（VOT）比较（M&F）

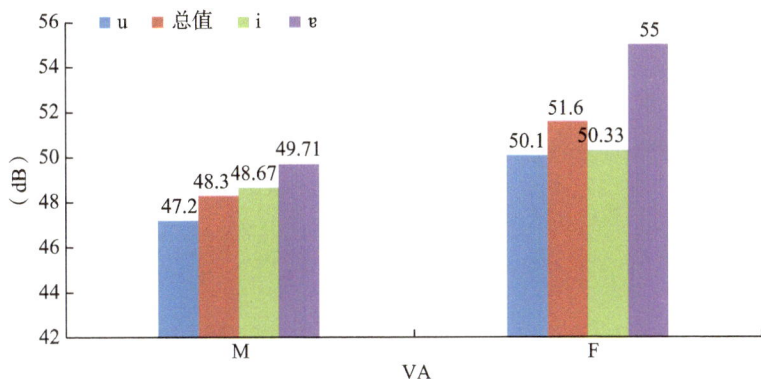

图 3.25　不同元音之前出现的 [pʰ] 辅音音强（CA）比较（F）

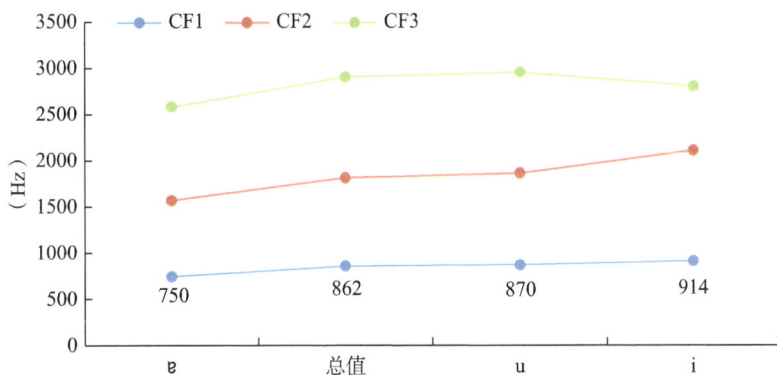

图 3.26-1　不同元音之前出现的 [pʰ] 辅音三个共振峰示意

（以 CF1 的上升为序排列）（M）

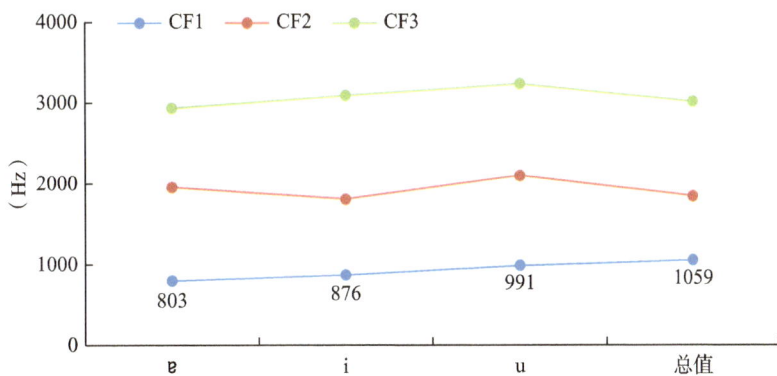

图 3.26-2　不同元音之前出现的 [pʰ] 辅音三个共振峰示意

（以 CF1 的上升为序排列）（F）

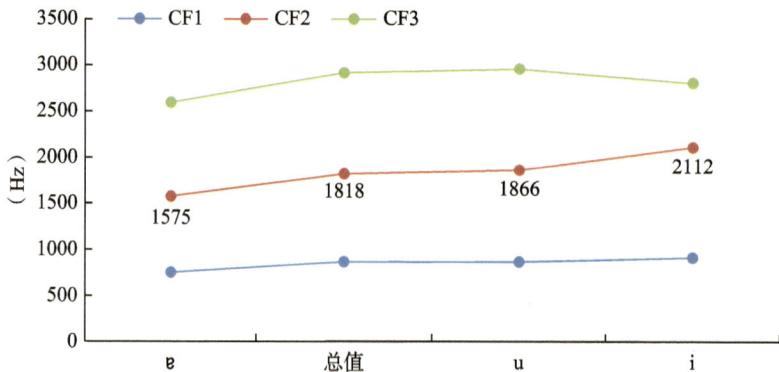

图 3.26-3　不同元音之前出现的 [pʰ] 辅音三个共振峰示意
（以 CF2 的上升为序排列）（M）

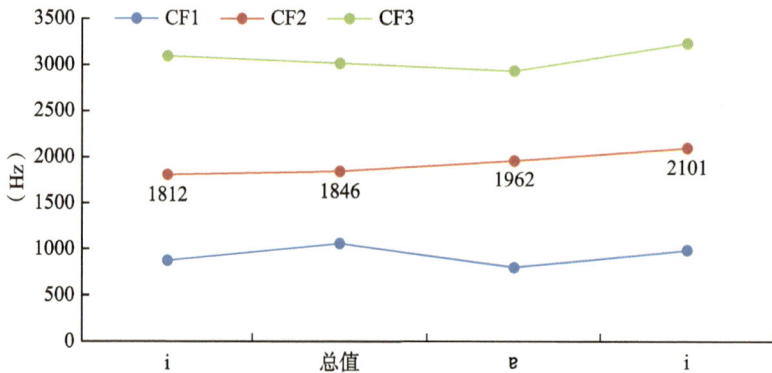

图 3.26-4　不同元音之前出现的 [pʰ] 辅音三个共振峰示意
（以 CF2 的上升为序排列）（F）

（三）/t/辅音

1. /t/辅音变体统计分析

在"东乡语语音声学参数数据库"中/t/辅音出现了 [t]、[d] 两种变体。[t] 辅音在男发音人中出现了 378 次，在词首音节中出现了 86 次，占 23%，非词首音节中出现了 292 次，占 77%；在女发音人中出现了 381 次，词首音节中出现了 90 次，占 24%，非词首音节中出现了 291 次，占 76%。该辅音出现在词首音节与非词首音节首，不会出现在音节末，如 tɐpo [tɐβɔ] "走过"、ɐtɐ [ɐtɐ] "爸爸"。[d] 辅音出现了 2 次，均出现在非词首音节，如 untu [undu]（高）。从/t/辅音 2 种变体的统计分析结果看，无论是从词和音节里的分布特点，还是从词中的出现位置和条件以及出现频率，［t］已具备了作为典型变体的条件，把［t］作为典型变体，符合东乡语语音特点。

显然，东乡语/t/辅音在词中主要以单辅音形式出现于词首与词中音节首位置，不会出现在其他位置。

2. ［t］辅音

2.1　音质及其声学特征

2.1.1　［t］辅音三维语图和语音标注以及频谱图

如上所述，［t］为东乡语/t/辅音的典型变体。图 3.27-1 为 tɐpo［tɐβɔ］"走过"这一词的三维语图、波形图和三层标注实例。图 3.27-2 为东乡语男发音人 tɐpo［tɐβɔ］"走过"一词［p］辅音频谱图。从中可以看出，东乡语词首［p］辅音的冲直条和第一、第二、第三共振峰（CF1、CF2、CF3）的分布模式以及短暂的 VOT。

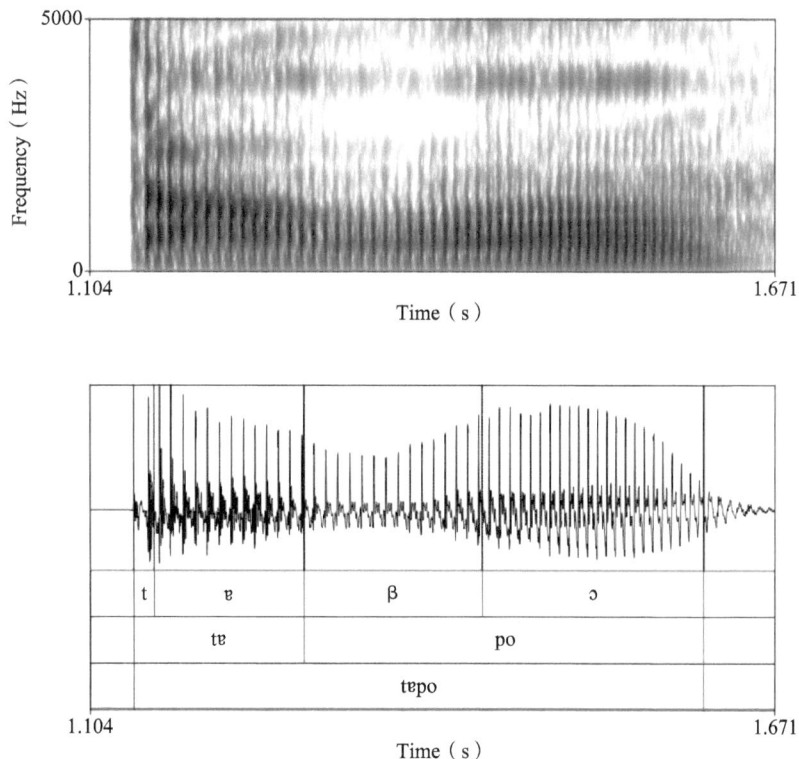

图 3.27-1　男发音人 tɐpo［tɐβɔ］"走过"一词的三维语图、波形图和三层标注实例

Spectrum[30 ms],Ltas（1-to-1）[30 ms]， LPC， all three overlaid

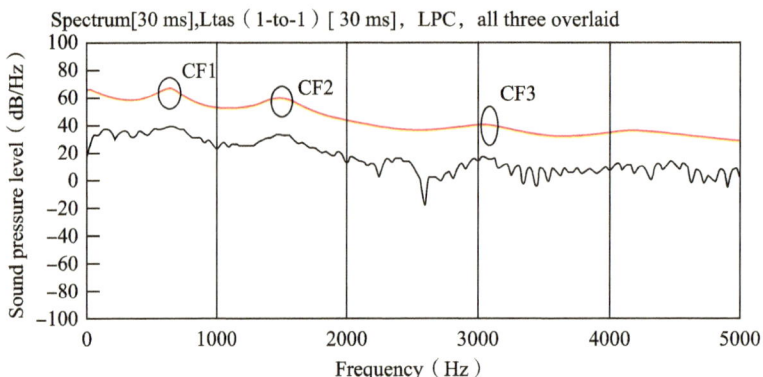

图 3.27-2　男发音人 tɐpo［ctɐβɔ］"走过"一词［t］辅音频谱图

2.1.2　［t］辅音声学参数与音色定位

表 3.9 为男、女发音人［t］辅音的声学参数统计，图 3.28-1 为男、女两位发音人［p］辅音的第一、第二和第三共振峰（CF1、CF2、CF3）的分布图，图 3.28-2 为两位发音人［p］辅音三个共振峰均值比较图。从表 3.8 和图 3.29 中可以看出以下几方面。

（1）男、女发音人［t］辅音第一至第三共振峰均值分别如下。M：CF1 = 864Hz，CF2 = 1790Hz，CF3 = 2934Hz；F：CF1 = 831Hz，CF2 = 1925Hz，CF3 = 2754Hz。男、女发音人［t］辅音第一、第二、第三共振峰 CF2 和 CF3 的变异系数都小于 20%。这说明两个参数相对稳定，离散度小。

（2）从整体上看，女发音人 CF 的频率高于男发音人，但两位发音人［t］辅音的共振峰分布模式基本相同。如，CF1 围绕 800Hz，在 600 ~ 1200Hz 之间浮动；CF2 围绕 1700Hz，在 1400~2200Hz 之间浮动；CF3 围绕 2700Hz，在 2400~3200Hz 之间浮动。

（3）［t］辅音的 VOT 较短，只有近 20 毫秒。因从三维语图上无法准确测量词首塞音、塞擦音的 GAP 的时长，本项研究没能测量词首塞音的 GAP 时长，而是把词中 GAP 的时长作为塞音、塞擦音 GAP 的标准时长。

（4）男发音人［t］辅音的音强明显高于女发音人［t］辅音的音强。辅音音强参数对辅音音色研究意义不大，可以忽略。

（5）东乡语［t］辅音是比较典型的舌尖、不送气、清塞音。以往标记的浊塞音［d］不符合国际音标标准。

东乡语［t］辅音为不送气、清塞音，是/t/辅音音位的典型变体，而不是不送气浊塞音［d］，这与国际音标标记原则不符，我们认为应该用国际音标［t］来标记。

表 3.9 ［t］辅音的声学参数统计（M&F）

M					
	VOT	CA	CF1	CF2	CF3
均值	20	56.7	864	1790	2934
变异系数	12%	7%	20%	17%	8%
标准差	2	4	177	278	240
F					
	VOT	CA	CF1	CF2	CF3
均值	20	47.7	831	1925	2754
变异系数	7%	17%	14%	12%	4%
标准差	2	8	114	215	105

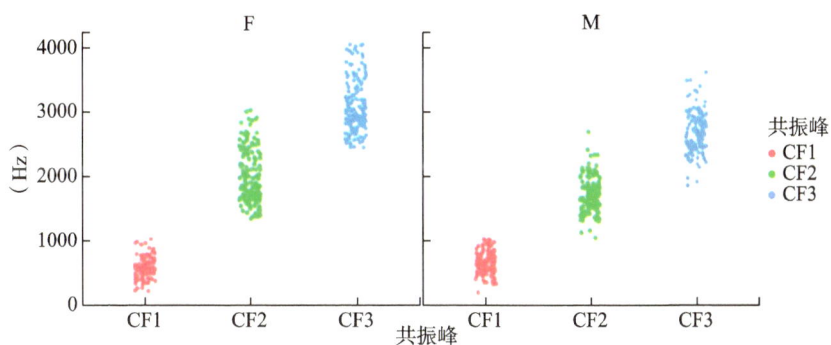

图 3.28-1 ［t］辅音共振峰分布（F&M）

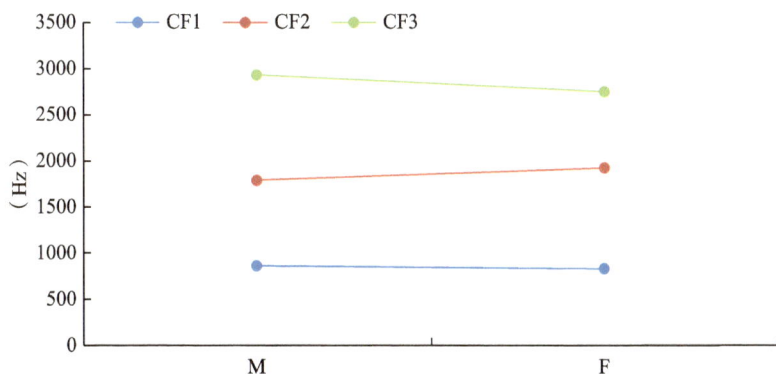

图 3.28-2 ［t］辅音第一至第三共振峰均值比较（F&M）

2.2 语流中的音变特征分析

2.2.1 [t] 辅音声学参数与词中音节位置之间的相关性分析

表 3.10 为词中不同位置 [t] 辅音声学参数统计。图 3.29 为词中不同位置 [t] 辅音 GAP 和 VOT 参数比较，图 3.30 为词中不同位置 [t] 辅音音强比较图。图 3.31 为词中不同位置 [t] 辅音第一、第二和第三共振峰比较图。上述表和图显示，词中位置与 [t] 辅音声学参数之间具有一定的相关性。如，词首 [t] 辅音的 VOT 相比非词首的要长，大约长 20ms；词首 [t] 辅音的音强相比非词首辅音音强要弱，大约弱 4dB；第一共振峰频率词首相比非词首的要高，第二共振峰频率词首相比非词首的要低。

表 3.10-1　不同位置 [t] 辅音声学参数统计（M）

	GAP	VOT	CD	CA	CF1	CF2	CF3
词首		38		56.73	848	1613	2896
		3		4.06	169	262	264
		8%		7%	20%	16%	9%
非词首	107	17	129	60.77	844	1749	2846
	45	1	41	4.96	151	270	264
	42%	6%	32%	8%	18%	15%	9%

表 3.10-2　不同位置 [t] 辅音声学参数统计（F）

	GAP	VOT	CD	CA	CF1	CF2	CF3
词首		18		50.50	862	1965	3097
		1		6.77	438	415	431
		6%		13%	51%	21%	14%
非词首	102	17	120	52.23	819	1951	3022
	22	1	21	7.40	421	432	345
	22%	6%	18%	14%	51%	22%	11%

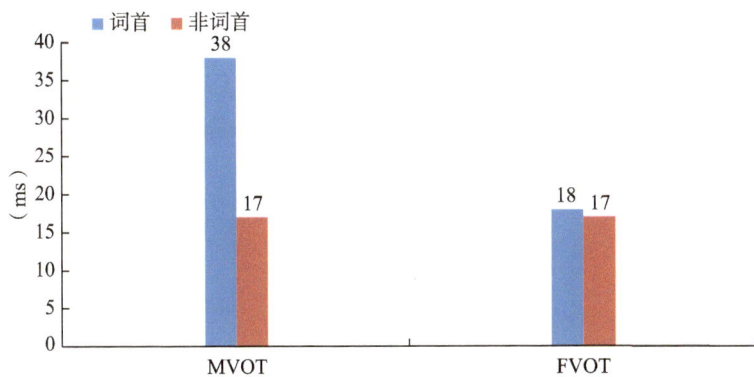

图 3.29 不同位置 [t] 辅音音长比较（M&F）

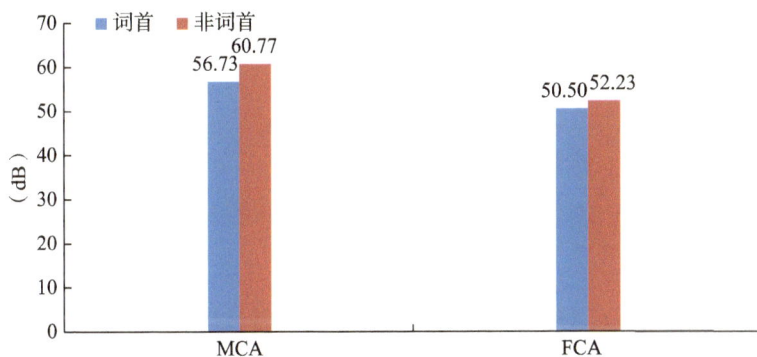

图 3.30 不同位置 [t] 辅音音强比较（M&F）

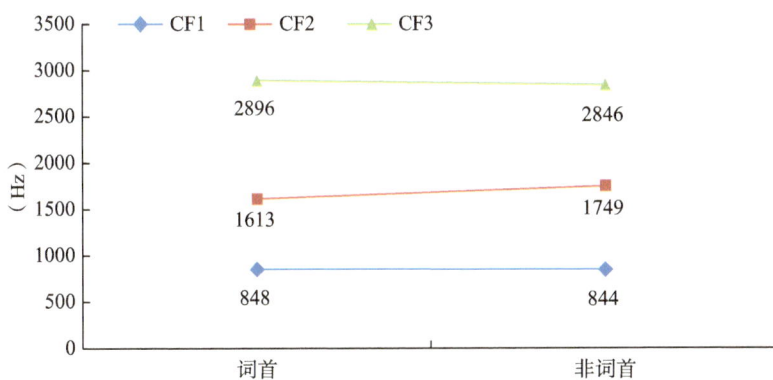

图 3.31-1 不同位置 [t] 辅音共振峰均值比较（M）

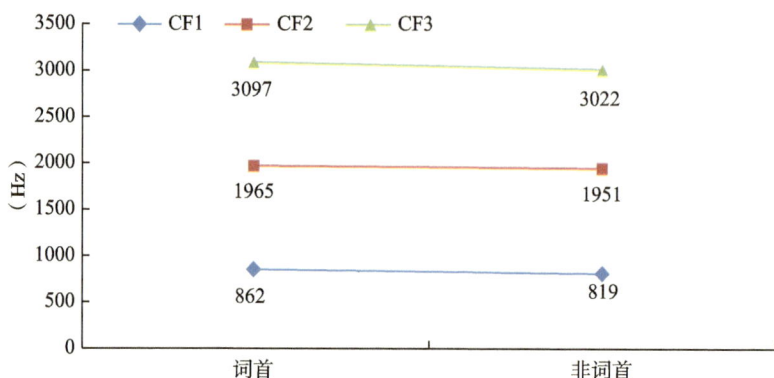

图 3.31-2　不同位置 [t] 辅音共振峰均值比较（F）

　　我们对词首、非词首音节 [t] 辅音的 VOT 参数做了配对样本 T 检验，如表 3.11 所示。

表 3.11　检验结果

检验样本	sig（双侧）	
	VOT	
	M	F
词首音节—非词首音节	0.100	0.084

2.2.2　[t] 辅音声学参数与其后置元音音质之间的相关性分析

　　表 3.12 为在 [ɐ]、[ə]、[i]、[o]、[u] 等元音之前出现的 [t] 辅音的嗓音起始时间（VOT）、辅音音强（CA）、三个共振峰均值统计表，图 3.32 为男、女发音人不同元音之前出现的 [t] 辅音 VOT 比较图，图 3.33 为男、女发音人不同元音之前出现的 [t] 辅音音强比较图。图 3.34-1 为 [t] 辅音第一共振峰（CF1）为排列标准的共振峰示意图。图 3.34-2 为不同元音之前出现的 [p] 辅音三个共振峰示意图（以 CF2 的依次上升排列）。从表 3.11 和图 3.32~3.34 中可以看出，[t] 辅音声学参数与其后置元音音质之间有一定的共同的、具有统计学意义的规律（特点）。

表 3.12-1　不同元音之前 [t] 辅音的嗓音起始时间（VOT）、
辅音音强（CA）、三个共振峰统计（M）

	N		VOT	CA	CF1	CF2	CF3
tu	135	平均值	22	56.07	874	1781	2894
		标准差	1	3.77	134	327	230
		变异系数	5%	7%	15%	18%	8%
to	43	平均值	22	56.26	886	1585	2917
		标准差	12	3.60	155	339	239
		变异系数	32%	6%	17%	21%	8%
ti	14	平均值	22	57.29	923	2054	2990
		标准差	13	3.95	204	210	269
		变异系数	52%	7%	22%	10%	9%
tə	35	平均值	19	60.28	858	1833	2869
		标准差	1	3.13	122	174	187
		变异系数	4%	5%	14%	10%	7%
tɤ	107	平均值	17	62.44	807	1701	2774
		标准差	5	3.71	170	208	317
		变异系数	25%	6%	21%	12%	11%

表 3.12-2　不同元音之前 [t] 辅音的嗓音起始时间（VOT）、
辅音音强（CA）、三个共振峰统计（F）

	N		VOT	CA	CF1	CF2	CF3
tu	65	平均值	20	41.85	915	1823	3085
		标准差	6	6.60	241	293	206
		变异系数	30%	16%	26%	16%	7%
to	11	平均值	21	50.17	793	1821	3157
		标准差	3	4.75	278	581	610
		变异系数	17%	9%	35%	32%	19%
ti	10	平均值	22	48.50	764	2006	2942
		标准差	5	7.94	184	99	261
		变异系数	23%	16%	24%	5%	9%

续表

	N		VOT	CA	CF1	CF2	CF3
tə	29	平均值	20	48.97	838	2076	3094
		标准差	4	4.52	164	138	394
		变异系数	19%	9%	20%	7%	13%
tɐ	88	平均值	17	52.69	771	1900	2965
		标准差	4	5.47	277	214	450
		变异系数	24%	10%	36%	11%	15%

从表 3.12-1 与 3.12-2 可以看出，东乡语 [t] 辅音在后置元音 [ɐ]、[u] 时的出现频率相对较高，M：后置元音为 [ɐ] 时出现 107 次，[u] 时出现 135 次；F：后置元音为 [ɐ] 时出现 88 次，[u] 时出现 65 次。这表明 [t] 辅音与元音 [ɐ] ← [u] 有密切相关。

表 3.12 和图 3.32~3.34 显示，后置元音与 [t] 辅音音长（VOT）之间有一定的相关性。如，央、中元音 [-ɐ，-ə] 比其前后、高元音 [-i，-u，-o] 之前的相对长。高元音 [-i，-u，] 之前 [t] 辅音的音强比其他元音之前的相对较弱。中、央元音 [-ɐ，-ə] 之前的 [t] 辅音比其他元音之前的要强。男、女发音人元音 [-ə，-i] 之前 [t] 辅音第二共振峰（CF2）比其他元音之前的共振峰相对高。

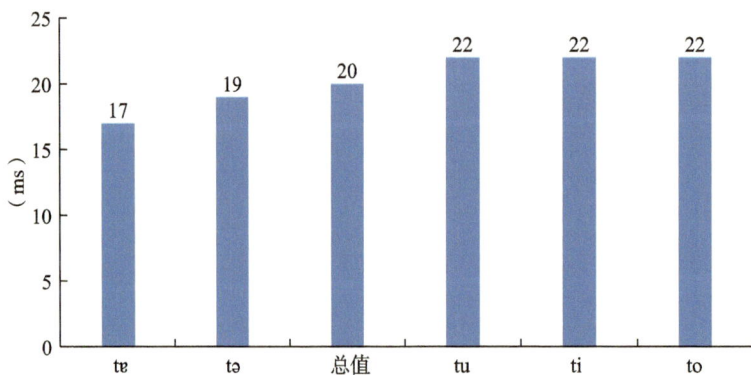

图 3.32-1　不同元音之前 [t] 辅音 VOT 均值比较（M）

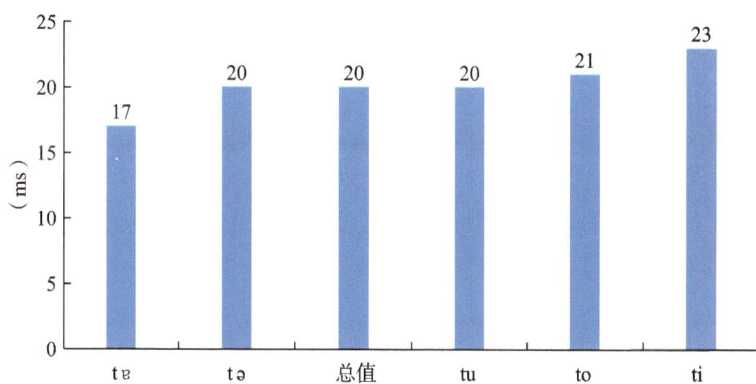

图 3.32-2 不同元音之前 [t] 辅音 VOT 均值比较（F）

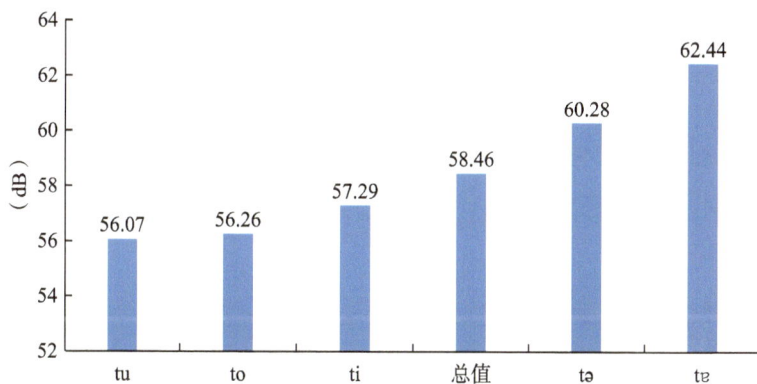

图 3.33-1 不同元音之前 [t] 辅音 CA 均值比较（M）

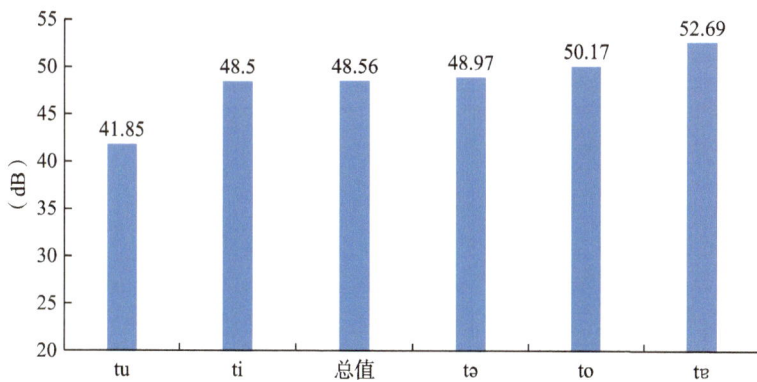

图 3.33-2 不同元音之前 [t] 辅音 CA 均值比较（F）

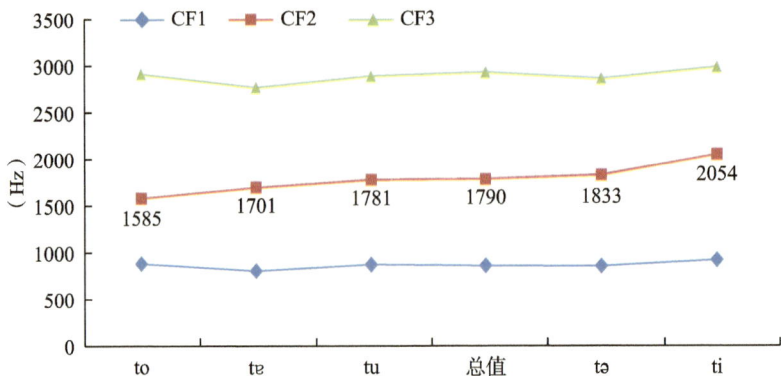

图 3.34-1 不同元音之前［t］辅音的三个共振峰均值

（以 CF2 的上升为序排列）比较（M）

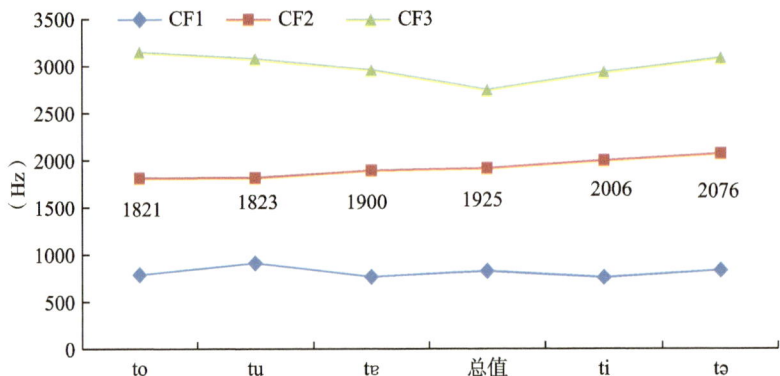

图 3.34-2 不同元音之前［t］辅音的三个共振峰均值

（以 CF2 的上升为序排列）比较（F）

3. ［d］辅音

3.1 音质及其声学特征

3.1.1 ［d］辅音三维语图和语音标注

东乡语［d］辅音为东乡语/t/辅音音位的一种特殊变体，可以说是一种条件变体。/t/辅音为在音节末［n］辅音之后非词首音节音节首时出现的不送气浊塞音［d］辅音变体。该辅音只在女发音人中出现过 2 次。其他时候都发音为清塞音。我们认为该辅音为清音浊流①之后出现的现象。图 3.35

---

① 呼和：《蒙古语音声学研究》，社会科学文献出版社，2018，第 270 页。

为男发音人 untu［undu］"高"这一词的三维语图、波形图和三层标记实例。从该辅音的三维语图中可以看出，该元音为不送气浊塞音，用国际音标［d］来标记。

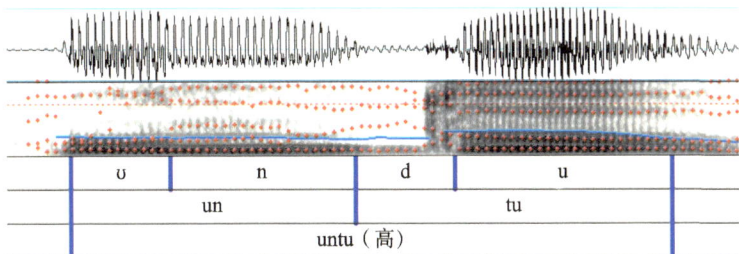

图 3.35　男发音人 untu［undu］"高"这一词的三维语图、波形图和三层标注实例

（四）/tʰ/辅音

1. /tʰ/辅音变体统计分析

东乡语/tʰ/辅音在词中以［tʰ］变体形式共出现了 238 次（M）、201 次（F）。男发音人词首音节中出现了 82 次，非词首音节中出现了 155 次；女发音人词首音节中出现了 61 次，非词首音节中出现了 140 次。该辅音出现在词首音节与非词首音节首，不会出现在音节末，如 tʰɐlɤ［tʰɐlɤ］"合适"、metʰɤ［metʰɤ］"忘记"。

显然，东乡语/tʰ/辅音在词中主要以单辅音形式出现于词首与词中音节首位置，不会出现在其他位置。

2.［tʰ］辅音

2.1　音质及其声学特征

2.1.1　［tʰ］辅音三维语图和语音标注以及频谱图

图 3.35 中［tʰ］为东乡语/tʰ/辅音的典型变体，图 3.36 为男发音人 tʰɐʂi［tʰɐʂʅ］"石头"这一词的三维语图、波形图和三层标注实例，图 3.37 为男发音人 tʰɐʂi［tʰɐʂʅ］"石头"这一词［tʰ］辅音频谱图。

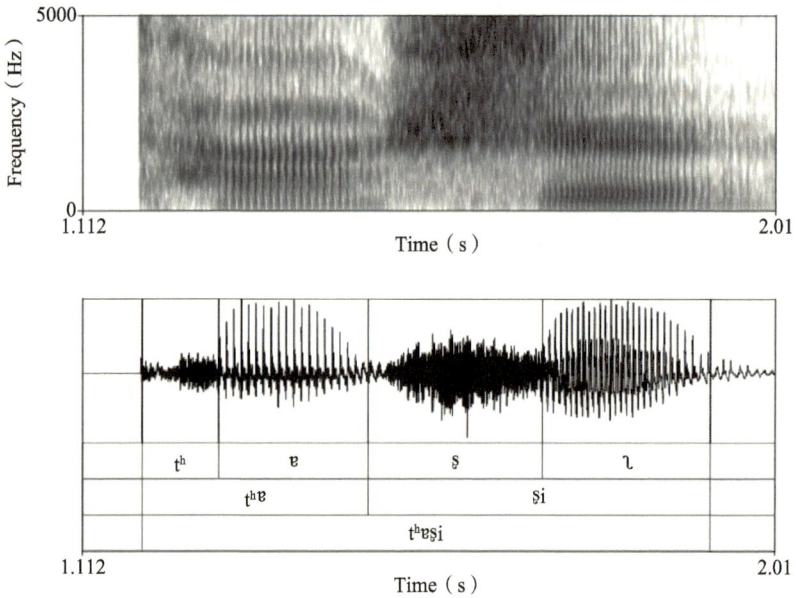

图 3.36-1　男发音人 tʰɐʂi〔tʰɐʂʅ〕"石头"一词的三维语图、波形图和三层标注实例

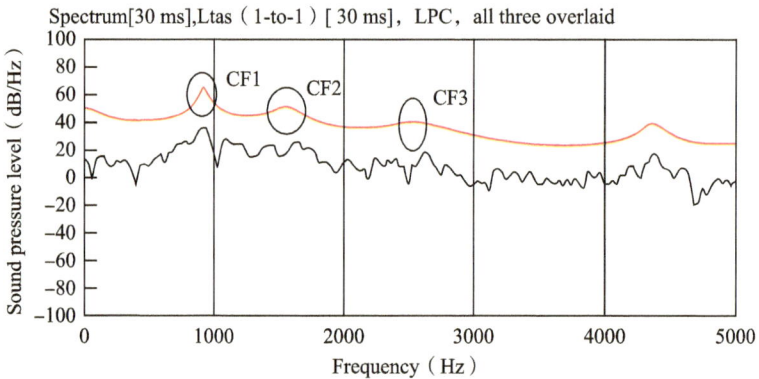

图 3.36-2　男发音人 tʰɐʂi〔tʰɐʂʅ〕"石头"一词〔tʰ〕辅音频谱图

2.1.2　〔tʰ〕辅音声学参数与音色定位

表 3.13 为男、女发音人〔tʰ〕辅音参数统计表。图 3.37-1 为男、女两位发音人〔tʰ〕辅音的第一、第二和第三共振峰（CF1、CF2、CF3）的分布图，图 3.37-2 为两位发音人〔tʰ〕辅音三个共振峰均值比较图。从表 3.13 和图 3.37 中可以看出以下几方面。

（1）男、女发音人〔tʰ〕辅音第一至第三共振峰均值分别如下。M：

CF1 = 885Hz，CF2 = 1764Hz，CF3 = 2948Hz；F：CF1 = 812Hz，CF2 = 1987Hz，CF3 = 3162Hz。男、女发音人［tʰ］辅音第一、第二、第三共振峰 CF2 和 CF3 的变异系数都小于 20%，说明这两个参数相对稳定，离散度小。

（2）从整体上看，女发音人 CF 的频率高于男发音人（除了第一共振峰），但男、女发音人［tʰ］辅音的共振峰分布模式基本相同。如，CF1 围绕 750Hz，在 600~1500Hz 之间浮动；CF2 围绕 1700Hz，在 1400~2500Hz 之间浮动；CF3 围绕 3000Hz，在 2700~3500Hz 之间浮动。

（3）［tʰ］辅音的 VOT 相对较长，接近 80 毫秒。因从三维语图上无法准确测量词首塞音、塞擦音的 GAP 的时长，本项研究没能测量词首塞音的 GAP 时长。把词中 GAP 的时长作为塞音、塞擦音的 GAP 的标准时长。

表 3.13　　［tʰ］辅音参数统计

M					
参数	VOT	CA	CF1	CF2	CF3
均值	81	55.83	885	1764	2948
标准差	3	2	146	344	254
变异系数	4%	4%	16%	20%	9%

F					
参数	VOT	CA	CF1	CF2	CF3
均值	79	51.93	812	1987	3162
标准差	3	6	155	387	486
变异系数	5%	11%	19%	19%	15%

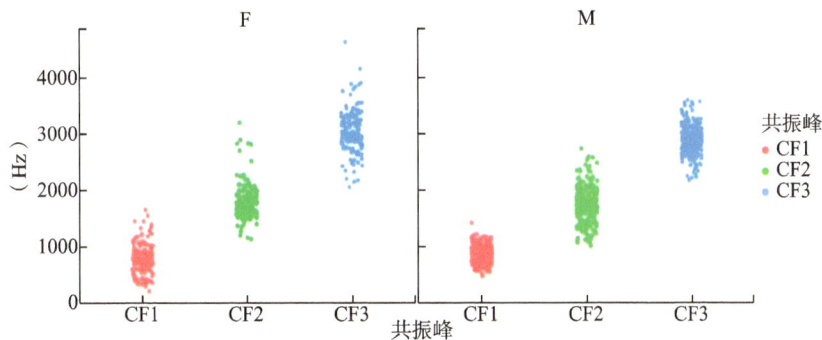

图 3.37-1　　［tʰ］辅音共振峰分布（F&M）

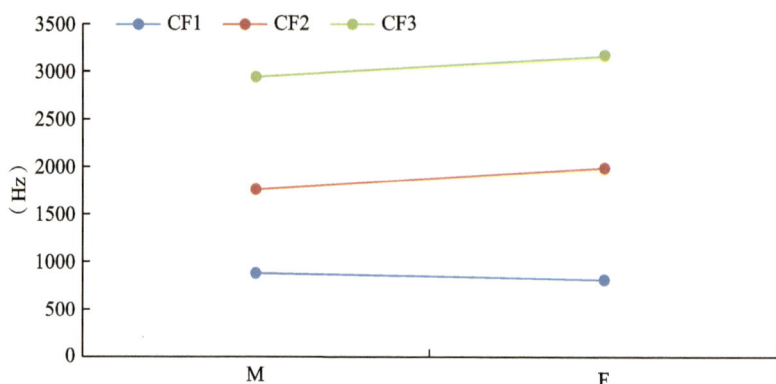

图 3.37-2　[tʰ] **辅音第一至第三共振峰均值比较**（F&M）

（4）男发音人 [tʰ] 辅音的音强明显高于女发音人 [tʰ] 辅音的音强。辅音音强参数对辅音音色研究意义不大，可以忽略。

（5）东乡语 [tʰ] 辅音是比较典型的舌尖、送气、清塞音。

2.2　语流中的音变特征分析

2.2.1　[tʰ] 辅音声学参数与词中音节位置之间的相关性分析

表 3.14 为词中不同位置出现的 [tʰ] 辅音声学参数统计，图 3.38 为词中不同位置上出现的 [tʰ] 辅音 VOT 参数比较图，图 3.39 为词中不同位置上出现的 [tʰ] 辅音音强（CA）比较图，图 3.40 为词中不同位置上出现的 [tʰ] 辅音第一、第二和第三共振峰比较图。上述表和图显示，词中位置与 [tʰ] 辅音声学参数之间具有一定的相关性。如，词首 [tʰ] 辅音的 VOT 相比非词首的要长，大约长 20ms；词中位置与 [tʰ] 辅音的音强的相关性相对较小，可以忽略不计。第一共振峰频率词首相比非词首的要高，第二共振峰频率词首相比非词首要低。

表 3.14-1　**词中不同音节位置上出现的** [tʰ] **辅音声学参数统计**（M）

	GAP	VOT	CD	CA	CF1	CF2	CF3
词首		85		55.19	883	1751	2938
		29		2.71	150	298	242
		34%		5%	17%	17%	8%
非词首	96	83	183	56.03	908	1813	2931
	33	27	42	3.55	149	288	262
	34%	33%	23%	6%	16%	16%	9%

表 3.14-2 词中不同音节位置上出现的［tʰ］辅音声学参数统计（F）

	GAP	VOT	CD	CA	CF1	CF2	CF3
		95		53.85	813	1784	3162
词首		34		6.56	358	388	487
		36%		12%	44%	20%	15%
	101	63	164	46.29	857	1805	3047
非词首	23	16	26	8.88	218	262	321
	23%	25%	16%	19%	25%	14%	11%

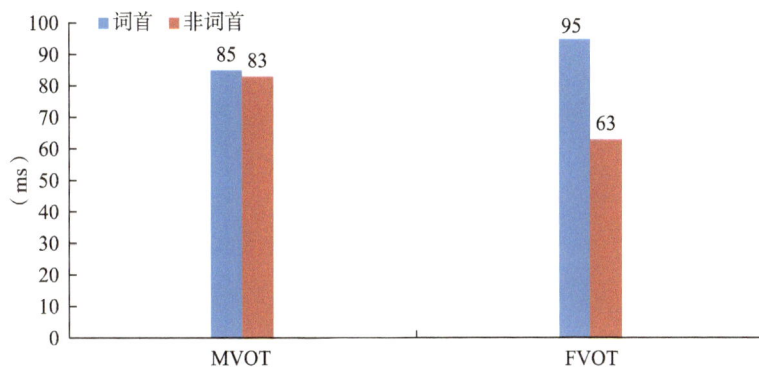

图 3.38 词中不同音节位置上出现的［tʰ］辅音 VOT 比较（M&F）

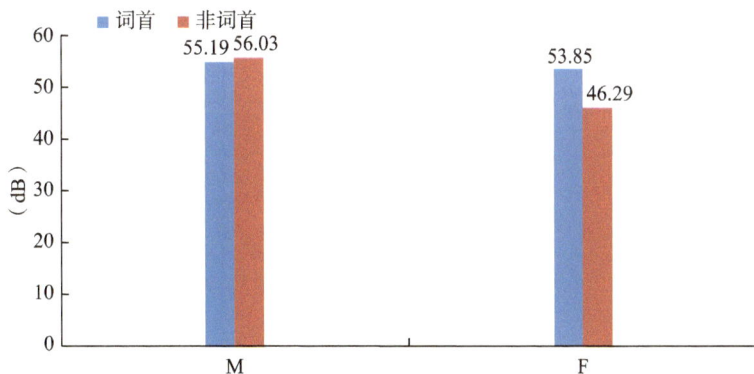

图 3.39 词中不同音节位置上出现的［tʰ］辅音音强（CA）比较（M&F）

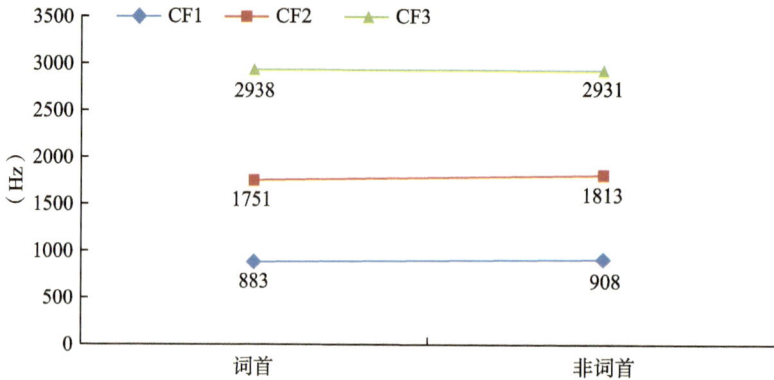

图 3.40-1　词中不同位置上出现的 [tʰ] 辅音共振峰均值比较（M）

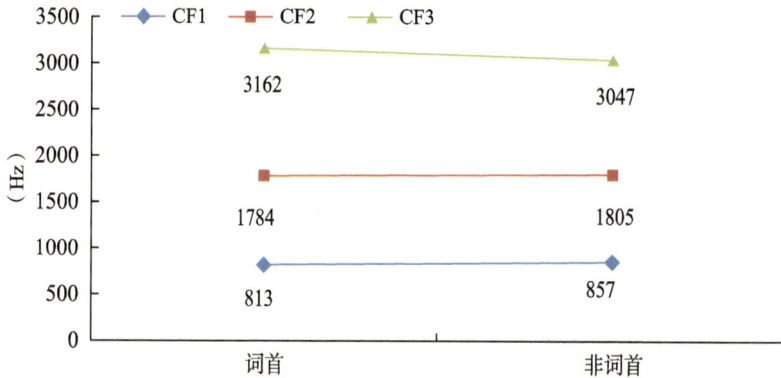

图 3.40-2　词中不同位置上出现的 [tʰ] 辅音共振峰均值比较（F）

我们对词首、非词首音节 [tʰ] 辅音的 VOT 参数做了配对样本 T 检验（见表 3.15）。

表 3.15　检验结果

检验样本	sig（双侧）	
	VOT	
	M	F
词首音节—非词首音节	0.000	0.000

2.2.2　[tʰ] 辅音声学参数与其后置元音音质之间的相关性分析

表 3.16 为在 [ɐ]、[ə]、[i]、[o]、[u] 等元音之前出现的 [tʰ] 辅音的嗓音起始时间（VOT）、辅音音强（CA）和三个共振峰均值统计表。

图 3.41 为男、女发音人不同元音之前出现的 [tʰ] 辅音 VOT 比较图，图 3.42 为男、女发音人不同元音之前出现的辅音音强（CA）比较图。图 3.43 为以不同元音之前出现的 [tʰ] 辅音三个共振峰示意图（以 CF2 的依次上升排列）。从表 3.16 和图 3.41~3.43 中可以看出，[tʰ] 辅音声学参数与其后置元音音质之间有一定的共同的、具有统计学意义的规律（特点）。

表 3.16-1　不同元音之前出现的词首 [tʰ] 辅音声学参数统计（M）

	N		VOT	CA	CF1	CF2	CF3
tʰu	172	平均值	86	55.62	932	1823	2945
		标准差	27	3.36	147	300	252
		变异系数	31%	6%	16%	16%	9%
tʰo	15	平均值	86	56.60	895	1574	2873
		标准差	39	4.00	141	269	193
		变异系数	42%	7%	16%	17%	7%
tʰi	15	平均值	81	53.88	903	1958	3082
		标准差	23	0.83	174	291	254
		变异系数	26%	2%	19%	15%	8%
tʰɐ	48	平均值	74	57.21	840	1707	2841
		标准差	26	2.70	119	191	247
		变异系数	35%	5%	14%	11%	9%

表 3.16-2　不同元音之前出现的词首 [tʰ] 辅音声学参数统计（F）

	N		VOT	CA	CF1	CF2	CF3
tʰu	83	平均值	85	43.77	895	1795	3128
		标准差	29	6.08	212	237	258
		变异系数	44%	14%	24%	13%	8%
tʰo	16	平均值	83	52.75	930	2060	3229
		标准差	22	6.82	310	534	567
		变异系数	29%	13%	33%	26%	18%
tʰi	10	平均值	87	53.00	1356	2520	3629
		标准差	18	7.07	348	490	402
		变异系数	20%	13%	26%	19%	11%

	N		VOT	CA	CF1	CF2	CF3
tʰɐ	34	平均值	78	58.18	662	1811	3018
		标准差	20	7.33	277	254	500
		变异系数	23%	13%	42%	14%	17%

从表 3.16-1 和 3.16-2 可以看出，东乡语 [tʰ] 辅音在后置元音 [ɐ] [u] 时的出现频率相对较高，M：后置元音为 [ɐ] 时出现 48 次，[u] 时出现 172 次；F：后置元音为 [ɐ] 时出现 34 次，[u] 时出现 83 次。这说明 [tʰ] 辅音与元音 [ɐ]、[u] 有密切相关。

表 3.16 和图 3.41 显示，后置元音与 [tʰ] 辅音音长（VOT）之间有一定的相关性。如，央、中元音 [-ɐ] 比其前后、高元音 [-i, -u, -o] 之前的相对短，大约短 10ms。

表 3.16 和图 3.42 显示，后置元音与 [tʰ] 辅音音强（CA）之间有一定的相关性。高元音 [-u]（除了男发音人 [i] 元音外）之前 [tʰ] 辅音的音强比其他元音之前的相对较弱，大约弱 2dB。

表 3.16 和图 3.43 显示，后置元音与 [tʰ] 辅音共振峰频率（CF）之间有一定的相关性。相比第一共振峰总均值 [885（M）、812（F）] 男、女发音人中、央元音 [-ɐ] 之前 [tʰ] 辅音第一共振峰（CF1）比其他元音之前的共振峰频率相对低，相比之下高、后元音相对较高。

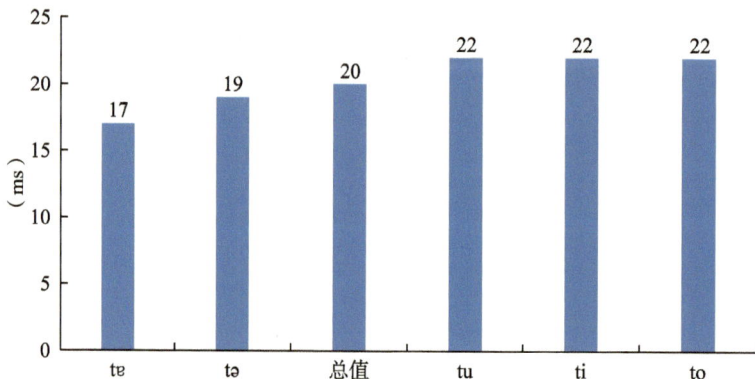

图 3.41-1　不同元音之前出现的 [tʰ] 辅音 VOT 均值比较（M）

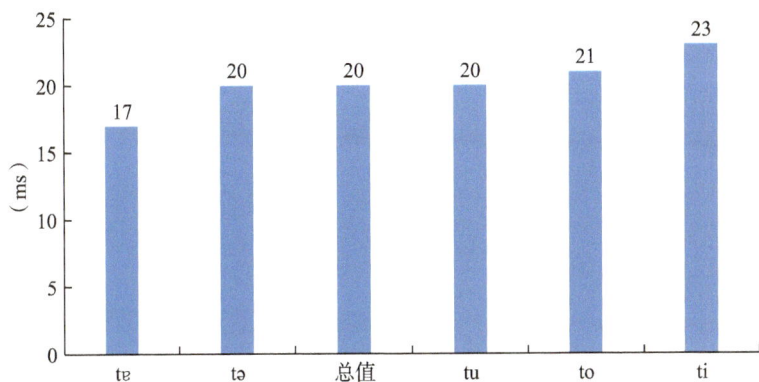

图 3.41-2　不同元音之前出现的 [tʰ] 辅音 VOT 均值比较（F）

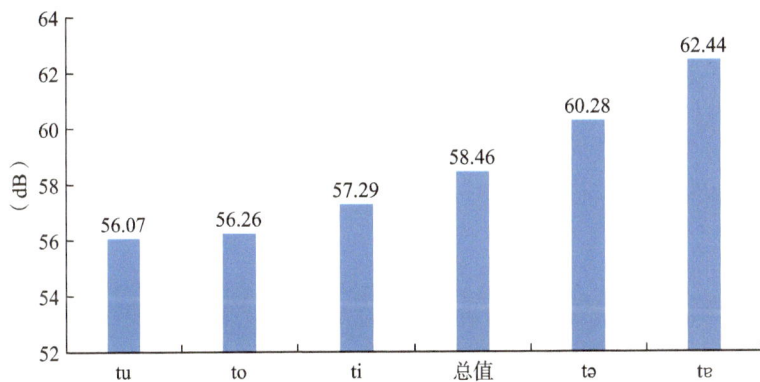

图 3.42-1　不同元音之前出现的 [tʰ] 辅音 CA 均值比较（M）

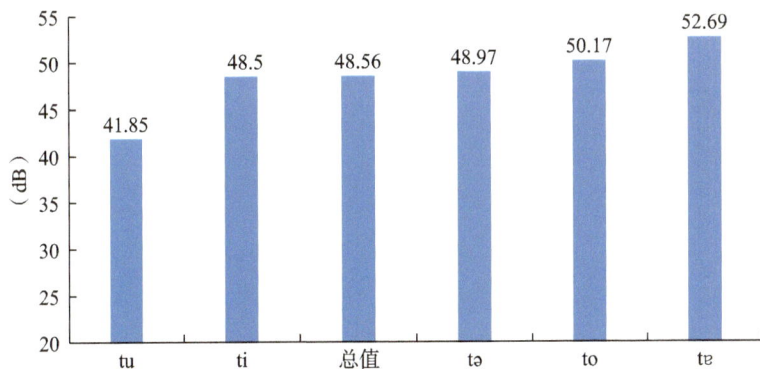

图 3.42-2　不同元音之前出现的 [tʰ] 辅音 CA 均值比较（F）

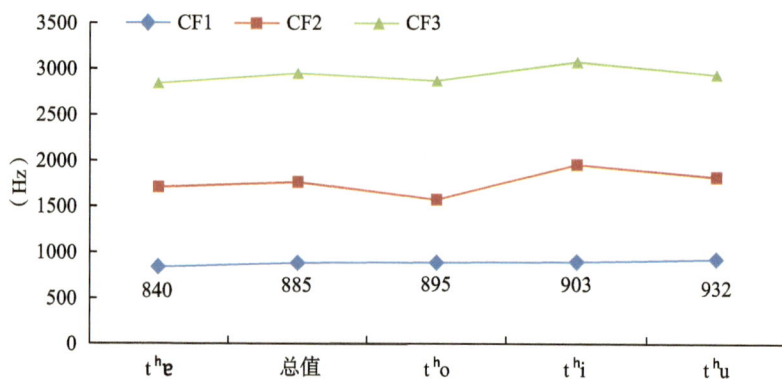

图 3.43-1　不同元音之前出现的［tʰ］辅音的三个共振峰均值

（以 CF1 的上升为序排列）比较（M）

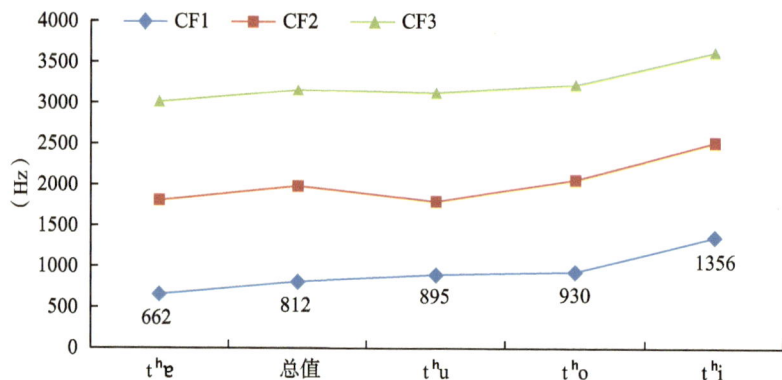

图 3.43-2　不同元音之前出现的［t］辅音的三个共振峰均值

（以 CF1 的上升为序排列）比较（F）

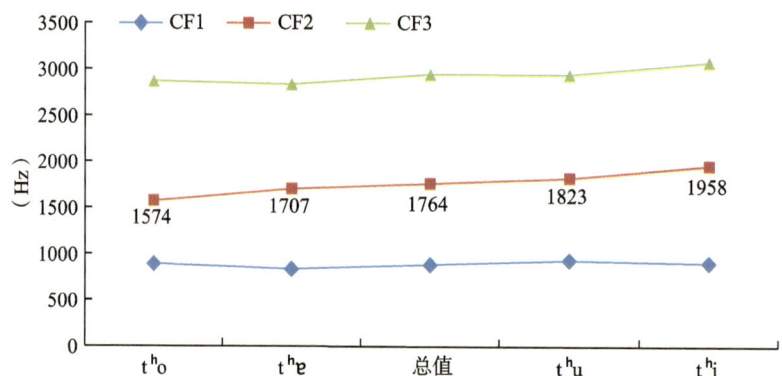

图 3.43-3　不同元音之前出现的［tʰ］辅音的三个共振峰均值

（以 CF2 的上升为序排列）比较（M）

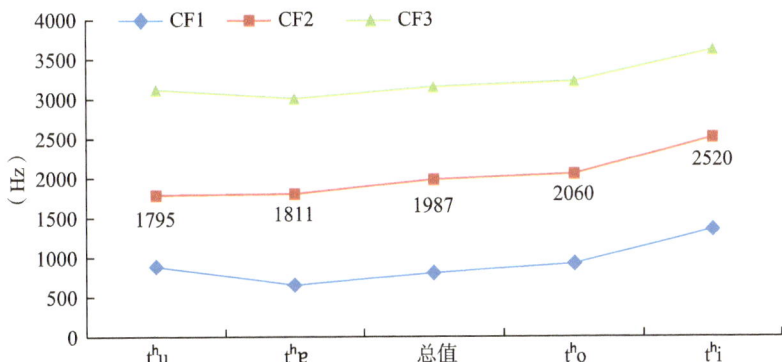

图 3.43-4　不同元音之前出现的 [t] 辅音的三个共振峰均值
（以 CF2 的上升为序排列）比较（F）

（五）/k/辅音

1. /k/辅音变体统计分析

表 3.17 为/k/辅音音位变体在"东乡语语音声学参数数据库"中的出现频率统计表。可以看出，东乡语/k/辅音在词中以 [k]、[ɣ]、[q] 等 3 种变体形式分别出现了 643 次（M）和 601 次（F）。其中，变体 [k] 的出现频率较高，出现频率最高的是变体 [ɣ]。M 的 [k] 变体共出现 197 次，占所有/k/辅音变体的 31%；F 的 [k] 变体共出现 174 次，占所有/k/辅音变体的 29%。M 的 [ɣ] 变体共出现 267 次，占所有/k/辅音变体的 42%；F 的 [ɣ] 变体共出现 271 次，占所有/k/辅音变体的 29%。从/k/辅音 3 种变体的统计分析结果看，无论是从词和音节里的分布特点，还是从词中的出现位置和条件以及出现频率，[k] 已具备了作为典型变体的条件，把 [k] 作为典型变体，符合东乡语语音特点。

[k] 辅音出现在词首或非词首音节首，[q] 辅音在词首或非词首元音 [-o，-u] 元音之前，[ɣ] 辅音出现在非词首音节和词中两个元音之间，如 keke [kekɐ]"哥哥"、kɐ [qɐ]"手"、mikɐ [miɣɐ]"肉"、kɛmi [χɛmi]"闭眼"。

表 3.17 /k/辅音出现频率统计

	M		F	
	出现次数	百分比	出现次数	百分比
/k/	643		601	
[k]	197	31%	174	29%
[q]	119	19%	108	18%
[ɣ]	267	42%	271	45%

2. ［k］辅音

2.1 音质及其声学特征

2.1.1 ［k］辅音三维语图和语音标注以及频谱图

如上所述，［k］为东乡语/k/辅音的典型变体。图 3.44-1 为男发音人 kɐkɐ［kɐkɐ］"哥哥"一词的三维语图、波形图和三层标注实例。图 3.44-2 为东乡语男发音人［kɐkɐ］"哥哥"一词［k］辅音频谱图。从中可以看出，东乡语词首［k］辅音的冲直条和第一、第二、第三共振峰（CF1、CF2、CF3）的分布模式以及 VOT。

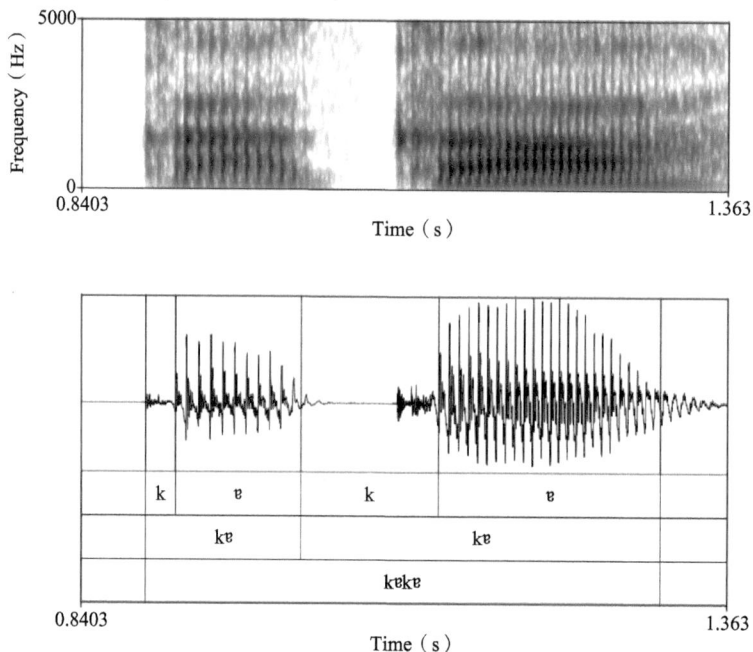

图 3.44-1　男发音人 kɐkɐ［kɐkɐ］"哥哥"一词的三维语图、波形图和三层标注实例

Spectrum[30 ms],Ltas（1-to-1）[30 ms]，LPC，all three overlaid

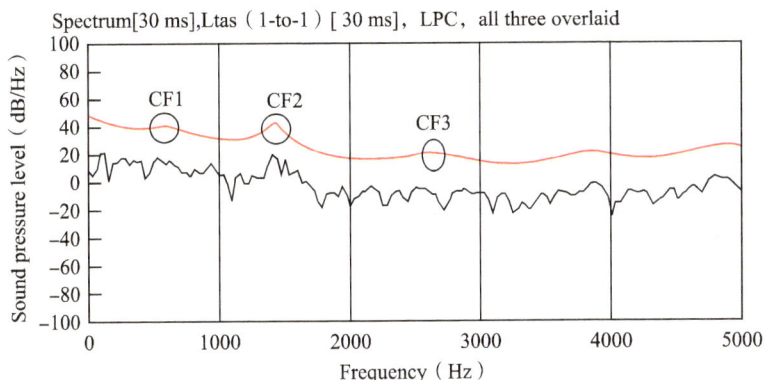

图 3.44-2　男发音人 kɵkɵ [kɵkɵ] "哥哥" 一词 [k] 辅音频谱图

2.1.2　[k] 辅音声学参数与音色定位

表 3.18 为男、女发音人 [k] 辅音参数统计表。图 3.45-1 为男、女发音人 [k] 辅音的第一、第二和第三共振峰（CF1、CF2、CF3）的分布图，图 3.45-2 为男、女发音人 [k] 辅音三个共振峰均值比较图。从表 3.18 和图 3.45 中可以看出以下几方面。

（1）男、女发音人 [k] 辅音第一至第三共振峰均值分别如下。M：CF1 = 705Hz，CF2 = 1321Hz，CF3 = 2935Hz；F：CF1 = 810Hz，CF2 = 1480Hz，CF3 = 3097Hz。男、女发音人 [k] 辅音第一、第二共振峰的变异系数较大，说明参数相对不稳定，离散度大。但该辅音第三共振峰 CF3 的变异系数都小于 20%。这说明两个参数相对稳定，离散度小。

（2）从整体上看，女发音人 CF 的频率高于男发音人，但男、女发音人 [k] 辅音的共振峰分布模式基本相同。如，CF1 围绕 700Hz，在 500~1400Hz 之间浮动；CF2 围绕 1200Hz，在 900~1700Hz 之间浮动；CF3 围绕 2900Hz，在 2400~3500Hz 之间浮动。

（3）[k] 辅音的 VOT 较短，只有近 30 毫秒。因从三维语图上无法准确测量词首塞音、塞擦音 GAP 的时长，本项研究没能测量词首塞音的 GAP 时长，而是把词中 GAP 的时长作为塞音、塞擦音 GAP 的标准时长。

（4）男发音人 [k] 辅音的音强明显高于女发音人 [k] 辅音的音强。辅音音强参数对辅音音色研究意义不大，可以忽略。

（5）东乡语 [k] 辅音是比较典型的舌面—软腭、不送气、清塞音。以往标记的浊塞音 [g] 不符合国际音标标准。

表 3.18　　［k］辅音参数统计

参数	VOT	CA	CF1	CF2	CF3
M					
均值	31	51	705	1321	2935
变异系数	8%	8%	29%	36%	17%
标准差	3	4	206	482	498
F					
均值	30	48	810	1480	3097
变异系数	7%	10%	33%	30%	17%
标准差	2	5	269	441	539

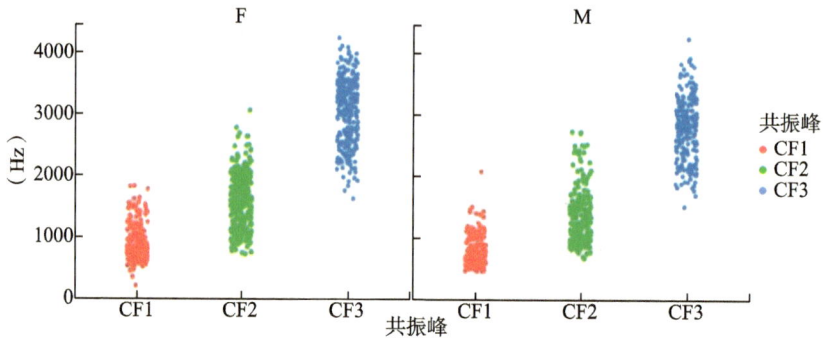

图 3.45-1　　［k］辅音第一至第三共振峰分布（F&M）

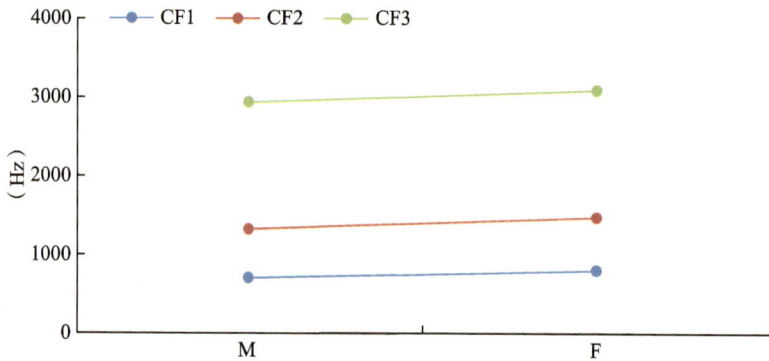

图 3.45-2　　［k］辅音第一至第三共振峰均值比较（F&M）

2.2　语流中的音变特征分析

2.2.1　［k］辅音声学参数与词中音节位置之间的相关性分析

表3.19为词中不同位置上出现的［k］辅音声学参数统计。图3.46为词中不同位置上出现的［k］辅音 GAP 和 VOT 参数比较，图3.47为词中不同位置上出现的［k］辅音音强比较图。图3.48为词中不同位置上出现的［k］辅音的第一、第二和第三共振峰均值比较图。上述表和图显示，词中位置与［k］辅音声学参数之间具有一定的相关性。如，词首［k］辅音的 VOT 相比非词首的要长，大约长 20ms；词首［k］辅音的音强相比非词首的要弱，大约弱 2dB。第一共振峰频率词首相比非词首的要高，第二共振峰频率词首相比非词首要低。

表 3.19-1　词中不同音节位置上出现的［k］辅音声学参数统计（M）

	GAP	VOT	CD	CA	CF1	CF2	CF3
词首		34		53.16	693	1184	2874
		11		5.35	215	281	542
		32%		10%	31%	24%	19%
非词首	86	37	124	57.38	765	1277	2655
	27	25	37	4.75	238	417	518
	31%	68%	30%	8%	31%	33%	20%

表 3.19-2　词中不同音节位置上出现的［k］辅音声学参数统计（F）

	GAP	VOT	CD	CA	CF1	CF2	CF3
词首		31		39.23	810	1480	3087
		14		5.27	269	441	539
		45%		13%	33%	30%	17%
非词首	103	33	136	40.19	875	1640	3057
	29	19	33	6.39	263	433	526
	28%	58%	24%	16%	30%	26%	17%

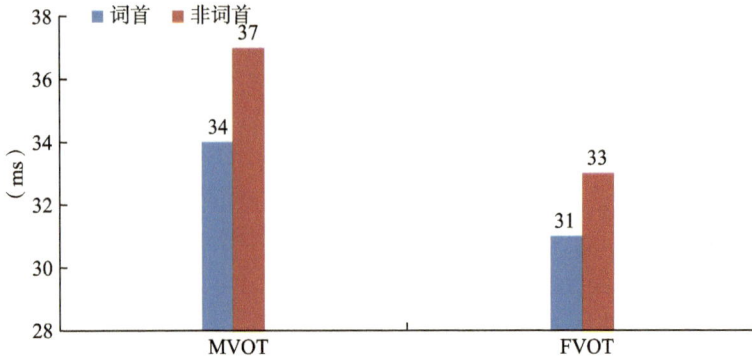

图 3.46　不同音节位置上出现的［k］辅音音长均值比较（M&F）

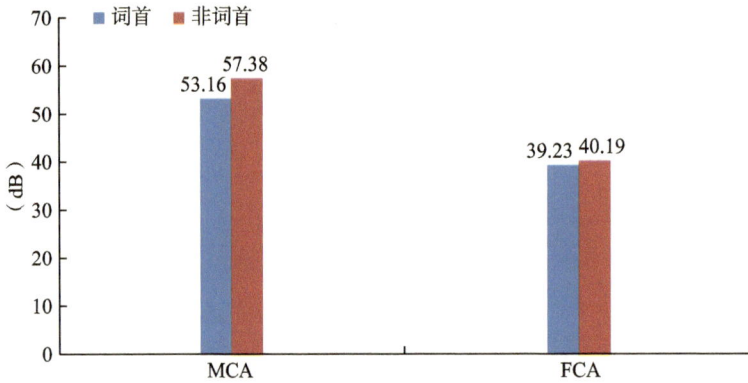

图 3.47　不同音节位置上出现的［k］辅音音强均值比较（M&F）

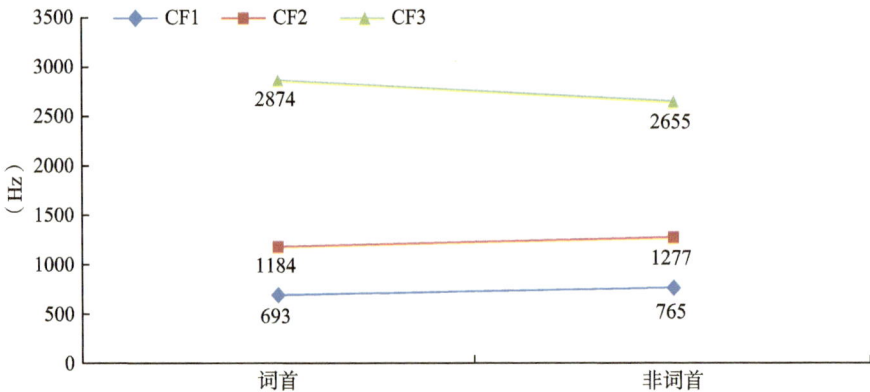

图 3.48-1　不同音节位置上出现的［k］辅音共振峰均值比较（M）

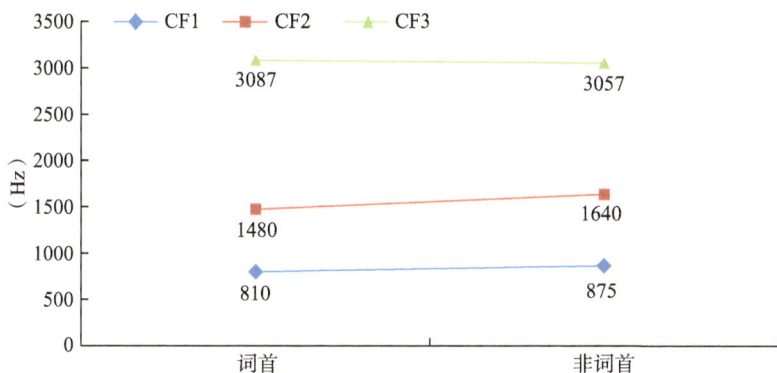

图 3.48-2 不同音节位置上出现的 [k] 辅音共振峰均值比较（F）

我们对词首、非词首音节 [k] 辅音的 VOT 参数做了配对样本 T 检验，如表 3.20 所示。

表 3.20 检验结果

检验样本	sig（双侧）	
	VOT	
	M	F
词首音节—非词首音节	0.207	0.211

2.2.2 [k] 辅音声学参数与其后置元音音质之间的相关性分析

表 3.21 为在 [ɤ]、[ə]、[i]、[o]、[u] 等元音之前出现的 [k] 辅音的噪音起始时间（VOT）、辅音音强（CA）、三个共振峰均值统计表。图 3.49 为男、女发音人不同元音之前出现 [k] 辅音 VOT 比较图。图 3.50 为男、女发音人不同元音之前出现的辅音音强比较图。图 3.51-1 和 3.51-2 为以不同元音之前出现的 [k] 辅音三个共振峰示意图（以 CF1 的依次上升排列），图 3.51-3 和 3.51-4 为以不同元音之前出现的 [k] 辅音三个共振峰示意图（以 CF2 的依次上升排列）。从表 3.20 和图 3.49~3.51 中可以看到：[k] 辅音声学参数与其后置元音音质之间有一定共同的、具有统计学意义的规律（特点）。

（1）从表 3.21-1 和 3.21-2 可以看出，东乡语 [k] 辅音在后置元音 [ɤ]、[u]、[o] 时的出现频率相对较高，M：后置元音为 [ɤ]、[u]、[o] 时分别出现 39 次、75 次、36 次；F：后置元音为 [ɤ]、[u]、[o] 时分别出现 52 次、65 次、50 次。这说明 [k] 辅音与 [ɐ]、[u]、[o] 三个元音密切相关。

（2）表 3.21 和图 3.49 显示，后置元音与 [k] 辅音音长（VOT）之间有一定的相关性。如，以 [k] 辅音音长（VOT）总均值 [31ms（M）、30ms（F）] 为分界点，后置元音为 [ɐ] ← [ə] ← [o] 时 [k] 辅音音长（VOT）相比后置元音为 [u] ← [i] ← [e] 时的要短，大约短 3ms。

（3）表 3.21 和图 3.50 显示，后置元音与 [k] 辅音音强（CA）之间有一定的相关性。以 [k] 辅音音强（CA）总均值 [56.65dB（M）、40dB（F）] 为分界点，高元音 [-i, -u]（除了女发音人 [o] 元音外）之前 [k] 辅音的音强相比中、央元音 [-ɐ, -ə] 之前的要弱，大约弱 2dB。

（4）表 3.21 和图 3.51 显示，后置元音与 [k] 辅音共振峰频率（CF）之间有一定的相关性。以第一共振峰总均值 [705Hz（M）、810Hz（F）] 为分界点，[k] 辅音后置元音为后元音 [-o, -u] 时第一共振峰（CF1）频率有明显下降，大约下降 50~100Hz；[k] 辅音后置元音为中、央元音 [-ɐ, -ə] 时第一共振峰（CF1）频率有明显上升，大约上升 50~100Hz。以第二共振峰总均值 [1321Hz（M）、1480Hz（F）] 为分界点，[k] 辅音后置元音为后元音 [-o, -u] 时第二共振峰（CF2）频率有明显下降，大约下降 100~150Hz；[k] 辅音后置元音为前元音 [-i, -e] 时第二共振峰（CF2）频率有明显上升，大约上升 100~200Hz。

表 3.21-1　不同元音之前出现的词首 [k] 辅音声学参数统计（M）

	N		VOT	CA	CF1	CF2	CF3
ku	75	平均值	41	55.45	597	1193	2739
		标准差	29	5.64	119	954	620
		变异系数	71%	10%	20%	80%	23%
ko	36	平均值	31	54.62	645	1072	2764
		标准差	18	5.69	100	239	573
		变异系数	58%	10%	16%	22%	21%
ki	7	平均值	32	55.14	881	1784	2659
		标准差	13	3.72	207	392	440
		变异系数	41%	7%	24%	22%	17%

续表

	N		VOT	CA	CF1	CF2	CF3
ke	12	平均值	32	55.14	881	1784	2659
		标准差	13	3.72	207	392	440
		变异系数	41%	7%	24%	22%	17%
kə	10	平均值	23	60.67	919	1374	2705
		标准差	8	4.04	266	150	239
		变异系数	35%	7%	29%	11%	9%
kɐ	39	平均值	27	58.86	945	1373	2642
		标准差	11	5.19	193	132	470
		变异系数	41%	9%	20%	10%	18%

表 3.21-2　不同元音之前出现的词首 [k] 辅音声学参数统计（F）

	N		VOT	CA	CF1	CF2	CF3
ku	65	平均值	31	38.67	654	1275	3068
		标准差	18	5.36	100	377	577
		变异系数	58%	14%	15%	30%	19%
ko	50	平均值	27	42.56	684	1102	3000
		标准差	11	6.55	86	291	596
		变异系数	41%	15%	13%	26%	20%
ki	6	平均值	58	35.17	936	2123	3355
		标准差	31	3.25	206	231	134
		变异系数	53%	9%	22%	11%	4%
ke	15	平均值	33	38.93	884	1842	2957
		标准差	17	4.32	383	185	453
		变异系数	52%	11%	43%	10%	15%
kə	5	平均值	14	46.33	919	1645	2780
		标准差	2	2.08	223	101	520
		变异系数	14%	4%	24%	6%	19%
kɐ	52	平均值	30	41.06	1017	1566	3054
		标准差	16	4.66	265	164	561
		变异系数	53%	11%	26%	10%	18%

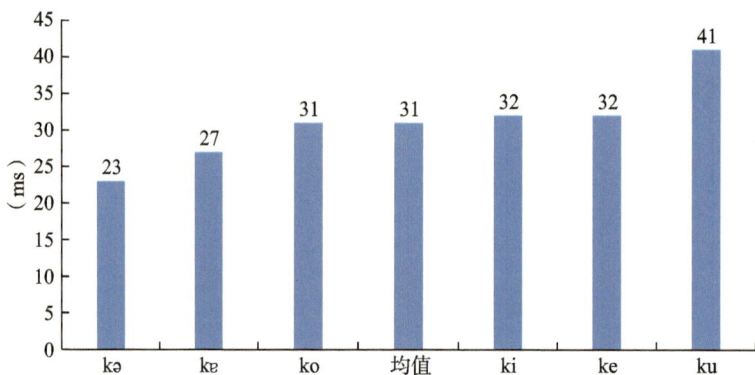

图 3.49-1　不同元音之前出现的［k］辅音 VOT 均值比较（M）

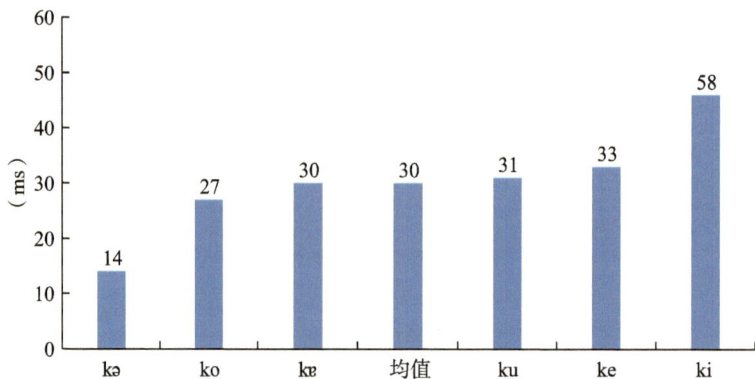

图 3.49-2　不同元音之前出现的［k］辅音 VOT 均值比较（F）

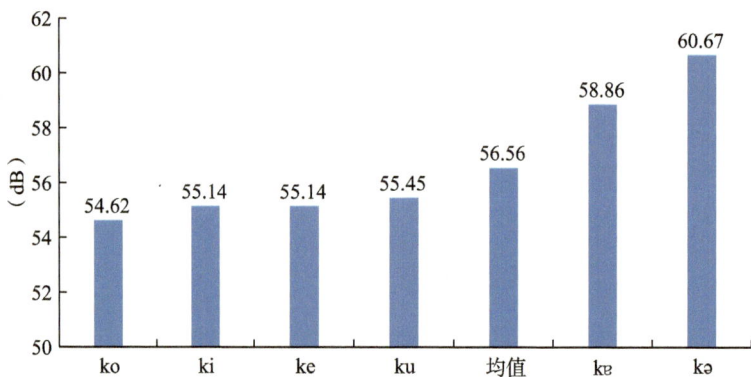

图 3.50-1　不同元音之前出现的［k］辅音 CA 均值比较（M）

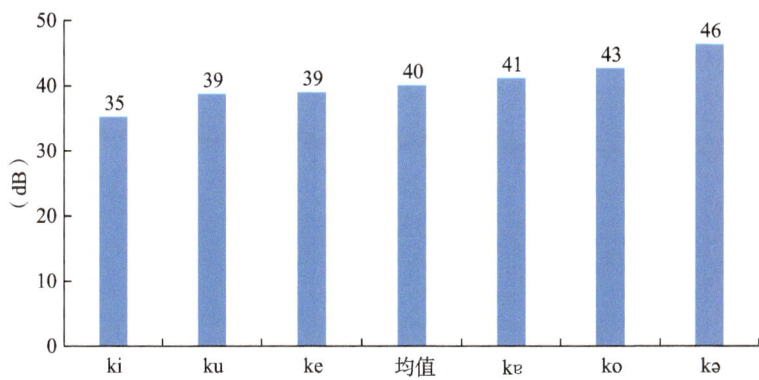

图 3.50-2　不同元音之前出现的 [k] 辅音 CA 均值比较（F）

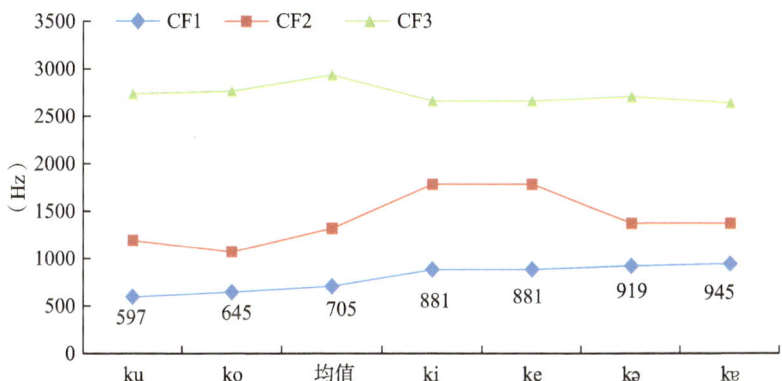

图 3.51-1　不同元音之前出现的 [k] 辅音的三个共振峰均值

（以 CF1 的上升为序排列）比较（M）

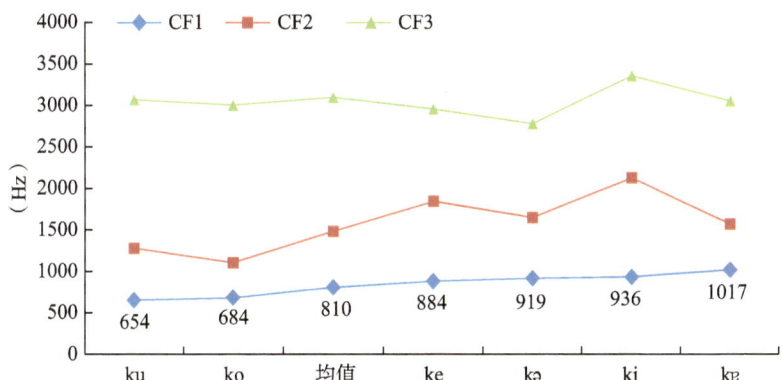

图 3.51-2　不同元音之前出现的 [k] 辅音的三个共振峰均值

（以 CF1 的上升为序排列）比较（F）

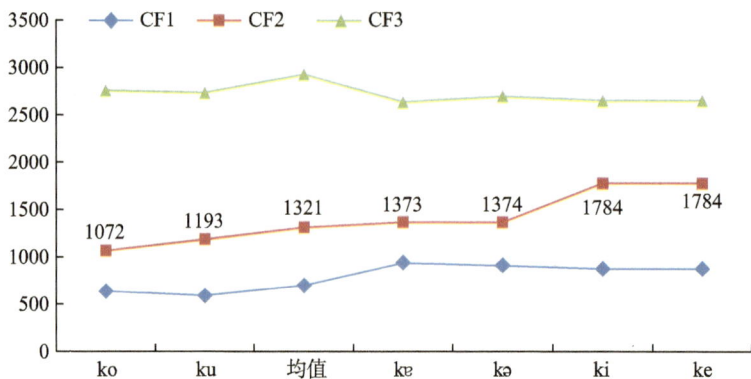

图 3.51-3 不同元音之前 [k] 辅音的三个共振峰均值
（以 CF2 的上升为序排列）比较（M）

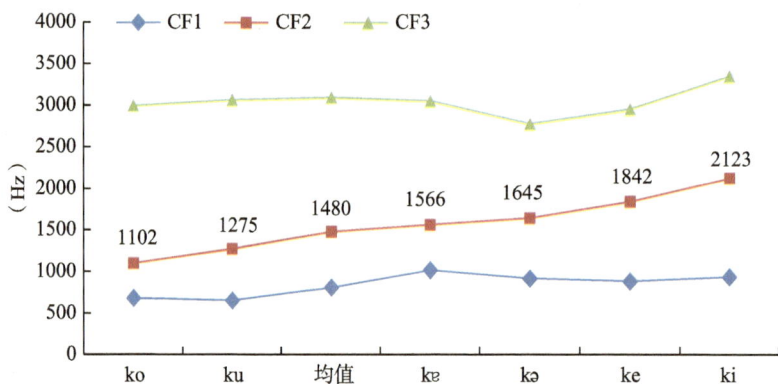

图 3.51-4 不同元音之前出现的 [k] 辅音的三个共振峰均值
（以 CF2 的上升为序排列）比较（F）

3. [ɣ] 辅音

3.1 音质及其声学特征

3.1.1 [ɣ] 辅音三维语图和语音标注以及频谱图

如上所述，东乡语/k/辅音另一个变体为舌面后-软腭浊擦音，用国际音标 [ɣ] 来标记。图 3.52-1 为男发音人 sekɐ [sɐɣɐ]"荞麦"一词的三维语图、波形图和三层标注实例。图 3.52-2 为东乡语男发音人 sekɐ [sɐɣɐ]"荞麦"一词 [ɣ] 辅音频谱图。从两种图中可以看出，东乡语非词首音节 [β] 辅音的第一（VF1）、第二（VF2）、第三（VF3）共振峰及其频谱图分布模式。

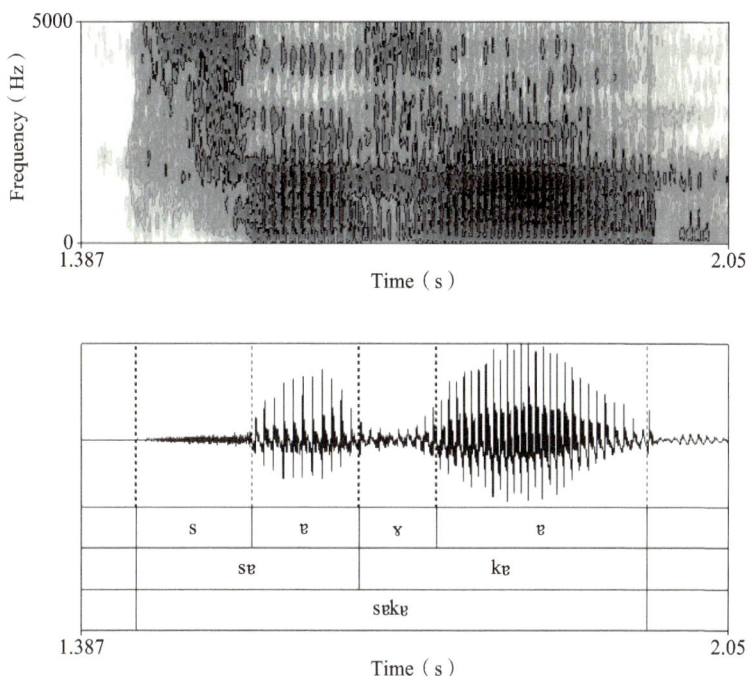

图 3.52-1　男发音人 sɐkɐ［sɐɣɐ］"荞麦"一词的三维语图、波形图和三层标注实例

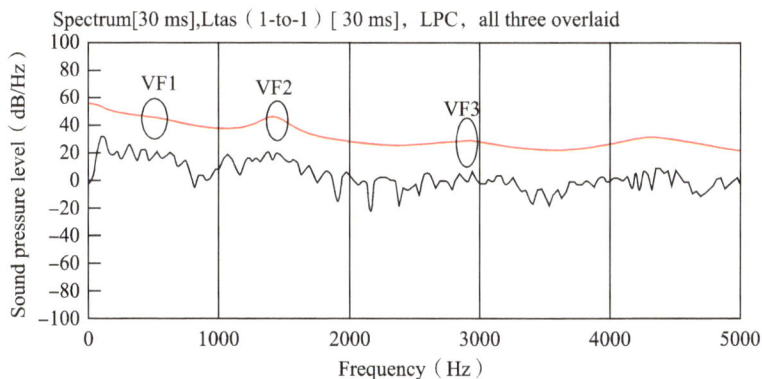

图 3.52-2　男发音人 sɐkɐ［sɐɣɐ］"荞麦"一词的［ɣ］辅音频谱图

3.1.2　［ɣ］辅音声学参数与音色定位

表 3.22 为男、女发音人［ɣ］辅音声学参数统计表，图 3.53-1 为男、女发音人［ɣ］辅音第一、第二和第三共振峰的分布图。从表 3.22 中可以看出，男、女两位发音人［ɣ］辅音第一、第二和第三共振峰频率均值，如，M：VF1＝620Hz，VF2＝1284Hz，VF3＝2646；F：VF1＝568Hz，VF2＝

1400Hz，VF3＝3187。图 3.53－1 显示，男、女发音人［ɣ］辅音的第一、第二共振峰的变化范围基本一致，都在 500~800Hz 和 1000~1500Hz 之间。其中男、女发音人都围绕着 1100Hz 变化。该辅音 VF3 频率的差别最为明显。其中，M 的变化范围低而窄（2400~2800Hz），F 的变化范围高而宽（2500~3300Hz）并围绕 3000Hz 变化。从表 3.20 中也可以看出，男、女发音人［ɣ］辅音谱重心（COG）、偏移量（STD）和偏移度（SKEW）等三个谱参数及其变异系数：它们的变异系数都较大，说明这些系数都不稳定。

表 3.22　［ɣ］辅音声学参数统计

	M							
参数	CD	CA	VF1	VF2	VF3	COG	STD	SKEW
均值	80	59.64	620	1284	2646	594	822	7.13
标准差	23	4.25	258	396	438	376	499	3.78
变异系数	29%	7%	42%	31%	17%	63%	60%	53%

	F							
参数	CD	CA	VF1	VF2	VF3	COG	STD	SKEW
均值	88	44.82	568	1400	3187	830	1389	5.67
标准差	19	4.75	225	488	381	459	762	3.47
变异系数	22%	11%	40%	35%	12%	55%	54%	61%

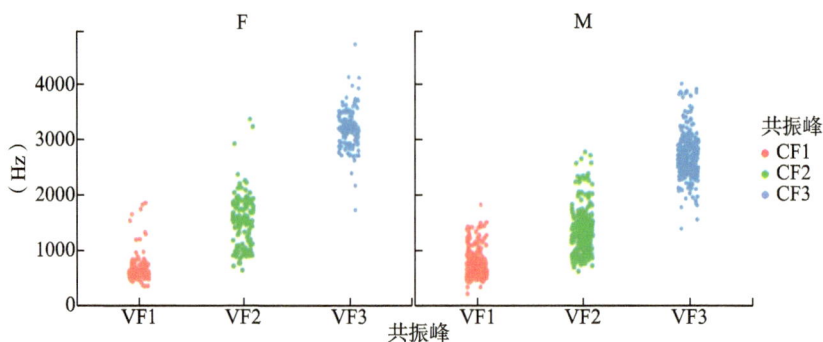

图 3.53-1　［ɣ］辅音共振峰分布（F&M）

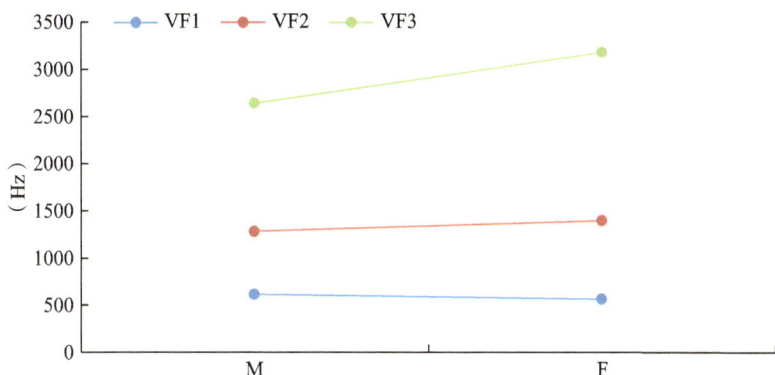

图 3.53-2 ［ɣ］辅音第一至第三共振峰均值比较（F&M）

3.2 语流中的音变特征分析

3.2.1 ［ɣ］辅音声学参数与音节数量之间的相关性分析

下面探讨［ɣ］辅音音长（CD）、音强（CA）和共振峰（F）参数均值与其所出现的词的音节数量之间的相关性问题。表 3.23 为在双、三和多音节词中出现的［ɣ］辅音的音长（VD）、音强（VA）、共振峰目标值（F）统计表，图 3.54~3.56 为出现在双音节词、三音节词和多音节词中的［ɣ］辅音目标位置音长、音强和共振峰均值的比较图，表 3.23 为［ɣ］元音音长及其目标位置第一、第二共振峰（F1/F2）的均值与其所出现的不同音节数量词之间的相关性分析表，即 P 值分析表。

从表 3.23 和图 3.54~3.56 中可以看出，男、女发音人［ɣ］辅音声学参数与其所出现词的音节数量之间没有呈现共同的、具有统计学意义的特点。值得一提的是，男、女发音人［ɣ］辅音的音长、音强与其所出现的词的音节数量之间有一定的相关性，即男、女发音人［ɣ］辅音音长均值随着词中音节数量的增多相对变短；男、女发音人［ɣ］辅音音强均值随着词中音节数量的增多相对变强（只呈现在参数层面，听觉层面很难听辨）。如：

M:132ms→90ms→71ms;F:187ms→119ms→80ms

M:59.3dB→59.9dB→61.3dB;F:187ms→119ms→80ms

表 3.23-1　[ɣ] 辅音声学参数统计（M）

双音节词				
参数	CD	CA	VF1	VF2	VF3
均值	103	59.3	605	1257	2585
变异系数	1%	5%	20%	20%	13%
标准差	1	3	101	249	335
三音节词				
参数	CD	CA	VF1	VF2	VF3
均值	83	59.9	612	1255	2753
变异系数	2%	5%	29%	28%	12%
标准差	2	3	148	349	326
多音节词（四以上音节为多音节）				
参数	CD	CA	VF1	VF2	VF3
均值	65	61.3	637	1269	2533
变异系数	3%	5%	24%	16%	13%
标准差	2	3	130	208	318

表 3.23-2　[ɣ] 辅音声学参数统计（F）

双音节词				
参数	CD	CA	VF1	VF2	VF3
均值	109	43.56	677	1610	3335
变异系数	18%	9%	60%	39%	12%
标准差	20	4.28	409	628	416
三音节词				
参数	CD	CA	VF1	VF2	VF3
均值	81	45.30	552	1398	3123
变异系数	17%	10%	29%	28%	11%
标准差	14	4.66	158	387	343
多音节词（四以上音节为多音节）				
参数	CD	CA	VF1	VF2	VF3
均值	74	46.40	648	1335	3095
变异系数	20%	18%	37%	26%	14%
标准差	15	7.61	242	352	436

　　表 3.23 为双音节、三音节、多音节词中 [ɣ] 辅音音长（CD）、音强（CA）、共振峰参数统计表。从表 3.23 和图 3.54～3.56 可以看出，随着音节数量的增加，[ɣ] 辅音音长随之缩短；随着音节数量的增加，[ɣ] 辅音音强逐步变弱。从第一共振峰频率来看，双音节词中的第一共振峰频率最低，三音节词中第一共振峰频率为中，多音节词中的第一共振峰频率最高。

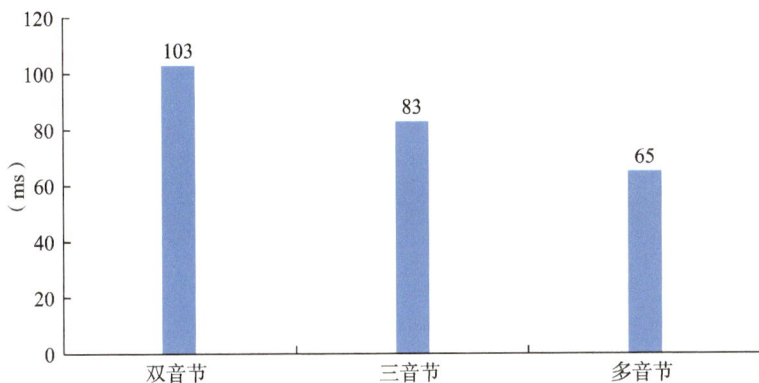

图 3.54-1　不同音节数量中出现的 [ɣ] 辅音音长（CD）比较（M）

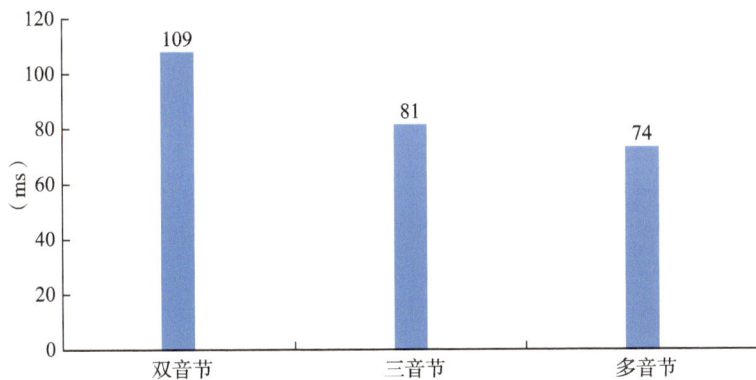

图 3.54-2　不同音节数量中出现的 [ɣ] 辅音音长（CD）比较（F）

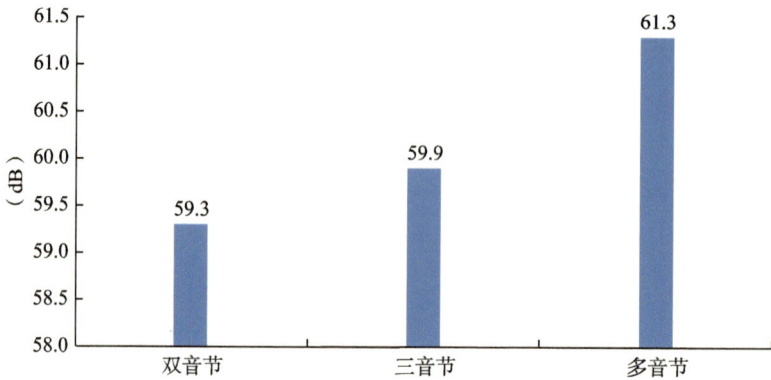

图 3.55-1　不同音节数量中出现的 [ɣ] 辅音音强（CA）比较（M）

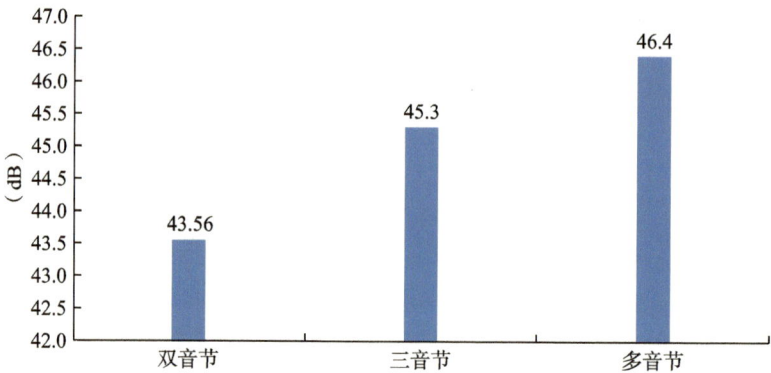

图 3.55-2　不同音节数量中出现的 [ɣ] 辅音音强（CA）比较（F）

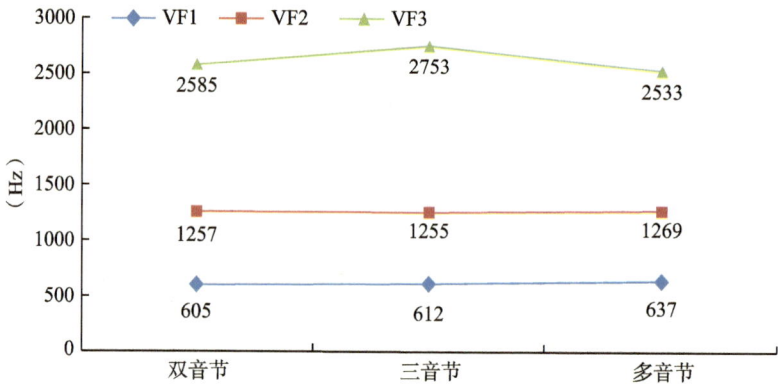

图 3.56-1　不同音节数量中出现的 [ɣ] 辅音共振峰均值分布（M）

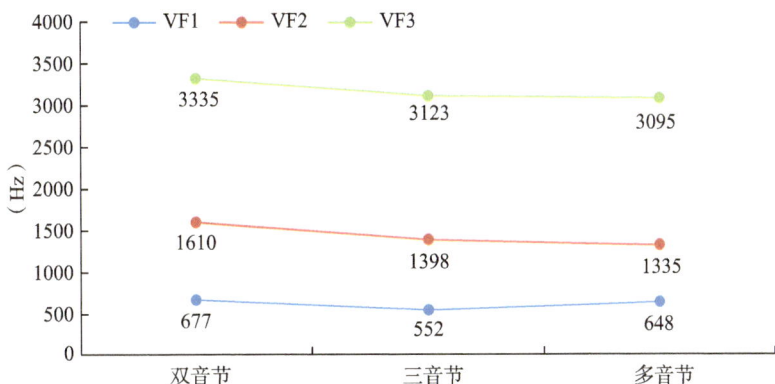

图 3.56-2　不同音节数量中出现的［ɣ］辅音共振峰均值分布（F）

表 3.24　检验结果

检验值 不同音节	sig（显著性），P 值							
	M		F		M		F	
	F1	F2	F1	F2	VD	VA	VD	VA
双音节词—三音节词	0.16	0.647	0.017	0.022	0.000	0.537	0.000	0.083
双音节词—四音节词	0.935	0.286	0.401	0.021	0.000	0.348	0.000	0.378
三音节词—四音节词	0.005	0.409	0.524	0.359	0.000	0.638	0.202	0.042

3.2.2　［ɣ］辅音声学参数与其后置元音音质之间的相关性分析

表 3.25 为在［ɐ］、［ə］、［i］、［o］、［u］等元音之前出现的［ɣ］辅音的噪音起始时间（VOT）、辅音音强（CA）、三个共振峰均值统计表。图 3.57 为男、女发音人不同元音之前出现的［ɣ］辅音 VOT 比较图。图 3.58 为男、女发音人不同元音之前出现的［ɣ］辅音音强比较图。图 3.59（1～2）为以不同元音之前出现的［ɣ］辅音三个共振峰示意图（以 CF1 的依次上升排列），图 3.59（3～4）为以不同元音之前出现的［ɣ］辅音三个共振峰示意图（以 CF2 的依次上升排列）。从表 3.25 和图 3.57～3.59 中可以看出，［ɣ］辅音声学参数与其后置元音音质之间有一定的共同的、具有统计学意义的规律（特点）。

表 3.25-1　不同元音之前出现的词首 [ɣ] 辅音声学参数统计 （M）

后置元音	N	参数	VOT	CA	CF1	CF2	CF3
ɣu	24	平均值	86	58.13	494	1012	2575
		标准差	26	3.77	81	345	473
		变异系数	30%	6%	16%	34%	18%
ɣo	51	平均值	79	58.22	517	1059	2610
		标准差	24	6.93	171	455	445
		变异系数	30%	12%	33%	43%	17%
ɣi	15	平均值	89	59.47	489	1520	2764
		标准差	22	3.54	115	165	170
		变异系数	25%	6%	24%	11%	6%
ɣə	12	平均值	75	58.50	740	1290	2617
		标准差	19	3.45	247	164	359
		变异系数	27%	6%	33%	13%	14%
ɣɐ	135	平均值	81	60.65	658	1373	2615
		标准差	23	3.03	267	317	419
		变异系数	28%	5%	41%	23%	16%

表 3.25-2　不同元音之前出现的词首 [ɣ] 辅音声学参数统计 （F）

后置元音	N	参数	VOT	CA	CF1	CF2	CF3
ɣu	31	平均值	105	45.00	541	1084	3055
		标准差	33	7.33	152	367	665
		变异系数	31%	16%	28%	34%	22%
ɣo	15	平均值	95	45.76	494	911	3233
		标准差	18	4.75	101	174	365
		变异系数	19%	10%	21%	19%	11%
ɣi	12	平均值	121	42	463	1837	3203
		标准差	7	1	41	155	132
		变异系数	6%	2%	9%	8%	4%
ɣə	10	平均值	82	46.78	505	1794	3208
		标准差	11	4.63	118	248	270
		变异系数	13%	10%	23%	14%	8%

续表

后置元音	N	参数	VOT	CA	CF1	CF2	CF3
ɣɐ	64	平均值	83	44.27	592	1487	3170
		标准差	15	4.63	234	418	325
		变异系数	18%	10%	40%	28%	10%

从表 3.25-1 和 3.25-2 可以看出，东乡语 ［ɣ］辅音在后置元音 ［ɐ］、
［u］、［o］时的出现频率相对较高，M：后置元音为 ［ɐ］、［u］、［o］时分
别出现 135 次、24 次、51 次；F：后置元音为 ［ɐ］、［u］、［o］时分别出
现 64 次、31 次、15 次。这表明 ［ɣ］辅音与 ［ɐ］、［u］、［o］三个元音密
切相关。

表 3.25 和图 3.57 显示，后置元音与 ［ɣ］辅音音长（VOT）之间有一
定的相关性。如，以 ［ɣ］辅音音长（VOT）总均值 ［82ms（M）、88ms
（F）］为分界点，后置元音为 ［ɐ］、［ə］是 ［ɣ］辅音音长（VOT）相比
后置元音为 ［u］、［i］时的要短，大约短 4ms。

表 3.25 和图 3.58 显示，后置元音与 ［ɣ］辅音音强（CA）之间相关
性很小，几乎可以忽略不计。

表 3.25 和图 3.59 显示，后置元音与 ［ɣ］辅音共振峰频率（CF）之间
有一定的相关性。以第一共振峰总均值 ［620Hz（M）、568Hz（F）］为分
界点，［ɣ］辅音后置元音为高元音 ［-i, -u］（女发音人 ［-u］元音除
外）时第一共振峰（CF1）频率有明显下降，大约下降 60～150Hz；［ɣ］
辅音后置元音为中、央元音 ［-ɐ, -ə］时第一共振峰（CF1）频率有明
显上升，大约上升 100～150Hz。以第二共振峰总均值 ［1284Hz（M）、
1400Hz（F）］为分界点，［ɣ］辅音后置元音为后元音 ［-o, -u］时第
二共振峰（CF2）频率有明显下降，大约下降 100～200Hz；［ɣ］辅音后
置元音为前元音 ［-i］时第二共振峰（CF2）频率有明显上升，大约上升
200～250Hz。

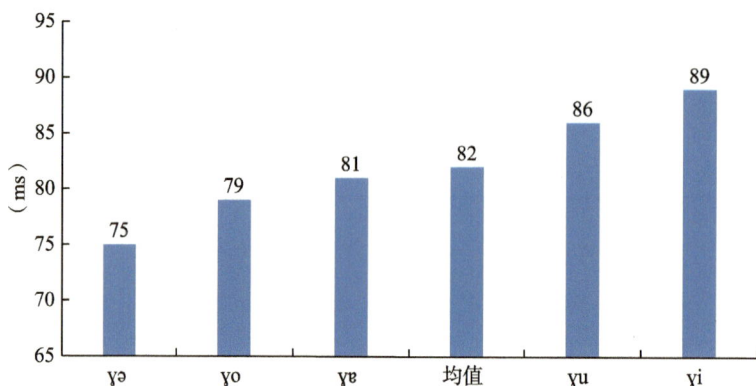

图 3.57-1　不同元音之前出现的［ɣ］辅音 VOT 均值比较（M）

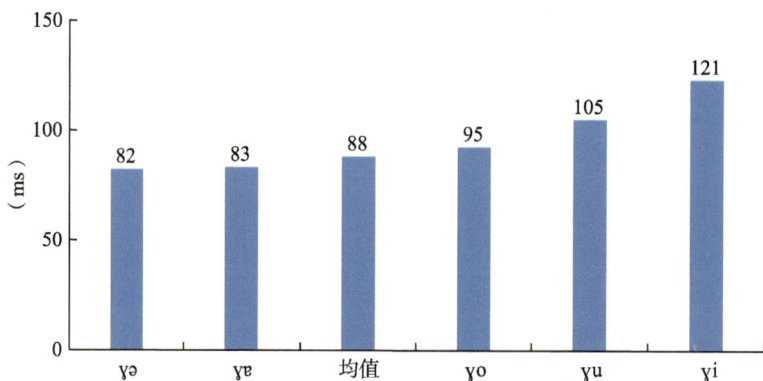

图 3.57-2　不同元音之前出现的［ɣ］辅音 VOT 均值比较（F）

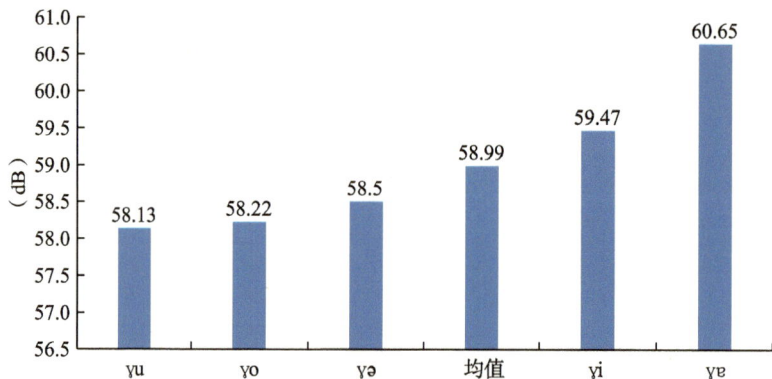

图 3.58-1　不同元音之前出现的［ɣ］辅音 CA 均值比较（M）

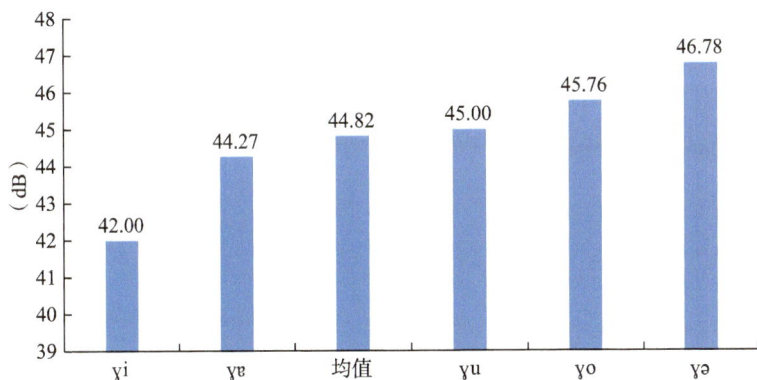

图 3.58-2 不同元音之前出现的 [ɣ] 辅音 CA 均值比较（F）

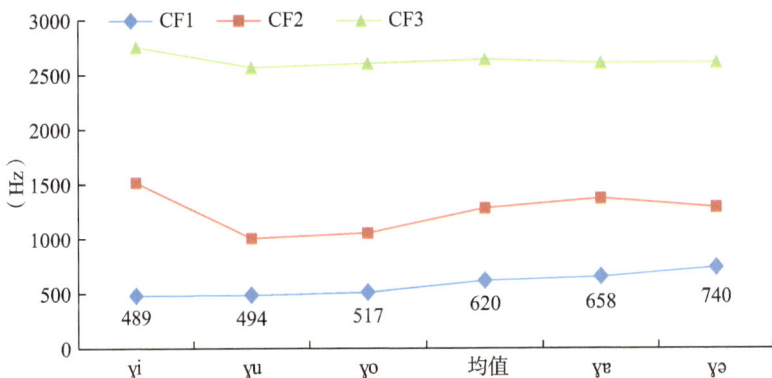

图 3.59-1 不同元音之前出现的 [ɣ] 辅音的三个共振峰均值

（以 CF1 的上升为序排列）比较（M）

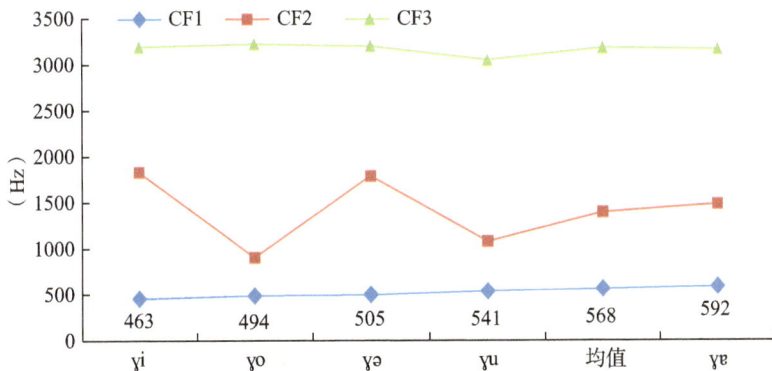

图 3.59-2 不同元音之前出现的 [ɣ] 辅音的三个共振峰均值

（以 CF1 的上升为序排列）比较（F）

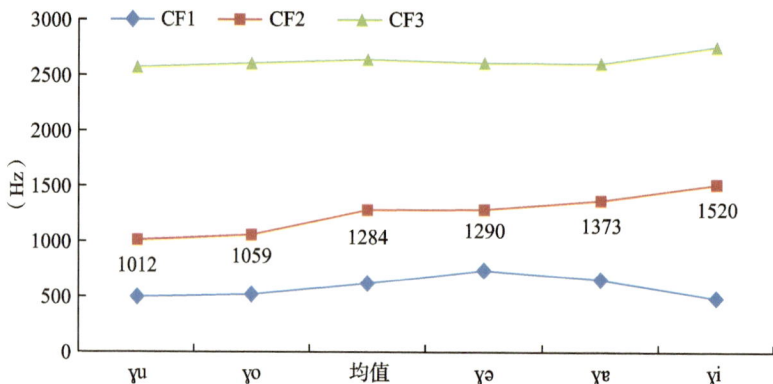

图 3.59-3　不同元音之前 [ɣ] 辅音的三个共振峰均值
（以 CF2 的上升为序排列）比较（M）

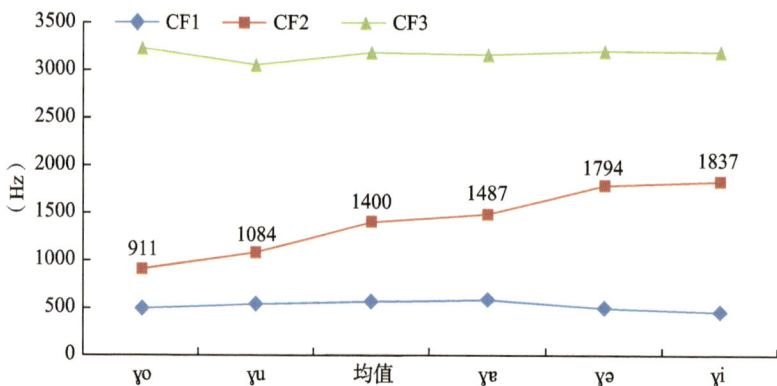

图 3.59-4　不同元音之前 [ɣ] 辅音的三个共振峰均值
（以 CF2 的上升为序排列）比较（F）

4. ［q］辅音

4.1　音质及其声学特征

4.1.1　［q］辅音三维语图和语音标注以及频谱图

如上所述，［q］为东乡语/k/辅音的条件变体。图 3.60-1 为东乡语男发音人 kɛtu［qɛtu］"割"一词的三维语图、波形图和三层标注实例，图 3.60-2 为东乡语男发音人 kɛtu［qɛtu］"割"一词［q］辅音频谱图。从中可以看出，东乡语词首［q］辅音的冲直条和第一、第二、第三（CF1、CF2、CF3）共振峰的分布模式以及短暂的 VOT。

4.1.2 ［q］辅音声学参数与音色定位

表3.26为男、女发音人［q］辅音参数均值统计表。图3.61-1为男、女发音人［q］辅音第一、第二和第三共振峰（CF1、CF2、CF3）的分布图，图3.61-2为男、女发音人［p］辅音三个共振峰均值比较图。从表3.26和图3.61中可以看出以下方面。

（1）男、女发音人［q］辅音第一至第三共振峰均值分别如下。M：CF1＝808Hz，CF2＝1294Hz，CF3＝2876Hz；F：CF1＝1041Hz，CF2＝1571Hz，CF3＝2766Hz。男、女发音人［q］辅音第一、第二共振峰的变异系数较大，说明该参数相对不稳定，离散度大。但该辅音第三共振峰CF2和CF3的变异系数都小于20%，说明这两个参数相对稳定，离散度小。

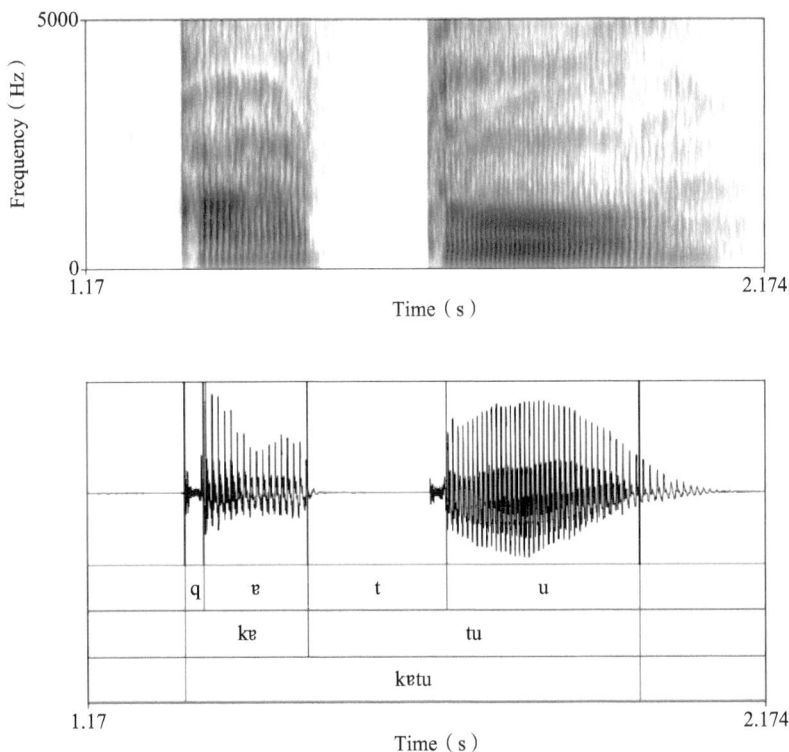

图3.60-1 男发音人 kɐtu［qɐtu］"割"一词的三维语图、波形图和三层标注实例

（2）从整体上看，女发音人CF的频率高于男发音人，但男、女发音人［q］辅音的共振峰分布模式基本相同。如，CF1围绕900Hz，在750～1500Hz之间浮动；CF2围绕1200Hz，在1100～1700Hz之间浮动；CF3围绕

2700Hz，在2300~3000Hz之间浮动。

（3）[q]辅音的VOT接近50毫秒。因从三维语图上无法准确测量词首塞音、塞擦音的GAP的时长，本项研究没能测量词首塞音的GAP时长，而是把词中GAP的时长作为塞音、塞擦音GAP的标准时长。

（4）男发音人[q]辅音的音强稍高于女发音人[q]辅音的音强。辅音音强参数对辅音音色研究意义不大，可以忽略。

（5）东乡语[q]辅音为小舌、不送气、清塞音，出现在词首或音节首的位置。

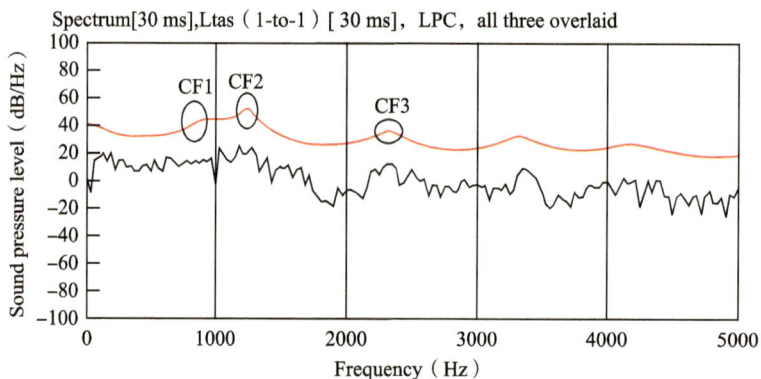

图3.60-2 男发音人 kɐtu [qɐtu]"割"一词（词首）的频谱图

表3.26 [q]辅音声学参数均值统计

M					
参数	VOT	CA	CF1	CF2	CF3
均值	59	55.9	808	1294	2876
标准差	2	4	238	269	448
变异系数	3%	7%	29%	21%	16%

F					
参数	VOT	CA	CF1	CF2	CF3
均值	47	55.6	1041	1571	2766
标准差	4	4	256	263	265
变异系数	9%	7%	25%	17%	10%

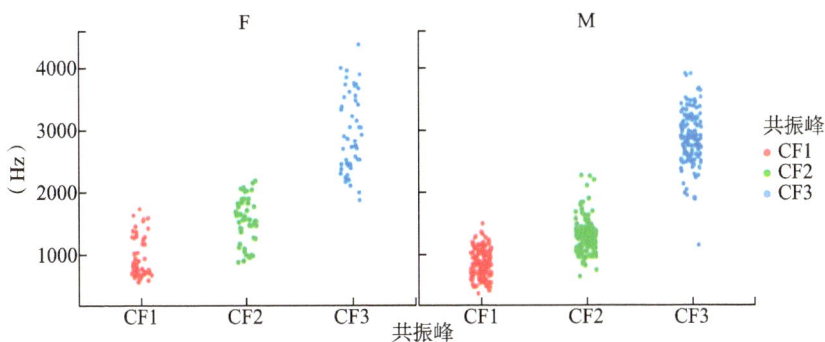

图 3.61-1　[q] 辅音共振峰分布（F&M）

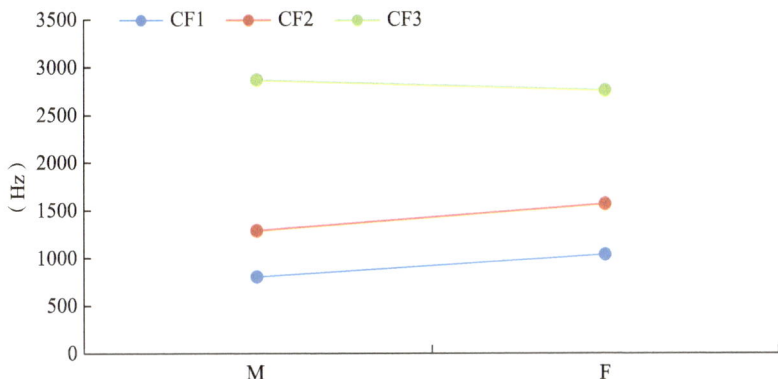

图 3.61-2　[q] 辅音共振峰比较（F&M）

4.2　语流中的音变特征分析

4.2.1　[q] 辅音声学参数与词中音节位置之间的相关性分析

表 3.27 为词中不同位置上出现的 [q] 辅音声学参数统计。图 3.62 为词中不同位置上出现的 [q] 辅音 GAP 和 VOT 参数比较图，图 3.63 为词中不同位置上出现的 [q] 辅音音强比较图。图 3.64 为词中不同位置 [q] 辅音第一、第二和第三共振峰均值比较图。以上表和图显示，词中位置与 [q] 辅音声学参数之间具有一定的规律性。如，词首 [q] 辅音的 VOT 相比非词首的要长，大约长 20ms；词首 [q] 辅音的音强相比非词首的要弱，大约弱 2dB。第一共振峰频率词首相比非词首的要高，第二共振峰频率词首相比非词首要低。

表 3.27-1　不同位置上出现的［q］辅音声学参数统计（M）

	GAP	VOT	CD	CA	CF1	CF2	CF3
词首		60		55.57	809	1259	2885
		3		4	239	274	454
		5%		7%	30%	22%	16%
非词首	95	47	142	59	796	1288	2718
	2	3	5	4	226	142	310
	2%	6%	4%	7%	28%	11%	11%

表 3.27-2　不同位置上出现的［q］辅音声学参数统计（F）

	GAP	VOT	CD	CA	CF1	CF2	CF3
词首		52		54.65	1070	1518	2727
		4		3	212	190	203
		8%		5%	20%	13%	7%
非词首	76	27	103	56.42	929	1774	2811
	2	2	3	4	262	354	296
	3%	7%	3%	7%	28%	20%	11%

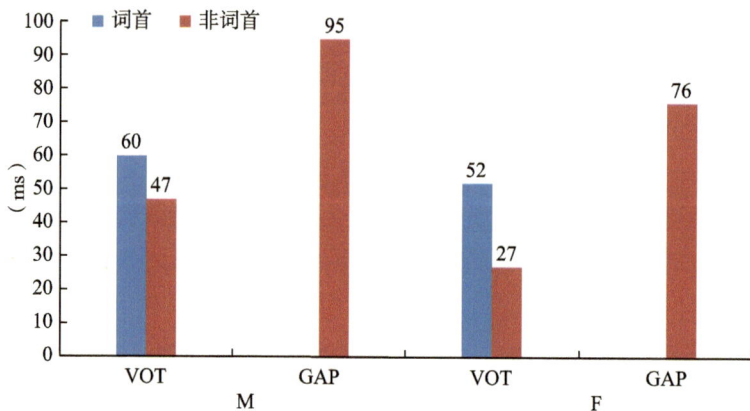

图 3.62　不同位置上出现的［q］辅音时长（CD）比较（M&F）

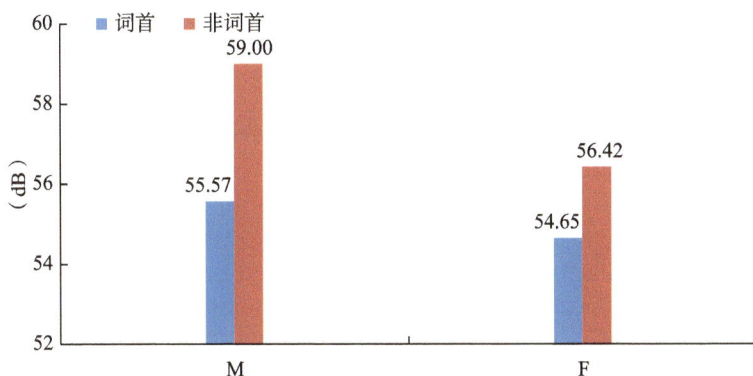

图 3.63　不同位置上出现的［q］辅音音强（CA）比较（M&F）

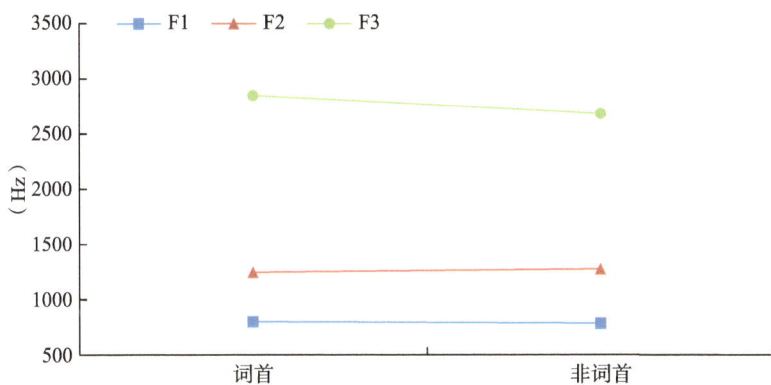

图 3.64-1　不同位置上出现的［q］辅音共振峰均值比较（M）

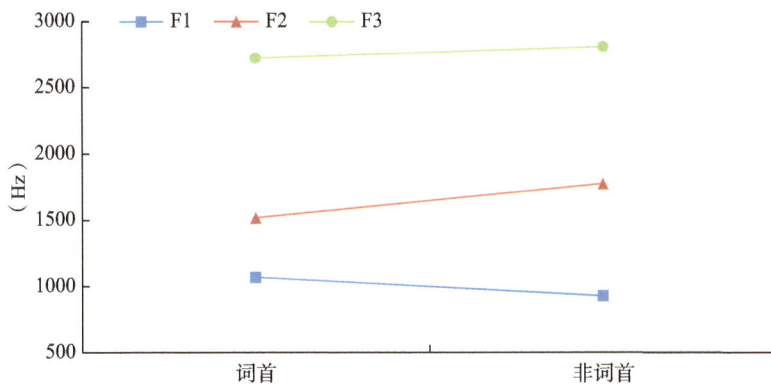

图 3.64-2　不同位置上出现的［q］辅音共振峰均值比较（F）

对词首、非词首音节［q］辅音的 VOT 参数做了配对样本 T 检验，见

表 3.28。

表 3.28 检验结果

检验样本	sig（双侧）	
	VOT	
	M	F
词首音节—非词首音节	0.117	0.091

4.2.2 ［q］辅音声学参数与其后置元音音质之间的相关性分析

表 3.29 为在 ［ɐ］、［ə］、［i］、［o］、［u］ 等元音之前出现的 ［q］ 辅音的嗓音起始时间（VOT）、辅音音强（CA）和三个共振峰均值统计表。图 3.65 为男、女发音人不同元音之前出现的 ［q］ 辅音 VOT 比较图，图 3.66 为男、女发音人不同元音之前辅音音强比较图，图 3.67-1~3.67-2 为以不同元音之前出现的 ［q］ 辅音三个共振峰示意图（以 CF1 的依次上升排列），图 3.67-3~3.67-4 为以不同元音之前出现的 ［q］ 辅音三个共振峰示意图（以 CF2 的依次上升排列）。从表 3.29 和图 3.65~3.67 中可以看出，［q］ 辅音声学参数与其后置元音音质之间有一定的共同的、具有统计学意义的规律（特点）。

（1）表 3.29 和图 3.65 显示，后置元音与 ［q］ 辅音音长（VOT）之间有一定的相关性。如，以 ［q］ 辅音音长（VOT）总均值［59ms（M）、47ms（F）］为分界点，后置元音为 ［ɐ］ 是 ［q］ 辅音音长（VOT）相比后置元音为 ［u］、［ə］ 时要短，大约短 4ms。

（2）表 3.29 和图 3.66 显示，后置元音与 ［q］ 辅音音强（CA）之间有一定的相关性，以 ［q］ 辅音音强总平均值为界，后置元音为圆唇、后元音时，［q］ 辅音音强相对较弱；后置元音为展唇、央、前元音时，［q］ 辅音音强相对较强。

（3）表 3.29 和图 3.67 显示，后置元音与 ［q］ 辅音共振峰频率（CF）之间有一定的相关性。以第一共振峰总均值为分界点，［q］ 辅音后置元音为高元音 ［-o，-u］ 时第一共振峰（CF1）频率有明显下降，大约下降 60~150Hz；［ɣ］ 辅音后置元音为中、央元音 ［-ɐ，-ə］ 时第一共振峰（CF1）频率有明显上升，大约上升 100~150Hz。第二共振峰相关性较小。

表 3.29-1 不同元音之前出现的词首 ［q］辅音声学参数统计 （M）

	N		VOT	CA	CF1	CF2	CF3
qu	25	平均值	53	53.08	571	1257	3108
		标准差	3	4	111	330	505
		变异系数	6%	8%	19%	26%	16%
qo	27	平均值	59	54.48	632	1143	2896
		标准差	3	3	115	173	469
		变异系数	5%	6%	18%	15%	16%
qi	4	平均值	73	57.5	982	1565	2855
		标准差	2	1	237	236	311
		变异系数	3%	2%	24%	15%	11%
qə	10	平均值	31	55.4	1085	1374	2939
		标准差	1	5	130	129	263
		变异系数	3%	9%	12%	9%	9%
qɐ	36	平均值	65	58.37	996	1346	2785
		标准差	4	3	178	126	424
		变异系数	6%	5%	18%	9%	15%

表 3.29-2 不同元音之前出现的词首 ［q］辅音声学参数统计 （F）

	N		VOT	CA	CF1	CF2	CF3
qu	7	平均值	40	51.71	768	1423	2741
		标准差	3	2	61	192	140
		变异系数	8%	4%	8%	13%	5%
qo	7	平均值	72	52.71	770	1672	2825
		标准差	4	4	223	461	314
		变异系数	6%	8%	29%	28%	11%
qi	4	平均值	15	62.66	865	1991	2611
		标准差	2	3	56	111	132
		变异系数	13%	5%	6%	6%	5%
qə	9	平均值	22	57	1147	1561	2620
		标准差	2	2	189	86	182
		变异系数	9%	4%	16%	6%	7%
qɐ	25	平均值	54	55.67	1181	1501	2728
		标准差	3	3	126	147	222
		变异系数	6%	5%	11%	10%	8%

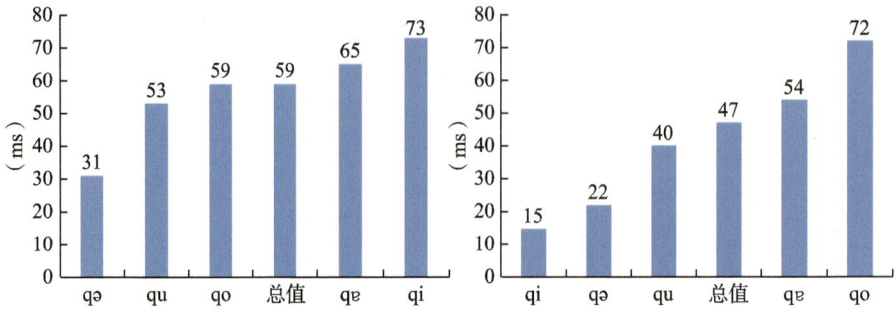

图 3.65　不同元音之前出现的 ［q］ 辅音的 VOT 均值比较 （M&F）

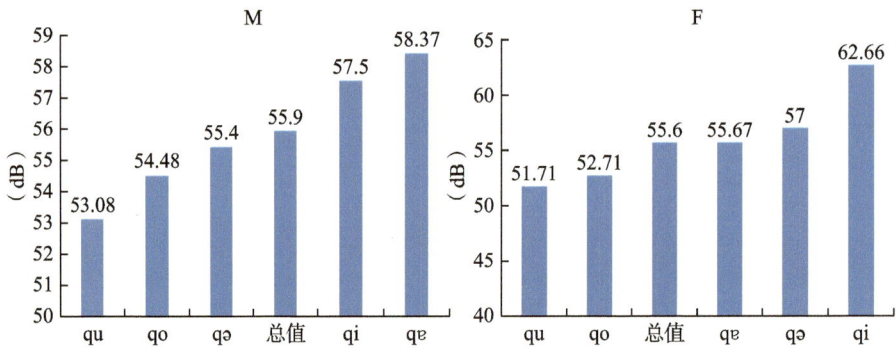

图 3.66　不同元音之前出现的 ［q］ 辅音的音强均值比较 （M&F）

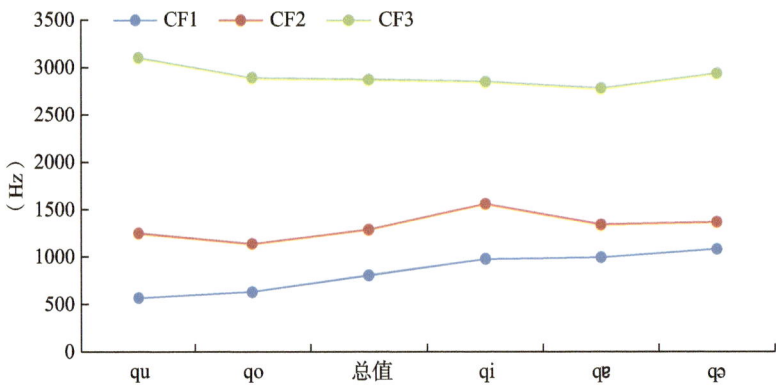

图 3.67-1　不同元音之前出现的 ［q］ 辅音的三个共振峰均值

（以 CF1 的上升为序排列） 比较 （M）

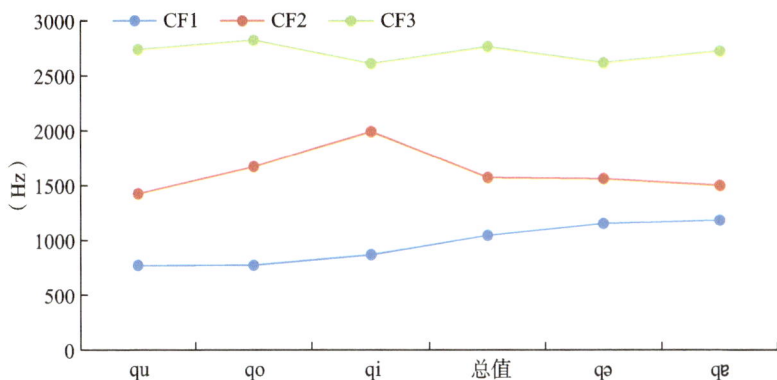

图 3.67-2 不同元音之前出现的 [q] 辅音的三个共振峰均值

（以 CF1 的上升为序排列）比较（F）

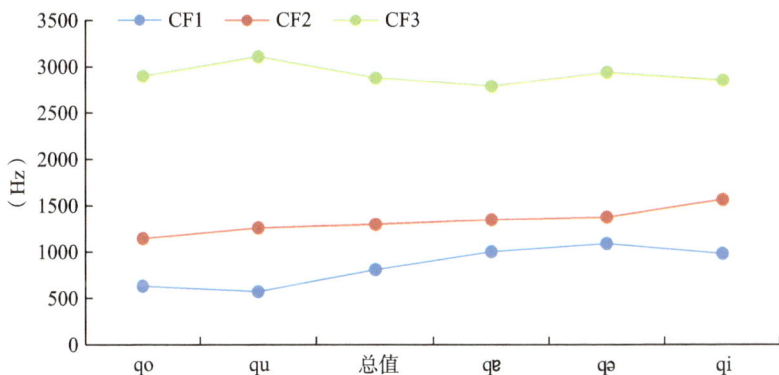

图 3.67-3 不同元音之前出现的 [q] 辅音的三个共振峰均值

（以 CF2 的上升为序排列）比较（M）

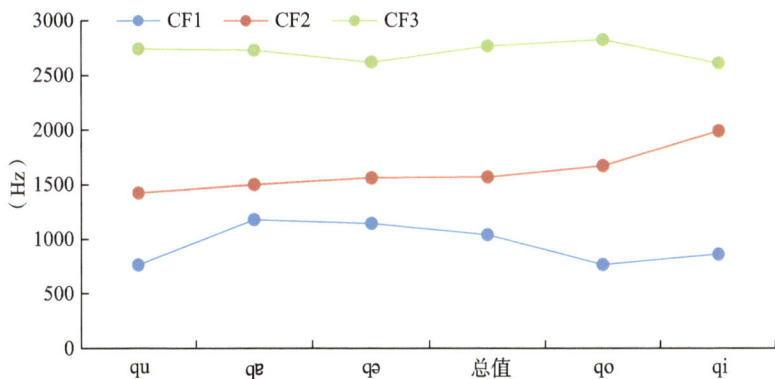

图 3.67-4 不同元音之前 [q] 辅音的三个共振峰均值

（以 CF2 的上升为序排列）比较（F）

（六）/kʰ/辅音

1. /kʰ/辅音变体统计分析

表 3.30 为/kʰ/辅音音位变体在 "东乡语语音声学参数数据库" 中的出现频率统计表。从表 3.30 中可以看出，东乡语/kʰ/辅音在词中以 [kʰ]、[qʰ] 2 种变体形式分别出现了 129 次（M）和 80 次（F）。其中，变体 [kʰ] 的出现频率较高。M 的 [kʰ] 变体共出现 74 次，占所有 [kʰ] 辅音变体的 57%；F 的 [kʰ] 变体共出现 44 次，占所有/kʰ/辅音变体的 55%。从/kʰ/辅音 2 种变体的统计分析结果看，无论是从词和音节里的分布特点，还是从词中的出现位置和条件以及出现频率看，[kʰ] 已具备了作为典型变体的条件，把 [kʰ] 作为典型变体，符合东乡语语音特点。另外，[kʰ] 辅音在男发音人词首音节中出现了 54 次，非词首音节中出现了 20 次；在女发音人词首音节中出现了 34 次，非词首音节中出现了 21 次。[qʰ] 辅音在男发音人词首音节中出现了 31 次，非词首音节中出现了 5 次；在女发音人词首音节中出现了 38 次，非词首音节中出现了 6 次。该辅音出现在词首音节与非词首音节首，不会出现在音节末，如 kʰətʂi [kʰətʂʅ] "切"、pɐkʰɐ [pɐkʰɐ] "帮派"。

表 3.30　/kʰ/辅音变体统计

	M		F	
	出现次数	百分比	出现次数	百分比
/kʰ/	129	100%	80	100%
[kʰ]	74	57%	44	55%
[qʰ]	55	43%	36	45%

2. [kʰ] 辅音

2.1　音质及其声学特征

2.1.1　[kʰ] 辅音三维语图和语音标注以及频谱图

如表 3.30 所示，[kʰ] 为东乡语/kʰ/辅音的典型变体。图 3.68-1 为东乡语男发音人 pɐkʰɐ [pɐkʰɐ] "帮派" 一词的三维语图、波形图和三层标注实例，图 3.68-2 为东乡语男发音人 pɐkʰɐ [pɐkʰɐ] "帮派" 一词 [kʰ] 辅音频谱图。从中可以看出，东乡语词首 [kʰ] 辅音的冲直条和第一、第二、第三（CF1、CF2、CF3）共振峰的分布模式以及 VOT。

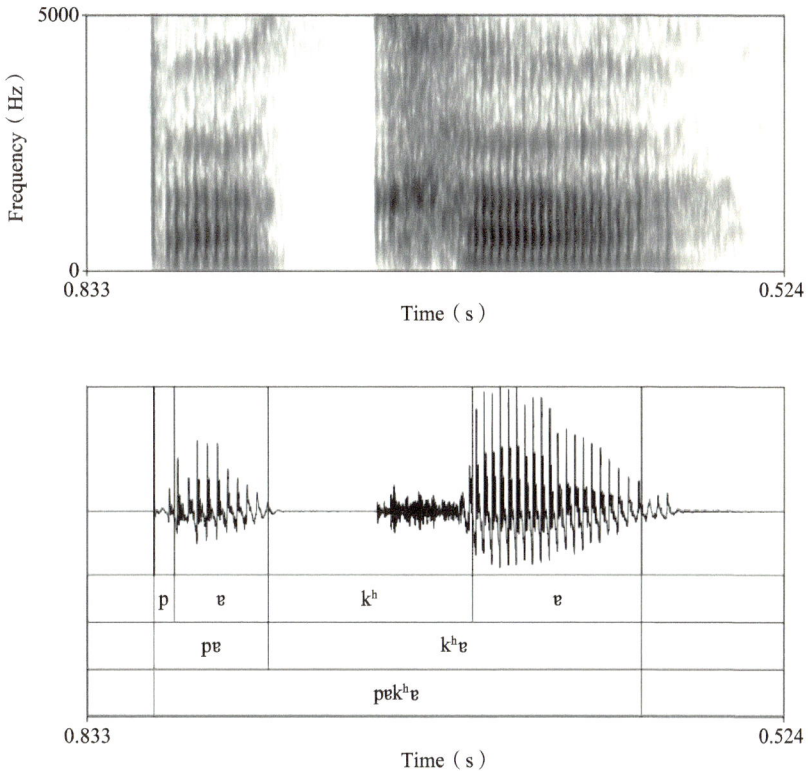

图 3.68-1 男发音人 pɐkʰɐ [pɐkʰɐ] "帮派" 一词的三维语图、波形图和三层标注实例

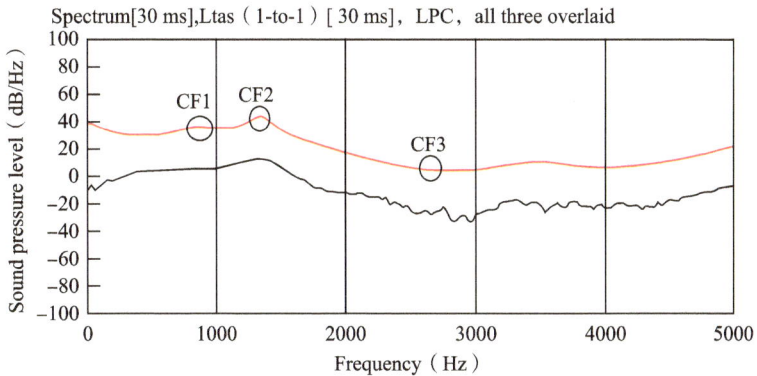

图 3.68-2 男发音人 pɐkʰɐ [pɐkʰɐ] "帮派" 一词的 [kʰ] 辅音（词首）频谱图

2.1.2 [kʰ] 辅音声学参数与音色定位

表 3.31 为男、女发音人 [kʰ] 辅音参数统计表。图 3.69-1 为男、女发音人 [kʰ] 辅音第一、第二和第三共振峰（CF1、CF2、CF3）的分布图，

图 3.69-2 为男、女发音人［kʰ］辅音三个共振峰均值比较图。从表 3.31 和图 3.69 中可以看出以下几方面。

（1）男、女发音人［kʰ］辅音第一至第三共振峰均值分别如下。M：CF1 = 862Hz，CF2 = 1330Hz，CF3 = 2697Hz；F：CF1 = 991Hz，CF2 = 1552Hz，CF3 = 3029Hz。男、女发音人［kʰ］辅音第一共振峰的变异系数较大，说明该参数相对不稳定，离散度大。但该辅音第二、第三共振峰 CF2 和 CF3 的变异系数都小于 20%，说明这两个参数相对稳定，离散度小。

（2）从整体上看，女发音人 CF 的频率高于男发音人，但男、女发音人［kʰ］辅音的共振峰分布模式基本相同。如，CF1 围绕 800Hz，在 600 ~ 1400Hz 之间浮动；CF2 围绕 1300Hz，在 1100~1800Hz 之间浮动；CF3 围绕 2500Hz，在 2500~3400Hz 之间浮动。

（3）［kʰ］辅音的 VOT 相对较长，80ms（M），113ms（F）。因从三维语图上无法准确测量词首塞音、塞擦音的 GAP 的时长，本项研究没能测量词首塞音的 GAP 时长，把词中 GAP 的时长作为塞音、塞擦音的 GAP 的标准时长。

（4）男发音人［kʰ］辅音的音强明显高于女发音人［kʰ］辅音的音强。辅音音强参数对辅音音色研究意义不大，可以忽略。

（5）东乡语［kʰ］辅音是比较典型的东乡语［kʰ］辅音为舌面后—软腭、送气、清塞音，出现在词首或音节首的位置。

表 3.31　［kʰ］辅音参数统计

M					
参数	CD	CA	CF1	CF2	CF3
均值	84	57.8	862	1330	2697
变异系数	2%	7%	26%	17%	14%
标准差	2	4	224	227	379

F					
参数	CD	CA	CF1	CF2	CF3
均值	113	43.5	991	1552	3029
变异系数	2%	11%	34%	24%	21%
标准差	2	5	341	374	634

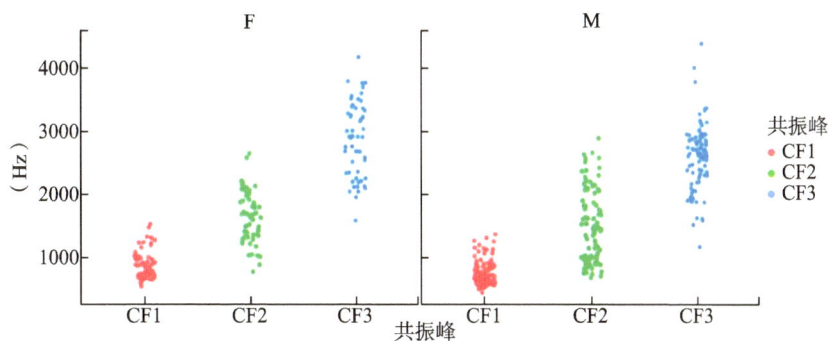

图 3.69-1　［kʰ］辅音第一至第三共振峰分布（F&M）

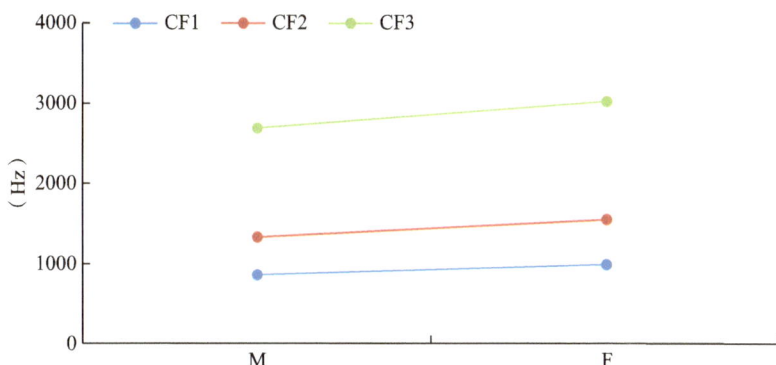

图 3.69-2　［kʰ］辅音第一至第三共振峰均值比较（F&M）

2.2　语流中的音变特征分析

2.2.1　［kʰ］辅音声学参数与词中音节位置之间的相关性分析

表 3.32 为词中不同位置上出现的［kʰ］辅音声学参数统计。图 3.70 为词中不同位置［kʰ］辅音 GAP 和 VOT 参数比较图，图 3.71 为词中不同位置上出现的［kʰ］辅音音强比较图，图 3.72 为词中不同位置上出现的［kʰ］辅音第一、第二和第三共振峰均值比较图。上述表和图显示，［kʰ］辅音声学参数与词中音节位置之间没有共同的、具有统计学意义的规律（特点）。如，词首［kʰ］辅音的 VOT 相比非词首的要长，大约长 20ms；词首［kʰ］辅音的音强相比非词首的要弱，大约弱 2dB；第一共振峰频率词首相比非词首的要高，第二共振峰频率词首相比非词首要低。

表 3.32-1　词中不同音节位置上出现的 [kʰ] 辅音声学参数统计 （M）

	GAP	VOT	CD	CA	CF1	CF2	CF3
词首		77		54.31	778	1431	2646
		29		4.84	209	468	515
		38%		9%	27%	33%	19%
非词首	75	83	158	54.68	808	1798	2661
	27	23	38	4.35	176	547	403
	36%	28%	24%	8%	22%	30%	15%

表 3.32-2　词中不同音节位置上出现的 [kʰ] 辅音声学参数统计 （F）

	GAP	VOT	CD	CA	CF1	CF2	CF3
词首		87		41	920	1619	2756
		23		4	215	292	632
		19%		10%	23%	18%	23%
非词首	99	95	194	41.28	934	1677	3011
	22	24	33	4.62	260	534	529
	22%	25%	17%	11%	28%	32%	18%

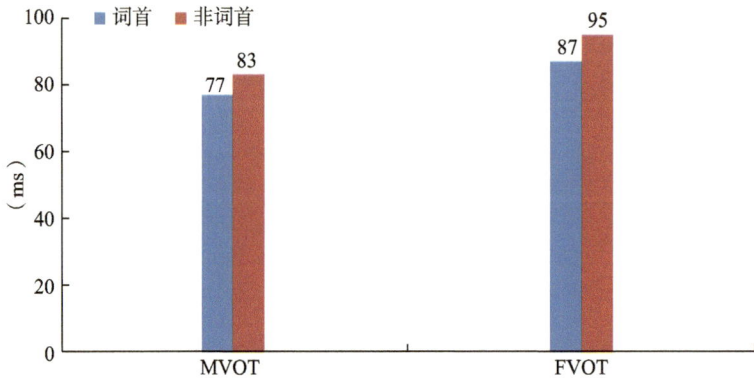

图 3.70　不同音节位置上出现的 [kʰ] 辅音音长比较 （M&F）

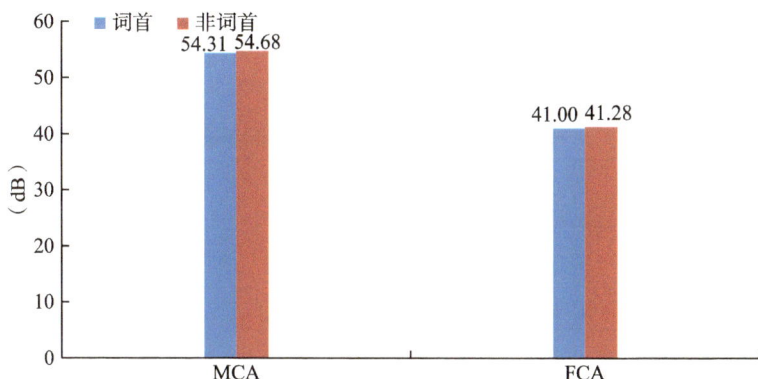

图 3.71 不同音节位置上出现的［kʰ］辅音音强比较（M&F）

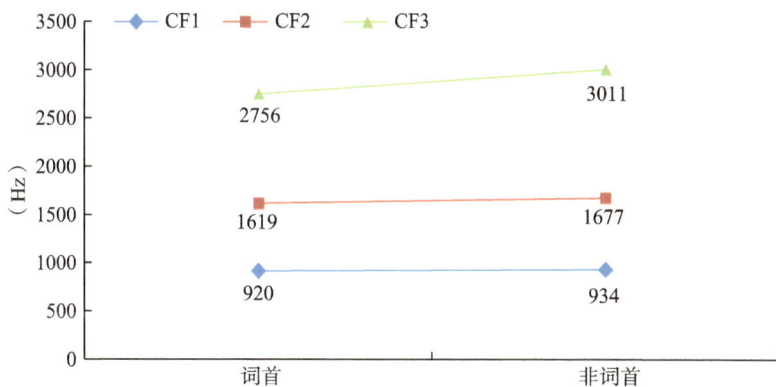

图 3.72-1 不同音节位置上出现的［kʰ］辅音共振峰均值比较（F）

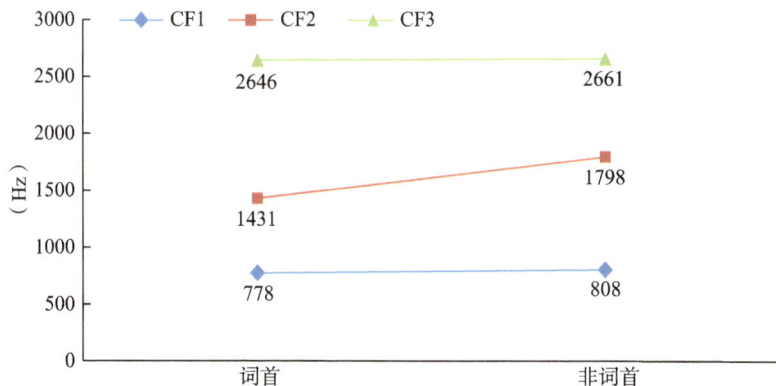

图 3.72-2 不同音节位置上出现的［kʰ］辅音共振峰均值比较（M）

我们对词首、非词首音节 [kʰ] 辅音的 VOT 参数做了配对样本 T 检验，如表 3.33 所示。

表 3.33　检验结果

检验样本	sig（双侧）	
	VOT	
	M	F
词首音节—非词首音节	0.000	0.000

2.2.2　[kʰ] 辅音声学参数与其后置元音音质之间的相关性分析

表 3.34 为在 [ɐ]、[ə]、[i]、[o]、[u] 等元音之前出现的 [kʰ] 辅音的噪音起始时间（VOT）、辅音音强（CA）、三个共振峰均值统计表。图 3.73 为男、女发音人不同元音之前出现的 [kʰ] 辅音 VOT 比较图。图 3.74 为男、女发音人不同元音之前出现的 [kʰ] 辅音音强比较图。图 3.75-1～3.75-2 为以不同元音之前出现的 [kʰ] 辅音三个共振峰示意图（以 CF1 的依次上升排列），图 3.75-3～3.75-4 为以不同元音之前出现的 [kʰ] 辅音三个共振峰示意图（以 CF2 的依次上升排列）。从表 3.34 和图 3.73～3.75 中可以看到，[kʰ] 辅音声学参数与其后置元音音质之间有一定的共同的、具有统计学意义的规律（特点）。

（1）表 3.34 和图 3.73 显示，后置元音与 [kʰ] 辅音音长（VOT）之间有一定的相关性。如，后置元音为 [ə] 元音时 [kʰ] 辅音 VOT 最短。

（2）表 3.34 和图 3.74 显示，后置元音与 [kʰ] 辅音音强（CA）之间有一定的相关性。如，以后置元音 [ɐ] 为分界线（因后置元音 [ɐ] 时 [kʰ] 辅音音强值为居中），后置元音为高元音 [-u]、[-i] 时 [kʰ] 辅音音强相对较弱，后置元音为 [-o]、[-ə] 时 [kʰ] 辅音音强相对较强。

（3）表 3.34 和图 3.75 显示，后置元音与 [kʰ] 辅音共振峰频率（CF）之间有一定的相关性。第一共振峰相关性较小，以第二共振峰后置元音 [ɐ] 为分界点，后置元音为后元音 [-o, -u] 时 [kʰ] 辅音第二共振峰（CF2）频率有下降趋势，大约下降 100～200Hz；后置元音为 [-i, -ə] 时 [kʰ] 辅音第二共振峰（CF2）频率有上升的趋势，大约上升 200～250Hz。

表 3.34-1　不同元音之前出现的词首［kʰ］辅音声学参数统计（M）

	N		VOT	CA	CF1	CF2	CF3
kʰu	22	平均值	66	53	634	1030	2722
		标准差	4	5	84	245	783
		变异系数	6%	9%	13%	24%	29%
kʰo	12	平均值	96	57.91	670	1002	2400
		标准差	3	3	112	218	452
		变异系数	3%	5%	17%	22%	19%
kʰi	14	平均值	70	52.71	899	1866	2655
		标准差	2	4	197	356	280
		变异系数	3%	8%	22%	19%	11%
kʰə	7	平均值	35	55.55	995	1714	2884
		标准差	2	5	241	358	294
		变异系数	6%	9%	24%	21%	10%
kʰɐ	6	平均值	52	55	820	1416	2444
		标准差	3	2	37	64	493
		变异系数	6%	4%	5%	5%	20%

表 3.34-2　不同元音之前出现的词首［kʰ］辅音声学参数统计（F）

	N		VOT	CA	CF1	CF2	CF3
kʰu	7	平均值	72	46.66	816	1288	2488
		标准差	4	3	81	151	266
		变异系数	6%	6%	10%	12%	11%
kʰo	6	平均值	82	53.33	933	1341	2664
		标准差	2	2	132	101	220
		变异系数	2%	4%	14%	8%	8%
kʰi	4	平均值	92	51.66	812	2007	2871
		标准差	2	2	47	147	263
		变异系数	2%	4%	6%	7%	9%
kʰə	7	平均值	36	54.71	1040	1791	2519
		标准差	3	3	237	157	213
		变异系数	8%	5%	23%	9%	8%
kʰɐ	4	平均值	95	52.66	1236	1511	2924
		标准差	1	2	311	256	173
		变异系数	1%	4%	25%	17%	6%

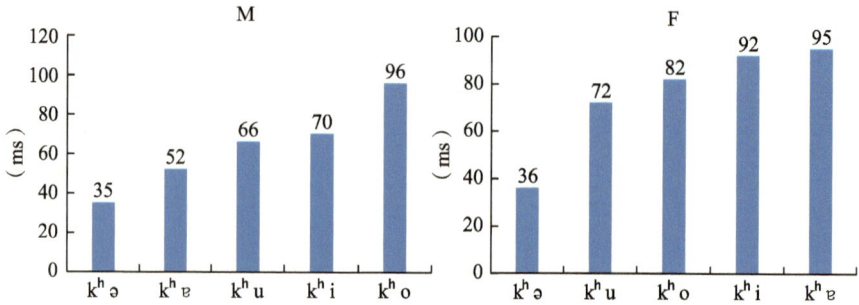

图 3.73　不同元音之前出现的 ［kʰ］ 辅音的辅音嗓音
起始时间 VOT 均值比较 （M&F）

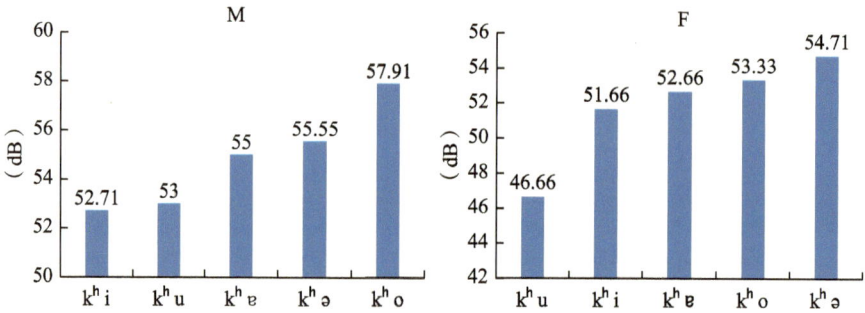

图 3.74　不同元音之前出现的 ［kʰ］ 辅音的音强均值比较 （M&F）

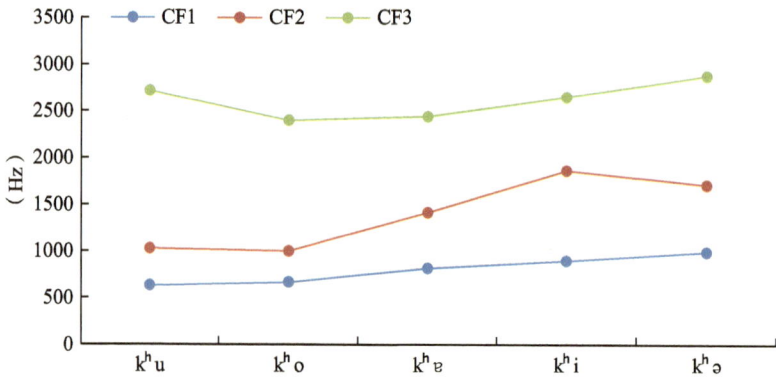

图 3.75-1　不同元音之前 ［kʰ］ 辅音的三个共振峰均值
（以 CF1 的上升为序排列） 比较 （M）

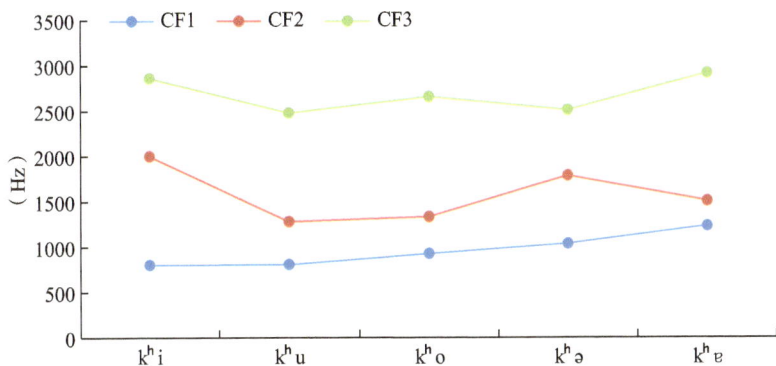

图 3.75-2 不同元音之前出现的 [kʰ] 辅音的三个共振峰均值
（以 CF1 的上升为序排列）比较（F）

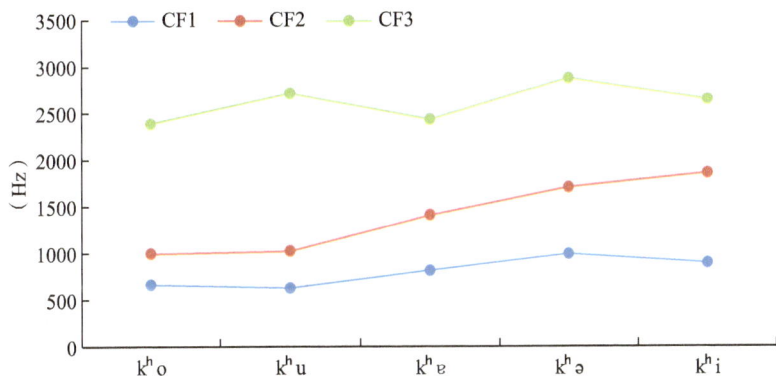

图 3.75-3 不同元音之前 [kʰ] 辅音的三个共振峰均值
（以 CF2 的上升为序排列）比较（M）

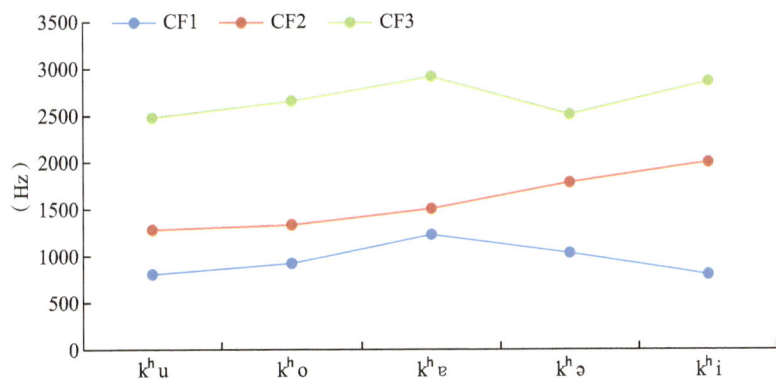

图 3.75-4 不同元音之前 [kʰ] 辅音的三个共振峰均值
（以 CF3 的上升为序排列）比较（F）

3. ［qʰ］辅音

3.1 音质及其声学特征

3.1.1 ［qʰ］辅音三维语图和语音标注以及频谱图

如上所述，［qʰ］为东乡语/kʰ/辅音的变体。图 3.76-1 为东乡语男发音人 kʰɛrɐ［qʰɛrɐ］"黑"一词的三维语图、波形图和三层标注实例，图 3.76-2 为东乡语男发音人 kʰɛrɐ［qʰɛrɐ］"黑"一词的［qʰ］辅音频谱图。从中可以看出，东乡语词首［qʰ］辅音的冲直条和第一、第二、第三（CF1、CF2、CF3）共振峰的分布模式以及 VOT。

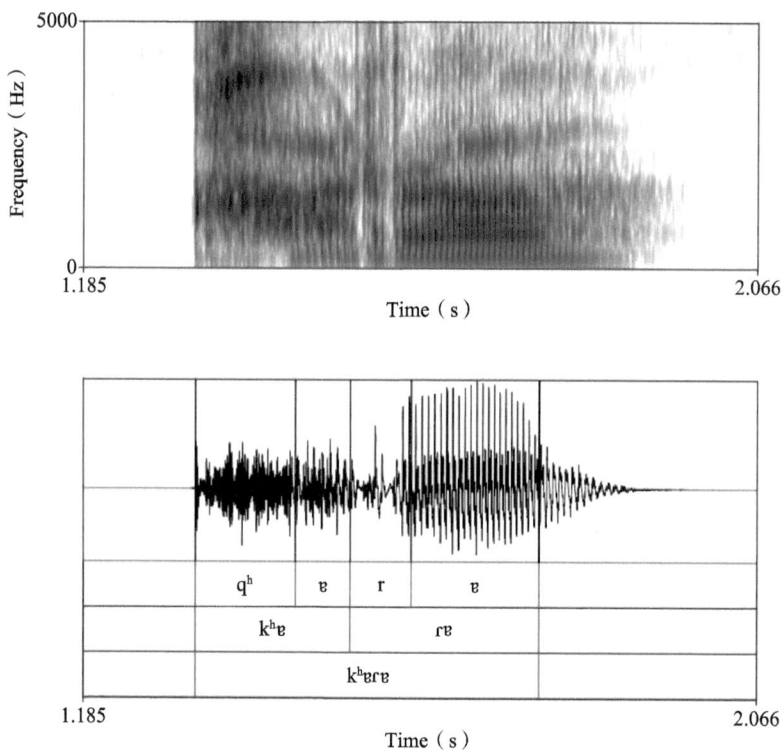

图 3.76-1　男发音人 kʰɛrɐ［qʰɛrɐ］"黑"一词的三维语图、波形图和三层标注实例

Spectrum[30 ms],Ltas（1-to-1）[30 ms]，LPC，all three overlaid

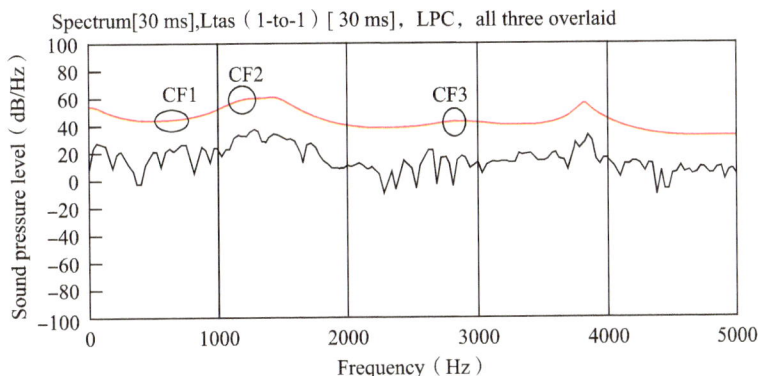

图 3.76-2　男发音人 kʰɐʀɐ［qʰɐʀɐ］"黑"一词的频谱图

3.1.2　［qʰ］辅音声学参数与音色定位

表 3.35 为男、女发音人［qʰ］辅音参数均值统计表。图 3.77-1 为男、女发音人［qʰ］辅音第一、第二和第三共振峰（CF1、CF2、CF3）的分布图，图 3.77-2 男、女发音人［qʰ］辅音三个共振峰均值比较图。由表 3.35 和图 3.77 可以看出以下几方面。

（1）男、女发音人［qʰ］辅音第一至第三共振峰均值分别如下。M：CF1 = 705Hz，CF2 = 1321Hz，CF3 = 2935Hz；F：CF1 = 907Hz，CF2 = 1651Hz，CF3 = 2857Hz。男、女发音人［qʰ］辅音第一、第二、第三共振峰的变异系数较大，说明该参数相对不稳定，离散度大。

（2）从整体上看，女发音人 CF 的频率高于男发音人，但男、女发音人［qʰ］辅音的共振峰分布模式基本相同。如，CF1 围绕 800Hz，在 600～1200Hz 之间浮动；CF2 围绕 1400Hz，在 1100～2100Hz 之间浮动；CF3 围绕 2800Hz，在 2500～3500Hz 之间浮动。

（3）［qʰ］辅音的 VOT 较短，只有近 20 毫秒。因从三维语图上无法准确测量词首塞音、塞擦音的 GAP 的时长，本项研究没能测量词首塞音的 GAP 时长，而是把词中 GAP 的时长作为塞音、塞擦音的 GAP 的标准时长。

（4）男发音人［qʰ］辅音的音强明显高于女发音人［qʰ］辅音的音强。辅音音强参数对辅音音色研究意义不大，可以忽略。

（5）东乡语［qʰ］辅音是比较典型的东乡语［qʰ］辅音为小舌、送气、清塞音，出现在词首或音节首的位置。

表 3.35　［qʰ］辅音参数统计

M					
参数	VOT	CA	CF1	CF2	CF3
均值	87	57.9	705	1321	2935
变异系数	2%	7%	29%	36%	17%
标准差	2	4	206	482	498
F					
参数	VOT	CA	CF1	CF2	CF3
均值	111	41	907	1651	2857
变异系数	3%	10%	25%	24%	21%
标准差	3	4	230	404	592

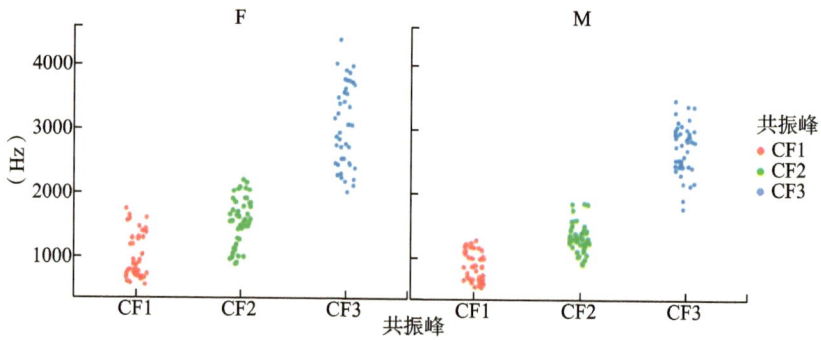

图 3.77-1　［qʰ］辅音第一至第三共振峰分布（F&M）

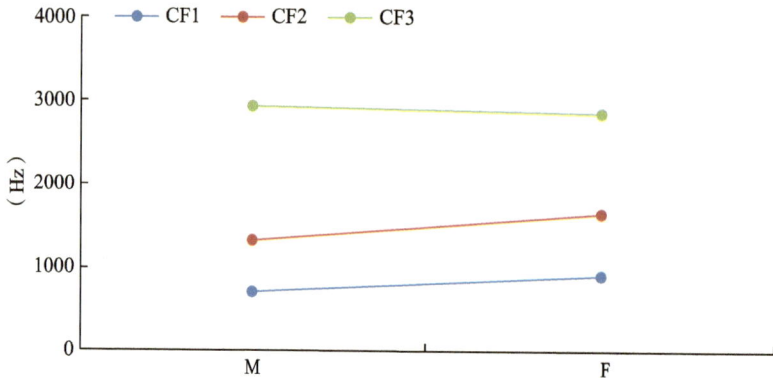

图 3.77-2　［qʰ］辅音第一至第三共振峰均值比较（F&M）

四 擦音

擦音指发音时两个器官靠近，不完全阻塞，形成一个缝隙，气流强行通过缝隙产生摩擦噪声。这是气流流经口腔某部位狭窄通道造成的湍流，所有的擦音在语图上都表现为乱纹。①

东乡语有［s，ʂ，x，f，ç］5个塞音。下面按照前文思路和方法描述东乡语擦音声学特征。

（一）/s/辅音

1. /s/辅音变体统计分析

表3.36为/s/辅音音位变体在"东乡语语音声学参数数据库"中的出现频率统计表。可以看出，东乡语/s/辅音在词中以［s］一种变体形式分别出现了276次（M）和176次（F）。［s］为该辅音的典型变体，如 sɐrɐ［sɐrɐ］"月亮"、xɐsɐx［xɐsɐx］"哈萨克"、pɐsi［pɐsi̥］"老虎"。

表3.36 ［s］辅音出现频率统计

发音人 辅音位置		M1		F1	
		出现次数	百分比	出现次数	百分比
出现次数		276		176	
［s］辅音	词首	111	40%	54	31%
	非词首	165	60%	122	69%

2. ［s］辅音
2.1 音质及其声学特征

下面根据［s］辅音三维语图和目标位置上的第一、第二和第三共振峰（CF1、CF2、CF3）均值（声学参数统计表）及其在声学空间中的分布模式（声学语图）及其频谱图，确定其实际音值（音质）及其声学特点。下同。

2.1.1 ［s］辅音三维语图和语音标注以及频谱图

如上所述，［s］为东乡语/s/辅音的典型变体。图3.78-1为 sɐrɐ［sɐrɐ］

---

① 呼和：《蒙古语语音声学研究》，社会科学文献出版社，2018，第309页。

"月亮"一词的三维语图、波形图和三层标注实例图。图 3.78-2 为东乡语男发音人 sɐrɐ [sɐrɐ] "月亮"一词 [s] 辅音频谱图。从中可以看出，东乡语词首 [s] 辅音的乱纹和第一、第二、第三（CF1、CF2、CF3）共振峰的分布模式。

　　2.1.2　［s］辅音声学参数与音色定位

　　表 3.37 为两个发音人 [s] 辅音声学参数统计表。图 3.79-1 为男、女发音人 [s] 辅音第一、第二和第三共振峰（CF1、CF2、CF3）的分布图，图 3.79-2 为男、女发音人 [s] 辅音三个共振峰均值比较图，图 3.79-3 为男、女发音人 [s] 辅音谱重心（COG）、偏移量（STD）和偏移度（SKEW）示意图。从表 3.37 和图 3.79 中可以看出以下几方面。

　　（1）男、女发音人 [s] 辅音第一至第三共振峰均值分别如下。M：CF1 = 1210Hz，CF2 = 2003Hz，CF3 = 3064Hz；F：CF1 = 1254Hz，CF2 = 2193Hz，CF3 = 3446Hz。男、女发音人 [s] 辅音第一、第二和第三共振峰的变异系数都小于 20%。说明这三个参数相对稳定，离散度小（除了女发音人第一共振峰变异系数之外）。

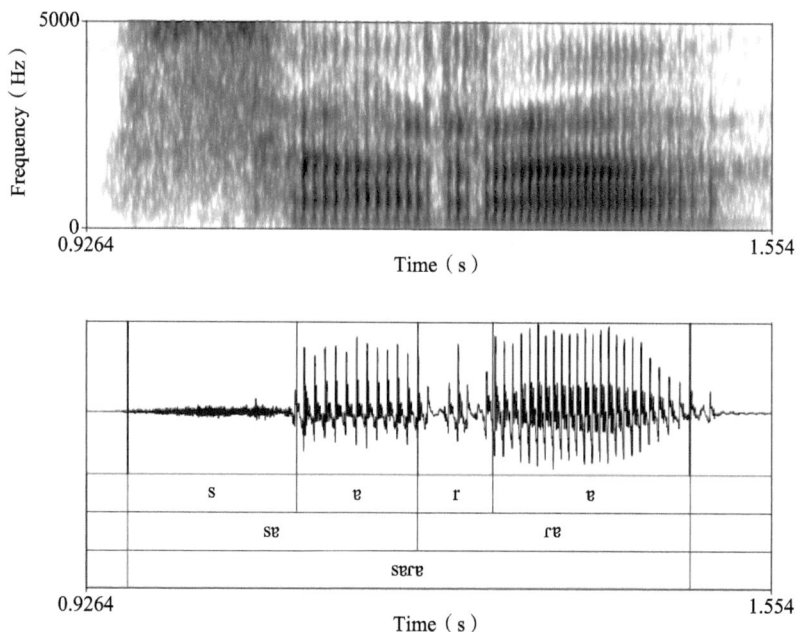

图 3.78-1　男发音人 sɐrɐ [sɐrɐ] "月亮"一词的三维语图、波形图和三层标注实例

（2）从整体上看，女发音人 CF 的频率高于男发音人，但男、女发音人 [s] 辅音的共振峰分布模式基本相同。如，CF1 围绕 1200Hz，在 1000～1600Hz 之间浮动；CF2 围绕 2000Hz，在 1800～2400Hz 之间浮动；CF3 围绕 3000Hz，在 2500～3600Hz 之间浮动。

（3）男发音人 [s] 辅音的音强明显高于女发音人 [s] 辅音的音强。辅音音强参数对辅音音色研究意义不大，可以忽略。

（4）东乡语 [s] 辅音是比较典型的舌叶齿根后区清擦音。

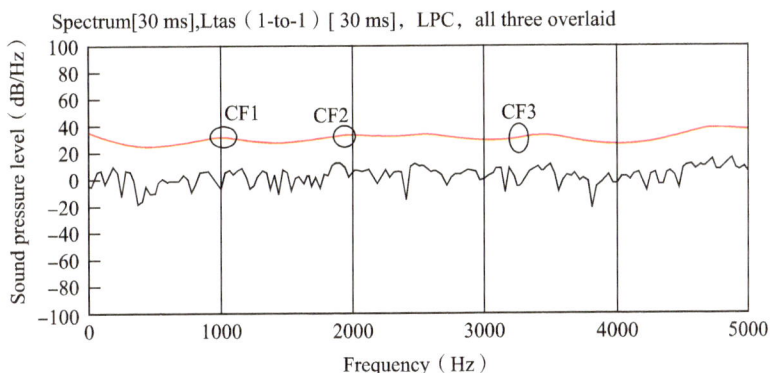

图 3.78-2　男发音人 sɐʐɐ [sɐʐɐ]"月亮"一词的频谱图

表 3.37　[s] 辅音声学参数统计 （M&F）

参数	CD	CA	CF1	CF2	CF3	COG	Dispersi	SKEW
M								
均值	142	52.4	1210	2003	3064	6088	2904	-0.06
变异系数	3%	8%	14%	14%	11%	21%	15%	-11.17%
标准差	4	4	167	285	325	1256	447	0.67
F								
参数	CD	CA	CF1	CF2	CF3	COG	Dispersion	SKEW
均值	170	47.3	1254	2193	3446	5488	2986	-0.38
变异系数	2%	11%	40%	20%	13%	39%	28%	-4.16%
标准差	4	5	421	440	438	2147	826	1.58

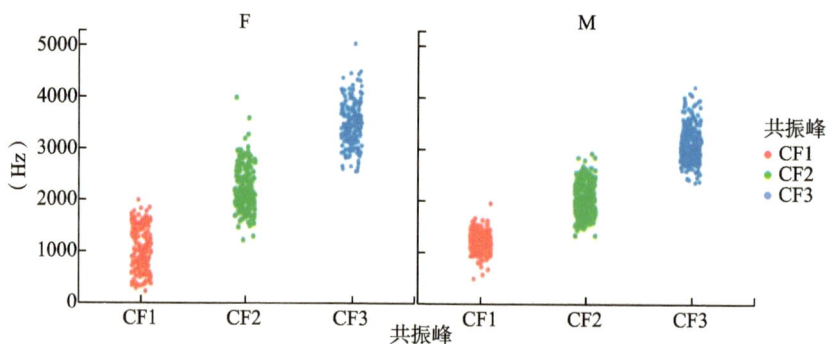

图 3.79-1 ［s］辅音共振峰分布（F&M）

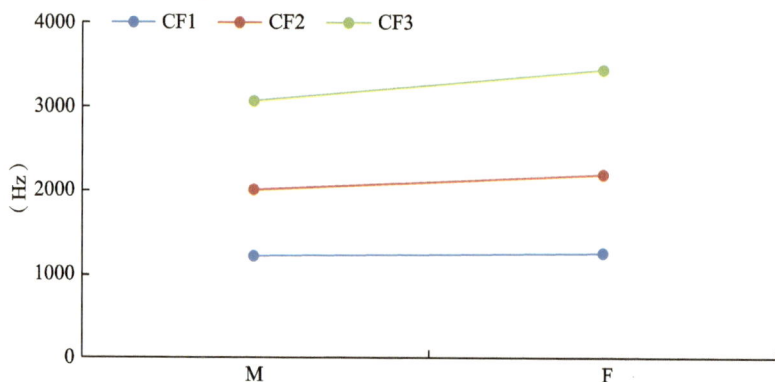

图 3.79-2 ［s］男女两位发音人［s］辅音第一、第二和第三共振峰
（CF1、CF2、CF3）的均值比较

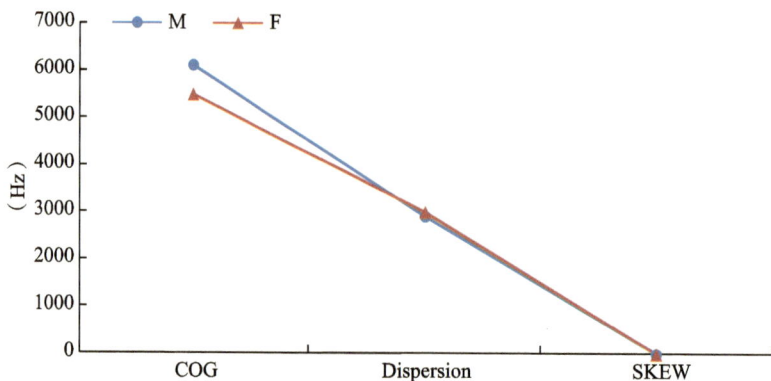

图 3.79-3 辅音谱特征示意

2.2 语流中的音变特征分析

2.2.1 [s] 辅音声学参数与其后置元音音质之间的相关性分析

表3.38为在 [ɐ]、[ə]、[i]、[o]、[u] 等元音之前出现的 [s] 辅音的音长（CD）、辅音音强（CA）、三个共振峰均值统计表，图3.80为男、女发音人不同元音之前出现的 [s] 辅音音长（CD）比较图，图3.81为男、女发音人不同元音之前出现的辅音音强比较图，图3.82-1~3.82-2为不同元音之前出现的 [s] 辅音三个共振峰示意图（以 CF1 的依次上升排列），图3.82-3~3.82-4为不同元音之前出现的 [s] 辅音三个共振峰示意图（以 CF2 的依次上升排列）。从表3.38和图3.80~3.81中可以看到：[s] 辅音声学参数与其后置元音音质之间有一定的共同的、具有统计学意义的规律（特点）。

表3.38　不同元音之前出现的词首 [s] 辅音声学参数统计（M&F）

[s]		M					F				
		CD	CA	CF1	CF2	CF3	CD	CA	CF1	CF2	CF3
sɐ	均值	142	52.7	1215	1919	2973	159	45.8	1043	2198	3094
	变异系数	2%	8%	17%	13%	12%	2%	11%	23%	15%	13%
	标准差	3	4	208	243	354	3	5	244	330	388
sə	均值	139	54.4	1219	2025	3178	137	47.1	676	1943	3210
	变异系数	3%	7%	22%	21%	14%	1%	19%	25%	14%	7%
	标准差	4	4	266	425	432	2	9	166	271	233
si	均值	178	55.9	1220	1872	3005	168	48.3	1041	2126	3346
	变异系数	2%	7%	18%	7%	8%	4%	8%	40%	25%	15%
	标准差	4	4	222	125	237	6	4	412	537	489
so	均值	135	49	1278	2014	3117	203	47.3	1072	2187	3527
	变异系数	1%	8%	7%	15%	10%	1%	11%	47%	21%	17%
	标准差	2	4	92	306	303	3	5	509	461	586
su	均值	142	50.1	1115	1905	2972	200	46.8	1027	2001	3464
	变异系数	4%	8%	11%	14%	7%	2%	11%	38%	15%	11%
	标准差	5	4	125	261	215	4	5	390	303	389

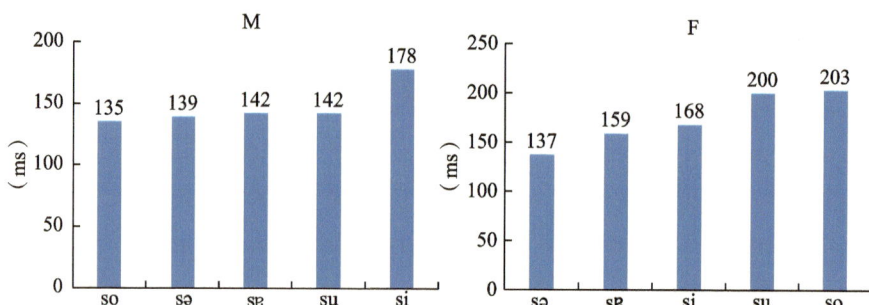

图 3.80　不同元音之前出现的 [s] 辅音音长（CD）均值比较（M&F）

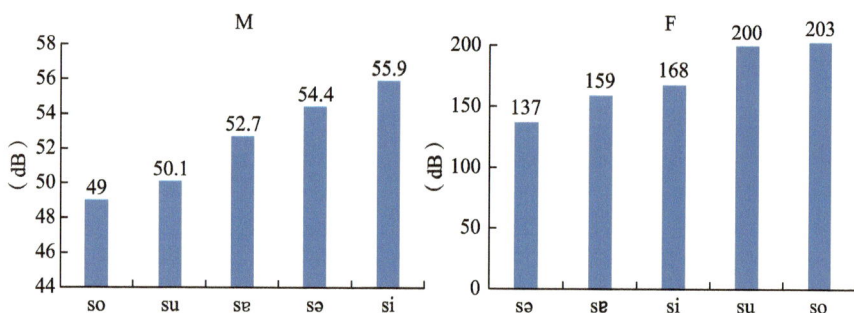

图 3.81　不同元音之前出现的 [s] 辅音音强（CA）均值比较（M&F）

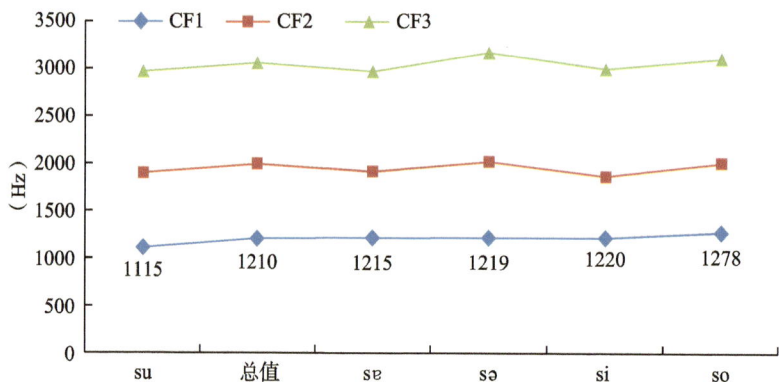

图 3.82-1　不同元音之前出现的 [s] 辅音的三个共振峰均值
（以 CF1 的上升为序排列）比较（M）

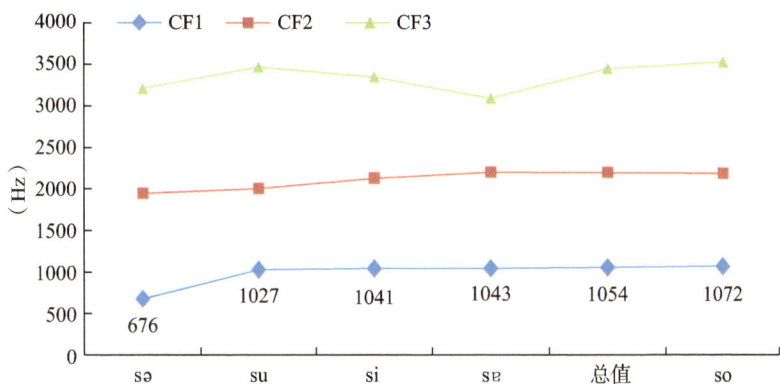

图 3.82-2　不同元音之前出现的［s］辅音的三个共振峰均值

（以 CF1 的上升为序排列）比较（F）

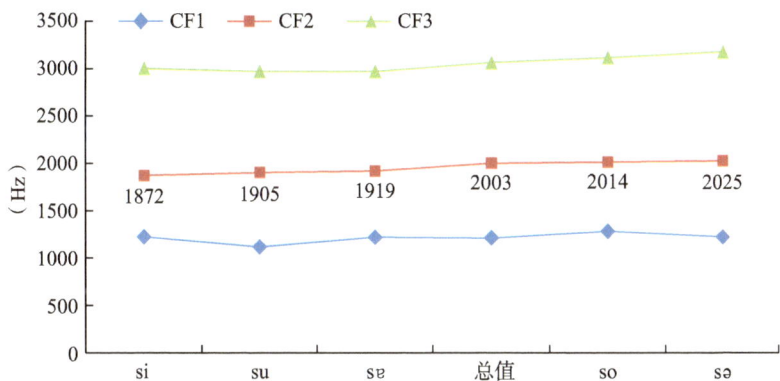

图 3.82-3　不同元音之前出现的［s］辅音的三个共振峰均值

（以 GF2 的上升为序排列）比较（M）

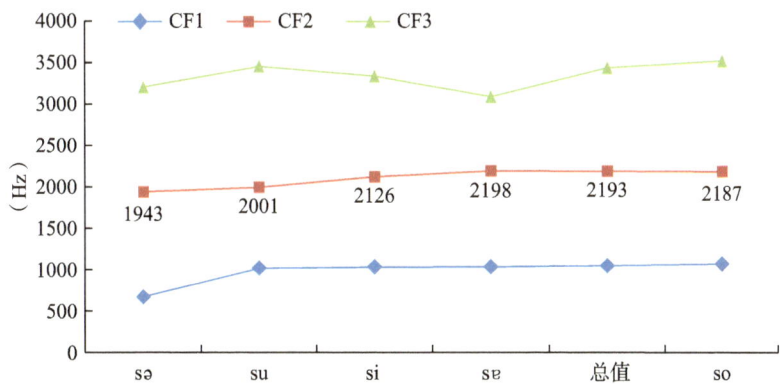

图 3.82-4　不同元音之前出现的［s］辅音的三个共振峰均值

（以 GF2 的上升为序排列）比较（F）

从以上表与图可以看出，该辅音在 [i] 元音之前时的音长相比其他元音之前的较长，音强相比其他元音之前的要强一些。女发音人的音长相比男发音人的音长稍微长一些，男发音人的音强相比女发音人的音强稍微强一些。在不同元音之前 [s] 辅音男发音人音长的排列顺序为：[o] < [ə] < [ɐ] < [u] < [i]，女发音人时长排列顺序为：[ɐ] < [ə] < [i] < [u] < [o]；不同元音之前 [s] 辅音男发音人音强的排列顺序为：[o] < [u] < [ɐ] < [ə] < [i]，女发音人音强的排列顺序为：[o] < [i] < [u] < [ə] < [ɐ]。

2.2.2 [s] 辅音声学参数与词中音节位置之间的相关性分析

表 3.39 为词中不同位置上出现的 [s] 辅音参数统计表，图 3.83-3.85 为出现在词中不同位置上的 [s] 辅音的共振峰、音长、音强参数均值比较图。从表和图中看出，[s] 辅音词中位置与其声学参数之间具有一定的相关性。例如，在词腹位置上的第一和第二共振峰频率比其他位置的相对高；[s] 辅音词中位置与音长之间具有一定的相关性。例如，在词腹位置上的辅音时长相比其他位置的要短；词腹位置中 [s] 的音强最强，词末位置的居中，词首位置的最弱。

表 3.39-1 词中不同位置上出现的 [s] 辅音参数统计 （M）

位置	参数	CD	CA	CF1	CF2	CF3
词首音节	平均值	135	49.69	1214	2009	3064
	标准差	4	4	178	259	314
	变异系数	3%	8%	15%	13%	10%
词腹音节	平均值	117	55.61	1257	2042	3152
	标准差	4	3	175	327	406
	变异系数	3%	5%	14%	16%	13%
词尾音节	平均值	153	54.98	1207	1998	3065
	标准差	4	3	182	324	348
	变异系数	3%	5%	15%	16%	11%

表 3.39-2 词中不同位置上出现的 [s] 辅音参数统计 (F)

位置	参数	CD	CA	CF1	CF2	CF3
词首音节	平均值	201	46.66	1011	2174	3423
	标准差	5	6	425	524	524
	变异系数	2%	13%	42%	24%	15%
词腹音节	平均值	128	49.22	1139	2205	3468
	标准差	3	4	411	453	418
	变异系数	2%	8%	36%	21%	12%
词尾音节	平均值	160	47.03	1057	2189	3448
	标准差	3	5	407	358	368
	变异系数	2%	11%	39%	16%	11%

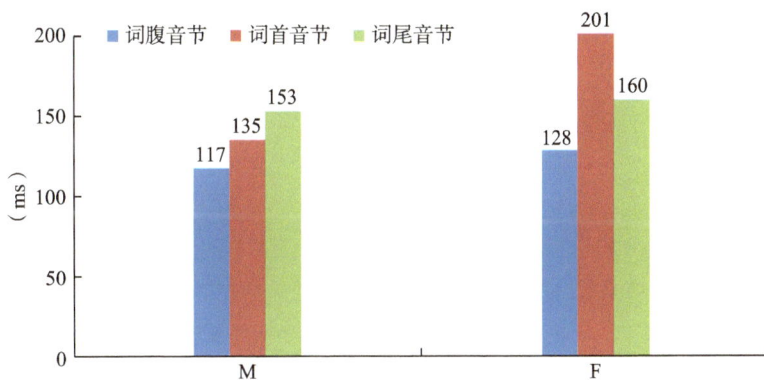

图 3.83 词中不同位置上出现的 [s] 辅音的时长均值比较 (M&F)

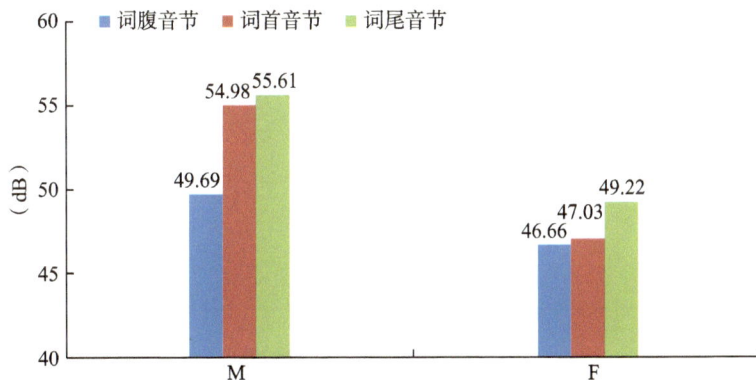

图 3.84 词中不同位置上出现的 [s] 辅音的音强均值比较 (M&F)

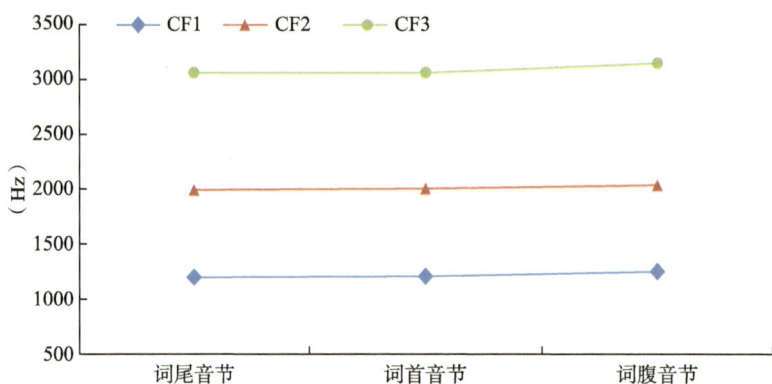

图 3.85-1　词中不同位置上出现的［s］辅音的共振峰均值比较

（以 CF1 的上升为序排列）（M）

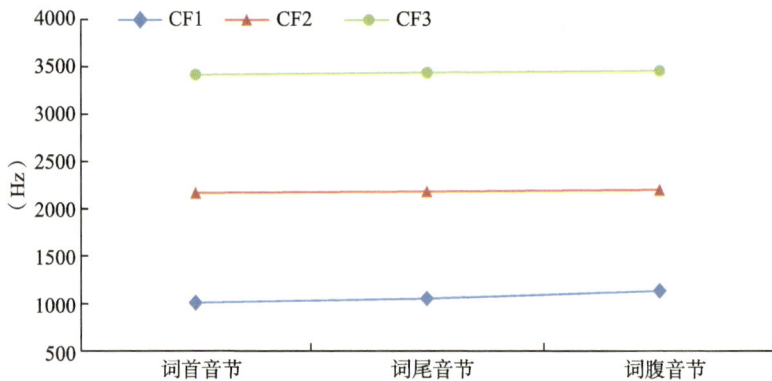

图 3.85-2　词中不同位置上出现的［s］辅音的共振峰均值比较

（以 CF1 的上升为序排列）（F）

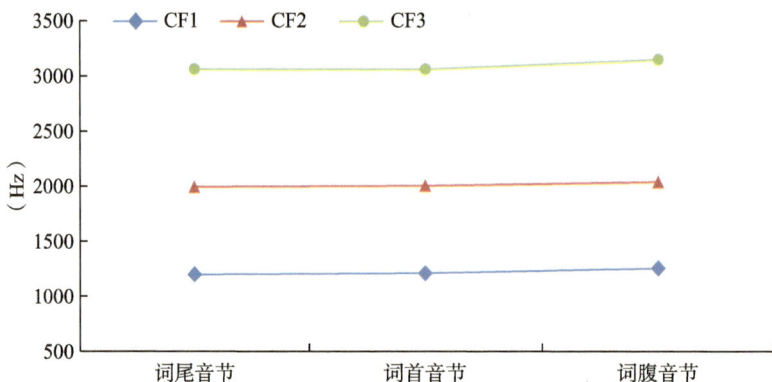

图 3.85-3　词中不同位置上出现的［s］辅音的共振峰均值比较

（以 CF2 的上升为序排列）（M）

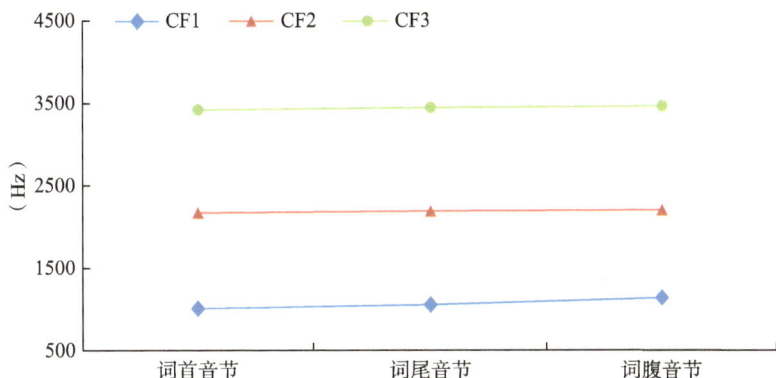

图 3.85-4　词中不同位置上出现的 [s] 辅音的共振峰均值比较
（以 CF2 的上升为序排列）（F）

我们对不同音节中出现的 [s] 辅音时长、谱重心之间做了单因素方差分析，结果如表 3.40 所示。

表 3.40　检验结果

	sig（显著性），P 值			
	CD		谱重心	
	M	F	M	F
词首音节—词腹音节	0.002	0.000	0.000	0.126
词首音节—词尾音节	0.001	0.000	0.005	0.471
词腹音节—词尾音节	0.000	0.000	0.134	0.302

我们从表 3.40 来看，在音节时长方面，男、女发音人中都有着显著性差异；男、女发音人谱重心在各音节之间差异性不显著（除词首音节—词腹音节类型之外）。

（二）/ʂ/辅音

1. /s/辅音变体统计分析

表 3.41 /ʂ/辅音音位变体在"东乡语语音声学参数数据库"中的出现频率统计表。可以看出，东乡语/ʂ/辅音在词中以 [ʂ] 一种变体形式共出现了 114 次（M）或 103 次（F）。[s] 为该辅音的典型变体。例如：ʂə [ʂə] "撒尿"、pɐʂi [pɐʂɻ] "把戏"。

表 3.41　［ʂ］辅音出现频率统计

辅音位置 \ 发音人		M		F	
		出现次数	百分比	出现次数	百分比
出现次数		114		103	
［s］辅音	词首	54	47%	38	37%
	非词首	60	53%	65	63%

2. ［ʂ］辅音

2.1　音质及其声学特征

2.1.1　［ʂ］辅音三维语图和语音标注以及频谱图

如上所述，［ʂ］为东乡语/ʂ/辅音的典型变体。图 3.86-1 为男发音人 ʂə［ʂə］（撒尿）一词的三维语图、波形图和三层标注实例图，图 3.86-1 为东乡语男发音人 ʂə［ʂə］"撒尿"一词［ʂ］辅音频谱图。可以看出，东乡语词首［ʂ］辅音的乱纹和第一（CF1）、第二（CF2）、第三（CF3）共振峰的分布模式。

2.1.2　［ʂ］辅音声学参数与音色定位

表 3.42 为男、女两个发音人［ʂ］辅音声学参数统计表。图 3.87-1 为男、女发音人［ʂ］辅音第一、第二和第三共振峰（CF1、CF2、CF3）的分布图。图 3.87-2 为男、女发音人［ʂ］辅音三个共振峰均值比较图，图 3.87-3 为男、女发音人［ʂ］辅音谱重心（COG）、偏移量（STD）和偏移度（SKEW）示意图。从表 3.42 和图 3.87 中可以看到以下几方面。

（1）男、女发音人［ʂ］辅音第一至第三共振峰均值为 M：CF1 = 1586Hz，CF2 = 2152Hz，CF3 = 3044Hz；F：CF1 = 1372Hz，CF2 = 2626Hz，CF3 = 3647Hz。男、女发音人［s］辅音第一、第二和第三共振峰的变异系数都小于 20%。说明该三个参数相对稳定，离散度小（除了女发音人第一共振峰变异系数之外）。男、女发音人［ʂ］辅音谱重心（COG）、偏移量（STD）和偏移度（SKEW）等三个谱参数的变异系数都较大，说明这些系数都不稳定。

（2）从整体上看，女发音人 CF 的频率高于男性发音人，但男、女发音人［ʂ］辅音的共振峰分布模式基本相同。如，CF1 围绕 1300Hz，在 1100～1700Hz 之间浮动；CF2 的频率相差较大；CF3 围绕 3200Hz，在 3000～

3600Hz 之间浮动。

（3）男发音人［ʂ］辅音的音强明显高于女发音人［ʂ］辅音的音强。辅音音强参数对辅音音色研究意义不大，可以忽略。

（4）东乡语［ʂ］辅音是比较典型舌尖后、清擦音。

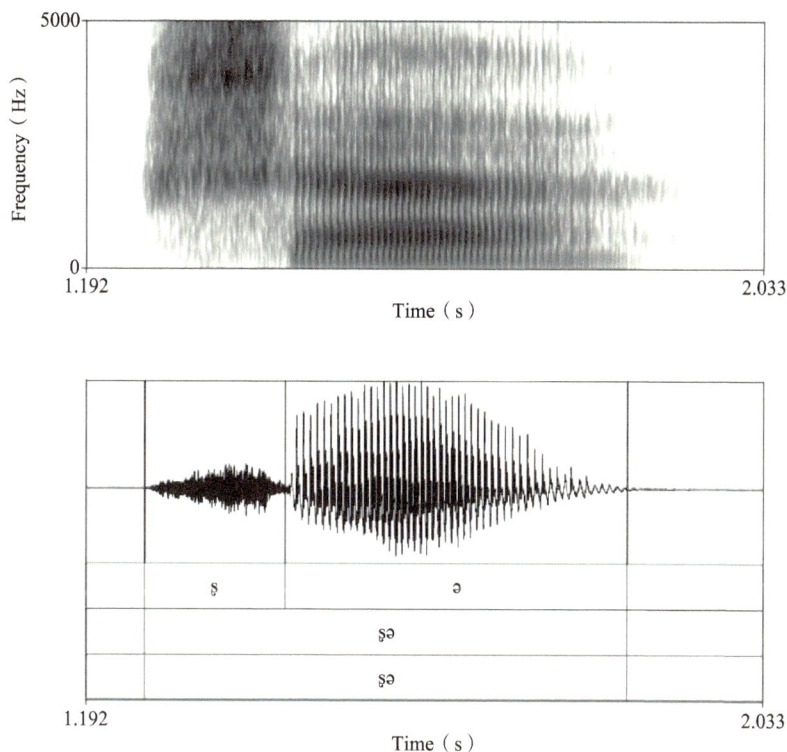

图 3.86-1　ʂə［ʂə］"撒尿"一词的三维语图、波形图和三层标注实例

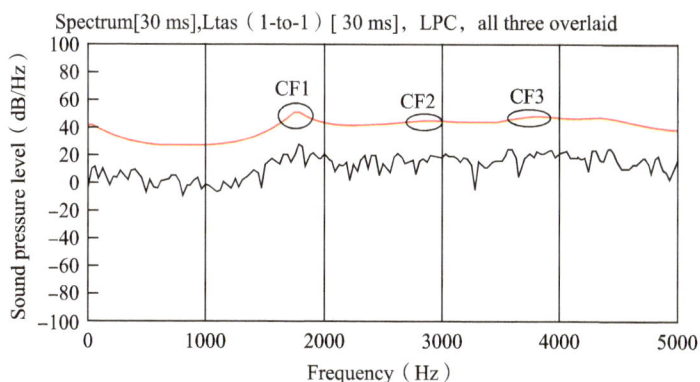

图 3.86-2　男发音人 ʂə［ʂə］"撒尿"一词的频谱图

表 3.42　　［ʂ］辅音参数统计

M								
参数	CD	CA	CF1	CF2	CF3	COG	Dispersion	SKEW
均值	153	62.2	1586	2152	3044	3247	1543	1.30
变异系数	27%	6%	13%	12%	12%	22%	21%	70%
标准差	41	4	204	267	366	699	317	0.91

F								
参数	CD	CA	CF1	CF2	CF3	COG	Dispersion	SKEW
均值	181	48.7	1372	2626	3647	3221	2070	0.70
变异系数	14%	12%	27%	22%	9%	49%	26%	186%
标准差	25	6	371	585	318	1569	536	1.30

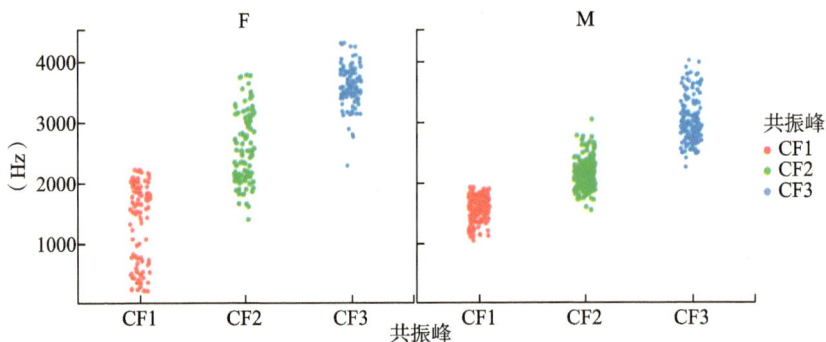

图 3.87-1　　［ʂ］辅音共振峰分布（F&M）

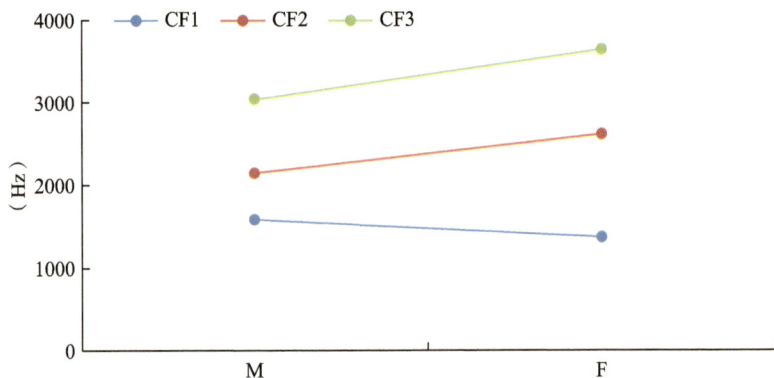

图 3.87-2　　［ʂ］辅音三个共振峰均值比较（M&F）

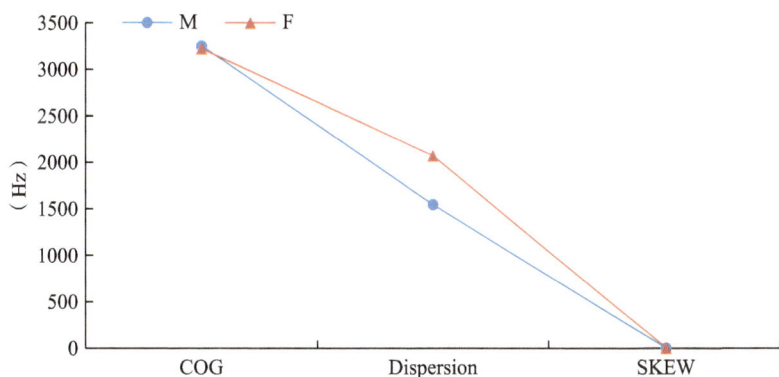

图 3.87-3 ［ʂ］辅音谱特征示意

2.2 语流中的音变特征分析

2.2.1 ［ʂ］辅音声学参数与其后置元音音质之间的相关性分析

表 3.43 为在 ［ɤ］、［ə］、［i］、［u］ 等元音之前出现的 ［ʂ］ 辅音的音长（CD）、辅音音强（CA）、三个共振峰统计表。图 3.88 为男、女发音人不同元音之前 ［ʂ］ 辅音音长（CD）比较图。图 3.89 为男、女发音人不同元音之前出现的辅音音强比较图。图 3.90-1~3.90-2 为不同元音之前出现的 ［ʂ］ 辅音三个共振峰示意图（以 CF1 的依次上升排列），图 3.90-3~3.90-4 为以不同元音之前出现的 ［ʂ］ 辅音三个共振峰示意图（以 CF2 的依次上升排列）。

从上述表和图中可以看出，后续元音音质与 ［ʂ］ 辅音声学参数之间有一定的相关性。例如，该辅音在 ［u］ 元音之前时的音长相比其他元音之前时的较长。女发音人的音长相比男发音人的音长稍微长一些，男发音人的音强相比女发音人的音强稍微强一些。在不同元音之前 ［ʂ］ 辅音男发音人音长从长到短排列顺序为：［ɤ］＜［ə］＜［i］＜［u］，女发音人音长从长到短排列顺序为：［ə］＜［i］＜［ɤ］＜［u］；不同元音之前 ［s］ 辅音男发音人音强从强到弱排列顺序为：［u］＜［ɤ］＜［ə］＜［i］，女发音人音强从强到弱排列顺序为：［u］＜［i］＜［ə］＜［ɤ］。

表 3.43　不同元音之前出现的 ［s］ 辅音声学参数统计 （M&F）

发音人 辅音参数		M					F				
		CD	CA	CF1	CF2	CF3	CD	CA	CF1	CF2	CF3
ʂɐ	均值	122	61.7	1656	2058	3061	175	54	1421	2132	2842
	变异系数	18%	5%	11%	14%	15%	12%	11%	14%	5%	8%
	标准差	22	3	174	282	446	21	6	193	104	223
ʂə	均值	163	62.1	1721	2405	3295	173	49.8	1500	2346	3482
	变异系数	15%	6%	5%	7%	10%	20%	8%	10%	17%	10%
	标准差	24	4	90	176	332	35	4	152	407	360
ʂi	均值	163	64	1642	3192	3055	173	48.9	1432	2719	3679
	变异系数	24%	6%	9%	8%	11%	21%	12%	23%	16%	8%
	标准差	39	4	155	262	347	37	6	331	432	278
ʂu	均值	183	58	1221	2059	2837	192	43.2	1481	2312	3245
	变异系数	20%	5%	5%	7%	12%	18%	12%	5%	21%	8%
	标准差	37	3	56.9	135	353	34	5	80	488	270

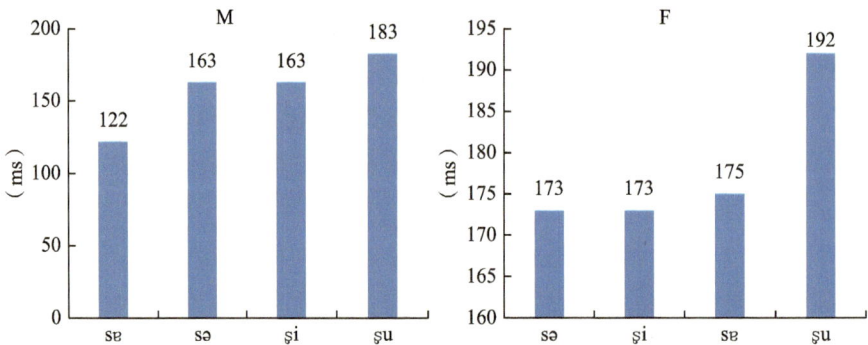

图 3.88　不同元音之前出现的 ［ʂ］ 辅音音长 （CD） 均值比较 （M&F）

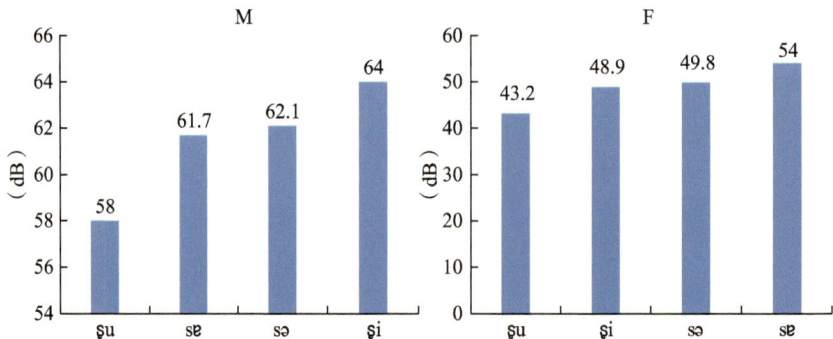

图 3.89　不同元音之前出现的 ［ʂ］ 辅音音强 （CA） 均值比较 （M&F）

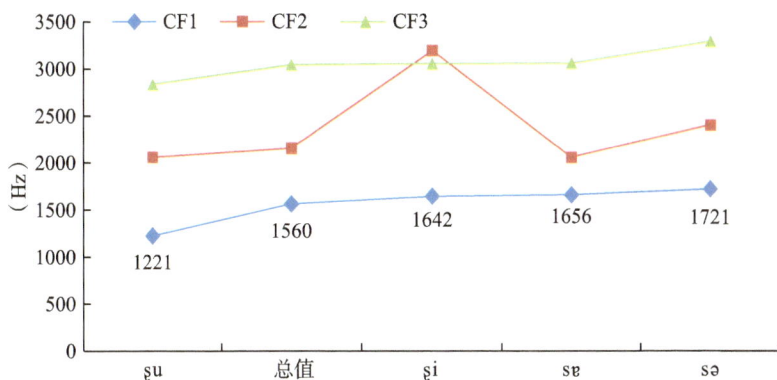

图 3.90-1　不同元音之前［ʂ］辅音的三个共振峰均值
（以 CF1 的依次上升排列）比较（M）

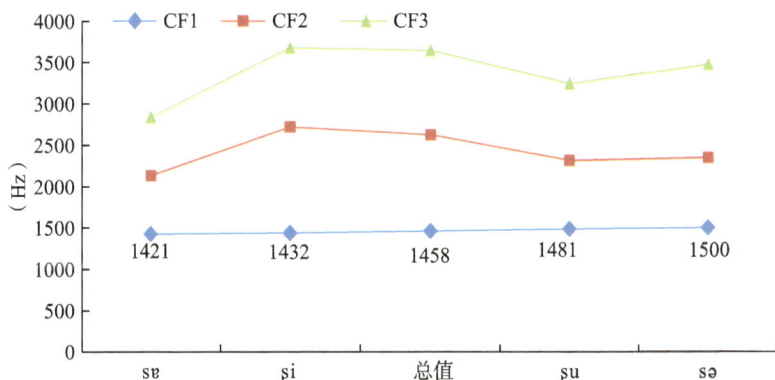

图 3.90-2　不同元音之前出现的［ʂ］辅音的三个共振峰均值
（以 CF1 的依次上升排列）比较（F）

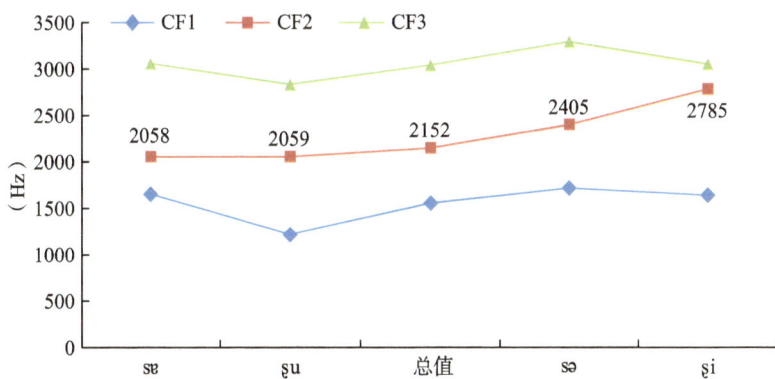

图 3.90-3　不同元音之前［ʂ］辅音的三个共振峰均值
（以 CF2 的依次上升排列）比较（M）

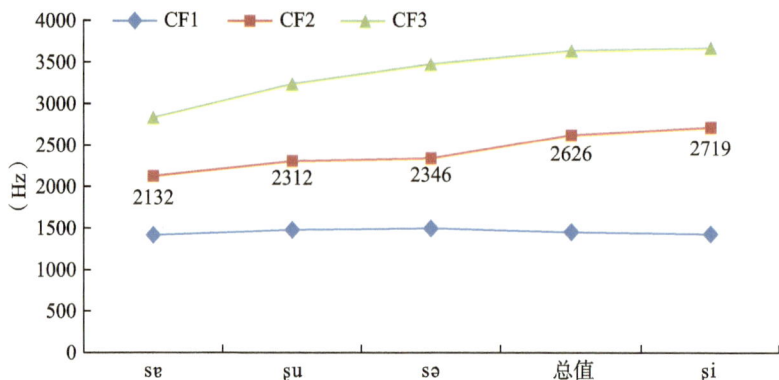

图 3.90-4   不同元音之前出现的〔ʂ〕辅音的三个共振峰均值
（以 CF2 的依次上升排列）比较（F）

2.2.2   〔ʂ〕辅音声学参数与词中音节位置之间的相关性分析

表 3.44 为词中不同位置上出现的〔ʂ〕辅音参数统计表，图 3.91~3.93 为出现在词中不同位置上出现的〔ʂ〕辅音的共振峰、音长、音强参数比较图。从上述表和图中可以看出，〔ʂ〕辅音词中位置与其声学参数之间具有一定的相关性。例如，在词腹位置上出现的〔ʂ〕辅音的第一和第二共振峰频率比其他位置的相对较低；〔ʂ〕辅音词中位置与音长之间具有一定的相关性。例如，在词腹位置上出现的〔ʂ〕辅音时长相比其他位置的要短；词腹位置上出现的〔ʂ〕辅音的音强最强，词末位置的居中，词首位置的最弱。

表 3.44-1   词中不同位置上出现的〔ʂ〕辅音参数统计（M）

位置	参数	CD	CA	CF1	CF2	CF3
词首音节	平均值	149	60.39	1564	2144	2997
	标准差	4	4	210	280	357
	变异系数	3%	7%	13%	13%	12%
词腹音节	平均值	126	62.40	1552	2128	2965
	标准差	4	3	204	197	370
	变异系数	3%	5%	13%	9%	12%
词尾音节	平均值	159	61.9	1616	2152	3089
	标准差	4	3	201	280	384
	变异系数	3%	5%	12%	13%	12%

表 3.44-2 词中不同位置上出现的 [ʂ] 辅音统计 （F）

位置 参数		CD	CA	CF1	CF2	CF3
词首音节	平均值	211	47.17	1359	2453	3540
	标准差	5	5	625	463	391
	变异系数	2%	11%	46%	19%	11%
词腹音节	平均值	122	51.87	1179	2368	3607
	标准差	3	6	685	647	375
	变异系数	2%	12%	58%	27%	10%
词尾音节	平均值	181	49.42	1416	2737	3646
	标准差	3	5	667	600	311
	变异系数	2%	10%	47%	22%	9%

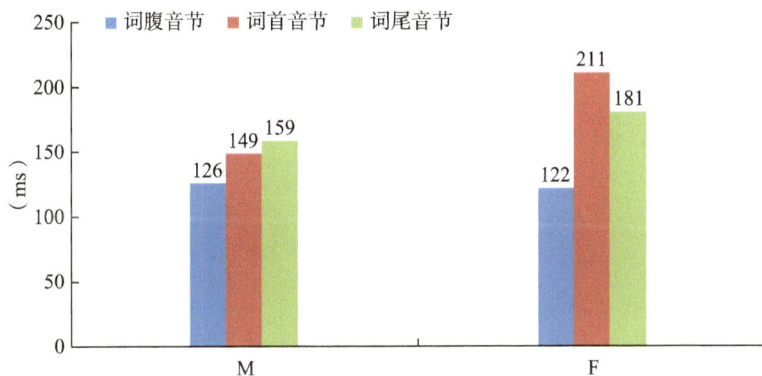

图 3.91 词中不同位置上出现的 [ʂ] 辅音的时长（音长）均值比较（M&F）

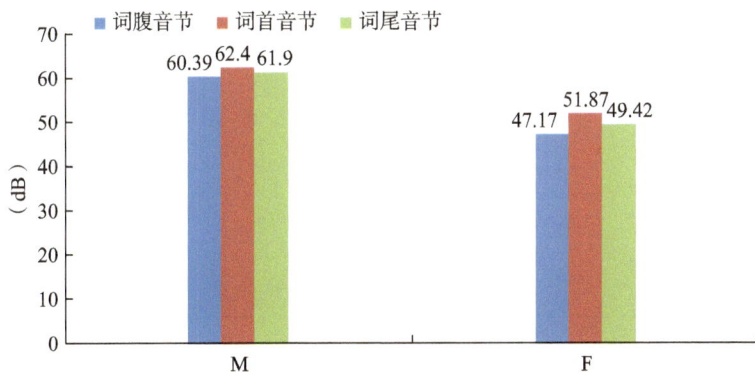

图 3.92 词中不同位置上出现的 [ʂ] 辅音的音强均值比较（M&F）

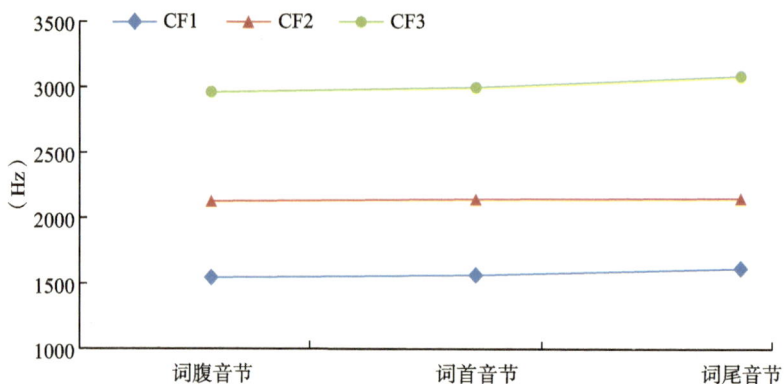

图 3.93-1　词中不同位置上出现的［ʂ］辅音的共振峰均值比较

（以 CF1 的依次上升排列）（M）

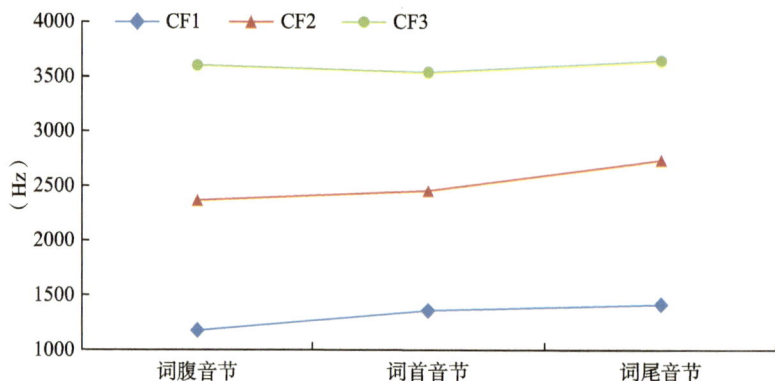

图 3.93-2　词中不同位置上出现的［ʂ］辅音的共振峰均值

（以 CF1 的依次上升排列）比较（F）

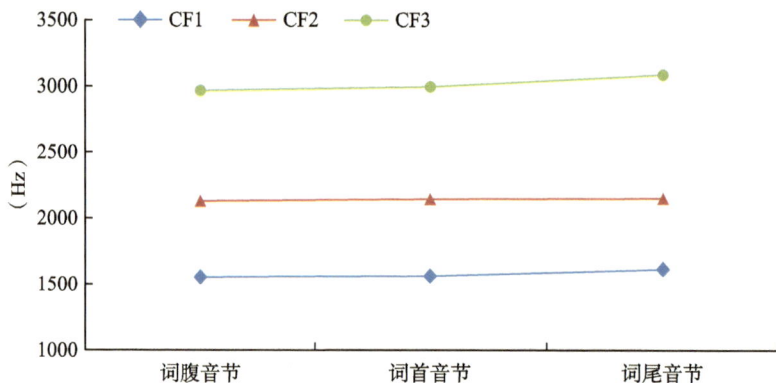

图 3.93-3　词中不同位置上出现的［ʂ］辅音的共振峰均值

（以 CF2 的依次上升排列）比较（M）

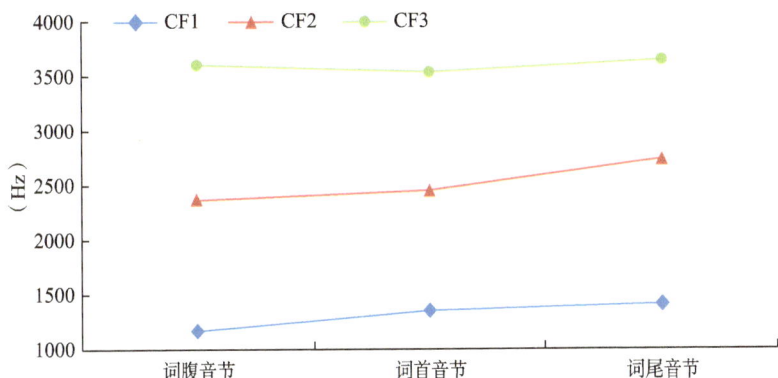

图 3.93-4 词中不同位置上出现的 [ʂ] 辅音的共振峰均值
（以 CF2 的依次上升排列）比较（F）

我们对不同音节中出现的 [ʂ] 辅音时长、谱重心之间做了单因素方差分析，结果如表 3.45 所示。

表 3.45 检验结果（M&F）

	sig（显著性）			
	CD		谱重心	
	M	F	M	F
词首音节—词腹音节	0.013	0.000	0.533	0.002
词首音节—词尾音节	0.198	0.001	0.129	0.000
词腹音节—词尾音节	0.001	0.000	0.568	0.929

我们从表 3.45 来看，在时长上，男、女发音人中都有着显著性差异（除男发音人词首音节—词尾音节之外）；男发音人谱重心在各音节之间差异性不显著，女发音人具有明显的差异性（除词腹音节—词尾音节之外）。

（三）/x/辅音

1. /x/辅音变体统计分析

表 3.46 为/x/辅音音位变体在"东乡语语音声学参数数据库"中的出现频率统计表。可以看出，东乡语/x/辅音在词中以 [x] 一种变体形式共出现了 59 次（M）或 82 次（F）。[x] 为该辅音的典型变体。例如：xetʂʰi [xɤtʂʰʅ] "侄子"、soxo [soxo] "瞎子"。

表 3.46　［x］辅音出现频率统计

辅音位置 ＼ 发音人		M1		F1	
		出现次数	百分比	出现次数	百分比
出现次数		59		82	
［x］辅音	词首	42	71%	63	77%
	非词首	17	29%	19	23%

2.　［x］辅音

2.1　音质及其声学特征

2.1.1　［x］辅音三维语图和语音标注以及频谱图

如上所述，［x］为东乡语/x/辅音的典型变体。图 3.94-1 为男发音人 xokɐ［xokɐ］"褐子"一词的三维语图、波形图和三层标注实例图。图 3.94-2 为男发音人 xokɐ［xokɐ］"褐子"一词的［x］辅音频谱图。可以看出，东乡语词首［x］辅音的乱纹和第一、第二、第三（CF1、CF2、CF3）共振峰的分布模式。

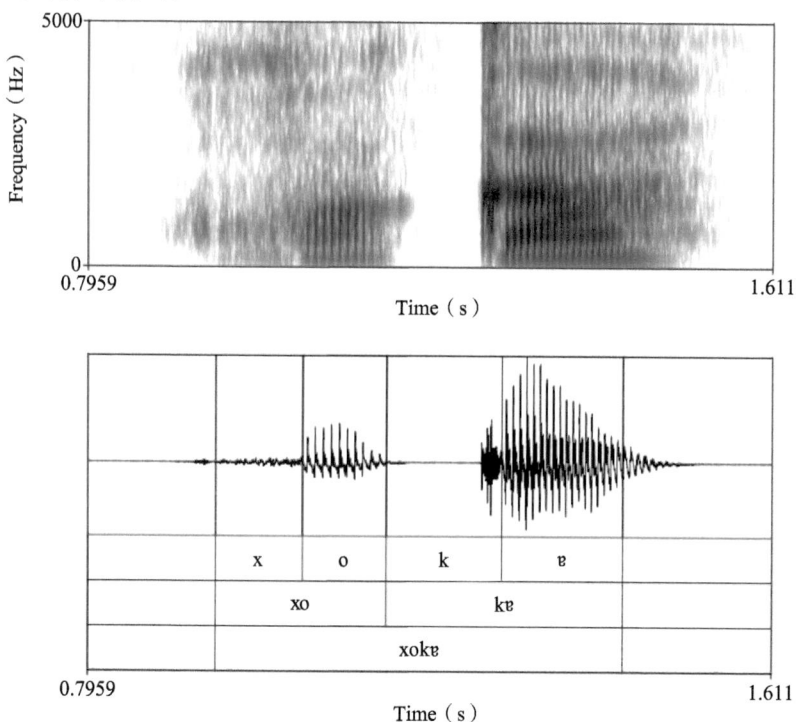

图 3.94-1　男发音人 xokɐ［xokɐ］"褐子"一词的三维语图、波形图和三层标注实例

Spectrum[30 ms],Ltas（1-to-1）[30 ms]，LPC，all three overlaid

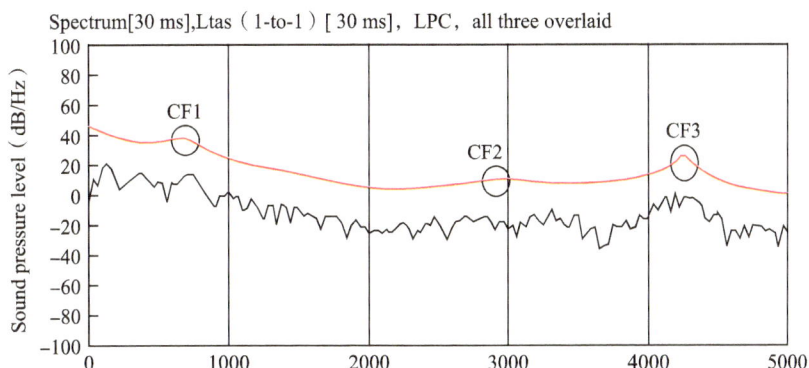

图 3.94-2　男发音人 xokɐ［xokɐ］"褐子"一词［x］辅音的频谱

2.1.2　［x］辅音声学参数与音色定位

表 3.47 为男、女发音人［x］辅音声学参数统计表，图 3.95-1 为男、女发音人［x］辅音第一、第二和第三共振峰的分布图，图 3.95-2 为男、女发音人［s］辅音三个共振峰均值比较图，图 3.95-3 为男、女发音人［s］辅音谱重心（COG）、偏移量（STD）和偏移度（SKEW）示意图。从表 3.44 和图 3.95 可以看到以下几方面。

（1）男、女发音人［x］辅音第一至第三共振峰均值为 M：CF1 = 822Hz，CF2 = 1378Hz，CF3 = 2680Hz；F：CF1 = 981Hz，CF2 = 1670Hz，CF3 = 3321Hz。男、女发音人［x］辅音第二和第三共振峰的变异系数都小于 20%。说明这三个参数相对稳定，离散度小（第一共振峰变异系数之外）。男、女发音人［x］辅音谱重心（COG）、偏移量（STD）和偏移度（SKEW）等三个谱参数的变异系数都较大，说明这些系数都不稳定。

（2）从整体上看，女发音人 CF 的频率高于男发音人，但男、女发音人［x］辅音的共振峰分布模式基本相同。如，CF1 围绕 800Hz，在 700~1200Hz 之间浮动；CF2 和 CF3 的频率相差较大。

（3）男发音人［x］辅音的音强明显高于女发音人［x］辅音的音强。辅音音强参数对辅音音色研究意义不大，可以忽略。

（4）东乡语［x］辅音是比较典型舌面后—硬腭区、清擦音。

表 3.47 [x] 辅音声学参数统计

M								
参数	CD	CA	CF1	CF2	CF3	COG	Dispersion	SKEW
均值	95	49.2	882	1378	2680	1150	1299	3.91
标准差	33	5	203	279	373	420	675	1.56
变异系数（%）	35	10	23	20	14	37	52	40

F								
参数	CD	CA	CF1	CF2	CF3	COG	Dispersion	SKEW
均值	158	40.3	981	1670	3321	2383	2781	1.67
标准差	45	6	340	340	377	810	565	0.70
变异系数（%）	28	15	35	20	11	34	20	42

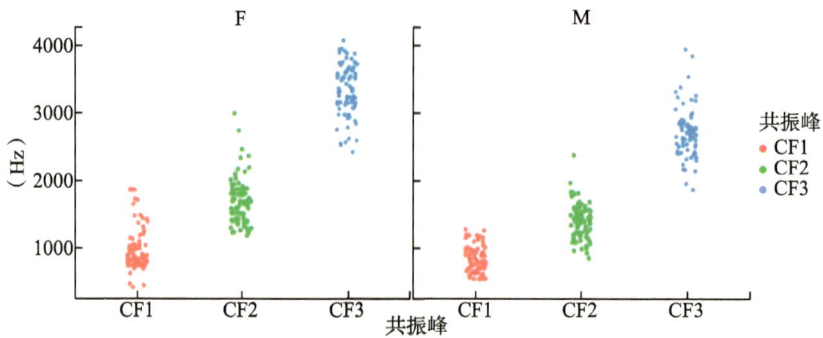

图 3.95-1 [x] 辅音共振峰分布（F&M）

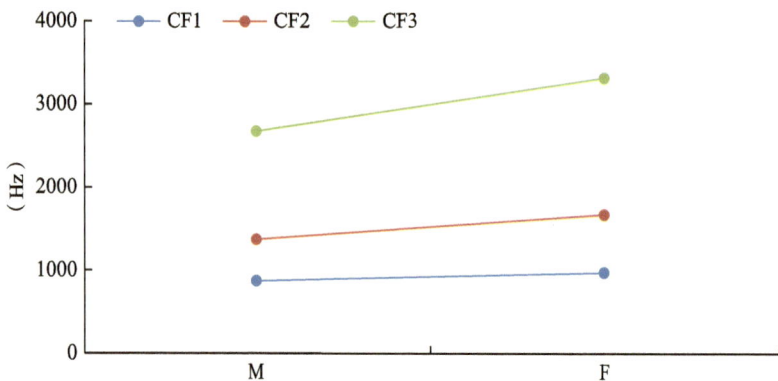

图 3.95-2 [x] 辅音三个共振峰均值比较（M&F）

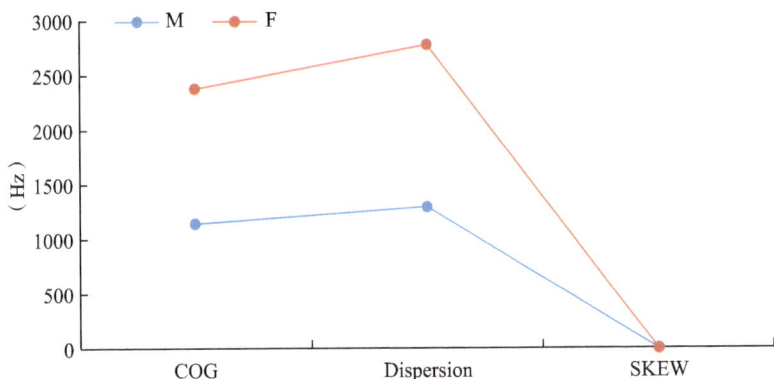

图 3.95-3　[x] 辅音谱特征示意

2.2　语流中的音变特征分析

2.2.1　[x] 辅音声学参数与其后置元音音质之间的相关性分析

表 3.48 为在 [ɐ]、[ə]、[i]、[u] 等元音之前出现的 [x] 辅音的音长（CD）、辅音音强（CA）、三个共振峰均值统计表，图 3.96 为男、女发音人不同元音之前出现的 [x] 辅音音长（CD）比较图，图 3.97 为男、女发音人不同元音之前辅音音强比较图。图 3.98-1～3.98-2 为不同元音之前出现的 [s] 辅音三个共振峰示意图（以 CF1 的依次上升排列），图 3.98-3～3.98-4 为不同元音之前出现的 [s] 辅音三个共振峰示意图（以 CF2 的依次上升排列）。从表 3.48 和图 3.98 中可以看到：[s] 辅音声学参数与其后置元音音质之间有一定的共同的、具有统计学意义的规律（特点）。[x] 辅音在 [ə]、[u] 元音之前时的音长相比其他元音之前的较长。女发音人的音长相比男发音人的音长稍微长一些，男发音人的音强相比女发音人的音强稍微强一些。位于后元音 [o]、[u] 之前的 [x] 辅音共振峰频率低于其他元音之前的 [x] 辅音共振峰频率。在不同元音之前 [x] 辅音男发音人音长的排列顺序为：[ɐ] < [o] < [u] < [ə] < [i]，女发音人音长的排列顺序为：[o] < [ɐ] < [i] < [u] < [ə]；不同元音之前 [x] 辅音男发音人音强的排列顺序为：[o] < [ɐ] < [ə] < [u] < [i]，女发音人音强的排列顺序为：[o] < [u] < [ɐ] < [i] < [ə]。

表 3.48　不同元音之前出现的［x］辅音声学参数统计（M&F）

		M					F				
		CD	CA	CF1	CF2	CF3	CD	CA	CF1	CF2	CF3
xɐ	均值	85	49.7	890	1379	2581	146	38.5	1117	1686	3217
	变异系数	34%	10%	20%	13%	9%	21%	13%	28%	13%	10%
	标准差	29	5	179	185	240	31	5	316	215	335
xə	均值	66	49.8	983	1636	2627	182	43	1354	1913	3457
	变异系数	5%	10%	7%	6%	13%	17%	12%	41%	17%	12%
	标准差	3	5	73	90	331	31	5	560	318	409
xi	均值	127	54	1264	1411	3007	155	42	1167	2156	2542
	变异系数	13%	9%	10%	15%	10%	14%	10%	102%	10%	10%
	标准差	16	5	123	210	312	21	4	1189	221	260
xo	均值	100	46.3	659	1278	2789	139	35.6	784.1	1614	3340
	变异系数	31%	9%	15%	29%	20%	19%	14%	21%	24%	13%
	标准差	31	4	100	368	557	26	5	168	391	438
xu	均值	125	50.4	635	1401	2658	168	37.2	872	1590	3362
	变异系数	19%	4%	17%	16%	11%	20%	13%	17%	22%	10%
	标准差	24	2	105	226	293	34	5	145	342	339

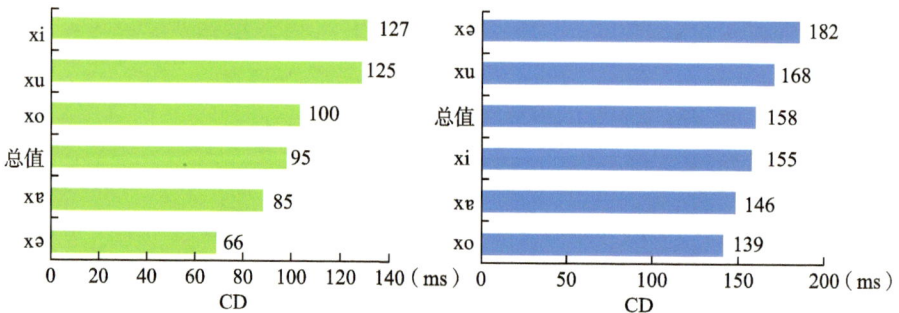

图 3.96　不同元音之前出现的［x］辅音音长（CD）均值比较（M&F）

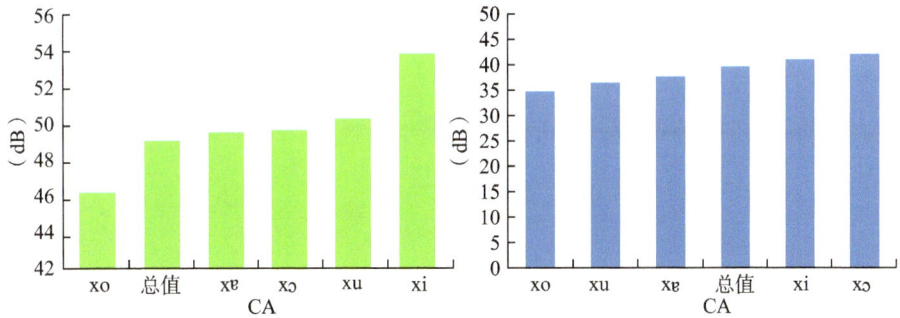

图 3.97　不同元音之前出现的［x］辅音音强（CA）均值比较（M&F）

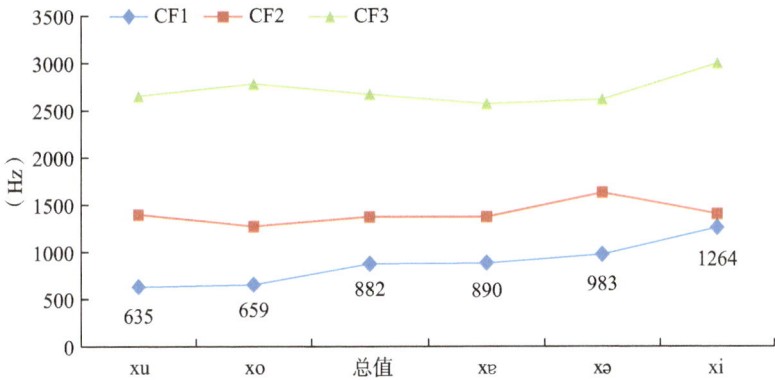

图 3.98-1　不同元音之前［x］辅音的三个共振峰均值

（以 CF1 的上升为序排列）比较（M）

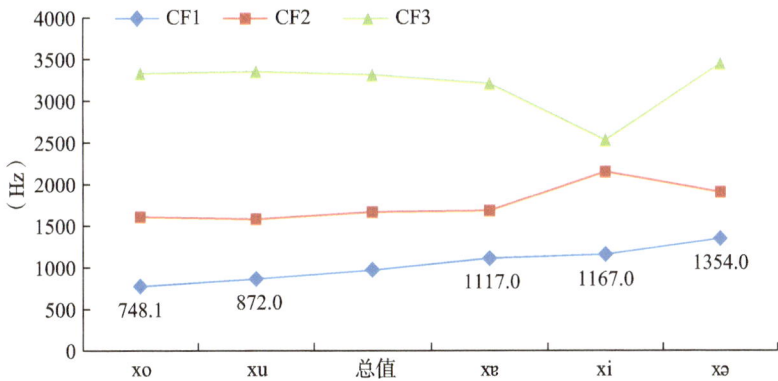

图 3.98-2　不同元音之前出现的［x］辅音的三个共振峰均值

（以 CF1 的上升为序排列）比较（F）

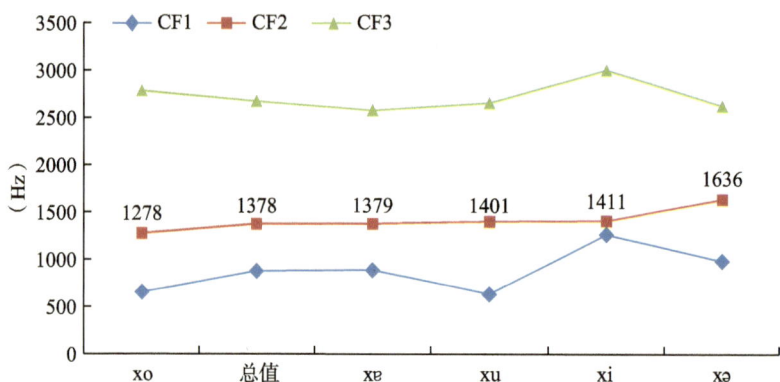

图 3.98-3　不同元音之前出现的 [x] 辅音的三个共振峰均值

（以 CF2 的上升为序排列）比较 （M）

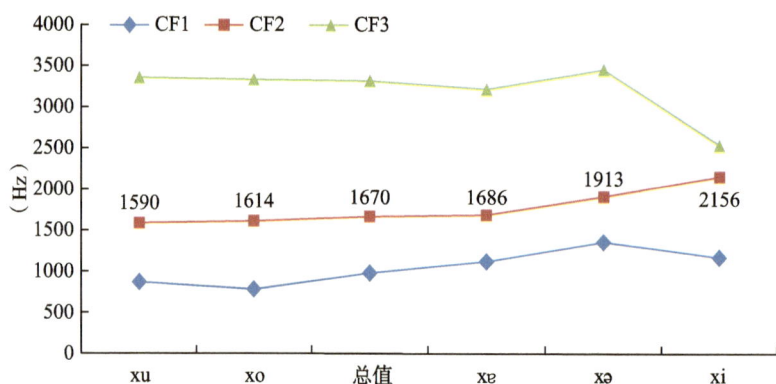

图 3.98-4　不同元音之前出现的 [x] 辅音的三个共振峰均值

（以 GF2 的上升为序排列）比较 （F）

2.2.2　[x] 辅音声学参数与词中音节位置之间的相关性分析

表 3.49 为词中不同位置上的 [x] 辅音参数统计表。图 3.99~3.101 为出现在词中不同位置上 [x] 辅音的共振峰、音长、音强参数比较图。从上述表和图中可以看出，[x] 辅音词中位置与其声学参数之间具有一定的相关性。[x] 辅音词中位置与音长之间具有一定的相关性。例如，在词首位置上的辅音时长相比其他位置的要短，词腹位置时长居中，词尾音节时长最长；从音强上看，词首位置中 [x] 的音强最弱，词腹音节位置的居中，词尾音节位置的最强。共振峰之间基本没有相关性。

表 3.49-1　词中不同位置上出现的 [x] 辅音系数统计 (M)

位置＼参数		CD	CA	CF1	CF2	CF3
词首音节	平均值	86	47.92	823	1388	2675
	标准差	3	4	180	219	348
	变异系数	3%	8%	22%	16%	13%
词腹音节	平均值	103	51.75	803	1592	2969
	标准差	3	4	188	355	487
	变异系数	3%	8%	23%	22%	16%
词尾音节	平均值	128	53.92	842	1355	2700
	标准差	3	6	263	339	396
	变异系数	2%	11%	31%	25%	15%

表 3.49-2　词中不同位置上出现的 [x] 辅音系数统计 (F)

位置＼参数		CD	CA	CF1	CF2	CF3
词首音节	平均值	123	37.22	979	1668	3294
	标准差	5	5	340	307	363
	变异系数	4%	13%	35%	18%	11%
词腹音节	平均值	136	38.80	1031	1632	3478
	标准差	3	5	301	392	304
	变异系数	2%	13%	29%	24%	9%
词尾音节	平均值	139	43.6	952	1727	3364
	标准差	4	7	386	484	501
	变异系数	3%	16%	41%	28%	15%

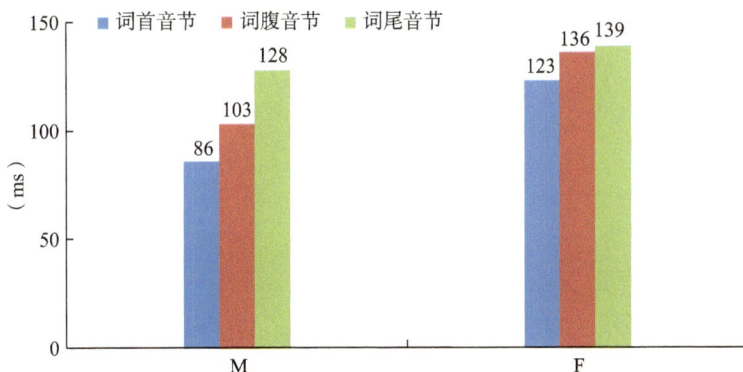

图 3.99　词中不同位置上出现的 [x] 辅音时长均值比较 (M&F)

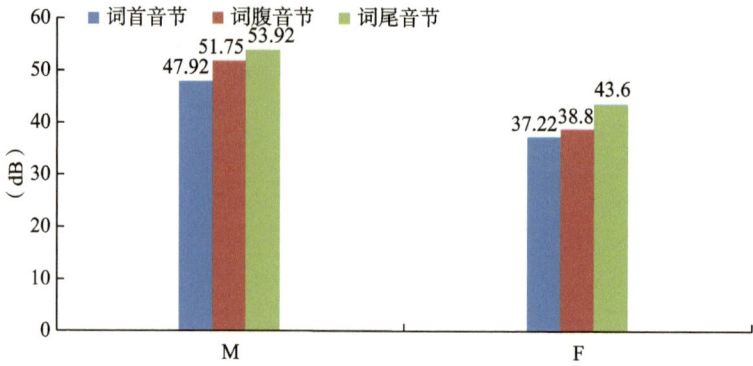

图 3.100 词中不同位置上出现的 [x] 辅音音强均值比较 (M&F)

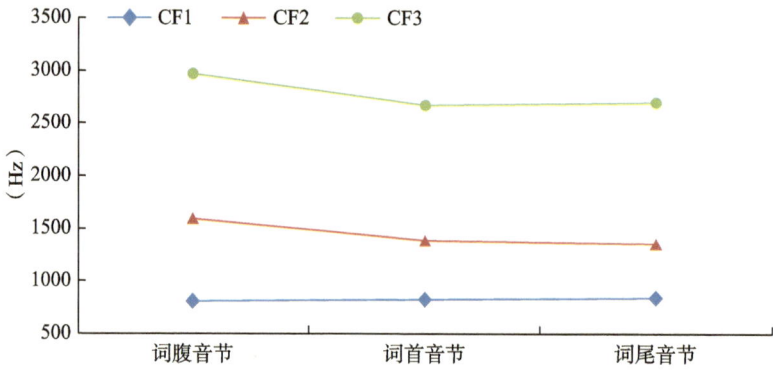

图 3.101-1 出现在词中不同位置上出现的 [x] 辅音的共振峰均值
(以 CF1 的上升为序排列) 比较 (M&F)

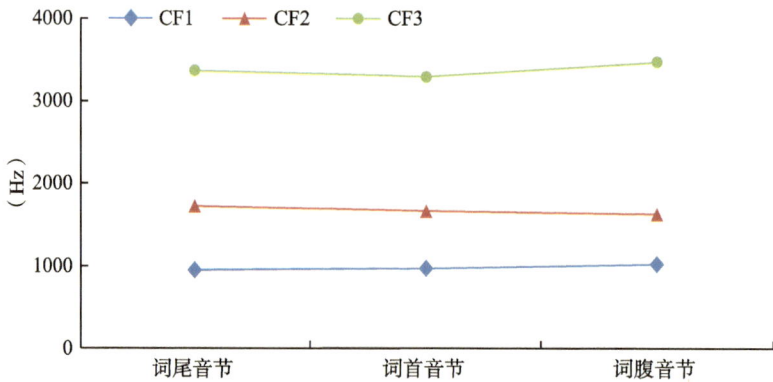

图 3.101-2 出现在词中不同位置上出现的 [x] 辅音的共振峰均值
(以 CF1 的上升为序排列) 比较 (M&F)

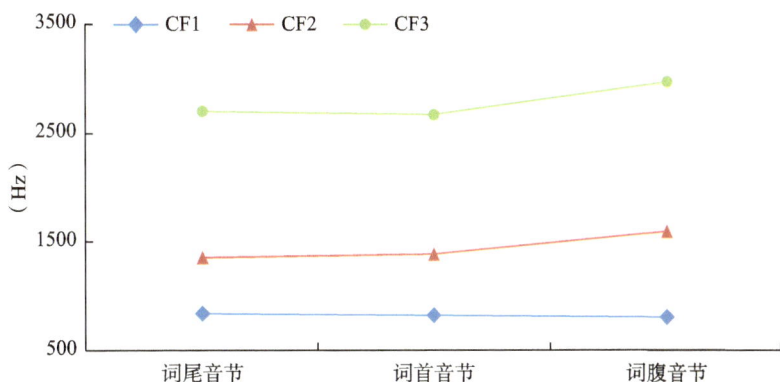

图 3.101-3　出现在词中不同位置上出现的〔x〕辅音的共振峰均值
（以 GF2 的上升为序排列）比较（M&F）

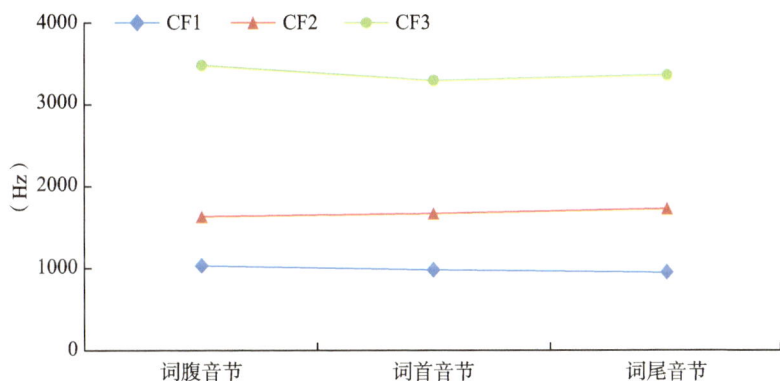

图 3.101-4　出现在词中不同位置上出现的〔x〕辅音的共振峰均值
（以 GF2 的上升为序排列）比较（M&F）

我们对不同音节中出现的〔s〕辅音时长、谱重心之间做了单因素方差分析，结果如表 3.50 所示。

表 3.50　检验结果

	sig（显著性）			
	CD		谱重心	
	M	F	M	F
词首音节—词腹音节	0.171	0.082	0.846	0.446
词首音节—词尾音节	0.000	0.122	0.554	0.741
词腹音节—词尾音节	0.075	0.879	0.799	0.738

我们从时长检验结果来看，在音节时长方面，男、女发音人中都没有显著性差异（除男发音人词首音节—词尾音节之外）；男、女发音人谱重心在各音节之间没有显著性差异。

（四）/f/辅音

1. /f/辅音变体统计分析

表 3.51 为/f/辅音音位变体在"东乡语语音声学参数数据库"中的出现频率统计表。可以看出，东乡语/f/辅音在词中以/f/一种种变体形式共出现了41 次（M）或 54 次（F）。/f/为该辅音的典型变体。如：furə［furə］"种子"、pʰɐfəi［pʰɐfəi］"肺"。

表 3.51　［f］辅音出现频率统计

发音人 辅音位置		M1		F1	
		出现次数	百分比	出现次数	百分比
出现次数		41		54	
［f］辅音	词首	32	78%	44	81%
	非词首	9	22%	10	19%

2. ［f］辅音

2.1　音质及其声学特征

2.1.1　［f］辅音三维语图和语音标注以及频谱图

如上所述，［f］为东乡语/f/辅音的典型变体。图 3.102-1 为男发音人furə［furə］"种子"一词的三维语图、波形图和三层标注实例图。图 3.102-2 为东乡语男发音人 furə［furə］"种子"一词的［f］辅音频谱图。可以看出，东乡语［f］辅音的乱纹和第一、第二、第三（CF1、CF2、CF3）共振峰的分布模式。

2.1.2　［f］辅音声学参数与音色定位

表 3.52 为男、女发音人［f］辅音声学参数统计表。图 3.103-1 为男、女发音人［f］辅音第一、第二和第三共振峰（CF1、CF2、CF3）的分布图。图 3.103-2 为男、女发音人［f］辅音三个共振峰均值比较图，图 3.103-3 为男、女发音人［s］辅音谱重心（COG）、偏移量（STD）和偏移度（SKEW）示意图。从表 3.52 和图 3.103 中可以看到以下几方面。

（1）男、女发音人［f］辅音第一至第三共振峰均值为 M：CF1 = 1021Hz，CF2 = 1844Hz，CF3 = 2871Hz；F：CF1 = 1249Hz，CF2 = 2176Hz，CF3 = 3292Hz。男、女发音人［f］辅音第一、第二和第三共振峰的变异系数都小于 20%。说明这三个参数相对稳定，离散度小（除了女发音人第一共振峰之外）。男、女发音人［f］辅音谱重心（COG）、偏移量（STD）和偏移度（SKEW）等三个谱参数的变异系数都较大，说明这些系数都不稳定。

（2）从整体上看，女发音人 CF 的频率高于男发音人，但男、女发音人［f］辅音的共振峰分布模式基本相同。如，CF1 围绕 1000Hz，在 800～1500Hz 之间浮动；CF2 围绕 1800Hz，在 1600～2400Hz 之间浮动；CF3 围绕 2800Hz，在 2500～3500Hz 之间浮动。

（3）男发音人［f］辅音的音强高于女发音人［f］辅音的音强。辅音音强参数对辅音音色研究意义不大，可以忽略。

（4）东乡语［f］辅音是比较典型的唇齿、清擦音，用国际音标［f］来标记。

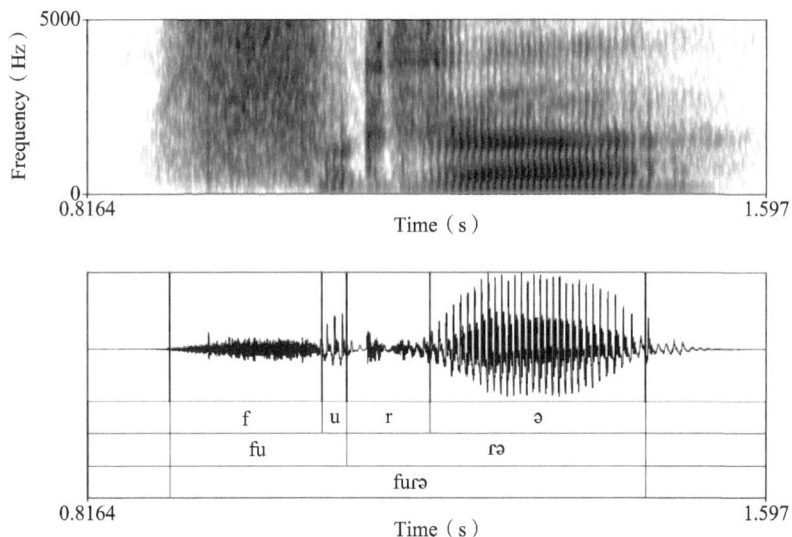

图 3.102-1　男发音人 furə［furə］"种子"一词的
三维语图、波形图和三层标注实例

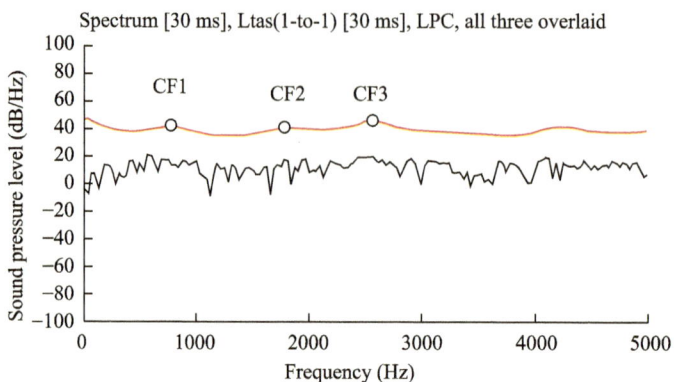

图 3.102-2　男发音人 furə［furə］"种子"一词［f］辅音的频谱图

表 3.52　　［f］辅音声学参数统计

M								
参数	CD	CA	CF1	CF2	CF3	COG	STD	SKEW
均值	104	46.5	1021	1844	2871	3121	2249	0.76
变异系数	31%	11%	20%	13%	10%	34%	18%	114%
标准差	32	5	206	248	299	1065	415	0.87

F								
参数	CD	CA	CF1	CF2	CF3	COG	STD	SKEW
均值	148	38.3	1249	2176	3292	2512	2696	1.61
变异系数	8%	16%	31%	16%	11%	72%	28%	119%
标准差	12	6	389	349	377	1797	766	1.92

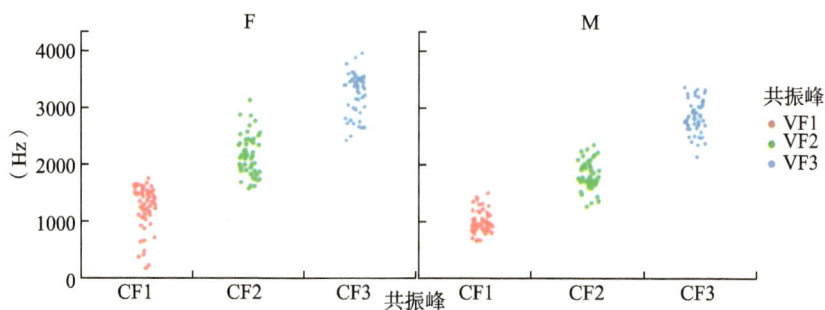

图 3.103-1　　［f］辅音共振峰分布（F&M）

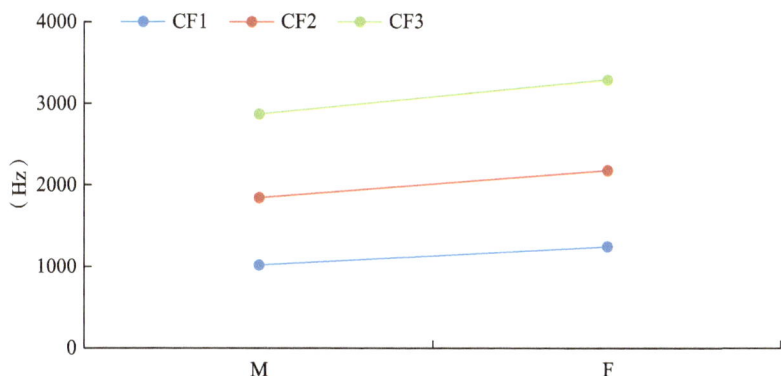

图 3.103-2　男、女两位发音人［f］辅音三个共振峰的均值比较

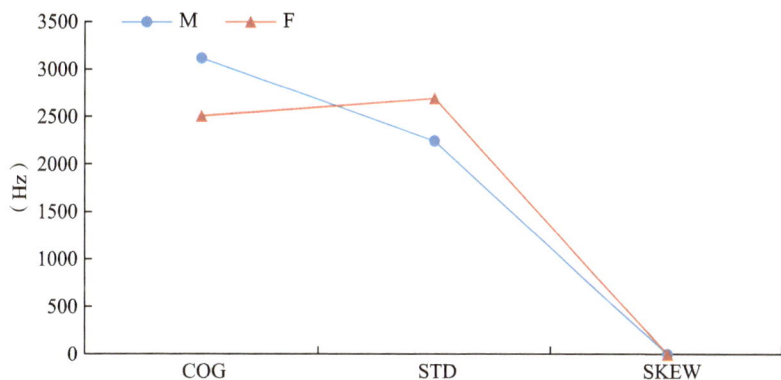

图 3.103-3　［f］辅音谱特征示意

2.2　语流中的音变特征分析

2.2.1　［f］辅音声学参数与其后置元音音质之间的相关性分析

表 3.53 为在［ɤ］、［i］、［u］等元音之前出现的［f］辅音的音长（CD）、辅音音强（CA）、三个共振峰统计表，图 3.104 为男、女发音人不同元音之前出现的［f］辅音音长（CD）比较图，图 3.105 为男、女发音人不同元音之前出现的辅音音强比较图。从表 3.53 和图 3.104～3.105 中可以看出：［f］辅音声学参数与其后置元音音质之间有一定的共同的、具有统计学意义的规律（特点）。

表 3.53　不同元音之前出现的 ［f］ 辅音声学参数统计

［f］		M					F				
		CD	CA	CF1	CF2	CF3	CD	CA	CF1	CF2	CF3
fɛ	均值	107	53.85	1262	2045	3073	112	39.33	1141	2293	3271
	标准差数	1	3	244	332	270	2	2	446	507	563
	变异系数	1%	6%	19%	16%	9%	2%	5%	39%	22%	17%
fi	均值	134	48	860	1932	2892					
	标准差	3	3	182	60	167					
	变异系数	2%	6%	21%	3%	9%					
fu	均值	95	44.6	981	1768	2818	150	38.37	1275	2189	3291
	标准差	5	4	155	232	289	5	7	389	334	351
	变异系数	5%	9%	16%	13%	10%	3%	18%	31%	15%	11%

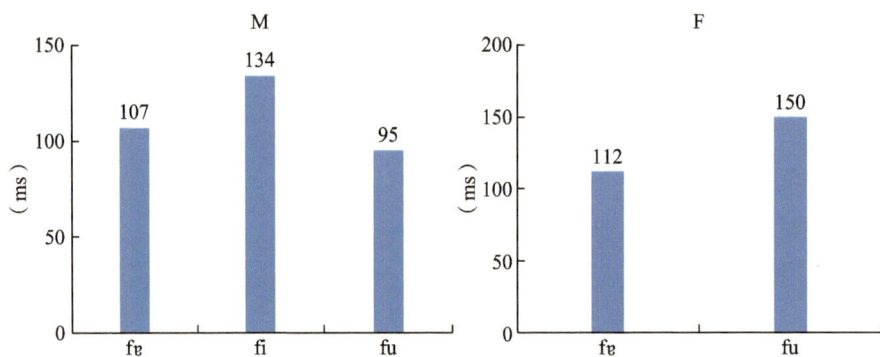

图 3.104　不同元音之前出现的 ［f］ 辅音音长（CD）均值比较（M&F）

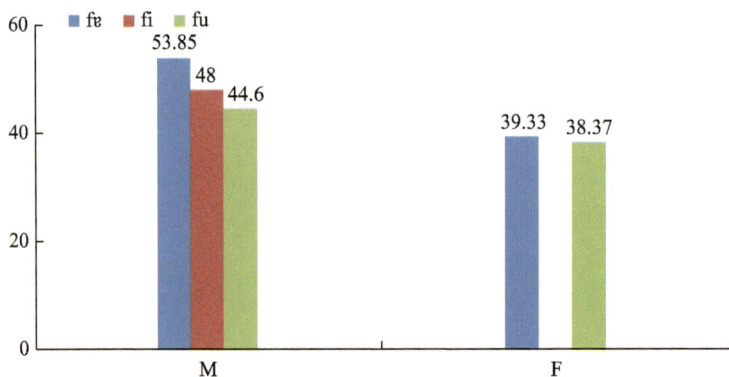

图 3.105　不同元音之前出现的 ［f］ 辅音音强（CA）均值比较（M&F）

从表 3.53 中可以看出，后置元音与辅音参数有一定的相关性。例如，后置元音为 [ɐ] 时音强最强，后置元音为 [u] 时音强最弱；其他参数相关性不是很明显。

2.2.2　[f] 辅音声学参数与词中音节位置之间的相关性分析

表 3.54 为词中不同位置上出现的 [f] 辅音参数统计表。图 3.106～3.108 为出现在词中不同位置上出现的 [f] 辅音的共振峰、音长、音强参数比较图。从上述表和图中看出，[f] 辅音词中位置与其声学参数之间具有一定的相关性。例如，在词首音节位置上的 [f] 辅音时长相比其他位置上的要短；词首音节位置中 [f] 的音强相比词尾音节要弱。

表 3.54-1　词中不同位置上出现的 [f] 辅音参数统计（M）

位置 \ 参数		CD	CA	CF1	CF2	CF3
词首音节	平均值	94	44.47	970	1774	2809
	标准差	4	4	164	212	280
	变异系数	4%	9%	17%	12%	10%
词尾音节	平均值	124	53.44	1230	2038	3088
	标准差	5	3	222	291	238
	变异系数	4%	6%	18%	14%	8%

表 3.54-2　词中不同位置上出现的 [f] 辅音参数统计（F）

位置 \ 参数		CD	CA	CF1	CF2	CF3
词首音节	平均值	122	38.09	1294	2195	3324
	标准差	5	7	379	316	346
	变异系数	3%	18%	29%	14%	10%
词尾音节	平均值	132	39.4	1050	2096	3149
	标准差	3	3	390	481	486
	变异系数	2%	8%	37%	23%	15%

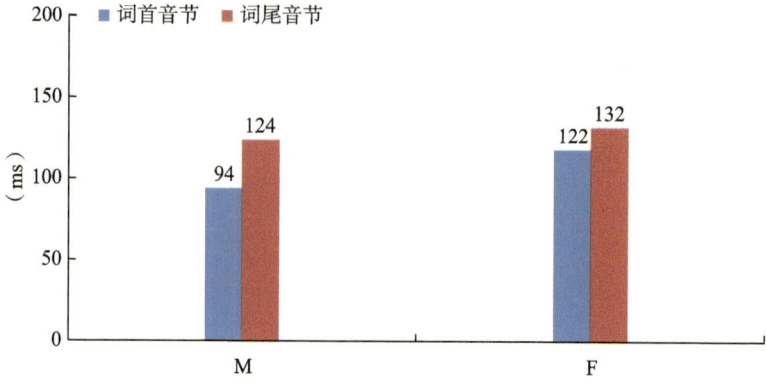

图 3.106 词中不同位置上出现的 ［f］辅音时长均值比较 （M&F）

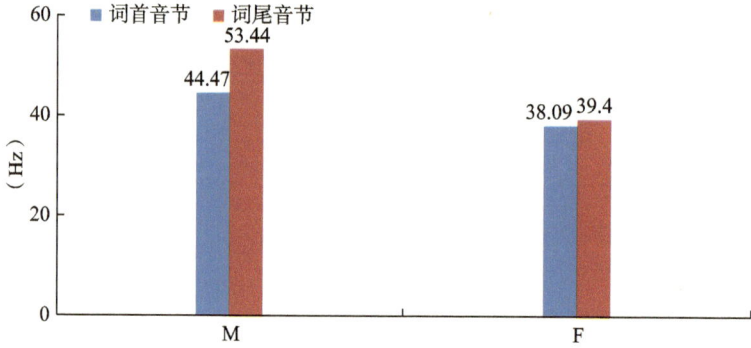

图 3.107 词中不同位置上出现的 ［f］辅音音强均值比较 （M&F）

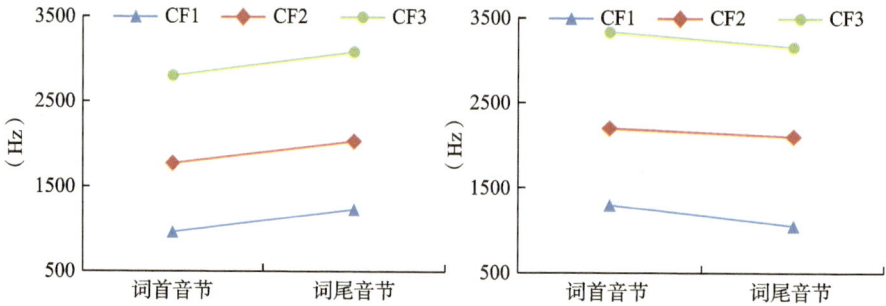

图 3.108 词中不同位置上出现的 ［f］M 辅音共振峰均值比较 （M&F）

（五）/ɕ/辅音

1. /ɕ/辅音变体统计分析

表 3.55 为/ɕ/辅音音位变体在"东乡语语音声学参数数据库"中的出现频率统计表。从中可以看出，东乡语/ɕ/辅音在词中以［ɕ］一种变体形式共出现了 24 次（M）或 25 次（F）。［ɕ］为该辅音的典型变体。如：ɕitu［ɕitu］"牙、刃子"、ɕiniə［ɕiniə］"新的"。

表 3.55　　［ɕ］辅音出现频率统计

辅音位置 \ 发音人		M1		F1	
		出现次数	百分比	出现次数	百分比
出现次数		24		25	
［ɕ］辅音	词首	18	75%	13	52%
	非词首	6	25%	12	48%

2. ［ɕ］辅音

2.1　音质及其声学特征

2.1.1　［ɕ］辅音三维语图和语音标注以及频谱图

如上所述，［ɕ］为东乡语/ɕ/辅音的典型变体。图 3.109-1 为男发音人 ɕitu［ɕitu］"牙、刃子"一词的三维语图、波形图和三层标注实例图，图 3.109-2 为东乡语男发音人 ɕitu［ɕitu］"牙、刃子"一词［ɕ］辅音频谱图。可以看出，东乡语词首［ɕ］辅音的乱纹和第一、第二、第三（CF1、CF2、CF3）共振峰的分布模式。

2.1.2　［ɕ］辅音声学参数与音色定位

表 3.56 为男、女发音人［ɕ］辅音参数统计表，图 3.111-1 为男、女发音人［f］辅音第一、第二和第三共振峰（CF1、CF2、CF3）的分布图，图 3.111-2 为男、女发音人［ɕ］辅音三个共振峰均值比较图，图 3.111-3 为男、女发音人［ɕ］辅音谱重心（COG）、偏移量（STD）和偏移度（SKEW）示意图。从表 3.56 和图 3.110 中可以看出以下几方面。

（1）男、女发音人［ɕ］辅音第一至第三共振峰均值为 M：CF1 = 1410Hz，CF2 = 2618Hz，CF3 = 3353Hz；F：CF1 = 942Hz，CF2 = 2388Hz，CF3 = 3411Hz。男、女发音人［ɕ］辅音第一、第二和第三共振峰的变异系

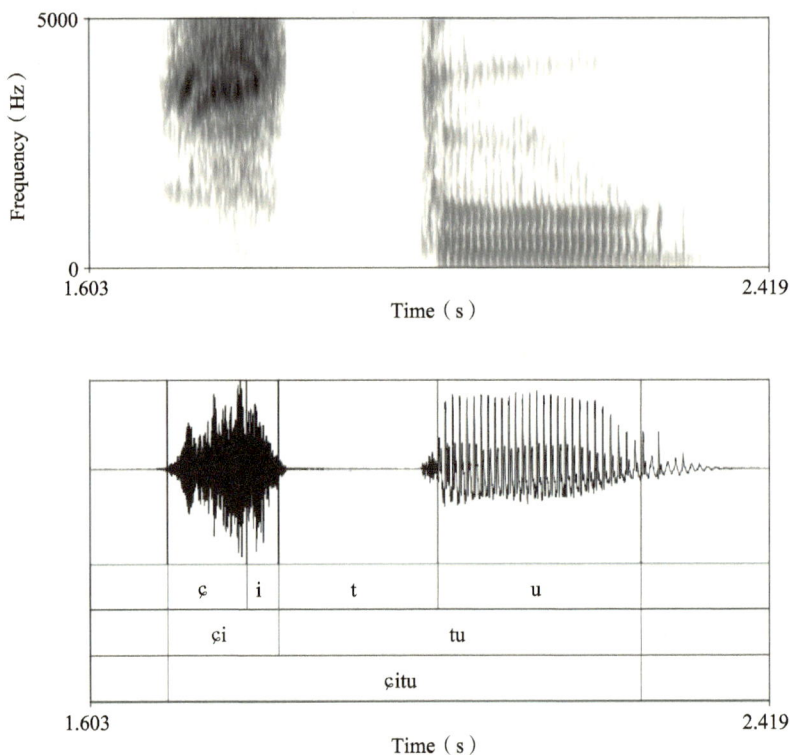

图 3.109-1　çitu［çitu］"牙、刃子"一词［çi］辅音的
三维语图、波形图和三层标注实例

Spectrum [30 ms], Ltas(1-to-1) [30 ms], LPC, all three overlaid

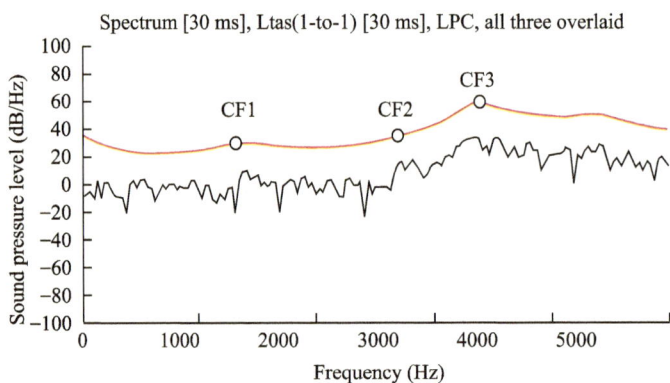

图 3.109-2　çitu［çitu］"牙、刃子"一词［çi］辅音的频谱图

数都小于 20%。说明该三个参数相对稳定，离散度小。男、女发音人［x］
辅音谱重心（COG）、偏移量（STD）和偏移度（SKEW）等三个谱参数的

变异系数都较大，说明这些系数都不稳定。

（2）从整体上看，女发音人 CF 的频率高于男发音人，但男、女发音人 [ɕ] 辅音的共振峰分布模式基本相同。如，CF1 围绕 1400Hz，在 1200~1800Hz 之间浮动；CF2 围绕 2300Hz，在 2100~2600Hz 之间浮动；CF3 围绕 3300Hz，在 2800~3700Hz 之间浮动。

（3）男发音人 [ɕ] 辅音的音强明显高于女发音人 [ɕ] 辅音的音强。辅音音强参数对辅音音色研究意义不大，可以忽略。

（4）东乡语 [ɕ] 辅音是比较典型的舌面前、清擦音，用国际音标 [ɕ] 来标记。

表 3.56　[ɕ] 辅音参数统计

参数	CD	CA	CF1	CF2	CF3	COG	STD	SKEW
M								
均值	157	63.4	1410	2618	3353	3915	1211	2.29
标准差	32	3	258	426	276	372	266	0.92
变异系数	20%	5%	18%	16%	8%	10%	22%	40%
F								
参数	CD	CA	CF1	CF2	CF3	COG	STD	SKEW
均值	167	48.7	942	2388	3411	6494	1925	−1.21
标准差	33	3	275	168	183	569	378	0.39
变异系数	20%	6%	29%	7%	5%	9%	20%	−32%

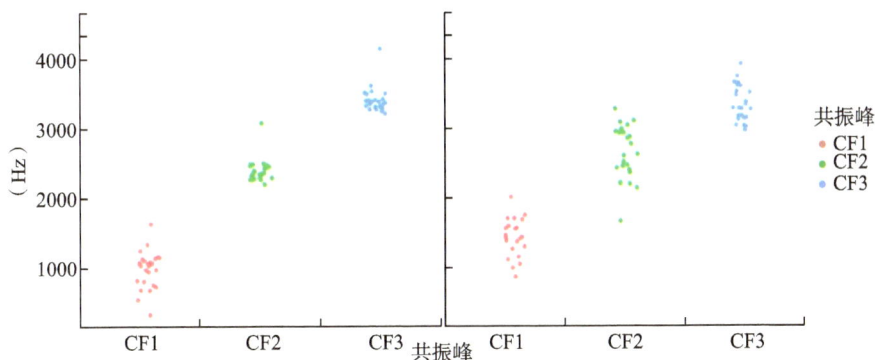

图 3.110-1　[ɕ] 辅音共振峰分布（F&M）

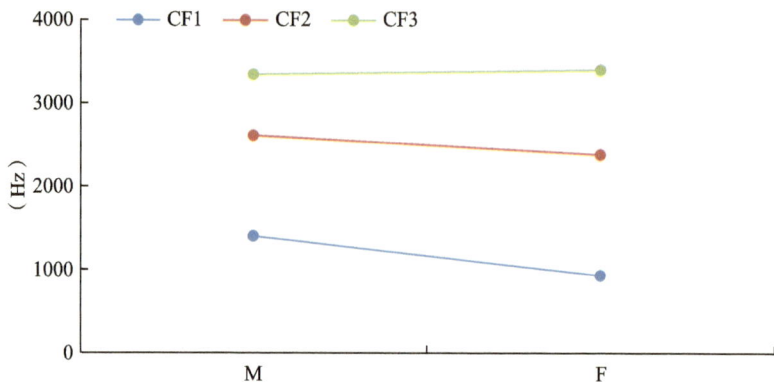

图 3.110-2 [ɕ] 辅音三个共振峰比较（F&M）

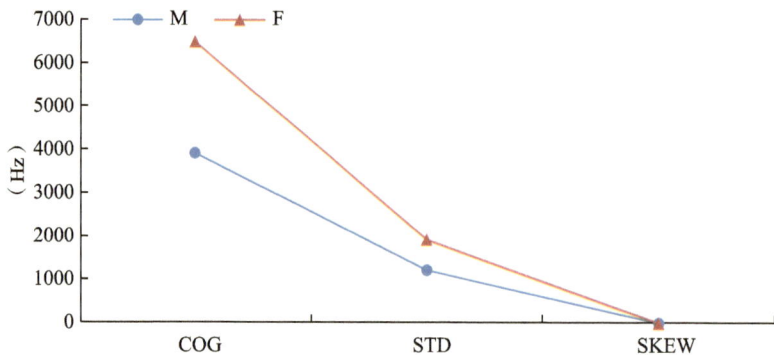

图 3.110-3 [ɕ] 辅音谱特征示意（F&M）

五 塞擦音

塞擦音指具有先塞后擦特点的辅音，但塞擦音不是塞音和擦音在时序（时位空间）上的简单序列（组合），也不是连续发塞音和擦音的结果，而是将塞与擦的特点融于一体的特殊辅音。发音机制为：首先，两个发音器官产生闭塞，堵住气流，形成一个闭塞段（GAP）；其次，在形成闭塞处出现缝隙，气流强行通过缝隙，产生摩擦噪声。塞擦音在三维语图上表现为空白段、微弱冲直条和摩擦乱纹。[①] 东乡语有/tʂ，tʂʰ，tɕ，tɕʰ，ts/5 个清塞擦音。

在"东乡语语音声学参数数据库"中塞擦音在男发音人（M）中共出现

---

① 呼和：《蒙古语语音声学研究》，社会科学文献出版社，2018，第 334 页。

了 446 次，其中［tʂ］辅音出现了 155 次、［tʂʰ］辅音出现了 172 次、［tɕ］辅音出现了 64 次、［tɕʰ］辅音出现了 39 次、［ts］辅音出现了 16 次；女发音人（F）中共出现了 461 次，其中［tʂ］辅音出现了 145 次、［tʂʰ］辅音出现了 149 次、［tɕ］辅音出现了 96 次、［tɕʰ］辅音出现了 38 次、［ts］辅音出现了 12 次。如：tʂɐ［tʂɐ］"诉、状"、tʂʰini［tʂʐnɯ］"你的"、ɐtɕiɐ［ɐtɕiɐ］"姐姐"、tɕʰirəu［tɕʰirəu］"锯子"、pɐtʂi［pɐtʂʐ］"把子"。

（一）/tʂ/辅音

1. /tʂ/辅音变体统计分析

表 3.57 为［tʂ］辅音音位变体在"东乡语语音声学参数数据库"中的出现频率统计表。可以看出，东乡语/tʂ/辅音在词中以［tʂ］变体形式共出现了 179 次（M）或 149 次（F）。［tʂ］作为典型变体，符合东乡语语音特点。如，tʂɐ［tʂɐ］"诉、状"、tʂutʂaŋ［tʂutʂaŋ］"后的"。

表 3.57　　［tʂ］辅音出现频率统计

辅音位置	发音人	M		F	
		出现次数	百分比	出现次数	百分比
出现次数		179		149	
［tʂ］辅音	词首	78	44%	57	38%
	非词首	101	56%	92	62%

2.［tʂ］辅音

2.1　音质及其声学特征

下面根据［tʂ］辅音三维语图和目标位置上的第一、第二、第三共振峰（CF1、CF2、CF3）均值（声学参数统计表）及其在声学空间中的分布模式（声学语图）及频谱图，确定其实际音值（音质）及其声学特点。下同。

2.1.1　［s］辅音三维语图和语音标注以及频谱图

如上所述，［tʂ］为东乡语/tʂ/辅音的典型变体。图 3.111-1 为男发音人 tʂɐɣɐ［tʂɐɣɐ］"诉、状"一词的三维语图、波形图和三层标注实例。图 3.112-2 为男发音人 tʂɐɣɐ［tʂɐɣɐ］"诉、状"一词的［tʂ］辅音的频谱图。可以看出，东乡语词首［tʂ］辅音的冲直条和第一、第二、第三（CF1、CF2、CF3）共振峰的分布模式。

男发音人 tʂɐɣɐ [tʂɐɣɐ] "诉、状" 一词中 [tʂ] 辅音 VOT、音强分别为 43ms、63dB；该辅音的 F1～F4 四个共振峰参数为：1923Hz、2189Hz、2795Hz、4018Hz。

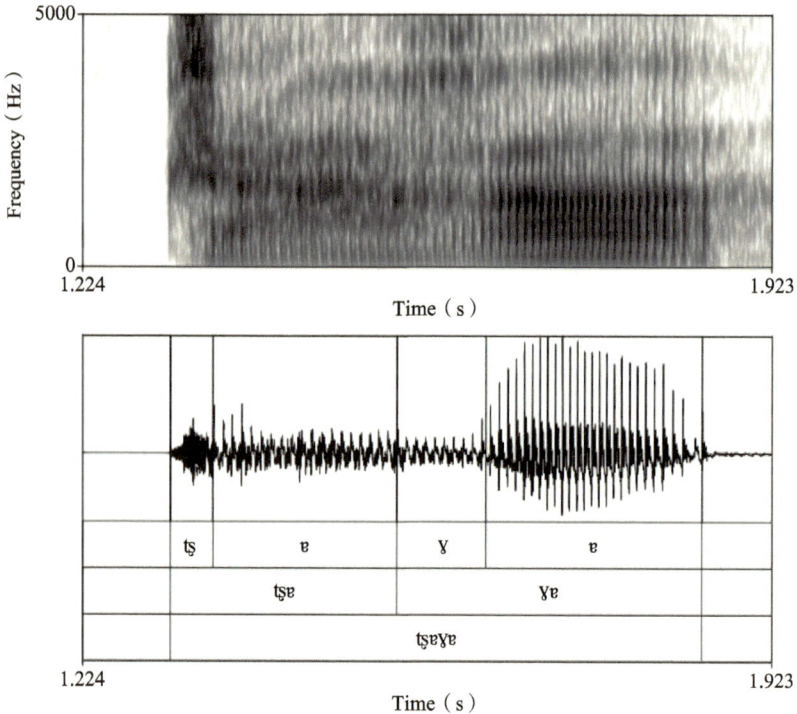

图 3.111-1   tʂɐɣɐ [tʂɐɣɐ] "诉、状" 一词 [tʂ] 辅音的
三维语图、波形图和三层标注实例

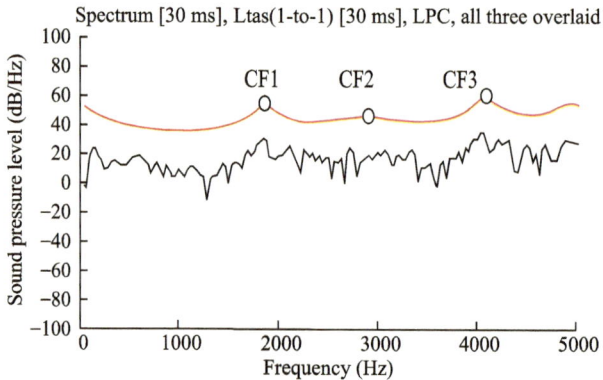

图 3.111-2   tʂɐɣɐ [tʂɐɣɐ] "诉、状" 一词 [tʂ] 辅音的频谱图

2.1.2 ［tʂ］辅音声学参数与音色定位

表 3.58 为两个发音人［tʂ］辅音参数统计表。图 3.112-1 为男、女发音人［tʂ］辅音第一、第二和第三共振峰（CF1、CF2、CF3）的分布图。图 3.112-2 为男、女发音人［tʂ］辅音三个共振峰均值比较图。从表 3.54 和图 3.113 中可以看出以下几方面。

（1）男、女发音人［tʂ］辅音第一至第三共振峰均值为 M：CF1 = 1183Hz，CF2 = 2019Hz，CF3 = 2990Hz；F：CF1 = 1265Hz，CF2 = 2317Hz，CF3 = 3338Hz。男、女发音人［tʂ］辅音第一共振峰的变异系数较大，说明该参数相对不稳定，离散度大。但该辅音第二、第三共振峰 CF2 和 CF3 的变异系数都小于 20%。说明这两个参数相对稳定，离散度小。

（2）从整体上看，女发音人 CF 的频率高于男发音人，但男、女发音人［tʂ］辅音的共振峰分布模式基本相同。如，CF1 围绕 1100Hz，在 900~1300Hz 之间浮动；CF2 围绕 2000Hz，在 1900~2600Hz 之间浮动；CF3 围绕 2900Hz，在 2700~3500Hz 之间浮动。

（3）［tʂ］辅音的 VOT 为 50 毫秒左右。因从三维语图上无法准确测量词首塞音、塞擦音的 GAP 的时长，本项研究没能测量词首塞音的 GAP 时长。把词中 GAP 的时长作为塞音、塞擦音的 GAP 的标准时长。下同。

（4）男发音人［tʂ］辅音的音强明显高于女发音人［tʂ］辅音的音强。辅音音强参数对辅音音色研究意义不大，可以忽略。

（5）东乡语［tʂ］辅音是比较典型的东乡语［tʂ］辅音为舌尖后、清塞擦音，以往标记的浊塞音［dʐ］不符合国际音标标准。

表 3.58 ［tʂ］辅音参数统计

参数	VOT	CA	CF1	CF2	CF3
M					
均值	46	59	1183	2019	2990
变异系数	4%	8%	25%	10%	13%
标准差	2	5	290	207	378
F					
参数	VOT	CA	CF1	CF2	CF3
均值	52	42.5	1265	2317	3338

续表

	F				
参数	VOT	CA	CF1	CF2	CF3
变异系数	6%	7%	25%	10%	10%
标准差	3	3	321	222	340

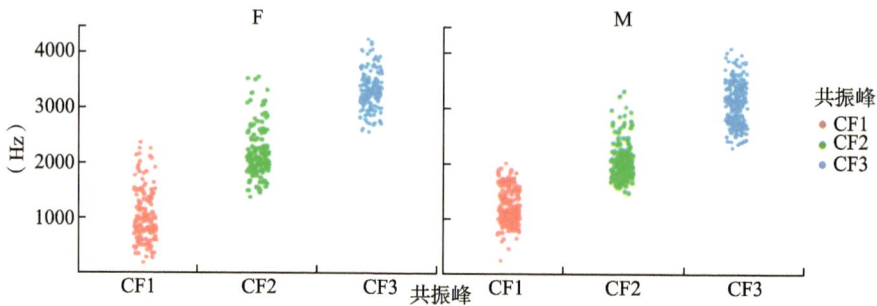

图 3.112-1 ［tʂ］辅音共振峰分布（F&M）

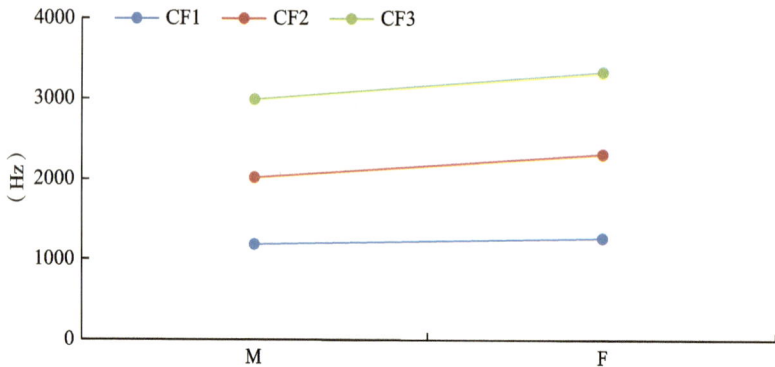

图 3.112-2 ［tʂ］辅音第一至第三共振峰均值比较（F&M）

2.2 语流中的音变特征分析

2.2.1 ［tʂ］辅音声学参数与其后置元音音质之间的相关性分析

表 3.59 为在［ɤ］、［ə］、［i］、［o］、［u］等元音之前出现的［tʂ］辅音的无声空间（GAP）、嗓音起始时间（VOT）、辅音音强（CA）、三个共振峰统计表，图 3.113 为男、女发音人不同元音之前出现的［tʂ］辅音音长无声空间（GAP）比较图，图 3.114 为男、女两位发音人不同元音之前出现的［tʂ］辅音的嗓音起始时间（VOT）比较图。图 3.115 为男、女发音人不同元音之前出现的［tʂ］辅音的音强（CA）比较图。图 3.116-1 为不同

元音之前出现的［tʂ］辅音三个共振峰示意图（以 CF1 的依次上升排列），图 3.116-2 为不同元音之前出现的［tʂ］辅音三个共振峰示意图（以 CF2 的依次上升排列）。从表 3.59 和图 3.113~3.116 中可以看到：［tʂ］辅音声学参数与其后置元音音质之间有一定的共同的、具有统计学意义的规律（特点）。

（1）从 VOT 上看，后置元音为高元音时 VOT 相对较长，后置元音为中低元音时相对较短。

（2）从音强（CA）上看，后置元音为后圆唇元音时音强相对较弱，后置元音为展唇元音时音强相对较强；出现在不同元音前［tʂ］辅音 GAP 时长排序，男发音人：［ɤ］<［o］<［ə］<［i］<［u］，女发音人：［i］<［ə］<［o］<［u］<［ɤ］；不同元音之前［tʂ］辅音男、女发音人 VOT 的排列顺序为：［i］<［u］<［ə］<［o］<［ɤ］，女发音人 VOT 的排列顺序为：［i］<［u］<［o］<［ə］<［ɤ］；不同元音之前［tʂ］辅音男发音人音强的排列顺序为：［u］<［o］<［i］<［ə］<［ɤ］，女发音人音强的排列顺序为：［u］<［o］<［i］<［ə］<［ɤ］。

（3）后置元音与共振峰参数相关性不是很大，规律性不是很明显。

表 3.59　不同元音之前出现的［tʂ］辅音声学参数统计

| | | M | | | | | | F | | | | | |
		GAP	VOT	CA	CF1	CF2	CF3	GAP	VOT	CA	CF1	CF2	CF3
tʂɤ	均值	109	42	61.8	1090	1989	2837	95	33	49	983	2286	3440
	变异系数	4%	7%	6%	31%	7%	14%	5%	9%	12%	46%	20%	9%
	标准差	5	3	4	340	146	397	5	3	6	456	454	321
tʂə	均值	100	46	60.4	1280	2135	3254	108	34	45.8	889	2238	3386
	变异系数	5%	4%	3%	28%	18%	11%	4%	6%	11%	49%	14%	8%
	标准差	5	2	2	358	376	360	4	2	5	439	308	282
tʂi	均值	97	67	58.6	1461	2450	3211	108	67	44.3	1167	2603	3540
	变异系数	4%	8%	7%	22%	12%	15%	7%	6%	11%	55%	17%	7%
	标准差	4	3	4	323	289	485	5	3	5	646	450	237
tʂu	均值	79	51	55.1	1181	2066	3131	98	42	42.3	1120	1855	2974
	变异系数	5%	4%	5%	18%	17%	8%	6%	5%	7%	25%	19%	9%
	标准差	4	2	3	208	348	254	5	2	3	277	357	255

续表

		M					F					
		GAP	VOT	CA	CF1	CF2	CF3	GAP	VOT	CA	CF1	CF2	CF3
tʂo	均值	106	44	56.2	1189	2158	3045	101	36	43.1	1201	1941	2894
	变异系数	7%	7%	4%	19%	13%	10%	5%	4%	14%	26%	20%	14%
	标准差	6	3	2	222	287	301	4	2	6	310	384	403

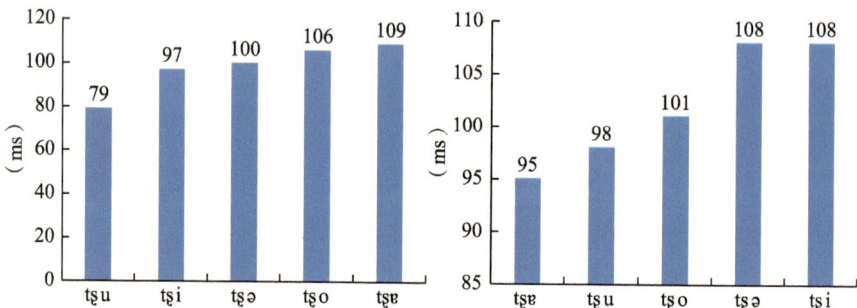

图 3.113　不同元音之前出现的〔tʂ〕辅音无声空间（GAP）均值比较（M&F）

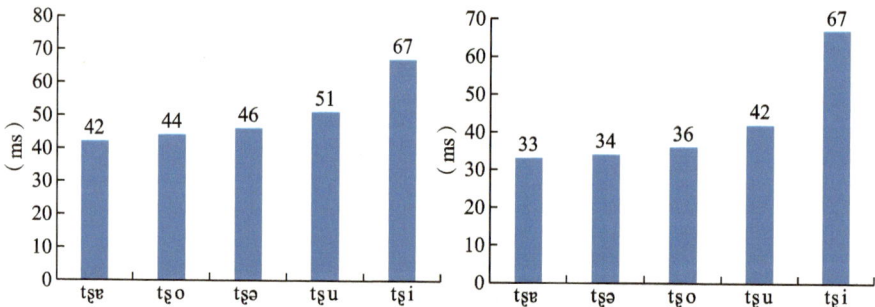

图 3.114　不同元音之前出现的〔tʂ〕辅音噪音起始时间（VOT）均值比较（M&F）

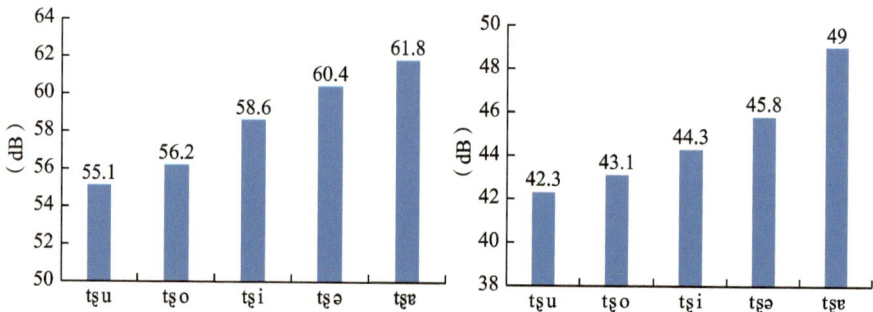

图 3.115　不同元音之前出现的〔tʂ〕辅音音强（CA）均值比较（M&F）

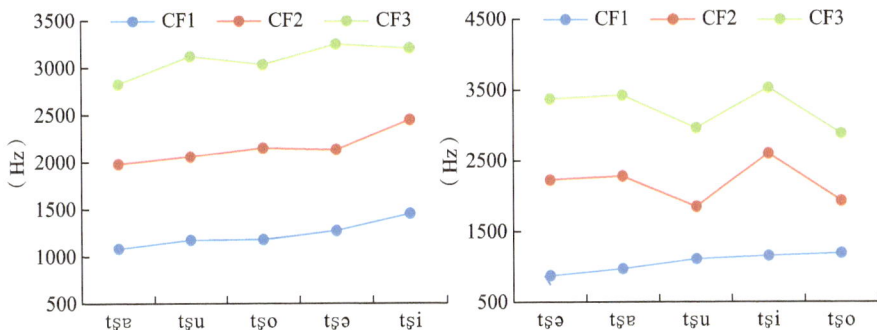

图 3.116-1 不同元音之前出现的 [tʂ] 辅音共振峰频率均值
（以 CF1 的上升为序排列）比较（M&F）

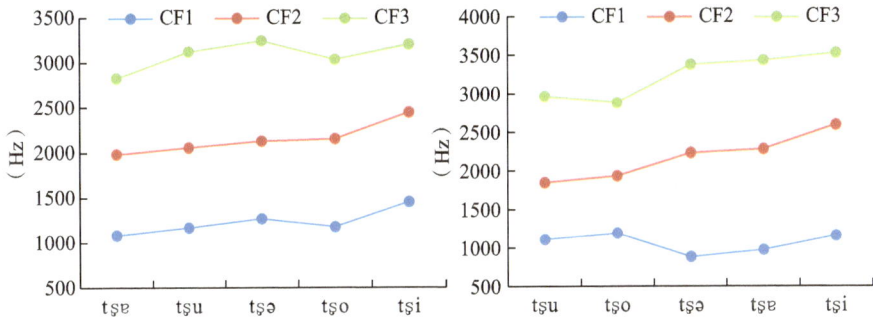

图 3.116-2 不同元音之前出现的 [tʂ] 辅音共振峰频率均值
（以 CF2 的上升为序排列）比较（M&F）

2.2.2 [tʂ] 辅音声学参数与词中音节位置之间的相关性分析

表 3.60 为词中不同位置上出现的 [tʂ] 辅音参数统计表，图 3.117~ 3.120 为出现在词中不同位置上出现的 [tʂ] 辅音的音长、音强和共振峰均值参数比较图。从上述表和图中看出，[tʂ] 辅音词中位置与其声学参数之间具有一定的相关性。例如，在词腹位置上的辅音 GAP 时长相比词尾位置相对较短；从辅音音强上看，词首位置 [tʂ] 辅音音强最弱，词腹位置的居中，词尾位置的最强。从共振峰上看相关性较小。

表 3.60-1 词中不同位置 [tʂ] 辅音参数统计（M）

位置	参数	GAP	VOT	CA	CF1	CF2	CF3
词首音节	平均值		46	59.35	1205	2031	3068

续表

位置 \ 参数		GAP	VOT	CA	CF1	CF2	CF3
词首音节	标准差		2	4	294	217	395
	变异系数		4%	7%	24%	11%	13%
词腹音节	平均值	71	34	59.84	1203	2016	3053
	标准差	4	2	3	325	363	390
	变异系数	6%	6%	5%	27%	18%	13%
词尾音节	平均值	113	53	60.19	1274	2126	3222
	标准差	5	2	4	363	366	416
	变异系数	4%	4%	7%	28%	17%	13%

表 3.60-2　词中不同位置［ʈʂ］辅音参数统计（F）

位置 \ 参数		GAP	VOT	CA	CF1	CF2	CF3
词首音节	平均值		50	42.64	1265	2317	3338
	标准差		2	6	461	505	392
	变异系数		4%	14%	36%	22%	12%
词腹音节	平均值	82	27	47.42	977	2139	3363
	标准差	4	2	8.12	471	430	368
	变异系数	5%	7%	17%	48%	20%	11%
词尾音节	平均值	102	34	47.66	875	2204	3331
	标准差	4	2	6.30	450	430	296
	变异系数	4%	6%	13%	51%	20%	9%

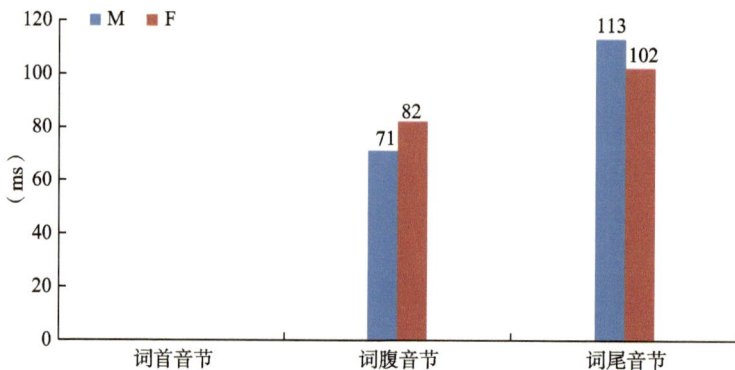

图 3.117　出现在词中不同位置上出现的［ʈʂ］辅音的 GAP 时长均值比较（M&F）

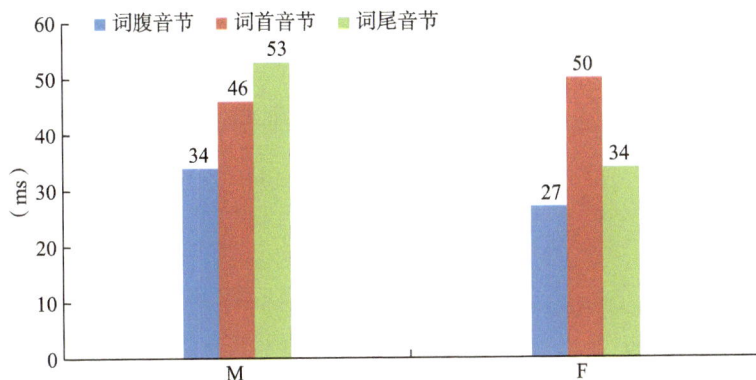

图 3.118 出现在词中不同位置上出现的［tʂ］辅音的 VOT 时长均值比较（M&F）

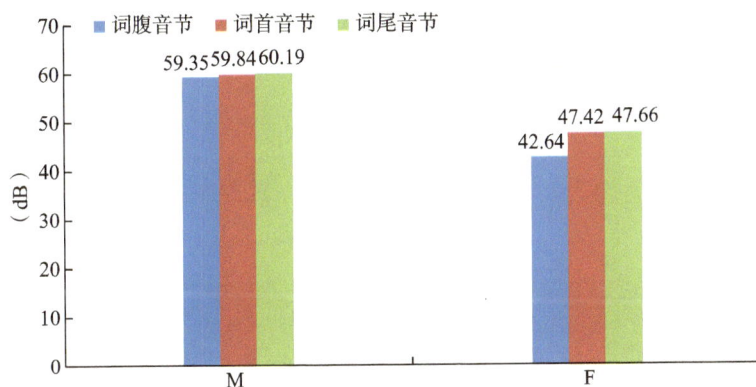

图 3.119 出现在词中不同位置上出现的［tʂ］辅音的音强均值比较（M&F）

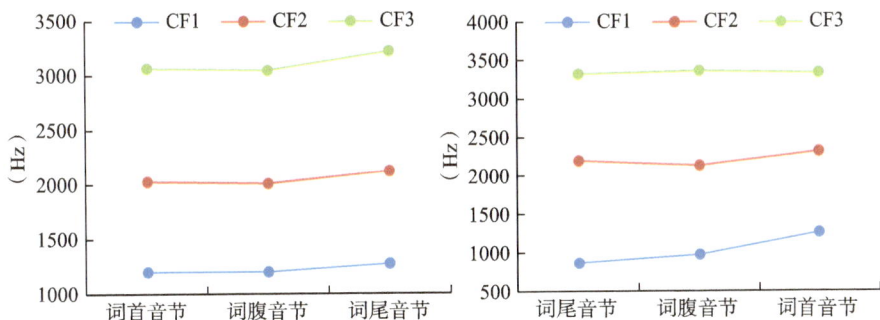

图 3.120-1 出现在词中不同位置上出现的［tʂ］辅音的共振峰均值比较

（以 CF1 的上升为序排列）（M&F）

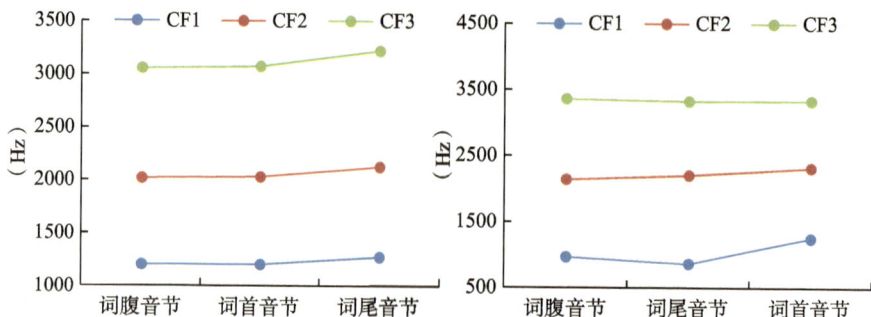

图 3.120-2 出现在词中不同位置〔tʂ〕辅音的共振峰均值比较

（以 CF2 的上升为序排列）（M&F）

我们对不同音节中出现的〔tʂ〕辅音 VOT、CA 之间做了单因素方差分析，结果如表 3.61 所示。

表 3.61 检验结果

	sig（显著性），P 值			
	VOT		CA	
	M	F	M	F
词首音节—词腹音节	0.025	0.000	0.464	0.001
词首音节—词尾音节	0.020	0.002	0.183	0.001
词腹音节—词尾音节	0.000	0.129	0.615	0.992

从表 3.61 来看，VOT 上，男、女发音人在不同音节之间有显著性差异（除女发音人词腹音节—词尾音节外）；CA 上男发音人差数差异性不显著，女发音人中词腹音节—词尾音节之间差异性不显著，其他音节之间差异性显著。

（二）/tʂʰ/辅音

1./tʂʰ/辅音变体统计分析

表 3.62 为〔tʂʰ〕辅音音位变体在"东乡语语音声学参数数据库"中的出现频率统计表。可以看出，东乡语/tʂ/辅音在词中以〔tʂ〕变体形式共出现了 172 次（M）或 159 次（F）。〔tʂʰ〕作为典型变体，符合东乡语语音特点。如：tʂʰina〔tʂʰʅna〕"煮"、ətʂʰi〔ətʂʰʅ〕"去"。

表 3.62 ［tʂʰ］辅音出现频率统计

辅音位置	发音人	M		F	
		出现次数	百分比	出现次数	百分比
出现次数		172		159	
［tʂʰ］辅音	词首	37	22%	75	47%
	非词首	135	82%	84	53%

2. ［tʂʰ］辅音

2.1 音质及其声学特征

2.1.1 ［tʂʰ］辅音三维语图和语音标注以及频谱图

如上所述，［tʂʰ］为东乡语/tʂʰ/辅音的典型变体。图 3.121-1 为东乡语男发音人 tʂʰina［tʂʰʐna］"煮"一词的三维语图、波形图和三层标注实例（下同），图 3.121-2 为东乡语男发音人 tʂʰina［tʂʰʐna］"煮"一词［tʂʰ］辅音频谱图。可以看出，东乡语词首［tʂʰ］辅音的冲直条和第一、第二、第三（CF1、CF2、CF3）共振峰的分布模式以及短暂的 VOT。男发音人 tʂʐɤʐɤ［tʂʐɤʐɤ］"诉、状"一词中［tʂ］辅音 VOT、音强分别为 43ms、63dB；该图上［tʂ］辅音目标位置的 F1~F4 四个共振峰参数为：1923Hz、2189Hz、2795Hz、4018Hz。

2.1.2 ［tʂʰ］辅音声学参数与音色定位

表 3.63 为男、女发音人［tʂʰ］辅音的声学参数统计总表，图 3.122-1 为男、女发音人［tʂʰ］辅音的第一、第二和第三共振峰（CF1、CF2、CF3）的分布图，图 3.122-2 为男、女发音人［tʂʰ］辅音三个共振峰均值比较图。从表 3.64 和图 3.122 中可以看到以下几方面。

（1）男、女发音人［tʂʰ］辅音第一至第三共振峰均值为 M：CF1 = 1379Hz，CF2 = 2112Hz，CF3 = 3134Hz；F：CF1 = 1389Hz，CF2 = 2251Hz，CF3 = 3243Hz。男、女发音人［tʂʰ］辅音第一共振峰的变异系数较大，说明该参数相对不稳定，离散度大。但该辅音第二、第三共振峰 CF2 和 CF3 的变异系数都小于 20%。说明这两个参数相对稳定，离散度小。

（2）从整体上看，女发音人 CF 的频率高于男发音人，但男、女发音人［tʂʰ］辅音的共振峰分布模式基本相同。如，CF1 围绕 1300Hz，在 1000~1500Hz 之间浮动；CF2 围绕 2100Hz，在 1700~2500Hz 之间浮动；CF3 围绕

3100Hz，在 2600~3400Hz 之间浮动。

（3）[tʂʰ] 辅音的 VOT 为 117ms（M）、122ms（F），因从三维语图上无法准确测量词首塞音、塞擦音的 GAP 的时长，本项研究没能测量词首塞音的 GAP 时长。把词中 GAP 的时长作为塞音、塞擦音的 GAP 的标准时长。

（4）男发音人 [tʂʰ] 辅音的音强明显高于女发音人 [tʂʰ] 辅音的音强。辅音音强参数对辅音音色研究意义不大，可以忽略。

（5）东乡语 [tʂʰ] 辅音是比较典型的舌尖后、清塞擦音，用国际音标 [tʂʰ] 来标记。以往标记的清塞擦音 [tʂʰ] 不符合国际音标标准。

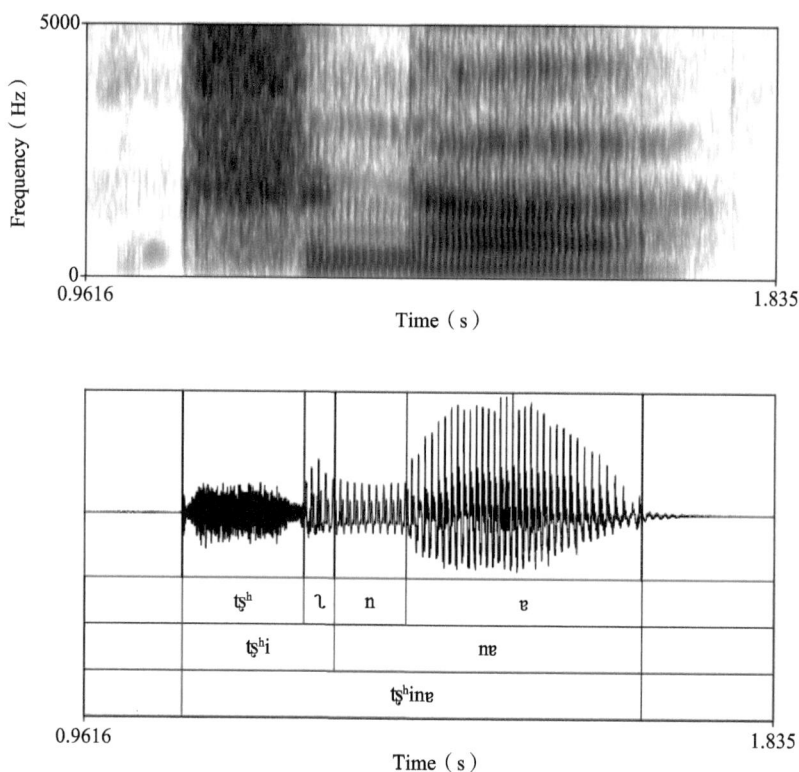

图 3.121-1　男发音人 tʂʰina [tʂʰɻna] "煮" 一词 [tʂʰ] 辅音的
三维语图、波形图和三层标注实例

Spectrum [30 ms], Ltas(1-to-1) [30 ms], LPC, all three overlaid

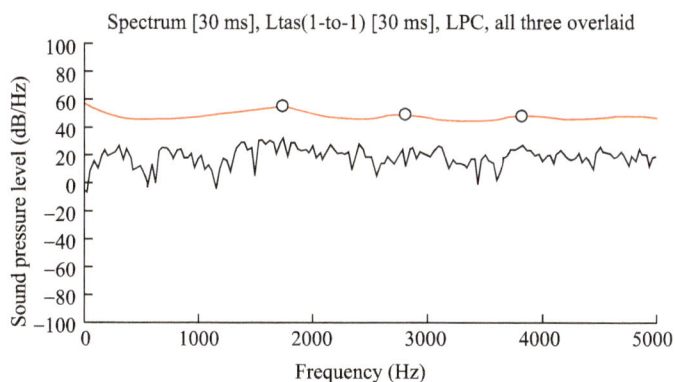

图 3.121-2　男发音人 tʂʰina［tʂʰ ʐna］"煮" 一词［tʂʰ］辅音的频谱图

表 3.63　［tʂʰ］辅音的声学参数统计

M					
参数	VOT	CA	CF1	CF2	CF3
均值	117	62.8	1379	2112	3134
变异系数	10%	5%	24%	17%	14%
标准差	12	3	335	360	440
F					
参数	VOT	CA	CF1	CF2	CF3
均值	122	48.8	1389	2251	3243
变异系数	9%	14%	34%	19%	14%
标准差	11	7	472	420	463

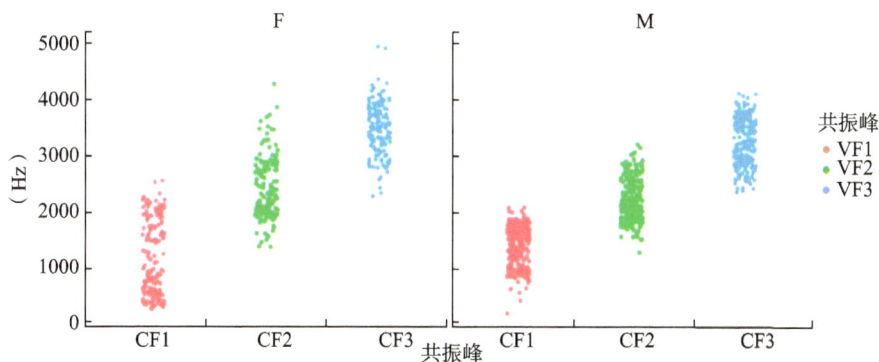

图 3.122-1　［tʂʰ］辅音第一至第三共振峰分布（M&F）

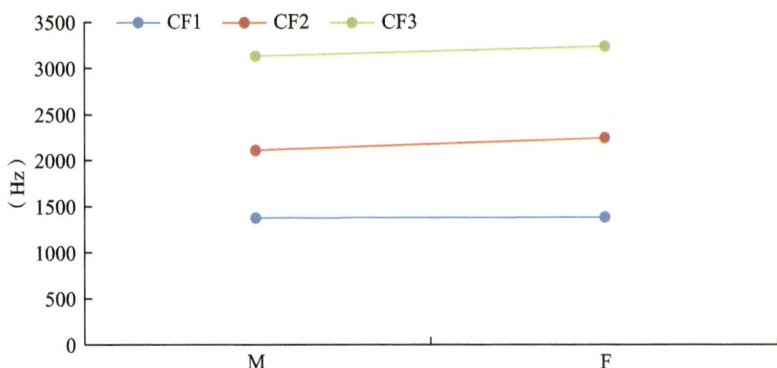

图 3.122-2　[tʂʰ] 辅音第一至第三共振峰均值比较（M&F）

2.2　语流中的音变特征分析

2.2.1　[tʂʰ] 辅音声学参数与其后置元音音质之间的相关性分析

表 3.64 为在 [ɤ]、[ə]、[i]、[o]、[u] 等元音之前 [tʂʰ] 辅音的无声空间（GAP）、噪音起始时间（VOT）、辅音音强（CA）、三个共振峰均值统计表，图 3.123 为男、女发音人不同元音之前出现的 [tʂʰ] 辅音音长无声空间（GAP）比较图，图 3.124 为男、女发音人不同元音之前出现的辅音的噪音起始时间（VOT）比较图，图 3.125 为 [tʂ] 辅音的音强（CA）比较图。图 3.126-1 为以不同元音之前出现的 [tʂʰ] 辅音三个共振峰示意图（以 CF1 的依次上升排列），图 3.126-2 为不同元音之前出现的 [tʂʰ] 辅音三个共振峰示意图（以 CF2 的依次上升排列）。

表 3.64　不同元音之前出现的 [tʂʰ] 辅音声学参数统计

参数 后置元音		M						F					
		GAP	VOT	CA	CF1	CF2	CF3	GAP	VOT	CA	CF1	CF2	CF3
tʂʰɤ	均值	84	97	62.14	1130	2003	2976	88	104	57.43	648	1978	3237
	变异系数	4	3	5	376	279	456	2	2	6.20	404	229	526
	标准差	5%	3%	8%	33%	14%	15%	2%	2%	11%	62%	12%	16%
tʂʰə	均值	74	90	62.57	1316	2237	3266		107	56.43	926	2241	3181
	变异系数	3	2	4	399	396	489		2	4.58	702	296	589
	标准差	4%	2%	6%	30%	18%	15%		2%	8%	76%	13%	19%

参数 后置元音		M						F					
		GAP	VOT	CA	CF1	CF2	CF3	GAP	VOT	CA	CF1	CF2	CF3
tʂʰi	均值	70	124	63.20	1478	2276	3379	85	125	48.33	1380	2648	3719
	变异系数	2	3	2.67	377	361	384	2	4	6.87	707	659	404
	标准差	3%	2%	4%	25%	16%	11%	2%	3%	14%	51%	25%	11%
tʂʰo	均值	76	114	59.83	1230	1701	2929		91	52.5	1541	2695	3629
	变异系数	3	2	2.14	211	229	393		3	5	300	285	70
	标准差	4%	2%	4%	17%	13%	13%		3%	10%	19%	11%	2%
tʂʰu	均值	68	78	60.3	1249	1834	2781	94	114	48.17	1115	2274	3301
	变异系数	2	4	4	159	198	264	2	3	7.56	499	466	367
	标准差	3%	5%	7%	13%	11%	9%	2%	3%	16%	45%	21%	11%

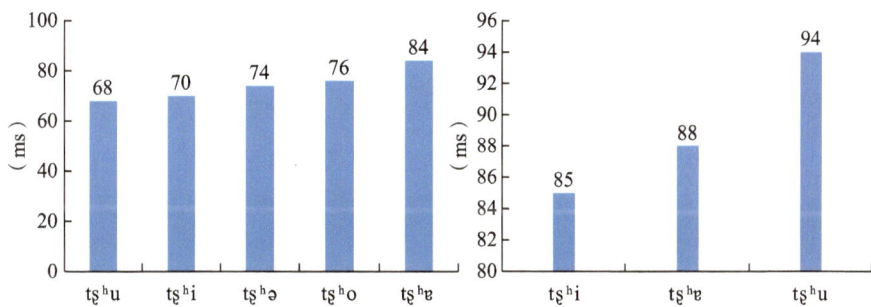

图 3.123　不同元音之前出现的［tʂʰ］辅音无声空间（GAP）均值比较（M&F）

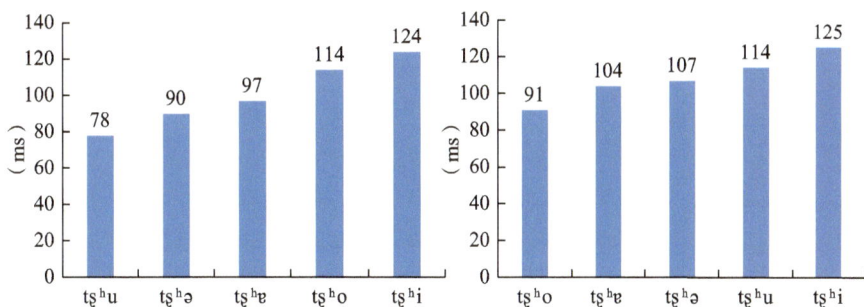

图 3.124　不同元音之前［tʂʰ］辅音嗓音起始时间（VOT）均值比较（M&F）

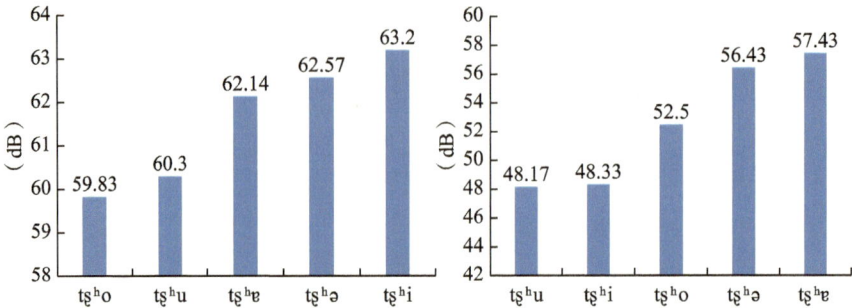

图 3.125　不同元音之前出现的［ʈʂʰ］辅音音强（CA）均值比较（M&F）

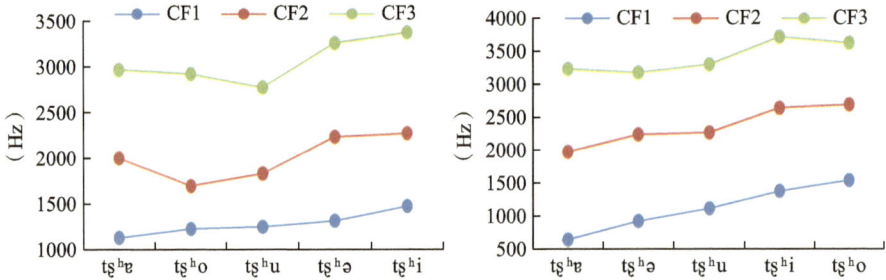

图 3.126-1　不同元音之前出现的［ʈʂʰ］辅音共振峰频率均值

（以 CF1 的上升为序排列）比较（M&F）

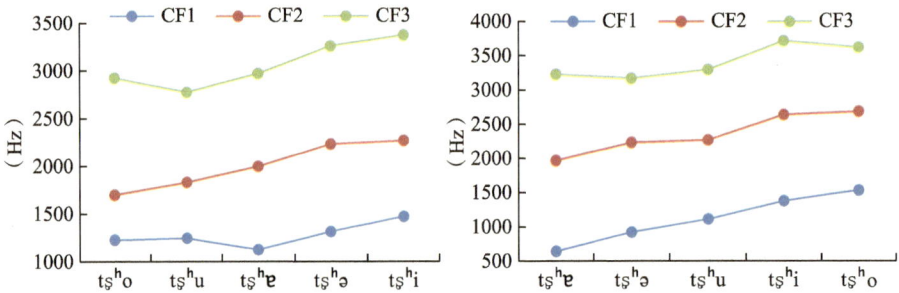

图 3.126-2　不同元音之前出现的［ʈʂʰ］辅音共振峰频率均值

（以 CF1 的上升为序排列）比较（M&F）

从表 3.64 和图 3.124 可以看出后置元音与［ʈʂʰ］辅音参数之间一定的相关性。如，后置元音为［i］元音时男、女发音人 VOT 最长。

2.2.2　［ʈʂʰ］辅音声学参数与词中音节位置之间的相关性分析

表 3.65 为词中不同位置上出现的［ʈʂʰ］辅音参数统计表，图 3.127～

3.130 为词中不同位置上出现的 [tʂʰ] 辅音的共振峰（CF）、音长（CD）、音强（CA）参数比较图。从上述表和图中可以看出，[tʂʰ] 辅音词中位置与其声学参数之间具有一定的相关性。如，在词腹位置上的第一和第二共振峰频率比其他位置的相对低（女发音人词尾音节除外）；从 VOT 时长上看，在词腹位置上的辅音时长相比其他位置的要短，词首居中，词尾最长；从 GAP 时长上看，词尾音节比词腹音节长；从音强上看，词腹位置中 [tʂʰ] 辅音的音强最弱，词首位置的居中，词尾位置的最强。

表 3.65-1　词中不同位置上出现的 [tʂʰ] 辅音参数统计（M）

位置	参数	GAP	VOT	CA	CF1	CF2	CF3
词首音节	平均值		119	62.76	1425	2148	3202
	标准差		3	3.25	352	385	446
	变异系数		3%	5%	25%	18%	14%
词腹音节	平均值	62	66	60.54	1271	2102	3032
	标准差	3	3	3.52	355	399	400
	变异系数	5%	5%	6%	28%	19%	13%
词尾音节	平均值	73	127	63.30	1432	2251	3347
	标准差	3	3	2.23	389	384	405
	变异系数	4%	2%	4%	27%	17%	12%

表 3.65-2　词中不同位置 [tʂʰ] 辅音系数统计（F）

位置	参数	GAP	VOT	CA	CF1	CF2	CF3
词首音节	平均值		118	48.85	1245	2436	3408
	标准差		4	7.53	671	592	568
	变异系数		3%	15%	54%	24%	17%
词腹音节	平均值	73	83	48.35	1239	2396	3612
	标准差	2	4	6.93	669	527	337
	变异系数	3%	5%	14%	54%	22%	9%
词尾音节	平均值	90	120	54.13	979	2327	3539
	标准差	2	3	6.50	611	557	391
	变异系数	2%	3%	12%	62%	24%	11%

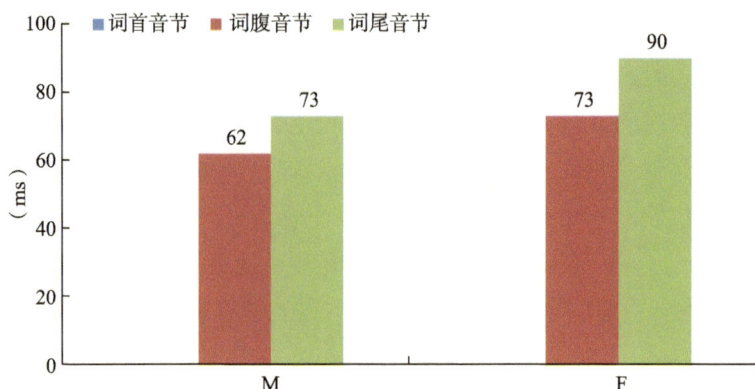

图 3.127　出现在词中不同位置上出现的〔tʂʰ〕辅音的 GAP 时长均值比较（M&F）

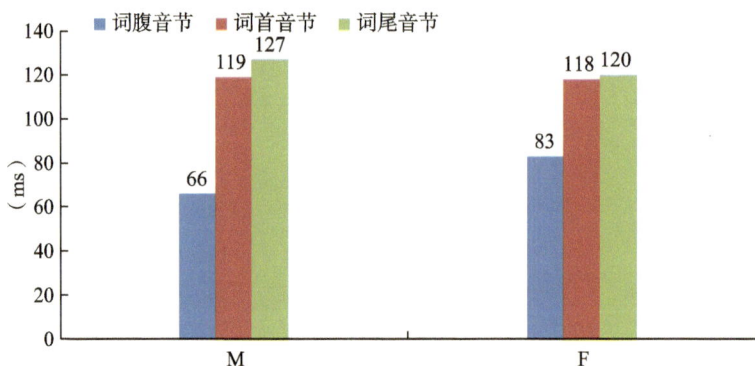

图 3.128　出现在词中不同位置上出现的〔tʂʰ〕辅音的 VOT 时长均值比较（M&F）

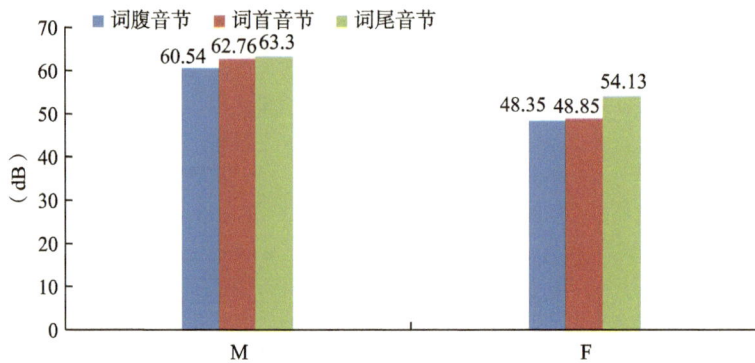

图 3.129　出现在词中不同位置上出现的〔tʂʰ〕辅音的音强均值比较（M&F）

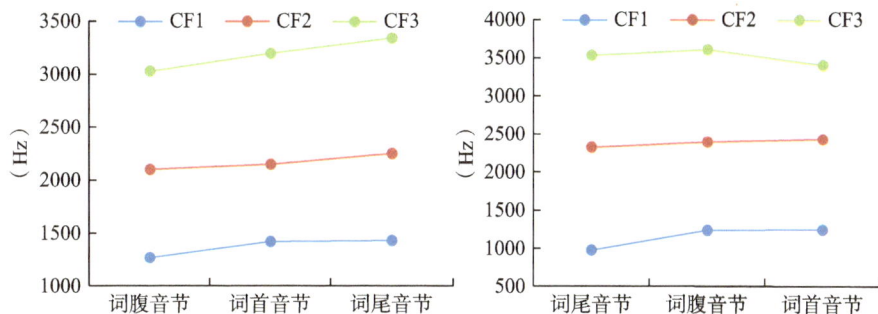

图 3.130-1 出现在词中不同位置上出现的 [tʂʰ] 辅音的共振峰均值比较

（以 CF1 的上升为序排列）（M&F）

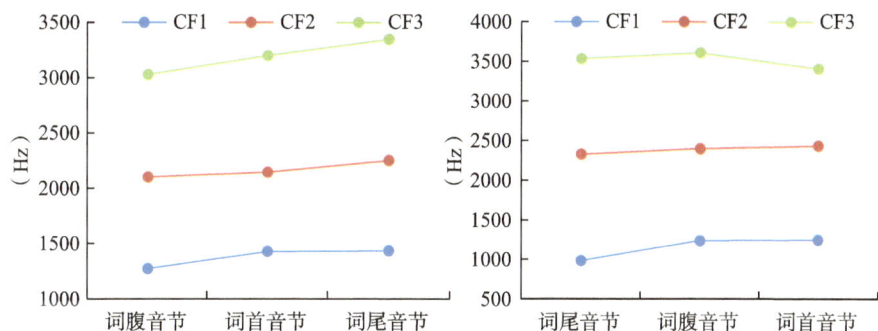

图 3.130-2 出现在词中不同位置 [tɕ] 辅音的共振峰均值比较

（以 CF2 的上升为序排列）（M&F）

从检验结果（见表 6.66）来看，在嗓音起始时间（VOT）上，男、女发音人在不同音节之间有显著性差异（词首音节—词尾音节之间除外）；在音强（CA）上，男、女发音人在不同音节之间有显著性差异（词首音节—词尾音节之间除外）。

表 3.66 检验结果

	sig（显著性），P 值			
	VOT		CA	
	M	F	M	F
词首音节—词腹音节	0.000	0.000	0.000	0.000
词首音节—词尾音节	0.580	0.208	0.264	0.087
词腹音节—词尾音节	0.000	0.000	0.000	0.023

（三）/tɕ/辅音

1./tɕ/辅音变体统计分析

表 3.67 为［tɕ］辅音音位变体在"东乡语语音声学参数数据库"中的出现频率统计表。可以看出，东乡语/tʂ/辅音在词中以［tɕ］变体形式共出现了 64 次（M）或 96 次（F），如：tɕitɐ［tɕitɐ］"地耳"、xotɕi［xotɕi］"我"。

表 3.67　［tɕ］辅音出现频率统计

辅音位置	发音人	M		F	
		出现次数	百分比	出现次数	百分比
出现次数		64		96	
［tʂʰ］辅音	词首	23	36%	39	41%
	非词首	41	64%	57	59%

2.［tɕ］辅音

2.1　音质及其声学特征

2.1.1　［tɕ］辅音三维语图和语音标注以及频谱图

如上所述，［tɕ］为东乡语/tɕ/辅音的典型变体。图 3.131-1 为东乡语男发音人 tɕirə［tɕiərə］"上面"一词［tɕ］辅音的三维语图、波形图和三层标注实例，图 3.131-2 为东乡语男发音人 tɕirə［tɕiərə］"上面"一词［tɕ］辅音频谱图。可以看出，东乡语词首［tɕ］辅音的冲直条和第一、第二、第三（CF1、CF2、CF3）共振峰的分布模式以及嗓音起始时间 VOT。图 3.131 中出现的［tɕ］辅音时长、音强分别为 155ms、50dB；图 3.132 中［tɕ］辅音目标位置的 F1～F4 四个共振峰参数为：1463Hz、2127Hz、3318Hz、4798H。

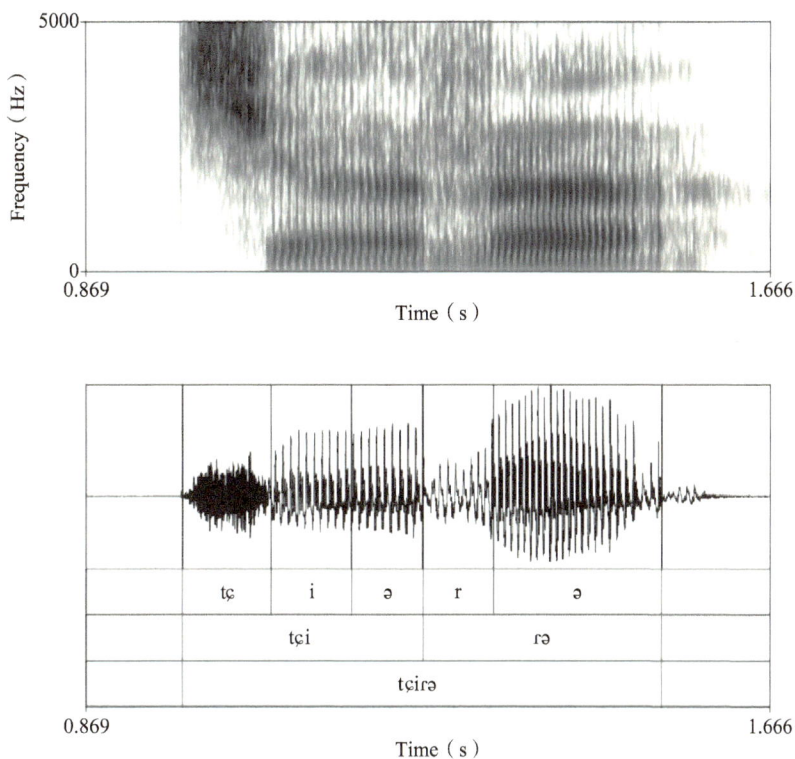

图 3.131-1　男发音人 tɕirə［tɕiərə］"上面"一词［tɕ］辅音的
三维语图、波形图和三层标注实例

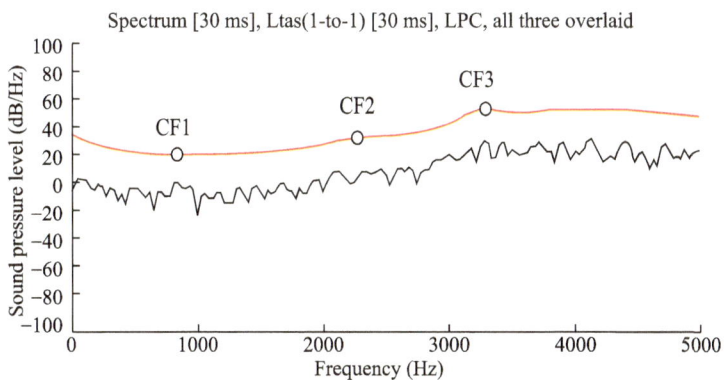

图 3.131-2　男发音人 tɕirə［tɕiərə］"上面"一词［tɕ］辅音的频谱图

2.1.2 ［tɕ］辅音声学参数与音色定位

表 3.68 为男、女发音人［tɕ］辅音声学参数统计表。图 3.132-1 为男、女发音人［tɕ］辅音第一、第二和第三共振峰（CF1、CF2、CF3）的分布图，图 3.132-2 为男、女发音人［tɕ］辅音三个共振峰均值比较图。从表 3.68 和图 3.132 中可以看到以下几方面。

（1）男、女发音人［p］辅音第一至第三共振峰均值为 M：CF1 = 1406Hz，CF2 = 2692Hz，CF3 = 3328Hz；F：CF1 = 1286Hz，CF2 = 2543Hz，CF3 = 3655Hz。男、女发音人［p］辅音第一共振峰的变异系数较大，说明该参数相对不稳定，离散度大。但该辅音第二、第三共振峰 CF2 和 CF3 的变异系数都小于 20%。说明这两个参数相对稳定，离散度小。

（2）从整体上看，男发音人 CF 的频率高于女发音人（除 CF3 之外），但两位发音人［tɕ］辅音的共振峰分布模式基本相同。如，CF1 围绕 1300Hz，在 1200~2000Hz 之间浮动；CF2 围绕 2500Hz，在 3300~3000Hz 之间浮动；CF3 围绕 3300Hz，在 3000~3800Hz 之间浮动。

（3）［tɕ］辅音的 VOT 为 81ms（M）、68ms（F）。因从三维语图上无法准确测量词首塞音、塞擦音的 GAP 的时长，本项研究没能测量词首塞音的 GAP 时长，把词中 GAP 的时长作为塞音、塞擦音的 GAP 的标准时长。

（4）男发音人［tɕ］辅音的音强明显高于女发音人［tɕ］辅音的音强。辅音音强参数对辅音音色研究意义不大，可以忽略。

（5）东乡语［p］辅音是比较典型的东乡语［tɕ］辅音为舌尖后、清塞擦音，用国际音标［tɕ］来标记。以往标记的浊塞塞擦音［dʐ］不符合国际音标标准。

表 3.68　［tɕ］辅音的声学参数统计

参数	M					
	GAP	VOT	CA	CF1	CF2	CF3
均值	74	81	60.8	1406	2692	3328
变异系数	4%	2%	3%	28%	9%	10%
标准差	5	2	2	421	239	318

续表

参数	F					
	GAP	VOT	CA	CF1	CF2	CF3
均值	78	68	40	1286	2543	3655
变异系数	2	4%	8%	35%	19%	12%
标准差	3%	3	4	444	480	425

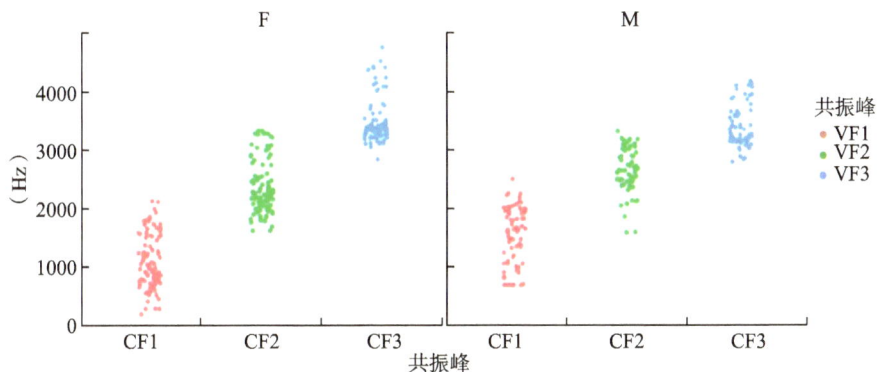

图 3.132-1　［tɕ］辅音第一至第三共振峰分布（F&M）

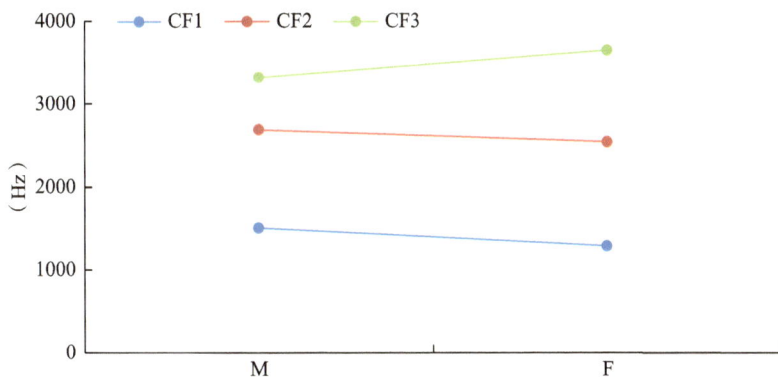

图 3.132-2　［tɕ］辅音三个振峰比较（F&M）

2.2　语流中的音变特征分析

2.2.1　［tɕ］辅音声学参数与词中音节位置之间的相关性分析

表 3.69 为词中不同位置上的［tɕ］辅音声学参数统计表。图 3.133～3.136 为出现在词中不同位置上［tɕ］辅音的音长、音强和共振峰均值比较图。从上述表和图中看出，［tɕ］辅音词中位置与其声学参数之间具有一定

的相关性。如，词腹音节中［tɕ］辅音 GAP 时长相比词尾音节要短；［tɕ］辅音词中位置与 VOT 时长之间具有一定的相关性。例如，在词腹位置上的辅音时长相比其他位置的要短，词尾音节居中，词首最长；词腹位置中［tɕ］辅音第一、第二共振峰最低。

表 3.69-1　词中不同位置上出现的［tɕ］辅音声学参数统计（M）

位置 \ 参数		GAP	VOT	CA	CF1	CF2	CF3
词首音节	平均值		82	60.72	1768	2747	3337
	标准差		2	2.27	384	257	327
	变异系数		2%	4%	22%	9%	10%
词腹音节	平均值	66	72	60.70	1308	2545	3281
	标准差	3	2	4.04	568	402	228
	变异系数	5%	3%	7%	43%	16%	7%
词尾音节	平均值	73	80	59.92	1446	2694	3527
	标准差	5	2	5.35	440	460	410
	变异系数	7%	3%	9%	30%	17%	12%

表 3.69-2　词中不同位置上出现的［tɕ］辅音声学参数统计（F）

位置 \ 参数		GAP	VOT	CA	CF1	CF2	CF3
词首音节	平均值		77	37.80	1270	2525	3649
	标准差		3	3.72	488	488	422
	变异系数		4%	10%	38%	19%	12%
词腹音节	平均值	70	56	39.30	841	2131	3306
	标准差	2	2	5.50	318	247	198
	变异系数	3%	4%	14%	38%	12%	6%
词尾音节	平均值	85	67	39.48	1075	2343	3493
	标准差	3	2	4.88	436	477	408
	变异系数	4%	3%	12%	41%	20%	12%

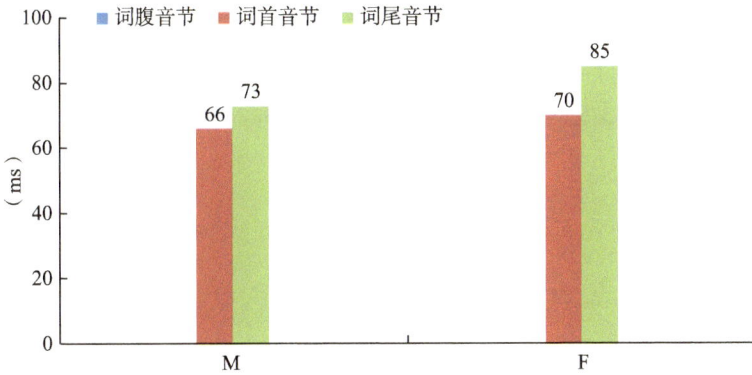

图 3.133 词中不同位置上出现的 [tɕ] 辅音的 GAP 时长均值比较 （M&F）

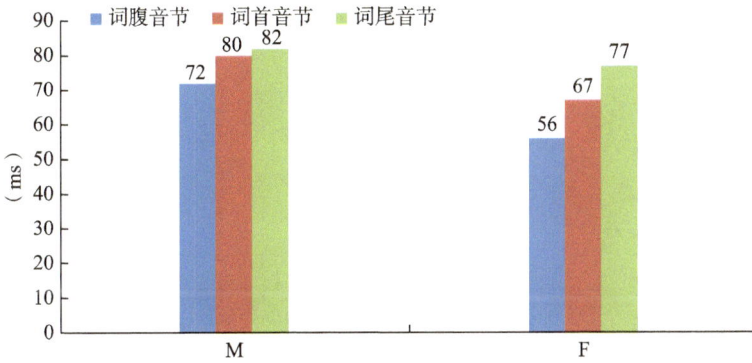

图 3.134 词中不同位置上出现的 [tɕ] 辅音的 VOT 时长均值比较 （M&F）

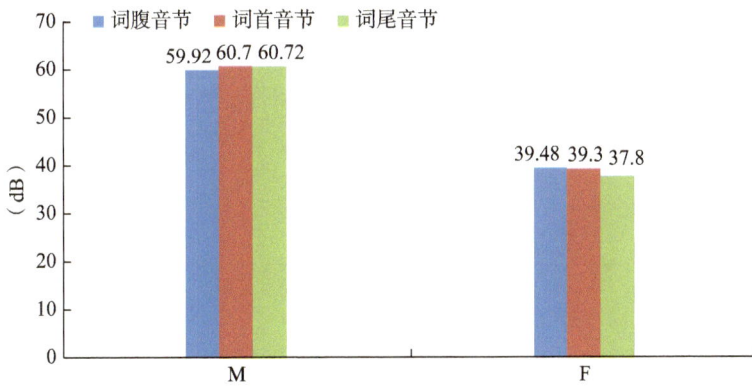

图 3.135 词中不同位置上出现的 [tɕ] 辅音的音强均值比较 （M&F）

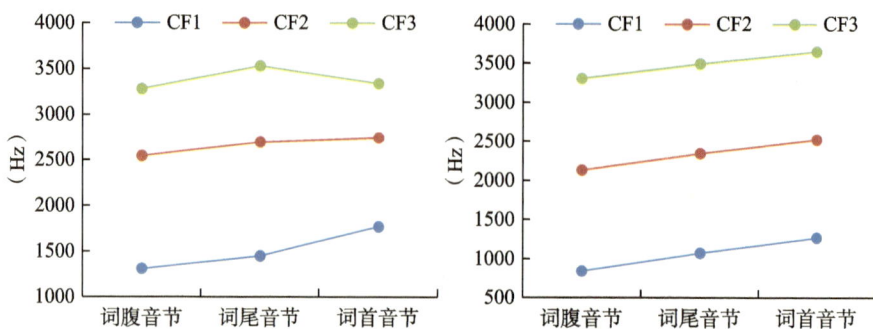

图 3.136-1　词中不同位置 [tɕ] 辅音的共振峰均值比较

（以 CF1 的上升为序排列）（M&F）

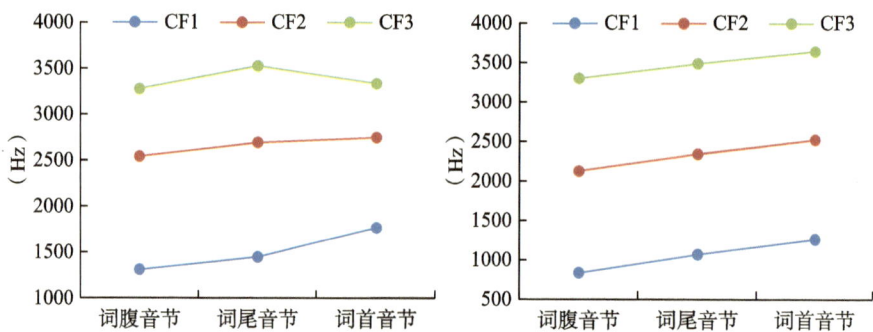

图 3.136-2　词中不同位置上出现的 [tɕ] 辅音的共振峰均值

比较（以 CF2 的上升为序排列）（M&F）

　　从检验结果来看，在噪音起始时间（VOT）上，男、女发音人在不同音节之间没有显著性差异（女发音人词词首音节—词腹音节之间除外）；在音强（CA）上，男、女发音人在不同音节之间没有显著性差异（如表 3.70 所示）。

表 3.70　检验结果

	sig（显著性），P 值			
	VOT		CA	
	M	F	M	F
词首音节—词腹音节	0.070	0.000	0.984	0.198
词首音节—词尾音节	0.241	0.068	0.465	0.132
词腹音节—词尾音节	0.483	0.071	0.519	0.878

（四）/tɕʰ/辅音

1. /tɕʰ/辅音变体统计分析

表 3.71 为［tɕʰ］辅音音位变体在"东乡语语音声学参数数据库"中的出现频率统计表。可以看出，东乡语/tɕʰ/辅音在词中以［tɕʰ］变体形式共出现了 43 次（M）或 39 次（F）。该辅音多数出现在词首音节、非词首音节。如：tɕʰoru［tɕʰoru］"头"、nitɕʰiəʂi［nitɕʰiəʂɿ］"我"。

表 3.71　［tɕʰ］辅音出现频率统计

辅音位置	发音人	M		F	
		出现次数	百分比	出现次数	百分比
出现次数		43		39	
［tɕʰ］辅音	词首	21	49%	17	45%
	非词首	22	51%	22	55%

2. ［tɕʰ］辅音

2.1　音质及其声学特征

2.1.1　［tɕʰ］辅音三维语图和语音标注以及频谱图

如上所述，［tɕʰ］为东乡语/tɕʰ/辅音的典型变体。图 3.137-1 为东乡语男发音人 tɕʰoru［tɕʰoru］"头"一词的三维语图、波形图和三层标注实例，图 3.137-2 为东乡语男发音人 tɕʰoru［tɕʰoru］"头"一词［tɕʰ］辅音频谱图。可以看出，东乡语词首［tɕʰ］辅音的冲直条和第一、第二、第三（CF1、CF2、CF3）共振峰的分布模式以及 VOT。tɕʰoru［tɕʰoru］"上面"一词中［tɕʰ］辅音时长、音强分别为 159ms、71dB；该图上［tɕʰ］辅音目标位置的 F1~F4 四个共振峰参数为：1813Hz、2146Hz、2779Hz、3571Hz。

2.1.2　［tɕʰ］辅音声学参数与音色定位

表 3.72 为男、女发音人［tɕʰ］辅音声学参数统计表。图 3.138-1 为男、女发音人［tɕʰ］辅音第一、第二和第三共振峰（CF1、CF2、CF3）的分布图，图 3.138-2 男、女发音人［tɕʰ］辅音三个共振峰均值比较图。从表 3.72 和图 3.138 中可以看出以下几方面。

（1）男、女发音人［tɕʰ］辅音第一至第三共振峰均值为 M：CF1 = 1205Hz，CF2 = 2569Hz，CF3 = 3110Hz；F：CF1 = 818Hz，CF2 = 2438Hz，CF3 =

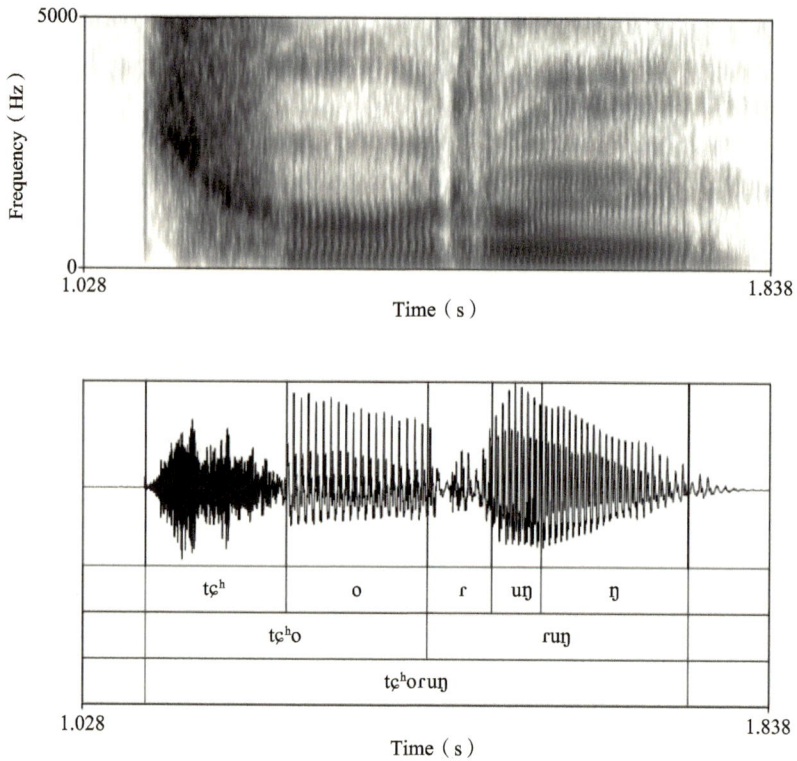

图 3.137-1　tɕʰoru〔tɕʰoru〕"头"一词〔tɕʰ〕辅音三维语图、波形图和
三层标注实例

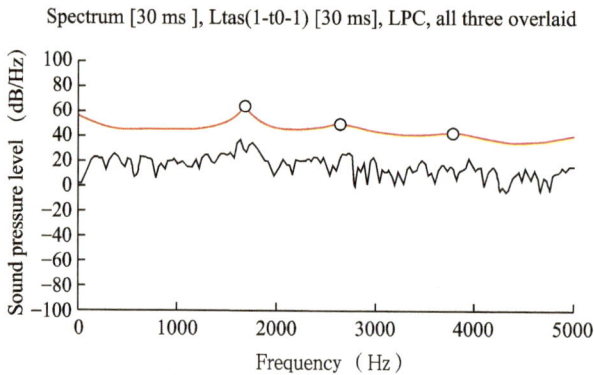

Spectrum [30 ms], Ltas(1-t0-1) [30 ms], LPC, all three overlaid

图 3.137-2　tɕʰoru〔tɕʰoru〕"头"一词〔tɕʰ〕辅音频谱图

3519Hz。男、女发音人〔tɕʰ〕辅音第一、第二和第三共振峰（CF1、CF2、CF3）的变异系数都小于 20%。说明该三个参数相对稳定，离散度小。

（2）从整体上看，男发音人 CF 的频率相对高于女发音人（除了 CF3

之外），但男、女发音人［tɕʰ］辅音的共振峰分布模式基本相同。如，CF1
围绕 900Hz，在 800~1400Hz 之间浮动；CF2 围绕 2400Hz，在 2000~2800Hz
之间浮动；CF3 围绕 3200Hz，在 3000~3700Hz 之间浮动。

（3）［tɕʰ］辅音的 VOT 为 155ms（M），151ms（F）。因从三维语图上
无法准确测量词首塞音、塞擦音的 GAP 的时长，本项研究没能测量词首塞
音的 GAP 时长。把词中 GAP 的时长作为塞音、塞擦音的 GAP 的标准时长，
男、女发音人 GAP 的时长大致相同，为 75ms 左右。

（4）男发音人［tɕʰ］辅音的音强明显高于女发音人［tɕʰ］辅音的音
强。辅音音强参数对辅音音色研究意义不大，可以忽略。

（5）东乡语［tɕʰ］辅音是比较典型的舌尖后、送气、清塞擦音，用国
际音标［tɕʰ］来标记。以往标记的清塞擦音［tɕ］不符合国际音标标准。

表 3.72　［tɕ］辅音的声学参数统计

M					
参数	VOT	CA	CF1	CF2	CF3
均值	151	66.8	1205	2569	3110
变异系数	3%	6%	18%	14%	10%
标准差	5	4	214	355	315

F					
参数	VOT	CA	CF1	CF2	CF3
均值	155	54.4	818	2438	3519
变异系数	2%	7%	15%	17%	7%
标准差	3	4	123	420	250

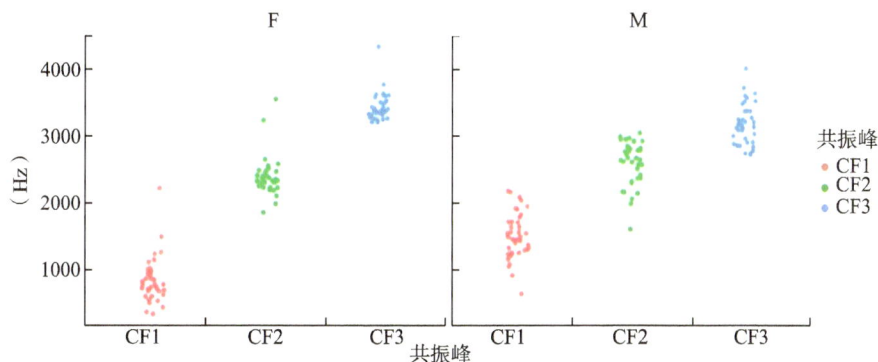

图 3.138-1　［tɕʰ］辅音第一至第三共振峰分布（F&M）

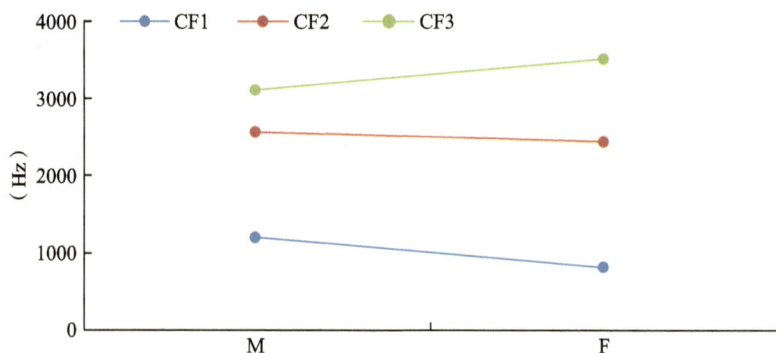

图 3.138-2　[tɕʰ] 辅音三个比较（F&M）

2.2　语流中的音变特征分析

2.2.1　[tɕʰ] 辅音声学参数与词中音节位置之间的相关性分析

表 3.73 为词中不同位置上出现的 [s] 辅音声学参数统计表。图 3.139~3.142 为出现在词中不同位置上的 [tɕʰ] 辅音的音长、音强和共振峰均值比较图。从上述表和图中可以看出，[tɕʰ] 辅音词中位置与其声学参数之间具有一定的相关性。例如，词腹音节中 [tɕʰ] 辅音 GAP 时长相比词尾音节要短；[tɕʰ] 辅音词中位置与 VOT 时长之间具有一定的相关性。例如，在词腹位置上出现的 [tɕʰ] 辅音时长相比其他位置上出现的 [tɕʰ] 辅音时长要短，词尾音节居中，词首最长；从音强上看，词腹位置上出现的 [tɕʰ] 辅音音强最弱，词首居中，词尾最强；共振峰上看相关性不是很大。

表 3.73-1　词中不同位置上出现的 [tɕʰ] 辅音统计（M）

位置	参数	GAP	VOT	CA	CF1	CF2	CF3
词首音节	平均值		146	66.19	1521	2585	3119
	标准差		5	4.14	368	342	315
	变异系数		3%	6%	24%	13%	10%
词腹音节	平均值	51	108	65.77	1558	2706	3205
	标准差	2	2	3.44	382	289	198
	变异系数	4%	3%	6%	24%	13%	10%

续表

位置 \ 参数		GAP	VOT	CA	CF1	CF2	CF3
词尾音节	平均值	78	133	65.78	1406	2586	3342
	标准差	2	3	2.99	305	373	338
	变异系数	3%	2%	5%	22%	14%	10%

表 3.73-2　词中不同位置上出现的 [tɕʰ] 辅音统计 （F）

位置 \ 参数		GAP	VOT	CA	CF1	CF2	CF3
词首音节	平均值		155	54.41	819	2439	3519
	标准差		3	4.35	444	421	250
	变异系数		2%	8%	54%	17%	7%
词腹音节	平均值	74	107	46.88	670	2335	3281
	标准差	2	2	2.80	87	72	69
	变异系数	3%	2%	6%	13%	3%	2%
词尾音节	平均值	75	127	48.78	899	2416	3410
	标准差	2	2	4.79	278	81	103
	变异系数	3%	2%	10%	31%	3%	3%

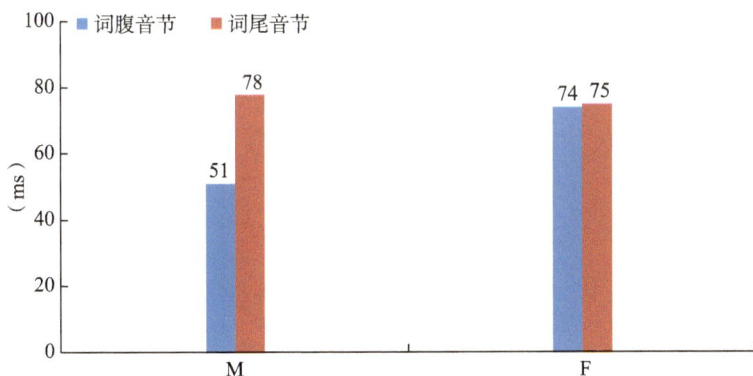

图 3.139　词中不同位置上出现的 [tɕʰ] 辅音的 GAP 时长均值比较 （M&F）

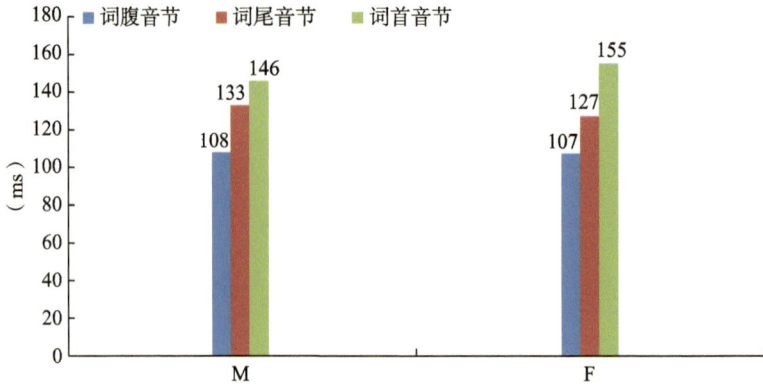

图 3.140　词中不同位置上现在的［tɕʰ］辅音的 VOT 时长均值比较（M&F）

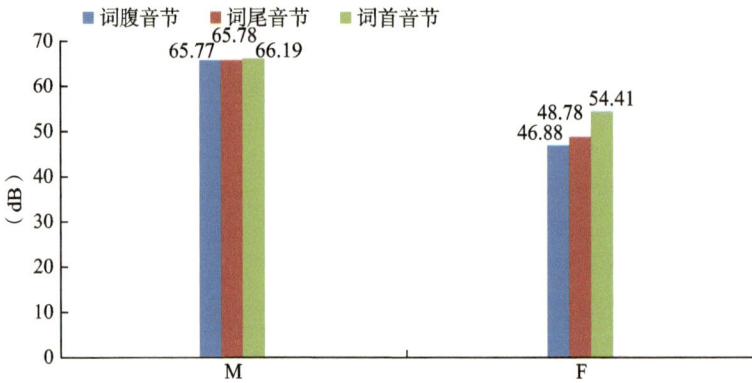

图 3.141　词中不同位置上出现的［tɕʰ］辅音的音强均值比较（M&F）

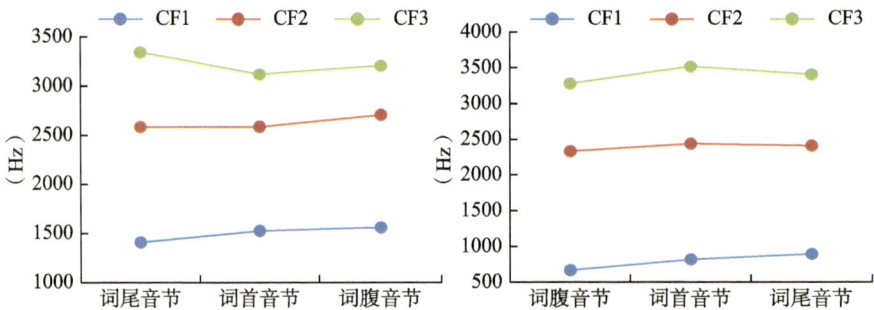

图 3.142-1　词中不同位置上出现的［tɕʰ］辅音的共振峰均值比较

（以 CF1 的上升为序排列）（M&F）

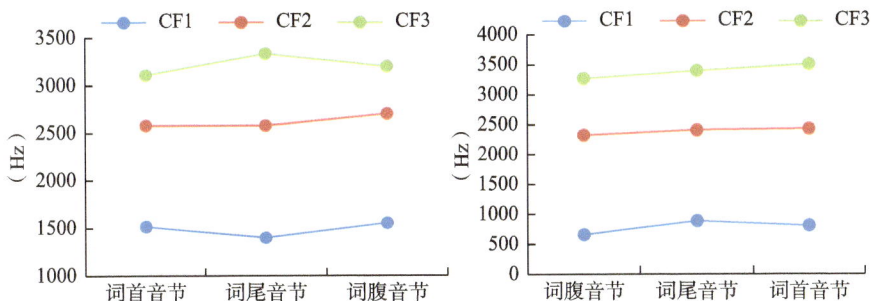

图 3.142-2　词中不同位置上出现的［tɕʰ］辅音的共振峰均值比较

（以 CF2 的上升为序排列）（M&F）

表 3.74　检验结果

	sig（显著性），P 值			
	VOT		CA	
	M	F	M	F
词首音节—词腹音节	0.010	0.000	0.751	0.002
词首音节—词尾音节	0.401	0.147	0.783	0.107
词腹音节—词尾音节	0.160	0.102	0.996	0.620

　　从表 3.74 来看，在嗓音起始时间（VOT）上，男、女发音人在不同音节之间没有显著性差异（男、女两位发音人词首音节—词腹音节之间除外）；在音强（CA）上，男、女发音人在不同音节之间没有显著性差异（女发音人词首音节—词腹音节之间除外）。

（五）/ts/辅音

1./ts/辅音变体统计分析

　　东乡语/ts/辅音在词中以［ts］变体形式共出现了 20 次（M）或 16 次（F）该辅音多数出现在汉语借词中，因此我们对该辅音没有做详细的研究分析。如：［ts］为该辅音的典型变体，例如：pʰɑtsʋ［pʰɑtsʋ］"城市"、pʰɑtsi［pʰɑtsʐ］"把子"。

2.［ts］辅音

2.1　音质及其声学特征

2.1.1　［ts］辅音三维语图和语音标注以及频谱图

　　如上所述，［ts］为东乡语/ts/辅音的典型变体。图 3.143-1 为男发音人

pɐtsɐ［pɐtsɐ］"城市"一词的三维语图、波形图和三层标注实例，图 3.143-
2 为东乡语男发音人 pɐtsɐ［pɐtsɐ］"城市"一词［ts］辅音频谱图。该图上

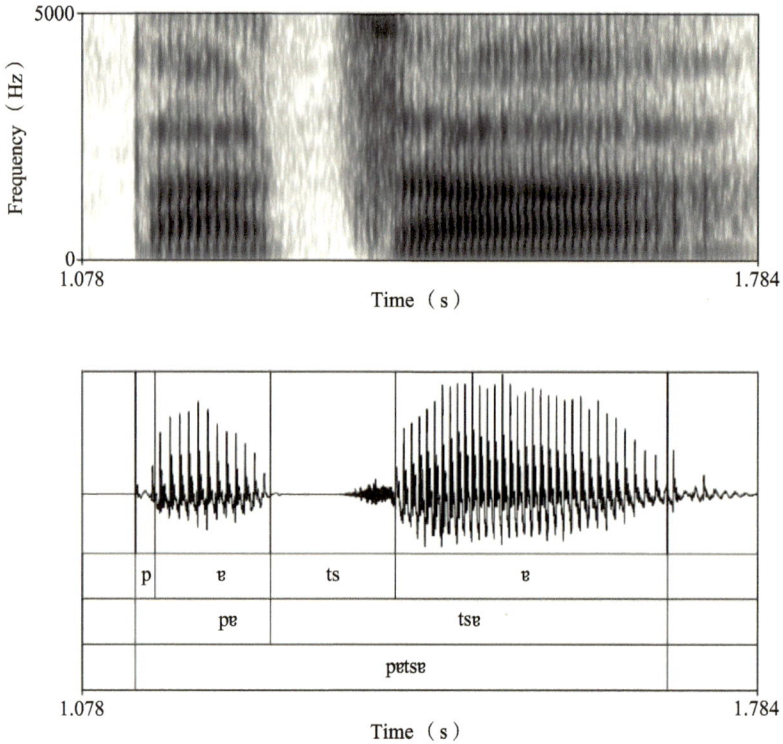

图 3.143-1　男发音人 pɐtsɐ［pɐtsɐ］"城市"一词［ts］辅音三维语图、波形图和
三层标注实例

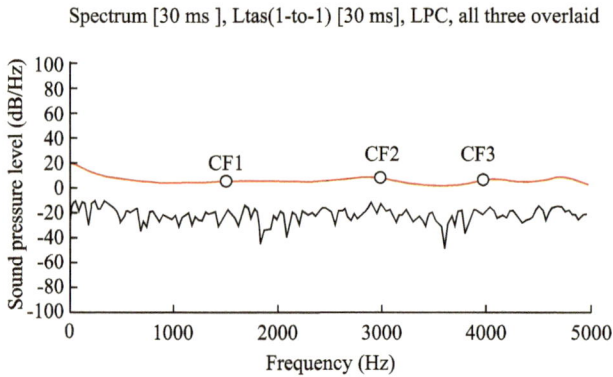

Spectrum [30 ms], Ltas(1-to-1) [30 ms], LPC, all three overlaid

图 3.143-2　男发音人 pɐtsɐ［pɐtsɐ］"城市"一词［ts］辅音频谱图

［ts］辅音目标位置的 F1 ～ F4 四个共振峰参数为：1813Hz、2146Hz、2779、3571。可以看出，东乡语词首［ts］辅音的冲直条和第一、第二、第三（CF1、CF2、CF3）共振峰的分布模式以及短暂的 VOT。

2.1.2　［ts］辅音声学参数与音色定位

表 3.75 为男、女发音人［ts］辅音声学参数统计表。图 3.144-1 为男、女发音人［ts］辅音第一、第二和第三共振峰（CF1、CF2、CF3）的分布图。图 3.144-2 为男、女发音人［ts］辅音三个共振峰均值比较图。从表 3.75 和图 3.144 中可以看到以下几方面。

（1）男、女发音人［ts］辅音第一至第三共振峰均值为 M：CF1 = 1246Hz，CF2 = 2248Hz，CF3 = 3299Hz；F：CF1 = 1559Hz，CF2 = 2552Hz，CF3 = 3763Hz。男、女发音人［ts］辅音第一、第二、第三共振峰（CF1、CF2、CF3）的变异系数都小于 20%。说明这两个参数相对稳定，离散度小。

（2）从整体上看，女发音人 CF 的频率高于男发音人，但男、女发音人［ts］辅音的共振峰分布模式基本相同。如，CF1 围绕 1300Hz，在 1100 ～ 1700Hz 之间浮动；CF2 围绕 2200Hz，在 2000 ～ 2700Hz 之间浮动；CF3 围绕 3300Hz，在 3000 ～ 3800Hz 之间浮动。

（3）［ts］辅音的 VOT 为 69ms（M），61ms（F）。因从三维语图上无法准确测量词首塞音、塞擦音的 GAP 时长，本项研究没能测量词首塞音的 GAP 时长。把词中 GAP 时长作为塞音、塞擦音的 GAP 的标准时长。

（4）男发音人［ts］辅音的音强明显高于女发音人［ts］辅音的音强。辅音音强参数对辅音音色研究意义不大，可以忽略。

（5）东乡语［ts］辅音是比较典型的东乡语，［ts］辅音为舌尖前、不送气、清塞擦音，用国际音标［ts］来标记。以往标记的浊塞音［dz］不符合国际音标标准。

表 3.75　［ts］辅音的声学参数统计

	M						F					
	GAP	VOT	CA	CF1	CF2	CF3	GAP	VOT	CA	CF1	CF2	CF3
均值	67	69	47.8	1246	2248	3299	88	61	40.40	1559	2552	3763
标准差	3	2	4.02	232	330	372	4	3	8.17	377	397	477
变异系数	4%	3%	8%	19%	15%	11%	5%	5%	20%	24%	16%	13%

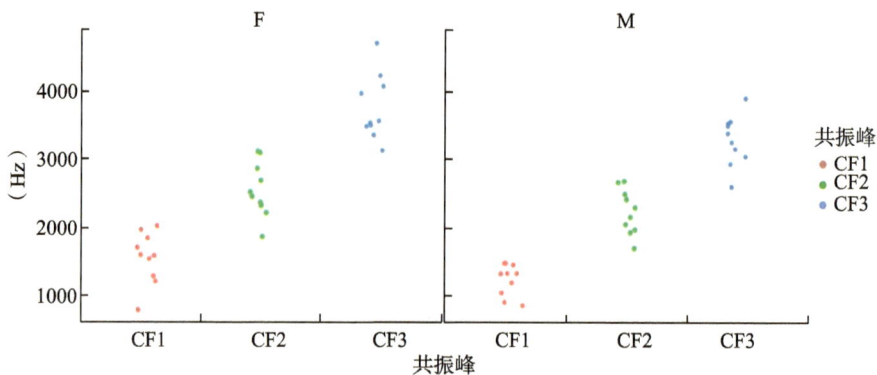

图 3.144-1　［ts］辅音第一至第三共振峰分布（F&M）

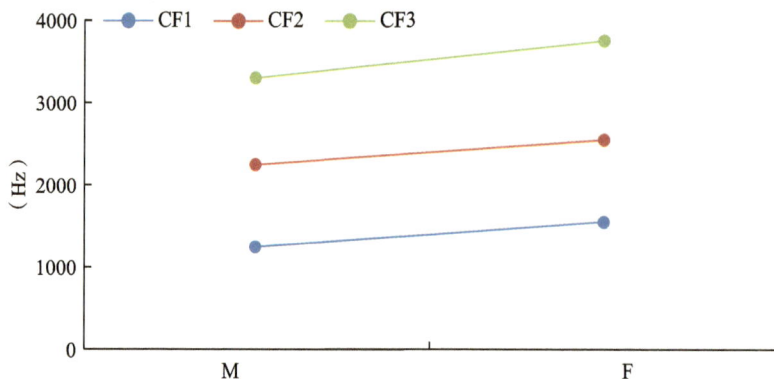

图 3.144-2　［ts］辅音三个共振峰比较（F&M）

六　鼻音

鼻音是通过鼻腔辐射到外的辅音，发鼻音时口腔紧闭，声带振动，气流通过鼻腔，鼻腔产生共鸣。根据口腔内阻塞形成点的不同，可以把蒙古语鼻音分为双唇鼻音、舌尖—齿鼻音和舌面后—软腭鼻音。蒙古语有/n/、/m/、/ŋ/三个鼻音。

（一）/m/辅音

1. /m/辅音变体统计分析

表 3.76 为/m/辅音音位变体在"东乡语语音声学参数数据库"中的出现

频率统计表。可以看出，东乡语/m/辅音在词中以［m］变体形式共出现了
222 次（M）或 150 次（F），/m/辅音可以出现在词首音节音节首、非词首
音节音节首，极少数可以出现在音节末。从/m/辅音的变体统计分析结果看，
无论是从词和音节里的分布特点，还是从词中的出现位置和条件以及出现
频率，［m］已具备了作为典型变体的条件，把［m］作为典型变体，符合
东乡语语音特点。如：mɛsɛ［mɛsɛ］"口"、ɛmu［ɛmu］"口粮"。

表 3.76 ［m］辅音出现频率统计

发音人 辅音位置		M		F	
		出现次数	百分比	出现次数	百分比
出现次数		222		150	
［m］辅音	词首	133	60%	74	49%
	非词首	89	40%	76	51%

2．［m］辅音

2.1 音质及其声学特征

2.1.1 ［m］辅音三维语图和语音标注以及频谱图

如上所述，［m］为东乡语/m/辅音的典型变体。图 3.145-1 为男发音人
mɛtə［mɛtə］"我的"一词的三维语图、波形图和三层标注实例，图 3.145-
2 为东乡语男发音人 mɛtə［mɛtə］"我的"一词［m］辅音频谱图。mɛtə
［mɛtə］"我的"一词中［m］辅音时长、音强分别为 84ms、63dB；该图上
［m］辅音目标位置的 F1~F4 四个共振峰参数为：234Hz、1400Hz、2502Hz、
3940Hz。可以看出，该辅音在语图上的表现是出现浊音横杠，高频区的能量
相比元音的要弱，发音时出现能量的断层过渡，语图上可以清晰地看到，
东乡语［m］辅音的冲直条和第一、第二、第三（VF1、VF2、VF3）共振
峰的分布模式。

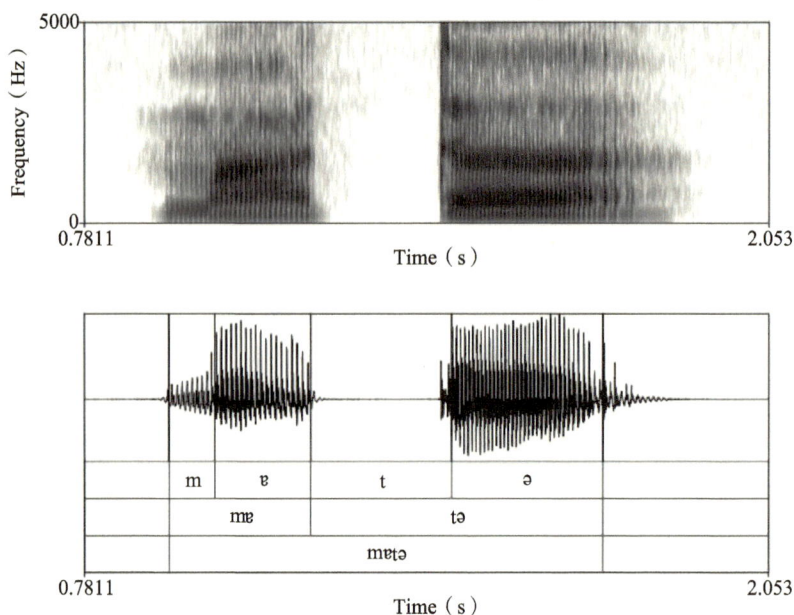

图 3.145-1 mɐtə［mɐtə］"我的"一词［m］辅音
三维语图、波形图和三层标注实例

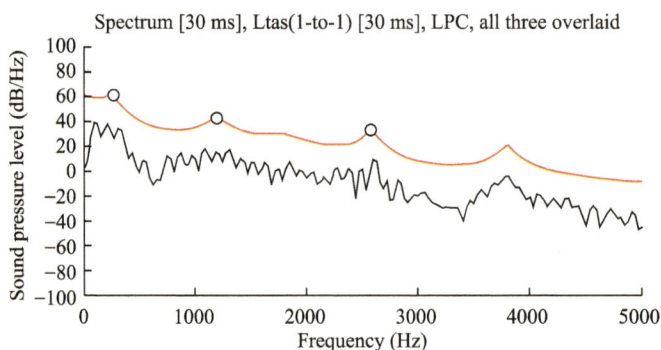

图 3.145-2 mɐtə［mɐtə］"我的"一词［m］辅音频谱图

2.1.2 ［m］辅音声学参数与音色定位

表 3.77 为男、女发音人［m］辅音声学参数统计表，图 3.146-1 为男、女发音人［m］辅音第一、第二和第三共振峰（VF1、VF2、VF3）的分布图，图 3.146-2 为男、女发音人［m］辅音三个共振峰均值比较图，图 3.146-3 为男、女发音人［m］辅音谱重心（COG）、偏移量（STD）和偏移度（SKEW）示意图。从表 3.78 和图 3.146 中可以看到以下几方面。

（1）男、女发音人［m］辅音第一至第三共振峰均值为 M：VF1 = 327Hz，VF2 = 1369Hz，VF3 = 2422Hz；F：VF1 = 328Hz，VF2 = 1229Hz，VF3 = 2309Hz。男、女发音人［m］辅音第一、第二和第三共振峰的变异系数都小于 20%。说明这三个参数相对稳定，离散度小（除了男发音人第一共振峰变异系数之外）。男、女发音人［m］辅音谱重心（COG）、偏移量（STD）和偏移度（SKEW）等三个谱参数的变异系数都较大，说明这些系数都不稳定（除女发音人 COG 之外）。

（2）从整体上看，男发音人 VF 的频率高于女发音人，但男、女发音人［m］辅音的共振峰分布模式基本相同。如，VF1 围绕 300Hz，在 250～700Hz 之间浮动；VF2 围绕 1200Hz，在 1000～1500Hz 之间浮动；VF3 围绕2300Hz，在 2500～3600Hz 之间浮动。

（3）男发音人［m］辅音的音强明显高于女性发音人［m］辅音的音强。辅音音强参数对辅音音色研究意义不大，可以忽略。

（4）东乡语［m］辅音是比较典型的双唇鼻音，国际音标［m］来标记。

表 3.77 和图 3.145 显示男、女发音人［m］辅音的三个共振峰的频率范围，如，男、女发音人 VF1 在 300Hz 左右，男、女发音人 VF2 为 1000～1500Hz，男、女发音人 VF3 在 2000～2500Hz。显然，［m］辅音第一共振峰（VF1）和第二共振峰（VF2）频率相对比较稳定，第三共振峰频率变化幅度较大。

表 3.77　［m］辅音的声学参数统计

M							
参数	CD	CA	CF1	CF2	CF3	COG	STD	SKEW
均值	76	64.83	327	1369	2422	233	272	16.63
标准差	3	2.86	115	162	303	50	113	4.49
变异系数	4%	4%	35%	12%	13%	21%	42%	27%

F							
参数	CD	CA	CF1	CF2	CF3	COG	STD	SKEW
均值	99	50.93	328	1229	2309	290	253	17.74
标准差	3	4.12	25	109	302	26	76	5.15
变异系数	3%	8%	8%	9%	13%	9%	30%	29%

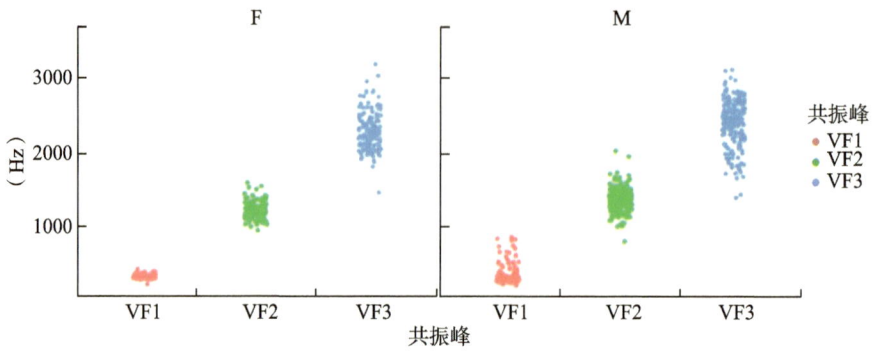

图 3.146-1 ［m］辅音第一至第二共振峰分布（F&M）

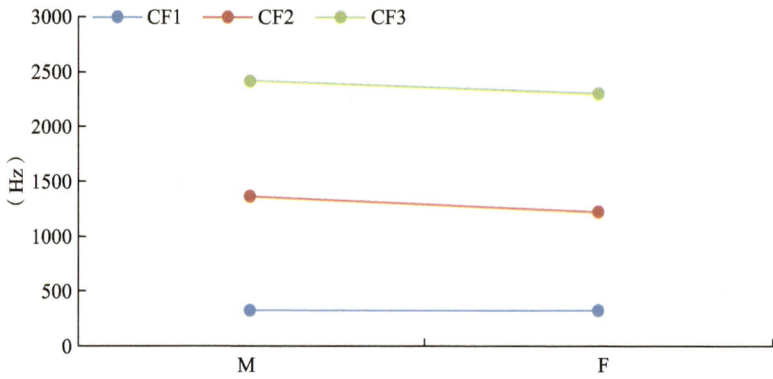

图 3.146-2 ［m］辅音三个共振峰均值比较

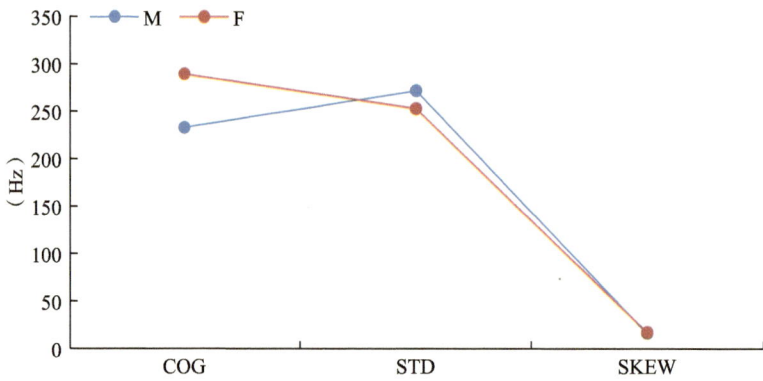

图 3.146-3 ［m］辅音谱特征示意

2.2 语流中的音变特征分析

2.2.1 ［m］辅音声学参数与其后置元音音质之间的相关性分析

表 3.78 为在 ［ɤ］、［ə］、［i］、［o］、［u］等元音之前出现的 ［m］辅音的音长（CD）、辅音音强（CA）、三个共振峰统计表，图 3.147 为男、女发音人不同元音之前出现的 ［m］辅音音长（CD）比较图，图 3.148 男、女发音人不同元音之前出现的 ［m］辅音的音强（CA）比较图。图 3.149-1 为不同元音之前出现的 ［m］辅音三个共振峰示意图（以 VF1 的依次上升排列），图 3.149-2 为不同元音之前出现的 ［m］辅音三个共振峰示意图（以 VF2 的依次上升排列）。从表 3.79 和图 3.147~3.149 中可以看到：［m］辅音声学参数与其后置元音音质之间有一定的共同的、具有统计学意义的规律（特点）。

表 3.78 不同元音之前出现的 ［m］辅音的声学参数统计

		M					F				
	参数	CD	CA	VF1	VF2	VF3	CD	CA	VF1	VF2	VF3
mɤ	均值	78	64.5	310	1307	2360	92	51.3	323	1215	2206
	变异系数	4%	5%	3%	7%	4%	2%	8%	7%	10%	14%
	标准差	3	3	10	97	100	2	4	24	121	306
mə	参数	CD	CA	VF1	VF2	VF3	CD	CA	VF1	VF2	VF3
	均值	87	67.1	320	1450	2433	104	51.2	326	1305	2325
	变异系数	2%	4%	4%	6%	8%	2%	6%	5%	2%	6%
	标准差	2	3	13	84	202	2	3	16	20	150
mi	参数	CD	CA	VF1	VF2	VF3	CD	CA	VF1	VF2	VF3
	均值	69	63.7	304	1448	2445	104	48.5	322	1226	2489
	变异系数	3%	3%	17%	8%	5%	3%	8%	5%	6%	8%
	标准差	2	2	51	110	118	3	4	15	76	210
mo	参数	CD	CA	VF1	VF2	VF3	CD	CA	VF1	VF2	VF3
	均值	71	65	375	1306	2434	104	51.2	332	1129	2204
	变异系数	3%	3%	3%	9%	6%	3%	6%	3%	5%	5%
	标准差	2	2	11	123	152	3	3	10	56	112

	参数	M					F				
		CD	CA	VF1	VF2	VF3	CD	CA	VF1	VF2	VF3
mu	均值	77	64.2	321	1295	2310	102	51	333	1178	2232
	变异系数	4%	5%	7%	8%	5%	3%	8%	3%	7%	7%
	标准差	3	3	23	110	120	3	4	11	82	152

从表 3.78 和图 3.147~3.149 可以看出，后置元音与辅音声学参数之间有一定的相关性。从辅音音强上看，后置元音为高元音 [i]、[u] 时辅音音强相对较强；从共振峰上看，后置元音为前、央元音时辅音第一、第二共振峰相对较低。在不同元音之前出现的 [m] 辅音男发音人音长（CD）的排列顺序为：[ə] < [ʁ] < [u] < [o] < [i]，女发音人音长（CD）的排列顺序为：[o] < [i] < [ə] < [u] < [ʁ]；不同元音之前 [m] 辅音男发音人音强的排列顺序为：[i] < [u] < [ʁ] < [o] < [ə]，女发音人音强的排列顺序为：[i] < [u] < [ə] < [o] < [ʁ]。

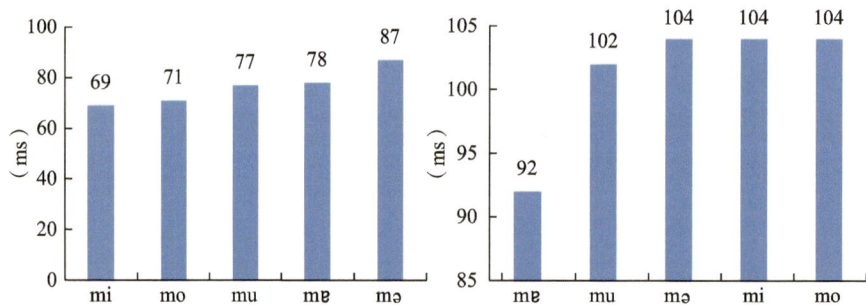

图 3.147　不同元音之前出现的 [m] 辅音音长（CD）均值比较（M&F）

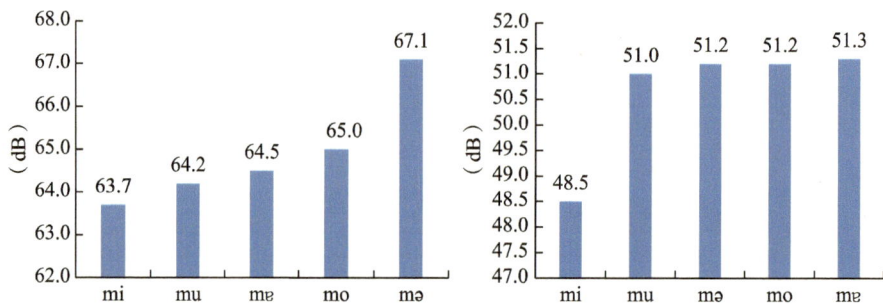

图 3.148　不同元音之前出现的 [m] 辅音音强（CA）均值比较（M&F）

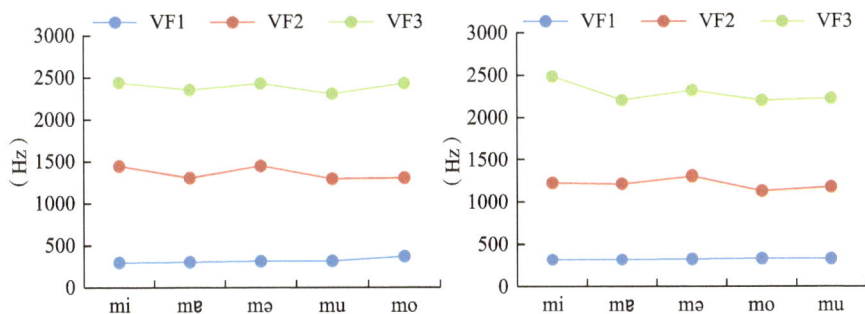

图 3.149-1　不同元音之前出现的［m］辅音共振峰均值（以 CF1 的
依次升序排列）比较（M&F）

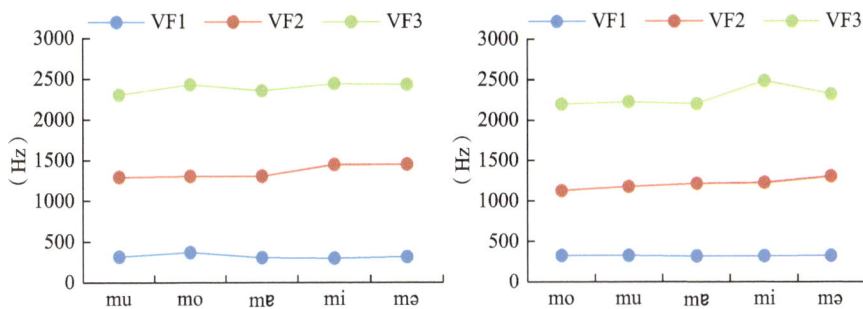

图 3.149-2　不同元音之前［m］辅音共振峰均值（以 CF2 的
依次升序排列）比较（M&F）

2.2.2　［m］辅音声学参数与词中音节位置之间的相关性分析

表 3.79 为词中不同位置上出现的［m］辅音声学参数统计表。图 3.150～3.152 为出现在词中不同位置上出现的［m］辅音的音长、音强和共振峰参数比较图。从上述表和图中可以看出，［m］辅音词中位置与其声学参数之间具有一定的相关性。例如，在词腹位置上的第一和第二共振峰频率比其他位置的相对高；从辅音时长上看，词首音节辅音时长最短，词腹居中，词尾音节最长；从辅音音强上看，词首位置中［m］辅音音强最弱。

表 3.79-1　词中不同位置上出现的［m］辅音声学参数统计（M）

位置＼参数		CD	CA	CF1	CF2	CF3
词首音节	平均值	65	63.62	327	1370	2419
	标准差	3	2.09	108	175	300
	变异系数	5%	3%	33%	13%	12%

续表

位置 \ 参数		CD	CA	CF1	CF2	CF3
词腹音节	平均值	83	66.44	347	1379	2452
	标准差	2	2.49	152	107	288
	变异系数	2%	4%	44%	8%	12%
词尾音节	平均值	113	67.10	307	1374	2415
	标准差	2	3.60	52	154	309
	变异系数	2%	5%	17%	11%	13%

表 3.79-2　词中不同位置上出现的［m］辅音声学参数统计（F）

位置 \ 参数		CD	CA	CF1	CF2	CF3
词首音节	平均值	94	49.48	328	1214	2259
	标准差	3	3.43	25	84	267
	变异系数	3%	7%	7%	7%	12%
词腹音节	平均值	100	52.69	328	1254	2406
	标准差	2	4.32	28	105	282
	变异系数	2%	8%	8%	8%	12%
词尾音节	平均值	111	51.68	325	1226	2274
	标准差	3	4.15	22	160	381
	变异系数	3%	8%	7%	13%	17%

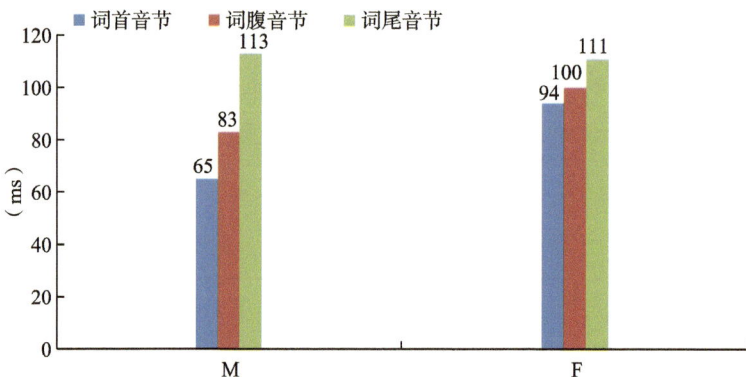

图 3.150　词中不同位置上出现的［m］辅音的时长均值比较（M&F）

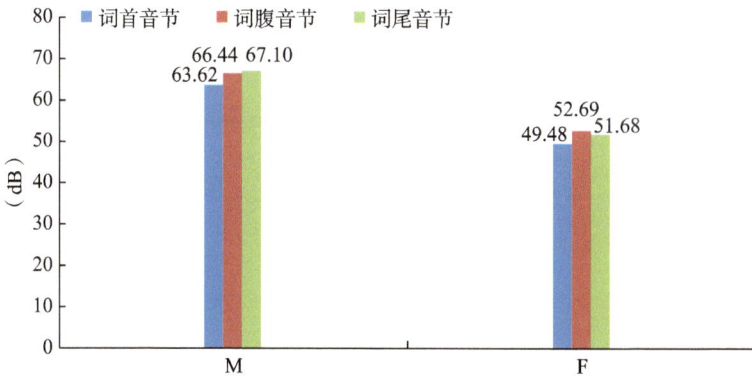

图 3.151 词中不同位置上出现的［m］辅音的音强均值比较（M&F）

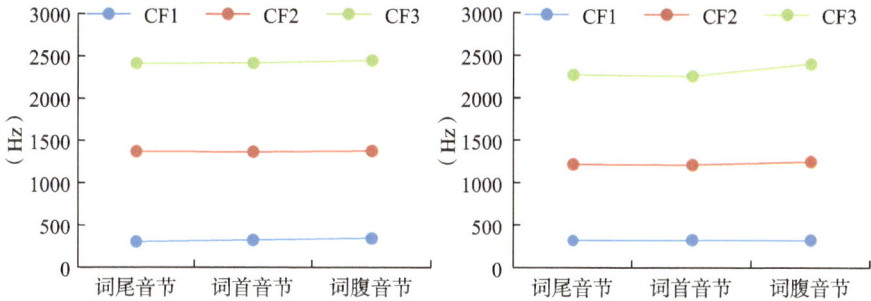

图 3.152-1 出现在词中不同位置上出现的［m］辅音的共振峰均值
（以 CF1 的上升为序排列）比较（M&F）

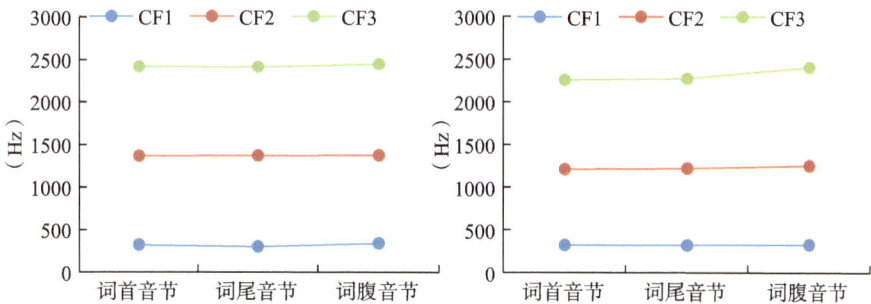

图 3.152-2 出现在词中不同位置上出现的［m］辅音的共振峰均值
（以 CF2 的上升为序排列）比较（M&F）

　　我们对不同音节中出现的［s］辅音时长、音强、共振峰之间做了单因素方差分析，结果如表 3.80 所示。

表 3.80　检验结果

	sig（显著性），P 值								
	M	F	M	F	M			F		
	CD		CA		CF1	CF2	CF3	CF1	CF2	CF3
词首音节—词腹音节	0.000	0.228	0.000	0.000	0.276	0.724	0.487	0.941	0.043	0.008
词首音节—词尾音节	0.000	0.007	0.000	0.012	0.388	0.812	0.996	0.548	0.585	0.811
词腹音节—词尾音节	0.000	0.107	0.233	0.275	0.126	0.977	0.628	0.615	0.281	0.063

* 均值差的显著性水平为 0.05。

如表 3.80 所示，从音节之间时长上看，男发音人中显著性差异，女发音人中没有显著性差异（除词首音节—词尾音节之外）；从音强上看，词腹音节—词尾音节之间没有显著性差异，词首音节—词腹音节、词首音节—词尾音节之间有着显著性差异；男、女发音人共振峰之间没有显著性差异〔除词首音节-词腹音节之间第二共振峰（CF2）之外〕。

（二）/n/辅音

1./n/辅音变体统计表

表 3.81 为/n/辅音音位变体在"东乡语语音声学参数数据库"中的出现频率统计表。可以看出，东乡语/n/辅音在词中以［n］一种变体形式共出现了 456 次（M）或 306 次（F）。该辅音出现在词首音节音节首、非词首音节音节首与音节末。如：ein［niə］"一"、ana［anɐ］"母亲"。

表 3.81　［m］辅音出现频率统计

发音人 辅音位置		M		F	
		出现次数	百分比	出现次数	百分比
出现次数		456		306	
［n］辅音	词首	196	43%	145	47%
	非词首	260	57%	161	53%

2.［n］**辅音**

2.1　音质及其声学特征

2.1.1　［n］辅音声学参数与音色定位

如上所述，［n］为东乡语/n/辅音的典型变体。图 3.153-1 为男发音人 ɐnɐ［ɐnɐ］"母亲"一词［n］辅音三维语图、波形图和三层标注实例图，图 3.153-2 为男发音人 ɐnɐ［ɐnɐ］"母亲"一词［n］辅音频谱图。男发音人 ɐnɐ［ɐnɐ］"母亲"一词中［n］辅音时长、音强分别为 77ms、67dB；该图上［n］辅音目标位置 F1～F4 四个共振峰参数为：347Hz、1692Hz、3030Hz、3552Hz。该辅音在语图上的表现是出现浊音横杠，高频区的能量相比元音的要弱，发音时出现能量的断层过渡，语图上可以清晰看到。

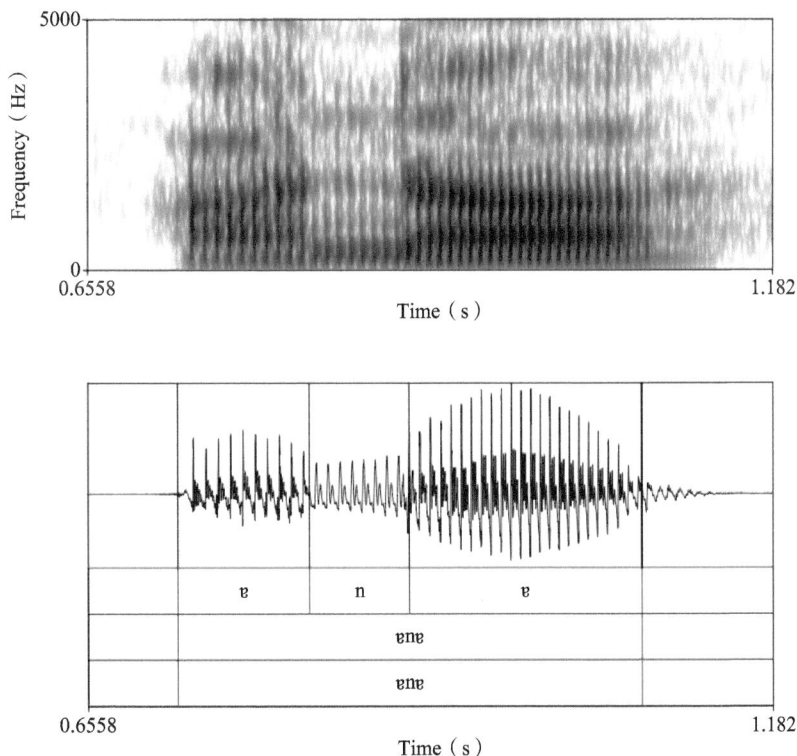

图 3.153-1　男发音人 ɐnɐ［ɐnɐ］"**母亲**"一词［n］辅音三维语图、
波形图和三层标注实例

Spectrum [30 ms], Ltas(1-to-1) [30 ms], LPC, all three overlaid

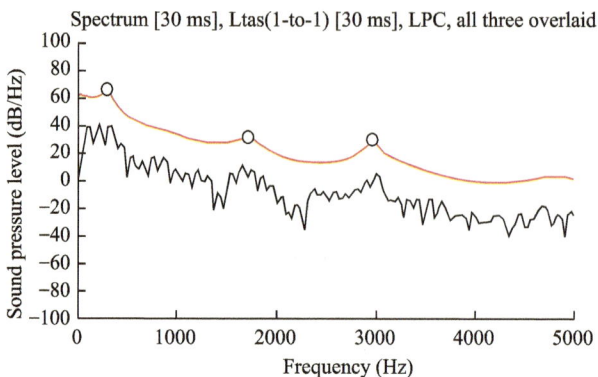

图 3.153-2　男发音人 ɐnɐ［ɐnɐ］"母亲"一词［n］辅音频谱图

2.1.2　［n］辅音声学参数与音色定位

表 3.82 为男、女发音人［n］辅音声学参数统计表，图 3.154-1 为男、女发音人［n］辅音第一、第二和第三共振峰（CF1、CF2、CF3）的分布图，图 3.154-2 为男、女发音人［n］辅音三个共振峰均值比较图，图 3.154-3 为男、女发音人［n］辅音谱重心（COG）、偏移量（STD）和偏移度（SKEW）示意图。从表 3.83 和图 3.154 可以看出以下几方面。

（1）男、女发音人［n］辅音第一至第三共振峰均值为 M：VF1 = 344Hz，VF2 = 1360Hz，VF3 = 2472Hz；F：VF1 = 380Hz，VF2 = 1373Hz，VF3 = 2388Hz。男、女发音人［n］辅音第一共振峰的变异系数较大，说明该参数相对不稳定，离散度大。但该辅音第二、第三共振峰 CF2 和 CF3 的变异系数都小于 20%。说明这两个参数相对稳定，离散度小。男、女发音人［x］辅音谱重心（COG）、偏移量（STD）和偏移度（SKEW）等三个谱参数的变异系数都较大，说明这些系数都不稳定。

（2）从整体上看，女发音人 CF 的频率高于男发音人，但男、女发音人［n］辅音的共振峰分布模式基本相同。如，VF1 围绕 350Hz，在 300～800Hz 之间浮动；VF2 围绕 1300Hz，在 1000～1400Hz 之间浮动；VF3 围绕 2300Hz，在 2000～2500Hz 之间浮动。

（3）男发音人［n］辅音的音强明显高于女发音人［n］辅音的音强。辅音音强参数对辅音音色研究意义不大，可以忽略。

（4）东乡语［n］辅音是比较典型的舌尖—齿区鼻音，用国际音标［n］来标记。

表 3.82-1 ［n］辅音的声学参数统计

M								
参数	CD	CA	VF1	VF2	VF3	COG	STD	SKEW
均值	79	64.94	344	1360	2472	241	281	16.85
变异系数	5%	6%	24%	17%	18%	40%	55%	30%
标准差	4	4	82	231	449	96	155	5

F								
参数	CD	CA	VF1	VF2	VF3	COG	STD	SKEW
均值	97	54.45	380	1373	2388	307	259	18.69
变异系数	4%	7%	23%	16%	21%	14%	36%	27%
标准差	4	4	87	224	503	44	93	5

表 3.82-2 不同元音位置上出现的［n］辅音的声学参数统计

发音人	音节位置		CD	CA	VF1	VF2	VF3
M	词首音节	音节首	60	61	286	1367	2521
		音节末	72	64.3	345	1359	2518
	非词首音节	音节首	93	66.3	320	1395	2426
		音节末	70	64.2	353	1398	2552
F	词首音节	音节首	94	51.8	347	1392	2247
		音节末	92	52.3	360	1328	2295
	非词首音节	音节首	103	52.1	360	1379	2507
		音节末	92	52.5	401	1403	2447

从表 3.82 中可以看出，［n］辅音出现在音节末时音长相对较长，音强相对较强，共振峰频率相对较高。

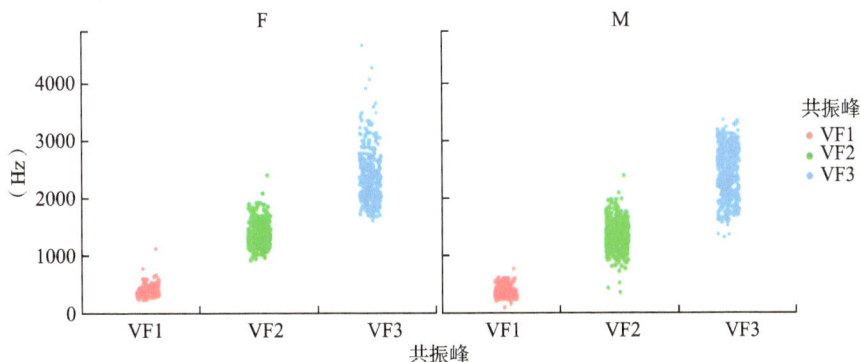

图 3.154-1 ［n］辅音第一至第三辅音共振峰分布（F&M）

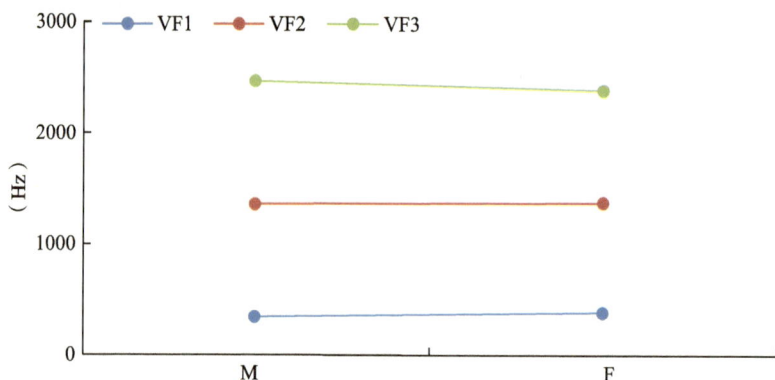

图 3.154-2　［n］辅音第一至第三共振峰均值比较（F&M）

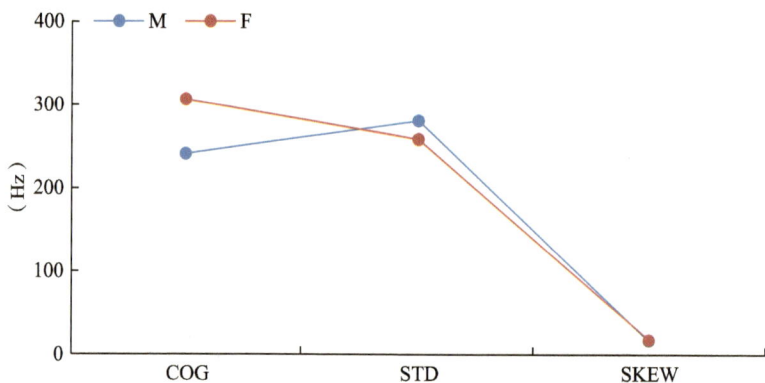

图 3.154-3　［n］辅音谱特征示意

2.2　语流中的音变特征分析

2.2.1　［n］辅音声学参数与其后置元音音质之间的相关性分析

表 3.83 为在 ［ɐ］、［ə］、［i］、［o］、［u］ 等元音之前出现的 ［n］ 辅音的音长（CD）、辅音音强（CA）、三个共振峰均值统计表，图 3.155 为男、女发音人不同元音之前出现的 ［n］ 辅音音长（CD）比较图，图 3.156 为男、女发音人不同元音之前出现的 ［n］ 辅音的音强（CA）比较图，图 3.157-1 为不同元音之前出现的 ［n］ 辅音三个共振峰示意图（以 VF1 的依次上升排列），图 3.157-2 为不同元音之前出现的 ［n］ 辅音三个共振峰示意图（以 VF2 的依次上升排列）。从表 3.83 和图 3.155~3.157 中可以看到：［n］ 辅音声学参数与其后置元音音质之间有一定的共同的、具有统计学意义的规律（特点）。

表 3.83 不同元音之前出现的［n］辅音的声学参数统计

	参数	M					F				
		CD	CA	VF1	VF2	VF3	CD	CA	VF1	VF2	VF3
nɐ	均值	77	63.4	328	1445	2535	91	50.8	360	1481	2314
	变异系数	4%	6%	7%	7%	8%	2%	10%	7%	8%	9%
	标准差	3	4	23	101	201	2	5	24	123	201
nə	参数	CD	CA	VF1	VF2	VF3	CD	CA	VF1	VF2	VF3
	均值	78	66.9	305	1383	2491	101	52.3	341	1353	2410
	变异系数	3%	4%	7%	9%	5%	3%	6%	6%	10%	10%
	标准差	2	3	22	123	124	3	3	21	142	231
ni	参数	CD	CA	VF1	VF2	VF3	CD	CA	VF1	VF2	VF3
	均值	76	64.5	289	1314	2412	100	52.6	346	1222	2468
	变异系数	4%	5%	5%	7%	5%	2%	8%	13%	15%	15%
	标准差	3	3	14	98	111	2	4	44	186	358
no	参数	CD	CA	VF1	VF2	VF3	CD	CA	VF1	VF2	VF3
	均值	72	62.2	297	1408	2579	98	54.3	354	1459	2326
	变异系数	4%	5%	6%	9%	4%	8%	6%	5%	5%	10%
	标准差	3	3	18	123	112	8	3	18	78	232
nu	参数	CD	CA	VF1	VF2	VF3	CD	CA	VF1	VF2	VF3
	均值	86	63	297	1439	2201	101	53.6	354	1333	2225
	变异系数	10%	5%	6%	5%	15%	3%	4%	5%	12%	11%
	标准差	8	3	19	79	330	3	2	17	162	235

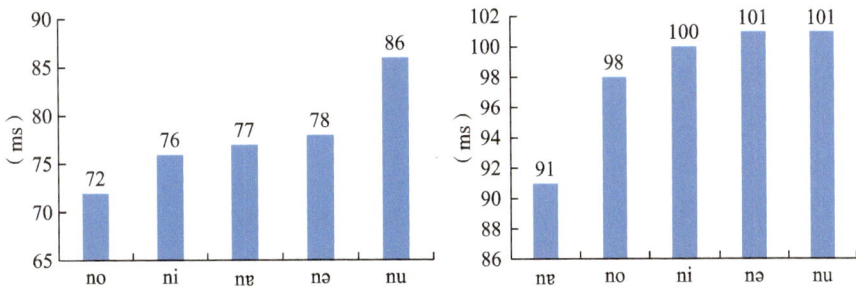

图 3.155 不同元音之前出现的［n］辅音音长（CD）均值比较（M&F）

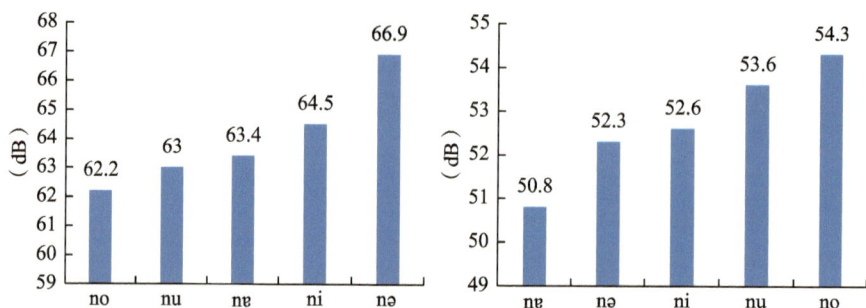

图 3.156　不同元音之前出现的 [n] 辅音音强（CA）均值比较（M&F）

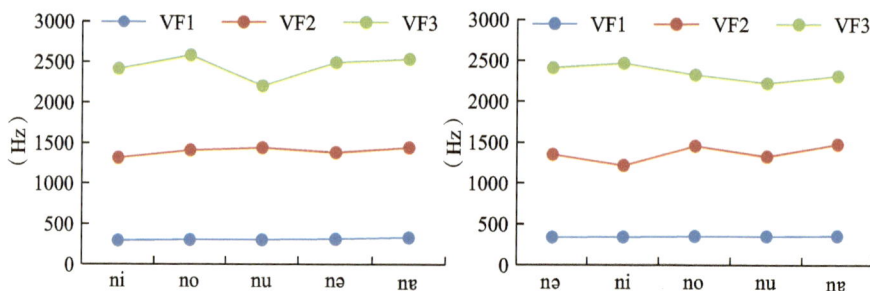

图 3.157-1　不同元音之前出现的 [n] 辅音共振峰均值
（以 VF1 的上升为序排列）比较（M&F）

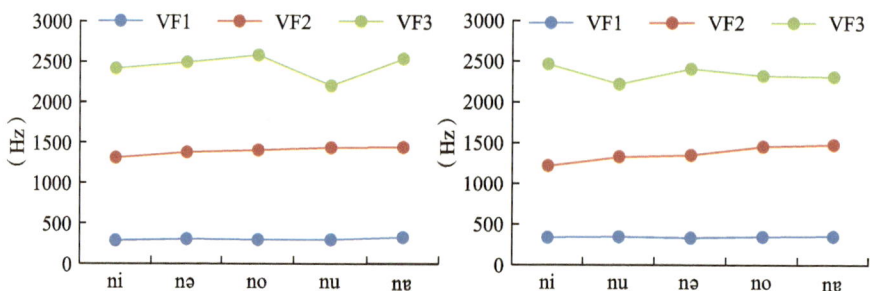

图 3.157-2　不同元音之前出现的 [n] 辅音共振峰均值
（以 VF2 的上升为序排列）比较（M&F）

从以上表与图中可以看出，后置元音与辅音声学参数之间有一定相关性。从时长上看，后置元音为 [u]、[ə] 时时长最长；后置元音为 [ɐ] 时第一、二共振峰最高；男发音人音长（CD）的排列顺序为：[u] < [ə] < [ɐ] < [i] < [o]，女发音人音长（CD）的排列顺序为：[u] < [ə] < [i] < [o] < [ɐ]；男发音人音强的排列顺序为：[o] < [u] < [ɐ] < [i] <

[ə]，女发音人音强的排列顺序为：[ɐ] < [ə] < [i] < [u] < [o]。

2.2.2 [n] 辅音声学参数与词中音节位置之间的相关性分析

表 3.84 为词中不同位置上出现的 [n] 辅音参数统计表。图 3.158 ~ 3.160 为词中不同位置上出现的 [n] 辅音的音长、音强和共振峰参数均值比较图。从上述表和图中可以看出，[m] 辅音词中位置与声学参数之间具有一定的相关性。例如，词腹音节辅音时长相对较短，词首音节辅音时长居中，词尾音节辅音相对较长。从音节首末位置看，词首辅音相对较短，词末相对较长；从辅音音强看，词首音节辅音音强较弱，词腹音节辅音居中，词尾音节辅音音强最强。从音节首末辅音音强看，音节首辅音音强稍弱于音节末位置辅音；从共振峰值看，词尾音节辅音共振峰高于其他位置的辅音共振峰。

表 3.84-1 词中不同位置上出现的 [n] 辅音参数统计（M）

位置＼参数		CD	CA	CF1	CF2	CF3
词首音节首	平均值	57	61.39	286	1354	2519
	标准差	2	2.24	33	244	369
	变异系数	4%	4%	12%	18%	15%
词首音节末	平均值	82	64.88	351	1334	2491
	标准差	5	2.87	75	228	438
	变异系数	6%	4%	21%	17%	18%
词腹音节首	平均值	77	66.40	321	1373	2372
	标准差	2	2.46	36	224	475
	变异系数	3%	4%	11%	16%	20%
词腹音节末	平均值	59	63.48	351	1403	2642
	标准差	2	3.01	63	226	381
	变异系数	3%	5%	18%	16%	14%
词尾音节首	平均值	102	66.93	317	1362	2354
	标准差	2	3.72	51	228	437
	变异系数	2%	6%	16%	17%	19%
词尾音节首	平均值	126	70	405	1401	2136
	标准差	5	4	127	272	552
	变异系数	4%	5%	31%	19%	26%

表 3.84-2　词中不同位置上出现的 [n] 辅音参数统计 （F）

位置	参数	CD	CA	CF1	CF2	CF3
词首音节首	平均值	96	51.88	344	1348	2275
	标准差	2	4.53	17	185	403
	变异系数	2%	9%	5%	14%	18%
词首音节末	平均值	89	52.66	364	1350	2284
	标准差	3	4.21	59	192	412
	变异系数	3%	8%	16%	14%	18%
词腹音节首	平均值	95	52.94	353	1288	2318
	标准差	2	3.04	36	253	318
	变异系数	2%	6%	10%	20%	14%
词腹音节末	平均值	70	51.97	390	1469	2454
	标准差	2	4.30	92	217	487
	变异系数	3%	8%	24%	15%	20%
词尾音节首	平均值	106	52.40	356	1351	2560
	标准差	2	4.05	45	232	554
	变异系数	2%	8%	13%	17%	22%
词尾音节末	平均值	173	53.36	454	1360	2655
	标准差	7	4.70	61	188	720
	变异系数	4%	9%	13%	14%	27%

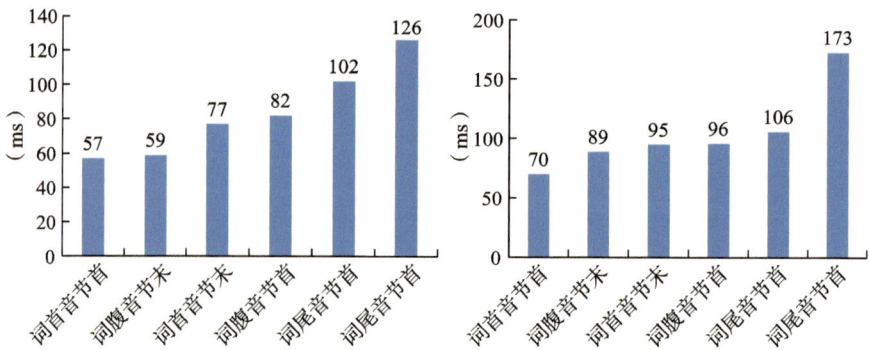

图 3.158　词中不同位置上出现的 [n] 辅音的时长均值比较 （M&F）

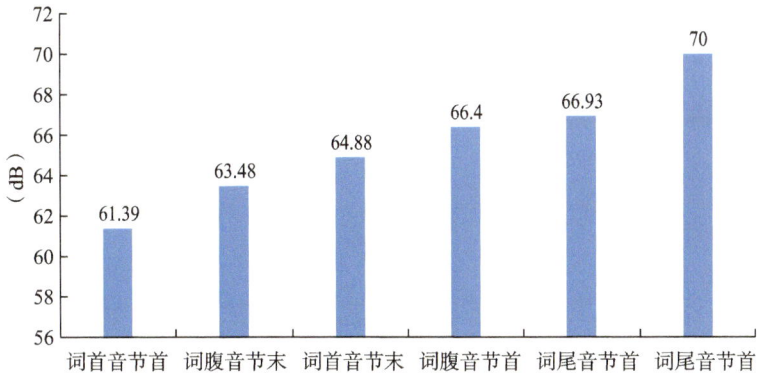

图 3.159-1　词中不同位置上出现的［n］辅音的音强均值比较（M）

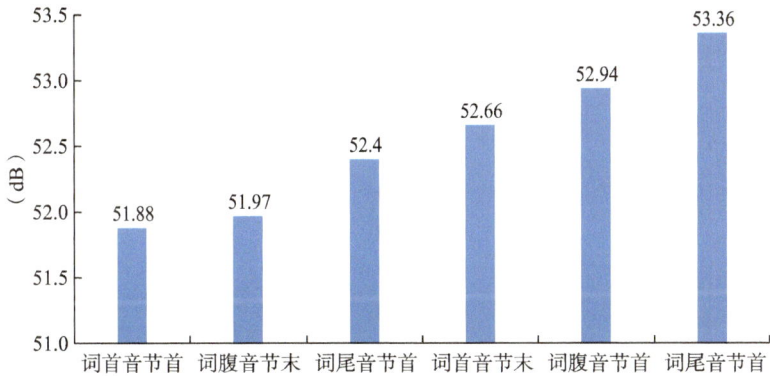

图 3.159-2　词中不同位置上出现的［n］辅音的音强均值比较（F）

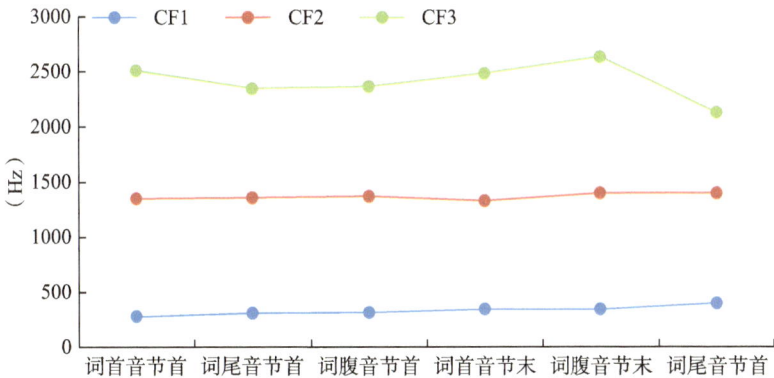

图 3.160-1　词中不同位置上出现的［n］辅音的共振峰均值

（以 CF1 的上升为序排列）比较（M）

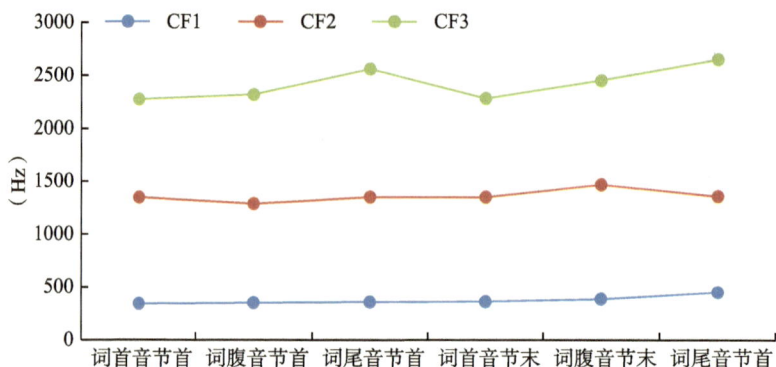

图 3.160-2　词中不同位置上出现的［n］辅音的共振峰均值
（以 CF1 的上升为序排列）比较（F）

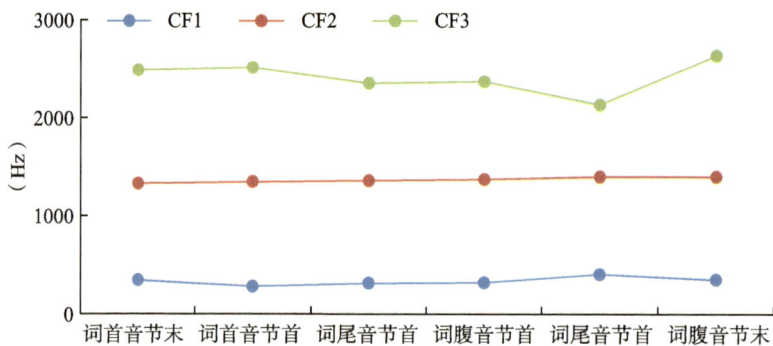

图 3.160-3　词中不同位置上出现的［n］辅音的共振峰均值
（以 CF2 的上升为序排列）比较（M）

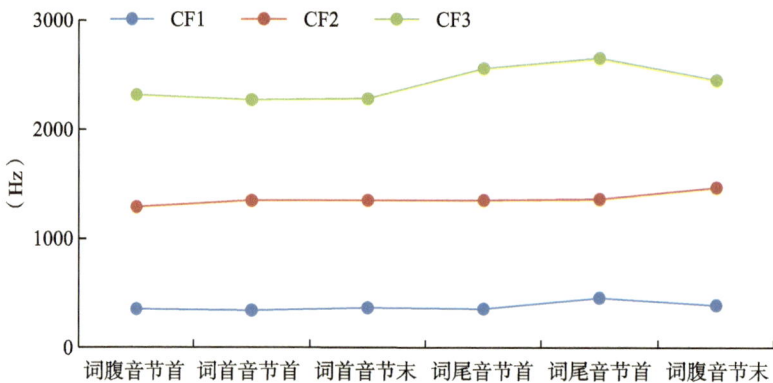

图 3.160-4　词中不同位置上出现的［n］辅音的共振峰均值
（以 CF2 的上升为序排列）比较（F）

我们对不同音节中出现的［n］辅音时长、音强、共振峰之间做了单因素方差分析，结果如表 3.85 所示。

表 3.85　检验结果

	sig（显著性）								
	M	F	M	F	M			F		
	CD		CA		CF1	CF2	CF3	CF1	CF2	CF3
词首音节首—词首音节末	0.000	0.342	0.000	0.317	0.000	0.579	0.667	0.159	0.303	0.699
词首音节首—词腹音节首	0.000	0.722	0.000	0.381	0.000	0.608	0.033	0.777	0.027	0.547
词首音节首—词腹音节末	0.639	0.001	0.000	0.889	0.000	0.155	0.050	0.000	0.106	0.067
词首音节首—词尾音节首	0.000	0.056	0.000	0.540	0.003	0.967	0.017	0.534	0.376	0.003
词首音节首—词尾音节末	0.000	0.000	0.000	0.286	0.000	0.464	0.001	0.000	0.656	0.012
词首音节末—词腹音节首	0.349	0.188	0.001	0.941	0.002	0.285	0.073	0.313	0.108	0.737
词首音节末—词腹音节末	0.000	0.001	0.001	0.339	0.981	0.038	0.013	0.003	0.002	0.069
词首音节末—词尾音节首	0.000	0.001	0.000	0.729	0.001	0.589	0.038	0.433	0.962	0.001
词首音节末—词尾音节末	0.000	0.000	0.000	0.595	0.001	0.296	0.003	0.000	0.877	0.014
词腹音节首—词腹音节末	0.000	0.000	0.000	0.417	0.001	0.401	0.000	0.001	0.000	0.267
词腹音节首—词尾音节首	0.000	0.145	0.173	0.734	0.643	0.672	0.689	0.767	0.136	0.024
词腹音节首—词尾音节末	0.000	0.000	0.000	0.657	0.000	0.665	0.049	0.000	0.274	0.040
词腹音节末—词尾音节首	0.000	0.000	0.000	0.601	0.001	0.220	0.000	0.001	0.007	0.176
词腹音节末—词尾音节末	0.000	0.000	0.000	0.310	0.001	0.982	0.000	0.004	0.132	0.155
词尾音节首—词尾音节末	0.006	0.000	0.004	0.487	0.000	0.495	0.095	0.004	0.902	0.546

* 均值差的显著性水平为 0.05。

（三）/ŋ/辅音

1. /ŋ/辅音变体统计分析

表 3.86 为/ŋ/辅音音位变体在"东乡语语音声学参数数据库"中的出现频率统计表。可以看出，东乡语/ŋ/辅音在词中以［ŋ］一种变体形式共出现了 306 次（M）或 302 次（F）。［ŋ］为该辅音的典型变体。/ŋ/辅音可以出现在音节末与词末，如：xoŋ［xoŋ］"年"、ɛmiŋ［ɛmiŋ］"生命"。

表 3.86 ［ŋ］辅音出现频率统计

辅音位置	发音人	M		F	
		出现次数	百分比	出现次数	百分比
出现次数		306		302	
［ŋ］辅音	词首音节	70	23%	76	25%
	非词首音节	236	77%	226	75%

2. /ŋ/辅音

2.1 音质及其声学特征

2.1.1 ［ŋ］辅音三维语图和语音标注以及频谱图

如上所述，［ŋ］为东乡语/ŋ/辅音的典型变体。图 3.161-1 为男发音人 xɐŋkɐ［xɐŋkɐ］"马粪"一词的三维语图、波形图和三层标注实例，图 3.161-2 为男发音人 xɐŋkɐ［xɐŋkɐ］"马粪"一词［ŋ］辅音的频谱图。

男发音人 xɐŋkɐ［xɐŋkɐ］"马粪"一词中［ŋ］辅音时长、音强分别为 59ms、61dB，图 3.162 显示［ŋ］辅音的 F1～F4 四个共振峰参数为：650Hz、1383Hz、2733Hz、3499Hz；该辅音在语图上的表现是出现浊音横杠，高频区的能量相比元音的要弱，能量断层不像［m，n］那样明显。

2.1.2 ［ŋ］辅音声学参数与音色定位

表 3.87 为男、女发音人［ŋ］辅音声学参数统计表，图 3.162-1 为两个发音人［ŋ］辅音第一、第二和第三共振峰（CF1、CF2、CF3）的分布图，图 3.162-2 为男、女发音人［ŋ］辅音三个共振峰均值比较图，图 3.162-3 为男、女发音人［ŋ］辅音谱重心（COG）、偏移量（STD）和偏移度（SKEW）示意图。从表 3.87 和图 3.162 中可以看到以下几方面。

（1）男女发音人［ŋ］辅音第一至第三共振峰均值为 M：VF1＝450Hz,

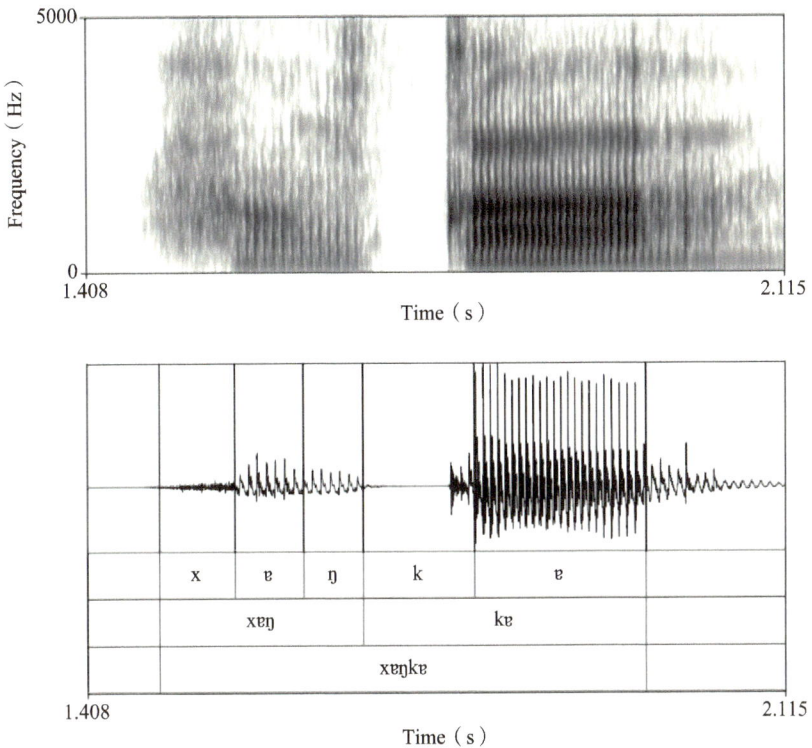

图 3.161-1 男发音人 xɐŋkɐ [xɛŋkɐ] "马粪" 一词 [ŋ] 辅音的三维语图、
波形图和三层标注实例

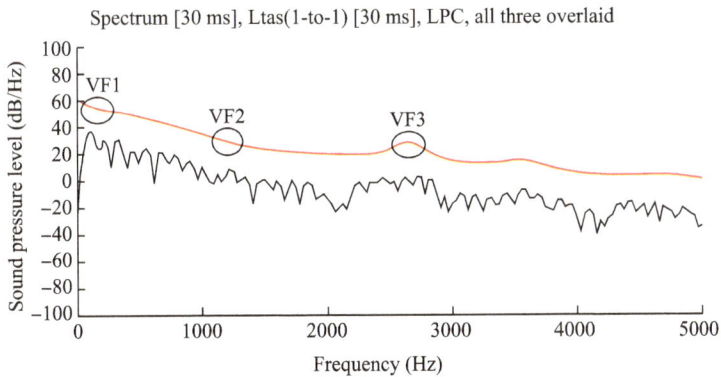

图 3.161-2 男发音人 xɐŋkɐ [xɛŋkɐ] "马粪" 一词的 [ŋ] 辅音频谱图

VF2=1296Hz，VF3=2277Hz；F：VF1=489Hz，VF2=1237Hz，VF3=2144Hz。
男、女发音人 [ŋ] 辅音第一共振峰的变异系数较大，说明该参数相对不稳
定，离散度大。但该辅音第二、第三共振峰 VF2 和 VF3 的变异系数都小于

20%。说明这两个参数相对稳定，离散度小。男、女发音人［ŋ］辅音谱重心（COG）、偏移量（STD）和偏移度（SKEW）等三个谱参数的变异系数都较大，说明这些系数都不稳定。

（2）从整体上看，女发音人 VF 的频率高于男发音人，但男、女发音人［ŋ］辅音的共振峰分布模式基本相同。如，VF1 围绕 450Hz，在 300～900Hz 之间浮动；VF2 围绕 1200Hz，在 1000～1400Hz 之间浮动；VF3 围绕 2100Hz，在 1800～2500Hz 之间浮动。

（3）男发音人［ŋ］辅音的音强明显高于女发音人［ŋ］辅音的音强。辅音音强参数对辅音音色研究意义不大，可以忽略。

（4）东乡语［ŋ］辅音是比较典型的东乡语［ŋ］辅音为软腭—舌面后鼻音，用国际音标［ŋ］来标记。

表 3.87　［n］辅音的声学参数统计

M								
参数	CD	CA	CF$_1$	CF$_2$	CF$_3$	COG	STD	SKEW
均值	130	69	450	1296	2277	306	280	11.66
变异系数	4%	7%	22%	9%	10%	31%	39%	51%
标准差	5	5	98	120	234	95	108	6

F								
参数	CD	CA	CF$_1$	CF$_2$	CF$_3$	COG	STD	SKEW
均值	166	54.2	489	1237	2144	376	290	12.64
变异系数	3%	7%	20%	16%	10%	21%	36%	32%
标准差	5	4	97	201	210	80	104	4

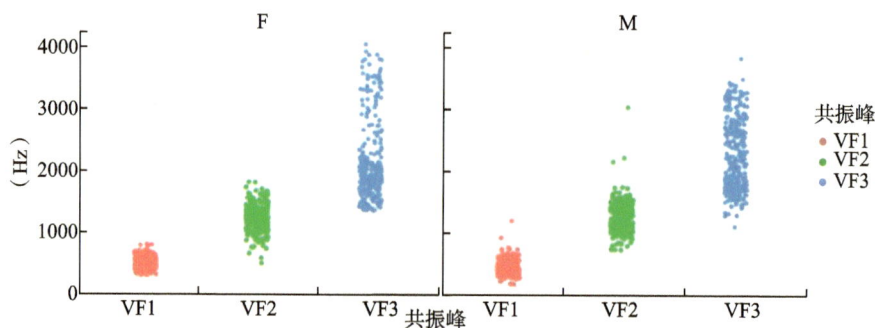

图 3.162-1　［ŋ］辅音第一至第二共振峰分布（F&M）

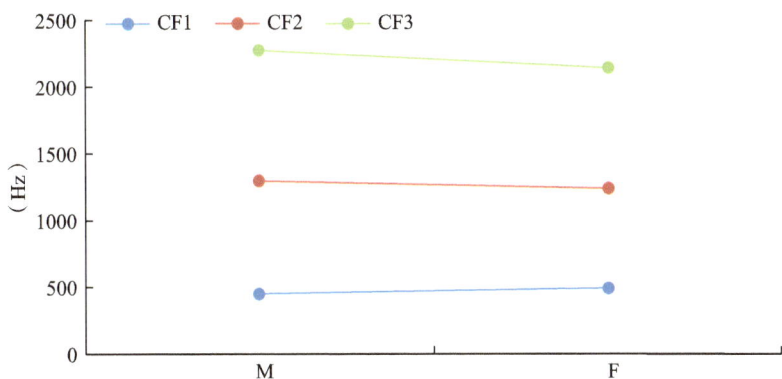

图 3.162-2　　[ŋ] **辅音三个共振峰比较**（F&M）

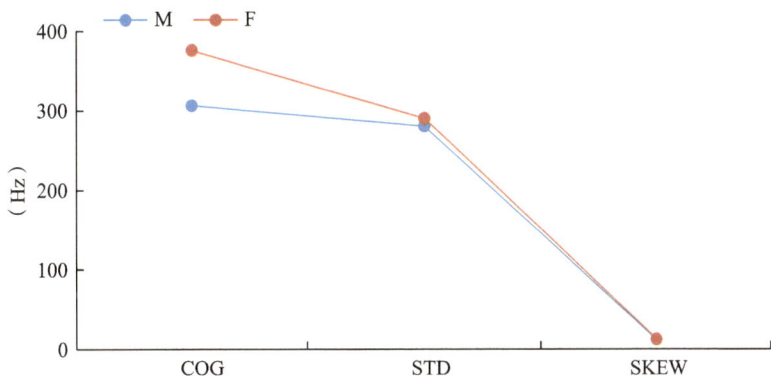

图 3.162-3　　[ŋ] **辅音谱特征示意**（F&M）

2.2　语流中的音变特征分析

2.2.1　[ŋ] 辅音声学参数与词中音节位置之间的相关性分析

表 3.88 为词中不同位置上出现的 [ŋ] 辅音声学参数统计表，图 3.163~3.165 为出现在词中不同位置上 [ŋ] 辅音的音长、音强和共振峰参数均值比较图。从上述表和图中看出，[ŋ] 辅音词中位置与其声学参数之间具有一定的相关性。如，在词腹位置上的第一和第二共振峰频率比其他位置的相对高；[ŋ] 辅音词中位置与音长之间具有一定的相关性。例如，在词腹位置上的辅音时长相比其他位置的要短；词腹位置中 [ŋ] 的音强最强，词末位置的居中，词首位置的最弱。

表 3.88-1　词中不同位置上出现的［ŋ］辅音声学参数统计（M）

位置	参数	CD	CA	CF1	CF2	CF3
词首音节	平均值	93	64.80	450	1338	2522
	标准差	6	4.02	162	334	488
	变异系数	6%	6%	36%	25%	19%
词腹音节	平均值	74	64.68	428	1296	2456
	标准差	2	3.62	126	167	438
	变异系数	3%	6%	30%	13%	18%
词尾音节	平均值	153	71.38	458	1266	2168
	标准差	4	2.66	114	218	584
	变异系数	3%	4%	25%	17%	27%

表 3.88-2　词中不同位置上出现的［ŋ］辅音声学参数统计（F）

位置	参数	CD	CA	CF1	CF2	CF3
词首音节	平均值	113	53.79	487	1244	2190
	标准差	6	4.53	116	182	598
	变异系数	5%	8%	24%	15%	27%
词腹音节	平均值	72	50.67	434	1369	2461
	标准差	3	3.84	140	205	574
	变异系数	4%	8%	32%	15%	23%
词尾音节	平均值	196	54.70	499	1228	2118
	标准差	6	3.80	83	208	669
	变异系数	3%	7%	17%	17%	32%

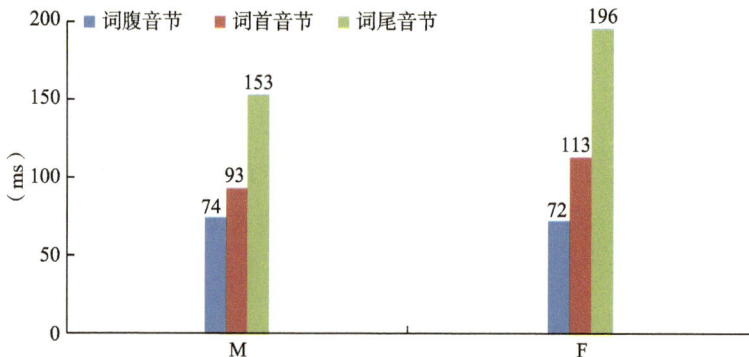

图 3.163　词中不同位置上出现的［ŋ］辅音的时长均值比较（M&F）

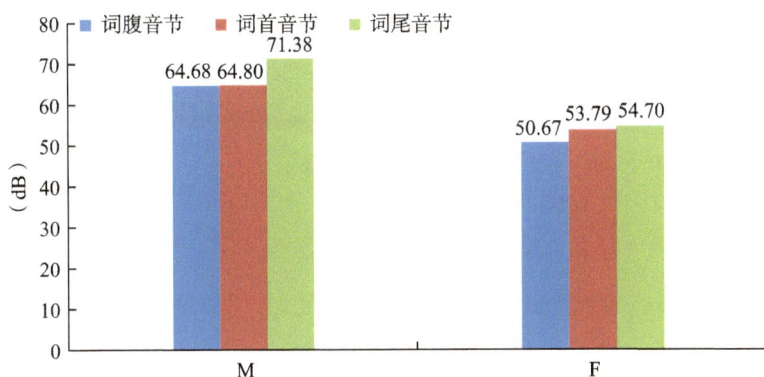

图 3.164　词中不同位置上出现的 ［ŋ］ 辅音的音强均值比较（M&F）

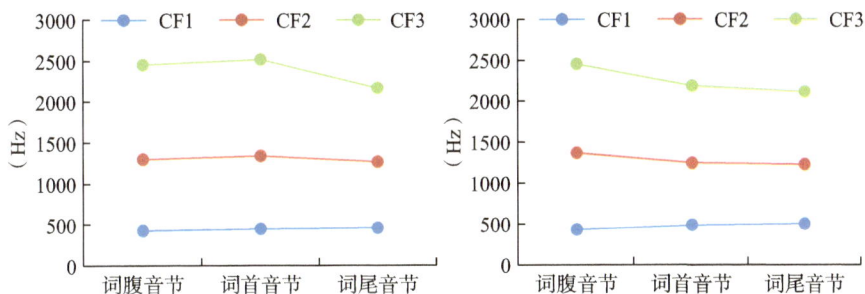

图 3.165-1　词中不同位置上出现的 ［ŋ］ 辅音的共振峰均值（以 CF1 的
上升为序排列）比较（M&F）

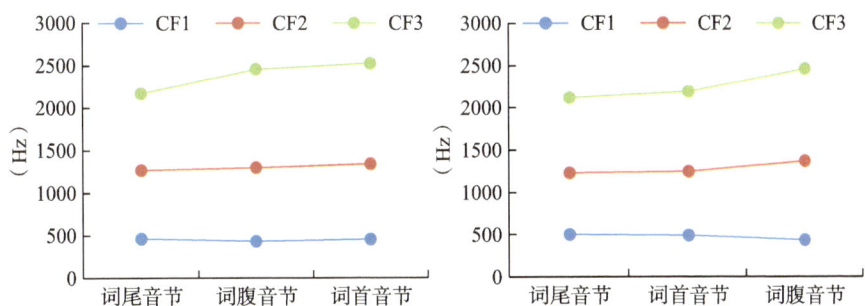

图 3.165-2　词中不同位置上出现的 ［ŋ］ 辅音的共振峰均值（以 CF2 的
上升为序排列）比较（M&F）

　　我们对不同音节中出现的 ［ŋ］ 辅音时长、音强、共振峰之间做了单因
素方差分析，结果如表 3.89 所示。

表 3.89　检验结果

	sig（显著性）								
	M	F	M	F	M			F		
	CD		CA		CF1	CF2	CF3	CF1	CF2	CF3
词首音节—词腹音节	0.033	0.003	0.855	0.002	0.414	0.393	0.550	0.029	0.013	0.091
词首音节—词尾音节	0.000	0.000	0.000	0.092	0.645	0.035	0.000	0.335	0.535	0.402
词腹音节—词尾音节	0.000	0.000	0.000	0.000	0.197	0.491	0.003	0.004	0.002	0.021

* 均值差的显著性水平为 0.05。

我们从时长检验结果来看，在音节之间时长上，男、女发音人有显著性差异（除词首音节—词腹音节之外）。

七　其他元音

本节主要讨论边音/l/，闪音/ɾ/，半元音/j/、/w/等辅音。

（一）/l/辅音

1. /l/辅音变体统计分析

表 3.90 为/l/辅音音位变体在"东乡语语音声学参数数据库"中的出现频率统计表。可以看出，东乡语/l/辅音在词中以［l］一种变体形式共出现了 258 次（M）、282 次（F）。该辅音出现在词首音节、多数出现在非词首音节，如：lɛpɛ［lɛpɛ］"喇叭"、ala［ala］"杀"。

表 3.90　［l］辅音出现频率统计

发音人 辅音位置		M		F	
		出现次数	百分比	出现次数	百分比
出现次数		328		288	
［l］辅音	词首	24	8%	18	6%
	非词首	304	92%	270	94%

2. ［l］辅音

2.1　音质及其声学特征

2.1.1　［l］辅音三维语图和语音标注以及频谱图

如上所述，［l］为东乡语/l/辅音的典型变体。图 3.166-1 为男发音人 ɐlɐ［ɐlɐ］"杀"一词的［l］辅音三维语图、波形图和三层标注实例。图 3.166-2 为男发音人 ɐlɐ［ɐlɐ］"杀"一词的［l］辅音频谱图。男发音人 ɐlɐ［ɐlɐ］"杀"一词中［l］辅音时长（CD）、音强（CA）分别为 84ms、69dB。图 3.167 中［n］辅音目标位置 F1~F4 四个共振峰参数为：380Hz、1349Hz、2772Hz、4207Hz。

2.1.2　［l］辅音声学参数与音色定位

表 3.91 为男、女发音人［l］辅音参数均值统计表。图 3.167-1 为男、女发音人［l］辅音第一、第二和第三共振峰（CF1、CF2、CF3）的分布图。图 3.167-2 为男、女发音人［l］辅音三个共振峰均值比较图。从表 3.91 和图 3.167 中可以看到以下几方面。

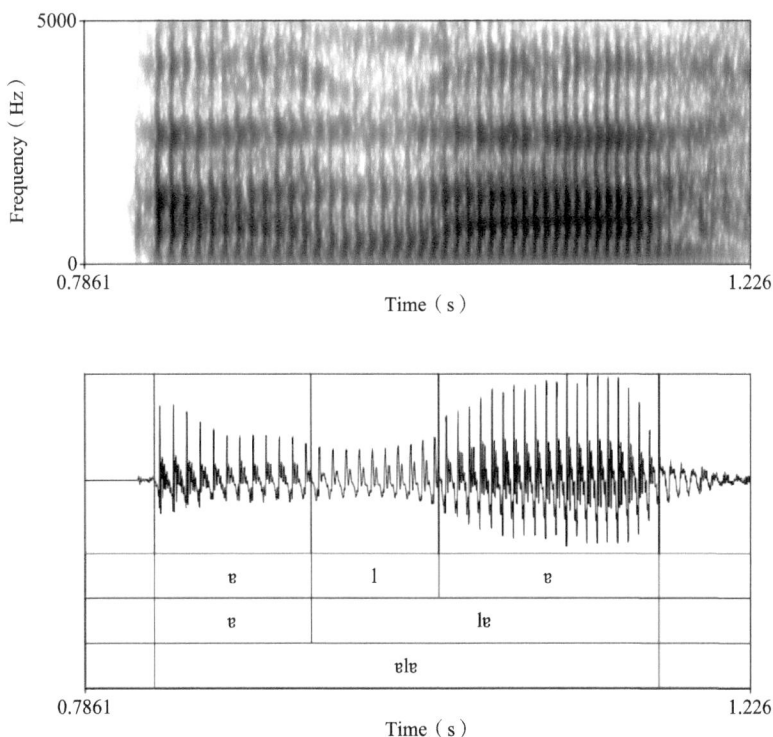

图 3.166-1　男发音人 ɐlɐ［ɐlɐ］"杀"一词［l］辅音三维语图、波形图和三层标注实例

Spectrum [30 ms], Ltas(1-to-1) [30 ms], LPC, all three overlaid

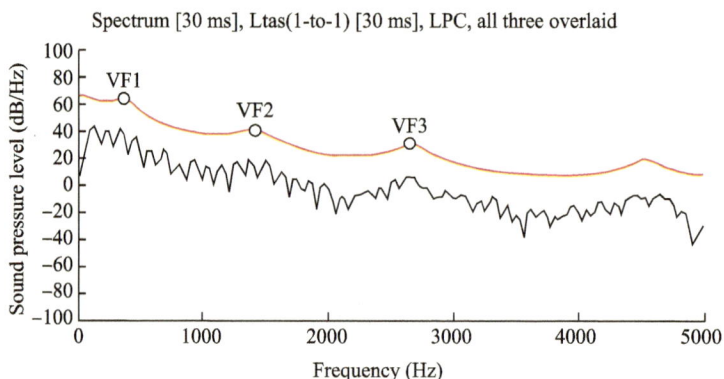

图 3.166-2　男发音人 ɐlɐ［ɐlɐ］"杀"一词［1］辅音频谱图

（1）男、女发音人［1］辅音第一至第三共振峰均值为 M：VF1 = 375Hz，VF2 = 1529Hz，VF3 = 2454Hz；F：VF1 = 364Hz，VF2 = 1754Hz，VF3 = 2912Hz。男、女发音人［s］辅音第一、第二和第三共振峰的变异系数都小于 20%。说明这三个参数相对稳定，离散度小（除了男发音人第一共振峰变异系数之外）。

（2）从整体上看，女发音人 VF 的频率高于男发音人，但男、女发音人［1］辅音的共振峰分布模式基本相同。如，VF1 围绕 370Hz，在 300~800Hz 之间浮动；VF2 围绕 1500Hz，在 1300~2000Hz 之间浮动；VF3 围绕 2500Hz，在 2300~3200Hz 之间浮动。

（3）男发音人［1］辅音的音强明显高于女发音人［1］辅音的音强。辅音音强参数对辅音音色研究意义不大，可以忽略。

（4）东乡语［1］辅音是比较典型的舌尖—齿浊边音，用国际音标［1］来标记。

表 3.91　［1］辅音的声学参数统计

参数	M				
	CD	CA	CF1	CF2	CF3
均值	78	65.43	375	1529	2454
标准差	2	3.26	91	296	395
变异系数	3%	5%	24%	19%	16%

续表

	F				
参数	CD	CA	CF1	CF2	CF3
均值	98	53.26	364	1754	2912
标准差	2	4.26	70	372	596
变异系数	2%	8%	19%	21%	20%

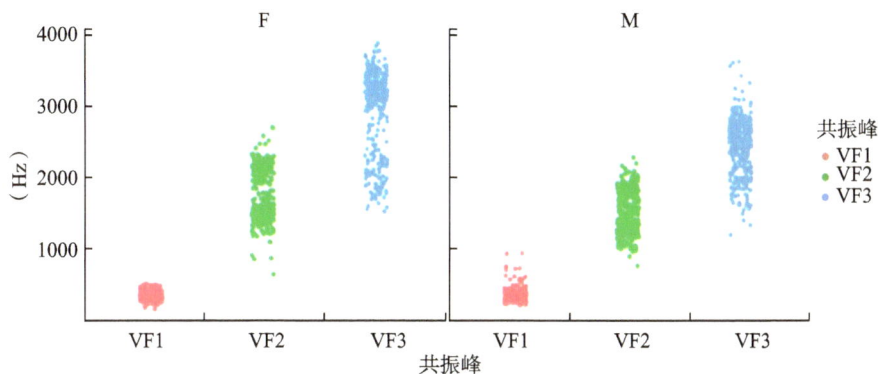

图 3.167-1 [1] 辅音第一至第三共振峰分布（F&M）

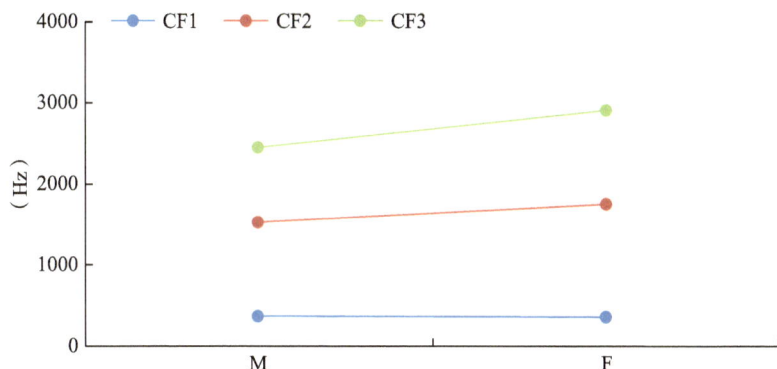

图 3.167-2 [1] 辅音三个共振峰比较（M&F）

2.2 语流中的音变特征分析

2.2.1 [1] 辅音声学参数与其后置元音音质之间的相关性分析

表 3.92 为在 [ɤ]、[ə]、[i]、[o]、[u] 元音之前 [1] 辅音的音长（CD）、辅音音强（CA）、三个共振峰均值统计表，图 3.168 为男、女发音人不同元音之前 [1] 辅音音长（CD）比较图，图 3.169 为 [1] 辅音的音

强（CA）比较图，图 3.170-1 为不同元音之前出现的［1］辅音三个共振峰示意图（以 VF1 的依次上升排列），图 3.170-2 为不同元音之前出现的［1］辅音三个共振峰示意图（以 VF2 的依次上升排列）。从表 3.93 和图 3.168~3.170 中可以看到：［1］辅音声学参数与其后置元音音质之间有一定的共同的、具有统计学意义的规律（特点）。如，从辅音时长看，后置［u］元音时［1］辅音时长最长，后置［o］元音时［1］辅音时长最短；后置元音为高元音［i］、［u］时音强稍弱；后置元音为后圆唇元音时第二共振峰稍低。这些表与图显示，在不同元音之前［1］辅音男发音人音长（CD）的排列顺序为：［u］>［ɐ］>［i］>［ə］>［o］，女发音人音长（CD）的排列顺序为：［u］>［ɐ］>［i］>［ə］>［o］；不同元音之前［1］辅音男发音人音强的排列顺序为：［u］<［i］<［o］<［ɐ］<［ə］，女发音人音强的排列顺序为：［i］<［u］<［ə］<［ɐ］<［o］。

表 3.92　不同元音之前出现的［1］辅音声学参数统计

后置	发音人 参数	M					F				
		CD	CA	VF1	VF2	VF3	CD	CA	VF1	VF2	VF3
lɐ	均值	80	65.43	405	1391	2397	98	54.28	408	1576	2839
	标准差	2	3.42	97	172	394	3	4.01	74	225	534
	变异系数	3%	5%	24%	12%	16%	3%	7%	18%	14%	19%
lə	均值	71	66.08	330	1858	2480	94	53.67	403	1796	3264
	标准差	4	2.19	24	192	393	2	4.87	61	235	302
	变异系数	6%	3%	7%	10%	16%	2%	9%	15%	13%	9%
li	均值	77	65.07	345	1796	2630	96	52.44	328	2043	3223
	标准差	2	2.80	62	212	320	4	4.84	50	230	405
	变异系数	3%	4%	18%	12%	12%	4%	9%	15%	11%	13%
lo	均值	70	65.14	433	1213	2194	92	55.59	366	1349	2027
	标准差	2	4.93	131	237	360	2	3.16	32	125	260
	变异系数	3%	8%	30%	20%	16%	2%	6%	9%	9%	13%
lu	均值	83	64.81	402	1334	2370	103	53.09	343	1485	2330
	标准差	2	3.05	147	251	519	2	3.13	32	167	459
	变异系数	2%	5%	37%	19%	22%	2%	6%	9%	11%	20%

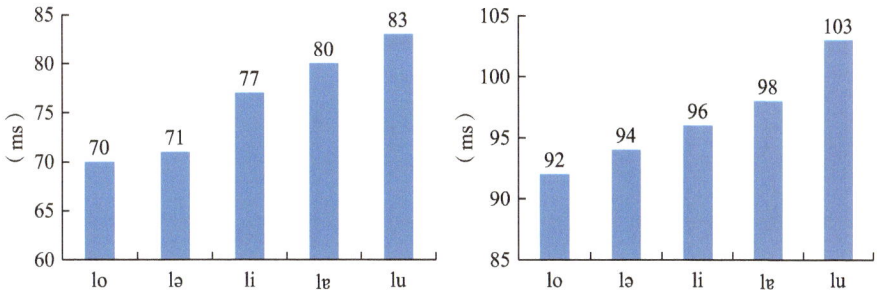

图 3.168　不同元音之前出现的［1］辅音音长（CD）均值比较（M&F）

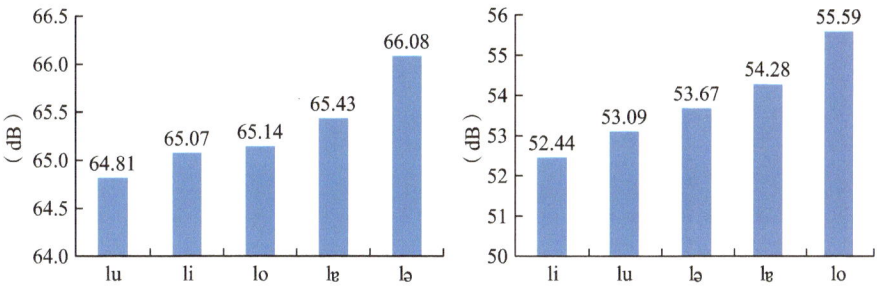

图 3.169　不同元音之前出现的［1］辅音音强（CA）均值比较（M&F）

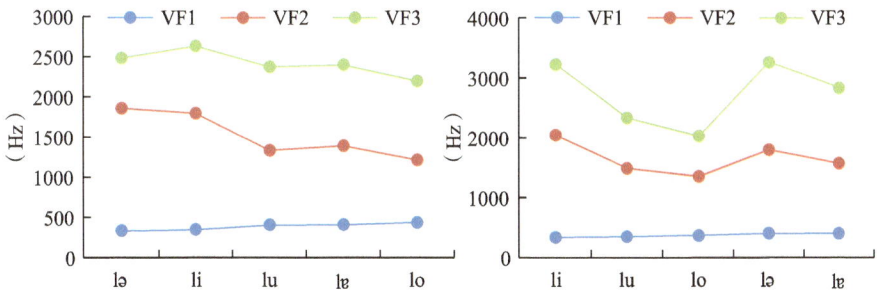

图 3.170-1　不同元音之前出现的［1］辅音共振峰均值
（以 VF1 的上升为序排列）比较（M&F）

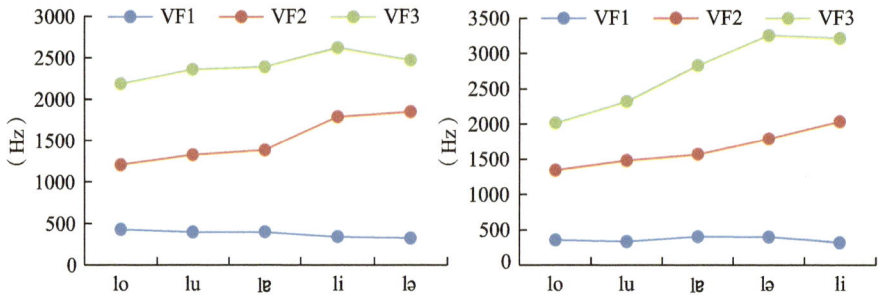

图 3.170-2　不同元音之前出现的〔1〕辅音共振峰均值

（以 VF2 的上升为序排列）比较（M&F）

2.2.2　〔1〕辅音声学参数与词中音节位置之间的相关性分析

表 3.93 为词中不同位置上出现的〔1〕辅音参数均值统计表。图 3.171～3.173 为出现在词中不同位置上〔1〕辅音的共振峰、音长、音强参数比较图。从上述表和图中可以看出，〔1〕辅音词中位置与其声学参数之间具有一定的相关性。例如，在词腹位置上的第一和第二共振峰频率比其他位置的相对高；〔1〕辅音词中位置与音长之间具有一定的相关性。例如，在词腹位置上的辅音时长相比其他位置的要短，词首音节时长居中，词尾音节〔1〕辅音最长；从音强上看，词腹位置中〔1〕的音强最强，词尾位置居中，词首位置最弱。

表 3.93-1　词中不同位置上出现的〔1〕辅音统计（M）

位置	参数	CD	CA	CF1	CF2	CF3
词首音节	平均值	67	61.83	381	1488	2457
	标准差	2	3.38	99	223	366
	变异系数	3%	5%	26%	15%	15%
词腹音节	平均值	64	65.94	393	1527	2453
	标准差	2	2.80	111	308	375
	变异系数	3%	4%	28%	20%	15%
词尾音节	平均值	88	65.57	362	1535	2453
	标准差	3	3.24	72	298	412
	变异系数	2%	5%	20%	19%	17%

表 3.93-2 词中不同位置上出现的 [l] 辅音统计 (F)

位置	参数	CD	CA	CF1	CF2	CF3
词首音节	平均值	100	52.39	367	1648	3143
	标准差	3	3.88	44	170	523
	变异系数	3%	7%	12%	10%	17%
词腹音节	平均值	83	54.39	363	1730	2849
	标准差	2	4.37	69	404	620
	变异系数	2%	8%	19%	23%	22%
词尾音节	平均值	102	52.80	365	1773	2915
	标准差	2	4.18	72	372	590
	变异系数	2%	8%	20%	21%	20%

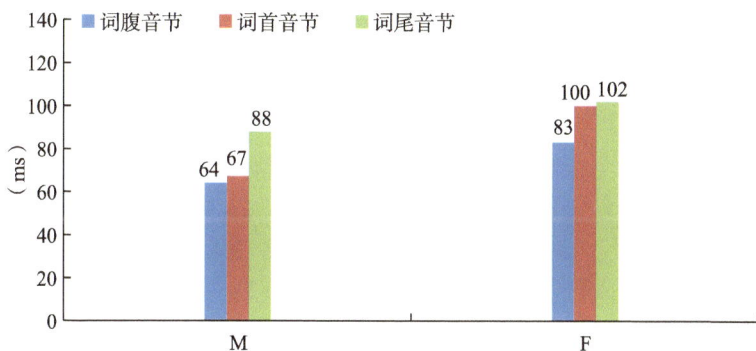

图 3.171 词中不同位置上出现的 [l] 辅音的时长均值比较 (M&F)

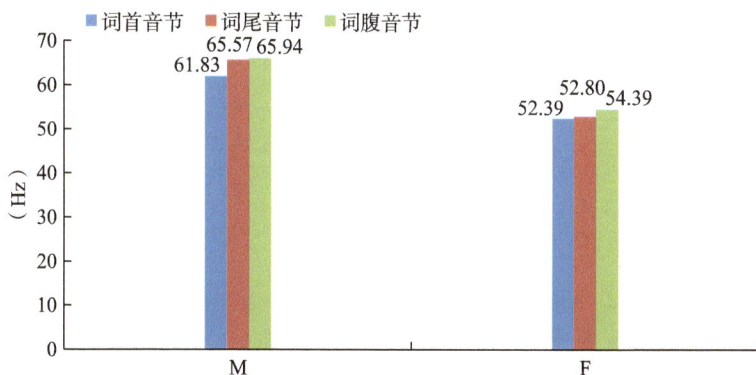

图 3.172 词中不同位置上出现的 [l] 辅音的音强均值比较 (M&F)

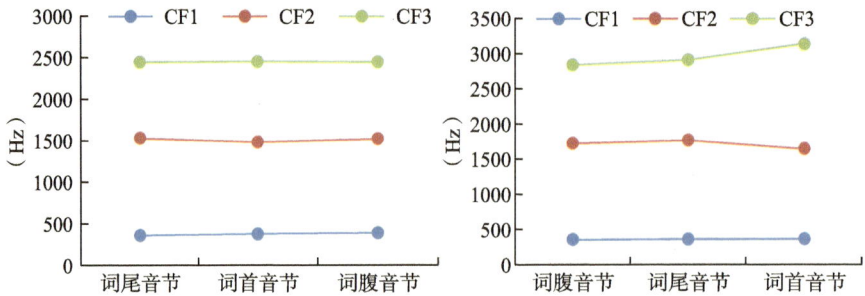

图 3.173-1 词中不同位置上出现的［1］辅音的共振峰均值
（以 CF1 的上升为序排列）比较（M&F）

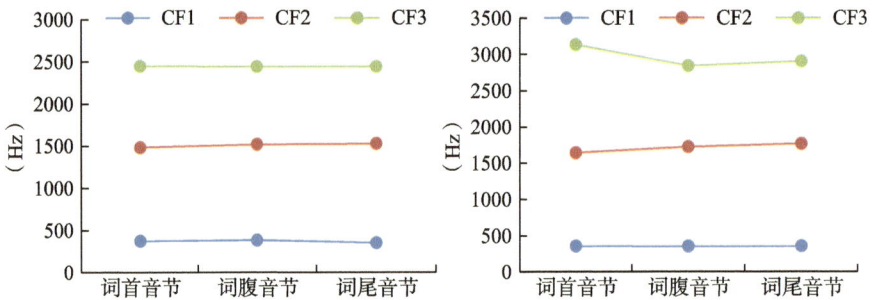

图 3.173-2 词中不同位置上出现的［1］辅音的共振峰均值
（以 CF2 的上升为序排列）比较（M&F）

我们对不同音节中出现的［1］辅音时长、音强、共振峰之间做了单因素方差分析，结果如表 3.94 所示。

表 3.94 检验结果

	sig（显著性）								
	M	F	M	F	M			F		
	CD		CA		CF1	CF2	CF3	CF1	CF2	CF3
词首音节—词腹音节	0.556	0.000	0.000	0.363	0.554	0.560	0.964	0.839	0.402	0.060
词首音节—词尾音节	0.000	0.002	0.000	0.570	0.340	0.465	0.963	0.891	0.173	0.120
词腹音节—词尾音节	0.000	0.000	0.310	0.005	0.004	0.812	1.000	0.885	0.389	0.415

* 均值差的显著性水平为 0.05。

我们从时长检验结果来看，在音节之间时长上，男、女发音人中有显著性差异（除词首音节—词腹音节之外）；男、女发音人音节之间共振峰值上没有明显的差异。

（二）/ɾ/辅音

1. /ɾ/辅音变体统计分析

表 3.95 为/ɾ/辅音音位变体在"东乡语语音声学参数数据库"中的出现频率统计表。可以看出，东乡语/s/辅音在词中以［ɾ］、［r］两种变体形式共出现了 292 次（M）或 319 次（F）。其中变体［ɾ］的出现频率最高。男发音人（M）的［ɾ］变体出现了 156 次，占所有/ɾ/辅音变体的 54%；女发音人（F）的［ɾ］变体出现 221 次，占所有/ɾ/辅音变体的 69%。从/ɾ/辅音2 种变体的统计分析结果看，无论是从词和音节里的分布特点，还是从词中的出现位置和条件以及出现频率，［ɾ］已具备了作为典型变体的条件，把［ɾ］作为典型变体，符合东乡语语音特点。该辅音只出现在非词首音节音节首，其他位置中没有出现，如：peɾi［peɾi］"抓"、ɛɾu［ɛɾu］"背篓"。

表 3.95 /ɾ/辅音变体统计

	M		F	
	出现次数	百分比	出现次数	百分比
/ɾ/	292	100%	319	100%
［ɾ］	159	54%	221	69%
［r］	136	46%	98	31%

2. ［ɾ］辅音

2.1 音质及其声学特征

2.1.1 ［ɾ］辅音三维语图和语音标注以及频谱图

如上所述，［ɾ］为东乡语/ɾ/辅音的典型变体，图 3.174-1 为男发音人 peɾi［peɾi］"抓"一词的三维语图、波形图和三层标注实例，图 3.174-2 为男发音人 peɾi［peɾi］"抓"一词中［ɾ］辅音频谱图。男发音人 peɾi［peɾi］"抓"一词中［ɾ］辅音时长、音强分别为 80ms、59dB；该辅音出现在非词首音节音节首，不会出现在词中其他任何位置。该图上［ɾ］辅音目标位置的 CF1~CF4 四个共振峰参数为：514Hz、1690Hz、2442Hz、4318Hz。

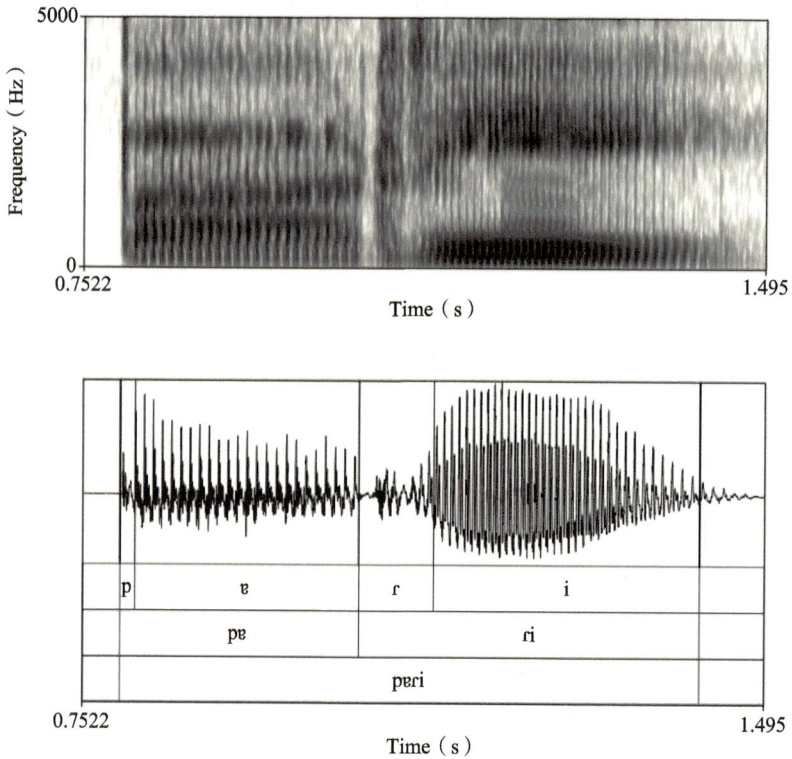

图 3.174-1　男发音人 pɐɹi [pɐɹi] "抓" 一词 [ɹ] 辅音三维语图、波形图和
三层标注实例

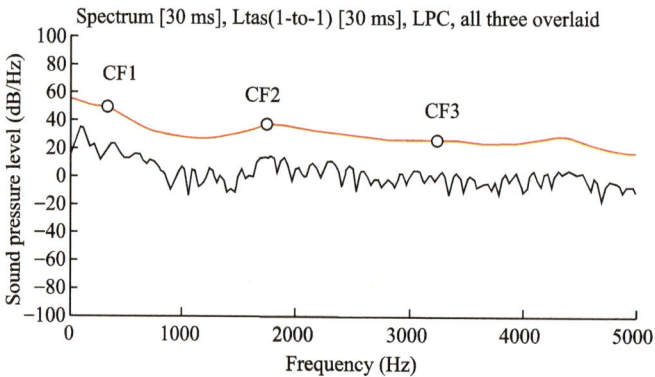

图 3.174-2　男发音人 pɐɹi [pɐɹi] "抓" 一词 [ɹ] 辅音频谱图

2.1.2 [ɹ] 辅音声学参数与音色定位

表 3.96 为男、女发音人 [ɹ] 辅音参数均值统计表。图 3.175-1 为男、

女发音人［ɾ］辅音第一、第二和第三共振峰（CF1、CF2、CF3）的分布图。图 3.175-2 为男、女发音人［ɾ］辅音三个共振峰均值比较图。从表 3.96 和图 3.176 中可以看到以下几方面。

（1）男、女发音人［ɾ］辅音第一至第三共振峰均值为 M：CF1 = 480Hz，CF2 = 1675Hz，CF3 = 2806Hz；F：CF1 = 549Hz，CF2 = 1737Hz，CF3 = 3036Hz。男、女发音人［ɾ］辅音第一和第二共振峰（CF1 和 CF2）的变异系数较大，说明该参数相对不稳定，离散度大。但该辅音第三共振峰（CF3）变异系数都小于 20%。说明这两个参数相对稳定，离散度小。

（2）从整体上看，女发音人 CF 的频率高于男发音人，但男、女发音人［ɾ］辅音的共振峰分布模式基本相同。如，CF1 围绕 500Hz，在 400～900Hz 之间浮动；CF2 围绕 1600Hz，在 1300～2000Hz 之间浮动；CF3 围绕 2800Hz，在 2500～3300Hz 之间浮动。

（3）男发音人［ɾ］辅音的音强明显高于女发音人［ɾ］辅音的音强。辅音音强参数对辅音音色研究意义不大，可以忽略。

（4）东乡语［ɾ］辅音是比较典型的舌尖前、闪音，用国际音标［ɾ］来标记。以往标记的颤音［r］不符合国际音标标准。

表 3.96　［ɾ］辅音声学参数统计

M					
参数	CD	CA	CF1	CF2	CF3
均值	61	60.23	480	1675	2806
标准差	2	3.15	248	370	467
变异系数	3%	5%	52%	22%	17%

F					
参数	CD	CA	CF1	CF2	CF3
均值	60	50.59	459	1737	3036
标准差	2	4.95	221	316	406
变异系数	3%	10%	48%	18%	13%

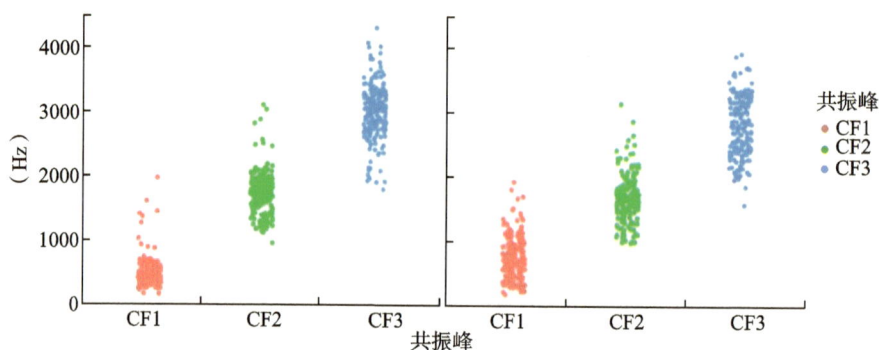

图 3.175-1 ［ɾ］**辅音第一至第三共振峰分布**（F&M）

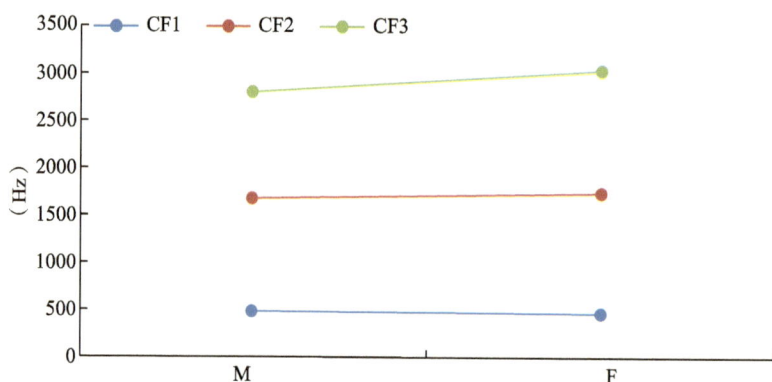

图 3.175-2 ［ɾ］**辅音三个共振峰比较**（F&M）

2.2 语流中的音变特征分析

2.2.1 ［ɾ］辅音声学参数与词中音节位置之间的相关性分析

下面我们将要探讨［ɾ］辅音时长（CD）均值，音强（CA）均值，第一、第二和第三共振峰频率（CF1、CF2、CF3）均值与其所出现的词中音节位置之间的相关性问题。表 3.98 为词中不同音节位置上出现的［ɾ］辅音声学参数统计表。表 3.99 为［ɾ］辅音音长（CD）均值、音强（CA）、共振峰（CF）与词中音节位置之间的相关性分析表，即 P 值分析表。图 3.176 为根据表 3.98 所画的在词中不同位置上出现的［ɾ］辅音的时长（CD）参数比较图，图 3.177 为在词中不同位置上出现的［ɾ］辅音音强比较图。图 3.178 为在词中不同位置上出现的［ɾ］辅音的第一、第二和第三共振峰频率均值比较图。从表 3.98～3.99 和图 3.176～3.178 中可以看出，［ɾ］辅音声学参数与词中音节位置之间没有共同的、具有统计学意义的规律（特点）。

表 3.97-1 词中不同位置上出现的 ［ɾ］ 辅音声学参数统计 （M）

位置	参数	CD	CA	CF1	CF2	CF3
词腹音节	平均值	55	60.48	749	1722	2867
	标准差	13	3	333	334	459
	变异系数	24%	5%	44%	19%	16%
词尾音节	平均值	65	60	673	1636	2759
	标准差	15	3	359	398	471
	变异系数	23%	5%	53%	24%	17%

表 3.97-2 词中不同位置上出现的 ［ɾ］ 辅音声学参数统计 （F）

位置	参数	CD	CA	CF1	CF2	CF3
词腹音节	平均值	50	52.52	451	1677	2976
	标准差	10	5	171	304	374
	变异系数	20%	10%	38%	18%	13%
词尾音节	平均值	66	49.24	460	1785	3077
	标准差	14	5	251	318	427
	变异系数	21%	10%	33%	18%	14%

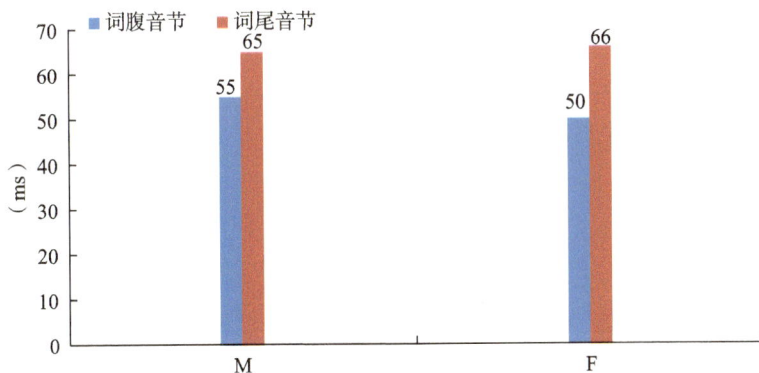

图 3.176 词中不同音节位置上出现的 ［ɾ］ 辅音音长均值比较 （M&F）

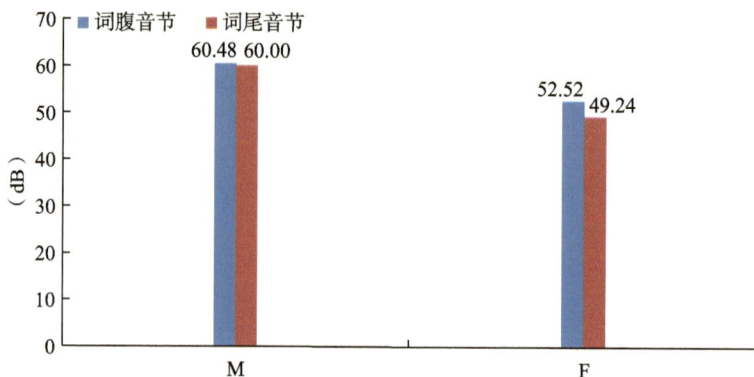

图 3.177　词中不同音节位置上出现的［ɾ］辅音音强均值比较（M&F）

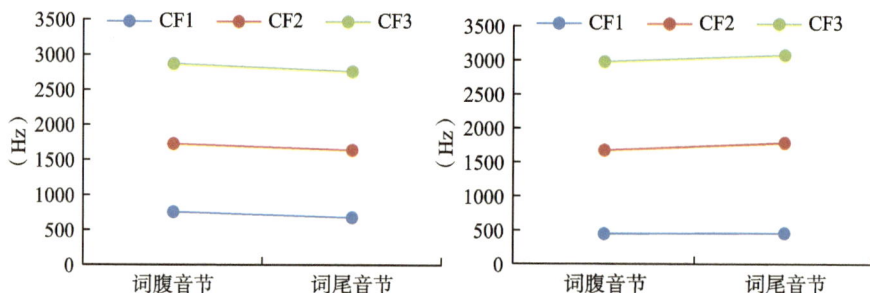

图 3.178　词中不同音节位置上出现的［ɾ］辅音第一、第二和第三共振峰均值比较

我们对词首、非词首音节［t］辅音的时长（CD）、音强（CA）和共振峰（CF）的参数做了配对样本 T 检验（见表 3.98）。

表 3.98　检验结果

检验样本	sig（双侧）							
	时长		音强		CF1		CF2	
	M	F	M	F	M	F	M	F
词腹音节—词尾音节	0.000	0.000	0.000	0.000	0.000	0.000	0.000	0.000

2.2.2　［ɾ］辅音声学参数与音节数量之间的相关性分析

表 3.99 为词中不同音节中出现的［ɾ］辅音声学参数统计表，图 3.179 为词中不同音节中出现的［ɾ］辅音音长（CD）均值比较图，图 3.180 为词中不同音节中出现的［ɾ］辅音音强（CA）均值比较图，图 3.181 为词中不同音节中出现的［ɾ］辅音的共振峰均值比较图。表 3.99 与图 3.179～

3.181 显示，音节数量与辅音参数有一定的相关性。单词的音节数量与 [ɾ] 辅音的参数有一定的相关性。随着音节数量的增加音长逐渐变短，音强逐渐变强（双音节词最弱，四音节词最强）。随着音节数量的增加，[ɾ] 辅音第一共振峰频率随着音节数量的增加而降低，第二共振峰频率也随着音节数量的增加而增高。

表 3.99　双、三和四音节词中的出现的 [ɾ] 辅音声学参数统计

参数	M					F				
	双音节词					双音节词				
参数	CD	CA	CF1	CF2	CF3	CD	CA	CF1	CF2	CF3
均值	71	60	482	1626	2755	74	48.3	507	1786	2819
变异系数	7%	3%	3%	4%	4%	4%	6%	4%	3%	5%
标准差	5	2	14	68	110	3	3	21	45	141
	三音节词					三音节词				
参数	CD	CA	CF1	CF2	CF3	CD	CA	CF1	CF2	CF3
均值	57	60.1	465	1712	2823	53	51.3	460	1718	3024
变异系数	7%	5%	3%	4%	4%	4%	6%	3%	3%	4%
标准差	4	3	16	75	121	2	3	12	52	115
	四音节词					四音节词				
参数	CD	CA	CF1	CF2	CF3	CD	CA	CF1	CF2	CF3
均值	45	61.3	443	1786	2789	47	55.2	449	1763	3105
变异系数	7%	5%	4%	4%	4%	4%	4%	3%	2%	4%
标准差	3	3	18	71	115	2	2	15	38	125

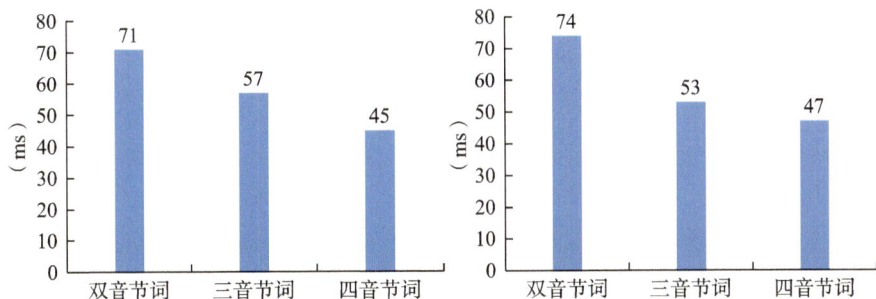

图 3.179　双、三、四音节词中 [ɾ] 辅音的音长均值比较（M&F）

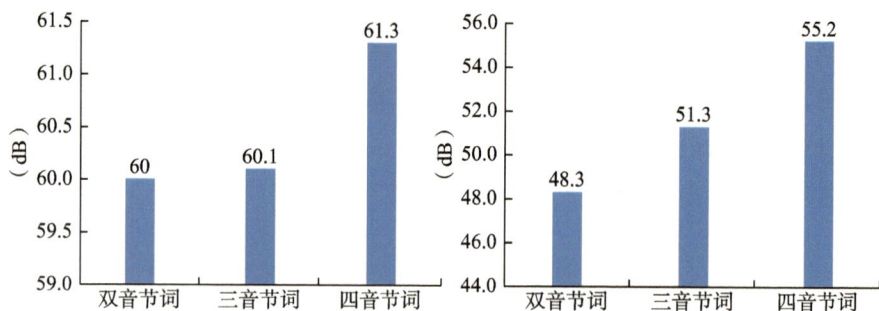

图 3.180　双、三、四音节词中出现的［ɾ］辅音的音强（CA）均值比较（M&F）

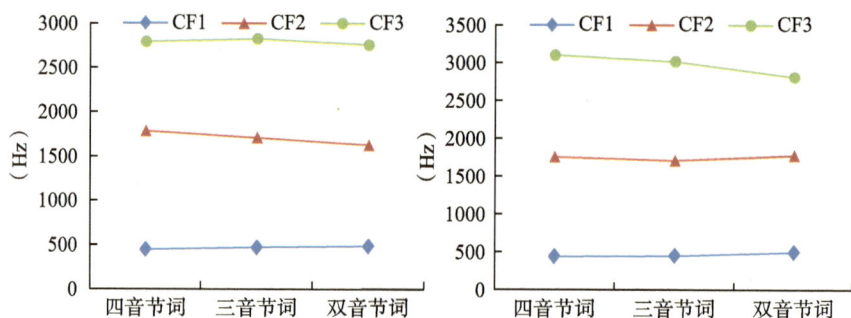

图 3.181　双、三、四音节词中出现的［ɾ］辅音的共振峰频率比较（M&F）

我们对不同音节中出现的［ɾ］辅音时长、音强、共振峰之间做了单因素方差分析，结果如表 3.100 所示。

表 3.100　检验结果

	sig（显著性）									
	CD		CA		M			F		
	M	F	M	F	CF1	CF2	CF3	CF1	CF2	CF3
双音节词—三音节词	0.000	0.000	0.847	0.000	0.584	0.167	0.387	0.876	0.237	0.654
双音节词—四音节词	0.000	0.000	0.308	0.000	0.395	0.702	0.265	0.750	0.627	0.913
三音节词—四音节词	0.053	0.004	0.353	0.029	0.631	0.516	0.603	0.806	0.875	0.713

* 均值差的显著性水平为 0.05。

从时长检验结果来看，在音节之间时长上，男、女发音人中有显著性差异；男、女发音人音节之间共振峰值上没有显著性差异。

3. ［r］辅音

3.1　音质及其声学特征

3.1.1　［r］辅音三维语图和语音标注以及频谱图

如上所述，［r］为东乡语/r/辅音的变体，图 3.182-1 为男发音人 ɐɹu
［ɐɹu］"背篓"这一词的三维语图、波形图和三层标注实例，图 3.182-2 为
男发音人 ɐɹu［ɐɹu］"背篓"一词［r］辅音频谱图。男发音人 ɐɹu［ɐɹu］
"背篓"一词中［r］辅音时长（CD）、音强（CA）分别为 105ms、68dB；
该图上［r］辅音目标位置的 VF1～VF4 四个共振峰参数为：446Hz、1501Hz、
1884Hz、2994Hz；可以看出，东乡语词首［s］辅音的冲直条和第一、第
二、第三（CF1、CF2、CF3）共振峰的分布模式。

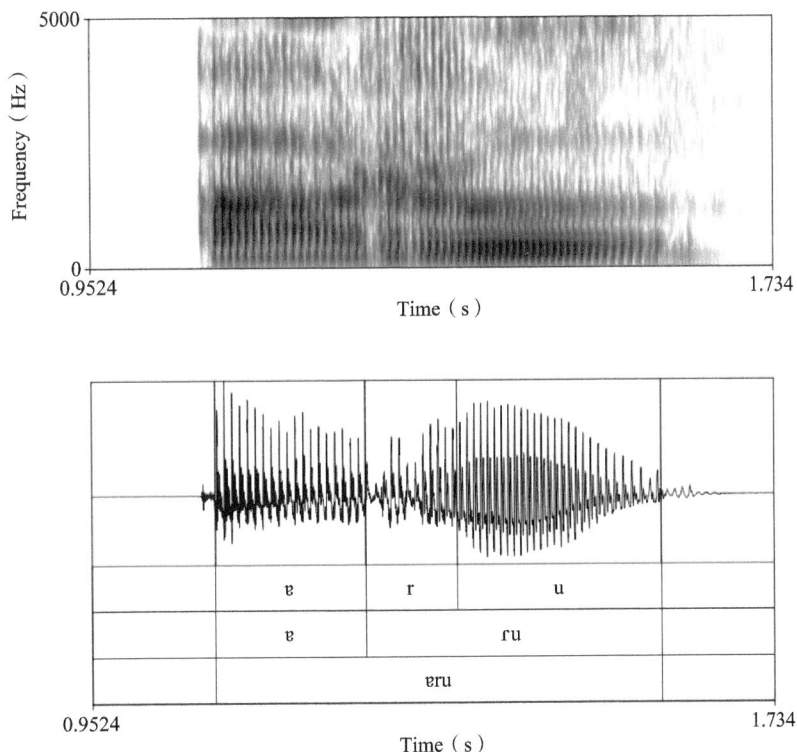

图 3.182-1　**男发音人 ɐɹu［ɐɹu］"背篓"这一词三维语图、波形图和三层标注实例**

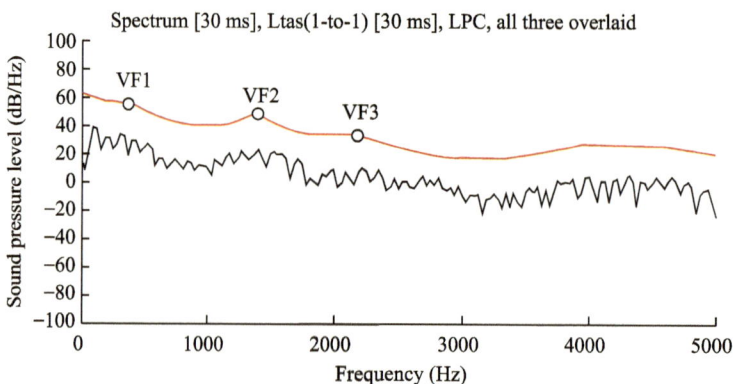

图 3.182-2 男发音人 ɛru [ɐru]"背篓"这一词 [r] 辅音频谱图

3.1.2 [r] 辅音声学参数与音色定位

表 3.101 为男女两个发音人 [r] 辅音参数均值统计表,图 3.183-1 为男、女发音人 [r] 辅音第一、第二和第三共振峰(CF1、CF2、CF3)的分布图,图 3.183-2 为男、女发音人 [r] 辅音三个共振峰均值比较图。从表 3.101 和图 3.183 中可以看到以下几方面。

(1)男、女发音人 [r] 辅音第一至第三共振峰均值为 M:VF1 = 501Hz,VF2 = 1637Hz,VF3 = 2697Hz;F:VF1 = 581Hz,VF2 = 1757Hz,VF3 = 3088Hz。男、女发音人 [r] 辅音第一、第二和第三共振峰的变异系数都小于 20%。说明这三个参数相对稳定,离散度小(除了男发音人第二共振峰变异系数之外)。

(2)从整体上看,女发音人 VF 的频率高于男发音人,但男、女发音人 [r] 辅音的共振峰分布模式基本相同。如,VF1 围绕 500Hz,在 400 ~ 1000Hz 之间浮动;VF2 围绕 1600Hz,在 1400 ~ 2000Hz 之间浮动;VF3 围绕 2700Hz,在 2400 ~ 3300Hz 之间浮动。

(3)男发音人 [r] 辅音的音强明显高于女发音人 [r] 辅音的音强。辅音音强参数对辅音音色研究意义不大,可以忽略。

(4)东乡语 [r] 辅音是比较典型的舌尖前、颤音,用国际音标 [r] 来标记。

表 3.101　[r] 辅音的声学参数均值统计

M					
参数	CD	CA	VF1	VF2	VF3
均值	72	61.76	501	1637	2697
标准差	2	3.35	100	358	459
变异系数	3%	5%	20%	22%	17%

F					
参数	CD	CA	VF1	VF2	VF3
均值	95	52.67	581	1757	3088
标准差	6	3.99	78	205	358
变异系数	6%	8%	13%	12%	12%

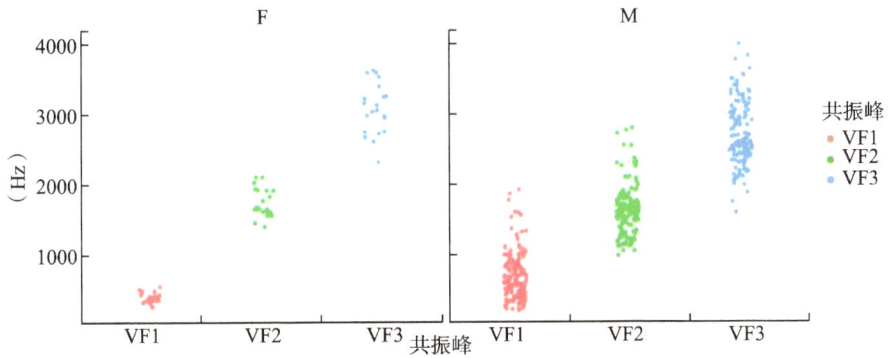

图 3.183-1　[r] 辅音第一至第三共振峰分布（F&M）

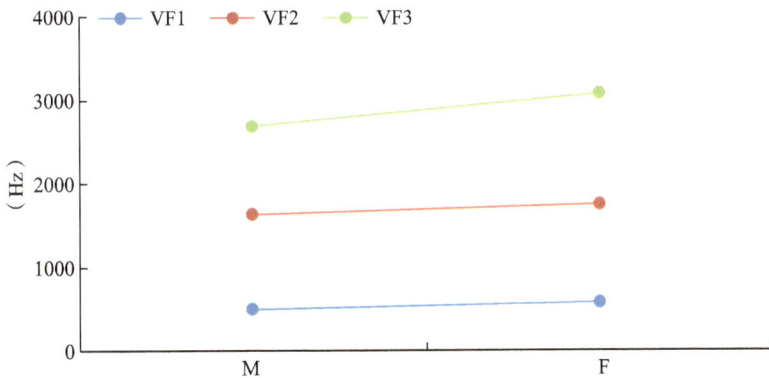

图 3.183-2　[r] 辅音三个共振峰比较（F&M）

3.2 语流中的音变特征

3.2.1 ［r］辅音声学参数与词中音节位置之间的相关性分析

下面我们将要探讨［r］辅音时长（CD）均值，音强（CA）均值，第一、第二和第三共振峰频率（CF1、CF2 和 CF3）均值与其所出现的词中音节位置之间的相关性问题。表 3.102 为词中不同音节位置上出现的［r］辅音声学参数统计表。表 3.103 为［r］辅音音长（CD）均值、音强（CA）、共振峰（F）与词中音节位置之间的相关性分析表，即 P 值分析表。图 3.184 为根据表 3.102 所画的在词中不同位置上出现的［r］辅音的时长（CD）参数比较图，图 3.186 为在词中不同位置上出现的［r］辅音音强比较图。图 3.187 为在词中不同位置上出现的［r］辅音的第一、第二和第三共振峰频率均值比较图。从表 3.102～3.103 和图 3.184～3.186 中可以看出，［r］辅音声学参数与词中音节位置之间没有共同的、具有统计学意义的规律（特点）。

表 3.102-1　词中不同位置上出现的［r］辅音统计（M）

位置 \ 参数		CD	CA	VF$_1$	VF$_2$	VF$_3$
词腹音节	平均值	67	62.60	688	1588	2663
	标准差	14	3	333	316	481
	变异系数	21%	5%	48%	20%	18%
词尾音节	平均值	76	61.29	716	1667	2717
	标准差	19	3	375	381	445
	变异系数	25%	5%	52%	23%	16%

表 3.102-2　词中不同位置上出现的［r］辅音统计（F）

位置 \ 参数		CD	CA	VF$_1$	VF$_2$	VF$_3$
词腹音节	平均值	77	54.21	700	1671	2712
	标准差	15	3	258	389	457
	变异系数	19%	6%	37%	23%	17%
词尾音节	平均值	81	52.47	728	1689	2844
	标准差	13	4	441	333	456
	变异系数	16%	8%	61%	20%	16%

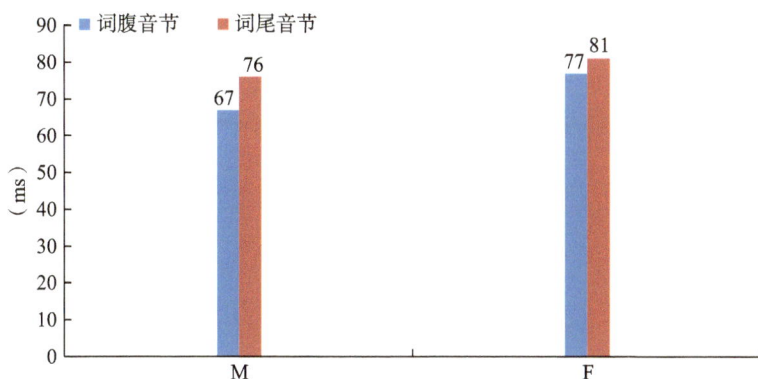

图 3.184 词中不同音节位置上出现的 [r] 辅音音长均值比较（M&F）

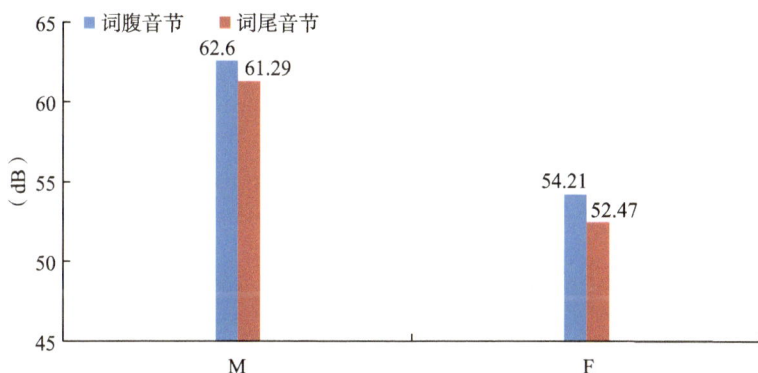

图 3.185 词中不同音节位置上出现的 [r] 辅音音强均值比较（M&F）

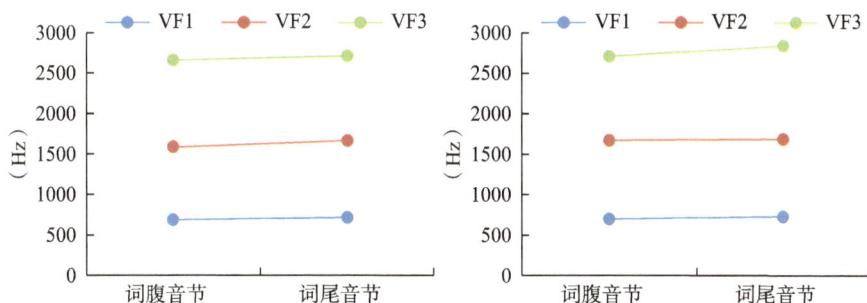

图 3.186 词中不同音节位置上出现的 [r] 辅音第一、第二
和第三共振峰均值比较（M&F）

我们对词首、非词首音节 [t] 辅音的时长（CD）、音强（CA）和共振峰（F）的参数做了配对样本 T 检验，见表 3.103。

表 3.103　检验结果

检验样本	sig（双侧）							
	时长		音强		VF1		VF2	
	M	F	M	F	M	F	M	F
词腹音节—词尾音节	0.000	0.000	0.019	0.025	0.669	0.217	0.412	0.372

3.2.2　[r] 辅音声学参数与音节数量之间的相关性分析

表 3.104 为双、三、四音节中出现的 [r] 辅音声学参数统计表，图 3.187~3.189 为双、三、四音节中出现的 [r] 辅音的音长（CD）、音强（CA）和共振峰（F）参数均值比较图。从上述表和图中可以看出，[r] 辅音词中位置与其声学参数之间具有一定的相关性。

表 3.104　双、三、四音节词中出现的 [r] 辅音声学参数统计

	M					F				
	双音节词					双音节词				
参数	CD	CA	VF1	VF2	VF3	CD	CA	VF1	VF2	VF3
均值	83	61.1	703	1695	2772	89	52	489	1864	3212
变异系数	6%	7%	8%	7%	8%	7%	6%	9%	5%	6%
标准差	5	4	25	98	184	6	3	45	101	202
	三音节词					三音节词				
参数	CD	CA	CF1	CF2	CF3	CD	CA	VF1	VF2	VF3
均值	67	62	669	1600	2649	76	53.7	462	1650	2908
变异系数	7%	8%	9%	13%	13%	9%	9%	5%	6%	7%
标准差	5	5	60	214	333	7	5	22	99	203
	四音节词					四音节词				
参数	CD	CA	VF1	VF2	VF3	CD	CA	VF1	VF2	VF3
均值	60	62.5	564	1863	2986	70	54.6	451	1623	2889
变异系数	5%	6%	10%	5%	7%	7%	5%	5%	8%	10%
标准差	3	4	55	98	205		3	22	123	286

表 3.104 和图 3.187~3.189 显示，单词的音节数量与 [r] 辅音的参数有一定的相关性。随着音节数量的增加音长逐渐变短，音强逐渐变强（双音节词最弱，四音节词最强）。随着音节数量的增加，[r] 辅音第一共振峰

频率随着音节数量的增加而降低，第二共振峰频率也随着音节数量的增加
而增高。

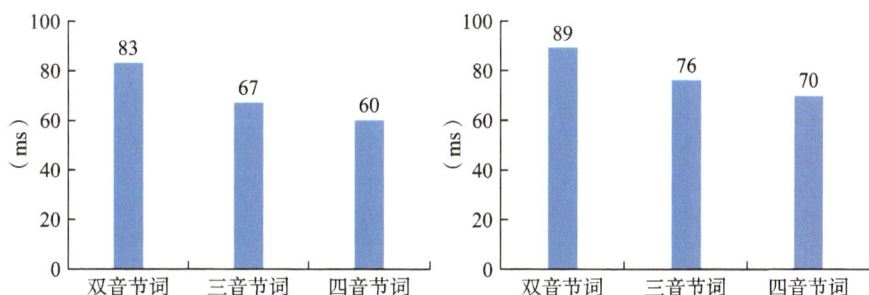

图 3.187　双、三、四音节词中出现的 ［r］ 辅音的音长（CD）均值比较（M&F）

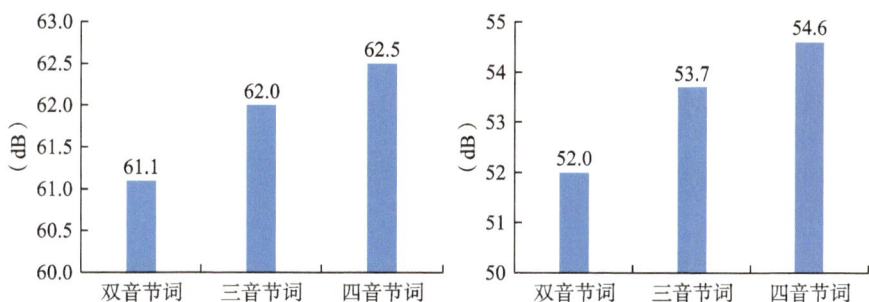

图 3.188　双、三、四音节词中出现的 ［r］ 辅音的音强（CA）均值比较（M&F）

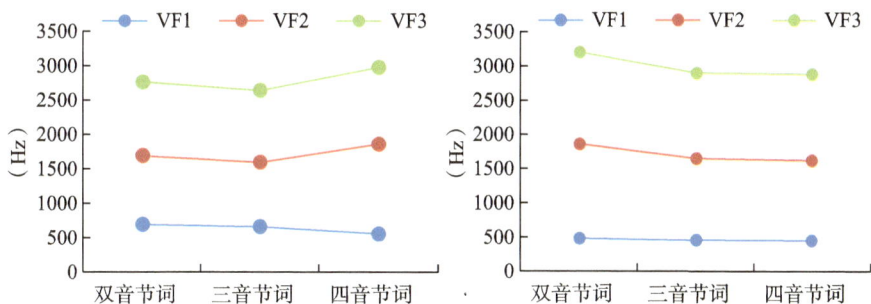

图 3.189　双、三、四音节词中出现的 ［r］ 辅音的共振峰均值比较（M&F）

我们对不同音节中出现的 ［r］ 辅音时长、音强、共振峰之间做了单因
素方差分析，结果如表 3.105 所示。

表 3.105　检验结果

| | sig（显著性） | | | | | | | | | |
| | CD | | CA | | M | | | F | | |
	M	F	M	F	VF1	VF2	VF3	VF1	VF2	VF3
双音节词—三音节词	0.000	0.000	0.140	0.054	0.066	0.143	0.140	0.078	0.155	0.147
双音节词—四音节词	0.000	0.000	0.857	0.158	0.067	0.516	0.517	0.059	0.256	0.210
三音节词—四音节词	0.537	0.123	0.583	0.412	0.165	0.304	0.304	0.110	0.364	0.417

* 均值差的显著性水平为 0.05。

从时长检验结果来看，在音节之间时长上，男、女发音人中有显著性差异（除三音节词与四音节词之间外）；男、女两位发音人音节之间共振峰值频率上没有显著性差异，见表 3.105。

（三）/j/辅音

1. /j/辅音

表 3.106 为/j/辅音音位变体在"东乡语语音声学参数数据库"中的出现频率统计表。东乡语/j/辅音在词中以［j］一种变体形式共出现了 55 次（M）或 53 次（F）。/j/辅音无论是从词和音节里的分布特点，还是从词中的出现位置和条件以及出现频率，［j］已具备了作为典型变体的条件，把［j］作为典型变体东乡语语音特点（请见表 3.106）。该辅音出现在词首音节音节首与非词首音节音节首，不会出现在音节末与词末，如：ɲʉsaɪ［jɐsʊŋ］"骨头"、kujɐ［qujɐ］"小腿"。

表 3.106　［j］辅音出现频率统计

| 辅音位置 | 发音人 | M | | F | |
		出现次数	百分比	出现次数	百分比
出现次数		55		53	
［j］辅音	词首	26	47%	21	40%
	非词首	29	53%	32	60%

2. ［j］辅音

2.1 音质及其声学特征

2.1.1 ［j］辅音三维语图和语音标注以及频谱图

如上所述，［j］为东乡语/j/辅音的典型变体。图 3.190-1 为男发音人 jeme［jɛmæ］"无论什么"一词的三维语图、波形图和三层标注实例。图 3.190-2 为男发音人 jeme［jɛmæ］"无论什么"一词辅音的频谱图，该三维语图中出现的［j］辅音时长（CD）、音强（CA）分别为71ms、61dB；图 3.190-1［r］辅音目标位置的 VF1~VF4 四个共振峰参数为：344Hz、2331Hz、3147Hz、3862Hz。

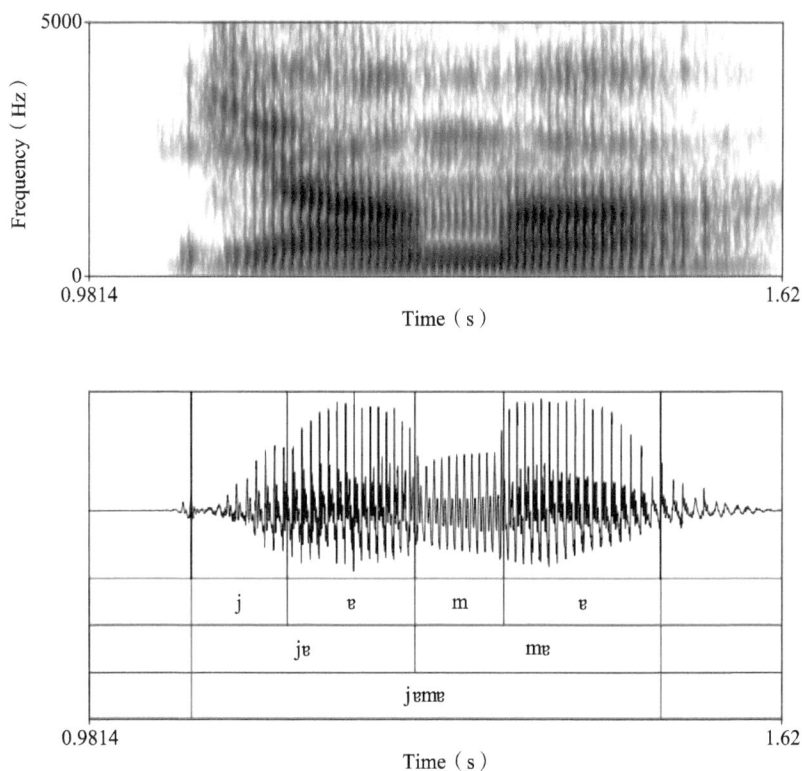

图 3.190-1　男发音人 jeme［jɛmæ］"无论什么"一词的三维语图、波形图和三层标注实例

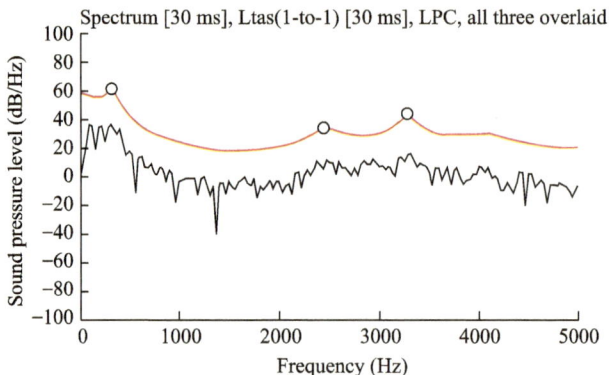

Spectrum [30 ms], Ltas(1-to-1) [30 ms], LPC, all three overlaid

图 3.190-2　jɐmɐ [jɐmɐ] "无论什么" 一词 [j] 辅音频谱图

2.1.2　[j] 辅音声学参数与音色定位

表 3.107 为男、女发音人 [j] 辅音声学参数统计表，图 3.191-1 为男、女发音人 [j] 辅音第一、第二和第三共振峰（CF1、CF2、CF3）的分布图，图 3.191-2 为男、女发音人 [j] 辅音三个共振峰均值比较图。从表 3.107 和图 3.191 中可以看到以下几方面。

（1）男、女发音人 [j] 辅音第一至第三共振峰均值为 M：VF1=356Hz，VF2=2283Hz，VF3=2973Hz；F：VF1=362Hz，VF2=2557Hz，VF3=3290Hz。男、女发音人 [j] 辅音第一、第二和第三共振峰的变异系数都小于 20%。说明这三个参数相对稳定，离散度小（除了女发音人第一共振峰变异系数之外）。

（2）从整体上看，女发音人 VF 的频率高于男发音人，但男、女发音人 [j] 辅音的共振峰分布模式基本相同。如，VF1 围绕 350Hz，在 300~800Hz 之间浮动；VF2 围绕 2200Hz，在 2000~2600Hz 之间浮动；VF3 围绕 2900Hz，在 2500~3400Hz 之间浮动。

（3）男发音人 [j] 辅音的音强明显高于女发音人 [j] 辅音的音强。辅音音强参数对辅音音色研究意义不大，可以忽略。

（4）东乡语 [j] 辅音为舌叶齿根后去半元音，用国际音标 [j] 来标记。

表 3.107　[j] 辅音声学参数统计

M					
参数	CD	CA	VF1	VF2	VF3
均值	81	63.5	356	2283	2973

续表

M				
参数	CD	CA	VF1	VF2	VF3
变异系数	6%	5%	7%	7%	7%
标准差	5	3	24	123	206

F				
参数	CD	CA	VF1	VF2	VF3
均值	110	54.1	362	2557	3290
变异系数	5%	6%	7%	8%	7%
标准差	5	3	23	99	218

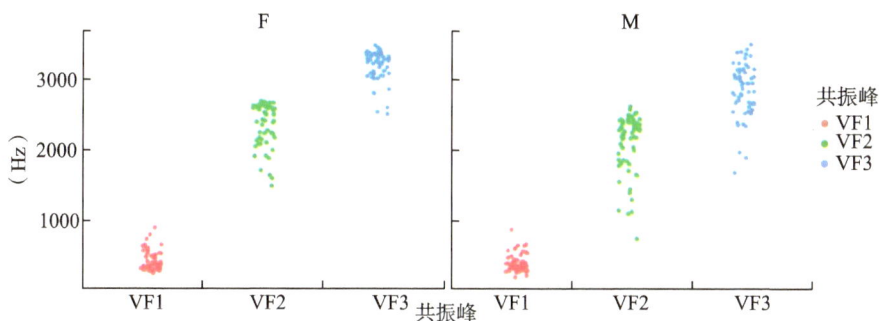

图 3.191-1　　［j］辅音第一至第三共振峰分布（F&M）

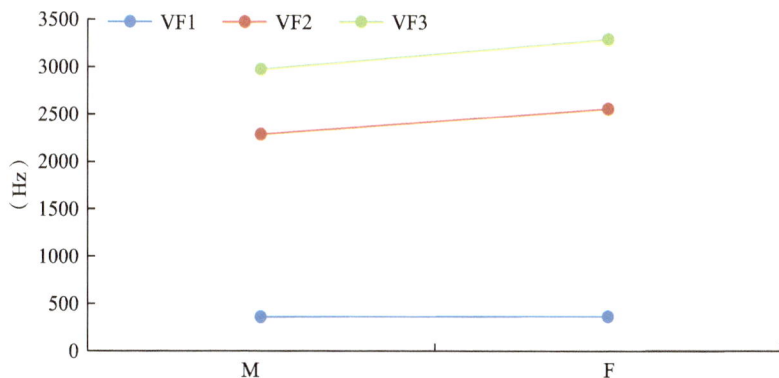

图 3.191-2　　［j］辅音三个共振峰比较（F&M）

2.2　语流中的音变特征分析

2.2.1　［j］辅音声学参数与其元音音节数量之间的相关性分

表3.108和图3.192~3.194显示，单词的音节数量与［j］辅音参数有

一定的相关性。随着音节数量的增加音长逐渐变短，音强逐渐变强（双音节词最弱，四音节词最强）。随着音节数量的增加，[j] 辅音第一共振峰频率随着音节数量的增加而降低，第二共振峰频率也随着音节数量的增加而增高。

表 3.108　单、双、三音节词中出现的 [j] 辅音声学参数统计

参数	M					F				
	单音节词					单音节词				
参数	CD	CA	VF1	VF2	VF3	CD	CA	VF1	VF2	VF3
均值	113	64.5	346	1764	2615	124	50	321	2647	3388
变异系数	7%	8%	25%	9%	10%	7%	6%	35%	9%	9%
标准差	8	5	85	158	257	9	3	111	230	309
	双音节词					双音节词				
参数	CD	CA	VF1	VF2	VF3	CD	CA	VF1	VF2	VF3
均值	99	65	367	2231	2926	120	54.4	384	2389	3194
变异系数	9%	8%	16%	6%	8%	5%	7%	26%	11%	10%
标准差	9	5	58	133	222	6	4	98	254	314
	三音节词					三音节词				
参数	CD	CA	VF1	VF2	VF3	CD	CA	VF1	VF2	VF3
均值	71	66.6	413	1986	2850	88	57.2	494	2300	3172
变异系数	10%	9%	14%	8%	11%	8%	9%	13%	9%	10%
标准差	7	6	58	155	301	7	5	66	218	333

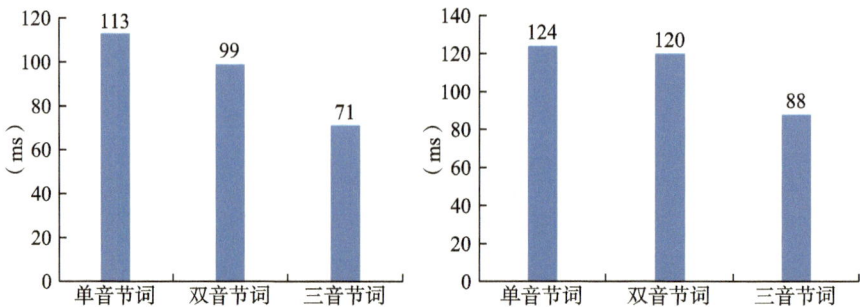

图 3.192　单、双、三音节词中出现的 [j] 辅音的音长均值比较（M&F）

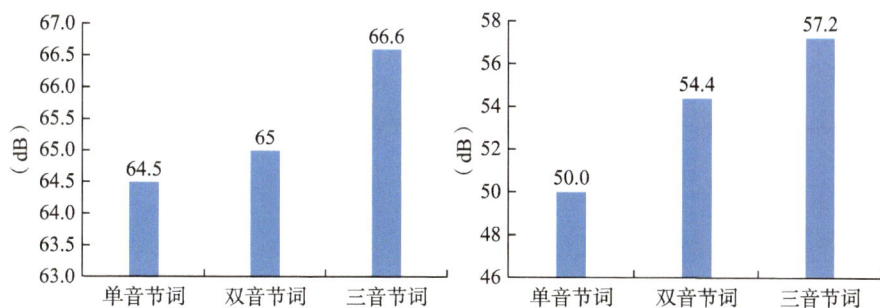

图 3.193　单、双、三音节词中 [j] 辅音的音强均值比较（M&F）

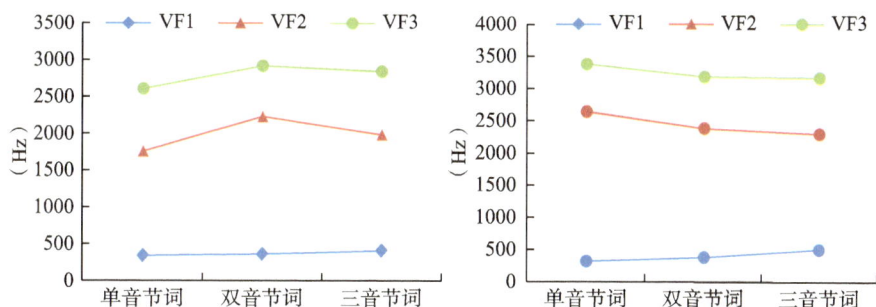

图 3.194　单、双、三音节词中出现的 [j] 辅音的共振峰频率均值比较（M&F）

我们对不同音节中出现的 [j] 辅音时长、音强、共振峰之间做了单因素方差分析，结果如表 3.109 所示。

表 3.109　检验结果

	sig（显著性）									
	CD		CA		M			F		
	M	F	M	F	CF1	CF2	CF3	CF1	CF2	CF3
单音节词— 双音节词	0.574	0.979	0.103	0.080	0.889	0.288	0.198	0.341	0.282	0.246
单音节词— 三音节词	0.319	0.179	0.304	0.006	0.501	0.943	0.383	0.045	0.150	0.197
双音节词— 三音节词	0.001	0.001	0.177	0.006	0.230	0.029	0.358	0.006	0.333	0.725

* 均值差的显著性水平为 0.05。

从时长检验结果来看，在音节之间 [j] 辅音时长上，男、女发音人中有显著性差异（双音节词—三音节词除外）；共振峰之间没有显著性差异。

（四）/w/辅音

1. /w/辅音

表 3. 110 为/w/辅音音位变体在"东乡语语音声学参数数据库"中的出现频率统计表。可以看出，东乡语/w/辅音在词中以［w］一种种变体形式共出现了 55 次（M）或 53 次（F）。如：该辅音出现在词首音节音节首与非词首音节音节首，不会出现在音节末与词末。例如：wɛɣɛ［wɛɣɛ］（洗）、ʂuwɛ［ʂuwɛ］（泥土）。

表 3. 110　　［w］辅音出现频率统计

辅音位置 \ 发音人		M		F	
		出现次数	百分比	出现次数	百分比
出现次数		55		53	
［w］辅音	词首	17	41%	21	47%
	非词首	24	59%	23	53%

2. ［w］辅音

2.1　音质及其声学特征

2.1.1　［w］辅音三维语图和语音标注以及频谱图

如上所述，［w］为东乡语/w/辅音的典型变体，图 3.195-1 为男发音人 wɛɣɛ［wɛɣɛ］"洗"一词的［w］辅音三维语图、波形图和三层标注实例。图 3.195-2 为男发音人 wɛɣɛ［wɛɣɛ］"洗"一词的［w］辅音的频谱图。该元音在语图上的表现为浊音横杠，能量相比元音要弱一些，音质和元音［u］非常相近。三维语图中该辅音目标点时长、音强分别为 101ms、61dB；VF1～VF4 四个共振峰参数为：334Hz、939Hz、2540Hz、3936Hz。

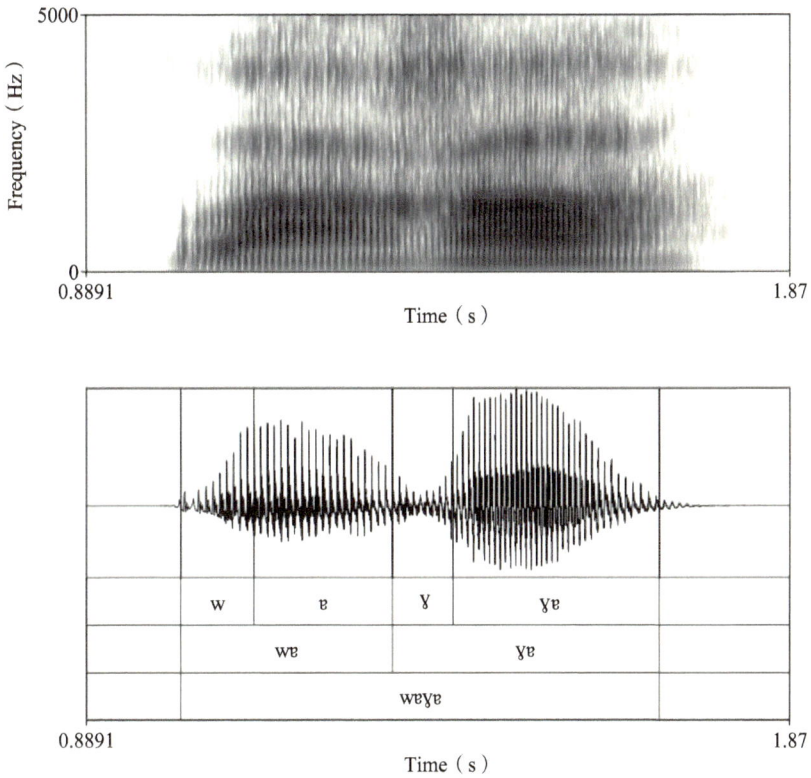

图 3.195-1 wɛɣɐ[wɛɣɐ]"洗"一词的三维语图、波形图和三层标注实例

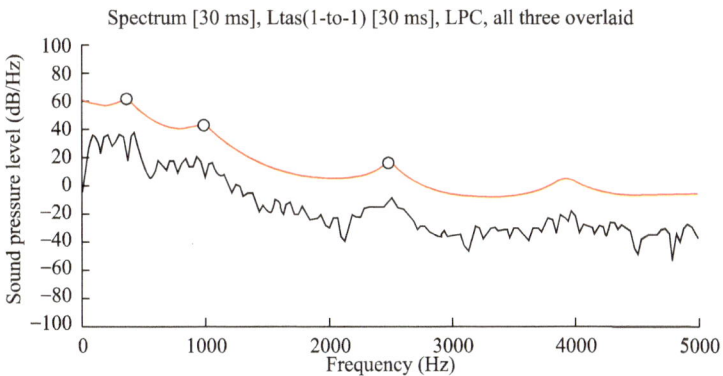

图 3.195-2 wɛɣɐ[wɛɣɐ]"洗"一词[w]辅音频谱图

2.1.2 [w]辅音声学参数与音色定位

表 3.111 为男、女两个发音人[w]辅音声学参数统计表，图 3.196-1

为男、女发音人［w］辅音第一、第二和第三共振峰（CF1、CF2、CF3）的分布图，图 3.196-2 为男、女发音人［w］辅音三个共振峰均值比较图。从表 3.111 和图 3.196 可以看到以下几方面。

表 3.111　［j］辅音声学参数统计

M					
参数	CD	CA	VF1	VF2	VF3
均值	76	65.6	427	1131	2364
变异系数	7%	8%	21%	8%	11%
标准差	5	5	88	89	258

F					
参数	CD	CA	VF1	VF2	VF3
均值	104	54.5	472	1153	3044
变异系数	3%	11%	14%	8%	10%
标准差	3	6	64	89	304

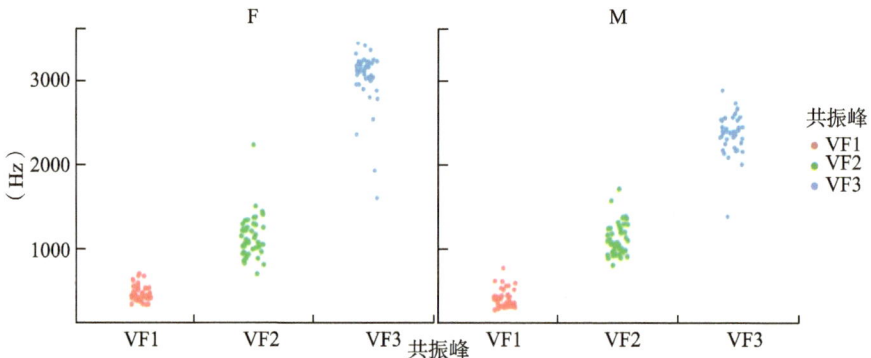

图 3.196-1　［w］辅音第一至第三共振峰分布（F&M）

（1）男、女发音人［w］辅音第一至第三共振峰均值为 M：VF1 = 427Hz，VF2 = 1131Hz，VF3 = 2364Hz；F：VF1 = 472Hz，VF2 = 1153Hz，VF3 = 3044Hz。男、女发音人［w］辅音第一、第二和第三共振峰的变异系数都小于 20%。说明这三个参数相对稳定，离散度小（除了女发音人第一共振峰变异系数之外）。

（2）从整体上看，女发音人 VF 的频率高于男发音人，但两位发音人［w］辅音的共振峰分布模式基本相同。如，VF1 围绕 1200Hz，在 1000～

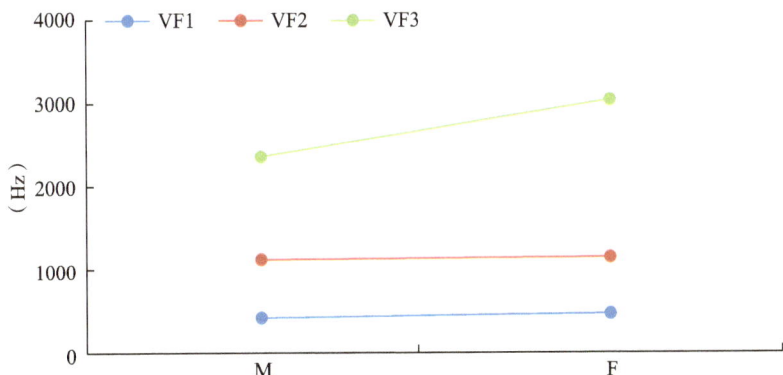

图 3.196-2　［w］辅音三个共振峰比较（F&M）

1600Hz 之间浮动；VF2 围绕 2000Hz，在 1800~2400Hz 之间浮动；VF3 围绕 3000Hz，在 2500~3600Hz 之间浮动。

（3）男发音人［w］辅音的音强明显高于女发音人［w］辅音的音强。辅音音强参数对辅音音色研究意义不大，可以忽略。

（4）东乡语［w］辅音是比较典型的舌后软腭半元音，用国际音标［w］来标记。

2.2　语流中的变体特征分析

2.2.1　［w］辅音声学参数与其元音音节数量之间的相关性分析

表 3.112 为二、三、四音节词中出现的［w］辅音声学参数统计表，图 3.197~3.199 为在二、三、四音节词中出现的［w］辅音音长（CD）、音强（CA）、共振峰（VF）比较图。从上述表和图中可以看出：单词的音节数量与［w］辅音的参数有一定的相关性。随着音节数量的增加，音长逐渐变短，音强逐渐变强（双音节词最弱，四音节词最强）。随着音节数量的增加，［w］辅音第一共振峰频率随着音节数量的增加而降低，第二共振峰频率也随着音节数量的增加而增高。

表 3.112　［w］辅音声学参数统计

参数	M1					F1				
	双音节词					双音节词				
	CD	CA	VF1	VF2	VF3	CD	CA	VF1	VF2	VF3
均值	92	65.3	422	1095	2394	117	54.9	464	1060	2996

续表

参数	M1					F1				
	双音节词					双音节词				
	CD	CA	VF1	VF2	VF3	CD	CA	VF1	VF2	VF3
变异系数	9%	9%	13%	8%	8%	8%	5%	14%	9%	8%
标准差	8	6	56	87	203	9	3	65	98	230
	三音节词					三音节词				
参数	CD	CA	VF1	VF2	VF3	CD	CA	VF1	VF2	VF3
均值	68	66.2	441	1150	2322	84	55.6	493	1236	3093
变异系数	9%	8%	20%	10%	13%	6%	5%	25%	16%	4%
标准差	6	5	87	111	307	5	3	125	201	123
	四音节词					四音节词				
参数	CD	CA	VF1	VF2	VF3	CD	CA	VF1	VF2	VF3
均值	64	67.1	463	1123	2420	76	56.8	510	1206	3092
变异系数	11%	9%	14%	9%	8%	9%	9%	6%	16%	10%
标准差	7	6	66	99	198	7	5	32	187	310

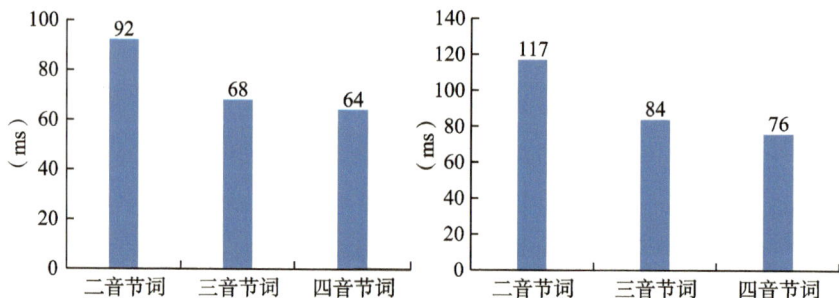

图 3.197　双、三、四音节词中出现的 [w] 辅音的音长均值比较（M&F）

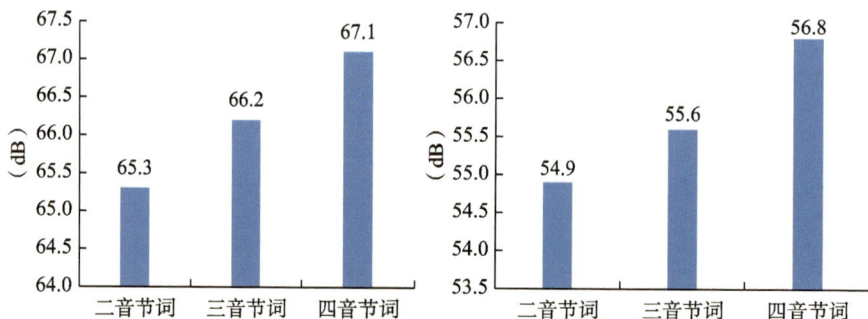

图 3.198　双、三、四音节词中出现的 [w] 辅音的音强均值比较（M&F）

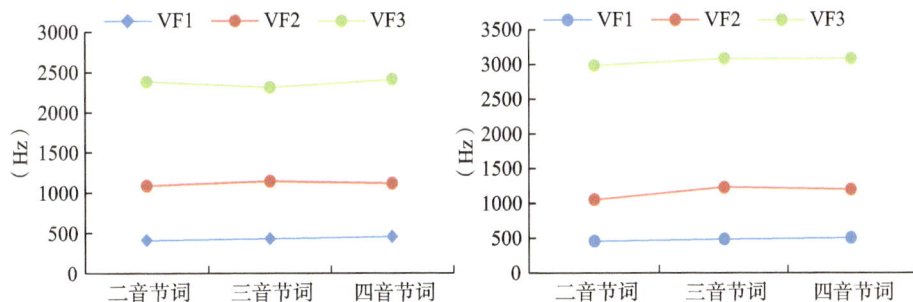

图 3.199 双、三、四音节词中出现的 [w] 辅音的共振峰频率均值比较 (M&F)

我们对不同音节中出现的 [w] 辅音时长 (CD)、音强 (CA)、共振峰 (F) 之间做了单因素方差分析,结果如表 3.113。

表 3.113 检验结果

	sig (显著性), P 值									
	CD		CA		M			F		
	M	F	M	F	VF1	VF2	VF3	VF1	VF2	VF3
单音节词—双音节词	0.000	0.000	0.352	0.268	0.524	0.610	0.228	0.368	0.003	0.388
单音节词—三音节词	0.008	0.005	0.569	0.377	0.378	0.891	0.838	0.734	0.150	0.801
双音节词—三音节词	0.841	0.102	0.991	0.159	0.212	0.660	0.603	0.892	0.830	0.840

* 均值差的显著性水平为 0.05。

从时长检验结果来看,在音节之间 [w] 辅音时长上,男、女发音人中有显著性差异(除双音节词—三音节词外),音强之间没有限制性差异,共振峰之间没有显著性差异。

| 第四章 |

东乡语音系特点

一 元音音系特点

（一）元音音位及其声学空间中的分布特点

1. 总体格局

我们从图 4.1 中可以看到，东乡语词首音节单元音（东乡语没有长短元音的对立，因此书中把东乡语元音分为"单、复合"元音）音位及其变体声学空间中的总体格局：

前后 700~2500Hz，高低 300~900Hz（M）；前后 800~2700Hz；高低 300~1000Hz（F）。

2. 舌位格局

图 4.1 显示，东乡语词首音节单元音在舌位高、低维度上可以分为高（［i，e，ʉ，ʊ，u］）、中（［ɿ，ə，ɚ，o，ɔ］）、低（［ɐ］）三个层级，在舌位前、后维度上可以分为前（［i，e］）、央（［ʉ，ɿ，ə，ɚ，ɐ］）、后（［u，ʊ，o，ɔ］）三个层级，是比较典型的"三三格局"。① 图 4.1 中 ［i，ɐ，u］呈现"倒三角形"格局。

3. 阴阳格局

东乡语元音阴阳中性格局有自己的特点。阴阳中性元音在舌位高、低

---

① 呼和：《蒙古语语音声学研究》，社会科学文献出版社，2018，第 414 页。

（开口度）维度上有着相对固定的位置，中性在高（[i，ʉ，ʊ，u，ɿ]），阴性在中（[e，ə，o，ɔ]），阳性在低（[ɐ]）。阴阳中元音的分界线：500Hz 以下为中性元音、500 ~ 600Hz 为阴性元音、600Hz 以上为阳性元音，舌位前后方面没有差异。

4. 音位及其变体格局

东乡语词首音节短元音音位及其变体在声学空间中的格局可以分为前、后和高、低两种模式。其中，圆唇元音为"前后扩展模式"，即圆唇元音的变体主要分布在前、后维度（舌位前、后）上，而展唇元音为"高低扩展模式，即展唇元音的变体主要分布在高、低维度（舌位高低）上"。其中，/o/和/ɔ/、/ʊ/和/u/等后圆唇元音之间的距离较近，呈现了部分叠加现象（见图 4.1）。

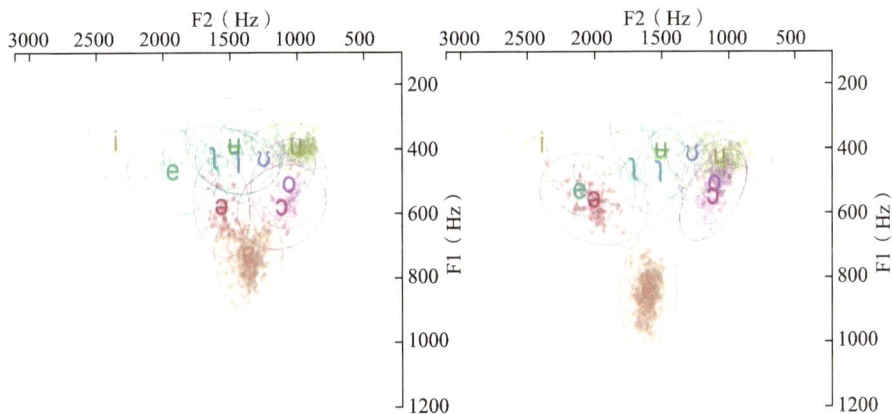

图 4.1　东乡语男发音人词首音节元音音位在声学空间中的分布（M&F）

东乡语有/ɐ，ə，i，o，u，ɚ/6 个单元音音位。其中/i/有［i，ɿ，ʅ］等三种变体；/ə/有［ə，e］2 种变体；/o/有［o，ɔ］2 种变体，/u/有［u，ʊ，ʉ］3 种变体。

（1）/i/元音

东乡语中/i/元音是比较常见的元音，有［i，ɿ，ʅ］3 种变体，其中［i］元音独立构成音节（音节首起始元音），可以出现在词中所有位置，可以看作典型变体。

［i］为典型变体，出现在词首起始位置，独立构成音节，可出现在词中任何位置，但词末出现的次数较少，可以与［ŋ，n］结合成闭音节。

［ʅ］为条件变体，仅出现在［tʂ，tʂʰ，ʂ］等辅音之后，不能独立构成音节，就是说不能出现在词首起始位置，出现在词首音节时会有清化或弱化现象，多数出现在非词首音节中。

［ɿ］为条件变体，仅出现在［ts，s］两种舌尖辅音之后，不能独立构成音节，就是说不能出现在词首起始位置，多数出现在借词中。除起始位置外可以出现在词中任何位置。

（2）/ə/元音

东乡语/ə/元音有［ə，e］2种变体，其中［ə］元音独立构成音节（音节首起始元音），可以出现在词中所有位置，可以看作典型变体。

［ə］元音为典型变体，出现在词内任何位置。

［e］元音为条件变体，出现在词首非起始位置和非词首位置。前置辅音为［tɕ，tɕʰ，kʰ，j，h］和部分［n，m］时出现该变体。

（3）/o/元音

该元音有［o，ɔ］2种变体，其中最为常见，出现次数最多，能够在词首起始位置出现并且能够独立构成音节的［o］为典型变体。

［o］元音可出现在词内任何位置，主要出现在词首音节，词末出现的次数相对较少。有研究者认为该元音有复合元音性质，从该元音的三维语图中可以看出该元音并没有复合元音性质，是独立的单元音语图。

［ɔ］元音不会出现在词首起始位置，不能独立构成音节。多数出现在词腹与词末，并且与［ŋ，n］出现在一个音节内时多数出现该元音变体。

（4）/u/元音

东乡语/u/元音有［u，ʊ，ɯ］3种变体。其中最为常见的，出现次数最多，并出现在词首起始位置独立构成音节的［u］元音为典型变体。

［u］元音出现在词首音节起始位置，能独立构成音节，出现在词内任何位置。

［ʊ］元音很少出现在词首音节起始位置。前置辅音为［q，qʰ，x，h］时出现该元音变体，可视为条件变体。此外与［ŋ，n］出现在一个音节内时多数出现该元音变体。

［ɯ］元音多数出现在三音节词或四音节词中，可能是［u］元音弱化形成的元音（有待进一步研究）。从共振峰与语图可以看出性质。

二　辅音音系特点

（一）塞音和塞擦音共振峰在声学空间中的分布格局

本节对东乡语词首和非词首音节首清塞音、塞擦音的无声空间（GAP）、嗓音起始时间（Voice Onset Time，VOT）和强频集中区（本书称辅音共振峰，用 CF1~CF3 标记）等声学参数进行统计分析的基础上，探讨它们在词中各位置上的出现频率、第一至三共振峰分布格局、声学空间中的格局以及这些格局与塞音、塞擦音发音方法和发音部位之间的关系问题。

1. 塞音、塞擦音共振峰分布格局

表 4.1 为男、女发音人词中音节首塞音、塞擦音的共振峰值统计。图 4.2 为根据表 4.1 绘制的 [p, pʰ, k, kʰ, t, tʰ, q, qʰ, tʂ, tʂʰ, tɕ, tɕʰ, ts] 等辅音三个共振峰格局图。从上述图表中可以看到，东乡语 [p, pʰ, k, kʰ, t, tʰ, q, qʰ, tʂ, tʂʰ, tɕ, tɕʰ, ts] 等清塞音、塞擦音的三个共振峰相互分离，分布于高、中、低三个区域（CF1 之间的差异相对小），如 [tʂ, tʂʰ, tɕ, tɕʰ, ts] 等卷舌、龈—腭、龈前区塞擦音位居高位区，[pʰ]、[p]、[tʰ]、[t] 等双唇音和齿区塞音集聚在中位区，小舌、软腭区塞音 [q]、[qʰ]、[kʰ]、[k] 在低位区。总体格局是"塞擦在上，塞在下"。这种格局与蒙古语清塞音、塞擦音格局一样，具有一定的语言学意义。

表 4.1　塞音塞、擦音参数统计

单位：CD 为 ms，CA 为 dB，CF 为 Hz

辅音	M						F					
	GAP	VOT	CA	CF1	CF2	CF3	GAP	VOT	CA	CF1	CF2	CF3
p	102	21	55.5	690	1693	2685	102	18	50.4	854	1962	3085
pʰ	87	58	49.4	865	1806	2872	84	85	50.9	895	2020	3175
t	116	22	58.9	849	1742	2874	116	18	48.4	827	1900	3020
tʰ	99	88	55.7	907	1784	2926	100	73	48.8	842	1852	3086
k	88	36	55.4	755	1348	2799	103	31	40.6	838	1553	3073
kʰ	77	75	53.9	780	1491	2620	94	111	41	907	1652	2857
q	95	23	55.5	808	1295	2877	96	23	46.6	706	1581	2442

辅音	M						F					
	GAP	VOT	CA	CF1	CF2	CF3	GAP	VOT	CA	CF1	CF2	CF3
qʰ	88	85	57.8	856	1306	2710	136	113	43.5	991	1552	3029
tʂ	103	46	59.8	1229	2061	3118	104	41	45.2	1074	2240	3344
tʂʰ	73	118	62.9	1405	2206	3264	89	116	50.8	1166	2406	3481
tɕ	70	80	60.3	1532	2674	3387	78	68	40.8	1097	2366	3508
tɕʰ	67	139	66.1	1562	2611	3190	75	139	51.4	808	2397	3445
ts	67	69	55.3	1245	2247	3299	100	23	48	1781	2792	3986

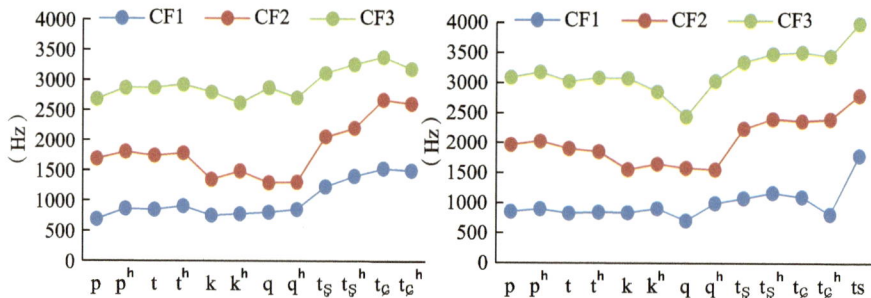

图4.2　塞音、塞擦音等辅音三个共振峰格局（M&F）

2. 塞音、塞擦音声学空间分布格局

表4.1为男性发音人词中音节首塞音、塞擦音 GAP 和 VOT 值统计。图4.3为根据表4.1绘制的以 VOT-GAP 二维坐标的声学格局图。从上述图表中可以看到，（1）词中音节首 [p, pʰ, k, kʰ, t, tʰ, q, qʰ, tʂ, tʂʰ, tɕ, tɕʰ, ts] 13个清塞音、塞擦音在以 VOT-GAP 二维坐标的声学空间中总是分布在三个区域，形成"三个聚合格局"（不因发音人和词中的位置而改变）。总体格局为：[tʰ]、[t] 等齿区塞音集聚在声学空间最高位置，塞擦音 [ts] 居于声学空间最低位置，除 [tʂ] 辅音外，其他塞擦音集聚在声学空间最右边位置；另外，[t] 在声学格局图中居于最高的位置，[p] 居于最左边的位置，[tɕʰ] 居于最低位置上，[tɕʰ] 居于最右边的位置，组成"四边形格局"。上述"三个聚合格局"和"四边形格局"具有一定的稳定性，它们的位置关系不因发音人和词中的位置而改变。（2）塞擦音总是居于塞音的右边位置（除 [tʂ] 辅音之外），说明塞擦音的 VOT 比塞音大；送气音总是居于不送气音右边的位置，说明送气音的 VOT 始终比其相应的

不送气音相对长。（3）［tʰ］、［t］等齿区塞音在格局中居于最高位置
（GAP 值最大），［p，pʰ，k，kʰ，q，qʰ，tʂ，tʂʰ，tɕ，tɕʰ］等塞音、塞擦
音居于中位（GAP 值居中），塞擦音［ts］居于最低位置（GAP 值最小），
即 GAP 与塞音、塞擦音发音部位之间具有一定的相关性。

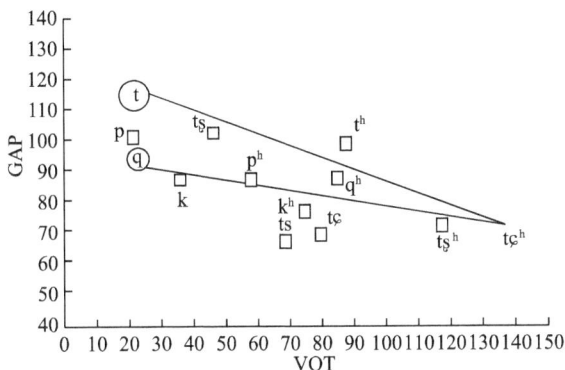

图 4.3　塞音、塞擦音以 VOT-GAP 二维坐标声学格局

东乡语塞音、塞擦音主要以单辅音形式出现在词首、词中（音节首、
音节末）和词末等位置。其中，在词首和词中音节首出现的比例远大于词
中音节末和词末出现的比例。东乡语词首［p，pʰ，k，kʰ，t，tʰ，q，qʰ，
tʂ，tʂʰ，tɕ，tɕʰ，ts］等清塞音、塞擦音的三个共振峰相互分离，分布于高、
中、低三个区域，形成"塞擦在上，塞在下"格局。这种格局与它们发音
方法具有一定的相关性。以 VOT-GAP 二维坐标的声学空间中，［tʰ］、［t］
等齿区塞音在声学格局图中居于最高的位置，［t］、［p］居于最左边的位
置，［ts］居于最低位置上，［tɕʰ］居于最右边的位置。

（二）词首清擦音［s］、［ʂ］、［x］、［f］音谱分布特点

本书利用 CF1～CF5 等五个共振峰（又称强频集中区）对［s］、［ʂ］、
［x］、［f］等塞擦音进行了语音声学分析。表 4.2 为男、女发音人清擦音共
振峰汇总。表 4.3 为男、女发音人谱参数平均值汇总表。图 4.4 为［s］、［ʂ］、
［x］、［f］擦音的谱中心为纵坐标和谱偏移量为横坐标的散点分布图。东乡
语［s］、［ʂ］、［x］、［f］擦音的参数范围为：［s］的谱重心最高，分布范
围为 5000～8000Hz；［ʂ］与［f］的谱重心分布范围为 3000～5000Hz；［x］
的谱重心分布范围为 800～3000Hz。图 4.6 为擦音 CF1～CF5 共振峰分布比

较图。

表 4.2　男、女发音人清擦音共振峰汇总

单位：CF 为 Hz

		M					F				
	参数	CF1	CF2	CF3	CF4	CF5	CF1	CF2	CF3	CF4	CF5
s	均值	1210	2003	3064	3978	4667	1054	2193	3446	4518	4874
	变异系数	5%	14%	11%	10%	4%	5%	20%	13%	7%	3%
	标准差	58	285	325	391	178	56	440	438	311	150
	参数	CF1	CF2	CF3	CF4	CF5	CF1	CF2	CF3	CF4	CF5
ʂ	均值	1586	2152	3044	3968	4910	1363	2603	3609	4405	5031
	变异系数	13%	12%	12%	7%	5%	9%	20%	10%	8%	2%
	标准差	204	267	366	267	264	123	521	350	369	115
	参数	CF1	CF2	CF3	CF4	CF5	CF1	CF2	CF3	CF4	CF5
f	均值	1021	1844	2871	3877	4555	1249	2176	3292	4376	4919
	变异系数	3%	5%	10%	9%	6%	8%	16%	11%	8%	4%
	标准差	26	91	299	360	264	99	349	377	345	186
	参数	CF1	CF2	CF3	CF4	CF5	CF1	CF2	CF3	CF4	CF5
x	均值	822	1396	2680	3805	4438	981	1679	3321	3906	4867
	变异系数	11%	3%	3%	7%	8%	35%	20%	11%	14%	7%
	标准差	88	45	73	249	354	340	340	377	555	334

表 4.3　男、女发音人谱参数平均值汇总

辅音	发音人	M			F		
	参数	COG	STD	SKEW	COG	STD	SKEW
s	均值	6449	2918	−0.11	6556	3018	−0.04
	变异系数	9%	15%	−591%	13%	26%	−3%
	标准差	552	447	0.65	852	794	1.48
	极小值	4123	1317	−1.76	3689	1442	−2.36
	极大值	8781	4154	1.68	8485	4312	4.66
ʂ	均值	3223	1557	1.21	4492	2560	−0.08
	变异系数	21%	20%	75%	20%	22%	−14%
	标准差	681	316	0.91	889	573	0.58

续表

辅音	发音人	M			F		
	参数	COG	STD	SKEW	COG	STD	SKEW
ʂ	极小值	2915	1247	−1.44	2152	1989	−1.4
	极大值	5147	2513	3.75	6568	3522	1.17
f	均值	3077	2209	0.68	3247	3089	0.59
	变异系数	12%	24%	46%	27%	12%	66%
	标准差	369	537	0.31	864	360	0.89
	极小值	2974	1523	−0.73	2534	2361	−0.98
	极大值	5697	3233	2.27	5857	3719	2.14
x	均值	1165	1247	3.89	2428	2794	1.29
	变异系数	9%	12%	42%	21%	21%	49%
	标准差	110	154	1.62	499	583	0.63
	极小值	897	989	1.24	1014	1251	−0.16
	极大值	2620	3662	7.64	4680	3833	3.05

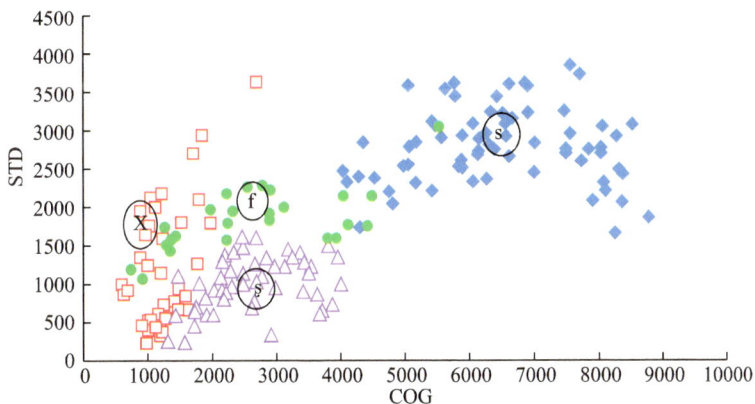

图 4.4 [s]、[ʂ]、[x]、[f] 擦音的谱重心为纵坐标和谱偏移量为横坐标的散点分布

上述分析说明，COG、STD 和 SKEW 等参数都与清擦音的发音部位具有较好的相关性，利用它们能够有效区分不同清擦音的发音部位，说明这些参数具有语言学意义。

为了更直观地看到四个不同发音部位清擦音在谱重心方面的差异性，我们绘制了谱重心（COG）和相对于谱重心的谱偏移量（STD）分布图（见图 4.5）。

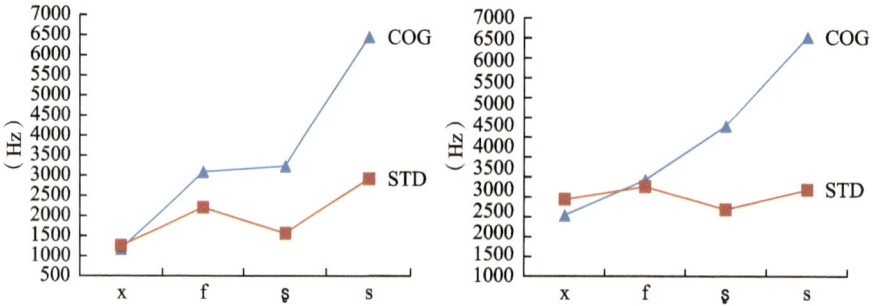

图 4.5 清擦音的谱重心（COG）和相对于谱重心的
谱偏移量（STD）分布示例（M&F）

如上所述，我们所利用的参数均为自动标注和采集形成的。为此，有必要审视清擦音共振峰与其发音部位之间的相关性问题。图 4.6 为 [s]、[ʂ]、[x]、[f] 4 个辅音 5 个共振峰比较示意图。从图 4.6 中可以看到，[s, f] 与 [x, ʂ] 之间的界限比较清晰，而 [s]、[f]、[x] 3 个辅音在高频区有交叉现象。这说明虽然清辅音共振峰与其发音部位之间具有一定的相关性，但与 COG、STD 和 SKEW 等参数相比，其相关性较差，特别是对于 [s]、[f]、[x] 三个辅音来说。

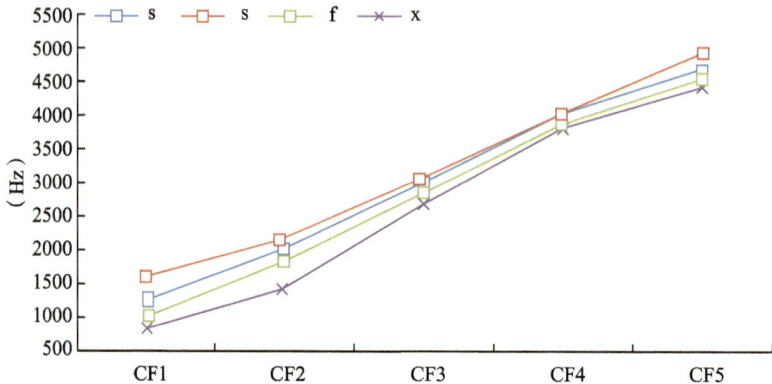

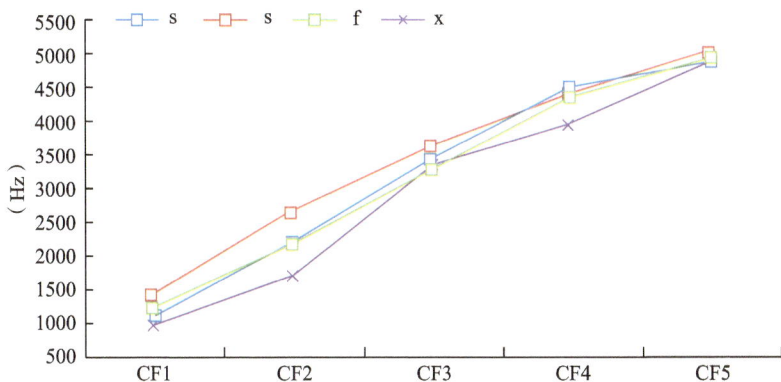

图 4.6 擦音 CF1~CF5 共振峰分布比较（M&F）

我们谱重心参数做了单因素方差分析，表 4.4 为时长、谱重心的检验结果。

表 4.4 检验结果

辅音		谱重心	
		M	F
		显著性	显著性
s	ʂ	0.000	0.000
	x	0.000	0.000
	f	0.000	0.000
ʂ	x	0.000	0.001
	f	0.915	0.006
x	f	0.000	0.000

从谱重心检验结果来看，除 ʂ~ f 之间差异性不是很明显之外，其他擦音之间有差异性显著。

（三）词首 [n，m，ŋ，l，j，w] 辅音音谱特征分布点

与 [s，ʃ，x] 等清擦音相比，[n，m，l，j，w] 等浊辅音虽然有其自身的共振峰（VF）模式，但从声学三维语图上较难辨认 [n，m] 2 个辅音。为此，我们在最新参数库中，增加了浊辅音的 COG、STD 和 SKEW 等参数。表 4.5 为男发音人词首浊辅音共振峰和谱参数均值统计。图 4.7 为根据表 4.4 绘制的 [n，m，l，j] 等浊辅音谱重心—谱偏移量（均值）分布图。

图 4.7 显示，在以 COG 和 STD 为坐标轴的两个维度声学空间，东乡语词首［n，m，l，j，w］等浊辅音也有一定的分布范围。其中，五个辅音界限都比较清晰。从均值看，COG、STD 与浊辅音发音部位之间似乎也存在一定的相关性，即发音部位靠前 COG 值大，靠后则 COG 值小。如，［m］→［n］→［w］→［l］→［j］。但是 SKEW 值与浊辅音发音部位之间相关性不是很明显。

那么，共振峰是否能够区分浊辅音之间发音部位的差异？图 4.8 为词首［n、m、l、j、w］等浊辅音 1~3 个共振峰分布比较图。图 4.8 显示，［n、m、l、j、w］4 个浊辅音的第一共振峰（VF1）基本叠加，而 VF2 的分布有一定的规律性。如，舌位靠后的第二共振峰频率相对高。我们对词首［n，m，l，j，w］等浊辅音 1~3 个共振峰、时长进行了单因素方差分析，结果如表 4.5 所示。

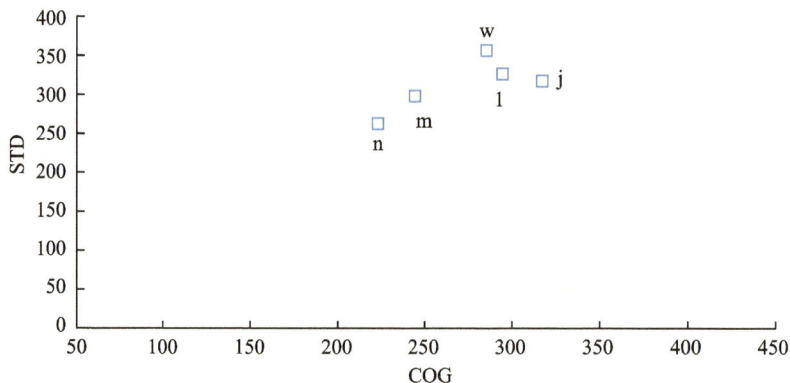

图 4.7　词首浊辅音音谱中心—音谱偏移量分布（M 均值）

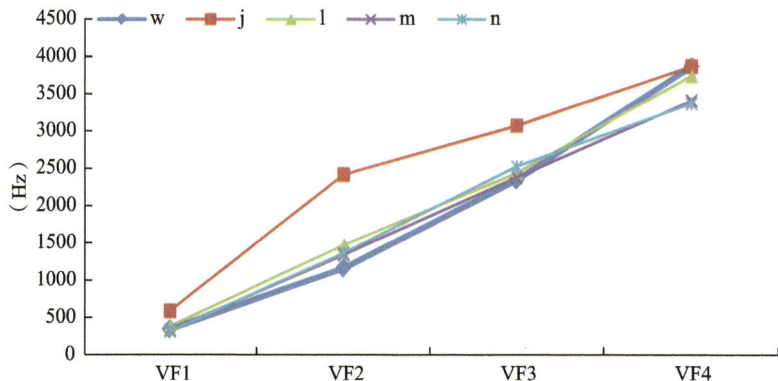

图 4.8　词首浊辅音 1~4 个共振峰分布比较（M）

表 4.5 词首浊辅音谱参数均值统计（M）

	N	126						
	统计项	VF1	VF2	VF3	VF4	COG	STD	SKEW
w	平均值	348	1164	2346	3875	285	360	12.63
	标准差	41	224	244	288	21	139	3.74
	变异系数	12%	19%	10%	7%	7%	39%	30%
	N	102						
	统计项	VF1	VF2	VF3	VF4	COG	STD	SKEW
j	平均值	591	2422	3079	3880	290	322	7.05
	标准差	59	314	307	331	30	31	4.91
	变异系数	10%	13%	10%	9%	10%	10%	70%
	N	101						
	统计项	VF1	VF2	VF3	VF4	COG	STD	SKEW
l	平均值	385	1475	2443	3748	294	330	13.12
	标准差	107	179	383	613	98	150	4.14
	变异系数	28%	12%	16%	16%	34%	45%	32%
	N	18						
	统计项	VF1	VF2	VF3	VF4	COG	STD	SKEW
m	平均值	331	1346	2383	3416	243	300	15.32
	标准差	117	175	330	492	62	127	4.72
	变异系数	35%	13%	14%	14%	25%	42%	31%
	N	26						
	统计项	VF1	VF2	VF3	VF4	COG	STD	SKEW
n	平均值	321	1369	2530	3378	255	266	18.07
	标准差	74	232	398	436	29	111	4.88
	变异系数	23%	17%	16%	13%	13%	42%	27%

我们对词首［n，m，l，j，w］等浊辅音 1~3 个共振峰、时长进行了单因素方差分析，结果如表 4.6 所示。

表 4.6　检验结果

		M		F		M		F	
		F1	F2	F3	F1	F2	F3	CD	CD
		显著性	显著性	显著性	显著性	显著性	显著性	显著性	显著性
n	m	0.819	0.547	0.069	0.000	0.000	0.528	0.125	0.637
	l	0.004	0.005	0.644	0.544	0.000	0.000	0.608	0.001
	j	0.076	0.000	0.000	0.016	0.000	0.000	0.289	0.011
	w	0.394	0.000	0.132	0.000	0.001	0.000	0.985	0.493
m	l	0.008	0.014	0.636	0.002	0.000	0.000	0.780	0.002
	j	0.110	0.000	0.000	0.711	0.000	0.000	0.061	0.033
	w	0.465	0.000	0.520	0.000	0.775	0.000	0.470	0.708
l	j	0.334	0.000	0.000	0.027	0.000	0.229	0.243	0.396
	w	0.177	0.000	0.392	0.000	0.000	0.162	0.707	0.028
j	w	0.615	0.000	0.000	0.000	0.000	0.007	0.483	0.158

从检验结果来看，[n，m，l，j，w] 之间时长没有明显的差异性，见表 4.6。

通过上述分析，我们认为 COG、STD 和 SKEW 值 3 个参数相对稳定，与达斡尔语辅音发音方法和清辅音发音部位密切相关。如，能够有效区别辅音的清、浊。从表 4.5 和图 4.7 中可以看出，清辅音的 COG 和 STD 值都明显大于浊辅音，而其 SKEW 值明显小于浊辅音。从均值看，边音 [l] 的 COG 值总比鼻音 [n，m] 的 COG 值大。另外，上述 3 个参数与清辅音发音部位密切相关，具有明显的区别意义。一般来说，部位越靠后 COG、STD 值越小，部位越靠前 COG、STD 值越大（其中 COG 的变化较明显）。与之相反，部位越靠后 SKEW 值越大，部位越靠前 SKEW 值越小。这一特点也与蒙古语相似。但该三个参数与浊辅音发音部位之间的相关性较差，无明显的区别意义。根据谱重心参数（COG），可以把东乡语词首清辅音分高、中、低等三类。其中，[s] 的谱重心最高（6000 多 Hz），[ʂ，f] 居中（3000 多 Hz），[x] 最低（1100 多 Hz）。显然，东乡语词首清辅音谱特征与蒙古语和汉语普通话的 [s，ʂ（ʃ），x] 等清擦音相似。但在分散度和分布范围方面与蒙古语清擦音谱特征比较相似。东乡语清擦音谱重心高低与分散度之间没有相关性。如，[s] 的谱重心虽然最高，但其谱分散度相对大。

　　本章主要探讨了［s，ʂ，x，f］和［n，m，l，j，w］等辅音的谱参数分布规律，以下是初步结论。（1）COG、STD 和 SKEW 3 个参数相对稳定，能够有效区别东乡语辅音的清、浊和不同发音部位的清擦音，具有语言学意义。（2）清辅音的 COG 和 STD 值都明显大于浊辅音，而其 SKEW 值则小于浊辅音；边音［l］的 COG 值总是比鼻音［n，m］的 COG 值大。（3）COG、STD 和 SKEW 值与清辅音发音部位之间具有较好的相关性。部位越靠后 COG、STD 值越小，部位越靠前 COG、STD 值越大（其中 COG 的变化较明显）。与之相反，部位越靠后 SKEW 值越大，部位越靠前 SKEW 值越小。（4）COG、STD 和 SKEW 值与浊辅音发音部位之间的相关性较差，无明显的区别意义。（5）根据 COG 值，把东乡语词首清辅音可以分高（［s］）、中（［ʂ, f］）、低（［x］）三类。（6）与谱参数相比，辅音共振峰（CF）与东乡语辅音发音部位之间的相关性较差，不适合用于辅音发音部位的描写。

第五章

东乡语音节声学特征

一　音节理论综述

如何定义音节，学者们分歧较大。下面简单介绍几个具有代表性的观点。第一，元音说。元音说是古希腊人最早提出的。他们将音节定义为"由一个元音或一个元音和几个辅音联合构成的语音单位"。古印度则认为，"有多少个元音就有多少个音节"。但是实际上，有的音节根本没有元音。例如英语"film"（胶卷）中虽然只有一个元音，但音节却是 2 个。第二，呼气说。呼气说是奥地利语言学家斯托尔姆（J. Storm）提出的。他认为"音节是一组用一次呼气发出来的声音。……说话时有多少次呼气就有多少个音节。呼气力最弱的地方就是音节的分界线"。但是日常说话，谁也不会发一个音就呼一次气。第三，响度说。响度说是丹麦语言学家叶斯柏逊等人提出的。他把音素按照声音的响度分成 8 级，最响的地方就是音节的中心，响度最低的地方就是音节的分界线。第四，紧张度说。紧张度说是法国语言学家格拉蒙（M. Grammot）和苏联学者谢尔巴提出的。这种学说按照发音时肌肉的紧张程度的变化来划分音节，肌肉每次由紧张到放松构成一个音节，最紧张的地方就是音节的中心。

尽管音节的定义较多，但迄今没有一个定义被验证为恰当的。可以说音节是易理解但难以解释的单元。按着 R. L. Trask 的说法："它是一个基本的但难以捉摸的音系单位。……尽管本族语使用者通常觉得很容易决定在一个给定的词或话语中有几个音节，以音节为基础的书写系统已使用几千年，口误为音节的心理真实性提供了丰富的证据，但事实证明音节极难定义。"如今有两种研究方法占统治地位：（1）音节是一个神经程序的单位，尽管没有一个单一的语音上的对应物，但它可由听话者从大量线索中重新组建；（2）音节是纯音系单位，每一个单位包括一个固有的响度峰，尽管对像英语 spit 这样有两个峰的词要做一些修改（R. L. Trask，1996）。

二　东乡语音节特点

本书不对音节的定义和理论做进一步的阐述，而是根据学者们的阐述以及我们对音节的理解，归纳与音节相关的问题。

第一，蒙古语可以采用以下音节定义："音节是语流中最小的发音单位，也是从听觉上能够自然辨别出来的最小的语音单位。一个音节中可以只包含一个音段，也可以包含几个音段"（邢公畹，1995）。音节具有物理、生理和社会等属性。

第二，语音四要素对东乡语音节中的作用。音节是语音四要素的统一体，四要素是构成音节的因素。对东乡语来说音色是最重要的，因为他俩具有辨义作用或功能。其他三个要素音长、音高、音强的作用不明显。

第三，基本音节与一般音节问题。根据语音四要素地位的不平等性，我们可以把音节中只考虑音色因素、由音素所构成的音节称为基本音节，以便与一般音节，即在基本音节基础上还涉及音高、音强和音长等其他非音质因素的音节相区分。就汉语而言，基本音节就是不带声调的音节，带声调的音节是一般音节（米嘉瑷，2006）。蒙古语音节可以分为基本音节和一般音节。基本音节是只考虑音色因素、由音素所构成的音节，如［sɐr］、［pɐr］、［xɐr］等，而一般音节是在基本音节基础上还涉及音长的音节，如［sɐl］ - ［sɐːl］、［tɐr］ - ［taːr］等，而东乡语以基本音节结构为主，目前"统一平台"中还没有发现一般音节结构特征。

第四，音节与节位问题，音系音节（phonological syllable）与语音音节（phonetical syllable）问题。音系音节的概念并不是全新的，雅克布孙（R. Jacobson）曾经使用过。最早可追溯到俄国人波利万诺夫（Polivanov）和伊万诺夫（Ivanov）所论"音节"与"音节的节位观念"等相关内容。格拉蒙（1933）认为，音系音节为理论上的、典型的、生理上正规的音节。

语音音节为在语音上偶然显示某种不规则特性的音节。其实，音节本身是兼具语音性质和音系性质的单位。它在语音上表现为发音活动与音响的一次加强，在音系上又以其特定的形式隶属于一定语言的语音系统（没有"超语言的音节"）。其语音表现形式（语音音节）与音系形式（音系音节）在多数情况下是统一的。但音节的音系形式是固定的，而其语音表现形式却可以在语流中发生一定的变化。比如，连读有时可以造成音节界限的移动和音节变形，有时可以出现双属辅音（ambisyllabic consonant），不同程度的连读可以造成多种不同的音节变形，这些变形都是非区别性的，它们显然与变形之前的音节形式有所龃龉。正是基于对此种事实的考虑，人们认为有必要对音系音节与语音音节加以区分（史延恺，1986）。

专家学者们在多年的语音实验研究中也意识到了音节的复杂性。在尚未读到上述文章之前，笔者也曾提出"音节"与"音节位"的概念，如：

$$\text{抽象单元} \longrightarrow \text{音位} \longrightarrow \text{音节位}$$
$$\updownarrow \qquad\qquad \updownarrow \qquad\qquad \updownarrow$$
$$\text{有声单元} \longrightarrow \text{音素（音子）} \longrightarrow \text{音节}$$

有声单元和抽象单元的区别：（1）有声单元是语言的存在形式（把某种语言或方言的语音从小单元到大单元可以分成：音素和音节），抽象单元是对有声单元进行简单化、抽象化、系统化的结果；（2）有声单元远远多于抽象单元；（3）有声单元和抽象单元都是针对某一语言或方言的，而不是跨语言、方言的。有声单元和抽象单元的关系是约定性的、固定性的。如，东乡语以口语形式传承至今，音节类型比较多。从我们语音参数库里的统计结果看有 V、VC、C、CV、CVC、CVV、CVVC、CCVVC、CCVC 9种音节类型，但我们可以把它们归纳成 V、VC、CV、CVC 4 个音节位。

为了能够使我们的观点与国际接轨，我们可以采用音系音节与语音音节概念，以便代替原来提出的音节和音节位。如蒙古语普通话有上述 22 种语音音节，有 6 种音系音节。

如上所述，笔者认为，（1）不能排除音节所包含的心理因素；（2）音节在声学上的表现是错综复杂的，一般用音长、音高和音强等参数可以较容易地划分音节，但这是相对的；（3）音节之间的短暂停顿是音节的重要信息。众所周知，蒙古语是音节节奏语言，音节是蒙古语最小的韵律单元。

在音节边界处（音节之间）不出现塞音或塞擦音等有 GAP 的辅音的情况下，蒙古语者也能够感知到音节间的短暂停延。这与每个音节边界处前音节元音的延长有关。这符合韵律学理论。边界前音节元音的延长是在听感上音节间有短暂停延的重要原因之一。虽然，有上述诸多的音节理论，如元音说、呼气说、响度说和紧张度说，甚至是突显论，但笔者认为应该把音节之间的停延作为音节定义的一个重要部分，这对于音节来说是绝不能忽视的因素。音节边界处前音节元音的相对延长可以作为区别音节的重要参数之一。

三　东乡语音节统计分析

我们曾经把东乡语语音音节分为：V、VC、C、CV、CVC、CVV、CVVC、CCVV、CCVC、CCVVC 10 种类型。以下是我们以往的统计分析结果。（1）一个音节中可以容纳 1~5 个音，非词首不出现以元音开头的音节。（2）东乡语各类音节在词里的分布情况是：词首音节①的类型最多，其中出现频率最高的是 CV 音节（占所有词首音节的 59%），其次是 CVC、CVV 音节（各占所有词首音节的 13%）；词中音节中，出现频率最高的是 CVC 音节（占所有词中音节的 71%），其次是 CV 音节（占所有词中音节的 19%）；词尾音节中，出现频率最高的是 CV 音节（占所有词尾音节的 72%），其次是 CVV 和 CVC 音节（各占所有词尾音节的 10% 和 17%）。

以上统计结果告诉我们，东乡语的各类音节中 CV、CVC 为较活跃的音节。它们的出现频率分别为：60% 和 21%，也就是说这两种类型的音节占所有音节的 81%。

总之，CV、CVC 两种语音音节为东乡语主流音节，而音系音节 CV 是东乡语核心音节。

---

① 词首音节中不包括单音节词。因为单音节词的音节类型及其出现频率与多音节词词首音节有所不同。

|第六章|
东乡语单词韵律特征

一 东乡语韵律研究综述

著名语音学家吴宗济先生曾指出，一个人所说语言，无论其经意与否，其表达的语气、情调都和韵律有关。韵律特征在自然语言中起着非常重要的作用。韵律特征的变化可以帮助听者更好地理解说话人（发言人）的语义。说话人（发言人）的语气、态度、感情色彩、个人特点在句子的韵律特征中都有所体现，从而使句中音节的韵律特征产生各种各样的变化。而说话人的思想正是通过韵律特征的变化得到确切的体现。韵律结构对自然语言自然度和可懂度的作用重大。例如，根据结构边界特征把自然语流分成几个层级单元，这样不但便于计算机处理，也符合语音的感知。在数据驱动的文语转换系统中，可在所有候选单元中挑选与其左右音节及韵律结构中最相近的单元用于合成，以此来满足合成语音的韵律要求，而无需对拼接单元进行声学处理。另外，一些研究还表明，韵律单元边界的声学征兆对于语法中歧义的化解有着重要的作用，韵律还能突显语篇结构，因此，在人机交互系统中，韵律对语音的理解非常重要。

广义地说，韵律结构应当包括重音、节奏和语调三个方面的结构，例如重音的位置分布及其等级差异，韵律边界的位置分布及其等级差异，语调的基本骨架及其跟声调、节奏和重音的关系，等等。狭义地说，韵律结构主要指话语节奏的层级组织及其客观标志，包括韵律词的构成以及各级韵律成分边界的界定等，通常叫作韵律切分。它涉及说话时的组词断句模式，实质上是指语言信息时域分布的格局。本书所说的是狭义的韵律结构。

从 20 世纪 90 年代初开始，随着言语声学工程技术的发展，汉语自然语言韵律特征的研究成为我国语言学界和言语工程界共同讨论和研究的焦点。在语句重音的研究、韵律层级单元（韵律词、韵律词组、韵律短语和语调短语）及其边界划分（韵律词边界、韵律词组边界、韵律短语边界和语调短语边界）、韵律层级标注方法、韵律层级边界处声学特征、韵律结构与句法结构的关系、基于语法信息的韵律结构预测方法等方面都取得了前所未有的成绩，并把上述研究成果成功地应用到语音合成和识别系统中，把言语声学工程技术推上了新的高峰（呼和，2007）。与汉语自然语言韵律特征研究的发展速度和水平相比，东乡语韵律特征研究处于起步阶段。

二 东乡语单词韵律模式

（一）双音节词音律模式

1. 音长分布模式

图 6.1 为双音节词音长（平均值）分布模式图。本书的词结构类型是指短元音与复合元音在词中的分布模式：S-L 类是指第一音节中出现短元音而第二音节中出现复合元音的双音节词；L-L 类是第一、第二音节中都出现复合元音的双音节词；L-S 类是第一音节中出现复合元音而在第二音

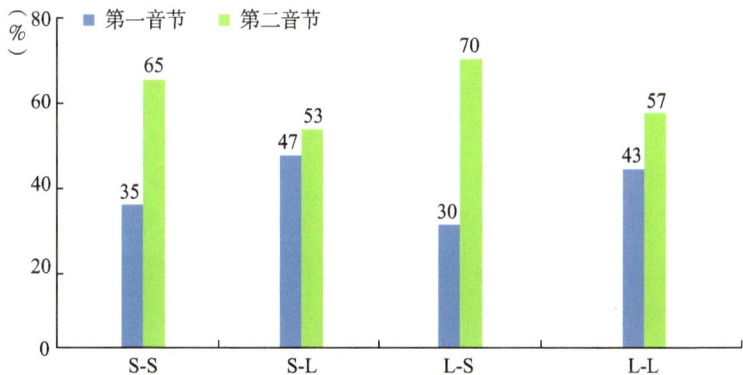

图 6.1-1 双音节词元音长度分布模式（M）

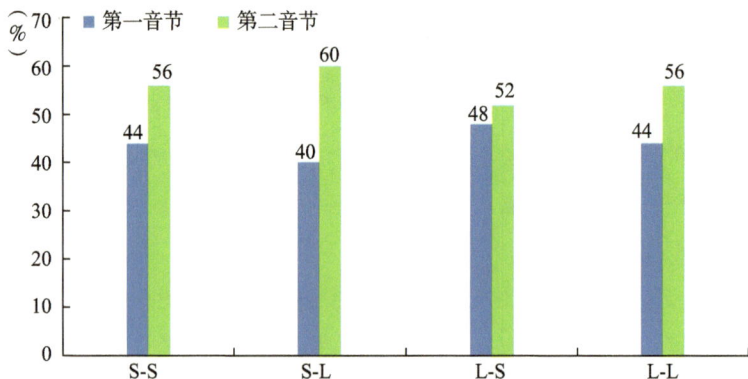

图 6.1-2　双音节词元音长度分布模式（F）

节中出现短元音的双音节词；第三音节词以此类推。从图 6.1 和图 6.2 看出，词首音节元音比非词首音节元音相对较短。这里所指的长短是物理长短，而不是音系学上的相对长短（呼和，2007）。

2. 音强分布模式

图 6.2 为双音节词音强（平均值）分布模式示意图。从图中我们可以清楚地看出，双音节词 S-S、S-L、L-L、L-S 类中音强最强点落在第二音节上。双音节词音强呈现"S-W"模式（弱强模式）。但是音强强弱参数差值不是很大。

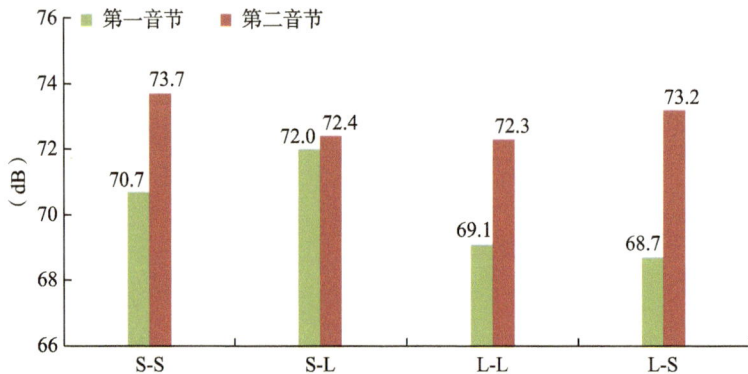

图 6.2-1　双音节词音强（平均值）分布模式（M）

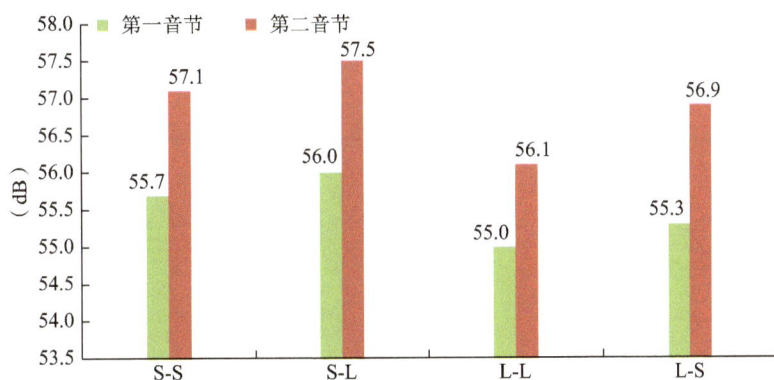

图 6.2-2 双音节词音强（平均值）分布模式（F）

3. 音高分布模式

图 6.3 为东乡语双音节词音高（平均值）分布模式示意图。从图中我们可以清楚地看出，双音节词 S-S、S-L、L-L、L-S 类中音高峰值高点均落在第二音节上。双音节词呈现出典型的"L-H"模式（低高模式）。

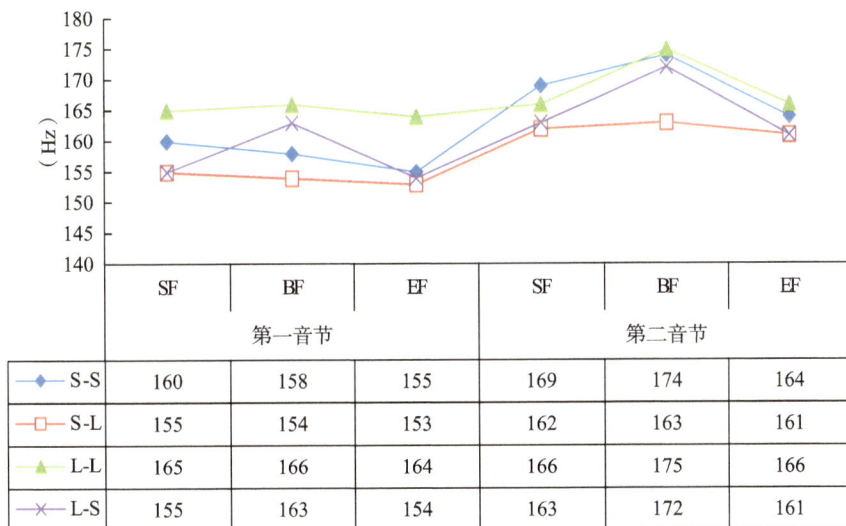

| | 第一音节 | | | 第二音节 | | |
	SF	BF	EF	SF	BF	EF
S-S	160	158	155	169	174	164
S-L	155	154	153	162	163	161
L-L	165	166	164	166	175	166
L-S	155	163	154	163	172	161

图 6.3-1 东乡语双音节词音高（平均值）分布模式（M）

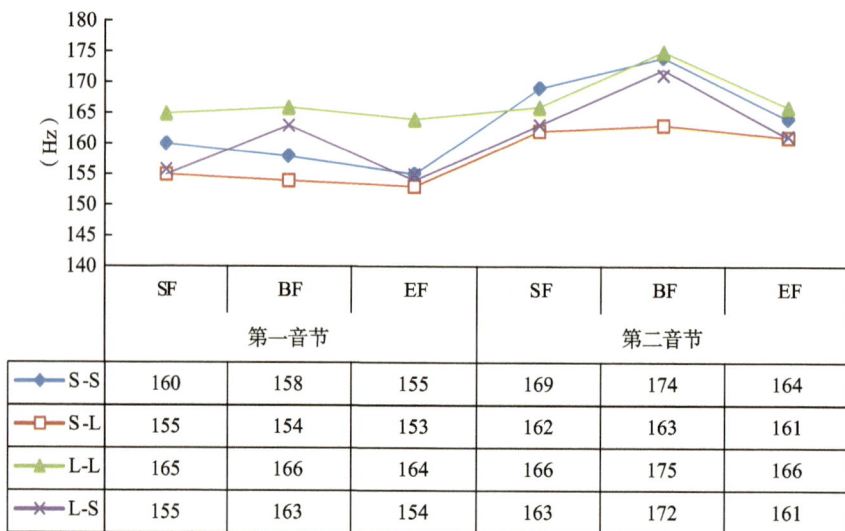

	SF	BF	EF	SF	BF	EF
	第一音节			第二音节		
S-S	160	158	155	169	174	164
S-L	155	154	153	162	163	161
L-L	165	166	164	166	175	166
L-S	155	163	154	163	172	161

图 6.3-2　东乡语双音节词音高（平均值）分布模式（F）

（二）三音节词音律模式

三音节词共有 S-S-S、S-S-L、S-L-S、L-L-S、L-S-L、L-S-S 六类词。其中 L-L-S、L-S-L 两种类型出现次数极少，没有统计意义。

1. 音长分布模式

图 6.4 为三音节词第一、第二、第三音节元音音长（平均值）对比图。

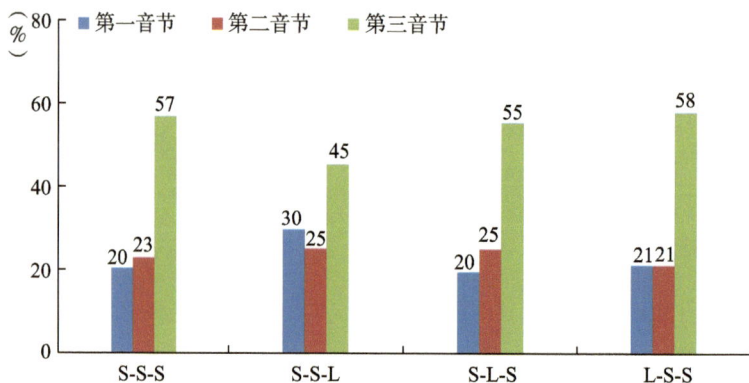

图 6.4　第一、第二、第三音节元音音长（平均值）对比（M）

从图 6.4 中可以看出，S-S-S、S-S-L、S-L-S、L-S-S 四类词中的第二音节元音音长为最短，第一音节元音居中，第三音节元音为最长。男发音人 S-S-S 类词的音长百分比为 20∶23∶57，男发音人 S-S-L 类词的音长百分比为 30∶25∶45，男发音人 S-L-S 类词的音长百分比为 20∶25∶55，男发音人 L-S-S 类词的音长百分比为 21∶21∶58。

2. 音强分布模式

图 6.5 为三音节词音强（平均值）分布模式示意图。

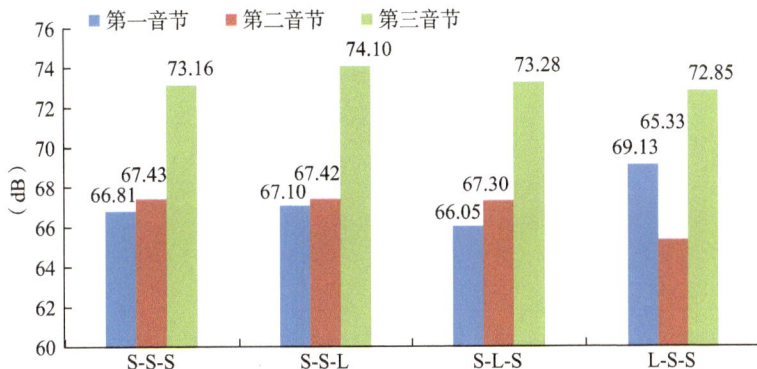

图 6.5　三音节词音强（平均值）分布模式示意（M&F）

从图 6.5 中可以看出，S-S-S、S-S-L、S-L-S、L-S-S 四类词呈现出"M-W-S"（中—弱—强）模式。男声发音人第一、第二、第三音节音强差值较大。

3. 音高分布模式

图 6.6 为东乡语三音节词音高（平均值）分布模式图。从图中我们可以清楚地看到，三音节词 S-S-S、S-S-L、S-L-S、L-S-S 等四类词音高峰值高点均落在第三音节上。三音节词呈现出典型的"L-L-H"（低—低—高）模式。

三　东乡语词重音问题

（一）关于东乡语词重音问题

东乡语词重音讨论的焦点如下。（1）在位置方面，重音在第一音节、第二音节，还是词末音？（2）在性质方面，是音强重音、音高重音、音长重音，还是整个音节语音四要素（两个或多个要素）变化的综合效应？（3）在

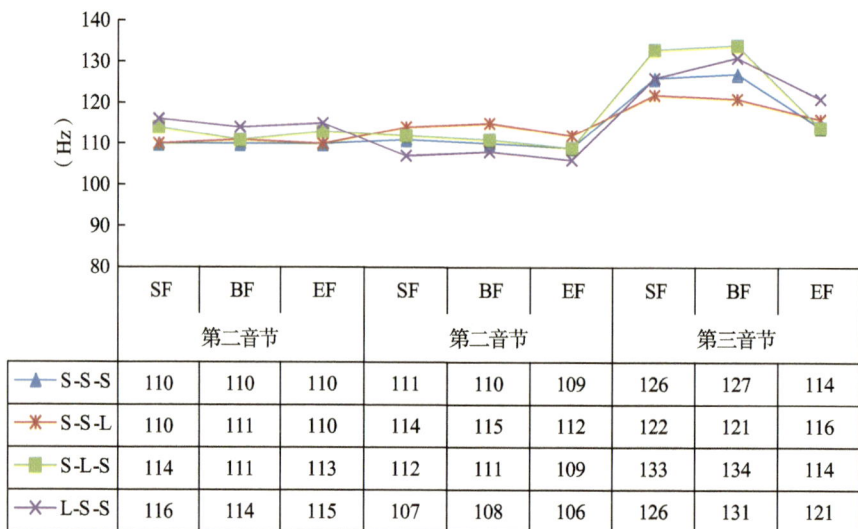

	SF	BF	EF	SF	BF	EF	SF	BF	EF
	第二音节			第二音节			第三音节		
S-S-S	110	110	110	111	110	109	126	127	114
S-S-L	110	111	110	114	115	112	122	121	116
S-L-S	114	111	113	112	111	109	133	134	114
L-S-S	116	114	115	107	108	106	126	131	121

图 6.6　东乡语三音节词音高（平均值）分布模式示意（M）

类型学方面，是固定重音，还是自由重音？（4）是否还有次重音？

关于东乡语重音，那森柏提出了以下五个观点。（1）对于东乡语整个语音系统来说，东乡语词重音是不可分割的一部分。（2）东乡语词重音主要落在词末音节上，但有些词中重音落在非词末音节上。（3）有重音移位的情况。（4）个别词中重音有区别意义。（5）构形词缀上基本没有重音。布和（1987）认为，"东乡语的重音通常在词的最末一个音节。在词干或词干后面接加自称音节的附加成分时，重音随着音节的增加而向后移"。刘照雄（1981）认为，"东乡语词重音落在最后音节上"。

（二）东乡语词重音

1. 元音音质与词中位置的关系

图 6.7 为东乡语男、女发音人词首音节短元音和非词首音节短元音的声学元音图，图 6.8 为词首音节元音和非词首音节元音的舌位三角形图。显然，非词首音节短元音的特征没有明显央化（或［ə］化）现象。在声学空间中词首音节元音与非词首音节元音之间没有明显的差别。

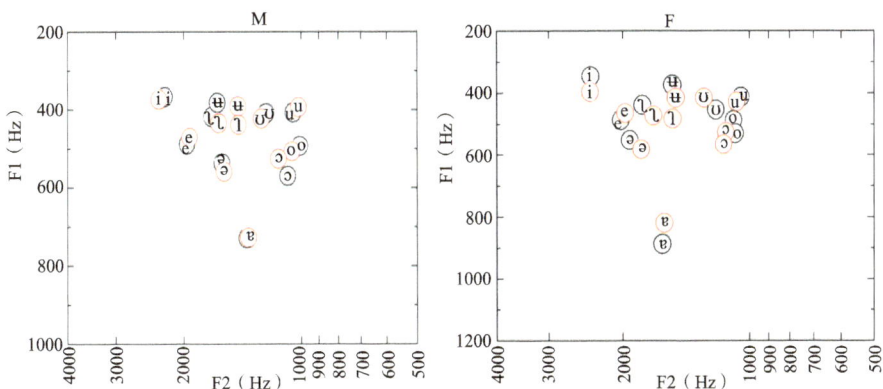

图 6.7 词首音节短元音和非词首音节短元音的声学元音

　　东乡语重音通常都在词的最末一个音节。在词根或词干后面接加自称音节的附加成分时，重音随着音节的增加而向后移动。例如：S-S、S-L、L-L、L-S、S-S-S、S-S-L、S-L-S、L-L-S、L-S-L、L-S-S 等类型中重音主要表现在最后一个元音上。

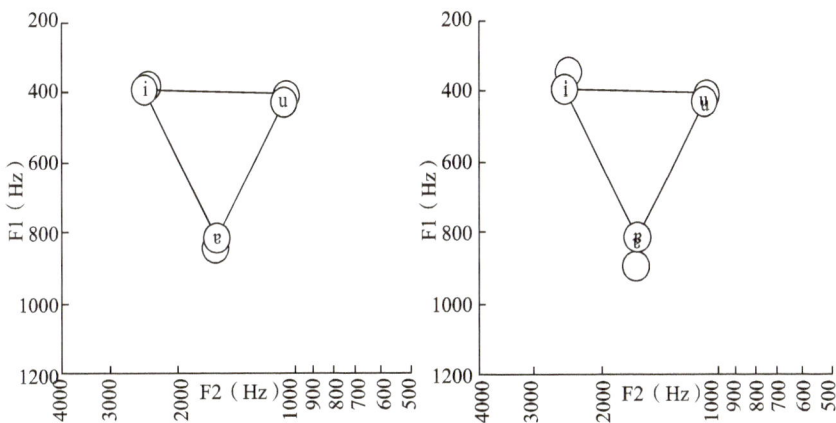

图 6.8 词首音节元音和非词首音节元音的舌位三角形（M）

2. 元音音长、音高和音强语词中位置之间的关系

　　表 6.1 和表 6.2 中显示了东乡语双音节和三音节词的音高最大差值、音强最大差值和元音长度分布模式。表 6.1 和表 6.2 采用数值比（Numerical ratio）表示法。

表 6.1　东乡语双音节词音高、音强最大差值和音长分布模式

声学参数 ＼ 词型		S-S	S-L	L-L	L-S
音高最大差值（Semitone）	男	-4	1	-2	0
	女	-3	-1	-3	-1
音强最大差值（dB）	男	-6.15	-5.44	-4.69	-2.15
	女	-4.34	-6.11	-3.51	-2.99
音长分布模式（Numerical ratio）	男	4：6	4：6	4：6	4：6
	女	3：7	3：7	4：6	4：6

表 6.2　东乡语三音节词音高、音强最大差值和音长分布模式

声学参数 ＼ 词型		S-S-S	S-S-L	S-L-S	L-S-S
音高最大差值（Semitone）	男	-4.7	-5.21	0	-13
	Syl	1-3	1-3	2-3	2-3
	女	-6.11	-7.33	-3.81	-9.16
	Syl	1-3	1-3	2-3	2-3
音强最大差值（dB）	男	-6.35	-7	-7.23	-7.52
	Syl	1-3	1-3	1-3	2-3
	女	-8.11	-7.43	-6.89	-8.54
	Syl	1-3	1-3	1-3	2-3
音长分布模式（Numerical ratio）	男	2：3：5	2：2：6	3：2：5	3：2：5
	女	2：2：6	2：1：7	3：3：5	3：3：4

　　从表 6.1 和表 6.2 中可以看出，我们对东乡语双音节、三音节词重音有了初步的认识与判断，具体如下。

　　音长分布特征，S-S 类词第二音节元音比第一音节元音相对较长，男发音人音长百分比为 47：53，女发音人音长百分比为 44：56；S-L 类词第二音节元音比第一音节元音相对较长，男发音人音长百分比为 38：62，女发音人音长百分比为 40：60；L-S 类词第一音节元音比第二音节元音相对较短，男发音人音长百分比为 44：56，女发音人音长百分比为 48：52。L-L 类词第一音节元音比第二音节元音相对较短，男发音人的音长百分比为 44：56，女发音人的音长百分比为 42：58。从以上数据看，无论是在哪个类词，第二音节元音都比第一音节元音相对较长。东乡语双音节词的第二音节元

音比第一音节元音相对较长。

音强分布特征，东乡语 S-S、S-L、L-L、L-S 四类双音节词中，只呈现了一种音强模式，是"W-S"（弱一强）模式。

音高曲线分布特征，音高曲线由 SF（起点频率）、BF（折点频率）、EF（终点频率）三点组成，呈现曲拱线条。每个曲拱有"L-H-L"（低一高一低）模式。东乡语双音节词的第一音节曲拱比第二音节相对较低。S-S、S-L、L-L、L-S 四类双音节词中都呈现"L-H"（低一高）模式。男发音人 S-S 类词两个曲拱中折点的差值为 16Hz，女发音人 S-S 类词两个曲拱中折点的差值为 17Hz；男发音人 S-L 类词两个曲拱中折点的差值为 9Hz，女发音人 S-L 类词两个曲拱中折点的差值为 22Hz；男发音人 L-L 类词两个曲拱中折点的差值为 9Hz，女发音人 L-L 类词两个曲拱中折点的差值为 25Hz；男发音人 L-S 类词两个曲拱中折点的差值为 9Hz，发音人 L-S 类词两个曲拱中折点的差值为 17Hz。

音长分布特征，男发音人 S-S-S 类词的音长百分比为 20：23：57，男发音人 S-S-L 类词的音长百分比为 30：25：45，男发音人 S-L-S 类词的百分比为 20：25：55，男发音人 L-S-S 类词的百分比为 21：21：58。总的来看，S-S-S、S-S-L、S-L-S、L-S-S 四类词中的第一音节元音音长为相对较短，第二音节元音居中，第三音节元音最长。

音强分布特征，三音节词 S-S-S、S-S-L、S-L-S、L-S-S 等四类词呈现出"M-W-S"（中一弱一强）模式。

音高分布模式，音节词 S-S-S、S-S-L、S-L-S、L-S-S 等四类词音高峰值高点均落在第三音节上。三音节词呈现出典型的"L-L-H"（低一低一高）模式。

（三）关于东乡语词重音问题的讨论

国内外学者有关词重音问题的研究主要集中在突显音节上，对凸显音节的感知是一个心理过程。但这些心理参数将在物理上被实现为音高、音强、音长。各种声学参数对词重音的贡献因语言而异，有的语言中音高的作用相对大于其他参数，而有的语言中音长或音强的贡献相对大于音高。这些声学参数在重音音节的区分上形成一种层级结构。

上述实验结果显示，东乡语双音节、三音节词中元音音强、音长、音高模式显示都有一定程度的差异性，其中元音音强模式显示差异性最为明显。音强、音高、音长虽然是词重音的主要声学关联物，但是它们的分布模式因语言而异。为了客观、准确地判定重读音节的位置与性质，避免主观音素对听觉判断的影响，我们根据上述数据，对东乡语重读音节位置进行了"参数判定"。表6.1和表6.2中显示了东乡语多音节词中的音高、音强和音长的最大差值分布模式。

下面我们根据语音四要素的声学结构特点，判定多音节词的重音位置。图6.9和图6.10是我们的判断结果。与以往判定不同，本次把音色也作为判断指标。图中的负值表示后一音节参数值比前音节参数值大（三音节词中以差距最大的两个音节的参数差为准），"+"表示所指参数值处于相对优势，"-"表示所指参数值处于相对弱势，"○"表示所指参数值相等或相近，不突出。三音节词中两个音节的某参数相等或相近，但它们都比另一个音节的参数值相对优势时，这两个音节上都用"+"表示。对于音色来

	音强	音长	音高	音色		音强	音长	音高	音色
S-S	–	–	–	○		+	+	+	–
S-L	–	–	–	○		+	+	+	+
L-S	–	–	–	+		+	+	+	○
L-L	–	–	–	+		+	+	+	+
	第一音节					第二音节			

图6.9 双音节词自然节奏模式及重读音节示意

	音强	音长	音高	音色		音强	音长	音高	音色		音强	音长	音高	音色
S-S-S	–	–	○	○		–	–	○	○		+	+	○	–
S-S-L	–	–	○	○		–	–	–	–		+	+	+	+
S-L-S	○	–	–	○		○	–	–	+		○	+	+	+
L-S-S	–	–	–	+		–	–	–	–		+	+	+	+
	第一音节					第二音节					第三音节			

图6.10 三音节词自然节奏模式及重读音节示意

说，"+"表示复合元音，"○"表示词首音节短元音，"−"表示非词首音节短元音。图中阴影部分的音节为我们断定的非重读音节。

从图 6.9 和图 6.10 中可以看出，东乡语单词重读分布模式是固定的。无论是男发音人还是女发音人，双音节词和三音节词的重读音节为最后音节，即显现后重前轻模式。双音节词和三音节词的重读音节相关物由音强、音长、音高组成，也就是说在这些词中，以上的三种声学参数共同作用与"突显"。东乡语词重音是音强、音长和音高的综合效应，其中音强的贡献较大，其次是音高和音长。

（四）词重音的问题总结

（1）在位置方面，东乡语单词重音是落在最后一个音节的固定重音。

（2）在性质方面，东乡语单词重音是由音强、音长和音高共同作用的结果。其中音强的贡献比音高和音长相对较大。

（3）在类型方面，东乡语单词重音可以归为某种意义上的固定重音。重音落在最后一个音节上，最后音节为重读音节。

（4）在功能方面，东乡语没有词汇或形态学意义上的单词重音，但是音强、音长、音高和音色等诸多要素引起的"突显"现象，因此，东乡语重音具有标定音节和词界的作用。

参考文献

专著

清格尔泰，1957~1958，《中国境内蒙古语族语言及蒙古语方言概况》。

那森柏（那顺巴雅尔），1959，《东乡语概要》，第一届国际蒙古学会议论集。

刘照雄，1981，《东乡语简志》，民族出版社。

〔苏联〕托达耶娃，1981，《东乡语》，周建奇译，内蒙古大学蒙古语文教研室印。

罗常培、王钧，1981，《普通语言学纲要》，商务印书馆。

布和编著，1983，《东乡语话语材料》，内蒙古人民出版社。

马自祥，1978，《东乡族》，民族出版社。

马自祥，1984，《袅袅话东乡》，甘肃人民出版社。

霍凯特，1986，《现代语言学》，叶蜚声、索振宇翻译，北京大学出版社。

吴宗济、林茂灿，1987，《实验语音学概要》，北京高等出版社。

孙竹，1987，《蒙古语族语词典》，青海人民出版社。

中央民族大学编，1987，《中国少数民族语言》，四川民族出版社。

国家民族事务委员会、西北民族大学语言研究所编，1988，《东乡语文集》，甘肃民族出版社。

石峰，1989，《语音学微探》，北京大学出版社。

林涛、王理嘉，1992，《语音学教程》，北京大学出版社。

萨丕尔，1997，《语言论》，卢卓元译，商务印书馆。

呼和、确精扎布，1999，《蒙古语语音声学分析》（编著）内蒙古大学出版社。

罗安源，2000，《田野语音学》，中央民族大学出版社。

马国忠、陈元龙，2001，《东乡语汉语词典》，甘肃民族出版社。

孟和宝音，2002，《蒙古语语音研究》，内蒙古人民出版社。

力提甫·托呼提，2004，《阿尔泰语言学导论》，山西教育出版社。

呼格吉勒图，2004，《蒙古语族语言基本元音比较研究》，内蒙古教育出版社。

叶蜚声，2005，《语言学概要》，北京大学出版社。

丁鸿竹，2006，《回族、东乡族、保安族民族融合研究》，中央民族大学出版社。

德勒格日玛、波·苏德，2006，《蒙古语族概论》，中央民族大学出版社。

赵忠德，2006，《音系学》，上海外语教育出版社。

戴庆厦，2006，《语言学基础教程》，商务印书馆。

曹剑芬，2007，《现代语音研究与探索》，北京商务印书馆。

高文成，2007，《语言学精要与学习指南》，清华大学出版社。

石峰，2008，《语音格局》，商务印书馆。

呼和，2009，《蒙古语语音研究》，辽宁民族出版社。

呼和，2018，《蒙古语语音声学研究》，社会科学文献出版社。

肯尼思·卡兹纳，1980，《世界的语言》，北京出版社。

里查孙，1961，《声学技术概要（语言篇）》，科学出版社。

俞士汶，2003，《计算语言学概论》，商务印书馆。

白音门德，2014，《蒙古语实验语音学研究》，内蒙古人民出版社。

宝玉柱、孟和宝音，2011，《现代蒙古语正蓝旗土语音系研究》，民族出版社。

罗安源，2005，《发音语音学》，中央民族大学出版社。

罗安源、张铁山、杨波编著，2009，《民族语言与语言学引论》，中央民族大学出版社。

罗常培、王均，2002，《普通语音学刚要》，商务印书馆。

吕世楠等，2012，《汉语语音合成——原理和技术》，科学出版社。

石峰，2008，《语音格局——语音学与音系学的交汇点》，商务印书馆。

霍凯特编著，2003，《现代语言学教程》，索振宇、叶蜚声译，北京大学出版社。

冉启斌、石峰，2008，《辅音现象与辅音特性》，南开大学出版社。

易斌，2012，《现代维吾尔语元音的实验语音学研究》，中国社会科学出版社。

曹道巴特尔，2007，《喀喇沁蒙古语研究》，民族出版社。

李兵，2013，《阿尔泰语言元音和谐研究》，商务印书馆。

〔波兰〕科特维奇，2003，《阿尔泰诸语言研究》，哈斯译，内蒙古教育出版社。

吴宗济、林茂灿，2014，《实验语音学概要》，北京大学出版社。

参考论文

刘照雄，1965，《东乡语概况》，《中国语文》第 2 期。

那德木德，1982，《关于东乡语元音》，《西北民族学院学报》第 3 期。

呼和巴拉，1982，《东乡语复数附加成分——（çiəla）》，东乡语论集。

布和，1983，《东乡语的元音和谐现状探析》，《民族语文》第 4 期。

那德木德、桑杰，1984，《关于东乡语名词末尾音 - n》，《蒙古语文研究参考资料》（第七辑）。

布和，1985，《关于东乡语鼻辅音 n 和 ŋ》，东乡语论集。

包力高，1985，《蒙古书面语元音间未脱落的辅音 ɣ-k》，《民族语文》第 1 期。

阿·伊布拉黑麦，1985，《关于东乡语语音的几个音位》，《甘肃民族研究》第 2 期。

清格尔泰，1985，《蒙古语塞音 qh，kh 的历史演变》，《民族语文》第 3 期。

阿·伊布拉黑麦，1987，《东乡语构词法补遗：甘肃民族研究》第 1-2 期。

呼和巴日斯，1987，《关于东乡语的一个附加成分》，东乡语论集。

余志鸿，1994，《从〈蒙古秘史〉语言看东乡语》，《民族语文》第 1 期。

孙竹，1996，《东乡语实词及其形态》，《蒙古语族语言研究》第 1 期，内蒙古大学出版社。

高·照日格图，2000，《以元音交替法分析蒙古语族与突厥语族语言相近词》，《内古大学学报》（蒙文版）第 1 期。

麦耘，2005，《对国际音标理解和使用的几个问题》，《方言》第 2 期。

白音朝格图，2006，《关于国际音标》，《内蒙古大学学报》第 1 期。

朱晓农，2007，《近音》，《方言》第 1 期。

陈文祥，2007，《新疆伊犁地区东乡语语言状况调查》，《兰州大学学报》

（人文社会科学版）第 4 期。

包萨仁，2007a，《从语言影响来研究东乡语的元音和谐弱化现象》，《内蒙古大学学报》（蒙文版）第 5 期。

包萨仁，2007b，《语言接触对语言发展的促进作用和制约作用的探析》《内蒙古大学学报》（蒙文版）第 5 期。

宝玉柱、孟和宝音，2008，《蒙古语正蓝旗土语复合元音研究》，《民族语文》第 4 期。

陈乃雄，1982，《五屯话初探》，《民族语文》第 1 期。

刘照雄，1984，《我国蒙古语族语言的语音对应》，《民族语文》第 6 期。

呼和、鲍怀翘、确精扎布，1997，《关于蒙古语语音声学参数数据库》，《内蒙古大学学报》（人文社会科学版）第 5 期。

呼和、陈嘉猷、郑玉玲，2001，《蒙古语韵律特征声学参数数据库》，《内蒙古大学学报》（人文社会科学版）第 1 期。

呼和、哈斯其木格、周学文、乌日格喜乐图、郑玉玲，2009，《中国少数民族语言语音声学参数数据库的研制方法》第十届全国人机语音通讯学术会议暨国际语音语言处理研讨会论文摘要集。

呼和、哈斯其木格，2007，《面向语音合成的蒙古语韵律特征研究框架》，民族语言文字信息技术研究——第十一届全国民族语言文字信息学术研讨会论文集。

呼和、乌日格喜乐图，2010，《鄂伦春语词首音节短元音声学分析》，第九届中国语音学学术会议论文集。

呼和，1998，《关于蒙古语的音节问题》，《民族语文》第 4 期。

呼和，2005，《基于 EPG 的蒙古语塞音，塞擦音研究》，《内蒙古大学学报》（人文社会科学版）第 31 期。

呼和，2005，《加强少数民族实验语音学研究的几点建议》，第十届全国少数民族语言文字信息处理学术研讨会论文集。

呼和，1996，《蒙古语/r/辅音的声学分析》，《内蒙古大学学报》（人文社会科学版）第 6 期。

呼和，1998，《关于蒙古语的音节问题》，《民族语文》第 4 期。

呼和，2005，《蒙古语辅音腭化问题研究》，《民族语文》第 2 期。

包桂兰、哈斯其木格、呼和，2010，《基于 EPG 的蒙古语辅音发音部位研究》,《民族语文》第 3 期。

包桂兰、哈斯其木格、呼和,2010,《蒙古语清擦音实验研究》,第九届中国语音学学术会议论文集。

清格尔泰,1985,《关于蒙古语族语言及其研究》,内蒙古大学学报(人文社会科学版)第 4 期。

陈乃雄,1987,《我国蒙古语族语言研究概况》,《民族语文》第 4 期。

包萨仁,2005,《现代蒙古语短元音弱化以至脱落原因分析》,《内蒙古民族大学学报》(人文社会科学版)第 2 期。

包萨日娜,2009,《传统蒙古文到新蒙文转换中名词及其格附加成分转换的研究》,硕士学位论文。

包世恩,2005,《蒙古语非特定人大词汇量连续语音识别系统的研究与实现》,硕士学位论文。

包艳花,2009,《关于进一步提高蒙古语语料库质量的思考》,《呼伦贝尔学院学报》(人文社会科学版)第 2 期。

宝玉柱、孟和宝音,2008,《现代蒙古语正蓝旗土语弱元音研究》,《大连民族学院学报》(人文社会科学版)第 6 期。

宝玉柱,2010,《蒙古语正蓝旗土语元音和谐律研究》,《语言研究》第 1 期。

宝玉柱,2007,《现代蒙古语正蓝旗土语重音研究》,《中央民族大学学报》(人文社会科学版)第 6 期。

姜根兄,2009,《蒙古语族语言语音历史演变研究》,博士学位论文。

宝玉柱、孟和宝音,2008,《蒙古语正蓝旗土语短元音实验音系学研究》,《内蒙古民族大学学报》(人文社会科学版)第 3 期。

宝玉柱、孟和宝音,2008,《蒙古语正蓝旗土语长元音实验音系学研究》,《内蒙古大学学报》(人文社会科学版)第 4 期。

宝玉柱、孟和宝音,2008,《蒙古语正蓝旗土语复合元音研究》,《民族语文》第 4 期。

宝玉柱、孟和宝音,2008,《现代蒙古语正蓝旗土语音节研究》,《中央民族大学学报》(人文社会科学版)第 5 期。

鲍怀翘、吕士楠,1992,《蒙古语察哈尔话元音松紧的声学分析》,《民族语文》第 1 期。

毕力格图，2006，《基于 HMM 建模的蒙古语连续语音识别系统的研究与实现》，硕士学位论文。

步延新、张和生，2006，《抽样方法在语言学研究中的运用》，《语言文字应用》第 S2 期。

蔡莲红、赵世霞，1999，《汉语语音合成语料库的研究与建立》，《语言文字应用》第 3 期。

陈秀梅，2004，《蒙古语察哈尔土语辅音组合 "4×6" 的声学和生理分析》，硕士学位论文。

春岭、斯琴，2008，《现代蒙古语词语搭配分布特征初探——以单词 GAR，JALAGV 为例》，第四届全国学生计算语言学研讨会会议论文集。

达胡白乙拉，2008，《蒙古语基本动词短语结构关系研究》，《中央民族大学学报》（人文社会科学版）第 3 期。

豆格才让、哈斯其木格、郑玉玲，2008，《藏语标准音浊声母的实验研究》，第八届中国语音学学术会议暨庆贺吴宗济先生百岁华诞语音科学前沿问题国际研讨会论文集。

额尔敦图雅，2007，《对蒙古语塞音的生理和声学分析》，硕士学位论文。

格根塔娜，2008，《蒙古语朗读话语韵律层级单元及其边界处的声学和语言学线索》，硕士学位论文。

哈斯，2008，《蒙古语语料库语言资源管理平台的设计与实现》，《内蒙古师范大学学报》（自然科学汉文版）第 6 期。

哈斯额尔敦，1999，《汉语与蒙古语语音比较》，《中央民族大学学报》（人文社会科学版）第 4 期。

哈斯其木格、刘佳，2005，《蒙古语复辅音初探》，第十届全国少数民族语言文字信息处理学术研讨会论文集。

哈斯其木格、郑玉玲、呼和、包桂兰、胡红彦，2010，《蒙古语语音动态腭位数据库》，第九届中国语音学学术会议论文集。

哈斯其木格，2006，《基于 EPG 的蒙古语/r/辅音研究》，《南京师范大学文学院学报》（人文社会科学版）第 4 期。

哈斯其木格，2009，《蒙古语察哈尔土语的前送气辅音》，《民族语文》第 1 期。

哈斯其木格，2008，《蒙古语辅音送气前移实验研究》，第八届中国语音学学术会议暨庆贺吴宗济先生百岁华诞语音科学前沿问题国际研讨会论文集。

哈斯其木格，2003，《从腭位角度论普通话元音/i/》，第六届全国现代语音学学术会议论文集（上）。

哈斯其木格，2000，《蒙古语卫拉特方言第一音节短元音声学分析》，《内蒙古大学学报》（人文社会科学版）第 S1 期。

哈斯其木格，2006，《蒙古语的复辅音问题》，《民族语文》第 3 期。

韩兰兰，2008，《基于统计的标准壮语辅音实验研究》，硕士学位论文。

侯超，2007，《合肥方言高元音实验研究》，硕士学位论文。

乌日格喜乐图、哈斯其木格、呼和，2010，《鄂温克语短元音声学分析》，《满语研究》第 2 期。

乌日格喜乐图、哈斯其木格、呼和，2010，《基于实验的鄂温克语元音初探》，第九届中国语音学学术会议论文集。

严文，2000，《关于振动和波的几个图像问题》，《昌吉学院学报》（文社会科学版）第 2 期。

伊·达瓦、大川茂村、白井克彦，1999，《蒙古语七个元音声频特性计算机分析》，《声学学报》（中文版）第 1 期。

易斌，2005，《维吾尔语元音/y/的声学特征分析》，《南京师范大学文学院学报》（人文社会科学版）第 4 期。

张淑芹，2008，《蒙古语朗读话语语句重音实验研究》，硕士学位论文。

赵斯琴、高光来、何敏，2003，《蒙古语语料库的研究与建设》，内蒙古大学学报（自然科学版）第 5 期。

沈映泉、刘勇进、蔡骏、史晓东，2009，《利用人类计算技术的语音语料库标注方法及其实现》，《智能系统学报》第 3 期。

山丹，2007，《蒙古语标准音声学分析》，硕士学位论文。

其布尔哈斯、呼和，2010，《达斡尔语词首音节短元音声学分析》，第九届中国语音学学术会议论文集。

其布热，2006，《蒙古语乌珠穆沁土语元音声学析》，硕士学位论文。

清格尔泰、确精札布，1959，《关于蒙语辅音》，《内蒙古大学学报》（人文社会科学版）第 3 期。

确精扎布，1989，《蒙古语察哈尔土语元音的实验语音学研究》，《民族语文》第 4 期。

那德木德，1986，《蒙古语察哈尔土语的元音和辅音》，《民族语文》第 5 期。

刘岩，2006，《关于中国少数民族濒危语言语音语料库的设计》，《中央民族大学学报》（人文社会科学版）第 4 期。

罗三定、贾建华、沙莎，2002，《基于波形音频段处理的中文语音合成研究》，《电脑与信息技术》第 1 期。

开花，2005，《蒙古语半元音实验语音学研究》，硕士学位论文。

李俭、郑玉玲，2006，《汉语普通话辅音的发音变化——基于 EPG 的实证分析》，《浙江工商大学学报》（人文社会科学版）第 51 期。

华沙宝，2007，《蒙古语作者专门语料库建设及新一代词典编纂进展》，民族语言文字信息技术研究——第十一届全国民族语言文字信息学术研讨会论文集。

贾拉桑，2004，《阿拉山口语中的元音与元音和谐律》，《蒙古语文》第 9 期。

华沙宝、达胡白乙拉，《对蒙古语语料库的短语标注》，2006，《中央民族大学学报》（人文社会科学版）第 5 期。

德格吉呼、巴图格日勒、金雅声、格根塔娜、郭丹丹，2014，《保安语短元音声学特征研究》，《西北民族大学学报》（自然科学版）第 4 期。

德格吉呼，2014，《基于数据库的保安语单音节短元音声学分析》，《北方文学》（下旬刊）第 11 期。

德格吉平，2015，《基于语音声学信号的保安语单音节短元音格局研究》，《鸭绿江》（下半月版）第 3 期。

德格吉呼、巴图格日勒、金玲，2015，《保安语、东乡语、蒙古语单音节短元音声学对比分析》，《丝绸之路》第 8 期。

韩国君、呼和，2012，《土族语短元音声学研究》，第十届中国语音学学术会议论文集。

姜根兄，2014，《土族语词尾短元音声学分析》，《内蒙古社会科学》（蒙文版）第 1 期。

姜根兄，2013，《土族语第一音节短元音声学分析》，《中国蒙古学》第 1 期。

敖云那生、呼和，2012，《蒙古语阿拉善话短元音声学分析》，《西北民族大学学报》（人文社会科学版）第 4 期。

铁梅，2014，《蒙古语科尔沁方言短元音声学分析》，《内蒙古社会科学》（蒙文版）第 5 期。

宝音，2014，《现代蒙古语喀喇沁土语词首短元音声学分析》，内蒙古民族大学学报（人文社会科学版）第 5 期。

诺民，2011，《蒙古语肃北土语非首音节短元音声学分析》，《中国蒙古学》第 4 期。

其力格日，2013，《喀喇沁次土语元音声学分析》，硕士学位论文。

萨仁花，2013，《东部裕固语词首音节长短元音声学分析》，硕士学位论文。

王国彬，2015，《科尔沁方言词首音节短元音的声学分析》，《中国蒙古学》第 4 期。

乌日格喜乐图，2014，《鄂温克语前高元音声学分析》，《民族语文》第 5 期。

张云秋、赵学彬，2014，《普通话基础元音基频发展的声学分析》，《首都师范大学学报》（人文社会科学版）第 3 期。

呼和，2015，《蒙古语元音演变的声学语音学线索》，《中央民族大学学报》（人文社会科学版）第 4 期。

图雅，2008，《土尔扈特土语的元音和谐声学语音学研究》，《中国蒙古学》第 6 期。

呼和、陶建华，2007，《蒙古语和蒙古语的合成》，第九届全国人机语音通讯学术会议论文集。

呼和，2007，《蒙古语词重音问题》，《民族语文》第 4 期。

敖敏、熊子瑜、呼和，2012，《蒙古语标准话朗读话语韵律短语研究》，《中央民族大学学报》（人文社会科学版）第 4 期。

包桂兰、呼和，2011，《蒙古语标准音辅音组合的协同发音研究》，《中文信息学报》第 4 期。

呼和，2010，《蒙古语实验语音学发展历程及最新成果介绍》，中国民族语言学会第 10 届学术讨论会摘要集。

齐士铃，1982，《汉语普通话辅音音长分析》，《声学学报》第 1 期。

地理木拉提·吐尔逊，2011，《维吾尔语/r/辅音声学分析》，《通信技术》第 8 期。

赵立恒、张道行，2010，《汉语普通话辅音发音特性的声学研究》，《中国中西医结合耳鼻咽喉科杂志》第 4 期。

吴宗济，1964，《普通话元音和辅音的频谱分析及共振峯的测算》，《声学学报》第 1 期。

艾合买提江·祖农，2011，《从实验语音学角度研究维吾尔语辅音的声学特征》，硕士学位论文。

杨鉴、刘兵，1998，《纳西语辅音的声学分析》，《民族语文》第 5 期。

冉启斌、石峰，2012，《塞音的声学格局分析》，第八届中国语音学学术会议论文集。

杨波、周妍，2013，《关于哈萨克语辅音/ʃ/—/ʧ/变读现象的声学实验分析》，《伊犁师范学院学报》（人文社会科学版）第 3 期。

赵立恒、张道行，2015，《后缀元音对辅音/s/声学时长变化的影响》，《听力学及言语疾病杂志》第 1 期。

金雅声、胡阿旭，2010，《蒙古语不送气/送气辅音的声学研究》，《西北民族大学学报》（自然科学版）第 1 期。

哈斯其木格、呼和，2010，《蒙古语双唇塞音/p/实验研究》，中国民族语言学会第 10 届学术讨论会摘要集。

石峰，1983，《苏州话浊塞音的声学特征》，《语言研究》第 1 期。

冉启斌，2008，《汉语普通话清擦音的声学空间分析》，第八届中国语音学学术会议。

陈秀梅，2004，《蒙古语察哈尔土语辅音组合"4×6"的声学和生理分析》，硕士学位论文。

杨式麟，2001，《嗓音的声学检测》，《听力学及言语疾病杂志》第 4 期。

冯晓亮、孟子厚，2010，《面向普通话辅音检测的区别特征参数测量》，《声学技术》第 3 期。

包桂兰、白音门德、呼和，2012，《蒙古语鼻音［n］的实验研究》，第十届中国语音学术会议论文集。

郭蕾、杨阳蕊，2009，《东乡汉语方言音调探微》，《科技信息》第 23 期。

张瑞珊，2009，《东乡语塞音清浊问题的声学分析》，《科技信息》第 23 期。

金雅声、张瑞珊，2010，《东乡语单元音声学分析》，《西北民族大学报》（自然科学版）第 4 期。

张瑞珊，2010，《东乡语元音声学研究》，硕士学位论文。

吕世良、胡阿旭、余洪志，2011，《东乡语元音的嗓音特征研究》，西北民族大学学报（自然科学版）第 2 期。

陈文祥，2012，《论族别史研究与整体史研究——以西北回族、东乡族、保安历史研究中心》，《西南民族大学学报》（人文社会科学版）第 8 期。

瞿世伟，2012，《东乡语语音声学研究》，硕士学位论文。

金双龙，2013，《东乡语研究》，博士学位论文。

韩国君，2013，《基于语音声学参数库土族语元音研究》，博士学位论文。

呼司乐土，2015，《基于声学参数数据库的东乡语研究》，硕士学位论文。

呼司乐土，2015，《东乡语/i/元音音位分析》，《西北民族大学学报》（自然科学版）第 4 期。

呼司乐土，2016，《东乡语/l/辅音声学研究》，《语文与翻译》（蒙文版）第 1 期。

呼司乐土，2016，《蒙古语族东乡语/ɚ/元音音位分析》，《内蒙古社会科学》（蒙文版）第 2 期。

呼司乐土，2016，《蒙古语族语言东乡语双音节词重音分析》，《中国蒙古学》第 4 期。

呼司乐土，2016，《东乡语/p/辅音分析》，《赤峰学院学报》第 4 期。

后　记

　　通过十几年的努力，这部基于"中国少数民族语言语音声学参数统一平台"（以下简称"统一平台"）的"中国少数民族语言方言实验研究丛书"将要跟读者见面了。这是我们团队几十年研究工作的结晶。作为我国少数民族语言语音实验研究方面的第一部大型丛书，一定会有很多待改进和完善的地方。出版本丛书的目的是让读者了解民族语言音段和超音段（词层）声学研究成果，给同行们提供语言声学实验研究思路和方法，促进民族语言实验研究学科体系建设，推动我国民族语言学学科的发展。

　　在本丛书出版之际，感谢所有发音合作人，他们对母语的热爱和对自己民族的责任感深深地打动了我们团队每一位成员；感谢参与本项研究的所有研究生，感谢他们能够理解和支持这项庞大而艰难的工程，每一个音段的参数都凝聚着他们的辛劳和汗水；感谢研究所领导和民族语言学学科的全体同仁，他们的鼓励和支持是我们团队最强大的动力；感谢社会科学文献出版社的领导和编辑。

　　本丛书及其所基于的"统一平台"研究，得到了国家社会科学基金重大招标项目"中国少数民族语言语音声学参数统一平台建设研究"（项目编号：12 & ZD225）、国家社会科学基金冷门绝学研究专项学术团队项目"中国北方少数民族濒危语言调查实验研究"（项目编号：21VJXT012）、中国社会科学院创新工程"登峰战略"资深学科带头人资助项目"中国北方跨界民族语言的调查实验研究"（项目编号：DZ2023002）和中国社会科学院创新工程学术出版基金等的大力资助，在此表示诚挚的感谢。

　　由于所涉及的范围广、问题多，加上我们研究能力和水平有限等诸多原因，丛书中难免会有不足之处，望同行们斧正。我们相信，随着实验语音学理论和方法的不断成熟和改进，以及我们团队研究领域的逐渐拓展和研究水平的不断提高，这些问题和难题会逐步得到解决。因为汉语不是我们的母语，用汉语进行写作，我们需要克服一定的语言文字上的障碍，尽管我们非常努力，但在本丛书中仍然可能难以避免出现"蒙古式"语句，甚至可能存在表达不清楚的地方，望各位读者谅解并提出宝贵意见。

2025 年 6 月 8 日

图书在版编目（CIP）数据

东乡语语音声学研究 / 呼和主编；呼司乐土，呼和
著 . --北京：社会科学文献出版社，2025.5. --（中
国少数民族语言方言实验研究丛书）. --ISBN 978-7
-5228-4105-2

Ⅰ. H233.1

中国国家版本馆 CIP 数据核字第 2024Y8L971 号

中国少数民族语言方言实验研究丛书

东乡语语音声学研究

主　　编／呼　和
著　者／呼司乐土　呼　和

出　版　人／冀祥德
责任编辑／周志静
责任印制／岳　阳

出　　版／社会科学文献出版社·人文分社（010）59367215
　　　　　　地址：北京市北三环中路甲 29 号院华龙大厦　邮编：100029
　　　　　　网址：www. ssap. com. cn
发　　行／社会科学文献出版社（010）59367028
印　　装／河北虎彩印刷有限公司

规　　格／开　本：787mm×1092mm　1/16
　　　　　　印　张：40.5　字　数：662 千字
版　　次／2025 年 5 月第 1 版　2025 年 5 月第 1 次印刷
书　　号／ISBN 978-7-5228-4105-2
定　　价／1280.00 元（全五卷）